契約における自由と拘束

―― グローバリズムと私法 ――

小 野 秀 誠 著

信 山 社

は じ め に

1　序

　民法は，契約の自由を前提とした権利の体系である。この近代民法の体系は，基本的には，形式的にも内容的にも近代自然法の時代の産物である。中世において，法とは神の与えるものであった（ローマ法に対するカノン法の優越論）。古くローマ法は，技術的な法体系であったが，なお沿革的な呪術の要素を残していた。これに対し，近代法は，法の拘束力の根拠を人の意思を媒介としてみずからの中に求めた（私法の自己完結性）。また，意思や合意により基礎づけることができないものは，基本権として自然権的なものと構成された。そして，このような体系は，近代の国民国家の形態とも一致するものであったから（社会契約説や主権の概念），広く受け入れられたのである。

　現在の民法の基本原理も，この近代の体系の産物であり延長である。人は形式的に平等であり，契約は自由である。また，基本権，なかんずく所有権は不可侵であるとされる (cf. Art.17 Déclaration des droits de l'homme et du citoyen, 1789, La propriété étant un droit inviolable et sacré)。もっとも，19世紀，20世紀の進行とともに，この概念的な像の虚構性もあらわとなった。人は，実質的には必ずしも平等ではなく，これを反映して契約にも付合契約や普通取引約款が現れる。また，所有権の無制限の主張は，権利の体系にはそぐわない（所有権は義務づける。vgl. Weimar Verfassung §153 III; Deutsches GG §14 II; Eigentum verpflichtet）。こうして，自由のほかに，実質的平等を確保する途が求められ，国家の形態においても，社会国家の理念が進展した。

　契約の自由にも多様な制限のあることは繰り返すまでもない。所有権の自由は，19世紀には，もっぱら契約の自由を補完する機能が与えられたが，近代法は，もともと契約の自由のほかに，基本権の概念から出発したのである。しかし，従来，基本権は，契約の中では，公序良俗などの限られた範囲でしか機能せず，私法的にもっとも大きな意味をもっていたのは，所有権であった。契約の自由については，もっと多様な基本権との関連づけが探られる必要がある。

はじめに

　契約の自由の制限は，19世紀の例外的な制限（公序良俗）あるいは分野的な制限（借地借家法，農地法，労働法や商法における借家人，借地人，小作人，労働者，商人，取締役，会社の役員，株主など）のみならず，一般化しつつある。たとえば消費者法や一部の経済法である。実質的意味の民法においても，「消費者」，「事業者」，「専門家」の概念が登場しつつある。新たな概念は19世紀的な財の多寡を理由とするものとも異なり，人の社会的機能からの属性に根ざした考慮である。こうして，19世紀の法の理念が，「身分から契約へ」であったのに対し（cf. Maine, 1822–88, Ancient Law, 1861 (1963), p.164; movement of societies from Status to Contract），「契約から地位へ」である。これによって古くはせいぜい買主や賃借人など一部に限られた保護の対象が，患者，注文者，借手，委託者，委任者，学生，受講者，利用者，障害者，高齢者など広い範囲に拡大されたのである。従来，専門家の責任としてとらえられた概念（医師，薬剤師，弁護士，公認会計士，司法書士，行政書士，建築士などの士業，監査人，鑑定人，公証人，受任者，ファイナンシャルプランナー，宅建業者，金融取引主任者，安全管理者など）は，しばしば国家資格と結合されたことから，これとは，必ずしも対応するわけではない。もっとも，専門家の責任も，ごく拡大した場合には，経営専門家や業界団体，個別には銀行や証券・建築・運送・製造・サービス・医療会社などをもその特質に従って包含する可能性がある。複雑化・高度化した社会においては，一般的な安全配慮義務は，地位の互換性のない当事者間において，より高度な専門家の責任に近づきやすくなっているのである。

　しかし，とくに消費者法の分野は，同時に，規制緩和やグローバリズムによる攻勢にさらされている。規制緩和や自由を主張することはたやすい。自由放任の時代を思い起こせばたりるからである。これに対し，「地位」の確立は，上述の近代法の構成からすると比較的むずかしい。近代法の当初の理念にもどる必要があり，また細部においては各国の相違もあるからである。そこで，近代法の当初の理念，すなわち自由のみがすべてではなく，基本権が伴っていたことを確認する必要がある。市場主義は契約の自由の経済論的な言い換えであり，社会的責任論は，他人の基本権や社会的な価値の尊重を言い換えたものにすぎない。所有権のみならず，契約や競争さえも無制限では

はじめに

なく，義務づけるのである（152頁の図参照）。

　このような確認のうえに立つと，形式的平等を基本とする民法の修正は，たんなる部分的な修正や理念の混乱ではなく，原則への回帰と位置づけることができる（憲法29条，公共の福祉による制限との関係につき，最大判平14・2・13民集56巻2号331頁。旧証券取引法164条の規制について「財産権に対する規制が憲法29条2項にいう公共の福祉に適合するものとして是認されるべきものであるかどうかは，規制の目的，必要性，内容，その規制によって制限される財産権の種類，性質及び制限の程度等を比較考量して判断すべきものである」とされた。また，消費者契約法に関する最判平18・11・27判時1958号61頁参照）。むしろ，無制限のグローバリズムこそが，自由一辺倒の特殊な構成であることが明確になるであろう（グローバリズムは，近代初頭における無制限な契約自由の主張の再来である）。従来，国民国家に根ざした基本権からの制約を否定することが，グローバリズムの主張であり，私法，とりわけ取引法と団体法の無国籍性がこれを可能にしている。普遍的な基本権は，なお生成途上にある（EU指令に多くの保護規定があるのは偶然ではなく，また，たんなる競争秩序の統一のための要請ばかりとみるべきではない）。基本権のほかに，あわせて国際的な規制（地域的な統一も含め）や自律的スタンダードの構築も考慮される必要がある。

2　本書の課題と簡単な解題

(1)　本書は，3部から成る。

　第1部は，契約の自由や基礎にかかわる部分である。

　2002年に，ドイツ民法典の債務法債権総論を中心として（ほかに，時効，売買，請負の一部），現代化法による大改正が行われた。1900年のドイツ民法典は，体系的にも大幅に修正され，内容的には新法典に近いともいえる。また，これとは別に，家族法の部分も，毎年のように修正されている。しかし，それらの変革は，20世紀後半の理論の進展をうけるものであり，現代化法の前にも，それを先取りする改正がみられた。たとえば，13条，14条による「消費者」「事業者」の概念の導入である。これは，2000年6月30日に，EU指令にもとづいて規定された通信販売法（FernabsatzG, BGBl 2000, I S.897）により導入された概念にもとづいている。現代化法は，新概念の導入を前提とし

はじめに

て,「消費者」「事業者」概念を用いるほかの特別法をも大幅に民法に組み入れたのである。

わが民法典とは異なり,ドイツ民法典では,従来から法典自体の修正が多く,わが借地借家法に相当するものは,もともと民法典の賃貸借の項目の中に組み込まれている（とりわけ,旧571条,2002年現代化法566条の「売買は賃貸借を破らず」(Kauf bricht nicht Miete)。基本法典には,形式的な当事者の平等が維持されるべきである,といった古い観念は乏しい。民法典は,古くから社会の変化を反映するものだったからである。

わがくににおいても,新たな法典,少なくとも債権法の改定が議論されている。その場合には,たんなる技術的な刷新だけが目ざされるべきではなく,民法のもつ基本理念の変容が反映される必要がある。消費者,事業者,各種の専門家のような地位を反映した変革は,民法典自体において考慮されるべきであろう。「契約から地位へ」は,かなり世界的な現象であり,その基礎としての法典の性格を決定しておく必要がある。ドイツ債務法現代化法,ヨーロッパ契約法やEU指令に特有のものであるとか,理念の混乱である,とみるべきではない。

第1篇は,そのための基礎作業であり,契約自由の1つである方式の自由を素材として,それがもつ契約の基礎理論との関係,すなわち諾成主義,双務性,要物契約と原因,契約と不法行為の関係などを検討するものである。

第2篇は,その続編として,契約の自由とその変容を通じて,とくに当事者の地位に着目した自由の制約が行われるようになっていることを,契約と基本権という観点から検討した。

第3篇は,わがくにでは従来あまりみられなかった形態である虚無の所有権,終身年金,あるいは近時着目される保険売買という新たな類型の契約を素材に,契約法の変容と展開を考察したものである。ここは,第1篇や第2篇とは逆に,従来,地位や身分によるところの大であった家族法の領域において,契約化がみられることを対比する場面でもある。

第4篇は,2006年に改定されたドイツ・コーポレート・ガバナンス〔企業倫理〕準則に関する。倫理準則は,従来の法とは異なり,法による直接の強制ではなく,準則への応諾により拘束力を生じるという特色をもっている。

自律を基本とする点において，自由と拘束に関する新たな形を示唆するものである。

　第5篇，第6篇は，家族法と相続法関係の論文である。家族法は変革期にあり，全面的な改正が必要とされている。わがくにの親族・相続法は，戦後の全面改正を経ているというものの，実質的には，明治民法から家長や家に関する規定を削除した縮小再生産にすぎない。口語化は行われたものの，内容上ほとんど変化のない条文も多く残された。旧1条ノ3（現2条）がおかれたゆえんである。新たな家族，親子，夫婦の像，それにそった財産や相続を考える必要がある。現代の家族の変容に関するものであるが，これについては，**3**で後述する。

⑵　第2部は，2006年の貸金業法・利息制限法の改正の前後における，関連する判例や立法を検討した部分である。

　最高裁は，2003年以来，一連の判決において，貸金業法43条のみなし弁済，グレーゾーン金利に対する立場をより厳格なものとしつつある。判例に従うとすれば，みなし弁済を前提とした利息の徴収はきわめて困難となっている。これは，あたかも1960年代に利息制限法1条2項をめぐって判例が進展した時代を彷彿させる。

　2006年末には，貸金業法・利息制限法の改正を目的とした大改正が行われた。施行期間は，おおむね3年とされているものの，これによりグレーゾーン金利は廃止され，貸金業法43条のみなし弁済規定，利息制限法1条2項も廃止される。旧利息制限法（1877年（明10年）9月11日の太政官布告66号）以来の懸案であった灰色の解決（そこでは，制限を超過して支払われた利息の裁判上無効の構成）が，ようやく解決されることになった。かねて利息制限法や貸金業法に関する判例の不明確さ・複雑さが問題とされ，規制緩和の観点からは，金利規制の緩和も主張されてきた（消費者金融業界や日米構造協議など。本書でも一部扱っている。239頁，282頁参照）。これに対し，一面的なグローバリズムによらないことが明確とされたのである。

　第2部は，この間の主要な判例の動向を概観し（第1篇），また，改正法にいたる法や社会の動向，新法の骨組みなどを概観するものである（第2篇）。改正法には，種々の新たな規定が加わったが，従来の判例や外国法との比較

はじめに

のうえでは，不足する部分もみられる。第3篇は，ドイツの旧消費者信用法，これを民法典に組み込んだ債務法現代化法の消費者消費貸借の規定を参考に，なお不十分と思われる部分を中心に検討したものである。もっとも，必ずしも網羅的なものではない。

第4篇以下は，第1篇を補充するものである。立法の契機となった2006年の最高裁判決以降の判決に対する検討を収録した。そして，2006年の改正法成立後の判例にも注目するべきものがある。

第8篇と第9篇は，法定利率に代わる基礎利率に関するものである。諸外国において流動利率を採用する例がみられるほか，近時，わがくにの経済界でも，固定金利ではなく，契約の時期をよりよく反映するものとして，流動利率の採用が拡大している（第9篇）。利率の流動化は，固定的な法定利率（民事5％，商事6％）の存在にも疑問を投げかけている。その矛盾が噴出したのが，損害賠償額に対する中間利息の控除割合の問題である（第8篇）。かつては，銀行の最低利率以下であった法定利率が，むしろ最高利率を上回る超・低金利の時代になったのである。

(3)　第3部は，法曹養成と国際化の課題に関する部分である。2004年に発足したわがくにのロースクールは，すでに5年目になろうとし，種々の矛盾も現れている。比較法的見地からの検討も意義のあるところであろう。

第3部1篇は，従来比較的一元的な法曹養成制度（完全法律家の育成）を維持してきたドイツにおいて，経済専修コースや外国とも共通するLL.Bと接合したコースが生じてきたこと（法曹養成の多様化），その結果，司法研修が従来もっていた意味を変容しつつあることを参照して，わがくにおける法曹養成制度を，2004年の法科大学院の設置にそくして検討した。

第2篇は，法曹養成制度と大学がかなり大きな変化の中にあることを，とくにドイツの二段階法曹養成制度の変容（裁判官から弁護士養成への転換）とコマーシャリズム（授業料有料化，司法研修の学校化）の観点から検討した。また，第1篇とあわせて，19世紀と20世紀の大学の相違，とくに大学の教養志向性と職業志向性をも考察した。

第3篇は，世界の大学が，グローバル化のもとで，競争にさらされており，法曹養成にも，競争条件の標準化のためのボローニア宣言による基準（大学

とマスターコースとの合計 6 年のコース）が押し寄せてきていること，これが，従来の司法研修制度とどうかかわるのかを検討した。この問題の背景には，ヨーロッパの標準化と各国特有の司法制度の調整という困難な問題が存在している。ここには，グローバリズムにさらされるわが法曹養成制度にも共通する問題が包含されている。

3 その他の注意，追記

(1) 収録した論文は，おおむね 2004 年以降のものである。しかし，第 1 部 1 篇の論文は，発表からすでに 20 年以上も経ていることから，その後入手しえた文献を加え，注を中心としてかなり加筆した。この間のヨーロッパにおける関係するテーマの発展はいちじるしく，また，この間の在外研究では，当初国内では入手できなかった一次的な文献をもかなり参照する機会をえた。第 2 篇は，もともとこの第 1 篇の後半として執筆したものを独立の論文として改めたものである。時間的間隔が長いために，第 1 篇との関係では，もはや 1 つの論文とはいえないものとなっている。

(2) 第 1 部 5 篇の論文に関しては，夫婦が離婚時に年金を分割できる年金分割制度につき，すでに 2007 年 4 月から任意分割の制度が始まり，2008 年 4 月からは強制分割の制度も開始する。しかし，その評価はいまだ未定である。社会保険庁発表によると 2007 年 11 月までに約 6000 件を超える分割請求があったが (http://www.sia.go.jp/topics/2006/di_01.xls)，必ずしも多いとはいえない。2006 年まで，離婚件数が減少して（2003 年の 28 万 4000 件が頂点で，その後は減少し，2006 年は 25 万 8000 件であった)，制度発足前には，分割制度待ちともいわれていたが，制度発足後も，減少傾向が継続したのである（2007 年は 25 万 5000 組）。婚姻期間の長い，いわゆる熟年離婚でも同様の傾向がみられる。

離婚の需要そのものが減少したとは思われないことから，実際にあまり動かないのは，制度の内容が期待ほどでもないということであろう。実際に分割請求された件数は，2007 年 4 月から 11 月の 8 カ月間で 6055 件である（女性からの請求が 3891 件で，77% を超える）。ちなみに，同期間の相談件数は，9 万 2388 件，来訪件数は，5 万 4668 件（うち，女性 4 万 4562 件）であった。

はじめに

　2007年4月からの年金分割は，夫婦の合意または裁判所の決定によって，婚姻期間中の厚生年金の報酬比例部分を最大50％まで分割できるとする。もっとも，50％は，最高割合にすぎず，また，その場合でも，多くの試算によると月に5万円程度ともいわれる。さらに，妻が受給年齢に達するまで，基礎年金の保険料を負担する必要があり，受給開始も妻自身の受給年齢からにすぎない。

　これに対し，2008年4月からの年金分割は，強制分割であり，合意は必要でなく，配偶者の年金の50％までをうけることができる。もっとも，政治的経緯から，当初予定されたのとは異なり，厚労省案のような婚姻期間中の強制分割は行われず，2008年4月以降の婚姻期間からの分割とされるにすぎない。そこで，効果はかなり限定的である。過去の婚姻期間に遡ることがなく，2008年4月以降の専業主婦としての期間のみについてであるから，これから婚姻する夫婦にとって将来的には意味があっても，すでに破綻している夫婦にはあまり意味がない。早く離婚すると，分割対象期間はごく短いものとなる。

　また，厚生年金保険法のごく一部をなしているにすぎないことから（「第三章の二　離婚等をした場合における特例」78条の2～78条の12），解釈論上の疑義も多い。基本的には，家庭裁判所の分割権能を認めることだけを主眼とするもので，主要な論点は，なお解釈に委ねられているといっても過言ではない。

　たんに年金の特例法として部分的な解決を目ざすのではなく，離婚時の夫婦の現在の財産もあわせて，夫婦財産制の全体をにらんだ立法が望ましい。年金という将来の財産を含めて，総合的に評価する必要があるからである。比較すると，ドイツ民法典は，夫婦財産制（Eheliches Güterrecht）につき，1363条から1563条まで，ほぼ200条の規定をおいている（年金分割の起原は，20世紀半ばのスカンディナヴィア諸国である）。わが民法典中の夫婦財産制の規定が755条から762条までの8条にすぎないのと対照的である。年金法の一部をも民法典の中に組み込み整理することが必要であろう。婚姻期間に遡って分割するとの当初案が後退したのも，年金だけが先走り，分割がたんなる恩恵的なものととらえられ，婚姻期間中に生じた「将来財産」を分割するとい

う離婚のさいの財産分与給付との同一性が見失われたことが大きいのである。

　第6篇「遺産分割の効力」は，特殊な分野における遺産分割の効果についての序説である（序説のみ）。これを敷衍するために，付において，関連する種々の論点を概観した。相続法にも，現代の家族にあわせた修正が必要であろう。たとえば，2008年1月，ドイツ連邦政府は，相続法改正草案を閣議決定した。相続法の現代化を目的とする。子どもの遺留分の強化は，家族法における子どもの地位の拡大にあわせたものである。また，遺言の自由も拡大された。さらに，高齢化社会への適合が目ざされている。介護を要する者の3分の2は自宅におり，近親者の負担は大きい。相続において，これをより配慮するとするものである。

　こうした時代にあわせた根本的刷新のほか，技術的改良も必要であろう（たとえば，わが法のように財産の種別に異なった遺産分割が行われる方法に対し，ドイツ民法典2032条，2033条の合有規定による統一的解決を参照されたい）。もっとも，第6篇は，解釈的問題の一部を扱うにとどまる。

　(3)　本書では，近時の家族法の問題を扱う論文は収録しなかった。しかし，家族法は，世界的にもわがくにでも，いちじるしい変革の中にある分野である。たとえば，先端医療を契機とする親子関係の規律である（最判平19・3・23民集61巻2号619頁参照，代理母に関する事件）。また，グローバル化にもとづく問題も多い。たとえば，2007年12月13日，ドイツ連邦議会は，表見的父性（Scheinvaterschaft）の取消法を可決した。かねて問題となっていた，ドイツ在留許可を取得するための認知を制限するためである。

　ドイツでは，1998年の「子どもの権利に関する改革法」（Kindschaftsrechtsreform）まで，認知には，関係当局（Amtspfleger）による認知の承認が必要とされた。しかし，これは，家庭の自治に対する不要な干渉とされ，1998年の改正法では，こうした制度が廃止された。父の形式的な意思表示（認知，Anerkennung）と母の同意（Zustimmung）のみにまかせることで，家庭の自治を強化したのである。

　しかしながら，認知が濫用されるケースが生じた。たとえば，外国人の女性が1人で，幼児とともにドイツに住んでおり，在留許可が延長されないことから，出国しなければならないというときに，これを回避するために，ド

はじめに

イツ人のホームレスに，金を払ってその子どもとして認知してもらうというケースである。偽装認知によって，子どもは，自動的にドイツの国籍を取得し，母もドイツに在留できることになる。

このような，もっぱら戸籍法や出入国法の潜脱を目的とした認知の濫用ケースにおいては，改正法のもとでは，ラント当局に認知の取消権が付与される。このような認知は，子どものためではなく，たんに許可をえるための書類上のものにすぎない。取消ができるのは，子と認知者の間に，社会的家族関係がなく，あるいは認知時になかった場合である（つまり，真実の家族が裂かれることはないから，家族の保護をうたう基本法6条に反することはないとされる）。また，取消は，認知によって，子どもや親の在留許可の要件が生じることを前提とする。つまり，取消権は，濫用された認知の防止，もっぱら出入国法を潜脱しようとする場合を防止するためにのみ行使されるのである。さらに，取消は，認知者が生物学的な父でないことを前提とする（この点は，もともと生物学的父の保護にも厚いドイツ法の状況を反映している。拙稿「子の嫡出性と生物学上の血縁関係の強化」国際商事法務32巻2号参照。【倫理】286頁所収）。そして，家庭裁判所が取消訴訟を認めたときには，認知の効力は，子の出生日に遡って消滅する。

わがくにと同様に，ドイツでも，国籍や在留許可をえるために便法とする養子は制限されている。他方で，ドイツの1998年改正法のもとでは，認知が事実上無制限になっていたのである。認知は，わがくにでも，基本的に当事者の意思のみにまかされていることから（民779条），同様に偽装認知が問題となりつつある。胎児認知をすれば国籍を取得でき，また認知で国籍まで取得できない場合でも，特別在留許可は取得しやすいからである。認知を強制していた時代（認知が不利益となった時代）とは異なる状況がある。外国人を養子とする国際特別養子縁組や養子の在留許可の制限（特別養子につき民817条の5参照。および「養子を理由にした定住資格は6歳未満にしか認めない」とする入管内規）とも必ずしも両立しない（ちなみに，外務省統計「国際養子縁組に関係した児童の統計」全家裁総数では，2000年に534件であり，1996年の412件よりも，約3割の増加となっている。http://www.mofa.go.jp/mofaj/gaiko/jido/0111/11a_036.html 国内養子の減少傾向とは一貫しない）。ここには，子の福祉

はじめに

を旨とする養子法と，当事者の意思の尊重，家庭の自治を目的とする認知法との齟齬という根本的な問題が横たわっている。子の福祉をより尊重することは理想であるが，認知をすべて検証することは現実的ではない。せいぜい濫用例のチェックということになろう。また，人身売買の禁止などとも関係しており，総合的な対策が必要である。

　また，2008年2月21日，ドイツ連邦議会では，父性確認法（Gesetz zur Vaterschaftsfeststellung）も成立した。2007年2月13日の憲法裁判所の決定をうけ，情報の自己決定の観点から，父子の生物学的な関係を知ることを制度化したものである（解明手続，Klärung der Abstammung）。従来からある，父性否認の手続（Anfechtung, 1600条。取消期間は2年である。1600b条）では，それが親子関係の否定に直結するために，直接の効果を避けるための中間的な制度を創設したのである。未成年の子の福祉の観点から，苛酷条項（Härteklausel）がおかれている（BMJ, Bundestag verabschiedet Gesetz zur Vaterschaftsfeststellung, 21. Februar 2008）。従来の父性否認の方法による all or nothing な解決に新たな視点を提示したものであり，注目される。

　(4)　第2部の理解と位置づけのために，以下に，利息制限法・貸金業法にかかわる近時のおもな最高裁判決を時系列的に一覧しておく（○を付したものがおもに本書の対象である。【倫理】は前著に収録したものである）。

一連の取引，保証料に関するもの　【倫理】
　　最2判平15・7・18民集57巻7号895頁，金判1188号22頁，判時1834号3頁
　　最1判平15・9・11金判1188号13頁，判時1841号95頁
　　最3判平15・9・16金判1188号20頁，判時1841号100頁
天引に関するもの　【倫理】
　　最2判平16・2・20民集58巻2号475頁，金判1188号2頁，金判1191号14頁，判時1853号32頁
　　最2判平16・2・20民集58巻2号380頁，金判1188号10頁，金判1191号22頁，判時1853号28頁（18条書面の具備）
　　最2判平16・7・9判時1870号12頁，判タ1163号113頁
取引履歴の開示義務　【倫理】
　　最3判平17・7・19民集59巻6号1783頁，金判1227号32頁，同1221号2頁，

はじめに
　　判時 1906 号 3 頁

リボルビング払い　○〔やや一般的に以下の部分〕
　　最 1 判平 17・12・15 民集 5 巻 10 号 2899 頁，判時 1921 号 3 頁

期限の利益喪失条項　○
　　最 2 判平 18・1・13 民集 60 巻 1 号 1 頁，金判 1233 号 10 頁，判時 1926 号 17 頁
　　最 1 判平 18・1・19 裁時 1404 号 1 頁，判時 1926 号 23 頁
　　最 3 判平 18・1・24 民集 60 巻 1 号 319 頁，判時 1926 号 36 頁，判タ 1205 号 93 頁（日賦業者も）

日賦業者　○
　　最 3 判平 18・1・24 民集 60 巻 1 号 319 頁，判時 1926 号 28 頁，判タ 1205 号 85 頁

買戻特約付き売買契約
　　最 3 判平 18・2・7 民集 60 巻 2 号 480 頁，判時 1926 号 61 頁

特別上告
　　最 2 判平 18・3・17 裁時 1408 号 6 頁，判時 1937 号 87 頁

やみ金融
　　最決平 18・3・7 は，年 1200％ の高金利で行われたやみ金融を「貸金に名を借りた違法行為の手段にすぎず，民法上の保護に値する財産的価値の移転があったと評価することは相当でない」として，借主が業者に返済した元本相当金額についても，不法行為に基づく損害であると認め，実質的に，借主から業者に対する返還請求を認めた札幌高裁判決（札幌高判平 17・2・23 判時 1916 号 39 頁）に対する上告を棄却して同判決を確定させた。〔最判平 20・6・10 参照〕

【以上の判例理論をうけて，2006 年 12 月に，貸金業法・利息制限法の改正法が成立・公布された（ただし，施行は，おおむね 3 年を目途とされる）】

債務完済後の再貸付　○
　　最 3 判平 19・2・13 民集 61 巻 1 号 182 頁，判時 1962 号 68 頁
　　最 1 判平 19・6・7 民集 61 巻 4 号 1537 頁，判時 1977 号 77 頁
　　最 1 判平 19・7・19 判時 1981 号 15 頁，金判 1273 号 12 頁

(最 3 決平 19・11・6 判例集未登載は，上記平 19・2・13 判決を引用して充当を認めた東京高判平 19・6・28 の判断を肯定して，消費者金融会社の上告を受理しなかった)

　　最 2 判平 20・1・18 判時 1998 号 38 頁

　(最 3 決平 20・3・11 も，消費者金融会社の上告を不受理)

　　下級審では，福岡高那覇支判平 19・5・31 消費者法ニュース 72 号 132 頁，福岡高宮崎支判平 19・7・25 が充当を肯定。

過払い利息の返還と民法 704 条の「悪意の受益者」

　　最 2 判平 19・7・13　平成 18(受)276　不当利得返還請求事件　判時 1984 号 31 頁

　　最 2 判平 19・7・13　平成 17(受)1970　不当利得返還請求事件　判時 1984 号 26 頁

　　最 3 判平 19・7・17　平成 18(受)1666　不当利得返還請求事件　判時 1984 号 33 頁

　(第 7 篇所収の札幌高裁平 19・4・26 判時 1976 号 60 頁は，この返還利息の利率の問題にも関係している)

　なお，本書の出版にあたっては，2008 年度の一橋大学法学研究科研究叢書による出版助成金をうけた。同研究叢書ならびに出版をお引き受けいただいた信山社および具体的な作業に精力的にご尽力いただいた同社の渡辺左近・鳥本裕子両氏には，この場を借りてお礼申しあげることとしたい。

　2008 年 2 月 27 日

　　　　　　　　　　　　　　　　　　　　　　　　　　小　野　秀　誠

目　次

第1部　契約の自由と現代における権利

第1篇　契約の成立における方式と自由……………………………3
第1章　はじめに……………………………………………………3
1　問題の所在（*3*）　2　対象の限定（*5*）
第2章　古法・中世法………………………………………………5
1　ローマ法（*5*）　2　中世イタリア法（*8*）　3　カノン法（*10*）　4　ローマ法継受とゲルマン法（*12*）
第3章　近　代　法…………………………………………………15
1　人文主義法学（Humanismus）（*15*）　2　自然法理論（*17*）　3　近代的法典編纂（*23*）
第4章　19世紀以降の変遷…………………………………………30
1　パンデクテン法学（*30*）　2　19世紀の諸立法（*31*）　3　ドイツ民法典（*32*）　4　むすび（*34*）

第2篇　契約の自由と当事者の地位――契約と基本権……………56
第1章　はじめに……………………………………………………56
1　契約の自由（*56*）　2　損害賠償，撤回権による契約の制限（*59*）　3　契約から地位へ（*62*）
第2章　歴史上のモデルと現状……………………………………66
1　契約自由と2つの契約モデル（*66*）　2　契約自由の現状（*73*）　3　契約自由と，方式の自由・諾成契約（*76*）
第3章　英米法とその特質…………………………………………78
1　イギリス（*78*）　2　アメリカ（*80*）　3　関係的契約法理（*82*）
第4章　自由の制限と契約法の変容の意義………………………84
1　契約の変容と附合契約（*84*）　2　ヨーロッパ法における契約自由の制限（*88*）　3　契約自由のマクロの意義（*93*）
第5章　む　す　び…………………………………………………95

目 次

第3篇 虚無の所有権，終身年金，保険売買と射幸契約………… 116
　第1章　はじめに………………………………………………………… 116
　　　　　1　扶養，後見，相続（116）　2　使用権を留保した売買，弁済の猶予，不定期間にわたる定期金（117）
　第2章　虚無の所有権の売買と終身定期金…………………………… 118
　　　　　1　虚無の所有権の売買の例（118）　2　虚無の所有権の売買の危険性（120）　3　終身定期金（121）
　第3章　保険売買とリバース・モーゲージ…………………………… 124
　　　　　1　リバース・モーゲージ（124）　2　保険契約の処分，保険金請求権への担保権の設定（126）　3　保険契約の売却，定期金（127）　4　裁 判 例（131）
　第4章　むすび………………………………………………………… 135
　　　　　1　虚無の所有権の売買（135）　2　間接損害と保険（138）　3　むすび（140）

第4篇 経済活動における自由と自律
　　　　――ドイツのコーポレート・ガバナンス準則の改定(2006年)
　　　　……………………………………………………………………… 145
　第1章　はじめに………………………………………………………… 145
　第2章　倫理準則………………………………………………………… 146
　第3章　法と自律的規制の調和………………………………………… 148

第5篇 夫婦財産制と退職金，年金の分割……………………… 153
　第1章　はじめに………………………………………………………… 153
　　　　　1　婚姻費用の分担と夫婦の協力扶助義務，日常家事債務の連帯責任（153）　2　取得財産の帰属（155）　3　19世紀までの法分裂（156）
　第2章　夫婦財産制の諸類型…………………………………………… 157
　　　　　1　法定財産制の変遷（157）　2　おもな夫婦財産制（Eheliches Güterrecht, BGB 1363条以下）の類型（157）
　第3章　退職金・年金の分割…………………………………………… 166
　　　　　1　退職金・年金分割（166）　2　裁判例（166）　3　立法論（174）
　第4章　むすび………………………………………………………… 175

目次

    1　残された問題（175）　2　技術的問題（176）

第6篇　遺産分割の効力………………………………………………184
    1　遺産分割の遡及効（184）　2　遡及効の例外（184）
    3　相続課税と遡及効（186）
  付　共同相続と遺産分割……………………………………………188
    1　はじめに（189）　2　遺産分割と第三者（190）　3　放棄前の第三者（199）

第2部　金利と利息制限

第1篇　みなし弁済の制限と最近の最高裁判例の法理……………205
 第1章　はじめに………………………………………………………205
 第2章　貸金業法43条とその制限……………………………………206
    1　従来の展開（206）　2　拘束預金（207）
 第3章　形式から実質へ………………………………………………208
    1　厳格解釈（208）　2　天引に関する判例，書面の厳格化（209）　3　リボルビング払い（210）　4　取引履歴の開示（211）
 第4章　任意性への回帰………………………………………………212
    1　期限の利益喪失条項（212）　2　仕組み金融（214）
    3　仮装売買と譲渡担保（215）　4　貸金業法施行規則の違法性等にみる実質性（217）
 第5章　むすび――法改正の動向……………………………………218
    1　立法作業（218）　2　残された課題（219）

第2篇　改正貸金業法の経緯・位置づけ・概観……………………223
 第1章　はじめに………………………………………………………223
    1　本稿の対象（223）　2　利息制限への回帰（224）
    3　利息制限法と貸金業法（224）
 第2章　従来の展開……………………………………………………226
    1　金利規制と社会情勢―戦前（226）　2　戦後の規制―出資法，新利息制限法（227）　3　出資法改正と貸金業法（229）
 第3章　従来の立法，裁判例の展開…………………………………232
    1　商工ローンとやみ金融対策（232）

2　最高裁の動向(235)

　　第4章　2006年改正の経緯……………………………………238
　　　　　　1　最高裁判決の影響，グレーゾーン金利(238)　2　法改
　　　　　　正の経緯と背景(239)

　　第5章　改正の概要………………………………………………243
　　　　　　1　改正点1・貸金業の適正化(243)　2　改正点2・過剰
　　　　　　貸付の抑制(248)　3　改正点3・金利体系の適正化(249)
　　　　　　4　改正点4・その他(251)

　　第6章　残された問題，制限金利の低減化……………………253

第3篇　消費者消費貸借と貸金業法……………………………………255

　　第1章　はじめに…………………………………………………255
　　　　　　1　消費者消費貸借の規制(255)　2　貸金業法の改正
　　　　　　(255)　3　消費貸借と消費者消費貸借(257)

　　第2章　契約の方式と解約………………………………………260
　　　　　　1　解約告知権，撤回権・クーリングオフ権(260)
　　　　　　2　方　式(265)　3　方式の欠缺の効果(268)

　　第3章　抗弁の切断と手形・小切手の制限，遅延利息………277
　　　　　　1　抗弁の放棄の制限(277)　2　手形・小切手の制限(278)
　　　　　　3　遅延利息の限度と充当(281)

　　第4章　期限の利益と支払の猶予………………………………286
　　　　　　1　期限の利益喪失約款(286)　2　分割払,支払猶予,ファ
　　　　　　イナンスリース(293)

　　第5章　むすび……………………………………………………295
　　　　　　1　当座貸越契約(295)　2　統一的法典の意義(297)

　　付　　現代化法試訳（消費者消費貸借）………………………314

第4篇　期限の利益喪失特約とみなし弁済
　　　　（最判平18・1・13民集60巻1号1頁）………………………325
　　　　　　Ⅰ　問題の所在(325)　Ⅱ　事案の概要(325)　Ⅲ　判　旨
　　　　　　(327)　Ⅳ　期限の利益喪失特約(328)　Ⅴ　3つの小法廷判
　　　　　　決(330)

第5篇　日賦業者の貸付，期限の利益喪失条項と制限超過部
　　　　分の支払の任意性………………………………………………333

目　次

　　　　（①平成 18 年 1 月 24 日第三小法廷判決，平成 15 年（受）第 1653 号　生命保険証券及び傷害保険証券返還等請求事件，民集 60 巻 1 号 319 頁，裁時 1404 号 85 頁，破棄差戻）　②平成 18 年 1 月 24 日第三小法廷判決平成 16 年（受）第 424 号不当利得返還請求事件，裁時 1404 号 89 頁，破棄差戻）

　　　　　　　Ⅰ　①事件の事実と判旨 (*333*)　Ⅱ　②事件の事実と判旨 (*337*)　Ⅲ　日掛け金融と出資法 (*341*)　Ⅳ　日掛け金融の金利と貸金業法 43 条 (*342*)　Ⅴ　期限の利益喪失条項の効力 (*345*)　Ⅵ　残された問題 (*348*)

第 6 篇　第 1 の貸付けに対して過払金が発生し，その後，第 2 の貸付けに係る債務が発生した場合と，過払金の同債務への充当
　　　　（最判平 19・2・13 民集 61 巻 1 号 182 頁）······························ *350*
　　　　　　　Ⅰ　事実の概要 (*350*)　Ⅱ　判　旨 (*351*)　Ⅲ　弁済法理の進展 (*352*)　Ⅳ　2 月 13 日判決の特異性 (*354*)　Ⅴ　6 月判決との整合性 (*356*)　Ⅵ　法定利率 (*359*)

第 7 篇　貸金業者の制限超過利息の請求と不法行為の成立
　　　　・慰謝料（札幌高裁平 19・4・26 判時 1976 号 60 頁）············ *361*
　　　　　　　Ⅰ　事実の概要 (*361*)　Ⅱ　判　旨 (*361*)　Ⅲ　本判決の意義，過払金返還のさいの受益の態様 (*363*)　Ⅳ　弁護士費用の請求 (*367*)　Ⅴ　不法行為と慰謝料請求 (*368*)

第 8 篇　逸失利益算定にあたり控除すべき中間利息の割合
　　　　（最判平 17・6・14 民集 59 巻 5 号 983 頁，金判 1225 号 11 頁）····· *371*
　　　　　　　Ⅰ　事案の概要 (*371*)　Ⅱ　判　旨 (*373*)　Ⅲ　問題の所在 (*374*)　Ⅳ　判例・学説 (*374*)　Ⅴ　最高裁判決の検討 (*378*)　Ⅵ　流動利率 (*380*)

第 9 篇　法定利率と変動金利
　　　　──ドイツ債務法現代化における法定利率と基礎利率············ *385*
　　　　　　　Ⅰ　民法と法定利率 (*385*)　Ⅱ　法定利率と利率の変動 (*386*)　Ⅲ　ドイツ債務法現代化法と法定利率，基礎利率 (*388*)　Ⅳ　変動金利の趨勢 (*390*)
　　　　付　債務法現代化法（2002 年の民法典債務法）

　　　　の利息の関連条文……………………………………………………394

第3部　法曹養成の現代的課題

第1篇　法曹養成制度の長期化と多様化——比較法的考察 ………… *399*
　第1章　はじめに ……………………………………………………… *399*
　第2章　ドイツの法曹養成制度改革 ………………………………… *401*
　　　　1　グライフスヴァルト大学の新カリキュラム（*401*）
　　　　2　その特色（*402*）
　第3章　20世紀後半からの大学教育の変質 ………………………… *405*
　　　　1　19世紀と20世紀の大学（*405*）　2　大学進学率（*408*）
　第4章　研修（継続教育，インターン，エクスターン），
　　　　マイスター …………………………………………………… *410*
　　　　1　研修と修習（*410*）　2　インターン（*412*）　3　エク
　　　　スターン（*413*）
　第5章　医師研修と司法研修 ………………………………………… *416*
　　　　1　医師の臨床研修（*416*）　2　司法研修の費用（*417*）
　第6章　むすび ………………………………………………………… *421*

第2篇　法曹養成制度と世紀の転換点の大学 ………………………… *431*
　第1章　はじめに ……………………………………………………… *431*
　第2章　法曹養成の改革と各州における対応 ……………………… *432*
　　　　1　2段階法曹養成制度の基本構造（*432*）　2　法曹養成と
　　　　国家の関与（*434*）　3　法曹養成の現代的課題（*437*）
　　　　4　バイエルン州の法曹養成（*439*）
　第3章　授業料有料化とコマーシャリズム ………………………… *440*
　　　　1　大学の授業料有料化，登録料（*440*）　2　憲法裁判所判
　　　　決（2005年1月26日）（*442*）　3　登録料，管理手数料（*442*）
　　　　4　大学の商業化とコマーシャリズム（*443*）
　第4章　国家試験の動向 ……………………………………………… *444*
　　　　1　第1次国家試験（*444*）　2　第2次国家試験と実務研修
　　　　（*446*）
　第5章　むすび ………………………………………………………… *447*

目 次

第3篇　グローバル化のもとの法曹養成
　　　——ボーニア宣言による標準化……………………………… *457*
　　第1章　はじめに………………………………………………… *457*
　　第2章　ボローニア宣言と高等教育の統一……………………… *458*
　　　　　　1　その沿革と骨子（*458*）　2　ボローニア宣言への対応
　　　　　（*461*）
　　第3章　法曹養成の多様化とボローニア方式…………………… *462*
　　　　　　1　従来の展開（*462*）　2　比較と適合化（*464*）　3　大き
　　　　　な解決と小さな解決（*466*）
　　第4章　む す び………………………………………………… *471*
　　付　記　1　第1次国家試験（*483*）　2　第2次国家試験と実務研修
　　　　　（*488*）
　　付　ボローニア宣言（1999）とソルボンヌ宣言（1998）………… *490*

初 出 一 覧

第1部　契約の自由と現代における権利
　　第1篇「契約の成立における方式と自由」商論55巻3号
　　第2篇「契約の自由と当事者の地位―契約と基本権」一橋法学6巻3号
　　第3篇「虚無の所有権，終身年金，保険売買と射幸契約」川井健先生古稀記念論文集・取引法の変容と新たな展開（2007年）133頁―162頁
　　第4篇「経済活動における法と倫理―ドイツのコーポレート・ガバナンス準則の改定（2006年）」国際商事法務34巻12号
　　第5篇「夫婦財産制と退職金，年金の分割（序説）」一橋論叢131巻1号
　　第6篇「遺産分割の効力」国際商事法務34巻9号
　　付　「共同相続と遺産分割」

第2部　金利と利息制限
　　第1篇「貸金業にまつわる最近の最高裁判例の法理」ジュリスト1319号
　　第2篇「消費者金融の金利規制の行方」市民と法40号
　　第3篇「消費者消費貸借と貸金業法」一橋法学6巻2号，3号
　　第4篇「①貸金業法施行規則15条の法適合性，②債務者が利息制限法所定の制限を超える約定利息の支払を遅滞したときには当然に期限の利益を喪失する旨の特約の効力，③債務者が利息制限法所定の制限を超える約定利息の支払を遅滞したときには当然に期限の利益を喪失する旨の特約のもとでの制限超過部分の支払の任意性の有無」（最判平18・1・13金法1778号101頁）金法1780号
　　第5篇「①日賦業者の貸付と，借用証書の記載内容の正確性または明確性，②利息制限法違反の利息の支払の遅滞と，期限の利益喪失条項の効力」（①最判平18・1・24民集60巻1号319頁，②最判平18・1・24判時1926号36頁）民商135巻1号
　　第6篇「第1の貸付けに対して過払金が発生し，その後，第2の貸付けに係る債務が発生した場合と，過払金の同債務への充当」（最判平19・2・13民集61巻1号182頁）判評585号
　　第7篇　貸金業者の制限超過利息の請求と不法行為の成立・慰謝料（札幌高裁平19・4・26判時1976号60頁）判評589号
　　第8篇「損害賠償額の算定に当たり被害者の将来の逸失利益を現在価額に

初出一覧

　　　　　換算するために控除すべき中間利息の割合」（最判平 17・6・14 民集 59
　　　　　巻 5 号 983 頁）民商 133 巻 4・5 号
　　　　第 9 篇「ドイツ債務法現代化法における法定利率と基礎利率」国際商事法
　　　　　務 34 巻 4 号
第 3 部　法曹養成の現代的課題
　　　　第 1 篇「法曹養成制度の長期化と多様化」一橋論叢 133 巻 1 号
　　　　第 2 篇「法曹養成制度と世紀の転換点の大学」一橋論叢 135 巻 1 号
　　　　第 3 篇「グローバル化のもとの法曹養成―ボローニア宣言による標準化」
　　　　　一橋法学 6 巻 1 号

〔付記〕　本書では，比較的新しい論文を収録したこともあり，全面的な修正はなし
えなかった。本としての体裁を統一するために必要な最低限の作業（章節の一致
など）や個別的な追加・修正が行われているにとどまる。注なども，基本的にも
とのままである。表現のわかりにくいものや誤りの訂正，若干の加筆・追記は行っ
た。

　　　また，以下の拙著は，【　】による略語で引用することがある。分野にまたがる
領域，方法論や基礎的文献の引用にあたっては，本書でも参考とするべきものを
含んでいるからである。

【研究】　　　危険負担の研究〔1995 年〕日本評論社
【反対給付論】　反対給付論の展開〔1996 年〕信山社
【給付障害】　給付障害と危険の法理〔1996 年〕信山社
【利息】　　　利息制限法と公序良俗〔1999 年〕信山社
【判例・旧】　民法総合判例研究・危険負担〔1999 年〕一粒社
【専門家】　　専門家の責任と権能〔2000 年〕信山社
【大学】　　　大学と法曹養成制度〔2001 年〕信山社
【土地】　　　土地法の研究〔2003 年〕信山社
【現代化】　　司法の現代化と民法〔2004 年〕信山社
【判例】　　　民法総合判例解説・危険負担〔2005 年〕不磨書房
【債権総論】　債権総論（本田純一教授と共著）弘文堂〔1997 年＝初版，2000 年
　　　　　　　＝補訂版，2003 年＝第 2 版，2006 年＝第 3 版〕
【倫理】　　　民法における倫理と技術〔2006 年〕信山社
（【総則】）　　ハイブリット民法・民法総則（編著）〔2007 年〕法律文化社

第1部　契約の自由と現代における権利

第1篇　契約の成立における方式と自由

第1章　はじめに

1　問題の所在

(1)　(ア)　近代法は，契約自由の原則を採用している。その内容は，一般的に，契約締結の自由，相手方選択の自由，契約内容決定の自由，および方式の自由に大別される[1]。

　本篇は，このうち契約成立にあたっての無制約性を検討とする。すなわち，契約が当事者の意思表示の合致のみで成立する，との原則の成立を対象とするものである。この原則はたんに契約自由の原則の一部というだけではなく，諾成契約のあり方としてより具体的な内容を有する。そこで，契約成立に関する諸規制とは，多様にかかわっている。まず，契約が意思のみで成立することから，特別な方式を要しないことを意味する（方式の自由）。また，物の移転をも要しない（要物性の否定）。さらに，当事者は，物権の場合（175条＝物権法定主義，numerus clausus）と異なり，任意の内容の契約を合意しうるのである（典型性からの自由および内容決定の自由）。

　わが民法典は，契約の諾約性につき比較的明確な態度を示すほか（555条・601条・623条・632条・643条など），方式の自由と内容決定の自由については，これを当然の前提とするにとどまる（521条〜528条，91条・399条および契約各則の任意法規性）。

(イ)　しかし，これらの契約成立にあたっての無制約性も，歴史的な産物である。近代以前においては，契約が諾成とされることは少なく，むしろ多様な要件の求められることが多かったのである。そうであるとすると，近代的な契約概念の把握には，歴史的な諸制約・要件の検討が不可欠であろう。

　のみならず，今日でも，若干の契約には制約が課せられる（要物性＝587条・

593条・657条)。そして，立法例によっては，さまざまな制約がおかれる。諾成契約の概念を認めるフランス民法のもとでも，合意は原因を含むべきものとされる（1108条，1131条以下）。

また，証拠法的理由からは，契約の目的物が一定額以上の価額を有するときには，証書の作成が必要とされる（フ民1341条，1980年7月15日のデクレでは，5000フランを基準とする。なお，ヨーロッパ連合（EU）が1999年1月から単一通貨ユーロを導入したことにより，この金額は，Décr. n°2001-47 du 30 mai 2001によって，800ユーロとされた（2002年1月1日から）。また，ドイツ民法典も，1年以上の期間の土地の賃貸借につき書面の作成を要求する。ド民旧566条＝現560条）。わが民法のもとでも，法律関係の明確さから，書面が必要とされることがある（遺言＝967条，定款＝37条・旧39条・旧46条）。

さらに，商取引の明確さと画一性を求めた法技術的な理由から書面が作成されることがある（手形法1条・商599条など）。また，書面の作成が契約の明確化をつうじて，契約内容の合理化に資することが期待されることもある（労組法14条，農地法25条）。

そのうえ，近時では，取引相手方・消費者保護的な考慮から，書面の作成が要件とされる例が増加しつつある（建設業法19条，宅建業法37条，割賦販売法4条，旧訪問販売法4条＝特定商取引に関する法律（2000年）4条）。

これらの新しい制約の理解にあたっても，近代契約法の歴史的発展の検討は有用であろう。近代契約法も，かなり理由を異にするにしても，書面性や要物性の要求との多くの対抗関係のなかから発展してきたものだからである。

(2)　(ア)　そして，近時，附合契約の一般化に伴う契約自由の原則の変容が指摘されている[2]。社会的弱者には，締結の自由も相手方選択の自由もなく，内容も一方的に決定される。そこで，法の次元でも契約の規制が強められた結果，伝統的な意味での契約の自由は，もはや存在しない，というのである[3]。

(イ)　もっとも，このような契約法の変容が指摘される場合におもに念頭におかれるのは，相手方選択・締結および契約内容の決定の自由である。これに反し，契約の諾約性への制約は，今日でもそれほど強く主張されることはない。また，方式性の要求も，かつて全面的に撤廃されたことはなく[4]，必ずしも契約自由の原則といった大きな問題には関連づけられていない。これ

らは，おもに契約の技術的側面にかかわるので，具体例を離れて契約自由の制約の良し悪しを論じることが無意味なためであろう。

2 対象の限定

そこで，本篇においても，対象を契約自由の原則の全体に広げる必要はあるまい。また，たとえば方式の自由の確立と契約内容の自由のそれとの間に必然的な関係も存在しない(5)。それゆえ，対象を拡大する必然性もないのである(6)。

この1(2)の問題関心から，本稿では，もっぱら法の技術的側面から，契約の諾約性・無方式性の確立を検討する。方法としては，債権契約の成立の歴史的発展を追うことにする。契約の諾約性とはいっても，各時代に問題とされた点は必ずしも同一ではなく，時代的に検討することが，それぞれの時代の焦点を浮きあがらせるであろう。また，近代以前の法には，近代的意味の一般的契約概念は存在しないが，その場合には機能的に対応する概念をとりあげることにしたい。

第2章 古法・中世法

1 ローマ法(7)

(1) (ア) 民法の多くの分野におけるのと同様，契約の方式に関する議論も，ローマ法にさかのぼる。

ローマ法は，無方式の合意によっては債権は成立しないことを原則とした (*nuda pactio obligationem non parit*, D.2, 14, 7, 4)(8)。そして，債権が成立するには，つぎの4つの契約類型のいずれかにあたることが必要とされたのである。

第1は，要物契約（*obligationes re contractae*, 物によって締結される契約）である。消費貸借（*mutuum*）(9)，使用貸借（*commodatum*）(10)，寄託（*depositum*）(11)がこれに属する。いずれも，借主が交付された物の返還を義務づけられることから，その前提として物の交付があったことが義務を生じさせると考えられた（Gaius, Institutiones, III, 90）。

第2は，言語契約（*obligatio verbis contractae*）である。ここでは，質問と解答（ex interrogatione et responsione, Gaius, ib., III, 92, 93）による儀式によって義務が生じるとされた(12)。とりわけ問答契約（*stipulatio*）は，契約としての保護を要するが他の方式をもたない契約すべてに用いられた(13)。

第3は，文書契約（*obligationes litteris contractae*）である。消費貸借では，金の支払があったとする登録（*transscripticiis*, Gaius, ib., III, 128）によっても義務が生じると考えられた(14)。ただし，この類型は比較的早くに消滅したとされる。

第4は，諾成契約（*obligationes consensu contractae*）である。ここでのみ，なんらの方式を伴うことなく債権を成立させることができる。もっぱら意思の合致が必要とされた。しかし，この契約は，売買（*venditio emptio*），賃貸借（*locatio conductio*）(15)，委任（*mandatum*），組合（*societas*）の4つの類型にかぎって認められたにとどまる（*Gaius, ib., III, 135*）(16)。

(イ) それ以外の無方式の合意（*pacta*）によっては，市民法上債権は成立せず，訴求力は生じない。中世の法律家は，これを自然債務（*obligatio naturalis*）の1つとみた。しかし，このような制限には，しだいにいくつかの例外が生じた。取引の発展により契約の保護が必要となったが，諾成契約は限定されており，これを補うべき問答契約は，準宗教的な宣誓契約であり煩雑と考えられたためである(17)。

(a) 第1は，法務官による無方式の合意（*pacta praetoria*）である。法務官がとくに債権を訴求可能なものとした先例に起源を有し，罰金的な性質を有する訴権が生じるとされた。債務の弁済約束（*constitutum debiti*），引受契約（*receptum*）がある。前者は，問答契約によらない債務の成立後に，これに附加して既存の金銭債務の履行を約束する無方式の契約の効力を認めるものである。のちには，当初の債務とのちの約束の内容の同一性も撤廃されて拡大された。後者は，銀行業者や宿屋の主人が，金銭の支払や受領した物の返還を約するものである。また，仲裁の引受も，法務官によって強制される(18)。

(b) 第2に，古典後期以降，皇帝の立法によって訴求力を認められた契約の諸類型がある（法律上の無方式の合意，*pacta legitima*）。無償の給付約束である贈与と嫁資の保護がこれにあたる(19)。

(2) のみならず，法律の形式によることがなくても，より自由な形で方式性が緩和される場合が生じた。

(ア) 第1に，古典後期以降に発展した誠意訴訟（*bona fidei iudicia*）にあっては，諾成契約や要物契約と結合することによって他の無方式の合意も，訴求可能なものとされた（付加された合意, *pacta adiecta*）[20]。

(イ) 第2に，ローマ法の発展とともに，方式よりも意思の合致に意義がみい出されるようになったのである。

(a) 言語契約では，古くは，義務を生じさせる原因はもっぱら言語儀式にあるとされたが，しだいに合意が重視されるにいたった[21]。呪術性からの解放である。

(b) また，文書契約においても，意思の合致が債務成立の重要な原因と考えられるにいたったのである[22]。

(3) (ア) そこで，無方式の合意の効力を否定するローマ法の立場は，その内部においてさえも，すでに実質を失いつつあったといえる[23]。

(イ) (a) しかも，古典期をすぎると，ローマ社会の変容によって方式を維持することは困難となった。方式を担保するべき国家あるいは社会が衰退し，ついには西ローマ帝国も，滅亡してしまったからである（476年）。

国家組織が比較的強固に維持された東ローマ・ビザンチン期においても，5世紀には重要な変化がみられる。レオ2世（位473年-474年）は，契約締結のさいの方式性の要件を否定することなく，しかし，たんなる書面による契約に有効性を与える勅令を発した[24]。これは，ユスティニアヌス（位527年-565年）に受け継がれ，書面による契約をローマ法上の契約と同視することが一般化したのである。

こうして，方式性は否定されることなくより簡易におきかえられることになり，債務の成立方法が拡大されることになった。この拡大によって，ローマ社会に異質な契約，たとえばゲルマン法的な形式の契約の効力をも肯定する道が開かれたのである[25]。そして，西ローマ帝国の承継諸国家も，書面による契約の効力を認める。すなわち，たんに署名された文書が契約の効力を与えられ，ローマ法的な文書契約と扱われた[26]。さらには，ゲルマン慣習にしたがう方式契約も，契約として認められたのである[27]。

(b) 同時に，古典期末からは，契約の典型性の強制もくずれていった。あらかじめ予定された契約類型にあてはまらない場合でも，広く無名要物契約が肯定されたのである。そのような前提のもとでは，方式を備えない口頭契約であっても，要物性の具備によって無名契約たりうる。典型性の強制の崩壊は，方式性の緩和以上に契約成立の柔軟性を与えるものであった。

(ウ) これらの変化は，ローマ法に広い継受の可能性を準備させることになったのである。素朴なゲルマン慣習法のもとでは，古典ローマ契約法の方式は，煩雑であり維持しがたいものであった。しかし，契約にさいしてなんらかの儀式的要素は必要と考えられた。そのさい，固有の方式，または物の授受が契約の成立原因とみなされたのである。ただし，後者の場合に，当初は現実契約のみがみられ，約した給付を当事者の一方が相手方に履行することによって相手方にも反対債務を生じさせたのは（原因概念の起源の1つである），比較的のちのこととなる(28)。そして，いずれにせよ，債務は物の授受によって成立したのである(29)。

2　中世イタリア法

(1)　11世紀–12世紀のイタリアのグロサトーレンの契約概念も，基本的にはローマ法の体系を受け継ぐものであった。すなわち，特定の合意にはそれを成立させる方途が限定されているとし（典型性の強制・*numerus clausus*），諾約性の予定されていない類型の合意には，無方式では拘束力がない，とするのである(30)。

しかし，実務は典型性の強制と方式の必要性を不便なものとみて，法理論にも変化が生じた。すなわち，訴権を付与されていない「裸の合意」(*pacta nuda*) に対立する概念として，訴権を付与された「着衣の合意」(*pacta vestita*) を認め，ローマ法上予定された類型をもたない合意にも，契約としての効力を認めたのである。このように解すると，すべての合意は，契約の種類を問わずに方式さえ備えれば効力をもちうる。ここで，典型性の強制はくずれ，合意はたんに方式を欠くときに効力をもたないにすぎないもの，とされることになった(31)。

(2)　(ア)　「着衣の合意」論の先駆者は，12世紀のプラケンティヌス

(Placentinus, ca.1120-1192) である。彼は，要物契約，口頭契約，文書契約，諾成契約のほかに，拘束力のある合意として *pactum indutum*（着衣の合意）を認めた。ついで，13世紀のアーゾ（Azo, ca.1150-1230）は，附加された合意（*pacta adiecta*）と無名契約（*rei interventu*）を拘束力のある合意と認め，これを「着衣の合意」（*pacta vestita*）と呼んだ。さらに，アックルシウス（Accursius, ca.1182-1260）は，法務官による合意（*pacta praetoria*）と法律上の合意（*pacta legitima*）をも包括した訴求力のある合意の存在を認めたのである（*vestimentum legis auxilio*）(32)。

(イ) 合意相互の関係につき，アーゾは，着衣の合意と訴求しうる裸の合意，訴求しえない裸の合意の3分法をとったが，アックルシウスは，訴求しうる着衣の合意と訴求しえない裸の合意の2分体系をとった(33)。ここに訴求の根拠は，もっぱら着衣性・方式に求められることになったのである。そして，この体系は古典ローマ法の体系と異なり柔軟なものであったから，訴権を付与された合意の拡大へと道を開いたのであった(34)。

(3) さらに，14世紀には，くり返された合意（*pactum geminatum*）の効力が認められた。すなわち，訴求力を認められない裸の合意であっても，それがくり返しなされると訴求力を取得するとする(35)。その理由は，最初の合意はたんに自然債務を成立させるにすぎないが，2回目の合意は，債務の弁済約束（*constitutum debiti*）と同じく（前述1(1)(イ)(a)），効力を与えるのだという。いわば行為の反復を方式ととらえるのである。ただし，合意の反復のなかに義務の発生事由がある，とする見解も唱えられた(36)。いずれにせよ，この場合には，約束者が，もはや無効による保護を必要としないことを実質的な理由とする。

「くり返された合意」は，合意の効力についての方式性の要求に応じるとともに，他方で，それを緩和し当事者の意思を確認し肯定する途を開くものであった。方式を繰り返すことの背景，すなわち意思が実質的に考慮されたものと位置づけられる。もっとも，方式という形式への拘束の強いことをも示している。

(4) 訴求できる契約には，原因（*causa*）が認められた。裸の約束は，原因のないものとされる。グロサトーレンは，原因を，無名契約に着衣を与える

先給付（*datio vel factum*）と理解していた。もっとも，ローマ法と同じく，裸の合意も抗弁を生じ，万民法上は自然債務を基礎づける（さらに，悪意の訴権 actio doli を認める場合もある）[37]。

原因は，ローマ法では，必ずしも明確な概念ではなかったが，スコラ哲学によって厳密にされた。とくに合意された目的＝契約内容である *causa efficiens* と，たんなる動機である *causa impulsiva* が区別された。原因は，合意された動機であり，動機は，合意されていない原因であるといえる。原因がなければ，法的な効果は生じない（*cessante causa cessat effectus*）。こうして，原因の理論は，15世紀の末には，原因を備えた裸の合意には，訴求可能性が認められる基礎の1つとなり，契約の成立に必要なことは裸の合意の要件よりも，意思表示の合致である，とすることの理論的基礎が整えられたのである[38]。

3　カノン法

(1)　(ア)　これに対し，契約の効力についてまったく新しい観点をもちこんだのは，カノン法であった。カノニステンは，神学理論を基礎にすべての合意の拘束力を認めた[39]。彼らは，たんに拘束力のある契約（*pacta vestita*）の理論を引き継いだのみならず，それを超えて，すべての約束の義務を自然法上の債務とみて，不履行の中に嘘（*mendacium*）をみた。契約の拘束力の根拠については，たんなる意思の合致ではなく，神の意思，良心，自然法（*aequitas naturalis*）などによったのである。

旧約および新約聖書そのものには，契約の効力に関する法的な規律は存しない。そこで，その出発点は，約束の履行に関する道徳的義務に間接的に求めるほかはない。しかし，キリスト教的信仰論からの道徳的義務によってすべての合意の効力を認めようとする試みは，すでにローマ時代の教父・アンブロシウス（Ambrosius, ca. 340-97）に始まる[40]。そして，中世の優れた理論家である教父・聖トマス・アクィナス（Thomas Aquinas, 1224-74）は，これを背信的行為の禁止の効果として位置づけた。すなわち，約束を遵守することはそれ自体が人間の義務であり，その違反は道徳的・宗教上の罪にあたる。そこで，法的には義務が生じないときでも，道徳上は生じるのである。こう

して，いかなる約束であれ履行しないことは，背信をなすことに等しいものとされる。

　13世紀から，まず *promissio nuda*（裸の約束），ついで *pactum nudum*（裸の合意）の効力が認められた。それにより，方式のない契約も，裸の約束（ひいては着衣の約束や合意として）として，原則として訴求可能となった。絶対的な典型性の差はなくなったのである。その理由として，神が方式たる宣誓と慣習的な合意を区別しなかったからであるとされた。しかし，カノニステンにおいても，方式なき契約には原因（合意された目的）が必要とされた。これは，錯誤者や未経験者を保護するためであり，また義務をひきうける意思の真摯であることの必要からである。すなわち，原因は，今日以上に，契約の方式と関連していたのである。もっとも，原因は，敬虔や寛容，自分への拘束でもたり，すなわち，贈与でも原因がないのではないとされる（Angelus Carletus, 1411-95）[41]。

　(イ) しかし，キリスト教神学は，もともと法と道徳の分離を前提にしており，世俗実定法にまで背信の禁止を主張することはなかった。これに対し，当時のカノニステンの一部は，この神学理論を法的なものにまで高めようとした。すなわち，カノン法の優位を主張することによって，世俗法の修正が試みられたのである。グラティアヌス教令集（Decretum Gratiani, ca. 1140）およびグレゴリウス九世（位1227-41年）の勅令集がこのような立場を代表している[42]。そして，ローマ教皇権が最盛期をむかえた12世紀（叙任権闘争の主導者グレゴリウス7世＝位1073-85年，十字軍の提唱者ウルバヌス2世＝位1088-99年）から13世紀には，すべての合意に効力を認めるカノン法理論の確立をみたのである[43]。この時代は，こうした時期ともあいまって，カノン法理論が優越性を主張しやすい時期でもあった。

　(2) このようなカノン法からの主張は，それが内部で一般化するにつれ，世俗法の側にも注目された。また，中世のカノン法は，世俗事項を包含するものであったから，ローマ法とは不可分の存在でもあった。14世紀のコンメンタトーレス・バルドゥス（Baldus, 1327-1400）は，カノン法と世俗法との統一を試みる。すなわち，カノン法の合意理論を世俗法の原因（*causa*）や「着衣の合意」として説明しようとした。原因なき裸の合意（*pactum nudum*

sine causa) は，カノン法によって訴求力を与えられる原因のある合意 (*pactum nudum cum causa*) となり，カノン法では「裸の合意」と「着衣の合意」との区別を要せず，訴求力の有無は原因の有無によって一義的に判断される，というのである(44)。

　この主張は，しかし，カノン法の主張が世俗のローマ法に直接には適用されなかったことを意味する。すべての合意に効力を認めるとのテーゼは，カノン法にのみ特有の事象とみられたのであり，したがって世俗法の領域ではなお「原因」がもち出される必要があったからである(45)。

　(3) そこで，カノン法の出現によっても，世俗法には一般的に合意の拘束力が認められたわけではない。ただ，例外的に，商人間の紛争を処理する属人的な裁判機関である商事裁判所 (*curia mercatorum*) においては，商取引の特質にそくしてローマ法の修正が行なわれた。

　商取引では，軽易性と安全性が要求され，ローマ法の見通しの悪さと方式の要求とはその障害と考えられたのである(46)。もっとも，そのさいに，商事裁判所では，グロサトーレンとは異なり，より簡便な構成が用いられた。それは，商取引では最上の尺度とされた商人間の衡平 (*aequitas mercatoria*) によって，「裸の合意」も拘束力をもつというものである。一般市民法ではローマ法に従うバルトルス (Bartolus, 1314-57) も，「裸の合意」の取引法的拘束力を認めたといわれている(47)。

　しかし，結局，イタリアでは15世紀にいたっても，カノン法と商法の領域を除いて，無方式の合意の拘束力が一般的には承認されるにはいたらなかったのである(48)。

4　ローマ法継受とゲルマン法

　(1)　(ア)　13世紀に始まるローマ法継受によって，ヨーロッパ大陸地域，なかんずくドイツにはローマ法が導入された。これによって，イタリアに成立した中世ローマ法学が，在来のゲルマン法的慣行を排除して適用されることになった。そこで，ゲルマン法が法理論，とくに契約法の分野の発展に与えた意義は比較的少ない。

　しかし，無方式の合意の効力を認める近代法の発展については，ゲルマン

法の影響を肯定する見解が，従来かなり有力であった。そこで，この理論の発展を探るうえで，あらかじめ検討しておく必要がある。古くは，カノン法のほかに，ザクセン・シュピーゲル，ヴュルテンベルク・ラント法のような地域法も，裸の合意の訴求可能性に援用された。

(イ) まず，封建制のもとでの法生活を規律するゲルマン法は，ローマ法のような取引の普遍性への需要をもたず，一般的に債権法の素材には乏しい。また，細分化された地域慣習法としての性格から，ゲルマン法には，ローマ法のような体系性も欠けていたのである。債権法，とりわけ契約法の領域でローマ法継受がもっとも大規模に行なわれた理由は，これらにある。

しかし，他方，素朴なゲルマン慣習法のもとでは，約束の拘束力に対する呪術的信仰があったといわれる。そのことから，おもに19世紀前半のゲルマニステンは，ゲルマン法には約束への絶対的拘束を認める考え方があった，と主張するのである[49]。

(2) (ア) ゲルマン法の法源としては，中世初頭カロリンガー朝初期の諸部族法典がある（サリカ法典＝ Lex Salica，リブアリア法典＝ Lex Ribuaria，ブルグンド法典＝ Lex Burgundionum，西ゴート法典＝ Lex Visigothorum など，5-8世紀に成立）[50]。

しかしながら，これらの法典は取引法をほとんど知ることがなく，したがって諾成契約の概念も存しない。のみならず，初期には信用取引はなく，契約は成立と同時に物が引渡されることによって履行されたのである。この構成のもとでは，契約によって生じる義務の基礎づけすら必要ではない（現物取引）。ただし，のちには誓約（fides facta）によって履行義務の生じること[51]，および意思を表徴するもの（Willenssymbol）の譲渡によって義務の発生を認める Wadiation の方式がある[52]。もっとも，いずれも方式を伴うものと位置づけられる。また，当事者の一方が全部または一部の履行をなして，反対債務を基礎づけることが可能であったが[53]，これも現実契約・要物契約の名残とみなされるべきであろう。

(イ) これに反し，方式または一部履行によって成立した契約に関しては，厳格に履行するべきことが期待された。古い法諺である「人は言葉によって縛られる」(Ein Mann- Ein Wort) がこれを示している[54]。もっとも，この場合

でも強制の手続をもたないゲルマン法のもとでは，債務者に履行を直接に強制することはできず，裁判官の面前への召喚を求め，債務者がこれに応じないときにその平和を喪失させ，あるいは給付した物の返還かこれに代わる罰金（Buße）の支払をさせるほかはなかったのである[55]。

(3) (ｱ) 中世盛期のゲルマン法の法源としては，ザクセン・シュピーゲル (1220-35年の間に Eike von Repgow, ca. 1180-1235 の手により成立) がある[56]。これがゲルマン法の契約理論の中心をなす，と位置づけられる。しかし，わずかな記述をもつにとどまる。

1巻7節「誰しもなにかを保証または約定した者は，それを履行すべきであり，また彼が約束したことは，これを堅く守るべきである」。つまり，文言上は，約束の拘束力が認められているのである。そこで，19世紀の学説には，これを根拠に，無方式の合意の拘束力の起源をゲルマン法に求める見解も存在した[57]。そして，このような主張は，19世紀も末になるといっそう強くなったのである。

(ｲ) しかし，同じザクセン・シュピーゲルは，以下のように続ける（1巻7節）。

「しかし彼がその後それを否認しようと欲するならば，彼が裁判所の前で結んだものでないかぎり，彼の宣誓をもってそれを撤回することができる。しかしながら，彼が裁判所の前で約したものであれば，相手方は2人の証人をもって彼を承服させるのであり，そしてその際裁判官は第3の証人になるべきである」。

つまり，方式なくしてした合意は撤回しうるのである。そこで，拘束力を認める部分との関係が問題となる。撤回可能が原則とすれば，拘束力の承認には宣誓という方式が必要ということになるからである。

(ｳ) 法源では，いずれを原則とするかは明らかではない。わずかに，1巻7節の撤回について，これが，ザクセン人がカール大帝（フランク王位768年，ローマ帝位800-814年）の意に反して設けた3種の法の第2のものであるとの記述がみえるにすぎない（1巻18節）。

1巻18節2「そして，第2の法は，人が裁判所の前で約さなかったことは，それがいかに周知であろうとも，それを彼は潔白の宣誓をもって免れること

ができる。そして他の人はそれについて彼を証人によって承服させることはできない」。

しかし、撤回の可能性が、カール大帝のいかなる意に反して定められたのかは明らかではなく、また、ザクセン人の特権としてとくに定められたものか、あるいは一般的なものをたんに内容上拡大したものか、は不明なのである。

そこで、今日の多数説は、単純に、「ゲルマン法」が無方式の合意に拘束力を認めたとは考えない。むしろ、中世初期の宣誓による締約形式 (fides facta) は残存したであろうし、かりにたんなる債務の合意に「効力」を認めても、それは今日用いる意味での拘束力をもたなかったであろうとする。すなわち、債務者が裁判所において契約の締結を否定することを妨げず、それを防止するには、その存在をのちに証明しうる形式、証人・裁判官の面前での締結・書面を要した、というのである[58]。単純化すれば、相手方は、契約の拘束力を宣誓のもとで否定しえたから、証拠の点から、方式が必要との制限は免れなかった。すべての契約について、訴追可能性を認めるために、ゲルマン的な信義 (Treue; ein Mann, ein Wort) によったのは、現代的慣用にすぎず、厳格に履行が求められるには、一部の履行が必要であったのである。もっとも、ここに「原因」や「約因」の萌芽をみることはできる。

(エ) そして、ザクセン・シュピーゲルと同趣旨の記述が、シュワーベン・シュピーゲル（1273年ごろ成立、11章7節・36節）、およびドイチェン・シュピーゲル（1259-73年に成立、15章-17節）にも存在する[59]。

しかも、15世紀以降、ドイツの普通法学は、もっぱら継受されたローマ法に従う。それゆえ、無方式の合意に、現代的な拘束力は、依然として認められなかったのである[60]。

第3章　近　代　法

1　人文主義法学（Humanismus）

(1) ローマ法を現行法として解釈・適用しようとするローマ法の現代的慣用（usus modernus pandectarum）の手法に転期をもたらしたのは、16世紀の

フランス学派（*mos gallicus*）であった。彼らは，それまでのグロサトーレン・コンメンタトーレンの手法（*mos italicus*）を否定し，ローマ法の実務を参照するだけではなく，ローマ法のなかに理性（*ratio*）をみい出そうとしたのである(61)。

その特徴は，ローマ法を実用にとらわれず古典として純歴史的にみようとする点にある。そこで，法源から現代的慣用の部分を除こうとし，また法文をも批判的に研究しようとする。このような基礎のうえに，人文主義の先駆をなすアルチャートス（Alciatus, 1492-1550）は，新たな主張を行なった。すなわち，方式を備えない合意に拘束力を認めないことは，方式とそれに伴う固有の裁判制度にとらわれたローマ法の制約にすぎず，万民法や自然法に反している，というのである。ただ，彼も，カノン法のような広範な拘束力の承認にまで踏み切ることはせず，実定法上は「くり返された合意」（*pactum geminatum*）に拘束力を認めたにとどまっている(62)。

また，フランス学派のなかでも，ローマ法への固執はいぜん強く，理論上方式の自由が採用されることはなかったのである。その理由は，法と道徳の峻別を基礎とした人文主義の立場からは，かえって，理性法的バランスとローマ法への傾斜が強められたことにある(63)。なかんずく，クヤス（Cujas, 1522-90）は，裸の合意はカノン法にしたがっても拘上力をもたない，と主張したのである(64)。

(2) ところで，少なくとも中世以来，裸の合意も自然債務（*naturalis obligatio*）を生じさせることは，訴求力の承認とは異なり，肯定されていた。人文主義法学においてもそれは例外ではない。市民法・実定法上の拘束力は否定するが，万民法や自然法上は効力をもちうる，というのである(65)。

これに反し，例外的に，コナヌス（Connanus, 1508-51）は，裸の合意によって自然債務が生じることをも否定する(66)。彼のこの主張は，グロチウスがその主著「戦争と平和の法」2巻11章1節において論難したことから，長く記憶されることになった(67)。しかも，コナヌスは，自然法によっても無方式の合意には拘束力はないとする。コナヌスは，契約を自由に形成された双務的合意の総体と把握し，相互的合意（$\sigma\upsilon\nu\alpha\lambda\lambda\alpha\gamma\mu\alpha$）を債務の基本的原因（*causa*）とみる。そこで，無方式の合意すべてに債務の成立を認めるにはその要素で

ある原因に欠けるものがある，とするのである[68]。相互的合意から生じる双務性を債務の原因として用いる点に特色がある。原因（cause）を債務の基礎とするフランス法的な合意概念の萌芽といえるものである。

(3) そして，注釈学派や人文主義者と同じく，近代初期のドイツの都市とラントの法も（たとえば，フライブルク都市法1520年，ヴュルテンベルク都市法1554-55年，フランクフルト都市法1578年，Kurpflaz法1582年，Baden-Durlach法1654年など），裸の合意の拘束力を一般的に認めるにはいたっていない。そこで，無名契約では（たとえば，交換），当事者の1人が，全部または一部給付をするか，方式を備えることが必要であった。もっとも，Lüneburg都市法（1577-83年）とダンチヒ都市法（1594年）のみは，約束の受領者のために広く損害賠償の訴訟（履行請求ではなく）を認めたといわれる。

(4) これに続く16-17世紀前半は，宗教改革と宗教戦争の時代であった(ルターによる95カ条の宣言＝1517年，中間的妥協たるアウグスブルク宗教和議＝1555年，ナントの勅令＝1598年，30年戦争終結のウェストファリア条約＝1648年)。多くの学者が裸の合意の拘束力を認めるカノン法理論に言及したが，そのさいに障害となったのは，カノン法のカトリック的性格であった。つまり，カトリックの教会法規は，もはやその普遍性を主張する力を失ったのである。

とりわけ，プロテスタントの法律家にとっては，カノン法を援用するには新しい理由づけがせまられることになった（たとえば，ゲルマン法）[69]。ルターは，1520年に，カノン法大全（Corpus iuris canonici）を教皇の法として包括的に否定している[70]。しかし，プロテスタントの教義・組織の整備とともに，カノン法をも積極的に活用する傾向が生じた。そのような場合には，必ずしも教皇の権威に依存しない教会の発展の産物であり否定するにはあたらない，と位置づけたのである[71]。

2　自然法理論

(1) (ア)　伝統的なローマ法理論に対し，16世紀の後半にいたって，ようやく無方式の合意一般に拘束力を認める見解が登場した。

第一は，オランダの法学者ヴェーゼンベック（Wesenbeck, 1531-86）である[72]。前述のコナヌスの見解に反対したのは，グロチウスが最初だったわけ

ではなく，ヴェーゼンベックを嚆矢とする。オランダ学派の先進性を示すものである。その論拠は，ナンツ（Nanz）によって以下のように整理されている(73)。

(a) 無方式の合意を万民法上の合意（*conventiones*）といいながら，何らの効力をも有しないというのは，理解しがたい。

(b) ウルピアヌスは，契約上の誠実を人間的な誠実に一致したものという。自然法と同視される人間性の法（*ius humanum*）によって，合意（*pactum*）は，訴求可能性と抗弁可能性を基礎づけるものでなければならない。

(c) 学説類集は，自然的合意は義務づけるとする。そこで，万民法も同様でなければならない。

(d) 合意（*pactum*）は，意思の一致によって生じ，自然法上の債務を生じる。これについては，ローマ法大全に多くの典拠がある。

(e) 合意を理由として給付されたものは，返還請求されない。そこで，給付が可能であれば返還請求を妨げる自然債務を生じるものでなければならない。

(f) ローマ人の間では裸の合意によっては訴権が生じないとパウルスがいっていることからすれば，〔反対解釈によっては〕万民法によれば生じるとの結論を導きうる。

(g) 自然債務は裸の合意によっても取り消されうる。反対に，裸の合意は自然債務を生じさせることもできる。

こうして，ヴェーゼンベックは，まず裸の合意から自然債務が生じることを肯定するのである（(a)・(d)・(e)・(g)）。さらに，彼は，その債務が市民法上効力をもつことを，カノン法と商事裁判所の慣行を援用することによって主張する。そして，ローマ法と普通法とで内容を異にするのは裁判制度が異なるから，と説明するのである。

この見解は，普通法実務によって形成された種々の合意の承認を一般論としても無視しえなくなったことの反映である。

また，ライデン大学教授のMaesterius, Mesterton（1610-58）も，すでにローマ法でもすべての合意は訴求可能であったとする。裸の合意の訴求可能性を，歴史的な基礎づけよりも，*mores hodierni*（*usus hodiernus*）の効力（裁判

所における転換の形式）によっていた。これは，1600年以後は，かなり一般的な見解であったとされる(74)。

(イ) 有効説の第2は，ゲルマン法を根拠とする。カルプツォ（Carpzov, 1595-1666）がその代表者である。彼は，ザクセン・シュピーゲルを根拠にゲルマン法では無方式の合意に拘束力が認められ，その慣行がローマ法の「裸の合意は義務づけない」の継受を阻止したとする(75)。

この主張は，すでにローマ法の体系を大きく離れていた普通法実務を無理なく説明するものであったから，うけいれやすいものであった。そして，時代的背景も，それに順応するものであった(76)。ゲルマン法研究が開始され，それに伴うゲルマン法の簡便性・信義性の重視という主張が(77)，無方式の合意の拘束力の承認に適合する，と考えられたのである(78)。ゲルマン法を理由とする主張は，一面ではカノン法を普通法であるローマ法体系にもぐり込ませる方便でもあったから，(ア)(イ)の見解はいずれも，潜在的にはすでに一般的になっていた普通法実務を法理論の上で顕在化する努力であったと位置づけることができる（【利息】46頁，54頁参照）。そして，実務を追認する方法は，別の方向からも生じた。すなわち，ゲルマン法を媒介とせずに，カノン法をローマ法体系に結合することであり，これは自然法の主張である。

(2) (ア) (a) このような時代的背景のもとに，無方式の合意の拘束力を別の構成から肯定しようとしたのが，自然法論者であった。彼らは，ローマ法における方式の強制は，実定法上の制約にすぎず，自然法によれば素直に拘束力を認めることができるとする。人間の意思を尊重することから，拘束力の承認が法の理性に合致する，というのである。

自然法論者は，法の合理的な把握を目ざした。その先駆は，Althusius (1557-1638)であり，同人は，一般的契約法の成立を目ざした。彼は，約束を二分して，一方の給付約束と相手方の受領（*praestatio, acceptatio*）の区別をした。もっとも，契約の種類については，現代的慣用と同様に，有名契約（現実，諾成，口頭契約）と無名契約（pacta）を分ける。そして，後者には，裸の契約が属するとし，Wesenbeckに従い，これが慣習法的に訴求できるとした(79)。

(b) グロチウス（Grotius, 1583-1645）の契約論は，コナヌスへの批判から

始まる。

「彼〔コナヌス〕は「相互的合意」($συναλλαγμα$) を含まぬ約束（pactum）は，自然法によっても，また万民法によっても，いかなる義務をも生ぜしめないが，……かかる約束がたとえ全く約定より離れても，それを履行することが正直であり，且つまたある他の徳に合致するような性質の事柄では，これを成就せしめることが正直である，との見解を主張しているのである」。(戦争と平和の法（1625年）2巻11章1節)[80]。

しかし，自分の財産を他人に移そうとする所有者の意思が有効であるべきことほど自然に合致したことはなく，また，人が相互に定めたことを遵守することほど人間の信実と合致するものはない（同1節4）。ただし，将来のことに関して現在の意図を表明することは，たんなる確言（assertio）であり，拘束力をもたない（2節）。そして，将来のことに関する決定でその意思の継続を示すに充分な表示である片約（pollicitatio）は，自然法上拘束力を有するが，それによって他人は権利を取得しない（3節）。しかし，将来のことに関する決定が，権利を相手方に与えるべき意思の表示によって行なわれる場合には，これは完全な約定（promissio）であり，相手方は権利を取得しうる。たんなる約束（pactum）に関する議論は（裸の約束を無効とする），熟慮された意図の確実な表示には形式（stipulatio）を必要とするとのローマ法によって導入された慣習にもとづくにすぎない（4節）。

さらに，完全な約定のためには，当事者は無能力であってはならず（5節），合意は錯誤（6節），恐怖（7節）を伴ってはいけない。また，約定されたことが約定者の権利のもとにあることが必要である（8節）。しかし，不正な原因（causa vitiosa）によってなされた約定も，まったく法的効果をもたないものではなく，賠償責任を生じることがある（9節）。なお，すでに当然うけるべきもの（res debita）となっているものを取得する約定も有効である（10節）。

そして，「約定を為す態様に関しては，所有権の移転について上述したように，外部的行為，すなわち，意思の十分な表示が必要とされる。これは，うなづくことで十分であるが，しばしば言葉や書面によってなされている」（11節），というのである。ここでは，意思が本質であり，表示はそれを表徴するものにすぎず，方式も後者の一部にすぎないことがすでに表明されているの

である。

　(c)　グロチウスは，コナヌスの理論に反対したが，その出発点は，法と道徳の区別である（Inleiding tot de hollandsche Rechts-Geleerdhid, 1631）。道徳は，意思を真実に表示し，約束により確定し，そこにとどまるように義務づける。誓約を履行する法的義務，すなわち約束の受領者の債権は，相手方が誓約が受領されると信じて約束したときに生じる。すなわち，受領（Annahme）それ自体によってではないとする。そこで，自分の行為に拘束されるには，到達でなく，発信でたりるというのである。拘束力の発生に，相手方の同意や協力は不要であり，受領の意思表示が必要なのは，権利の消滅に関してにすぎないとする（もっとも，受領者が拒絶すれば，権利は生じない）。こうして，契約の拘束力と，契約の成立の重点を（アリストテレスと道徳神学の影響のもとで）当事者の合意ではなく，一方当事者の約束におくことが帰結され，その特徴となる[81]。原因や双務性が合意を左右することはなく，一方的意思表示である約束の交付のみが十分な条件となる。また，それが意思の重視から直接に導かれていることが特徴である。

　(イ)　プーフェンドルフ（Pufendorf, 1632-94）は自然法システムの中心に契約をおき，人間の自己愛と欠乏から，人間には平等にもとづく社交性が必要であるとする。他方，意思の尊重は，自由を意味し，人格の現れである。人は，他人との契約により，欠乏に打ち勝つのである。そのために契約が拘束し（*pacta sunt servanda*），契約的な信頼（*Vertragstreue; ut quilibet fidem datam servet*）は，自然法の中核となる。

　そこで，プーフェンドルフによれば，「自然法のもとで，われわれが負担する一般的義務は，人間が誓言を守ること，つまり約束を守ることである。というのも，これなくして，われわれは，労務と財産を交換する交渉から利益をうることがないからである。また，約束が守られないときには，他人の給付にかかる計算を確実なものとはなしえないのである」。（「自然法による人間と市民の義務」1巻9章3節）[82]。

　プーフェンドルフによれば，契約で決定的なものは，合意（*consensus*）である。グロチウスとは異なり，債務者は，債務の発生に同意し，債権者も同様にする。債権者は，グロチウスのように，たんに権利の取得に同意するの

ではなく，権利の発生に同意するのである。なぜなら，債務者が同意するのは，彼が義務を負担し，それにより自分の自由の一部を犠牲にしているからである。ここには，一方的な約束から，申込と提供の理論への萌芽がうかがえるのである。

(ウ) (a) これに対し，ライプニッツ (Leibniz, 1646–1717) は，またコナヌスの理論に戻り，裸の合意は訴求できないとした。アリストテレス的な牽連関係が，義務の法的な理由をなすからである。しかし，ライプニッツは，裸の合意の不履行のさいに，不法行為的な訴権 (*actio injuriarum*) を認めたことから，まったく裸の合意の効力を否定したわけではない。また，conventio と pactum は，同一視された。ただし，契約 (*contractus*) 概念は，双務的な契約のみに留保されている。

(b) グロチウスと初期のプーフェンドルフと異なり，トマジウス (Thomasius, 1655–1728) は，pactum を相手方が同意するための一方当事者の約束とは考えなかった。pactum は，合意された意思であり，現代的な契約と考えたのである。そして，契約は，申込と承諾により成立した。契約上の誠実さが，平等の人間の共同生活の利益のために求められるとされる。事務管理のような準契約も，推定される意思のうえに基礎づけられた。

C・ヴォルフ (1679–1754) も，*pactum* と *contractus* を同視し，これらに，ドイツ語の契約 (*Vertrag*) を用いた。契約は，申込 (*promissio*) と承諾 (*acceptatio*) からなり，いずれも意思表示であった。そして，それ以上の原因 (*causa*) を必要とせず，約束が履行される慣習的な契約の誠実 (*fides*) のみが必要とされた。双務性も原因も必要としない諾成契約の理論である。

さらに，ラウターバッハ (Lauterbach, 1618–78)，ストゥルフ (Struv, 1619–92) など多数の者が，自然法に依拠することによって合意の拘束力を認めた[83]。

(エ) このような合意の拘束力への期待は，自然法理論のもつ人間の意思の全能性への信頼にもとづくものであり，自然法論者はこれを中世カノン法，スコラ哲学から受け継いだのである。しかし，彼らは，それにとどまらず，法と道徳とを切り離すことによって，人間の意思の理論を法律行為・契約の基礎におくことに成功したのであった[84]。

3 近代的法典編纂

(1) フランス 〔ア〕 17世紀初頭に，ロワゼール（Loisel, 1536-1617）は，たんなる合意に拘束力を認めた[85]。また，それに先立って，デュムーラン（Du Moulin, 1500-1566）も，裸の合意から訴権が生じること（*ex pudo pacto actio oritur*）が，フランス法では認められるとした[86]。

そして，18世紀にいたると，自然法思想の影響のもとに，支配的見解は同じ立場をとる。たとえば，ドマ（Domat, 1625-92）によれば，「契約は，当事者が相互に相手方に合意を与えることによって完成する。それゆえ，売買は，商品が引渡されなくても，また代金が支払われなくても，当事者の合意のみで成立する」[87]。ドマは契約の中に，人間の共同生活の基礎を見いだし，契約は，グロチウスのように一方的な約束の負担からではなく，拘束をうけるための意思の合致と定義された。契約は，内容的，方式において自由である。プーフェンドルフと同じく，ローマ法の契約類型は，本質的なものとはみなされなかったのである。もっとも，契約には，原因（cause）が必要とされ[88]，その必要性は，フランスの学説によって民法典の制定の前後を通じて一貫して求められている（フ民1108条・1131条）[89]。

フランス古法最大の法学者であり，民法典の編纂者にも大きな影響を与えたポティエ（Pothier, 1699-1772）も，たんなる合意の効力を肯定した。

「わがフランス法の原則によれば，無方式の合意と契約に関するローマ法の区別は認められていない。ローマ法の自然債務〔にすぎない無方式の合意〕は，わが法においては，正当な債務となる」[90]，「合意（convention）または契約は，2人または複数の人間が，その間で何らかの約束をし，または定まっていることを取り消し修正する合意（consentment）である」[91]。契約は，原則として方式自由である。しかし，双務契約によるものでも，原因が必要であり，原因のない契約は，無効である。無効な契約によって（たとえば，錯誤）引き受けた義務により給付したときには，不当利得（condictio）が発生するにとどまる。

「債権の発生原因は，契約，準契約，不法行為，準不法行為であ」り，「ときに法または衡平」である。契約が，債権の4つの発生原因の一つであることは，ローマ法と同じである（D. 44.7.1）。債権の発生原因に関する4分法は，

フランス民法典にもみられるが，契約が，もっぱら意思を基礎とするとする理論は，この4分法からも必然的となる。

そして，ポティエにおいては，契約法ではその自由が，不法行為法では，一般的な不法行為の成立がその特徴をなしている。「自然法（la loi naturelle）は，いかなる者にも，約束したこと（ce qu'il a promis），およびフォート（faute）により犯した不法行為の賠償を命じている」。後者のフォートによる責任は，フランス民法典1382条の構造の基礎となっている。「他人に損害を生じた者の行為は，いかなる行為といえども，それが生じた原因たる過失ある者にその賠償義務を生じる」。こうして，契約と不法行為のパラレルな関係が肯定されている。

このような契約と不法行為法の親和性は，ドイツ法との比較によってより顕在化する。ドイツ法は，不法行為において絶対権侵害を要件とし（823条），種々の補充的な救済規定をおくなど（信用危殆＝824条，性的行為＝825条，良俗違反の故意損害＝826条），比較的，ローマ法的な訴権構造の痕跡を温存している。また，慰謝料についても限定的であり，ALRの時代まで，損害賠償は，狭く財産的損害なしには請求できないものであった。精神的損害に対する損害賠償請求は，わが法でも文言上広いが（710条，フランス法に由来する），ドイツ法では，法律に規定がある場合に限定されてきた（253条1項）。身体，健康，自由，性的自己決定の侵害による精神的損害に一般的に，衡平上の損害賠償が認められたのは，その例外と位置づけられる（ド民旧847条から253条2項に移動）。

こうして，ドイツ法では，契約法の不法行為法に対する独自性が強いことから，それだけ契約自由や意思理論への固執も強かったのである。長いパンデクテン法学の伝統では，契約法と不法行為法の基礎的構造を同一視する学説は例外にとどまった。この意味では，契約の基礎理論は，不法行為法との関係をも規定している。意思理論の破綻は，ただちに「契約法の死」をもたらすものとなる[92]。

(ｲ) 1791年のフランス憲法が，フランス全土に適用される統一的な民法典を必要としたことから，第2統領のカンバセレス（Cambacérès, 1753-1824）がその準備作業にあたった。1793年の彼による第1草案は，契約を「人が相

手方に義務をおう合意」と位置づけ，1794年の第2草案でも，意思の合致の必要性を述べた（145条）。ドマにおけると同様，契約は，当事者にとっての法律であった（146条）。カンバセレスの第3草案は，意思の合致の要件につき「承諾（consentment）なしに，そして意思（volontés）の協力なしには，契約＝合意（convention）はありえない」（709条，Projet de Code civil, présenté au Conseil des Cinq-Cents, au nom de la Commission de la Classification des Lois, Rep.5〔1797〕）。また，「受領されていない約束（promesse）は，契約＝合意（convention）たりえない」（710条）。「原因のあるすべての契約＝合意（Convention）は，それをなした当事者にとって法律である」ともされている（711条）。また，法律によって禁じられない限り，契約の内容の自由も規定されている（714条1項。Cambacérès, Projet de Code civil, op. cit.）。しかし，第3草案は，ただちには法律にならず，民法典の成立には，ナポレオンの登場を待たねばならなかった。そして，1804年1月28日に，枢密院の審議のさいに，Bigot-Préameneuによって，契約法は「全人類の理性と心の中にある原則」，すなわち，自然法，理性法によるべきものと述べられている。草案の規定は，ほとんど変更なしに民法典に採用された。

　(ウ)　フランス民法典（1804年）は，すべての合意に効力があることを前提に，たんにつぎの規定をおいた[93]。

　1101条「契約（contrat）は，1人または複数の人間が他の1人または複数の者に対し，何かを与え，なし，またはしない義務をおう旨の合意である（convention）」。

　また，1108条は，「義務をおう当事者の承諾（consentement），契約締結の能力，拘束（engagement）の内容をなす特定の物，債務の有効な原因」を，契約の有効性の前提として必要とした。1131条は，原因がない場合，虚偽あるいは不法な場合の，債務の無効をいっている。そして，ドマと同様に，契約は，当事者にとっての法律である（1134条1項）。

　契約の方式の自由は，特定の種類の債務において方式が制限されることから，一般的な自由を前提にしていると黙示的に推察されるだけである。内容の自由も，前述の1101条1項から推察されるだけである。契約は，1人または複数の人間が，他の1人または複数の者に対して，何かを与え，なし，ま

たはしない義務をおう旨の合意である。有名契約と無名契約の区別も否定されている。

(2) ドイツ (ア) 慣習法たる普通法を明文化するにすぎない初期の都市およびラントの立法とは異なり(94)、近代的改革立法はローマ法の修正をも目ざすものであったから、比較的早くから契約の諾成主義を肯定した。たとえば、1610年のヴュルテンブルク・ラント法典である。

2部23章1条「他人に対し何かを慎重に約した者は、それがたんなる言葉 (mit blossen Worten) または約束 (Zusagungen) にすぎないとしても、その約束に拘束される。また、相手方に対し、〔履行を〕求めかつ訴え、正当に〔権利を〕取得することができる」。

つまり、方式によらず合意の拘束力を認めているのである(95)。ただし、不動産を目的とする合意では、法典13章の規定にしたがって、裁判上の許可および登記を必要とする(2条)。

(イ) また、1756年のバイエルン民法典 (Codex Maximilianeus Bavaricus civilis) が、例外をおかずにすべての合意の効力を認めた。これは、詳細な定義規定をおく点に特徴がみられるが、ローマ法的な合意の種別や原因にも言及する詳細なものである。法典は、Kreittmayr (1704-1790) により、起草され、おもに現代的慣用に従っているが、同人は、ローマ法の契約類型の詭弁性を非難し、かつ契約の拘束力をカノン法と古ドイツ法の信義に求めている。以下のように、やや教科書的な条文である。

4部1章3条「2人または多くの者が、たがいに何らかの拘束力をうるために合意した約束 (Conventiones) は、ローマ法では、Pacta と Contractus とに分けられ、また、約束は法定の効力、特定の形式、または少なくとも原因 (Causa) によって成立したのであるが、今日では、すべての Pactis は、Contract と同じく効力を有する。そこで、上記の区別はすべて、裸の合意、法定の合意、着衣の合意、付加された合意 (Pactis nudis, legitimis, vestitis, vel adjectis) の区別とともに廃される」。

同7条「それゆえ、無方式の契約と合意は、同じに扱われる」。方式は、証拠として意味をもつにすぎない。

(ウ) 以後の近代法典も、同様に、契約の諾成主義を原則とする。

(a)　(i)　プロイセン法の改革は，1746年に，フリードリッヒ2世が，首相（Großkanzler）のCocceji（1679-1755）に，法典編纂を委託したことに始まる。その最初の2部は，1751年に，フリードリッヒ草案（Project des corporis juris Fridericiani）のタイトルで現れ，1753年の債務法は，おおむねローマ法の現代的慣用に従っていた。多くの法律家層は，改革に消極的であり，草案では，家族と後見法のみが，若干の地方に導入されたにとどまる。

　Coccejiの改革提案のもとに，スアレツの起草した1780年4月17日の内閣令によって司法の改革が行われた。長い議論ののちに，改革法ALG（1791）が公表され，フリードリッヒ・ウイルヘルム2世（1744-1797）が署名し，発効は，1792年6月1日に予定された。しかし，王に対する貴族の反抗から，法の施行は停止され修正が行われた。新たなALR（プロイセン一般ラント法典，Allgemeines Landrecht für die Preussischen Staatten）の発効は，1794年6月1日まで遅れた[96]。

　(ii)　ALRは，1部1章で人を，2章で物を，3章で行為を扱い，4章が「意思表示」を規定する。第1条は意思表示を定義し，関連して，目的物，能力，意思の自由，真摯，黙示と推定される意思表示，解釈，錯誤，詐欺，方式，条件，動機，目的，時などの多数の規定がある（2条-169条）。5章において，契約が扱われる。その第1条によると「権利の取得または譲渡の双方的な同意が，契約といわれる」。

　(iii)　ALRは，以下で契約の諾成性を認めた。
1部5章4条「契約が有効であるためには，約束（Versprechen）が有効に受領されればたりる[97]」。約束と承諾が，契約の成立のもっとも重要な要素である。ともに，内容は自由であり（I 4 §5, I 5 §39），方式も自由である（I 4 §94, I 5 §109）。

　そして，方式の具備は，原則として必要とされていない[98]。しかし，国家による身分制的介入を大幅に予定するALRには，多くの例外が残された。多くの重要な契約においては，法的安定性のために方式，とくに書面の要求されることが多い[99]。たとえば，I 5 §131によると，銀50ターラー以上の目的物を対象とする場合には書式が必要である。

　ALRの立法者であるスアレツ（Svarez, 1746-98）は，一方では，意思表示

27

が民法上の権利,義務の発生する源泉であることを認めたものの[100],他方では,法規による方式の要求を契約の有効要件としたのである[101]。

(iv) そこで,うえの1部5章4条の原則に対して,ALR 1部5章109条—184条においては,「契約の方式」を広い範囲で求める諸規定がおかれている。

109条「契約が有効であるためには,双方的な合意のほか,法律が命じる方式を守ることを要する」。

これに違反したときの効果については,以下の区別がある。

155条「法律が書面による契約を求める場合に,口頭のみで締結され,契約が履行されていないとすると,契約にもとづく訴は,許されない」。

156条「しかし,一方当事者が相手方から履行の一部または全部をえたときには,その当事者は,自分の側からも契約を履行するか,受領したものを返還あるいは賠償しなければならない」。

この156条に加えて,警察的規定の多いALRのなかで契約の効力を救うためにつぎの規定がある。

110条「ただし,法律における方式の順守が刑罰規定によって命じられたにとどまるときには,方式を怠っても契約は効力を失わない」。

契約が方式,とくに文書を要する場合は多い。もっとも包括的な規定がつぎである。

131条「契約の目的物が銀貨50ターラーを超えるときには,契約は文書によってなされなければならない」。

さらに,133条以下に細かな規定がある。また,171条以下には,文書契約における裁判所の後見的機能が期待されている。たとえば,盲聾唖者は,書面による契約を裁判所において作成させなければならない(171条。また,文盲者につき,172条)。ここでは,契約の方式は,無能力者保護の機能をもおわされているのである。

(b) (i) 同時代の自然法的立法であるオーストリア一般民法典(ABGB・1811年)も,同様の方式の自由を採用している。

立法の出発点となったのは,テレジアヌス法典である(Codex Theresianus, 1753/66)[102]。そこには,「契約」という一般概念があり,それは,有名,無名の Contracte から成る。明示または黙示の意思の合致が,契約を基礎づけ

る。そして，契約は，許容された範囲で，いかなる内容ももちえ，原則として方式自由であった。

しかし，テレジアヌス法典は，草案にとどまり，ヨゼフ2世（位1765-90）のもとで，1786年11月1日に，私法の第一部がホルテンによる草案（Entwurf Hortens）を経て「ヨゼフ法典」として公表された。つぎのレオポルド2世（1790-92）のもとでは，マルチニ（1726-1800）による草案が作成され（Entwurf Martinis），草案は，実質的に変更されることなく，1798年7月1日に，西ガリシア法典として発効した。この原草案が，ABGBの審議の出発点となった。ホルテン，マルチニの草案は，ともに自然法論者のプーフェンドルフ，ヴォルフの見解をいれて，契約の方式の自由を認めていた[103]。

(ii) ABGBの起草の原草案によれば，「誰かに，自分の権利を譲渡する旨を表示した者，すなわち，何かを認め，与え，何かをなしあるいはなさない表示をした者は，約束をしたにすぎない。しかし，相手方がその約束を有効に受領したときには，両当事者の一致した意思により契約が成立する」。

ABGBの審議において，ほぼ原草案が維持された。報告者は，のちの注釈者のツアイラー（1753-1838）である。彼は，マルチニに学び，1783年にその後継者となった。

861条「他人に自分の権利を譲渡する旨，つまり何かを認め，与える旨を表示し，または何かを行いあるいはしない旨を表示した者は，約束（Versprechen）をしたにすぎない。しかし，その約束に対する相手方の承諾が有効なときには，両当事者の意思の合致によって契約が成立する。交渉が続き，また約束がなされていないときには，あらかじめまたはあとで契約が成立したと扱われることはない」。

ここでも，単純な約束の拘束力が認められているのである。もっとも，ABGBにも，権利の成立に方式を要件とする若干の例外は定められている[104]。

第4章　19世紀以降の変遷

1　パンデクテン法学

(1)　(ア)　合意にローマ法的な区別を認めず、方式を必要としないことは、18世紀にはすでに当然のものとされている。方式の自由は、もはや法曹だけに特有のものではなく、一般的なものであり、それゆえカントやヘーゲルなど一般の哲学者もこれに従う[105]。

(イ)　さらに、19世紀のパンデクテン法学もこれを受け継いだ。後期継受ともいわれる19世紀のローマ法学は、理念としてはローマ法の研究を重んじたが、ただちに法の歴史的研究を当時の現行法体系のなかにもちこむことはしなかったのである[106]。ただし、パンデクテン法学は、理論としては、人の理性による契約の成立とその遵守を前提としたのであり、契約の理解を自然法思想以上に深めるものではなかった。比較的初期のティボー（Thibaut, 1772-1840）[107]、サヴィニー（Savigny, 1779-1861）が、方式の自由を唱えているのが注目される[108]。

なお、この時代の特徴は、たんに合意の拘束力を認めたことにとどまらず、これが契約自由の原則の一部ととらえられ、後者の意義が強調されるにいたったことである[109]。

(2)　合意の無条件的な拘束力は、もはや何らの争点とはならない。争われたのは、その歴史的根拠のみであった[110]。

(ア)　当初は、ローマ法・普通法の固有の発展の結果、方式の自由が生まれたと信じられた[111]。

(イ)　これに対し、他の法源の意義を主張する反対説が現われた。

(a)　第1説は、すべての約束に契約としての拘束力を認めるカノン法の影響を強調する（前述第2章3参照）[112]。

(b)　第2説は、ゲルマン法の影響を強調する（前述第2章4参照）[113]。この見解は、ザクセン・シュピーゲルをおもな法源とみて、その解釈から、不動産やこれに準じる価値の大きな動産については、儀式としての方式の伴うことが要請されるが、他の契約ではそうではなく、そして、誓言が守られるべ

きことがうたわれていることから、方式は原則として不要であったとする。また、この解釈が、ゲルマン法的な信義と正義に合致する、というのである。

しかし、19世紀後半のゲルマニステンは、少なくとも法史学的見地からはこれに反対した[114]。すなわち、ゲルマン法によれば、たんなる意思表示によっては拘束力のある契約は生ぜず、一定の形式か、少なくとも一方の給付の実行（物＝resによる契約の成立）が必要なのである[115]。ローマ法（普通法）と同様に、この時代には、ゲルマン法の解釈においても、なお解釈学と法史的見地が混在していたといえよう。

(ウ)　以後の有力説は、方式の自由は、ローマ法継受後のドイツ慣習法によるべきものとし、内容的には諸説の折衷を試みる[116]。一方では、ローマ固有法の内部的変化、他方ではカノン法と自然法による意思理論の影響のもとに、継受以降、方式性の緩和が慣習的に認められたというのである[117]。

なお、カノン法起源説とゲルマン法起源説には、それほど本質的な相違はないものと考えられる。たとえば、20世紀初頭の歴史家シュペングラー（Spengler, 1880-1936）は、ゲルマン法はその体系化＝法典化に失敗し、世俗法の体系化はローマ法に委ねられたが、精神的領域においてはカノン法の形態で法典化を達成したとして、カノン法典をゲルマン法の系譜の一部に位置づけている[118]。

2　19世紀の諸立法

19世紀のドイツの法典編纂は、パンデクテン法学の所産である。そのいずれもが、方式の自由を採用する[119]。

(1)　1861年のドイツ一般商法典（ADHGB）は、商行為の締結について、申込と承諾のみによって契約が成立するとした。契約の定義はおかれず、317条〜323条において、契約の成立要素として、申込と承諾が詳細に規定されている。また、契約の締結について、方式の自由が表明されている（317条）。もっとも、商法の領域では、方式の自由は古くから認められているから、必ずしも斬新なものというわけではない。

(2)　民法の領域の立法例としては、1865年のザクセン民法典が比較的早いものである。それも、当事者が法律行為に関し合致する意思を表示したとき

に契約が成立するとする（783条）[120]。

　債権は，法律行為から（770-772条）または不法行為から（773-781条）生じる。契約上の債権は，「合意したまた対立する多数人の意思が，債権の発生に向けられたとき」に（781条，772条），生じる。方式は自由であるが，契約の締結に方式が必要なときには，この限りではない（821条「契約は原則としてその有効性のために，何らの特別な方式を要しない」）。また，内容も自由である（772条）。「多数人の合意による法律行為により，債権は，契約のルールに従い発生する（782条）。causaは，必要ではない（特則として，276条2文，「登記簿への記入は，所有権取得の原因を前提とする）。その理由書によれば，ローマ法では，「原則として，たんなる合意（pactum）によっては」債権は発生しない。「そして，特別の債権の原因（causa obligationis; res, verba, literae, consensus）が必要である」が，すでに普通法において，民事上の原因（causa civilis）は不要となったとのことが述べられている。

　1881年と1911年のスイス債務法典は，契約の自由をもっとも詳細に規定した法典である。すなわち，1条1項において「契約の締結には，合致した双務的な当事者の意思表示が必要である」と規定する。また，方式自由の原則は，1881年法9条＝1911年法11条に述べられている（1項「契約が有効なためには，法がそれを定めた場合にだけ特別な方式を必要とする」）。そして，内容の自由については，1911年法19条1項が述べている（1項「契約の内容は，法の制限内において，自由に定めることができる」）。さらに，「債務の表白（Schuldbekenntnis）は，義務の原因（Verpflichtungsgrund）なしに有効である」とする。(1881年法15条＝1911年法17条)。すなわち，債務の原因（causa）は，必要ではないのである。

3　ドイツ民法典

　(1)　1866年の（ウィーン体制下の1815年のドイツ連邦のための）ドレスデン草案は，ローマの債権法をドイツの裁判実務に適合させることを目的とする。契約は，諾成契約として構成され，契約の締結には，契約当事者の合致した双務的意思表示のみを要するとする（42条）。契約における方式の自由も定められている（76条）。同年・1866年のドイツ連邦の解消の結果，その草案は

成立することはなかったが、この草案は、ドイツ民法典債権編の基礎となったことに意義がある(121)。ドイツ民法典の起草にさいし、第一委員会で債権編の原案として利用されたのである。

(2) そこで、ドイツ民法典の立法作業でも、基本的な立場に変化はない。

(ア) 民法典審議予備草案は（Vorentwürfe der Redaktoren zum BGB）(122)、契約の締結には、契約当事者が合致した意思をたがいに表示することを要するとした（債権編1章2節〔債権関係の成立〕1〔契約〕1条）。

(イ) (a) そして、第一草案も、つぎの規定をおいた。

77条「契約の締結には、契約当事者が合致した意思をたがいに表示することを要する」。これは、ドレスデン草案42条の表現上の修正にすぎない。

同条は、普通法時代の諸法典にならっておかれたものであるが(123)、おもに技術的意味から疑義が出され反対をうけた。すなわち、意思の合致についてのルールは、意思表示の発信・到達の主義によって影響をうける（到達主義＝ド民130条・日民97条）。また、取引の慣習によっては、契約の成立に意思表示を必要としないこともありうる（86条＝現151条、日民526条2項）。しかし、この77条のように一義的に規定したのでは、これらの問題に紛糾を招く、というのである(124)。

つまり、第一委員会では、契約の方式の自由そのものはすでに当然の前提となっており、問題は、たんに契約の成立時期および意思表示の省略についての技術的関心にあるのみであった。

(b) そこで、第二委員会は、契約の成立には意思表示の合致があればたりることは当然であり、逆に合致がなければ契約の成立しないことも、第一草案78条（現154条、契約上のある事項に関し意思が合致せず、当事者の一方または双方の意思表示によって合意がなされるとされたときには、意思の合致しないのが契約の本質的部分に関してではなくても、疑わしいときには契約は成立しない）から明白であるとして、この77条を削除したのである(125)。そこで、ドイツ民法典は、規定のうえでは、方式の自由や内容の自由も規定していない。方式の自由は、契約の成立に関する技術的規定の当然の前提とされている、とのヴィアッカーの指摘が当をえたものといえる(126)。

(ウ) さらに、ドイツ民法典は、債権編の原305条につぎのように規定して

いる（2002年の債務法現代化法311条1項）。

「法律行為による債務関係の設定および債務関係の内容の変更には，法律に別段の定めがないかぎり，当事者の契約を要する」。

これに対応する第一草案の規定は，以下のとおりであった（第二草案220条も同旨）。

「一方的な，承認されていない約束は，法律に別段の定めがないかぎり，無効である」。

第一草案は，一方的約束にもとづく債務が原則として無効なことを明らかにしたが，第二委員会は，このことが明文の規定がなくても明らかであるとして削除したのである[127]。

それに代えて，第二委員会は，現行法に相当する規定をおいた。その理由は，物権法では明らかにされている権利の取得の時期（第一草案794条・798条。前者は現101条に相当，後者は削除＝物の所有権はその占有をえたときにのみ取得される）が，債権法では不明であり，第二草案310条にのみ消極的に現われていること，また，一方的債務約束が効力をもたないことを消極的にではなく，積極的に規定するのであれば有用性を認めうることにあった[128]。

そこで，主眼は契約の相互性の表明にあり，この規定とのかかわりでも，方式の自由は，とくに問題とされてはいないのである[129]。

4 むすび

法的に拘束力をもつ契約を，方式や原因のない約束（pactum nudum）と区別することは，ローマ法の時代から種々の理論を生み出してきた。これは，形式の問題である以上に，契約責任の基礎がどこにあるかとの議論，あるいは契約責任と不法行為責任の区分にも関係している。多様な契約の沿革に照らすと，合意のみに契約責任の基礎を求めることは困難であり，それは，むしろ自然法以来の法政策的な理論の産物にすぎない。英米法でいわれる「契約法の死」は，そこにおいても限定的なものであったが，大陸法においても，単一の理論である合意主義の終焉という限定的な意味をもつにすぎない[130]。

ローマ法以来，合意以外の種々の理論が存在した。約束されたことが果たされるであろうと相手方に引き起こした期待（信頼，Vertrauen）や，約束の

なされたこと自体 (Versprechen)，あるいはたんに反対給付の履行 (Gegenleistung) されたことにより，請求できる場合などである（これらは事実的契約と構成されることもあるし，不法行為的に契約締結上の過失によることも，不当利得で，一定の場合に返還請求のみが肯定される場合もある）。古くに，ドイツの地域法には，無名契約（とくに交換）では，相手方が全部または一部の給付をしたときに，自分の約束への拘束を認める例があった。ローマ法の現代的慣用では，契約的な拘束は，ことばへの信頼 (Treue zum Wort; ein Mann- ein Wort) が根拠とされた。拘束力をもたらす信義の基礎は，「ゲルマン法」に由来するとも考えられた。

　方式のない合意の効力を否定しても，不法行為的な救済を試みる理論も存在した。ライプニッツのように，裸の契約の不履行にさいして，不法行為訴権 (actio iniuriarum) を与えようとする学説があり，また自然法論者の中にも，契約違反を不法行為と同列に扱おうとするものがあった。ポティエは，約束したことを守る契約と，他人を違法に害する不法行為をともに自然法の規律とみた。このような契約と不法行為の相関的な位置づけは，サヴィニーにさえみられる。

　カノン法は，契約の拘束力の問題を意思表示の合致に帰した。カノン法は，ゲルマン法的な慣用の言い換えでもある。そして，グロチウスでは約束が，そしてフランス民法典やサヴィニーでは，合意が契約の基礎となった。自然法理論とパンデクテン法学は，理論の統一の観点から，人の意思とその合致に，契約責任の基礎を求めた。そして，19世紀，20世紀の理論は，基本的にその延長である。

　しかし，合意の理論への例外がなかったわけではない。19世紀に，Schloßmann（1844-1909）やv. Tuhr（1864-1925）は，約束により相手方に生じた期待 (Vertrauen) の中に，契約責任の基礎を求めた。たしかに，多くの見解は，Schloßmannを例外として，伝統のわくにとどまっていたが，彼は，契約違反の本質を不法行為と同視していた。すなわち，契約で負担することは，他人に対する意思表示から生じた義務ではなく，他人に損害を与えることの禁止であり，思慮ある人間 (bonus vir) として信頼されることであるとする。もっとも，契約違反では，失われた利益 (lucrum cessans) の責任が生

じるが，不法行為では，こうむった損害（damnum emergens）の責任が生じるだけであるとする(131)。

古くローマの時代から，ヨーロッパの大陸法では，契約と不法行為は厳格に区別されてきた。その区別はもともとローマ法の訴権体系に由来するものであったが，訴権体系が克服されたのちには，契約法の特質を強調し，契約の自由と方式の否定をもたらすことにも貢献したのである。反面で，それは契約の多様性とそれが内在する種々の限界を見過ごす契機となった。契約の基礎は，もともと多様であり，また，限界も有する。契約の限界づけの問題は，次篇の課題となる。

(1) 契約自由の原則とその変容については，契約法のテキストの多くがふれている。とりあえず，我妻栄・民法講義 V_1（1954年）17頁，29頁，谷口知平・注釈民法(13)（1966年）37頁，106頁。谷口＝小野・新版注釈民法（1996年）317頁以下，同（2006年・補訂版）392頁。

(2) 契約自由の原則の修正のとらえ方については，古くから争いがある。これを正面から契約法の変容としてとらえる見解と，その原則の行きすぎをおさえ本来あるべき地位にひきもどすものとみる見解との対立である（近時の文献のうち，おおまかに分類すると，前者として，星野英一「契約思想・契約法の歴史と比較法」基本法学(4)（1983年）3頁以下，同「現代における契約」現代法(8)（1966年）207頁以下，北村一郎「私法上の契約と『意思自律の原理』基本法学(4)（1985年）165頁以下，白羽祐三・現代契約法の理論（1982年）1頁，同「契約法の現代的発展」現代契約法大系(1)（1983年）1頁以下。後者として，原島重義「契約の拘束力―とくに約款を手がかりに」法学セミナー345号（1983年）32頁，同「約款と契約の自由」現代契約法大系(1)（1983年）37頁以下，石田喜久夫「契約の拘束力」現代契約法大系(1) 88頁以下，同「現代法律行為論の課題」現代の契約法（1982年）228頁以下。やや折衷的見解としては，大木雅夫「契約における自由と強制」上智法学論集15巻1号1頁）。

なお，vgl.Tosch, Entwicklung und Auflösung der Lehre vom Vertrag,1980 が比較的新しい包括的な研究である。

(3) 近代民法のもう一つの柱である所有権の絶対性にも，契約自由の原則に関するのと似た問題がある。すなわち，前者もまた19世紀には広く主張されたが，第一次大戦後には，義務が伴う（Eigentum verpflichtet, ワイマール憲法（1919年）153条3項）ことが認められたのである（なお，契約自由については，同152条1項）。これを，所有権概念の変容ととらえることもできよう。ONO, Das Japanische Recht und der Code civil als Modell der Rechtsvergleichung, Hitotsubashi Journal of Law and Politics,

Vol.34, p.15, p.23 (2006).

　しかし，19世紀パンデクテン法学のなかにおいても，ゲルマニステンは，所有権に義務が伴うことを認めていたし，ロマニステンさえも，必ずしもその無制約的な主張を肯定したわけではない。法技術的には，所有権に伴う義務が公法的なものととらえられ，公法と私法とを峻別するローマ法的私法体系には現われなかったにすぎないのである（所有権概念の展開については，石井紫郎「財産と法―中世から現代へ」基本法学(3) (1983年) 3頁以下，とくに21頁以下）。ドグマとしての絶対性の主張は，むしろ封建的所有権概念を否定することに意味を有したにすぎないのである。

　古い理解では，ローマ法の所有権は，無制限の支配を意味し，物に対する全面的支配権であり，ゲルマン法の立場はこれと異なり，社会法的な所有権であるとされる。しかし，後者も，実質的には，ローマ法の所有権の反対像として構想されたものであり，ゲルマニステンの抽象化の産物にすぎないとするのが，近時の理解である。クレッシェル「ゲルマン法の虚像と実像」（石川武監訳・1989年）11頁。同・267頁以下（「『ゲルマン的』所有権概念説について」）参照。

(4)　近代以前の法において方式，とくに書面が要求された理由としては，証拠の必要性，封建的監督や領主による手数料徴収の目的，あるいは呪術的・心理的要因もあげられよう（後述第4章2注(126)参照）。

(5)　今日みられる契約の自由の制限も，すべての契約において均一にみられるわけではない。むしろ，相手方選択の自由や方式の自由などのうち1つか2つが重点的に制限されるのが通常である。逆に，それらの生成の過程も必ずしも一致しない。たとえば，方式の自由は認めても内容決定の自由は認めない，といったそごの生じることもあり (Kroeschell, Deutsche Rechtsgeschichte, II (1250–1650), 1973, S. 98)，これらを統合する概念として「契約の自由」が唱えられたのは遅く，時代的にはむしろこれが例外（19世紀）とさえいえるのである。

(6)　契約内容決定の自由の検討については，契約的正義や給付の等価性の観点から当事者意思との関連を探る別稿にゆずり，契約締結・相手方選択の自由の検討については，1970年代後半から，おもにこれにかかわる約款の研究がさかんであり，詳細をそれにゆずることにする（その契機は，1976年のドイツの約款規制法であろう。邦文のものでは，河上正二「約款論」民法講座(5) (1985年)，山本豊・不当条項規制と自己責任・契約正義 (1997年) 参照。また，石原全「約款による契約の成否」および「商取引における契約の成否と契約内容」いずれも同・約款による契約論 (2006年) 1頁，167頁に所収。また，約款の性質論については，同・約款法の基礎理論 (1995年) 参照）。

　なお，第1部1篇は，もともと第4章2のドイツ民法典までで（商論55巻3号・1987年），1つの論文の前半をなしており，後半は未刊であった（英米法と契約自由の制限を対象とする）。その後，後半は，独立した論文として公刊する機会があったことから（一橋法学6巻3号），本書では第2篇として収録した。テーマの一部はかなり変

第1部　契約の自由と現代における権利

わっている。また、著書にまとめるにあたり、第1篇のむすびとして、第4章3を加筆したことを付け加えておきたい。多少体裁も変わっているのはそのためである。

(7)　ローマ法における方式の必要性や諾成契約の占める位置づけなどについて、邦文のものとしては、広中俊雄・契約とその法的保護（1974年）3章（91頁以下）、同「契約および契約法の基礎理論」契約法の研究（1967年）所収（とくに14頁以下）が詳細な研究である。また、三ケ月章「契約法に於ける形式主義とその崩壊の史的研究」法協 64巻2・5・6号・8号、自然債務の一類型として検討するものとして、石田喜久夫・自然債務論序説（1981年）とくにその第3章参照。

　　また、ローマ法学者による研究も多い（原田慶吉・ローマ法（1955年）170頁以下、船田享二・ローマ法 III（1970年）68頁以下、Jörs-Kunkel-Wenger, Römisches Recht, 1949, §117 (S.187); Sohm, Institutionen des Römischen Recht, 1949, §67 (S.387); Kaser, Das Römische Privatrecht, I, 1971, §122 I 2 (S.522f.), §56 I (S.227); ders., Römisches Privatrecht, 1976, §33 I (S.133ff.); 1992, S.154f. 後者については、柴田光蔵訳・ローマ私法概説（1979年）310頁以下がある）。

　　そこで、本稿第2章(1)の部分におけるローマ法の検討は詳細をこれらにゆずり、以下の記述は、たんにローマ法の方式主義の概観をうるに必要な限度で行なうにとどめる。あえてふれるのは、ローマ法の古典期以後の発展につき、出発点を明らかにしたり、近時の見解に言及する必要があるからにすぎない。

(8)　合意（pactum）は、二人または複数の者の意思の合致（consensus）である（D.2, 14, 1, 2）。しかし、この場合に、合意のみでは拘束力を生じない。「たんなる合意は債務を発生させず、抗弁権（exceptio）を生じさせるにとどまる」（D.2, 14, 7, 4）。

(9)　D.44, 7, 3, 1; D.12, 1, 2 pr.

(10)　D.44,7,1,3-4.

(11)　D.44,7,1,5.

(12)　Kaser, a.a.O., S.157（訳311頁）。なお、ガイウス（Gaius, ca.2c.）は、おもに船田享二訳・ガイウス法学提要（1967年）201頁以下によっている。

(13)　春木一郎「Stipulatio」京都法学会雑誌3巻6号参照。

(14)　Kaser, a.a.O., S.157（訳311頁）。

(15)　ローマ法の賃貸借は、物の賃貸借（locatio conductio rei）のほかに、労務および仕事の賃貸借、すなわち雇用と請負（locatio conductio operarum; locatio conductio operis）をも含む概念である。

(16)　Kaser, a.a.O., S.157（訳311頁）。

(17)　後述するレオの勅令（5世紀）は、儀式的用語の不要なことを明らかにした（後注(26)）。なお、初期には、問答の形式自体も定型化されており、自由な合意はありえなかったのである。

(18)　Kaser, a.a.O., §45 I (S.189)（訳371頁）。

第1篇　契約の成立における方式と自由

(19) Kaser, a.a.O., §38 II (S.158)（訳 314 頁）。
(20) Kaser, DRP I, §114 IV 3b (S.487); Jörs-Kunkel-Wenger, a.a.O., §117, 3 (S.189).
(21) Seuffert, Zur Geschichte der Obligatorischen Verträge, 1881, S. 24; D. 45, 1, pr.
(22) のみならず Inst. 3, 21. では，合意のみが債務成立の原因とされた。
(23) ただし，無方式の合意に拘束力を認めないとの原則自体は維持された（広中・前掲書（法的保護）238 頁）。
(24) これによって，もともと方式がもっていた呪術的要素は後退し，たんなる書面という技術が前面に出たのである。Vgl.Seuffert, a.a.O., S.31（C.8, 37, 10; I.3, 15, 1, なお，N.72). vgl.Tosch, a.a.O., S.10.
(25) Ib., S.31.
(26) ローマの文書契約は，たんに文書による契約に拘束力を認めたものではなく，形式を伴う登録行為が義務を生じさせたのである。そこで，ひとしく契約には形式を要するといっても，内容は同一ではない。Vgl.Gneist, Die formellen Verträge des neueren römischen Obligationenrechts in Vergleichung mit den Geschäftsformen des griechischen Rechts, 1845, S.258ff.
(27) これは，ランゴバルト法にみられるといわれる（Seuffert, a.a.O., S.33)。
(28) いわゆるゲルマン法では，契約は少なくともその一部の履行なくしては成立しない，とされた（後述第 2 章 4 参照。Stobbe, Zur Geschichte des deutschen Vertragsrechts, 1855, I, Ueber Klagbarkeit, Form, Verstärkung und Beweis der Verträge, §§2, 3 (S.8ff.))。
　一般に，契約法の発展においては，要物・現実契約の段階から，一方の給付の実行によって反対債務を承認する段階へ，ついで諾成契約の段階へと進むとされる（Horwitz, The Transformation of American Law, 1977, pp.160)。ゲルマン法の発展は，要物・現実契約からつぎの段階への移行までであり，諾成契約の承認にはいたらなかった。だが，この第 2 の段階でも，現実に履行する給付に代えて，観念的な代替物（ゲルマン法では表徴物，より観念的にはフランス法の原因 =cause，イギリス法の約因 =consideration）によって契約が成立するとすれば，実質的には諾成契約の段階に達しているのである（Tosch, a.a.O., S.13)。なお，原因および約因と諾成契約との関係については，川村泰啓「追奪担保体系・権利供与体系と日本民法典」ジュリスト 621 号・622 号・624 号・625 号・630 号・633 号・636 号（1976-77 年）（とくに，624 号）参照。より詳細には，第 2 篇参照。
　もっとも，原因については，その廃止論者（Anti-causalist）の主張，約因についても否定論がある（Wright, Ought the Doctrine of Consideration to be abolished from the Common Law?, 49 Harv.L.Rev. 1225 (1936))。これを諾成契約への発展とみるか，大陸法的意思理論の影響とみるかには検討のよちがあろう。小野・危険負担の研究（1995

39

第1部　契約の自由と現代における権利

年，以下【研究】と略する）53頁，69頁参照。

(29)　こうして，契約の諾約性に対し，要物性が対立することになり，従来の方式性との対立が克服される。対立の図式に変化が生じるのは，歴史的発展に根ざすものである。

なお，以下の記述にさいし，一般法史的部分については，おもに，Wieacker, Privatrechtsgeschichte der Neuzeit, 1967.（本書第1版には，鈴木禄弥訳・近世私法史（1961年）がある。「訳」として引用），Koschaker, Europa und das Römische Recht, 1966; Arnaud, Les origines doctrinales du Code civil français, 1969. を参照にするところが多い。また，ほとんど1次資料を入手しえない中世法（後述第2章2-4）については，2次資料からの学説の紹介は最小限に限定し，史的展開を追うのに必要な範囲にとどめる。

(30)　Irnerius, Martinus, Jakobs, Albericus, Azo, Accursius など，著名な法学者がこれに属する（詳細については，Seuffert, a.a.O., S.41f.; Nanz, Die Entstehung des allgemeinen Vertragsbegriffs im 16. bis 18.Jahrhundert, 1985, S.31ff. 以下，この2著によるところが多い）。Kegel, Zur Entwicklung der Auffassung vom Vertrag im kontinentalen Europa, Gedächtnisschrift für Alexander Lüderitz, (hrsg.) Schack, Horn, Lieb, Luig, Meincke und Wiedemann, 2000, S.347. も，歴史的素描につき，ほとんどこの Nanz に依拠している。

(31)　Karsten, Die Lehre vom Verträge bei den italienischen Juristen des Mittelalters, 1882, S.108ff.; Dilcher, Der Typenzwang im mittelalterlichen Vertragsrecht, SZ (Röm. A.) 77 (1960), 270ff.

ちなみに，以前はあらかじめ予定された典型契約に属さなければ方式の付与も原則的にはありえなかったのである。典型契約ごとに対応した方式も定まっていたからである。ただし，方式といっても，文書契約のようにローマ社会に特有のものは当時可能なものに置きかえられねばならなかったから，方式自体にも変更が必要であった（一般の文書を方式とするように）。典型性の緩和は方式の変化の延長に位置づけられるものであり，実際家であるグロサトーレンの実践的意図が働いていたといえる。

そして，このような方式のために代用されたのが公正証書である。これによって，とくに商人が契約を公正証書にとどめる慣行が生じ，イタリアにおいては，いちじるしい公証人の増加をもたらす原因となったのである。契約の拘束力の強化とともに，イタリア以外の諸国でも，公証人数もいちじるしく増加することになるのである。【専門家】175頁。

(32)　Nanz, a.a.O., S.32f. グロサトーレンの理論では，着衣の合意の範囲がいちじるしく拡大されたことが特徴である。ローマ法では，物（res）の引渡や方式と結合した約束（stipulatio）が訴求可能なものとなるにすぎなかったが，グロサトーレンの理解では，公証人（法務官の代替としての）の手による契約，レーン法の従士契約では，口頭の約束でも十分であった。本文で指摘したいくつかの裸の約束も，訴求可能であった

(pacta praetoria, pacta legitima, pactum geminatum (Zwillingspactum) など)。前注(31)をも参照。

(33) Karsten, a.a.O., S.112; Nanz, a.a.O., S.33. ここでは，訴権をもたない合意を「合意」(pactum) と呼ぶことの体系そのものがくずされているのである（Dilcher, a.a.O., S.276ff.）。

(34) 訴権を付与された合意の範囲は，ときには任意的にすら拡大されたのである（Karsten, a.a.O., S.114）。

(35) Seuffert, a.a.O., S.52. また，広中・前掲書（法的保護）243頁にも，これへの言及がある。

(36) Nanz, a.a.O., S.43.

(37) Söllner, Die causa im Konditionen- und Vertragsrecht des Mittelalters bei den Glossatoren, Kommentatoren und Kanonisten, SZ (Röm.A) 77 (1960), 182, 219. Dilcher, a.a.O., S.299.

(38) Nanz, a.a.O, S. 57ff., S.61. フランスの慣習法は, covenance, convention にふれる。しかし，意思の合致が拘束力をもつことは，約束が繰り返されることによっても説明された (pactum geminatum)。

(39) Nanz, a.a.O., S.46f.

(40) Ib., S.48.

(41) トマスについては，Secunda secundae, Q.110, art.3, 5. (Seuffert, a.a.O., S.46の原典引用による); Nanz, a.a.O., S.46: Tosch, a.a.O., S.14. それ以降については，Nanz, a.a.O., S.52ff..

(42) Nanz, a.a.O., S.50. なお，カノン法と世俗法の関連を包括的に論じたものとして，Wolter, Ius Canonicum in Iure Civili, 1975, S.11f., S.49ff. 小野「私法におけるカノン法の適用」利息制限法と公序良俗（1999年，以下【利息】と略する）11頁以下参照。そして，こうした合意の効力の主張は，封建的な拘束を否定するのにも有益であったから，同時に実践的な効果ももたらしたのである（たとえば，遺言や寄進の自由である）。この限りでは，国家法の拘束を免れるために，グローバリズムが主張される現在と共通する側面があるのは興味深い。

(43) Ib., S.52; Karsten, a.a.O., S.120; Dilcher, a.a.O., S.281ff.; vgl.Schröder, Lehrbuch der deutschen Rechtsgeschichte, 1922, §61, 3.
　18世紀に，アダム・スミス（1723-90）「法学講義」（水田洋訳・2005年）229頁も，カノン法にふれて「名誉と徳の原理によって裁判をした普通法〔教会法〕は，無償でなされる契約であっても，人びとを履行義務があるものとした」。これがしだいに民事法廷に影響し，「民法によって模倣されたし，われわれの法律によれば，もし約束が明白に証明されるならば，約束した人はそれを遂行しなければならない」という。他方，「イングランド法によれば，はじめは，約因すなわち約束の原因が，それを履行義務あ

第1部　契約の自由と現代における権利

るものとするのに必要であった」とする。同226頁。
(44) Nanz, a.a.O., S.54f.; vgl. Horn, Aequitas in den Lehren des Baldus, 1968, S.182ff. とくに，その「着衣の合意」については，S.184f. 原因論については，S.187ff.
(45) Dilcher, a.a.O., S.287ff. ただし，これには別の意見も存在していた。すなわち，カノニステンとは反対に，ローマ皇帝権（imperium romanum）の普遍性とカノン法に対する優越性の主張である（Karsten, a.a.O., S.90ff. (S.96))。このような主張の基礎となるザリエル朝後期における聖職叙任権闘争（Investiturstreit）が一応の結着をみたのは，12世紀初頭（ウォルムス協約＝1122年）であった。
(46) Endemann, Studien in der romanische-kanonistischen Wirtschfts- und Rechtslehre bis gegen Ende des 17. Jahrhunderts, 1874, S.355f.; Goldschmidt, Universalgeschichte des Handelsrechts, I, 1891, S.305f.; Nanz, a.a.O.,S.57f. ユヴラン・商法史（小町谷操三訳・1930年）27頁，なお，中世の商事裁判所につき，156頁，喜多川篤典・国際商事仲裁の研究（1978年）72頁以下。
(47) Nanz, a.a.O., S.57.
(48) Seuffert, a.a.O., S.52.
(49) 19世紀の見解については後述する（第4章1）。歴史的記述と，実践的意図からの解釈学的な主張が混合していることが多く，注意が必要である。
(50) 久保正幡訳・サリカ法典（1977年），同・リブアリア法典（1977年），世良晃志郎訳・バイエルン部族法典（1977年）参照。
(51) サリカ法典50章1節（訳80頁）。
(52) バイエルン部族法典16章10節（訳313頁，321頁注(26)参照，なお，17章3節参照）。Lex Visigothorum 5,4,4. たとえば，宣誓である。
(53) Stobbe, Reurecht und Vertragsschluß nach älterem deutschen Recht, ZRG 13 (1878), 209ff. (§3, S.215f.); Heusler, Institutionen des deutschen Privatrechts, II, 1886, S.232. なお，その近代法的な名ごりとして，ALR1部5章156条（後述第3章3注(98)）。
(54) Kaufmann, Ein Mann- Ein Wort, JuS 1961, 120ff. この法諺がゲルマン法の諾成主義を表現するという見解として，Witte,（後述第4章1注(113)参照），S.459.
(55) Nanz, a.a.O., S.28f.
(56) 以下の法文の引用は，おもに久保正幡他訳・ザクセンシュピーゲル・ラント法（1977年）による。
(57) 前注(50), (56)参照。
(58) 方式を要したとするのが，多数説である（Stobbe, a.a.O. (Geschichte), S.56ff. (S.60); Nanz, a.a.O., S.29f.; Mitteis-Lieberich, Deutsches Privatrecht, 1976, §45 I 1 (S.130); vgl. Schröder, a.a.O., §61,3; Kroeschell, a.a.O., S.98ff.）。
　ちなみに，イギリス法上の債務は，中世ゲルマン法と多くの共通点をもつとされ

が，そこにおいても，中世には契約は合意のみでは成立しなかったとされる(Plucknett, A Concise History of the Common Law, 1956, p.643)。たとえば，売買では，代金を支払えば買主は目的物の引渡を求めることができ，逆に物を引渡していれば売主は代金の支払を求めえたが，いずれの当事者も未履行の段階では，たがいに請求しえなかったのである (Ib., p.643)。

もっとも, cf. Glanville, Treatise on the Laws and Customs of the Kingdom of England composed in the time of King Henry the second (1133-89, 位 1154-89), (by Beames, 1812), 10,14 (p.273) は，賃貸借 (Letting out and Hiring) の項目において，一定の対価を受領することを約因として，人が物を他人に特定の期間貸したときに，前者は物の使用を認め，後者は対価を支払う義務をおうとする (Ex locato ande ex conducto, Justin. Inst.3.25.pr. が引用されている)。期間経過後には，前者は，自己の権利として財産の占有を回復するのである。Si etiam vacuam invenerit et non obligatam. (Bracton 62, b) が引用されている。

(59) テキストは，hrsg.v.Gengler, Das Schwanbenspiegels Landrechtsbuch, 1875, S.14. による。また，ドイチェン・シュピーゲルの対照規定も同書による (S.XXVIII)。

(60) ゲルマン法には，ゲルマニステンが唱えるほどの広範な契約概念は存しなかったから，ローマ法継受への反対も明確には生じえなかったのである。なお，Stobbe, a.a.O., ZRG, S.215.

この時期の代表的学者である，ブラント (Brant, 1457-1521)，ツァシウス (Zasius, 1461-1532) などがそうである (Seuffert, a.a.O., S.96)。のみならず，16 世紀の末まで重要な理論的変化はなかったとさえいわれる (Ib., S.102)。

たとえば，1512 年の公証人役場規則に次のような書面の必要性がうたわれている。「人の行為と意思が忘却されず，書面によって永久の記憶にとどめられ確実な公けの文書に残される」ために，公正証書に関する規則にしたがわなければならないとする (Förster-Eccius, Preussisches Privatrecht, I, 1896, §79 (S.458f.) による。ただし，引用からはその適用範囲は不明)。しかし，普通法は契約の有効性の前提としてつねに書面を求めたわけではないともいう (S. 459)。なお，vgl.Goldschmidt, a.a.O., S.151; Trusen, Zur Geschichte des mittelalterlichen Notariats, SZ (Röm.) 98 (1981), S.369ff.

(61) フランス学派の方法論については，久保正幡「法学の mos Italicus と mos Gallicus」法協百年論集(1) (1983 年) 243 頁。人文主義の先駆者としては，Alciatus, Zasius (後述する)，Budacus (1469-1540) が代表的である。Zasius については，やや一般的に「ツァシウスとフライブルク市法の改革」小野・大学と法曹養成制度 (2001 年，以下【大学】と略する) 275 頁以下参照。

(62) Seuffert, a.a.O., S.108-110. アルチャートスによると，「無方式の合意がくり返されたなら，状態による訴権 (actio ex consitituto) が生じる」のである (Ib., S.110)。

(63) たとえば，ツァシウス (Zasius, 1461-1535)，ドネルス (Donellus, 1527-91) である

43

第 1 部　契約の自由と現代における権利

(Nanz, a.a.O., S.70; Seuffert, a.a.O., S.114f.; Dilcher, a.a.O., S.303f.)。
⑷　Nanz, a.a.O., S.72.
⑹　Alciatus, Molinaeus がこれを認めている（Nanz, a.a.O., S.66）。

　　なお，自然債務については，石田・前掲書 39 頁以下。同書によれば，裸の合意から訴権は生じないが債務は成立する（自然債務），との一般的立言は，ローマ法ではなく，普通法上の観念であった。つまり，ローマ法源への制約から，裸の合意に完全な効力を賦与することができなかったグロサトーレン以来の法律学は，これを自然債務として承認するにとどまったのである（同 51 頁）。

⑹　コナヌスの合意論（Commentarii iuris civilis, 1523）については，近時その一部（1 章 6 節）を翻訳・紹介する研究が出された（小川浩三「F・コナンの契約理論⑴」北大法学論集 35 巻 6 号（1985 年）87 頁以下）。Cf.Atiyah, Promises, Morals and Law, 1981, p.10.
⑹　グロチウスについては，後述する（第 3 章 2 参照）。Cf. Atiyah, op.cit., p.10.
⑹　Nanz, a.a.O., S.66ff.
⑹　これは，当時の主要な法律家がプロテスタントまたはその傾向をもっていたことから，とりわけ重大なこととなった(Nanz, a.a.O., S.107. すなわち，Wesenbeck, Carpzov, Brunnemann, Lauterbach, Schilter, Struve, Boehmer, Heineccius などである）。
⑺　ルターにつき，Nanz, a.a.O., S.107; Wolter, a.a.O., S.59ff. さらに，カルヴァン・キリスト教綱要（渡辺信夫訳・Ⅳ⑴（1964 年））4 篇 7 章 19-20 節（161 頁，163 頁）。これにつき，【利息】89 頁以下参照。
⑺　たとえば，Duarenus, Forster, Oldendorp などである（Nanz, a.a.O., S.108f.）。しかし，Hunnius, Conring などは，カノニステンは悪しきキリスト者であるとして，カノン法の権威に反対したのである（Ib., S.108）。
⑺　ヴェーゼンベックは，オランダの法律家でプロテスタント。フェリッペ 2 世（スペインの王位 1556-98）下のアルバ公による弾圧と戦争（1568 以降），1579 年のユトレヒト同盟，1581 年のオランダ独立宣言といった時代背景のもとで，スペインの弾圧を逃れて，イエーナ・ヴィッテンブルクに移り，法学の教職についた。その契約法論は，主著 Paratitla in pandectas iuris civilis, 1565. およびその改訂版である Commentarii in pandectas iuris civilis et codicis iustinianei, 1582. によって知られる（Nanz, a.a.O., S.85ff.; Stinzing, Geschichte der deutschen Rechtswissenschaft, I, 1880, S.351）。
⑺　Nanz, a.a.O., S.88f.
⑺　Ib., S.89ff. なお，裸の合意を根拠に訴求するための方式は，双務契約を対象とする actio praescriptis verbis ではなく，カノン法から生じる condictio ex lege, ex canone であるとする（S. 92）。

　　また，実務では，不当利得＝ condictio (ex moribus, ex canone, ex consuetudine, ex lege) によって，履行された給付の返還が訴求されることもあった。しかし，方式のな

44

い約束は拘束力がないから，それが，裸の合意と別に存続しうるかが争われた。そして，この訴求可能性が肯定されることにより，契約の訴求にさいして，ローマ法に由来する契約類型の１つに固執する必要性もなくなったのである。こうして，実質的には，契約の本質を，合意（consensus）とみて，自然法論者と同じ結論に達していたのである。

(75) Seuffert, a.a.O., S.130; Nanz, a.a.O., S.115; vgl. Wieacker, a.a.O., S.217. 訳・231 頁。

(76) 17 世紀には，歴史的見地からゲルマン法の研究が開始された。その端初は，ローマ法継受に関するロタール伝説を否定したコーンリング（Conring, 1606-81）の「ゲルマン法の起源について（De origine iuris Germanici, 1643）であった（Wieacker, a.a.O., S.145, S.206. 訳・223 頁，228 頁）。これにより，ローマ法の一般的優越，すなわち合意の効力に関する制限をも否定しやすくなったのである。

(77) Seuffert, a.a.O., S.130. なお，ゲルマン法における信義性の重視という主張については，村上淳一・ゲルマン法史における自由と誠実（1980 年）参照。

　もっとも，ゲルマン法を根拠とする主張は，歴史学上はじめてゲルマン人の素朴・誠実性を指摘したタキトウス（Tacitus, ca. 55-115）の「ゲルマニア」以来，しばしば政治的主張をも含んでいる（同書は，ローマ社会の退廃への警鐘を意図していたのである）。これは，アンシャンレジームのもとで，モンテスキューが「ペルシア人の手紙」（1721 年。大岩誠訳・1950 年）によりフランス社会を風刺したのと同様である。

(78) 普通法上の慣習法を理由として裸の合意の拘束力を認める見解について，Seuffert, a.a.O., S.118, S.166. このほかにも，契約の諾約性に言及した見解として，Gentili (1552-1608), Hispanicae advocationis libri dvo, 1661, tr.by Abbott, 1921 (1964), pp.242. なお，同人はイタリア人で宗教的迫害をのがれてイギリスに渡った。グロチウスの国際法論の先駆者と位置づけられる。

(79) Nanz. a.a.O., S.135f. 約束の二分法は，グロチウスに引き継がれたが，まだ後代の申込と承諾と同等のものとはされていない。

(80) 本書の翻訳については，Uberz.v. Schätzel, Grotius, Vom Recht des Krieges und des Friedens, 1950. および，一又正雄訳「戦争と平和の法」（1950 年）参照（本文の引用は後者によっている）。

　また，グロチウスの契約論が法律行為概念の形成に与えた影響については，詳細な研究がある（Diesselhorst, Die Lehre des Hugo Grotius vom Versprechen, 1959, S.31 f., S.50; Wieacker, Die vertraglich Obligation bei den Klassikern des Vernunftrechts, Fest.f.Welzel, 1974, S.7ff., および，新井誠「ヴィアッカーにおけるグロチウスの promissio 概念」民商 81 巻 2 号，3 号（1979 年））。

　さらに，法律行為概念と諾成契約の成立との関係については，Zeigert, „Rechtsgechäft" und „Vertrag" heute, Fest.f.Rheinstein, II, 1969, S.493ff.

(81) Nanz, a.a.O., S.141f. 契約の成立に関するグロチウスの発信主義は，この道徳哲学に

第1部　契約の自由と現代における権利

もとづくのである。

　また，Grotius が，諾成主義から，申込を独立した債務負担行為と位置づけ，契約の発信主義にまで結びつけたことについては，滝沢昌彦・契約成立プロセスの研究（2003年）第1部2章参照。しかし，19世紀の学説と立法は，この構成によらずに，双務的な合意に拘束力の根拠を求め，到達主義がもたらされたとする。

　その理由は，おそらく意思を万能とする理論の影響であろうが，ここにも，所有権の理論が，意思の理論に従属する観念の一端をみるのは，行き過ぎであろうか（第2篇参照）。

(82)　Pufendorf, De officio hominis et civilis justa legem naturalem libri naturali, 1673, tr. by Moore, 1964 (I Cap.9, §3 (p.48)); cf.De iure naturae et gentium libri octo, 1672, III, V §7.

(83)　Thomasius, Advocationes theoreticae practicae, 1683, II, VII §§4-9; Wolf, Jus naturae methode scientifica pertactum, 1740/49 III, §357; Seuffert, a.a.O., S.134; Wieacker, a.a.O.（前注(80)），S.7; Nanz, a.a.O., S.159ff.; S.164ff.

　また，ドイツの自然法学説は，オランダのそれとは異なり，徴利の禁止，過大な損害の禁止や正当価格論といった中世的な理論の克服にも功績があった。【利息】100頁，123頁参照。

(84)　Seuffert, a.a.O., S.167.

(85)　Loisel, Institutes coutumières, 3,1,2. (Loisel, Antoine, Institutes coutumières d'Antoine Loysel ou Manuel de plusieurs et diverses règles, sentences et proverbes, tant anciens que modernes du droit coutumier et plus ordinaire de la France, avec les notes d'Eusèbe de laurière, Nouvelle édition, revue, corrigeée augmentée par Dupin, et Laboulaye, Paris, 1846, t.1-2 (1971). による).

　雄牛が角によって捕らえられるのと同じく，人は言葉によって拘束される（On lie les boeufs par les cornes et les hommes par les paroles et autant vaut une simple promesse ou convenance que les stipulations.）とする著名な文言がある。ロワゼールに注目する見解は多い。Cf.Olivier-Martin, Précis d'histoire du droit français, 1945, p.190; Kaufmann, a.a.O., S.120.

(86)　前注(85)の格言は，デュムーランのものとしても引用される（Ourliac et Malafosse, Histoire du droit privé, 1, 1969, p.113）。デュムーラン（Du Moulin, 1500–1566）は，ダルジャントレ（d'Argentre, 1519–1590）などとともに，15世紀以降，王権による統一と成文化が押し進められた慣習法の研究を深化し，とくに16世紀初頭に成文化されたパリ慣習法に関するその研究は，1580年の慣習法の改正にさいして参照された。この慣習法が，北部慣習法の普通法として適用されることになったため，彼の研究は間接的には民法典の制定にも影響を与えることになった（オリヴィエ・マルタン「フランス法制史概説」（塙浩訳・1986年）〔320〕624頁以下参照）。

デュムーランの業績は，慣習法だけではなく，ローマ法や教会法など広い分野におよんでいる。慣習法に関する彼の注釈，ローマ法および実務に関する体系化は，17世紀の法律学に多大な影響を与え，統一されたフランス法の成立に向けての潮流の一つとなっている。個別的な理論では，契約の諾成主義や，利息付の消費貸借の合法化などが注目される（cf.Ourliac et Malafosse, op.cit., p.113, 主著は，Omnia quae extant opera, 5 vols. Paris, 1681）。

(87) Domat, Les loix civilis dans leur order naturel, 1689/97 (par Hericourt, 1777), t.I, Part.1, Liv.1, tit.1, sec.1, VII.
(88) Ib., sec.1, V.
(89) 古法時代については，Pothier, Traité des obligations, t.I (par Bernardi, 1813), Part.1, chap.1, sec.1, art.3 §6 (p.30 et s.).
(90) Potheir, op.cit., Part.1, chap.1, sec.1, art.1§1, n°3 (p.4).
(91) Ib., Part.2, chap.2, n° 192 (p.130). ポティエは，合意（une convention ou un pacte）と契約（contrat）を区別し，ローマ法による区別をも指摘する。ローマ法的な拘束を前者によって解消するためである。

また，後述の契約と不法行為のパラレルな関係については，cf. Starck, Essai d'une théorie générale de la responsabilité civile considérée en sa double fonction de garantie et de peine privé, 1947, p.15 (la garantie extracontractuelle). 不法行為法においても，とくに高い行為義務を認め，一種の社会的な保証債務を認めれば，債務不履行に類似した構成が可能となる。これは，危険責任（théorie du risque）の問題となる。また，債務不履行においても，必ずしも定型的な債務内容が考えられない場合には（たとえば，医療上の債務），不履行の内容は，後発的にとらえられるだけであるから，不履行となる義務といっても，不法行為上の義務とそう異なるものではない（とくに，積極的契約侵害で拡大損害が生じる場合）。Ib., p.275 (la garantie contractuelle). 両者の接近を考えるには，契約と不法行為のパラレルな関係や，不履行（inexécution）を統一的な概念でとらえるフランス法には，不能・遅滞の個別要件を考える伝統的なドイツ法よりも利があるのである。Vgl.Ono, Die Entwicklung des Leistungsstörungsrechts in Japan aus rechtsvergleichender Sicht, Hitotsubashi Journal of Law and Politics, Vol.30 (2002), p.15.【現代化】230頁，233頁参照。

他方で，現行のドイツ民法典は，少なくとも財産的損害については，いわゆる全額賠償主義（Totalreparation）の構成を採用している（249条以下）。これは，予見可能性や過失の程度により賠償範囲を限定する立法例（前者はイギリスやわが416条，後者はALRである。後注(100)参照）とは異なり，損害賠償を成立の要件の次元で制限するにとどめ，効果の次元では制限しない構成と位置づけられる。いわゆるオールオアナッシング（Alles-oder-Nichts-Prinzip）の構成である。Vgl.Bruns, Haftungsbeschränkung und Mindesthaftung, 2003, S.8. 最後の点に関しては，わがくにでも，損害賠償の

第1部　契約の自由と現代における権利

範囲に関する著名な論点があるが，本書では立ち入りえない（まとまった文献としては，平井宜雄・損害賠償法の理論（1971 年），石田穣・損害賠償法の再構成（1977 年）などがある）。

⑼⑵　すなわち，契約はそれ自体で完結するものであるから，不法行為に由来する契約締結上の過失論，意思とかかわらない事実的契約論などの登場は，大きなインパクトを与えたのである。第4章4および，後注⑿⑵，⒀⑴参照。これに比して，フランス法やわが法では，意思理論の緩和は，より斬新的に進行した。比較的大きな議論なしに受容されたと思われる。

　　もっとも，法的安定性も，法の妥当性や衡平を確保することなしにはありえないとの立場が強まりつつあり，精神的損害に対する損害賠償請求権も，しだいに拡大した。精神的損害に対する慰謝料請求の拡大については，Ono, The Law of Torts and the Japanese Civil Law, Hitotsubashi Journal of Law and Politics, vol.26, 1998, p.43, p.50（およびその⑶⑴，ALR の起草者である Svarez の言参照）。小野「財産的損害と慰謝料請求権」国際商事法務 34 巻 6 号 765 頁。わがくににおける非財産的損害における慰謝料請求についても，分譲マンションのケースが注目される。最判平 16・11・18 民集 58 巻 8 号 2225 頁。また，否定例としては，最判平 15・12・9 民集 57 巻 11 号 1887 頁参照。

⑼⑶　Fenet, Recueil complet des travauxs préparatoire du Code civil, 1827, t.13, p.219. さらに，売買については，それが諾成契約であることがとくに明示されている（1583条）。

⑼⑷　前述第 3 章 1 ⑶参照。

⑼⑸　1610 年のヴュルテンベルク・ラント法典については，vgl.Das Württembergisches Landrecht (Stuttgart 1876 年版による）, II Tit XXIII (Von bedächtlichem Zusagen und Verspruch), S.198; (von Conträcten), S.149; (von Kauffen und Verkafuffen), S.168. さらに遡って，ヴュルテンベルクの第1次ラント法典（1554／55 年），第2次ラント法典（1567 年）も，ほぼ同旨の規定を有していたといわれる（後2者は，入手しえなかったので，vgl.Seuffert,a.a.O., S.145; Nanz, a.a.O., S.83 による）。

⑼⑹　ALR の制定に関して，Wieacker, a.a.O., S.327ff.（訳・410 頁以下）および，Hattenhauer, Allgemeines Landrecht für die Preußischen Staatten von 1794, 1970, S.13; Nanz, a.a.O., S.178ff.

⑼⑺　1685 年のブランデンブルク選帝侯国（同国のプロイセン王国への昇格は，1701 年。同年から始まるスペイン継承戦争へのオーストリア支持の見返りとして行われた）ラント法典，およびその修正である 1712 年のラント法典（4 部 12 章 1 条 1）も，諾成主義をとっていたといわれる（Seuffert, a.a.O., S.161.）。

⑼⑻　Svarez, Vorträge über Recht und Staat (hrsg.v.Conrad und Kleinheyer, 1960, S.270ff.

(99) Förster-Eccius, a.a.O., S.459 Bem.7; vgl.Svarez, Unterricht für das Volk über die Gesetze, 1793 (1948), S.30ff.

なお、法律上方式が要件とされないかぎり、契約は、書面によっても口頭でも、裁判上たると裁判外たるとを問わず、証人の有無にもよることなく成立する（Förster-Eccius, S.459）。

(100) Svarez, a.a.O. (Vorträge), S.270.

ALR の準契約は、有益な支出につき（Ⅰ 12§262–280）、また「それにつきなされた効果が生じなかったときの給付した支払の返還」（Ⅰ 16§199–204）につき規定している。後者は、目的不到達を意味し、契約の拘束力を肯定する以上、その意義は限定的なものであるが（契約の拘束力を認めない場合には、返還請求権を基礎づけることに意義がある）、現代的慣用に一致するように規定されたのである。

また、ALR の不法行為法は、広く規定されており（Ⅰ 6§1–138）、「他の者を故意または重大な過失により害した者は、その者に完全な賠償をしなければならない」（Ⅰ 6§10）。これは、フランス民法典 1382 条の方式に類似し（個別規定方式の BGB とは異なる）、ただし、ALR においては、その他の賠償義務の範囲は、過失の程度により段階づけられている点に特徴がある。

(101) Svarez, a.a.O., S.278f. つまり、方式が必要とされても、それは当事者の意思と無関係に契約の要件とされているのではなく（ローマ法の契約はそれぞれ別類型のものにすぎない）、たんなる意思の制限と解されているのである（Ib., vgl. S.522f.; Früstenthal, Das Preussische Civilrecht, I, 1842, S.60）。

少なくとも、19 世紀の意思理論は、みずからの体系にそくして、そう解することを試みたのである。ALR は、自然法思想の産物であるが、19 世紀には、これを時代にそくして解釈するパンデクテン解釈が行われたからである。【研究】9 頁、321 頁、326 頁、336 頁注(11)参照、【大学】52 頁参照。これも、自然法的法典のパンデクテン解釈の 1 つと目される。

(102) オーストリア法の制定過程については、Nanz, a.a.O., S.174ff.

(103) ABGB の制定に関して、Wieacker, a.a.O., S.335f.（訳・422 頁以下）。また、Nanz, a.a.O., S.183ff.

(104) 贈与・遺贈に関する 943 条・956 条、会社に関する 1178 条、夫婦間の相続契約に関する 1249 条、土地所有権移転に関する 434 条など。

(105) カント（Kant, 1724–1804）は、ローマ法的な契約の分類には従わないとする（Metaphysik der Sitten, Immanuel Kants Werke, hrsg. Cassirer, VI, Kellermann, 1797 (1922), I §31, S.89ff.）。カント哲学（Kritik der reinen Vernunft）と契約自由の関係については、vgl.Wolf, E., Vertragsfreiheit - Eine Illusion?, Festschrift für Keller zum 65.G., 1989, S.359, S.366ff. が詳しい。本稿のような小論で立ち入ることはできない。

さらに，ヘーゲル（Hegel, 1770-1831）も，同様に，単純な合意の拘束力を肯定する（法の哲学（1821年）80節，岩崎武雄訳（1978年）283頁）。

(106) パンデクテン法学の意図は，現行のローマ法体系によって，ドイツ民法学の体系を構築することにあったからである。【研究】8頁以下，321頁，326頁，336頁注(11)，【大学】52頁参照。

(107) Thibaut, Pandkten, 1834, §505, vgl. §558.

(108) Savigny, Das Obligationenrecht, II, 1855, §76 (S.235ff.); ders. System des heutigen Römischen Rechts, III, 1840 (1973), §140 (S.308).

　また，意思表示と契約が，債務法だけではなく，民法総則におかれることは，サヴィニーに由来する。System, III, S.6f., S.310f. これは，ALRやティボーでも同様であり，他方，当時の多くの者は，契約を債務法のみに関係するものとしていた（英米法では，今日でも契約は基本的に債務契約を意味する）。これは，契約の位置づけにかかわる。

(109) Windscheid-Kipp, Pandekten, II, 1906, §312 (S.278ff.); Dernburg, Pandekten, 1897, §8 (S.21).

(110) Vgl.Seuffert, a.a.O., S.5ff.

(111) 歴史法学派の出現まで，本格的な法史研究は行われず，カルプツォ（前述第2章4参照）の例外的な研究も，全面的に受容されたわけではなかったからである。

(112) Sohm, Die deutsche Rechtsentwickelung und die Codificationsfrage, GrünhutsZ 1 (1874), S.245ff. (S.246); ders, Das Recht der Eheschliessung aus dem deutschen und kanonischen Recht geschichtlich entwickelt, 1875, S.24ff.; ders, a.a.O. (Insitutionen), S.387ff. カノン法を基礎とするイタリア法の実務がドイツに継受されたとする。

(113) 19世紀の前半まで，ゲルマン法の解釈として主流となった見解である。ただし，19世紀の後半にいたっても，諾成主義の起源として（現実にそのままの形で適用されていたとか，適用された例があるとまではいわないとしても）ゲルマン法をもち出すことは多い（Beseler, System des gemeinen deutschen Privatrechts, I, 1885, § 107 (S.476); Eichhorn, Einleitung in das deutsche Privatrecht, 1845, §91; Förster-Eccius, a.a.O., S.459; Gerber, Deutsches Privatrecht, 1863, S.403; Witte, Die bindende Kraft des Willens im altdeutschen Obligationenrecht, ZRG 6 (1867), 448ff. (S.459f.)）。とくに，Witte, S.460. は，ゲルマン法の諾成主義を認めないStobbeに反対する，という。

　ベーゼラー（Beseler, 1809-88）は，ザクセン・シュピーゲルのほかに，1520年のフライブルク都市法（fol.39）の法文「他人に対し何かを注意深く約束した者は，それがたんなる言葉や合意にすぎなくても，約束したことを守るべきである。そして，それは正当に履行されるべきである」を引用し，無方式の合意の効力が認められているとする（Beseler, a.a.O., I, S.477 Bem.4）。なお，同法の一般的な法史的位置づけについては，Wieacker, a.a.O., S.194.（訳・206頁）。フライブルク都市法について，【大学】275頁以下参照。

(114) J.Grimm, Deutsche Rechtsaltertümern, 1879 (1922), II, S.145ff.; Stobbe, a.a.O., S.17ff.; ders.Handbuch des deutschen Privatrechts, III, 1885, S.61, S.127; Heusler, a.a.O., S.228ff.

　ゲルマニステンの比較的多くが契約の諾約性の根拠をゲルマン法に求めたこと（前注(113)参照）は、当時の法史研究の二重性を考えれば、あながち矛盾とはいえない。それは、一方で法史研究であるだけではなく、他方で、民法学体系の樹立の試みでもあったからである（ゲルマン法の現代的慣用、なお、前注(106)参照）。ゲルマニステンは、法源が乏しくゲルマン法の弱点ともいえる債権法において、しばしばローマ法をモデルにした説明を行なったのである（ローマ法的ゲルマン法）。法史研究に、解釈論がもちこまれたことは、ロマニステンの場合と同様である。Vgl. Wieacker, a.a.O., S.404ff.（訳・487頁）。私見によれば、ゲルマニステンの中でも、Stobbe は、歴史研究に比較的忠実であるが、Gierke は、いちじるしく現代的慣用に傾斜しているように思われる。【研究】327頁、336頁注(12)参照。それぞれが活躍した時代的および場所的な相違にもよるところが大きい。後者は、民法典への影響という実際的意義を目指しているからである。

(115) Gierke, Deutsches Privatrecht, III, 1917, §186 (S.325ff.). ギールケ（Gierke, 1841–1921）は、ゲルマン法における契約の諾約性の問題を債務と責任の峻別によって止揚しようとする。すなわち、中世法において、債権契約の成立そのものに関しては何ら方式を要しなかったが、責任を生じるについては必要だったとする（a.a.O., S.325ff., S.342; ders. Schuld und Haftung im ältern deutschen Recht, 1910, S.120f.）。著名な「債務と責任」の峻別論はこれに由来する。

　しかし、これに対しては、ゲルマニステンのなかにも、債務と責任の峻別の誇張にすぎない、との批判がある（Amira, Besprochen, SZ (Ger.) 31 (1910), 494ff.）。

(116) Gierke, a.a.O.; Schröder, a.a.O., S.798ff.; Puchta, Pandekten, 1845, §250 (S.363f.); Windscheid-Kipp, a.a.O., S.279; Dernburg, a.a.O., S.21; Seuffert, a.a.O., S.166; vgl.Savigny, a.a.O. (Obligationenrecht), II, §77 (S.239ff.).

　こうして、ロマニステンにとっても、19世紀初頭以来の見解―ドイツ法によるローマ法の修正―を維持することができたわけである。もっとも、ここでいう「ドイツ法」とは、必ずしもゲルマン法をさすわけではなく、また法源としてのゲルマン法の優越性を承認するわけでもないから、両者がまったく同一というわけではない。

(117)　あるいは、これに加えて、ゲルマン法が諾成主義を部分的にも認めていたとすれば、その影響をも肯定しうることになろう。

(118)　シュペングラー・西洋の没落（村松正俊訳・1981年）II67頁。【利息】55頁参照。さらに、自然法起原説とゲルマン法起原説との間の相違も、それほど本質的なものではないと位置づけられる。すなわち、継受したローマと異なる自然的摂理が何であるかは、当時の法意識にもとづき導かれるものであり、それは結局、広い意味での「ゲル

第1部　契約の自由と現代における権利

マン法」的観念にもとづくものであったといえるからである。つまり，継受法への反対が，慣習なり，より直截にはゲルマン法あるいはカノン法など，種々の理由づけで唱えられたのである。ALR，ABGBにおいて自然法の名のもとに，ゲルマン法的要素が採り入れられたことについて，【大学】52頁参照。

(119)　Vgl.Nanz, a.a.O., S.198ff.

(120)　Motiven zum sächsischen BGB, 1860, S.446. たんなる意思の合致で債務は成立せず（pactum），債務の特別な原因（causa obligationis (res, verba, literae, consensus)）を要するとするローマ法のシステムは，現行法に適さないとする。なお，ADHGBにつき Brix, ADHGB, 1864, S.330.

(121)　Wieacker, a.a.O., S.462. 訳・558頁。

(122)　Die Vorentwürfe der Redaktoren zum BGB, Recht der Schuldverhältnisse, I, 1980, 125ff., 131f. なお，同草案の契約の項には，意思表示の瑕疵（心裡留保・2条）の部分と，契約の成立（申込の拘束力・6条）の部分とが一括されている。

　ところで，この時代には，契約の一般概念を求めるとの従来の展開とは逆に，個々の問題の解決には，それを不要とする見解も唱えられはじめた（Schloßmann, Der Vertrag, 1876, Neud. 1980）。むしろ，契約によって保護されるべき利益を個々に検討することが重要だとするものである。草案理由書はこの見解（S.129ff.）と反対説（Windscheid, Pandekten, II, §305 (S.243)など）にふれ，結局，新しい見解は法典の基礎たりえず，債務関係の成立原因としての契約の意義は否定しえない，としている（S.131）。なお，Windscheid, Wille und Willenserklärung, Kleine Schriften, II, 1984, S.293ff.

(123)　Motive, I, S.161 (Mugdan, Die gesamten Materialien zum BGB für das Deutsche Reich, I, 1899, S.441). ALR 1部5章1条・7条，フ民1101条，ザクセン民法典781条ほかが引用されている。

(124)　Motive, a.a.O. (Mugdan, a.a.O., S.441).

(125)　Protokolle, S.156 (Mugdan, a.a.O., S.688).

(126)　Wieacker, a.a.O., S.481.（訳　582頁）。そして，この契約の自由は，経済的自由主義にもとづくのである。

　ところで，近代にいたって自由になったのは，契約だけではない。法そのものも，思想的または呪術的なものから，たんに技術的なものになったのである。このことは，中世的な「古き良き法」（Gutes altes Recht）──（法は慣習的に古いもののなかに存在し，また古いもののみが正しい。したがって，成文法ではない書かれざる法であり，新しい法にも優先する。そして，法の改革は，古き良き法の復興としてのみ許される（vgl. Kern, Recht und Verfassung im Mittelalter, HZ 120 (1919), 1 (Neud.1958, S.11ff.)。

　もっとも，この概念の中世における普遍性については，近時争いがある（Köbler, Das Recht im frühen Mittelalter, 1971, S.226; Trusen, Gutes altes Recht und consuetudo,

第1篇　契約の成立における方式と自由

Fest.f.Küchenhoff, I, 1972, S.189ff.）。この「古き良き法」の観念の克服と法実証主義の発展，逆に，第二次大戦前および間のナチスの諸法規をささえた法規実証主義とそれに対する戦後の自然法思想の復興などにみられる。

　つまり，法も契約も，近代にいたってはじめて，その定立者の自由な対象・創造物となったのである（もちろん，現在においてさえ，立法にさいしてなんらの制限もなく内容を自由に定められることはまれであろう）。そして，その基盤は，伝統や因襲を克服し合理性を追求した近代資本主義の精神に求められよう。しかし，法の伝統が断絶せず因襲をも捨象しない西欧においては，法や契約の自由も抽象的・無限定なものではありえず，この点では，たんに合理性を追求して西欧法を継受したわがくにの場合とは異なり，その全面的な肯定もありえなかったか，少なくとも一時代的な主張にすぎなかった，のではないかと思われるのである。

　ただし，近時のグローバリズムは，国民国家による法への拘束を免れようとするものであり，無制限の自由あるいは他国モデルをそのまま他国へ移植しようとする傾向がみられる。これについては，次篇の対象とする。なお，国内法でも，おもに規制緩和の観点から，立法の無制限性を主張することがみられる（これに対して，小野「貸金業法43条と社会倫理」消費者法ニュース61号38頁参照）。【倫理】93頁所収。

(127)　Protokolle, S.902 (Mugdan, a,a.O., S.613).
(128)　Protokolle, S.8428 (Mugdan, a.a.O., S.613).
(129)　ただし，しばしば指摘されるように，ドイツ民法典には方式を要する場合が比較的多く存する（とくに，相続・土地に関するものが多い，311条―313条，518条，566条，766条，780条―784条，873条，2276条，2371条など）。
(130)　「契約法の死」は，1970年のギルモアの著書に由来する概念である。Gilmore, The Death of Contract, 1974. 本書には，森達・三和一博・今上益雄訳・契約法の死（1979年）がある。ギルモアの所説は，1970年に行ったオハイオ・ロースクールにおける講演にもとづくものである。

　その見解によれば，イギリス・アメリカの契約法の基礎は，意思表示の合致（meeting of the minds, bargain）と，対価性（consideration）にあるが，20世紀後半の判例法の展開により，これがしだいに維持されなくなった。中世法では，契約侵害は，身体侵害，窃盗，詐欺と本質的には異ならない不法行為の一部であるが，約因理論を中心とする伝統的契約理論が，今日破綻しはじめているとし，それを補うために不法行為責任が拡大し，やがて（中世法と同様）ふたたび契約法が不法行為法に回帰することを論じた。その所説は，民事責任の機能的分配におもにかかわるものであるが，契約法の射程にかかわる問題を含んでいる。これについては，第2篇を参照されたい（第3章3およびその注(94)参照）。
(131)　Kegel, a.a.O., S.378. は，シュロスマンを高く評価している。Vgl.Schloßmann, a.a.O. (Der Vertrag, 前注(122)), S.295f. しかし，その他の著者は，伝統的な見解で契約法

53

第1部　契約の自由と現代における権利

の独自性を肯定した（Kegel, a.a.O., S. 380-383）。Vgl. Windscheid（1817-1892）-Kipp, Pandeketn, II, 1906, S.243; Dernburg（1829-1907）, Die Schulverhältnisse nach dem Recht des deutschen Reichs und Preußen, II 1, 1905, S.185; Enneccerus（1853-1928）, Lehrbuch des Bürgerlichen Rechts, I 1, 1928, S.348.; Nipperdey（1895-1968）, Allgemeiner Teil des Bürgerlichen Rechts, Halbb.2. 1960, S.894; Heck（1858-1943）, Grundriß des Schuldrechts, 1929, S.121f. 20世紀の初頭まで，基本的には伝統的（自然法的）な合意意識が継続したのである。前注(122)をも参照。

その後，学説と判例によって，契約締結上の過失，社会的接触の理論が生じ，これらが，2002年の債務法現代化法に採用されたことは記憶に新しい（311条2項の各号参照）。

現代化法311条　法律行為および法律行為類似の債務関係

「(1)　法律行為による債務関係の発生および債務関係の内容の変更には，当事者間の契約（Vertrag）を要する。ただし，法律に別段の定めがないことを要する。
(2)　241条2項の義務を伴う債務関係は，次のことによっても発生する。
　1　契約交渉の開始（Aufnahme von Vertragsverhandlungen）。
　2　契約の準備（Anbahnung eines Vertrags）。ただし，当事者の一方が，法律行為上の関係が成立した場合を考慮して，相手方に，自分の権利，法益および利益に対して影響する可能性を付与するものであるか，またはそれを委ねるものであることを要する。
　〔2項は，契約締結上の過失（cic, culpa in contrahendo）の規定である。〕
　3　類似の取引上の接触（ähnliche geschäftliche Kontakte）。
(3)　241条2項の義務を伴う債務関係は，みずからが契約当事者とならない者にも発生する。この債務関係は，とくにその第三者が特別な方法でみずからへの信頼を引き起こし，それによって契約の交渉または契約の締結にいちじるしい影響を及ぼしたときに発生する」。

第1項は，法律行為による債務における契約の原則を述べている。契約の自由と私的自治を前提とする。第2項1号と2号は，cicによる契約前の結合関係を規定するものである。契約の交渉が行われるか（1号），あるいはそのために，商店に立ち入る場合でもたりる（2号）。にわか雨を避けるために立ち入る場合は限界事例であるが，犯罪のために立ち入る場合は包含されない。3号は，1号と2号の欠缺を補う概念である。3項が規定する第三者のための保護効をともなうcicをここに入れる可能性もある（cic mit Schutzwirkung für Dritte）。Vgl. Dauner-Lieb, Schuldrecht, 2002, S.362ff., S.369, S.377 (§311).

2項で引用された241条2項は，安全配慮義務に関する規定である（241条1項は，

債務の効力として，債権者が債務者に給付を請求できることをいう）。「債務関係は，その内容により，各当事者に相手方の権利，法益および利益に対する配慮を義務づけることができる」。

諾成契約・要物契約

	要物契約	言語契約	文書契約	諾成契約	無方式の合意
ローマ法	消費貸借 使用貸借 寄託 (質権)	質問と解答 (問答契約) 他の形式をもたない契約に用いられる。	登録による効力 早くに消滅。	売買 賃貸借 委任 組合	債務を生じない。 (pacta)
後期	同	→諾成契約・要物契約との結合で，訴求可能とされる（付加された合意）合意の重視。書面による契約の有効性。		(contructus)	自然債務
中世イタリア法	同	→着衣の合意・方式を定めることで効力をもつことができる。 →繰り返された合意の効力(14世紀)。商事裁判所では裸の合意も拘束。		同	裸の合意
カノン法	―（区別の実益なし）	合意理論。すべての契約の効力（世俗では，これを原因理論，着衣の合意として説明）。			(自然債務)
自然法学	―（同）	合意の拘束力（原因から双務主義）諾成契約			(自然債務)
フランス民法典*	消費貸借，使用貸借，寄託	consentment ⇔cause（書面の必要な場合）		諾成契約	
パンデクテン法学		Willensdogma		諾成契約	―
ドイツ民法典	贈与516** 寄託688	（方式の必要な場合） ⇔事実的契約関係，cic，約款論			
スイス債務法典				諾成契約	―
日本民法典	消費貸借，使用貸借，寄託	意思主義（方式の必要な場合）諾成契約 →その形式化			
英米法	Statute of Frauds, 1677	約因主義 →関係的債務		諾成契約	

* 使用貸借（1875条），消費貸借（1892条），寄託（1915条）参照。
** 旧607条は，消費貸借につき，要物契約としていたが，現代化法488条は，諾成契約とした。また，516条についての古い解釈は要物契約としたが，現在の解釈では諾成契約とされる。

第2篇　契約の自由と当事者の地位
――契約と基本権――

第1章　はじめに

1　契約の自由

(1)　近代の私法は，私的自治を基本としている。基本的には，大陸法たると英米法たるとを問わない。民法におけるその表現は，契約の自由 (freedom of contract) である。古くには，1804年のフランス民法典が，合意の拘束力としてこれを明示している。「適法に形成された合意は，これをした者に対して法に代わる」(1134条1項, liberté contractuelle)。フランス法をほぼ直接に継受した法（ベルギー，ルクセンブルク）のほか，その影響をうけた法にもみられる（スペイン民法典1255条, libertad contractual, イタリア民法典1322条, autonomia contrattuale，旧法では，1123条)[(1)]。

ドイツ法系の立法では，債権の発生原因としての法律行為が言及されている。古くに，プロイセン一般ラント法典 (ALR, 1794年) では (I 5 §1ff.)，同78条「意思表示の有効なために必要なことはすべて，約束の受領の有効なためにも必要である」，同79条「有効な約束の受領により，契約が締結される」とする。合意の成立が契約の成立の前提であることは明らかである。もっとも，同法典には，技術的規定が多く（一見するとかなりの矛盾もあり），この小論で概述することはむずかしい。

オーストリア民法典 (ABGB, 1811年) も，法律行為による債権の発生を述べている。859条「他人に対する給付を人に義務づける人的物権 (Die persönlichen Sachenrecht〔債権である〕) は，直接に法規により，または法律行為ないしは損害を生じることにより発生する」。また，861条「他人に対し自分の権利を譲渡すること，すなわち，他人に何かを認め，与え，またはその他人のために何かをし，あるいはしない旨の表示をした者は，約束 (Versprechen）したものであり，相手方がその約束を有効に承諾したときには，双方当事者の一致した意思（durch den übereinstimmenden Willen）によって契約が成立する。（以下略）」。

　しかし，1900年のドイツ民法典では，合意の拘束力や契約自由は当然の前提とされ，必ずしも明文にはみられない。たんに申込と承諾に関する技術的な規定があるにとどまる。この点は，わが民法典も同様である（521条以下）[2]。大まかにみると，初期の近代民法が原則の宣言を重視する形式をとるのに対し，しだいに技術的な規定を重視する形式に変化したといえよう。

　スイス債務法1条にも，「契約の締結には，当事者の双務的な意思表示の合致が必要である。それは，明示または黙示になしうる」（1881年および1911年法）との規定がある。

　(2)　契約自由の意義は，伝統的な民法典だけではなく，国際的・統一的な新しい立法作業においても異ならない。とりわけ従来参照されることの多かったヨーロッパ法においては，統一ヨーロッパ法を法源とする立法例が増大しつつあることから，本稿は，各国法のほか，とくにこの統一作業やEU指令にも焦点をあてることとしたい。EU各国の近時の重要な民事立法は，ほとんどがEU指令にもとづく法（Umsetzungsgesetz）であり，各国の議会はほとんどその下請けになっているといっても過言ではない。しかも，細かな付属法規にとどまらず，EU指令が2002年のドイツ債務法現代化法の契機になっていることは，記憶に新しいことである[3]。

　契約法の新たな動向は，近時の法の統一化作業にもみられる。そして，Lando委員会のヨーロッパ契約法原則（Principles of European Contract Law 1997, 1998/99, Art.1.102 PECL）とユニドロワの原則（Unidroit Principles of International Commercial Contracts 1994, Art.1.1 PICC）に，契約自由の規定がみられる[4]。

　　ヨーロッパ契約法原則1.102条「(1)　この原則のもとでは，契約当事者は，自由に契約を締結し，自由にその内容を決定することができる。ただし，信義誠実および公正な取引の原則（good faith and fair dealing），および本原則に規定されている強行規定に従うものとする。
　　(2)　本原則に別段の定めがある場合を除き，当事者は，本原則の個々の規定の

第1部　契約の自由と現代における権利

適用を排除し，あるいはその効果を排除または変更することができる」。
同時に，強行法規によるその制限規定もみられる。

　　同1.103条「(1)本来であれば適用されるべき法が選択を認める場合には，当事者は，当該の契約を規律するものとして本原則を選択することができる。その場合には，国内法の強行規定は適用されない。

　　(2)　しかし，国際私法上の密接な関連を有する法を適用するというルール（relevant rules）によって，契約を規律する法とは関係なしに適用される国内法，超国家法，国際法の強行規定は，効果を生じる〔強行法規の効果が優先する〕」。

　(3)　ユニドロワの原則にも，契約の自由と強行法規によるその制限がみられる[5]。

　　1.1条「契約当事者は，自由に契約を締結し，自由にその内容を決定することができる」。あるいは方式の自由に関する1.2条「本原則においては，契約を締結するに際して書面（by writing）を必要とせず，契約の締結を書面によって証明する必要もない。契約の締結は，証人を含むあらゆる手段によって証明することができる」。

　さらに，契約の拘束性に関して，1.3条「有効に締結された契約は，当事者を拘束する。契約は，その条項あるいは合意による場合，または本原則に別段の定めがある場合に限って，変更し，あるいは解除することができる」との規定があり，強行法規によるその制限については，1.4条がある。「本原則において，国際私法上の密接な関連を有する法を適用するとのルールによって適用される強行規定については，国内的，国際的，または超国家法的規定のいずれに由来するものかを問わず，その適用を妨げられない」。

　ユニドロワのコメントによれば，契約自由の原則は，国際取引において最高の重要性を有する。誰に商品やサービスを提供しようとするのか，また，誰から供給をうけようとするのかを自由に決定する商人の権利は，個別の取引の条項を自由に合意することと並んで，公開の，市場主導，かつ競争的な国際経済秩序にとって基本となる[6]。(Comment 1)

　他人と契約を締結する自由については，国家が自由な競争から除外しようとする公共の利益（public interest）の経済的領域がある。このような場合に，

問題となる商品やサービスは，1人の供給者からのみ提供される。これは，通常は公共体（public body）であろう。また，申込をする者と契約を締結する義務をおっている（あるいはおっていない場合もありうる）。(Comment 2)

契約の内容を決定する自由に関しては，まず，その原則も，当事者が離脱できない規定を包含している（Art. 1.5 任意法規と強行法規による限界）。また，国家による強制的性格の公法および私法のルールもある（反トラスト，交換規制，価格法，特別な責任を生じる分野，または重大な不公正契約の禁止の条項など）。これらは，契約自由の原則を超えるものである（Art. 1.4 強行法規の優越）。(Comment 3)

ヨーロッパ法原則も，ユニドロワの原則も，ともに強行法規による契約自由の制限を認める。あるいは，契約の自由は，強行法規の優先を認めるための序論になっているとさえいえるのである。

2 損害賠償，撤回権による契約の制限

(1) 他方で，近時では，契約自由への種々の制限が増大しつつあることは，周知のとおりである。このような制限は，古くは，ごく控えめに個別法規によって特定の分野でのみ行われた（賃貸借や労働における解除の制限や特定の行為の無効）。包括的なものは，せいぜい公序良俗による法律行為の制限であったが，新しいものとしては，損害賠償の拡大による事実上の締結強制と，撤回権による合意や契約の一方的な制限がある。これらは，間接的ではあるが，他面で，包括的であるという性質をもっている。

公序良俗による制限は，法律行為の無効をもたらすが，内容的に中性のものであり，当事者にそれ以上の制裁をもたらすものではない。たとえば，賃貸借契約の解除の無効は，契約の存続をもたらすだけである。古くからの保護法規である労働の分野でも，たとえば，就職の差別において，事業者に締結強制をするのでないかぎり，たんなる違法の評価や無効の構成だけでは，それ以上のダメージを与えない。より新たな現代法による契約自由の制限も，消費者保護を中心として片面的であるという特徴を有する。ここでも，救済の中心は，法律行為の無効や解除である。

これらの無効や解除に，さらに損害賠償の負担を付加するとすれば（取引

法的不法行為の増大），爾後の契約締結にあたって予防的効果を与えるだけではなく，救済をうける当事者にとっても利益となる（もちろん，損害賠償だけになっては逆効果である）。損害賠償は，公的な課金を私的な制裁に転嫁するものであり，ときに中世的なBußに似た機能を帯びるのである。契約締結の自由への積極的な制限ともなる[7]。

撤回権による契約の解消にも類似の機能がある。契約は両当事者により形成されるものであり，一方的には解消されないことを原則とする。クーリングオフ（撤回権）は，この原則の例外となる。契約解消の自由は，反面では，契約締結の自由への制約としての性格を有している。現代法は，多様な撤回権をもつにいたっている。

わがくにおいても，撤回権には，割賦販売法29条の3の3, 30条の2の3，旧訪問販売法6条，9条の12，特定商取引法9条，9条の2など，種々のものがある。ただし，個別法にとどまり，ドイツ法のように，消費者契約全体に一般化されていない。他方，ドイツ民法典355条以下は，消費者契約一般を対象とする広範な撤回権となっている（消費者消費貸借では，495条にもとくに規定がある）。

(2) 契約の自由が明確に進展したのは，伝統的に，契約の方式の自由の領域である（たとえば，ローマ法的な方式主義に対するもの）。その後の進展は，むしろ，契約締結と内容決定の自由の制限である（賃貸借と労働）。相手方選択の自由も制限されることが増大した。包括的な性格を有するものとしては，近時EU指令にもとづいて各国で具体化されつつある反差別法による契約のコントロールがある。そして，契約における私法的倫理の問題が提唱されることにより，契約自由の制限は，より広範な新たな局面に突入したと目される。契約自由の制限が，たんなる民法的次元を超えて，基本権的なレベルに達したと把握できるからである。

一般平等法（AGG＝Allgemeines Gleichbehandlungsgesetz）＝反差別法（Anti-diskriminierungsgesetz）は，法と私法的倫理の関係を具体化する方法の1つであり，包括的な性質を有する立法である。とりわけ2006年8月に，ドイツでは，つぎの4つのEUの差別禁止関連の指令が国内法化されたことから注目された（14. August 2006, BGBl.I S. 1897）。おもに，勤労者，職業訓練生，公共

サービスを対象とするが，私人間の法律関係である商品売買と賃貸借にも適用される（§§19-21）。担当は，連邦家庭・高齢者・女性・少年省の反差別局である。

① Richtlinie 2000/43/EG des Rates vom 29. Juni 2000 zur Anwendung des Gleichbehandlungsgrundsatzes ohne Unterschied der Rasse oder der ethnischen Herkunft（ABl. EG Nr. L 180 S. 22）. 反人種差別指令（Antirassismus-Richtlinie）

② Richtlinie 2000/78/EG des Rates vom 27. November 2000 zur Festlegung eines allgemeinen Rahmens für die Verwirklichung der Gleichbehandlung in Beschäftigung und Beruf（ABl. EG Nr. L 303 S.16）. 職業における平等指令（Rahmenrichtlinie Beschäftigung）

③ Richtlinie 2002/73/EG des Europäischen Parlaments und des Rates vom 23. September 2002 zur Änderung der Richtlinie 76/207/EWG des Rates zur Verwirklichung des Grundsatzes der Gleichbehandlung von Männern und Frauen hinsichtlich des Zugangs zur Beschäftigung, zur Berufsbildung und zum beruflichen Aufstieg sowie in Bezug auf die Arbeitsbedingungen（ABl. EG Nr. L 269 S.15）. ジェンダー指令（Gender-Richtlinie）

④ Richtlinie 2004/113/EG des Rates vom 13. Dezember 2004 zur Verwirklichung des Grundsatzes der Gleichbehandlung von Männern und Frauen beim Zugang zu und bei der Versorgung mit Gütern und Dienstleistungen（ABl. Nr. L 373, S.37）. 男女平等指令（Gleichbehandlung-Richtlinie）

それ以前の古い例としては，旧男女平等指令（Richtlinie 76/207/EWG des Rates zur Verwirklichung des Grundsatzes der Gleichbehandlung von Männern und Frauen hinsichtlich des Zugangs zur Beschäftigung, zur Berufsbildung und zum beruflichen Aufstieg sowie in bezug auf die Arbeitsbedingungen, v.9.2.1976, Abl. (Nr.L 39, S.40)）があったが，これは，労働条件の男女平等を求めただけであり，必ずしも包括的でもなく，救済も限定されていた（6条，相当の地位の請求）。

新指令は，広く人種，出生，宗教，世界観，性別，年齢，障害により差別されず，不当な不利益をうけないとするものである。私人と国家の関係は，憲

法の領域であるが，近代市民社会においては，一般的にも，これらの差別が行われるべきでないことは疑念の余地がない。そこで，私人間においても，これらの事由から不利益をうけないものとするのである。契約の自由も法的な倫理から自由ではないからである。反差別は倫理の問題にとどまらず，経済的理性でもある。寛容な社会は，経済的にも差別のないことを求めている。

市民社会には自由が必要であるが，人種主義や，宗教や世界観，性別，年齢，障害などによる差別には，歯止めが必要である。年齢や性別など，人為的に左右しえないものに関しては，人的な差異を認めない態度が必要である。この場合に，法が具体的に何を求めるかは，必ずしも各国で同一ではない。ドイツのそれが，私法の最低限のスタンダードであるのに反し，オランダの反差別法は，より厳しい。後者の歴史は古く1994年に遡る。2003年には，45件の仲裁判決が出されており，この数字を人口比でドイツにあてはめると，およそ250件と予想される。当初，経済界には，濫訴に対する危惧があったが，この件数は，ドイツの区裁判所の裁判官1人の半年間のもち件数よりも少ない[8]。また，この程度のスタンダードは，多くの法人の倫理規範においては，すでに当然の前提とされている。

一般的な反差別法の存在は，最小限の基準としての倫理観念が，すでに契約の自由を左右する重要な要素の1つとなっていることを示している。

3 契約から地位へ

(1) 20世紀中葉までの直接的な制限に加えて，間接的な制限を考慮すると，契約自由の重大な変質をみることができる。とりわけ反差別法のような包括的な制限のもつ意味は大きい。従来から存在する公序良俗による制限や損害賠償の拡大も無視しえない。直接的な締結強制も存在する。種々の契約における撤回権の付与は，拡大することはあっても，今後減少することはあるまい。

近代自然法からパンデクテン法学にいたる19世紀の法学の特徴は，法的安定性の確保のために，できる限り，解釈から道徳的な衡平判断を避けることにあった。契約自由の原則も，中世的な正当価格理論や clausula rebus sic stantibus（事情変更）理論の否定とともに，この潮流にのったものであった。

現在では逆に，法的安定性も，法の妥当性や衡平を確保することなしにはありえないとの立場が有力である。精神的損害に対する損害賠償請求権の拡大は，これを反映している。ALRの時代まで，損害賠償は，狭く財産的損害なしには請求できないものであった。精神的損害に対する損害賠償請求は，わが法では文言上広いが（710条，フランス法に由来する），ドイツ法では，法律に規定がある場合に限定されてきた（253条1項）。身体，健康，自由，性的自己決定の侵害による精神的損害に一般的に，衡平上の損害賠償が認められたのは，その例外と位置づけられる（ド民旧847条から253条2項に移動）。わがくにでも，文言ほどに広いわけではなく，財産的損害が救済されれば，精神的損害は治癒されることが原則とされている(9)。

契約の修正については，とくに事情変更の考慮について方法論的な議論があり，契約外的な矯正とみるか，もっと内在的で当事者主義的なものに再構成するかでとらえ方には，かなりの争いがある。もっとも，当事者のイニシアティブを認めて再交渉義務による方法を採用しても，結局，背後に裁判所が控えていることから，まったく契約が自由になるというわけではない。当初の契約が確定的なものだと，最終的にいえるわけではないからである(10)。

しかも，その後行われた契約自由の制限は，契約上の個別の制限を超えて，賃借人や労働者あるいは消費者といった地位にもとづく一般的な性格を有するとの特徴を有する。かねてイギリスの法制史家メーン（Maine, 1822-88）は，その著名なテーゼ「身分から契約へ」(Movement of societies *from Status to Contract*; Maine, Ancient Law, its connection with the early History of Society and its relation to Modern Ideas, 1861 (1963), p.164) において，封建的身分制度からの契約自由の発展を指摘した。それとの比較からすれば，今日，新たに「契約から地位へ」の転換が行われているともいえるのである(11)。

特別法の領域にとどまらず，民法典自体も修正されている場合がある。たとえば，ドイツ民法典の12条および13条では，広く「消費者」「事業者」の概念が導入されている。これは，ヨーロッパ法から導入された概念であり，形式的な平等をモデルとする伝統的民法典の修正である。そして，その後の多数のEU指令による保護法規の前提ともなっている。

このような修正は，現代の消費者には，契約にあたって十分な情報をえて

63

独自に合理的な判断をすることが困難になっていることを反映している。救済としては，cic（契約締結上の過失）や情報提供義務などによる損害賠償や解除といった個別の方法もありうるが，契約上の地位に着目した制限は，予防的な紛争防止手段として効果的である。商法典も，概括的な商人概念（Kaufleute）の区別をしているが，民法の修正は，私法の一般的な変容を反映したものである[12]。

　わがくにには，まだ民法上同種の概念はないが，個別法にはあり，やや一般的な性格のものでは消費者契約法（2000年法，施行は翌年）が制定されている。その一般法化や「消費者」概念の導入は，当事者間の知識の不均等や素人も合理的判断をなしうるとの前提の乖離，あるいは契約の複雑化や長期化を反映すれば，いずれ必至とも予想される。EU基準の普遍化が行われれば，世界的な競争条件の均一の要請からも変更が加速される可能性がある。

　かつての「身分から契約へ」の動きは，私法においても，デモクラシーにもとづき秩序を形成することを表現していた。そして，この新たな秩序は，自由な法律関係の形成を自己責任のもとで認めたのである。これは，個人に法の発展を促進する機能を保障した。こうして，契約自由の原則は，西側世界の共通の法の基礎となった。これに対する新たな動きを，広く「契約から地位へ」と位置づけうるかが問題である[13]。近代社会の自由と不可分なのは，たんに自由だけではなく民主的なことであり，人権を尊重することが必要だからである。そこで，この動きが，契約自由をどう変質させるのかが疑問となる。私的自治の限界は，すべての時代について静的に定義されるのではなく，変動する時代ごとに異なる。本稿は，この新たな動き（とくにEUレベルのヨーロッパ法）について検討し，契約法の変容と基礎を探ろうとするものである。

　(2)　古い起源をもつ民法は，従来から種々の法分野のモデルでもあったし，民法からの借用概念も多い。たとえば，社会契約説や国家法人論である。人権のモデルは，所有権などの絶対権である。契約法やその中心をなす契約自由がもつ意味は大きく，たんに民法のみにとどまらない法の現代化の一側面を示すものでもある。また，逆に，民法の契約法理論にも，種々の観念（実証主義，法治国家，権力分立などの観念）が投影されていることは無視できない

であろう。

　契約法は，ときとして社会を映す鏡である。契約自由は，自由なデモクラシーの基礎条件の1つとなる。デモクラシーは，個人が自由な自己責任で，自分の事柄を決し，選挙によって代表を決するものである。国家の規制からの自由なしには，デモクラシーの国家形態は実現されない。そして，私的自治は，経済的，法的側面において，個人の自己責任で形成された意思で私的な生活を形成するものである。デモクラシーの国家形態と私的自治にはパラレルな関係があり，私的自治はデモクラシー社会の不可欠の条件である。あまりに規制がきびしいと，個人による形成の余地もなくなる[14]。英米法では，契約自由はデモクラシーの基本的価値と関連づけられて発展してきた。もっとも，デモクラシーは，EU基本法（EUV）6条1項によっても，EUの基礎であるとされている。他方，多様な保護法規的なEU指令の発生は，自由放任の時代から社会国家理念への変質を広範なレベルで契約法に反映するものとなる。

　(3)　従来，契約よりも身分や地位による法律関係が主であったのは，家族法の領域である。しかし，この分野では，かえって家庭の契約化，社会化がみられる。扶養や後見，相続は，かねて家族法において，身分によって行われていた。ところが，現在の核家族化の増大した社会の中では，家族法がそれらを引きうけるだけではたらず，社会的あるいは契約的な補完が必要となり，家族法の自己完結性は，過去のものとなっているのである。高齢者の扶養と介護は，公的年金制度と介護保険によって，すでに家族外への社会化が行われている。わがくにで1999年に行われた成年後見制度の導入も，基本的には，従来家族内で完結していた後見制度のアウトソーシングの一例と位置づけられる。また，部分的には，所有する不動産を担保とするリバースモーゲージや保険売買のような契約的補充が行われているのである。いわば，家族法の社会化・契約化である[15]。

第1部　契約の自由と現代における権利

第2章　歴史上のモデルと現状

1　契約自由と2つの契約モデル

(1)　契約の理解には，歴史的に2つのモデルが存在する。1つは，リベラルなものであり，他は，パターナリズムにもとづくものである。

古典ローマ法は，形式的な契約の方式を定め，諾成契約は，部分的にしか認められていなかった[16]。方式主義は，技術の中に思想をとどめることによって，契約の自由を否定するものである。売買や賃貸借など債権法の中心をなす典型契約では，認められる類型が限定され，諾成契約は，むしろ周辺部から生じたのである。

(ア)　ローマ法においては，裸の合意は債務を生じない（*Nuda pactio obligationem non parit*, Ulp. D.2,14,7,4），との法格言がいうように，無方式の合意によっては債権は成立しないことを原則とした。債権が成立するには，要物契約（消費貸借，使用貸借，寄託），質問と応答による儀式によって初めて義務を生じる言語契約（問答契約），文書と登録を必要とする文書契約，および諾成契約（売買，賃貸借，委任，組合）の類型に従って，前三者では物または方式を要する，とされたのである[17]。

そして，これ以外の無方式の合意によっては，市民法上債権は成立せず，訴求力は生じない，とされた。これは，のちに中世の法律家によって，自然債務（*obligatio naturalis*）の一類型と位置づけられた。

しかし，このような制限には，しだいに例外が生じた。取引の発展により，方式のない無名契約にもその保護が必要となったが，諾成契約の類型は限定されており，これを補うべき問答契約は煩雑と考えられたためである。

そこで，古典期以後，方式性の緩和が行われた。諾成契約や要物契約と結合することによって他の無方式の合意も，訴求可能とされた（付加された合意，*pacta adiecta*）。また，言語契約，文書契約においても，言語儀式よりも意思の合致が債務成立の原因と考えられるようになった。さらに，契約の典型性もくずれていった。すなわち，あらかじめ予定された契約類型にあてはまらなくても，広く無名の要物契約が承認されたのである。その結果，方式を備

えない口頭契約であっても，要物性の具備によって無名契約たりうることとなった。典型性の緩和は，方式性の緩和とならんで，契約成立の柔軟性を与えるものとなったのである[18]。

(イ) 中世法は，基本的にはローマ法の体系を受け継ぐものであったが，特定の合意にはそれを成立させる方途が限定されているとし（典型性の強制，*numerus clausus*)，諾成性の予定されていない合意には無方式のままでは拘束力はないとする。しかし，実務は，この制限を不便なものとみて，しだいに広い例外を認めた。すなわち，訴権を付与されていない「裸の合意」(*pacta nuda*) に対立する概念として，訴権を付与された「着衣の合意」(*pacta vestita*) を認め，ローマ法上予定された類型をもたない合意にも，契約としての効力を認めたのである。そうすると，すべての合意は，契約の種類を問わず，方式を備えることによって効力をもちうる。ここで，合意は，たんに方式を欠くときに効力をもたないにすぎず，また方式の種類は問わないことになったのである[19]。

(ウ) これに対し，カノン法は，契約の効力についてまったく新しい観念をもちこんだ。すなわち，神学理論を基礎にすべての合意の拘束力を認めたのである[20]。これは，事実上，実務で行われる方式性の緩和と一致するものであったし，さらに，商事裁判所においては，商慣習として「裸の合意」も拘束力をもつとされた。しかし，ローマ法理論を正面から否定するにはいたらず，イタリアでは15世紀にいたっても，カノン法と商法の領域を除いて，無方式の合意が一般的に肯定されることはなかった[21]。

(2) (ア) 伝統的なローマ法の理論に正面から反対したのは，16世紀の近代自然法理論であった。その中心は，オランダの法学者ヴェーゼンベック (Wesenbeck, 1531-86)，ついで，グロチウス (Grotius, 1583-1645) である。自然法論者の契約理解は，ローマ法における方式の強制は，実定法上の制約にすぎず，自然法によれば，人間の意思を尊重することから当然に拘束力を認めることができ，それが法の理性に合致する，とするものである[22]。

契約自由は，思想史的には，啓蒙の時代に始まる。中世のカノン法のように，意思の自由やそれにもとづく契約の自由を認める具体的な動機は多様であったが（たとえば，カノン法の優越，より実際的には贈与や遺贈の自由など），契

約自由が，封建的な拘束を排し，個人に自己決定の実現を認めたことも見逃せない。自己責任，私法関係の決定，および自律的形成の能力は，デモクラシーの国家形態の発展とも一致した。中世の契約法の出発点は，正当価格論（*iustum pretium*）にみられる正当な契約内容にあり，リベラルな自己決定とは異なっていた(23)。初期のパンデクテン法学においても，サヴィニー（Savigny, 1779-1861）は，方式の自由を唱え，合意の相当性の根拠として当事者の自由な意思の合致をおいていた(24)。もっとも，パンデクテン法学は，契約の拘束力について，自然法理論を受け継いだのであり，それがより深められることはなかった。

㈡　そして，18世紀初頭の近代的法典編纂は，いずれもたんなる合意に拘束力を認めたのである。たとえば，フランス民法典（1804年）1134条，プロイセン一般ラント法典（1794年）1部5章4条，オーストリア一般民法典（1811年）861条などである（前述第1章1参照）(25)。さらに，19世紀のパンデクテン法学は，これを当然の前提としている。たとえば，ヴィントシャイト（Windscheid, 1817-1892）の契約の定義は，ごく伝統的なものであり，すなわち，債務的な契約は，2つの意思表示の合致したものであるとする。契約は，法律行為の1つのかつもっとも重要な場合であるとし，また，法律行為は，法的な効力の発生に向けられた私的な意思表示であるとする。デルンブルク（Dernburg, 1829-1907）も，法律行為は，私的な法律関係を発生させるために意図され合意された人的な意思表示であるとし，債務契約，すなわち債権者と債務者の間の合意が，債務を発生させるとする。そこで，19世紀後半以降，方式の自由は，契約内容決定の自由，契約締結の自由などとならんで，契約自由の原則の1つと位置づけられるようになったのである。この時代の特徴は，たんに合意の拘束力を認めたことにとどまらず，これが契約自由の原則の一部ととらえられ，後者の意義が強調されるに至ったことである(26)。

そこで，契約自由の理念は，1900年のドイツ民法典編纂にあたっても，基本となった。すなわち，契約の締結と内容を当事者の意思にゆだね，広く任意法規の適用を認めたのである。これによって，自由に合意された契約は正当なものと扱うことができ，手続的な保障によって正当性を確保することとし，内的な契約正当性の判断の必要性から免れることができたのである(27)。

意思の尊重は，同時に契約の安定に資するものとなった。社会の革新のためのリベラルな伝統にもとづいたというよりは，自由に形成された契約への介入を控えるとの保守的な傾向に適合したものである。同様の配慮は，ドイツ民法典138条（日民90条相当）の構造にも現れている。すなわち，良俗違反による無効は，まず「窮迫，未経験，判断力の不足，あるいは著しい意思の薄弱に乗じた」場合（同条2項）に考慮され，内容上の不当性は相対的に退くのである（同条1項）[28]。

　もっとも，ドイツ民法典には，当事者の意思を明確にする必要のある場合や，相続，土地に関して，なお方式を必要とする例が多く残されている（311b条，518条，550条，766条，780条―784条，873条，2276条，2371条など）。この点は，わが民法典においても同様であり（法人の設立の登記や，不動産の登記，身分上の届出，遺言など），また，それらは，必ずしも契約自由の原則に抵触するものとは考えられていない。

　(ウ)　契約自由は，憲法的意味では，個人の尊厳（日本国憲法13条），財産権（同29条）を基礎としている。ドイツ法では，人間の尊厳（ド基本法1条），人格権（同2条），所有権（14条）がその根拠とされている。また，契約自由は，契約の拘束力なしには意味がないから，そこに契約の拘束力が包含されていることはいうまでもない。そして，契約は守られるべし（*pacta sunt servanda*）とのことは，債務不履行の制度によって，保護されている。もっとも，いかなる自由も無制限ではありえないから，契約自由にも制限のあることは当然である[29]。

　(3)　(ア)　契約自由に対するものとしては，パターナリズムがある。リベラルな契約自由に対する著名な反対論者は，ゲルマニストのギールケ（Gierke, 1841-1921）である。社会の潤滑油（Tropfen sozialen Öls）としての意義が知られている。無制限の契約自由は，弱者に対する過度な負担となる。それは，当初ゲルマン法的観点[30]にもとづいて主張されたが，これとは別に，社会主義的観点にもとづく批判[31]もあった。また，民法典成立後には，法社会学的観点からの批判もみられた[32]。しかし，具体的な解釈論において，民法典の修正といいうるものは部分的にとどまったのである[33]。

　ギールケは，第一草案において，ゲルマン法的な方式性が否定されたこと

に不満を示し，合意を書面で明確にすることを廃止するべき理由はないとし（第一草案91条＝現125条に関する）(34)，他方，契約申込の拘束力が認められたこと（第一草案80条＝現145条に関する）については，ゲルマン法に合致するとして肯定する(35)。書面主義は，外見上は歴史を根拠に主張されているが，実質的には，その後の時代にある，書面による契約条件の明確化の要請につながるものである。ゲルマニステンだけではなく，ロマニステンを含めても，技術は思想によって選択されているのであり，19世紀の概念法学も，価値判断はしているのである。パンデクテン法学が，概念や技術のみに終始したとみるべきではない。

(イ) 保護法的な立法例としては，ドイツ民法典の制定前にも，早くに割賦販売法（Abzahlungsgesetz, v. 16.5.1894）があった（RGBl.1894, S.450）。これは，実質的に「消費者」である買主の保護のために（条文上は，買主（Käufer）である），契約自由を制限した初期の例である（1条，5条―解除のさいの返還義務，その同時履行関係，4条―契約罰の制限，期限の利益の喪失条項の制限，また，のちの追加であるが，1a条―方式の要請，1b条―撤回権）(36)。また，第一次世界大戦後の住宅不足にさいしては，種々の賃借人保護が行われ，また，労働者保護も始まった(37)。

経済の発展と大量契約に直面しては，リベラルな契約法の危機が学説で語られ，実質的契約正義が必要とされた。第一次世界大戦（1914年―18年）を契機に提唱された種々の概念がある。

第1は，ニッパーダイ（Nipperdey, 1895-1968）による契約の締結強制（Kontrahierungszwang）の概念である(38)。彼は，その著書「締約強制と命令的契約」（1920年）において，契約当事者の一方が独占的地位を有し，かつ契約の目的物が生活必需品である場合には，契約が強制的に締結されるべき場合があることを述べた。また，そのさいに，契約内容も，当事者に平等に修正・解釈されるべきとする(39)。

第2に，民法典成立後の概念法学的手法に代わって，信義則などの一般条項にもとづく自由な法解釈が採用されるようになった(40)。これは，とりわけ債権法の領域でいちじるしくみられる。たとえば，エルトマン（Oertmann, 1865-1938）によって提唱された行為基礎論である(41)。第一次大戦後の，とく

にドイツにおけるインフレは急激なものであったから，契約締結後の貨幣価値の変動に対する契約の修正がよぎなくされた[42]。裁判官による事後的な契約矯正が肯定された。しかも，価格の変動に対処するもっとも有効な手段は，契約価格の修正であるから，そのさいに，給付相互の等価性の思想が根拠とされたのである[43]。

第3は，ドイツ民法学を称するナチズムの主導にそって試みられた。とくに，労働関係および会社関係では，団体主義が強調された[44]。契約についても，債権者と債務者との共同体思想が唱えられた[45]。また，契約の成立に関して，ハウプトの「事実的契約」の概念が現れ[46]，契約の成立にあたっての当事者の意思の機能を事実上縮小する試みがされたのである[47]。

このような変化は，長期的には，BGH の判例では，242 条による内容のコントロールをもたらした[48]。そして，立法による契約自由の制限は，1976 年，包括的な法律である約款規制法（AGBG, v. 9.12.1976）をもたらしたのである（BGBl.I, S.3317）。わがくにの約款規制が個別的かつ主として行政的規制に頼ってきたのに比して，多数の契約のために定型化された契約条件のすべてに適用されることを予定した包括的な規制である（旧1条1項参照）。

(ウ) 1930 年代以降，新たな観点から，民法典とくに債権法の修正が試みられた。ラーベル（Rabel, 1874-1955）の提唱した売買法の国際的統一の運動である[49]。しかし，その成果は，戦後に結実した。

1964 年には，有体動産に関する国際的売買の統一法条約（ハーグ国際動産売買統一法条約）が成立し，ドイツ（連邦共和国）も，1974 年にこれを批准した。ハーグ国際動産売買統一法条約は，たんに国際取引に関し内国法としての効力を備えただけではなく，その構成のユニークさから，民法典との比較によって後者の解釈のうえにも影響を与えている[50]。また，1988 年に成立した国連のウィーン国際動産売買統一法条約も，大陸法と英米法の統合を目ざすものとして注目され，各国の債権法の解釈や準備作業に影響を与えた[51]。

そして，ドイツ債権法の領域では，1981 年には債務法改定に関する鑑定意見が公表された。さらに，債務法改定作業は，1991 年に改定草案が公表され，1990 年の再統一に伴いかなり遅延したが[52]，2002 年には，債務法の大幅な改定が実現された（債務法現代化法）。

また，1980年代半ばからは，ヨーロッパ指令が，契約法の中で大きな位置を占めるようになってきた。競争条件の統一のためという限界はあるが，とりわけ消費者保護の領域では多くの指令が行われている。これらをうけて，学説の中には，民法の予定する平等な社会は，ユートピアである（inequality of bargaining power），との理解もある[53]。

(4) (ｱ) フランスでも，1890年代から，いわゆる科学学派（École scientifique）がおこり，条文からの自由な解釈を唱えた。サレイユ（Saleilles, 1855-1912），ジェニー（Gény, 1861-1959）を中心とする[54]。そして，サレイユは，おりから公表されたドイツ民法典第一草案の注釈を通じて，比較法的手法を民法典の解釈に取り入れたのである[55]。

フランス民法典の制定（1804年）からかなりの期間を経過し，制定直後の注釈学派的方法がしだいに成り立ちがたくなってきたことの反映である。このような傾向は，法典一般に共通する傾向であるから，ドイツ民法典の給付障害規定がその施行（1900年）直後から批判をあびたことは，むしろ例外といえよう[56]。

フランス法のドイツへの影響は，バーデン民法典（1809年）やライン左岸に適用されたフランス法（ライン・フランス法）を通じて19世紀を通じて行われたが，ドイツ法のフランスへの影響も無視することはできない。必ずしもサレイユをまつことはなく，ツァハリエの研究を先駆として（Zachariä, Handbuch des Französischen Civilrechts, 1808），同書が Aubry et Rau（Cours de droit civil français, 5ᵉ et 6ᵉ éd.,12 vols. 1897）によってフランス語に訳され，大きな影響を与えた[57]。その後のものでは，Crome, Die Grundlehren des französischen Obligationenrechts, 1894がある[58]。

(ｲ) しかし，解釈学の全面的な転換が起こるのは，やはり第一次大戦後である。大戦後のインフレは，フランスでもいちじるしく，それに対する救済が問題とされたのである[59]。また，民法典への概念的固執も，いっそう薄れた。

(ｳ) フランス民法典の全面改定作業は，第二次世界大戦後に始められたが，一部の成果を公表したのみで，その作業は数年間で中断した[60]。その後も，民法典の条文の個別的修正はほぼ毎年行われるものの，全面修正の動きは遅

れ，20世紀には実現しなかった。しかし，契約の自由，とくに弱者保護の目的をともなう多くの付属法規が出現し[61]，契約自由の基礎となる当事者意思の自由を再検討する動きがある[62]。民法典の全面的な改定は，21世紀の課題としてもちこされた。

2 契約自由の現状

(1) 契約自由は，①契約締結の自由，②相手方選択の自由，③内容決定の自由，④方式の自由に分類される。民法も，締結の自由，内容の自由などを当然の前提としている。これに対する例外も，多様である。種々の例外に立ち入る必要はないであろう。とくに，締結と内容強制に注目しよう。なお，この2では，1との関係上，とくにドイツ法の例に着目し，日本法の契約自由の制限は，後述する（第4章1）。

制限は，元来，法規により例外的にされるだけであった。たとえば，契約の拘束力の矯正は，裁判官ないし官庁による形成行為による特別な場合にみられた（HausratsVO 5条2項，BauGB 6条2項，97条2項）。また，契約締結の自由の重要な制限は，個別法による締結強制，カルテル法による差別の禁止（GWB 20条），入札者に対する官庁の発注法（Vergaberecht）にもみられる[63]。さらに，一般的なものとして，前述のように種々の撤回権と民事の反差別法がある。

また，近時，EU基準の旅客保護のための改正法が予定されていることは，参照に値いしよう。列車の遅延のさいに旅客の賠償請求権の確保を目的としたものである。日常的な社会生活に関する契約への制限の典型的な一例である。

すなわち，2007年6月にEU代表者会議は，ヨーロッパの鉄道交通における旅客保護のための統一ルール（Einheitliche Regelungen für den Schutz von Fahrgästen im Eisenbahnverkehr in Europa）に合意した。これは，国内において，近郊交通と遠距離交通とを問わずに，列車の遅延や停止のさいに，旅客の権利を保護しようとするものである。60分以上，列車が遅延した場合には，代金の25％，120分以上では50％を現金で賠償するとするものである（たとえば，110ユーロの切符を買い，60分以上遅れた場合には，25％の，27.5ユーロが

賠償される)。また，60分以上の遅延では，飲料を提供し，宿泊が必要な場合には，ホテルの宿泊も提供されなければならないとする。ただし，鉄道事業以外の事情で遅延した場合には，鉄道会社に責任はなく，また，4ユーロ以下の少額の場合にも，責任は，このルールからは生じない。また，近郊交通の特則が定められ，50km以下または乗車時間が1時間以内の場合には，賠償よりも，早く到着することに意義があるとされ，共通の運行企業体内の他の交通機関を使用できるものとされた。たとえば，急行の遅延のために，ICE（新幹線）を使うことや，夜間（23時から5時の間）の遅延で，他に交通手段がない場合には，タクシーを使うことも可能となる。さらに，人損の場合につき，賠償額の一部前払い義務が定められている。死亡のときには，最低2万1000ユーロであり，発効すれば，全ヨーロッパで同じ基準が適用される。また，障害者や老人，子どもの権利が強化され，事業者の積極的な補助が必要となる。駅，ホームにおいて，車両の乗り降りをしやすくする義務が生じるのである。事業者の情報義務や苦情処理の迅速も義務づけられる。

　統一ルールは，ヨーロッパ議会と委員会の賛同をえて，24か月後，早ければ2009年末には，EU構成国に適用される。構成国には，15年の経過期間の設定が可能であるが，ドイツ連邦司法省では，できる限り早期に，導入する予定であり，2007年秋に，参事官草案が予定されており，政府草案は，2008年1月にも決定される(64)。

　(2) 契約締結の自由の制限は，直接のほか，間接にも行われる。直接のそれは，法規によるものであるが，間接のそれは，損害賠償，除去義務，あるいは契約締結の不作為義務による。

　直接の締結強制の例は，営業法 (BetrVG=Betriebsverfassungsgesetz 1952年の78a条；BPersVG=Bundespersonalvertretungsgesetz 1974年の9条)，弁護士法 (BRAO=Bundesrechtsanwaltsordnung 1959年の48条，49条，BRAO i.V.m. BerHG=Beratungshilfegesetz 1980年の49a条)，交通法 (BOKraft=Verordnung über den Betrieb von Kraftfahrunternehmen im Personenverkehr 1975年の13条；PersBefG=Personenbeförderungsgesetz 1964年 (Neubekanntmachung 1990.8.8) の22条，47条，LftVG=Luftverkehrsgesetz 1999年の21条2項3文)，電話法 (TKG=TelekommunikationsG 1996年の16条，19条，21条)，エネルギー法 (EnWG=

第2篇　契約の自由と当事者の地位

Energiewirtschaftsgesetz 1998年の10条；EEG＝Erneuerbare-Energien-Gの4条），責任保険法（PflVG＝Pflichtversicherungsgesetz 1965年の1条，5条），特許法や意匠法による営業保護（PatG＝Patentgesetz 1980年の24条；GebrMG＝Gebrauchsmustergesetz 1980の20条；VerlG＝Verlagsrecht G. 1901年の26条），カルテル法（GWB＝Gesetz gegen Wettbewerbsbeschränkungen（Kartellgesetz）1998年の20条6項）。さらに，公法的な締結強制として，NGOによる公共施設の利用の場合がある（NGOG＝NichtregierungsorganizationsGの22条1項），あるいは貯蓄組合による口座維持義務がある（Kontenführung, NW SparkassenVO 1995年（州法である）の4条2項；Nds.SparkassenG（州法）の4条。連邦法であるSparkassengesetzは1961年，BGBl I S.881)[65]。

　間接的な締結強制は，必ずしも明確な形では現れないから，その範囲については，争いがある。RGと通説は，生活必需品に関し独占者の排除義務について，826条の保護（良俗違反の故意による損害の賠償義務）を肯定する。そして，新たなものとしては，前述の一般平等法の公布がある。人種，出生，性別，宗教，世界観，障害，年齢または性的同一性を理由とする不利益（Benachteiligungen aus Gründen der Rasse oder wegen der ethnischen Herkunft, des Geschlechts, der Religion oder Weltanschauung, einer Behinderung, des Alters oder der sexuellen Identität）にさいし，排除，差止めまたは損害賠償請求権が付与される（AGG 21条，19条）。排除ないし差止めは，たんなる締結強制を超えるものである。

　契約の締結請求権の可否と性質についても，争いがある。多数説は，原則として過失責任である損害賠償請求権（間接的な効果）のみを予定するが，有力説には，無過失の（物権的請求権に近い）締結請求権を認める見解もある。競争法では，直接的な請求は限定されており，多くは間接的な方法によることとされている（UWG 8条の差止めと除去請求＝Beseitigung und Unterlassungでは過失は不要，同9条の損害賠償請求では故意または過失が必要)[66]。

　(3)　典型契約による客観的な秩序づけ，強行法規違反（134条），良俗違反（138条）の場合には，内容の自由が制限される。共同的な価値を保護する場合には，双方的な強行法に，弱者たる当事者を保護する場合には，片面的な強行法となる。

75

片面的な強行法は，古典的な例としての住宅賃貸借，労働法に限られるのではなく，私的保険法もみられる[67]。民法典305条以下の約款規制法でも，当事者の契約の形成に対し，裁判官による内容コントロールが行われる。また，ドイツの保険契約法（Versicherungsvertragsrecht）の改正法（旧法は，1908年）は，2007年9月21日に連邦参議院を通過し（連邦議会は通過ずみ），2008年1月1日から発効した。改正の眼目は，消費者保護の拡大である。助言と情報の提供，契約前の通知義務，被害者による直接請求権，撤回権の統一，生命保険の現代化，透明化である（利益配当の請求権，モデル給付や解約返戻金の法定，早期の取消権の保障，運営コストの公表など）。いっそう消費者保護の性格が強まりつつある。

改正法の眼目である保険契約における情報義務法（Verordnung über Informationspflichten bei Versicherungsverträgen=VVG-Informationspflichten-verordnung）も，いくつかのEU指令の実体化法である（Richtlinie 2002/83/EG des Europäischen Parlaments und des Rates vom 5. November 2002 über Lebensversicherungen, ABl. EG Nr. L 345 S. 1ほか。Vgl. BMJ Bundesrat billigt neues Versicherungsvertragsrecht (07.9.21)。

さらに，責任法の領域にも強行法があり，責任制限の合意が制限されることもある。旅店の主人（Gastwirt）の責任は，702条1項の最高額を超える部分についてだけ，あらかじめ免責することが可能とされる（702a条)[68]。製造物責任法（Produkthaftungsgesetz, 1989年の10条，85.000.000ユーロ），環境責任法（Umwelthaftungsgesetz, 1990年の15条でも同額）および遺伝子技術法（Gentechnikgesetz, 1990年の33条でも同額である）は，最高責任額の制限をおいている[69]。

3 契約自由と，方式の自由・諾成契約

方式の自由は，契約締結，相手方選択，契約内容の決定とならんで，契約自由の原則の一部をなすものと位置づけられている。そして，方式の自由が言及される場合は，2つある。①第1は，諾成契約との対比においてである。すなわち，近代的な諾成契約は，当事者の意思の合致のみを要件としており，とくに方式を要しない，とする説明にみられる。この場合には，書面，文書

などを必要としない，との意味で用いられる。②第2は，要物契約との対比においてである。この場合にも，近代的な契約は，当事者の意思の合致のみを要件として，契約目的物の現実の引渡を必要としない，というように説明される。そして，諾成契約と要物契約とが対比される場合には，①は当然の前提とされ，②に重点をおいて説明されることが一般である(70)。

　そして，いずれの場合にも，方式の自由には，積極的な意味づけがなされることが多い。この点は，契約自由の原則のその他のもの，たとえば，相手方選択の自由などが，いささか消極的に意味づけされるのと異なる(71)。もっとも，契約自由の原則に一般にいわれるのと同じく，方式の自由も，近時，制限されることが多い。たとえば，消費者保護のために契約文書の交付を義務づける場合である（割賦販売法4条，旧訪問販売4条＝特定商取引に関する法律，建設業法19条，宅建業法37条など）。

　しかし，方式の自由は，契約内容決定の自由などと異なり(72)，それが完全に自由とされたことはない。当事者の意思を明らかにする必要性が高い身分行為や相続では，届出や書面の作成がまったく不要とされたことは，かつてなかったし（たとえば，遺言に関する，日民967条），公示の必要から登記・登録が要件とされることも多かったからである（かつての禁治産宣告，法人の設立における定款に関する日民旧37条，旧39条，一般社団法人及び一般財団法人301条以下，不動産の物権変動など）。また，商取引の明確さと画一性との法技術的な理由から書面が要件とされることもある（手形法1条，小切手法1条，商599条など）。さらに，外国法には，新たに証拠法的理由から，契約の目的物が一定額以上の場合には，証書の作成が義務づけられるとした例がある（フ民1341条）(73)。

　方式の自由の問題は，この書面の必要性の問題（上述①）との関係では，契約自由の原則の他の諸場合と同様，近代における契約の実質的意義の変容を基礎としており，したがって，その検討には，契約自由の原則の他の場合をも視野にいれることが必要である。

　これに反し，要物性との関係では（上述②），方式の自由は，より法技術的な問題を含んでいる。すなわち，近代的な契約観のなかに，要物契約の考え方が残存しているのではないか，とのことである。この点は，やや説明を要

するので，後述する（第3章）。なお，契約の一部についても，要物契約とする例は多い（日民587条，593条，657条）。このような方式の自由への制約は，①契約自由の原則，当事者の意思への制約とのかかわりのほか，②契約法の基礎を探る観点でも考慮する必要がある。

第3章 英米法とその特質

1 イギリス

(1) (ア) イギリスでも，契約の基礎として合意の効力を承認することは，伝統的にまれであった(74)。15世紀にいたるまで，合意の拘束力は当然には認められていない。契約は，もっぱら書面によるか要物契約として成立したのである(75)。15世紀にいたると，契約がたんなる合意によって形成されることが承認された。大陸法の場合と同様に，カノン法の影響によるとされる。しかし，これには，なお制限があった。

第1に，コモン・ローは，個別的な訴訟類型ごとに法的保護を与えたにすぎず，一般的な契約訴訟を認めていなかったのである。引受訴訟（action of assumpsit）が契約の一般的救済方法として発展したのは，ようやく16世紀からであった。つまり，実体法上，契約の拘束力を認めようにも，訴訟法的な手段が欠けていたのである(76)。

第2に，イギリス法では，大陸法とは異なり，当事者の意思のみを契約の基礎とする考え方が，一般化したことはない。むしろ，法的概念である約因が契約の基礎と考えられたのである。そして，契約の効力を認めるさいに，人は約束によって拘束される，とする道徳的な義務の神聖性を援用する大陸法的（自然法的）思考は，必ずしも強くなかったから，むしろ救済手段の一般化という技術的要求が契機となった(77)。そこで，商事取引のような広く契約の効力を承認するべき場合にも，せいぜい約因の緩和が行われたにとどまる(78)。実際的なアプローチといえる。

(イ) また，イギリス法には，契約に方式を必要とする重要な法規が長く存在し，それも，合意を契約の源とすることを妨げた。1677年の詐欺防止法（Statute of Frauds, 1677）旧17条，および1893年の動産売買法典（Sale of

Goods Act, 1893）旧60条である(79)。

　包括的な法典である1893年の動産売買法典は，当初の規定では，売買契約は，捺印ありまたは捺印なしの文書（in writing（either with or without seal）），口頭（by word of mouth）により締結され，または当事者の行為（conduct）による黙示の合意（implied from the conduct of the parties）から成立しうるものとした（3条。1979年改正法4条も同様）が，10ポンド以上の動産の売買契約においては，買主が目的物の一部を受け取り（accept），かつこれを現実に受領し（receive），または手付あるいは代金の一部を支払うか，または契約の文書を作り相手方またはその代理人が署名しなければ，訴によって強行しえない，とした（旧4条－削除）(80)。

　1979年の動産売買法典の全面改定も，必ずしも契約の思想的基礎を改める性質のものではなく，むしろ法技術的なものである。もっとも，契約目的物の価額によって方式を要求することは削除され，1979年法もこれを踏襲したから，方式に関する制限は大幅に失われたと位置づけられる。

　(2)　他方で，契約自由については，英米の契約法は，伝統的に，私的自治のリベラルな理解をしている。18世紀にすでに，アダム・スミスは，契約自由が国民経済の基礎たるものとしていた(81)。19世紀には，イギリスの契約法は，すでに深くリベラリズムに根ざしていた(82)。契約の締結と内容は，法と良俗の限界まで，当事者の自由と責任を認めた。当事者自治は，必ずしも憲法的な保護や規範秩序において高い地位を与えられたわけではないが，イギリスの裁判所は，契約の内容的コントロールには抑制的である。たとえば，責任制限の合意は，大陸よりも，認められる可能性が高い(83)。イギリスの保険契約法は，ドイツと同じでないとしても，保険義務を認めるが，締結強制はなく（制限があるのは，Race Rerlations Act, 1976の20条1項a，およびSex Discrimination Act, 1975の29条1項a，Disability Discrimination Act, 1995の19条による差別禁止のみである），保険契約の内容の自由も，自動車，海上保険など，限定的であり，ドイツなど大陸法よりもずっと制限的であると評価されている（Marine Insurance Act, 1906の33条3項，Road Traffic Act, 1988の145条3項，Industrial Assurance Act, 1923の41条）(84)。

　イギリス私法の契約自由への固執の例は，消費者契約の濫用条項の団体訴

訟に関するEU指令の国内法化が遅いことにもみられた[85]。しかし，EU内のヨーロッパ法の増加のもとで，イギリスでも，契約自由の制限，消費者保護の強行化は増大しつつある。Unfair Contract Terms Act, 1977; Fair Trading Act, 1973; Prices Act, 1974 などである。20世紀の後半以降，消費者保護を目的とした特別法が成立している[86]。もっとも，契約法の内容を全面的に修正するような性格のものではない。

法学説のうえでは，1970年代の終わりから，有力な学者によって契約自由の原則が歴史的に検討され，その意義が再検討されつつある[87]。サッチャー改革（1979年―90年）による競争主義下で，契約自由の復権と位置づけられる。

2 アメリカ

(1) ヨーロッパ法とは異なり，アメリカ法には，目的物価額によっては，比較的広範な方式への固執が存続している。個別的立法を除くほか，必ずしも契約法を全面的に修正するものではないが，たとえば，統一商法典にもみられる。

統一商法典2―201条 「(1) 5000ドル以上の代金の物の売買契約は，以下の場合に，訴または防御の方法によって（by way of action or defense）強行することができる。ただし，当事者間で売買契約がなされ，強行しようとする当事者の相手方またはその当事者から授権された代理人によって署名されたことを示すに足りる記録（record）を要する。記録は，合意された条項が省略されまたは完全に記されていなくても足りる。ただし，そのような記録によって示される量以上の物を，本項のもとで強制することはできない。

(2)項〔省略。商人間の契約〕，(3)項〔省略。買主のためにとくに作られた物につき，当事者が認容した場合，あるいは支払がなされた場合に契約が強行されうることを定めたものである〕」[88]。

なお，原規定では，1項1文は，文字通り書面を必要としていた。「本款（Section 2）に別段の定めがないかぎり，5000ドル以上の代金の物の売買契約は，以下の場合に，訴または防御の方法によって（by way of action or defense）強行することができない。ただし，当事者間で売買契約がなされ，強行しよ

うとする当事者の相手方またはその当事者から授権をうけた代理人によって署名されたことを示すに足りる書面（writing）を要する」。

(2) 契約自由については，アメリカ法は，イギリス法と同じく，リベラルな出発点にたっている[89]。法史的に，アメリカ法における契約自由の意義は大きい。アメリカの経済的，政治的発展は，自己責任と自己主導の産物である。もちろん，1930年代（1933年以降・ニューディール政策）を境に取引活動への政府の介入が増大したのは，諸外国と共通する。

契約法の分野では，契約法リステイトメント（1932年公表），売買については，統一売買法（1906年公表）の成立が注目される。法の発展への動きは，第二次大戦後，第二次契約法リステイトメント（1981年），統一商法典（1956年）へと続いている。

20世紀には，契約自由を制限する傾向があるが，一般契約法における強行法は，ヨーロッパ法よりも，一般的に少ないといえるであろう。裁判所による普通取引約款の内容コントロールも，大陸法に比較してまれである[90]。特定の契約への内容コントロールも少ない。責任制限の合意も，ヨーロッパ以上に許容される[91]。もっとも，公的な給付や労働に関する Civil Rights Act, 1964（42 U.S.C.A §2000a, Prohibition against discrimination or segregation in places of public accommodation, ただし，公衆に開かれた施設のみを対象とする。公衆に開かれていればたり，ホテルや食堂など私的所有のものでも対象となる）による差別禁止の違反に関しては，損害賠償による事実上の締結強制がみられる。また，これを拡大した 42 U.S.C.A（Chap.21, Civil Rights）§§1981（法の下の平等）の差別禁止に反する場合も同様である。この禁止は，政府や州以外の差別に対しても適用される（protection against impaiment by nongovernmental discrimination）[92]。

しかし，大陸法に顕著な種々の方法，すなわち契約締結を求める可能性，あるいは訪問販売，消費者信用における撤回権も，あまり知られていない。そして，契約の締結と内容コントロールにおける判例の自制は，手続法にもみられるから，契約内容に対する裁判所の影響は，全体として大陸法よりも少ない。自己責任的な考慮と当事者の自由は，民事手続でも，なおキーワードとなっている[93]。

3 関係的契約法理

(1) 契約思想については，1970年のギルモアの所説が大きな反響を与えた[94]。その見解によれば，イギリス・アメリカの契約法の基礎は，意思表示の合致（meeting of the minds, bargain）と，対価性（consideration）にあるが，20世紀後半の判例法の展開により，これがしだいに維持されなくなった。中世法では，契約侵害は，身体侵害，窃盗，詐欺と本質的には異ならない不法行為の一部であるが，約因理論を中心とする伝統的契約理論が，今日破綻しはじめているとし，それを補うために不法行為責任が拡大し，やがて（中世法と同様）ふたたび契約法が不法行為法に回帰することを論じた。その所説は，民事責任の機能的分配におもにかかわるものであるが，契約法の射程にかかわる問題を含んでおり[95]，その後，当事者意思や契約自由の原則とのかかわりを論じた見解の先鞭をつけたものである[96]。わがくにでも，とくに英米法の契約理論を導入して哲学的考察をすることがさかんになった。

しかし，ギルモアなどの見解は，抽象的な契約の基礎理論というより，約因契約の基礎理論を中心とする。すなわち，英米法で，1970年代にこの種の議論がさかんになったのは，バーゲン・セオリー（契約の成立には，約因が必要であり，有償契約では反対給付が互いに約因となる）が，破綻したことから，信頼理論や衡平法で補う必要が生じたからである。なぜなら，判例は，約因のない契約でも，信頼保護のためにこれを有効としてきたからである。

そこで，英米法でいう契約の基礎理論とは，約因契約，または，その代わりとなる契約の基礎理論である。大陸法とはやや次元を異にする。大陸法では，契約はもともと無方式で成立することが承認されているから，その根拠を問う必要はなく，契約の基礎理論として採用することは，過大な評価である[97]。

また，契約の基礎を意思説とか，信頼説とか，衡平説，取引説とかで，一貫して説明しなければならないのか，も疑問としなければならない。わが民法典自体のなかにも，条文によっては沿革に従い，意思説，信頼説，衡平を予定しているものが，初めからあることもある。わが民法は，比較法の産物であり，もともと単一の思想によって貫かれているわけではないからである。たとえば，法律行為や契約の基礎づけには意思説が妥当するし，外観の保護

には信頼説が，公序良俗や給付の均衡には衡平説が，それぞれ妥当するのである。

かりにわがくにで「契約法の死」に相当するものがあるとすれば，それは，カノン法以来の意思万能の思想の終息をいうにすぎない。拘束力の基礎はもともと多様だからである。18, 19世紀には（とりわけ自然法），人の主体性を強調することは，神から法を取り戻すという時代の要請に適合した。そのプロセスにおいて，大陸法にもともとあった多様性が失われたのである。そして，中世的な多様な財産関係が捨象され，法律関係が単純化された。今日，ある意味では，それが再び多様な取引の要請から回帰しているにすぎないのである。

(2) ローマ法による方式の要求がくずされたのちにも，近代以前の法にあっては，契約上の保護は，たんに当事者が合意したことによって当然に生じるのではなく，一方当事者が相手方に自分の債務を履行している場合にのみ与えられた。これは，当初は文字通り要物契約を意味するものであったが，のちには，現実の履行に代えて「履行に代わるもの」を相手方に与えることで足りるようになった。たとえば，売買では，目的物がただちに買主に与えられなくても，対価の象徴的な給付あるいは反対給付の約束を付与することによって拘束力をもつようになったのである。

その名残が，英米法の約因（consideration），フランス法の原因（cause）である。すなわち，英米法もフランス民法も，諾成契約の概念を認めるが，契約の拘束力は，たんに当事者の意思の効力のみではなく，反対給付の履行（に代わるもの）が，給付債務を基礎づけている。ここで，履行は，観念的な反対給付の約束である約因・原因に抽象化されてはいるが，要物契約の場合と同様，給付債務ひいては契約を基礎づけるものとされているのである[98]。

そして，この履行の擬制が，双務契約にあっては，給付の牽連関係（συναλλαγμα）を支えるのである。すなわち，債務の成立，法的な拘束力の根拠は，もっぱら反対給付の債務の履行によって正当化されるから，逆に，一方の給付債務の不成立は，反対給付債務の消滅をももたらすものと解されるからである（成立上の牽連関係）。そして，これを延長すると，一方の給付債務の消滅にさいしては，反対給付債務の消滅をも認めなければならないこと

になるのである（日民536条1項）[99]。そこで，契約の方式の問題は，双務契約の基礎や給付の牽連関係を探る問題の一部ともなっているのである[100]。

(3) 英米法では，1970年代から，上述の契約の基礎をめぐる論争が行われている。伝統的な，約因を基礎とした契約の構造が，形骸化し，外観の保護や給付の均衡を重視する判例法によって変容せしめられていることによる。これらの見解は，約因なしに契約が成立することを認め，その代わり当事者の一方的な約束，あるいは外観保護の思想などを契約の基礎として主張するのである。その過程で，当事者意思の尊重，契約自由の原則や，逆に契約の社会的基礎の考え方などが明らかにされたのである[101]。これらの主張は，本来，約因契約の合理的説明のために登場したものと位置づけられるが，これを超えて，契約の基礎理論にもかかわる。その過程で，必然的に契約自由の原則や契約の解釈一般の問題にも関連するようになっている。ただし，上述のように，大陸法的な観念とまったく同視することはできない。

なお，フランス民法でも，伝統的に，民法上の合意の要件である原因を廃止しようとする，反「原因」論者（anti-causalistes）の主張がみられるのである[102]。

第4章　自由の制限と契約法の変容の意義

1　契約の変容と附合契約

(1)　㋐　すでに，方式主義の撤廃を概観し，多くの立法例では，もはや契約の成立に関し，技術的理由からする制約（方式の制限）がなくなったことをみた。しかし，19世紀以降，新たな変化が生じた。契約の社会的機能の変化に伴うものである。

その変化は，契約自由の原則の他の分野（たとえば，契約の締結の自由など）において，より顕著にみられる。また，それが方式の自由の制限とも関係するので，以下，対象をやや拡大して概観しよう。なお，すでに繰り返し指摘されているところでもあり，本稿は必ずしも網羅的なものではない。

㋑　その最初の契機は，契約の大量化と形骸化である。すなわち，取引の大量化にともなって，契約当事者の一方が作成した契約が，定型的に取引関

係を規律するようになった。いわゆる附合契約（contrat d'ahension）[103]、あるいは普通取引約款（Allgemeines Geschäftsbedingungen）[104]の発生である。そのため、(a)契約内容は一方的に決定され、個別の交渉による古典的な契約の形成は相対的に減少した。内容的にも、約款作成者に有利な契約が押しつけられることになったのである。(b)また、そうした場合に、取引の一方当事者が独占的地位を有する者であるとすると、相手方は、取引の成立を望むかぎり他の契約者を選択することはできず、(c)さらには、契約目的物が生活に不可欠のものであれば、契約の締結を拒絶することもできないのである。

そこで、附合契約の弊害を除去するために、行政上、司法上、および立法上、多くの規制が加えられることになった[105]。わがくにでも、以下のものがある。基本的には、上述第2章2(2)のドイツ法の場合とそう異なるわけではない。

(2) (ア) 契約の締結の自由のうち、承諾の自由への制限がこの分野では顕著である。電気・ガスのような生活必需品を独占的に扱う事業への規制に代表される（電気事業法18条、ガス事業法16条）。また、多くの運送事業でも承諾が義務づけられている（鉄道営業法6条2項、道路運送法5条、13条、海上運送法12条など。なお、旧通運事業法17条、倉庫業法3条、5条）。そして、原則として、相手方選択の自由も存在しない。

逆に、契約申込の自由が、独占的事業の運用のために制限される場合がある。たとえば、主要食糧の供出義務を生産者に課した旧食糧管理法（3条、11条）である。しかし、これは、1990年代の規制緩和の流れの中で1995年に廃止された（94年に、食糧法）。また、受信設備設置者に受信契約義務を課した放送法（32条1項）などである。なお、売買には、品目ごとに一定の販売者の独占・取引制限を認める特別法がある（商品取引所法、卸売市場法）。

(イ) また、独占的事業には、免許や登録など公法的規制が加えられる（電気事業法18条、ガス事業法16条、倉庫業法3条、保険業法3条、道路運送法4条、47条、貨物自動車運送事業法3条、海上運送法3条）。そして、契約内容を規制する約款について行政的規制の行われることも多い。

(ウ) 独占的・大量的取引の処理には、普通取引約款が用いられることが多い。したがって、契約相手方は、事実上、それに署名することによってのみ、

契約の成立を期待しうる。これに反し，約款作成者は，約款作成の利益に加えて，その適用・解釈などをも主張しうる地位に立つ。いわば，方式の自由は，一方的なものとなったのである。そこで，個別に提示されないまたは提示が不十分な約款の拘束力の否定，解釈における作成者不利の原則などの制限解釈（ド民305c条2項参照，Lasten des Verwenders）が生じた。また，一部の契約には，クーリング・オフが認められている。

(3)　その他の分野でも，事実上，契約自由の原則の制限が生じた。おもに，契約当事者の経済的な力の相違などによる交渉能力の相違にもとづくものである。供給量の限られたものの売主が貸主となり，逆に過剰なものの買主や借主・使用者は，社会的に有利な地位に立つからである。そこで，これに対しても，弱者保護を目的とする法的規制が加えられることが多い。また，危険をともなう職種への公共的目的からの規制も存する。

㋐　まず，契約締結の自由に関してみると，申込の自由を制限するものとして，契約者に一定の資格を要するとし，無資格者による申込を禁じる場合がある。たとえば，宅建業者の免許を要求する宅建業法3条以下，前払式割賦販売業を規制する割販法11条以下，証券業に免許を要求する旧証取法28条以下などである（2007年9月からは，金融商品取引法29条以下）。

人の健康に関する職種には，申込に対し承諾が義務づけられる（医師法19条1項，歯科医師法19条1項，薬剤師法21条，保健婦助産婦看護婦法39条，なお，公証人法3条）。

また，右のような公法的規制に比して，私法的規制を加えるのは，不動産賃貸借に関する分野である（契約更新の拒絶を制限する旧借地法4条1項，旧借家法1条の2，借地借家法4条，5条，28条，農地法19条）。

申込者の意思表示によって当然に契約関係が形成されるとするのは，承諾義務をいっそう強めたものといえる（旧借地法4条2項，10条による建物買取請求権，旧借家法5条による造作買取請求権，借地借家法13条，14条，33条，国土利用計画法19条1項による土地買取請求権。なお，鉱業法46条，47条，採石法9条，24条）。

㋑　相手方選択の自由の制限のうち，消極的に一定のものを排除してはならないとするものに，組合員の忌避を禁じた労働組合法7条1項がある。逆

に，積極的に一定の資格の具備を要件とするのは，組合員を雇用の条件とするクローズト・ショップを認めた同7条1項但書の場合である。

　同じく，契約締結に一定の資格を要件とし，資格具備の有無の判断について許可手続を必要とする農地法3条がある。

　㈦　内容決定の自由の制限も，弱者保護のために多く行われる（片面的強行法規である旧借地法11条，旧借家法6条，借地借家法16条，21条，37条，農地法20条7項，23条が保護する諸場合，および利息制限法，労働基準法13条以下）。

　また，不動産賃貸借・労働関係にはその継続性に着目して解約制限がある（旧借地法2条，4条，旧借家法1条の2，借地借家法3条，5条，28条，農地法20条，労働基準法19条―21条）。逆に，クーリング・オフなど契約の解除権を認めて契約の拘束力を緩和し，間接的に消費者保護をはかる特別法もある（旧訪問販売法6条，特定商取引法9条，割賦販売法4条の4，宅建業法37条の2）。

　さらに，事業者は，労働基準法によって就業規則を作成する義務をおう（89条―93条）。

　なお，とくに売買については，経済統制・産業保護などの公共的目的から，その代金額の統制がされることがある。主要なものには，かねて物価統制令があった。すでに適用対象はほとんどなくなったが，なお現行法である。また，農産物価格安定法（廃止），肥料価格安定等臨時措置法（廃止），砂糖の価格安定等に関する法律，畜産物の価格安定に関する法律，繭糸価格安定法，野菜生産出荷安定法などがあったが（その一部は廃止されているが），必ずしも全廃されているわけではない。

　㈣　方式の自由の制限も，契約当事者の地位の相違に着目し，合理的な契約を締結するように，また契約内容の証拠とするように，書面作成が義務づけられることによって行われる（労働組合法14条，農地法25条，建設業法19条，割賦販売法4条・13条，旧訪問販売法4条・5条，特定商取引法4条，5条，宅建業法37条）。

　⑷　さらに，古典的契約のなかでも，修正がある。契約の明確化や紛争の防止のためである。

　方式の自由は，おもにここにかかわる。外国法には，一定額以上の取引に

対して，書面，とくに公正証書の作成を義務づける例がある（フ民1341条3項）。わがくにでも，不動産のように重要な財産の取引については，事実上書面が作成されるのが通常であるのはもとより，対抗力をもつには登記を要する（日民177条）。また，ほかにも，とくに公示の必要がある行為には，登記や登録が成立要件とされることがある（日民37条，旧39条，旧45条，旧46条，旧48条，旧77条，一般社団法人及び一般財団法人に関する法律299条以下参照）。さらに，身分上の行為についても，届出が必要とされることが多い（日民739条，799条，764条，なお，967条）。画一的処理を必要とする商法上の証券にも，形式を要件とするものが多い（商法570条2項，599条，627条，649条，769条，会社法216条，681条，682条，手形法1条，小切手法1条）。

歴史的に要物契約とされてきた契約には，その成立に引渡を要件とするものがある（日民587条・593条・657条。なお，550条は要物契約とする代わりに，効力を制限する）。

2　ヨーロッパ法における契約自由の制限

(1)　本稿の対象との関係では，近時，ヨーロッパ共同体（EU）指令がもつ各国法を規律する機能が進展した。従来の法が国民国家を基礎としたのに対し，（地域的）国際化を基礎とする特徴をもっている[106]。これにより，ヨーロッパの各国法の内容もかなり変容をうけつつある。各国の私法は，しだいに独自に発展する機能を失い，EU法の下部構造となりつつある。そこで，従来，諸国の民法において契約自由がもっていた地位にも，相当の変化が生じたものととらえられる。

契約自由に対する一般的な制限が，必ずしも明示されているわけではないが，国際私法あるいは他の適用可能な法が指示されていることが多い[107]。そして，ヨーロッパ基準においても，法や良俗違反における種々の無効の構成がある。そこで，契約自由は，ヨーロッパ契約法でも，原則という以上のものではない。個別の規制については，(3)で後述する。

(2)　EU指令による多様な制限がみられるが，その前提として，ヨーロッパ基本法（Der Vertrag über die Europäische Union (EUV, EU条約), Der Vertrag zur Gründung der Europäischen Gemeinschaft (EGV, ヨーロッパ共同体創設条約))

においても，契約自由の保障があることはいうまでもない。EU は，1950 年のヨーロッパ人権条約を尊重し，かつ構成国の共通の憲法価値を共同体の基本原則（als allgemeine Grundsätze des Gemeinschaftsrechts）とするからである（Art.6 II EUV。ヨーロッパ人権条約 8 条には，私生活の尊重の規定があり，また付属議定書 1 の 1 条に財産の保障，14 条に差別の禁止規定がある）。また，EUV 6 条 1 項は，デモクラシーの基本的価値を尊重している[108]。EGV においても，個別に，取引の自由（3.Teil, Tit 1, 23 条以下，28 条），関税の免除（3.Teil, Tit 1, Kap.1, 25 条以下），労働の自由（Tit 3, Kap.1, 39 条以下；Kap.3, 49 条以下），資本移動の自由（Kap.4, 56 条以下），競争の自由（Tit 6, Kap 1, 81 条以下）などがうたわれており，これらは，契約の自由なしには，ありえない。そこで，ドイツの通説も，契約自由は，これらのヨーロッパ条約から導きうるものとしている[109]。

また，ヨーロッパ基本憲章（Europäische Grundrechte-Charta）においても，人権の保障（1 条 1 文），取引の自由（6 条），企業の自由（16 条），所有権の自由（17 条 1 項 1 文）が定められ，これらから導かれる契約自由は，汎ヨーロッパ的な規範に数えられる。

(3) ヨーロッパ法による契約の規制は，この基本法を元に行われている。個別のヨーロッパ指令とこれにもとづく国内法が多数ある。

まず，内容の自由の制限としては，比較的早くに，消費者契約における濫用条項に関する指令（Richtlinie 93/13/EWG des Rates über mißbräucheliche Klauseln in Verbraucherverträgen v.5.4.1993, Abl.EG Nr.L 95, S.29）がある（たとえば，その 3 条）。普通取引約款は，古くから当事者の一方によって策定されることから，当事者間の力関係の違いが反映されやすく，裁判例においても，多様な制限がみられたからである。

普通取引約款は，その後，ドイツ民法では，1976 年の旧約款規制法（AGBG v.9.12.1976; BGBl.I S.3317）によって包括的な規制が行われ，これは，2002 年の債務法現代化のおりに，民法典に統合された（305 条以下）。とりわけその 307 条は，普通取引約款において，内容的コントロールが行われるべきものとしている。「普通取引約款の規定は，約款利用者の相手方に，信義則に反し不当な不利益を与えるときには，無効（unwirksam）とされる」（同条 1 項）。

第1部　契約の自由と現代における権利

　また，その308条，309条は，普通取引約款が無効になる種々の場合を規定している（Klauselverbote mit Wertungsmöglichkeit, Klauselverbote ohne Wertungsmöglichkeit）。

　内容的コントロールは，必ずしも直接に契約条項を無効にするものばかりではない。製造物責任法（Produkthaftungsgesetz, 1989; BGBl.I S.2198）は，人的損害（Personenschäden）には，85,000,000ユーロの責任制限をおいている（10条）。同法が，製造物責任指令（Richtlinie 85/374/EWG des Rates über die Haftung für fehlerhafte Produkte v.25.7.1985, Abl.EG Nr.L 210, S.29）にもとづくことは，繰り返すまでもない（なお12条，16条1項参照）。同様の制限は（上述第2章2(3)参照），1990年の，環境責任法（Umweltschutzgesetz, 1990; BGBl I 1990, 2634）にも，おかれている（15条，85,000,000ユーロ）(110)。

　片面的な強行法規として，包括旅行契約指令（Richtlinie des Rates 90/314/EWG v.13.6.1990 über Pauschalreisen, Abl.EG Nr.L 158 v.23.6.1990, S.59）の5条3項（なお，旅行契約は，民法典651a-651m条に組み込まれている），国外振替に関する指令（Richtlinie 97/5/EG über grenzüberschreitende Überweisungen v.27.1.1997, Abl.EG Nr.L43 v.14.2.1997, S.25）の8条1項もある。

　より包括的なものでは，消費物売買指令（Richtlinie 1999/44/EG des Europäischen Parlaments und des Rates v.25.5.1999 zu bestimmten Aspekten des Verbrauchergüterkaufs und der Garantien für Verbrauchsgüter, ABl. EG Nr.L 171, S.12）が，不履行，減額請求，解除に関し，買主のための強行規定を定めた（3条，7条）。また，保障の内容についても，詳細な強行規定を定めた（6条，7条）(111)。この指令が，2002年の債務法現代化法の施行される直接のきっかけとなったことは記憶に新しい。

　支払遅滞の遅延利息ルールの指令（Richtlinie 2000/35/EG des Europäischen Parlaments und des Rates zur Bekämpfung von Zahlung im Geschäftsverkehr v.29.6.2000, Abl.EG Nr.L 2000, S.35）は，ヨーロッパ中央銀行の基礎利率プラス7％の最低遅延利息を定めたが，債権者に「いちじるしく不利益」（grob nachteilig）な合意を制限している（3条3項）(112)。

　消費者信用指令（Richtlinie 87/102/EWG des Rates v.22.12.1986 zur Angleichung der Rechts- und Verwaltungsvorschriften über den Verbraucherkredit, Abl.EG Nr.L

42 v.12.2.1987）は，消費者信用の取引の締結にさいし，書面と売買契約において最低限の内容が強制されることを定めている（4条，6条，14条2項）[113]。ほかにも，私的自治の役割を減じているとみうる指令がある。

営業譲渡のさいの労働者の請求権の保護に関する指令（Richtlinie 2001/23/EG des Rates über die Wahrung von Ansprüchen der Arbeitnehmer beim Übergang von Unternehmen, Betrieben oder Unternehmens- oder Betriebsteilen v.12.3. 2000, Abl.EG Nr.L 82, S.16）は，国際的な企業買収を予定したものである。

また，支払手段に関しては，国外振替に関する指令（Richtlinie 97/5/EG des Europäischen Parlaments und des Rates über grenzüberschreitende Überweisungen v.27.1.1997, Abl.EG Nr.L 43, S.25），および支払および有価証券の交付と割引システムに関する指令（Richtlinie 98/26/EG des Europäischen Parlaments und des Rates über die Wirksamkeit von Abrechnungen in Zahlungs- sowie Wertpapierliefer- und - abrechnungssystemen v.19.5.1998, Abl.EG Nr.L 166, S.45）がある。

(4) 契約締結の自由に関する制限の例も多い。締結の自由の制限は，まず撤回権により，また締結の強制により行われている。

その嚆矢として，訪問販売による契約の締結のさいには，消費者保護の撤回権が知られている（5条，6条）。Richtlinie 85/577/EWG des Rates betreffend den Verbraucherschutz im Falle von außerhalb von Geschäftsräumen geschlossenen Verträgen v.20.12.1985, Abl.EG Nr.L 372, S.31.

通信販売では，通信販売指令（Richtlinie 97/7/EG des Europäischen Parlaments und des Rates über den Verbraucherschutz bei Vertragsabschlüssen im Fernabsatz v.20.5.1997, Abl.EG Nr.L 144. S.19）による通信販売法の規定がある（6条，12条1項）。また，金融サービス給付販売指令（Richtlinie 2002/65/EG des Europäischen Parlaments und des Rates v.23.9.2002 über den Fernabsatz von Finanzdienstleistungen an Verbraucher und zur Änderung der RiL 90/619/EWG und RiL 97/7/EG und 98/27/EG, Abl.EG Nr.L 271/16 v/9/10/2002, S.16）による国内法が金融給付の通信販売を規制している（6条，12条）[114]。

また，電子取引に関する指令（Richtlinie 2000/31/EG des Europäischen Parlaments und des Rates über bestimmte Aspekte der Dienste der Informationsgesellschaft, insbesondere des elektronischen Geschäftsverkehres, im Binnenmarkt v.8.6. 2000, Abl.EG Nr.L 178, S.1) による国内法, タイムシェア指令 (Richtlinie 94/47/EG v.26/10.1994 des Europäischen Parlaments und des Rates zum Schutz der Erwerber im Hinblick auf bestimmte Aspekte von Verträgen über den Erwerb von Teilnutzungsrechten an Immobilien, Abl.EG Nr.L 280 v.29.10.1994, S.83) にもとづくタイムシェア法がある (5条, 8条)[115]。

契約締結に関する不安定性は, 指令に合致した消費者情報の判定困難によっても増大する。そして, 締結自由の制限も, 内容の自由の制限とともに, 増大することになろう。

さらなる制限は, 労働法的な平等指令にもある。公的および私的な使用者は, とくに, 契約締結にさいし, 性別 (2条2項　平等指令)[116]および近時は, 人種または出生 (3条1項, 4条, 7条　反差別指令)[117]による差別を禁止される。そこで, 使用者の選択権は制限される。

締結自由の制限への新しいヨーロッパ指令は, Richtlinie 2004/113/EG v.13.12.2004 zur Verwirklichung des Grundsatzes der Gleichhandlung von Männern und Frauen beim Zugang zu und bei Versorgung mit Gütern und Dienstleistungen, Abl.EG Nr.L 373, S.37 である[118]。これは, 2007年12月21日までに国内法化される。そして, 一般私法に影響することがとりわけ大きい。法的手段と損害賠償請求によって, 差別禁止が確実にされる必要がある (8条, 14条)。

全体として, 明確に, 法 (指令およびそれにもとづく国内法) 規制による契約自由の制限の傾向がみられる。

(5)　EU指令による多様な制限から, 現在のヨーロッパ契約法の体系が, 契約自由を保障するヨーロッパ条約に合致するかに疑問を生じることもある。ドイツの憲法裁判所の判例によれば, 憲法＝基本法は, ヨーロッパ指令やそれにもとづく法 (Umsetzungsrecht) を検証し, 契約自由の保障を行っている (基本法101条1項2文)。しかし, その実務は必ずしも積極的ではない[119]。

ヨーロッパ裁判所の機能は, もっと限定されており, 現在のシステムでは, 二次的なヨーロッパ法の是非を条約による基本的な私的自治の見地から検証

することはできない。EU 上級審の実務では，その任務は，指令の有効性を保障することであり，たんに EGV234 条による事項の解釈 (Vorabentscheidung, a-c の各号，すなわち EU 条約，EU 組織の行為の有効性，EU 委員会のした規則の解釈) である。もちろん，この場合に，ヨーロッパ裁判所の解釈は，契約自由に対してより積極的であることは可能である。具体的には，責任法の強行規定については，部分的には疑問も提示されており，より限定した尺度によらなければ，契約自由と合致しないといわれることもある。たとえば，飲食店の主人 (Gastwirt) が，無過失で，料理によって肝炎を惹起させたときに，ヨーロッパ製造物責任によって，70,000,000 ユーロまでの最高限度額までの責任をおい (1985 年指令の額。1979 年指令では無制限。国内法でも無制限とする例もある。ドイツ法では，85,000,000 ユーロである)，これをより制限できないことは (製造物責任法 14 条)，私的自治に合致しないとの批判がある[120]。

　ヨーロッパ指令を実体化する法が，強行法規として幅広く内容のコントロールをし，また，撤回権と締結規定により締結自由を制限することによって，ヨーロッパの契約法の体系が，私的自治の制限を増大させていることは，パターナリズム的である。もっとも，このような動きは，すでに，各国法では，19 世紀以降継続している動向の反映であるともいえる。その結果，ヨーロッパ契約法において「契約から地位へ」(Contract to Status) の動向がみられ，契約法体系の変容をもたらしているのである[121]。

3　契約自由のマクロの意義

　(1)　私的自治と強行法の緊張関係の判断においては，個別の契約のミクロの分析だけではなく，マクロの意味で，契約自由がどのような機能をもつかを明確にすることが必要である。私的自治の限界に関する議論は，たんに個別の契約の自由だけを対象とするわけではない。契約自由の機能を現代の経済および市民社会との関係でも考察することが必要である。

　契約自由は，私的自治を基本とする社会の中で，3 つの重要な機能をもっている。デモクラシー，イノベーション，安定性の確保である[122]。他方，近代社会は，中世的な倫理を否定し，利潤主義とこれを可能にする自由主義をもっている。自由放任は，契約自由の思想的基礎であり，企業の最大限の自

由の追及を可能としている(123)。

　しかし，近時の契約観の修正により，過失責任主義の見直し，契約自由の変容が生じている。契約自由は，中世法が否定した利潤主義の是正に係わるが，もともとデモクラシーという歯止めを有したのである。グローバリズムの最大の欠陥は，利潤主義をチェックしていた国民国家によるデモクラシーの歯止めが失われることである。デモクラシーの基本は，人権や基本権の尊重である。私権の基本原則のうち，権利能力の承認の原則は，たんに人の形式的平等（政治的には多数決主義）のみを意味するものではなく，基本権という不可欠の要素のあることを前提とする。契約法の変容やEU指令の拡大などは，ここにかかわっており，その再評価にほかならない。

　(2)　契約自由は，自由主義にも係わっており，イノベーションの能力を保障するものでもある。私的自治は，法的発展の重要な道具である。なぜなら，これは，新たな経済的および技術的な条件を流動化し，簡明にすることを当事者に可能にするからである。新たな契約類型の発展は，たとえば，振込信用，分割支払取引，ファイナンス・リース，ファクタリング，フランチャイズなどにみられる。これに対し，強行法は，私法的なイノベーション力を制限する。当事者の処分の能力が制限されるほど，将来の発展の可能性は小さくなる。はなはだしい場合には，私法のダイナミズムが失われることから，契約自由は，イノベーション力の保障である。

　(3)　最後に，契約自由や私的自治は，自由主義に係わることから，法律関係の安定化機能をも有する(124)。自己責任による法形成は，流動性をもたらし，契約当事者に個人の希望や目的達成の自由を与える。それにより，契約自由は，社会的緊張を私法によって調整する安全弁となる。自分の事務処理につき変更の機会を与えるための契約の自由がなければ，社会的緊張の危険は増大し，私法は，場合によっては社会的受容力を失う。当事者は，私法以外の方法で，必要性を追及するかもしれない。契約自由のリベラルな要素は，安定化機能としてなお重要である(125)。

第5章 むすび

(1) 契約自由については，2つの異なった契約自由のモデルが対立している。1つは，リベラリズムであり，もう1つはパターナリズムである。私的自治の歴史的な根源は，啓蒙主義とそれに続く自由主義，および自己責任的な契約正義にある。

一方で，大陸法の契約法では，締結と内容の自由の制限の増加により，契約自由のパターナリズムへの傾向がある。一般平等法（AGG）における締結強制の規定が，顕著な新たな例である。他方，英米法では，契約自由は，歴史的に規定され，デモクラシー，とりわけ自由の基本的価値と関連づけられて発展した関係にある。それは，今日まで，実体法上も手続法上も，比較的高い価値を有しており，契約に関する内容上，締結上のコントロールは，ヨーロッパ法よりも相対的に弱いと目される。もっとも，英米法は独自の懲罰的損害賠償の制度を有しており，一たび契約あるいは社会的なコントロールを決定した場合には（たとえば，反差別規制），民事的救済を超えた強い制裁が加えられることもあるから，形式的側面だけをみて，契約へのコントロールが弱いと一義的にいうことはできないのである[126]。

(2) 近代法にいたるまで，契約の基礎は方式にあった。ここで，方式とは，たんなる契約書の形式のみをいうのではなく，古くは呪術と法廷の権威であり，中世には，神の意思を表現するものであった（聖職者による文書の独占）。近代以降，とりわけ宗教改革は，世俗の領域において，人の意思の主体性を認めることによって，財産関係の単純化をもたらしたのである。たとえば，教会領の没収・世俗化，封建的拘束の廃止と契約の自由である。もっとも，最後のものは，すでにカノン法理論の中にも，ローマ法からの例外を設けることによって，行われていた（その契機は，財産関係の単純化，端的には寄進，遺贈の自由である）。しかし，それが例外としてではなく正面から認められるには，近代の到来を必要とした。家族法的な意思の重視も，部分的には，このようなローマ法からの例外を設けることを意図していたのである。

近代以降，中世の神に代わって，人が権威の中心としての地位を占めた。こ

れは，領邦主義の近代立法のもとでは，国家による法の独占の源となったのである。もっとも，カルヴィニズムではややニュアンスが異なり（ルター派の領邦主義の優先とは異なり），宗教的な意味では外部的な権威はありえないから，法も，基本的には個人の良心のみに遡るべきものとされる。そして，外部的な権威を否定することは，法的な権威の内部的再構成，すなわち契約的な構成（社会契約説）や基本権的な構成への道を開いたのである。その重要な契機は，封建的拘束に反対した近代市民社会であるが，私見によれば，その端緒は，プロテスタンティズム，とりわけカルヴィニズムに遡る[127]。

　私的自治と所有権の自由は，自然法的な意思の理論と所有権中心主義に由来する。後者は，基本権の一部に位置づけられる。包括的な権利としての近代的所有権は，近代法あるいはそれに先立つ近代市民社会の産物である。近代的所有権は，中間的・封建的な諸規制を廃して，単純な構成を目ざしたからである。そのさいに，権利の自然権的な把握は，この単純化に資するものであったし，法的な権威を人為的なものではなく，個人の内心にのみ求める思想にも一致するものであった[128]。

　私的自治は，中世的な神の意思ではなく，人の意思を私法の基礎にすえるための装置であり，経済関係の自律や競争と表裏をなすものである[129]。そして，契約自由は，私法的な法律関係の自己責任的な形成の自由を意味するが，デモクラシー，イノベーション，法秩序の安定化の担保でもあり，また，当初平等や所有の概念は，もっぱら自由に奉仕するものであった。こうして，18，19世紀を通じて，契約の自由が全盛となったが（身分から契約へ），やがて，この意思の理論と，基本権との対立が顕在化した。そして，20世紀の後半からは，むしろ後者の優越が顕著となった。その結果，形式的な「平等の当事者」という前提が理論上も分解し，所有者と利用者，使用者と労働者（労働契約法2条参照），あるいは一般人と商人，事業者と消費者，各種の専門家（専門家の責任）などの概念のもつ意味が増大したのである。

　(3)　大陸法の私法も，このような潮流をうけ，リベラルな契約自由から，私的自治のパターナリズム的な理解へという傾向を帯びている。当事者による自己責任的な契約の形成のみが絶対視できるわけではない。各国の私法のみならず，新たなヨーロッパ的規範における契約自由も，実質的には必ずしも

中心的意義を保持してはいない。消費者保護立法は，消費者と事業者の地位による契約の修正を増加させた。21世紀以降，この概念は，たんに民法の周辺に位置づけられるのではなく，部分的には，各国の一般民法にも採用され，契約の自由を地位の重視へと変容させている。ここに，私法の中に，もう1つのデモクラシーの価値である人権の復権をみることができるのである（契約と所有から人権へ）。そして，一般平等法の存在は，必ずしもヨーロッパに特有のものではなく，世界人権宣言などの普遍的な価値を基本とする。公序規定への読み込みなどを通じて，一般的な影響力をもつものとみる必要がある。

したがって，弱者や一定の地位に着目した規律は，たんなる民法の異物とのみとらえられるべきではなく，基本権の復権を意味しているのである。また，ヨーロッパ法に特有なものとみるべきではない。この点において，わが民法が，従来，付属法規のみによって（古くは，旧借地法，旧借家法，利息制限法，借地借家法，近時では，特定商取引法，消費者契約法など）民法を修正してきたことは，基本権への消極的な態度をも示すものであり，体系的な見通しの悪さとともに，根本的な再検討を要するところであり，新たな立法の課題でもある[130]。

(1) ほかにも，たとえば，1838年のオランダ旧民法典1269条にも，「すべて義務は契約または法律によって生じる」との規定がある（なお，オランダ民法典6－248条。ただし，こちらは，当事者の意思だけではなく，慣習や合理性の要求，衡平も法源となるとする）。ポルトガル民法典405条参照。

(2) Wieacker, Privatrechtsgeschichte der Neuzeit, 1967, S.482 (§25). 同書第1版に関するヴィアッカー「近世私法史」(1961年，鈴木祿彌訳) 582頁 (24章) 参照。ギリシア民法典361条「法律行為による債務関係の発生および変更には，法律に別段の定めがないかぎり，契約を必要とする」。Vgl.Gogos, Das Zivilgesetzbuch von Griechenland (1940), 1951, S.41.

(3) そして，統一化の影響は，契約の自由や消費者法といった理念的あるいは特定の法領域だけではなく，給付障害法のような民法の中核部分にも及んでいるのである。Vgl. Grundmann, Leistungsstörungsmodelle im Deutschen und Europäischen Vertragsrecht, insbesondere Zurückweisung der charakteristischen Leistung, Festschrift für Claus-Wilhelm Canaris zum 70.Geburtstag, Bd.I, 2007, S.307.

(4) Lando/Beale, Principles of European Contract Law, 2000, p.99.

第1部　契約の自由と現代における権利

　　ヨーロッパ法のもつ統一化機能について，Eger und Schäfer (hrsg), Öknomische Analyse der europäischen Zivilrechtsentwicklung (Beitäge zum X.Travemünder Symposium zur ökonomischen Analyse des Rechts, 20.März bis 1.April 2006), 2007. 所収の諸論文は，経済や沿革などの種々の見地からヨーロッパ私法の位置づけを行っている。とくに，vgl. Schmidtchen, Vereinheitlichung des Vertragsrechts in Europa, S.1; Ranieri, Vereinheitlichung des Vertragsrechts in Europa. Wirtschaftspolitisches Projekt oder rechtskulturelle Herausforderung?, S.46.

　　とくに，給付障害法におけるハーグ条約，ウィーン条約，Lando契約法原則，Unidroitの意義について，ONO, Die Entwicklung des Leistungsstörungsrechts in Japan aus rechtsvergleichender Sicht, Hitotsubashi Journal of Law and Politics, vol.30 (2002), S.15ff., S.31ff. (IV 2 & 3). 小野・司法の現代化と民法（2004年，以下【現代化】と略する）230頁所収。

(5)　Basedow, Die UNIDROIT-Prinzipien der internationalen Handelsverträge und das deutsche Recht, Gedächtnisschrift für Alexander Lüderitz, (hrsg.) Schack, Horn, Lieb, Luig, Meincke und Wiedemann, 2000, S.1, S.8. なお，Unidroitの翻訳には，曽野和明・広瀬久和・内田貴・曽野裕夫・国際商事契約原則（2004年），条文は，221頁以下を参照。

(6)　Unidroit Principles of International Commercial Contracts 2004, S.8.

(7)　中世ゲルマン法におけるBußには，罰金のような公法的な性格のほか，債務の強制的満足という私法的性格など，多様な機能がある。これにつき，小野・危険負担の研究（1996年，以下【研究】と略する）31頁。

(8)　BMJ, Vortrag v.10.02.2005 (Recht und Ethik in der Wirtschaft).

(9)　精神的損害に対する慰謝料請求の拡大については，Ono, The Law of Torts and the Japanese Civil Law, Hitotsubashi Journal of Law and Politics, vol.26, 1998, p.43, p.50 （およびその注(31)，ALRの起草者であるSvarezの言参照）。小野「財産的損害と慰謝料請求権」国際商事34巻6号765頁。わがくにおける非財産的損害における慰謝料請求については，分譲マンションのケースが注目される。最判平16・11・18民集58巻8号2225頁。また，否定例としては，最判平15・12・9民集57巻11号1887頁参照。

(10)　方法論が効果論にどこまで影響するかは疑問であるが，たとえば，等価性の破壊のケースで，裁判所が契約の外側から矯正するのであれば，10倍もの不均衡が必要であるが，再交渉義務でいけば，契約自由の延長であるから，2倍程度でもいいといえるならば，相違が生じそうである。しかし，少なくともわがくにの再交渉義務論は，そこまで実質的な相違を認めるのではなさそうである（この場合に，むしろ当事者の意思は，対象を限定する機能を果たすのであろう）。再交渉を徹底するならば，価格以外の要件も，修正可能だといえそうであり，そうだとすれば，方法論は，要件論にも影

響するのではないのか，と思われる。また，そうでなければ，新たな方法論にあまり意味はないことにもなろう。本稿では，立ち入りえない。

(11) 近時これを指摘するものとして，Bruns, Die Vertragsfreiheit und ihre Grenzen in Europa und den USA - Movement from Contract to Status? JZ 2007, S.385. (ただし，結論は反対である。後注(120)参照) また，契約自由の形骸化につき，Wolf, E., Vertragsfreiheit - Eine Illusion?, Festschrift für Keller zum 65.G., 1989, S.359.

(12) 小野・民法における倫理と技術（2006 年，以下【倫理】と略する）421 頁参照。Vgl. Larenz/Wolf, Allgemeiner Teil des Bürgerlichen Rechts, 2004, S.764ff.

(13) Vgl.Bruns, a.a.O., S.386.

(14) 近い例では，かつての社会主義国において，私的自治が制約されていたことがある。Zweigert/Kötz, Einführung in die Rechtsvergleichung, 1996, S.314ff. Farnsworth, Contracts, 1999, §1.7 (p.20). Freedom of contract as supporting the market.

(15) 小野「虚無の所有権，終身年金，保険売買と射幸契約」現代取引法の変容と新たな展開＝川井健先生傘寿記念論文集（2007 年）133 頁。

(16) Kaser, Das Römische Privatrecht, I, 1971,§122 I 2 (S.522f.),§56 I (S.227); ders., Römisches Privatrecht, 1976, §33 I (S.133ff.); 1992, S.154f. 後者については，柴田光蔵訳・ローマ私法概説〔1979 年〕310 頁以下。Kaser/Knütel, Römisches Privatrecht, 2005, S.42ff. ローマ法における方式の必要性や諾成契約の占める位置づけなどについては，広中俊雄・契約とその法的保護〔1974 年〕3 章（91 頁以下），同「契約および契約法の基礎理論」契約法の研究〔1967 年〕所収（とくに 14 頁以下）が詳細な研究である。また，三ケ月章「契約法に於ける形式主義とその崩壊の史的研究」法協 64 巻 2 号 117 頁・5 号 318 頁・6 号 378 頁・8 号 648 頁，自然債務の一類型として検討するものとして，石田喜久夫・自然債務論序説〔1981 年〕とくに第 3 章参照。本稿（とくにローマ法）もこれらによるところが多く，詳細には立ち入っていない。

(17) Otto, Schilling und Sintenis, Das Corpus Juris Civilis (deutsche übersetzt), I, 1830, S.317ff. (Ulp.lib.IV ad Edictum). „Liegt aber das Wesen eines Contracts nicht vor, so ist es gewisse, dass in diesem Falle aus der Convention allein keine Verbindlichkeit erwachse. Also blosser Vertrag bringt keine Verbindlichkeit, nur eine Einrede, hervor." なお，小野「契約の成立における方式と自由」商論 55 巻 3 号（以下，前稿という）において，古法・中世法（(1)ローマ法，(2)中世イタリア法，(3)カノン法，(4)ローマ法継受とゲルマン法），近代法（(1)人文主義法学，(2)自然法理論，(3)近代的法典編纂），および，19 世紀以降の変遷（(1)パンデクテン法学，(2)ドイツ民法典）の方式の自由を概観した。本稿ではいちいち繰り返さない。前稿 48-51 頁参照。

包括的な研究として，Seuffert, Zur Geschichte der Obligatorischen Verträge, 1881, S.24; Nanz, Die Entstehung des allgemeinen Vertragsbegriffs im 16. bis 18. Jahrhundert, 1985, S.31ff.

(18) 同。また、Kegel, Zur Entwicklung der Auffassung vom Vertrag im kontinentalen Europa, Gedächtnisschrift für Alexander Lüderitz, (hrsg.) Schack, Horn, Lieb, Luig, Meincke und Wiedemann, 2000, S.347. にも、簡単な歴史的素描がある（その歴史的な記述は、前述の Nanz（前注(17)）の文献によっている）。

(19) 同・55-56 頁。

(20) 同・57-58 頁。なお、カノン法的な自由意思は、神の意思とは別に人が罪を犯しうることの説明として必要とされたといわれる（前田達明「『神学大全』と民法学」創文 500 号 1 頁）。自己責任の原点は、罪の帰責の根拠としての自由意思にあるというのである。もっとも、近代的な過失責任の源流は、予定調和説の上に厳格な自己責任をとったカルヴィニズムに遡る。この場合には、人に対する非難は、予定された救済（神の意思）に対する自由意思による妨害という点に求められる。オランダを嚆矢として、プロテスタント諸国において自由意思論が唱えられたことは、偶然ではない。他方、カトリック的な原罪論からは、自己責任があいまいになることは避けられず（被創造物たる人が原罪から自由であるかは、必ずしも自由意思だけでは十分には説明できず）、また罪の赦しに対して聖職者の介在する位置づけも、文字通りパターナリズムに適合する。救済は、自律のみによってではなく、他律的な贖罪からも生じるからである。

(21) 同・59 頁。しかし、やがて「裸の契約」の意味が変えられた。すなわち、約束のほかに何の原因もないときが裸の契約であり、しかし原因のあるときには、債務を生じ、訴権も生じることとなったのである。nudum pactum est ubi nulla subest causa praeter conventionem; sed ubi subest causa fit obligation, et parit actionem. すなわち、契約の成立にとって、形式的な方式の有無よりも、原因が重要になったのである。もっとも、ローマ法でも、原因は、契約（$συναλλαγμα$）＝ Contract の拘束力の源として考慮されたのである。諾成契約として認められた類型は、双務契約など原因の存在が明確だったのである。Vgl. Otto, Schilling und Sintenis, a.a.O., S.318.

(22) 同・69-72 頁。グロチウスの契約論は著名であるが、自然法の学説では、アントワープの Wesenbeck（1531-86）の合意論が先駆である。彼は、ローマ法では、裸の合意は、抗弁だけを基礎づけたが、万民法（simplicitas iuris gentium）と自然法では、訴権を与えたという。Wesenbeck は、裸の合意にも、真摯と熟慮（Ernst und Überlegtheit）を求めた。そして、ローマの契約法の精密さは、今日ではもはや利用しえず、カノン法では、裸の合意の訴求可能性が認められ、衡平により判断される封建法、仲裁、商事裁判所でも同様であるとされた。さらに、当時の一般の見解（communis opinio doctorum、これは、当時の裁判実務では、高度な確実性の反証がなければ否定されず、慣習法にはそのような確実性はなかったのである）によって、商人法（aequitas mercatoria）についてのそのような理解が、しだいにオランダの民事裁判所でも受容されていったのである。Nanz. a. a. O.（前注(17)）, S. 85ff.

さらに、ローマ法が知らない新たな取引あるいは契約類型も生じ、伝統的な方式主

義を不便なものとした。公開商事会社，手形，所持人への債務証書（Schuldverschreibung），海上運送契約，船舶貸借（charte-partie），船荷証券（Konnossement），海上貸借，海上保険，大海損（Haverei）などである。Vgl. Kegel（前注⒅），S. 353；Nanz（前注⒄），S. 58.

㉓　もっとも，本文との関係では，近代の経済学も，価格をすべて市場価格に統一したわけではなく，「自然価格」概念も存在したのである。すなわち，商品の価格が，それを産出し，加工し，市場にもってくるのに使用された土地の地代と労働の賃金と貯えの利潤とを，それらのものの自然率によって支払うにたりるだけの額と同じ場合がそれである。これに対し，市場価格は，商品が通常売られる実際の価格である。アダム・スミス・国富論（1776年。水田洋・杉山忠平訳・2000年）1巻104頁。

㉔　Savigny, System des heutigen Römischen Rechts, I, 1840, S.370f.,II, S.231,, 242, III, S.308（§140）; ders., Das Obligationenrecht, II, 1855, §76（S. 235ff.）. サヴィニーによれば，契約は一致した意思表示への多数人の合意（Vereinigung Mehrerer）であり，それにより，法律関係が決定されるものである。ウルピアヌスが根拠とされる。ローマ法については，ユスティニアヌスの法の問答契約（Stipulation）は，方式契約として訴求可能であり，若干の特別な種類の契約では，方式なしでも訴求可能であったが，すべて他の方式のない契約（nuda pacta）は，訴求できなかったとする。しかし，このような区分の理論は，今日の普通法では，方式のない契約が，ローマのStipulationの代わりに取り入れられており，契約には，ローマ法の諾成契約と裸の合意に共通する訴求可能なルールが適用されるべきであるとする。無方式の合意の効力を認める理由として，かつて，Stipulationの方式によって当事者の慎重さがえられた意義を不要とし，今日では，当事者が，慎重な考慮によりみずから損害を回避するべきものとしているのである。ここには，原則的な，契約，とくに方式の自由が述べられている。

内容の自由は，サヴィニーでは，間接に明らかにされている。すなわち，有名の債権のほかに，新たな債権を形成する自由な余地があり，これは，時代の変化により，また自由な意思により生じるとするのである（フ民1107条1項に類似。契約が典型であろうと，無名であろうと，一般規定（à des règles générales）に服するというのである）。

プフタ（1798-1846）は，サヴィニーと同じく，契約の成立には，双方当事者の意思の一致と表示が必要であり，表示は，双方当事者から（約束と承諾）行われなければならないとする。Vgl. Puchta, Pandekten, 1845, S.363（§250）.

㉕　前稿（注⒄参照）74-77頁。

㉖　同・79-85頁。Windscheid-Kipp, Pandekten, II, 1906,§312（S.278ff.）; Dernburg（1829–1907）, Pandekten, 1900,§8（S.21）.

㉗　Motive, I, S.161（Mugdan, Die gesamten Materialien zum BGB für das Deutsche Reich, I, 1899, S.441）; Protokolle, S.156（Mugdan, a.a.O., S.688）. Bruns, a.a.O.,

第1部　契約の自由と現代における権利

　　S.386. BVerfGE 103, 89, 100 (Gerichtliche Kontrolle des Inhalts ehevertraglicher Abreden).
　　そして，内的な契約正当性の判断を免れようとするこのような自己抑制は，近代法の判断構造である立法と司法の区分，権力の分立の思想にも合致したのである。パンデクテン法学，とりわけWindscheidが，自由主義的な国家概念をもっていたことについては，クレッシェル「ゲルマン法の虚像と実像」（1989年・石川武訳）268頁参照。この自由（放任）主義的な実証主義に対して，イェーリング以来，種々の対抗思想が現れたことも，繰り返すまでもないであろう（利益法学や，法社会学，ゲルマン法的な団体主義，新カント派などである）。

⑱　ドイツ民法典138条の構造については，小野・利息制限法と公序良俗（1999年，以下【利息】と略する）172頁，182頁参照。

⑲　Wolf, a.a.O. (Vertragsfreiheit), S.359ff., S.385 (Die ausdrückliche Verneinung der Vertragsfreiheit durch das BVerfG). ドイツの憲法裁判所は，繰り返し，私的自治の限界にふれている。Vgl.BVerfGE 8, S.274; BVerfGE 53, S.1; BVerfGE 65, S.248. その根拠の1つは，社会国家的考慮である（Sozialstaatsprinzip）。Vgl. BVerfGE 72, S.155; 89, S.214; 103, S.89; 136, S.347.

⑳　Gierke, Die sozial Aufgabe des Privatrechts, 1889, S.10; Ders., Der Entwurf eines bürgerlichen Gesetzbuchs und das deutsche Recht, 1889 (1997), S.164.

㉑　Mengar, Anton, Das bürgerliche Recht und die besitzlosen Volksklassen, 1890; ders, Über die sozialen Aufgaben der Rechtswissenschaft, 1905 (2.Aufl. 初版は1895), S.2 (Schutz der Schwachen, sozialer Charakter).
　　また，19世紀以来の利益法学につながる思想（反実証主義や自然法的な正義論）との対立も無視はできない（前注㉗参照）。これらは，第一次大戦後の行為基礎論につながるものである。

㉒　Ehrlich, Freie Rechtsfindung und freie Rechtswissenschaft, 1903, S.17; ders., Die juristische Logik, 1918, S.3ff. (おもに法の欠缺にかかわる)。なお，主要な民法典草案批判については，Leonhard, Der Entwurf eines bürgerlichen Gesetzbuchs für das deutsche Reich und seine Beurteilung, 1891, S.4f. に詳しい。
　　エールリッヒの批判は，必ずしも民法の内容に影響を与える余地のないものではなかったが，当時の解釈学にとっては，たんなる方法論にすぎず，つまり具体的解釈に影響するものとはなされなかった（なお，Die stillschweigende Willenserklärung,1893; Das zwingende und nichtzwingende Recht im Bürgerlichen Gesetzbuch für das Deutsche Reich,1899; Grundlegung der Soziologie des Rechts, 1913）。

㉓　しかし，シュタウプによる積極的契約侵害の指摘は，不能と遅滞を給付障害の典型ととらえる民法典にとって，その体系化に与える影響は少なくなかった（Staub, Die positive Vertragsverletzungen, Fest.f.den Deutsch Juristentag, 1902, S.46ff.）。小野・司

法の現代化と民法（2004年，以下【現代化】と略する）176頁．
(34) Gierke, a.a.O. (Entwurf), S.165.
(35) Ib. S.164.
(36) Wieacker, a.a.O., S.481. 訳582頁．
(37) Ib., S.547（§28）．訳646頁（27章）．
(38) Nipperdey, Kontrahierungszwang und diktierter Vertrag, 1920, S.2, S.29ff. 基本的な出発点は，個別規定と（S.36, 鉄道, 軽便鉄道, 郵便, 電信, 供託所, ライヒスバンクなど），一般的な規制としては，826条の，故意による良俗違反の行為による損害賠償と（S.53），不正競争（S.67）である．ニッパーダイが，不能と事情変更の考慮にさいして，同時に，契約上の信義則の尊重に向かったのも，この実質的衡平論にもとづいている．Vgl. Nipperdey, Vertragstreu und Nichtzumutbarkeit der Leistung, 1921, S.1, S.20ff.
(39) Ib. (Kontrahierungszwang), S.23, S.30. ニッパーダイは，私的な法秩序のほかに「憲法」（基本法2条1項）にもふれている．また，Enneccerus/Nipperdey, Allgemeiner Teil des Bürgerlichen Rechts, 1960, S.894（§145）も，法律行為との関係で憲法秩序の重要性にふれる．山下丈「契約の締結強制」現代契約法大系(1)（1983年）2頁以下参照．ドイツ法理論にならって，間接的締結強制を認めるための条件としては，供給企業が法律上または事実上の独占的地位にある場合，および給付の目的が生活必需の物資またはサービスであることとするが（243頁），検討されているのは，特定的救済としての，文字通りの締結の強制だけである．
(40) これは，フランス民法学では，民法典の成立後（1804年），半世紀近くも注釈学派の手法が全盛であったのと対照的である．19世紀初頭と異なり，社会的変動が大きいことによろう．しかし，フランスでも，第一次大戦後には法解釈の方法に大きな変化の生じたことは，早くに指摘されている．Cf.Weill et Terré, Droit civil, obligations, 1976, n°s 201 et s.; n°s 377 et s. なお，vgl.Hedemann, Die Frucht in die Generalklauseln (Eine Gefahr für Recht und Staat), 1933. ドイツでの出発点は，ALR §10 II 17 (exceptio doli generalis)，と，BGBの826条，242条である．
(41) ほかにも，たとえば，労働法学説における営業危険理論（Betriebsrisiko）がある．民法でも，帰責事由に代えて領域概念をもちこんで契約的な危険分配を修正した領域説がある（詳細は，小野・商論52巻2号57頁．【研究】176頁，253頁．または，Nassauer, Sphärentheorie zu Regelungen der Gefahrtragungshaftung in vertragliche Schuldverhältnisse, 1978, S.70 ff.）．
(42) 天文学的な貨幣価値の下落を招いたといわれるインフレがおさまったのは，レンテンマルクへの貨幣切替の行われた1923年であった（なお，この間の事情については，我妻栄・近代法における債権の優越的地位（1953年）111頁参照）．
(43) この判例・学説による給付の等価性への要請をもって，中世的・自然法的概念であ

第1部　契約の自由と現代における権利

る laesio enormis（過大な損害の禁止）の再生とみる見解もある（Klinke, Causa und genetisches Synallagma, 1983, S.124）。行為基礎の喪失については立ち入らない。
(44)　ロマニスト的な民法典に対するナチズムからの攻撃については，Koschaker, Europa und das römische Recht, 1947, S.311ff. (S. 335f.)．なお，共同体思想そのものは，1900年以前に，とくにギールケのものが著名である（Gierke, Das deutsche Genossenschaftsrecht, II, 1873, Geschichte des deutschen Körperschaftsbegriffs, §2, S.6ff.）。
(45)　一部の学者は，新たな債権法の体系を提唱した（Stoll, Vertrag und Unrecht, 1943; Larenz, Vertrag und Unrecht, 1936; Wieacker, Zum System des deutschen Vermögensrecht, 1941）。いわゆるキール学派である。クレッシェル「ナチズム下におけるドイツ法学」前掲書（前注(27)）339頁以下，359頁。五十嵐清「ファシズムと法学者」比較民法学の諸問題（1976年）1頁。
(46)　Haupt, Über faktische Vertragsverhältnisse,Fest.f.Siber, II, 1943, S.5ff.
(47)　Ib., S.33; vgl.Siebert, Faktische Vertragsverhältnisse, 1958; Simitis, Die faktischen Vertragsverhältnisse, 1957など，関連の文献は多い。
(48)　242条による契約コントロールについては，多くの民法の文献が言及している。Staudinger Kommerntar zum BGB, Einl zu §§241ff,§§241 - 243, 2005, S. 301ff., S.340f., S.511f. (Looschelders und Olzen); Schulze, BGB, 2005, S.196ff..詳細に立ち入る必要はないであろう。Vgl. RGZ 168, 329; BGHZ 22,90; 114, 228 (AGBG)．憲法裁判所については，前注(29)参照。
(49)　ラーベルは，みずから比較法の手法による「商品売買法」(Das Rechts des Warenkaufs, I, 1936, II, 1958.を完成させ，統一化のための理論的準備をもしたのである。
(50)　この時期のまとまった成果としては，Leser und von Marschall (hrsg.), Das Haager Einheitliche Kaufgesetz und das Deutsche Schuldrecht, Kolloquium zum 65.G.von Ernst von Caemmerer, 1973; Huber, Einige Probleme des Rechts der Leistungsstörungen im Licht des Haager einheitlichen Kaufrechts, JZ 1974, S.433; Herdrich, Die Haager Einheitlichen Kaufgesetz, NJW 1974, S.2156; Magnus, Reform des Haager Einheitskaufrechts, ZRP 1978, S.129. 近時のテキストは列挙にいとまがない。詳細には，Schlechtriem/ Schwenzer, Kommentar zum Einheitlichen UN-Kaufrecht -CISG- , 2004, S.XXXV (Literaturverzichnis) を参照されたい。
(51)　たとえば，Ebenroth, Internationale Vertragsgestaltung im spannungsverhältnis zwischen ABGB, IPR-Gesetz und UN-Kaufrecht, JBl 1986 (108), S.682; Schlechtriem, Einheitliches UN-Kaufrecht, JZ 1988, S.1037; Piltz, Internationales Kaufrecht, NJW 1989, S.615など。ハーグ条約15条，ウィーン条約11条。
(52)　Gutachten und Vorschläge zur Überarbeitung des Schuldrechts,1981. 債権法改定作業のその後の動きについて，好美清光「西ドイツの債権法改定委員会の作業について」

一論99巻3号〔1988年〕。【現代化】193頁。
(53) Zweigert/Kötz, a.a.O., S.314f., S.323; Wolf, a.a.O. (Vertragsfreiheit), S.359.
(54) 科学学派（École scientifique）は，注釈学派（École de l'exégèse）に対する概念である。これについては，山口俊夫「フランス法学」碧海純一＝伊藤正己＝村上淳一編・法学史（1976年）201頁，ツヴァイゲルト＝ケッツ・比較法概論・上（大木雅夫訳・1974年）165頁参照。
(55) Saleilles, Étude sur la théorie générale de l'obligation d'après de premier projet de Code civil allemand, 1901; Introduction à l'étude du droit civil allemand, 1904. なお，cf.Lerebours-Pigeonnière, La contribution essentielle de R. Saleilles à la théorie générale de l'obligation et à la théorie de la déclaration de volonté, L'oeuvre juridique de Raymond Saleilles, 1914, p.397 et s.

　　また，サレイユは，不法行為法（フ民1302条＝日民709条）の再構成に関しても，功績が大きい（cf.Massigli, Les travaux de Raymond Saleilles sur la théorie objective de la responsabilité extra-contractuelle, L'oeuvre, op.cit., p.435 et s.）。

　　また，Duguit, Les transformations générales du droit privé, 1920 (1999), p.52 et s. (l'autonomie de la volonté) をも参照。
(56) すなわち，StaubやRabelによる給付障害（不能）論への批判である。
(57) 【研究】53頁の注(10)，335頁の注(8)参照。Ono, Das Japanische Recht und der Code Civil als Modelle der Rechtsvergleichung, Hitotsubashi Journal of Law and Politics, vol.34, 2996, S.15 (S. 19).
(58) 【研究】338頁の注(23)，「ドイツにおける大学再建と法学教育の改革(4)」一論117巻1号96頁とその注(16)参照。小野・専門家の責任と権能（2000年，以下【専門家】と略する）196頁。
(59) とくに，給付の等価性にそくした契約の改定を認める事情変更の原則（imprévision, 不可予見の理論）や過大な損害の理論（laesio enormis, lésion, フ民1118条，1674条以下）の再評価がみられる。
(60) La Commission de Réform du Code civil, Travaux de la Commission, 1945/50.
(61) たとえば，売買において，契約価格と売買価格との間にいちじるしい差がある場合に，過大な損害（lésion）を理由に契約の取消を認める諸法である。民法の過大な損害の制度を拡大したものである（フ民1674条「売主が不動産の価格の12分の7を超える損害をうけたときには，売主は，売買の取消を求める権利を有する。売主が契約において取消を請求する権利を明示に放棄したときおよび代金を超過する額を与えると表示したときも同様である」）。
(62) Batiffol, La crise du contrat et sa portée, Archives de philosophie du droit, 1968, p.11; Louis-Lucas, L'autonomie de la volonté en droit interne et en droit international privé, Étude de droit civil à la mémoire d'H.Capitant, 1939, p.469; Malaurie, L'ordre

第1部　契約の自由と現代における権利

public et le contrat,1953; Niboyet,La théorie de l'autonomie de la volonté, Recueil des cours de L'Académie de droit international, 1927, p.5; Ranouil, L'autonomie de la volonté, naissance et évolution d'un concept, 1980; Rieg, Le contrat dans les doctrines allemandes du 19 e siècle, Archives de philosophie du droit, 1968, p.31.

(63) Remien, Zwingendes Vertragsrecht und Grundfreihtieten des EG-Vertrages, 2003, S.297ff.（Abschluß des Vertrages），S.301, S.311.
　　また，cicに中にも，契約交渉の破棄を防止する観点からの自由の制限があるとする（S. 304）。なお，vgl.Wolf., a.a.O., S.360.

(64) BMJ, Signale auf Grün für mehr Fahrgastrechte（7 Sep 2007）．

(65) これらにつき，Bruns, a.a.O., S.388.

(66) Ib., S.389; Larenz, Schuldrecht, I,1987,§4 I a（S. 46）は，鉄道や郵便など法文に締結強制がある場合だけではなく，個別規定が欠ける場合でも，社会国家（sozialer Rechtstaat）の憲法的な原則から，締結義務が一般的に肯定できるとする（独占は要件ではなく，良俗基準による）。ただし，ライヒスゲリヒトの1判決はこれを否定したが（RG 133, 390），他は肯定し（RGZ 132, 276（独占的な電力会社の例）），後者が判例とされる（RGZ 142, 93）。

(67) 賃貸借では，536条4項（片面的強行規定），549条1項，551条4項ほか，労働関係では，619条（保護義務），622条5項（告知権の短縮）などがある。保険契約法（VVG）には，15a条, 34a条ほかがある。Vgl.BMJ, 21. September 2007 Bundesrat billigt neues Versicherungsvertragsrecht.

(68) また，702a条2項によれば，物の喪失や毀滅が主人やその雇人の故意または重過失によったり，702条3項に反して主人が保管を引き受けなかった場合には，免責できない。さらに，StVO 8a条，HpflG 7条，製造物責任法14条など参照。商法にも，323条4項，454h条1項などの制限がある。

(69) 遺伝子技術法については，【倫理】272頁。その他の厳格法制との比較については，同276頁参照。

(70) 諾成契約・要物契約と方式の自由の関係は以下のように整理できよう。

	諾成契約	要物契約
方式の自由	①書面，文書を必要としない。合意主義の系譜。	②契約目的物の引渡を必要としない（これに反し，必要とする場合には，消極的に評価される。たとえば，消費貸借）。
問題の焦点	ローマ法との対比。契約自由の原則との関連，その変容。	約因・原因との連続性。
	諾成契約・要物契約の二者が対比される場合には，②の意味が多い。	

　なお，方式の自由について一般的に整理したものとして，谷口知平＝小野秀誠・注釈民法13巻（2006年・補訂版）392頁以下参照。

第 2 篇　契約の自由と当事者の地位

⑺1)　当事者の意思が尊重されるべきことからすれば，契約の成立には，文書の作成も目的物の引渡をも要しないとすることになる。しかし，当事者意思の一面的な尊重である，このような契約自由の原則の主張は，今日必ずしも支持されない。契約の当事者は，一方だけではないから，双方の意思の均衡が必要であり，その前提として契約の明確性も必要だからである。そこで，契約自由の原則は，今日，契約によっては，むしろ制約されるものとして言及されるとさえいえる。

⑺2)　契約内容決定の自由は，契約自由の原則の中心をなすものであるが，これについても，たとえば，物価統制や利息制限によって制限の課せられることは少なくない。利息制限法については，小野・行政社会論集 1 巻 1=2 号参照〔【利息】所収 60 頁以下，222 頁〕。

⑺3)　これは，1980 年 7 月 15 日のデクレでは，5000 フランを基準とする。なお，ヨーロッパ連合（EU）が 1999 年 1 月から単一通貨ユーロを導入したことにより，5000 フランの金額は，Décr. n° 2001-476 du 30 mai 2001 によって，800 ユーロとされた（2002 年 1 月 1 日から）。また，ドイツ民法典でも，1 年以上の土地の賃貸借につき書面の作成を必要とする（550 条）。書面がないと，期限の定めがないものとされる。

⑺4)　イギリス法については，とくに Chloros, Comparative Aspects of the Intention to create Legal Relations in Contract, 33 Tul.L.Rev.607 (1958/59); Plucknett, A Concise History of the Common Law, 1956, pp.628, p.643. によるところが多い。

⑺5)　たとえば，売買契約についても，要物契約が認められていたのにとどまる（Glanville, A Translation of Glanville (A Treatise on the Laws and Customs of the Kingdom of England, transl.by Beames, 1980, p.266),10,14）。

　　アダム・スミスの考え方が，その著，法学講義（1763 年，水田洋訳・2005 年）の「契約」中に詳しい。同書・226 頁。「ローマ法によれば，明文化されない約束は訴訟の根拠にならなかったように，イングランド法によれば，はじめは，約因すなわち約束の原因が，それを履行義務あるものとするのに必要であった」。
　　「民法によって訴訟の根拠とされた最初の約束は，法廷でむすばれたものであり」，「そのつぎに訴訟の根拠となった契約は，事実契約すなわちあるものを，将来返還されることにしてひきわたすにあたり，返還はそのもの自体または同種のもの，あるいはその価値でなされるべきだとしてむすばれた契約であ」る（消費貸借，使用貸借，寄託，質）。つまり，契約は，法廷契約か，要物契約（約因は要物契約の延長である）として成立したのである。
　　さらに，ローマ法に由来する諸成契約があった。「合意契約もまた 4 つあって，それはすなわち売買，貸借，組合，委託である」。「これらに加えて，ローマ法には，無装備約束とよばれるものがあった。それは何も約因のないたんなる約束がなされたばあいであって，訴追者の訴訟に対する異議または弁明を生んだ」。つまり，無方式の合意には拘束力はなかったのである。

107

第1部　契約の自由と現代における権利

(76)　Plucknett, op.cit., pp.637; Chloros, op.cit., p.610. 引受訴訟の拡大による契約の保護を確立するにいたった先例は，1602年のSlade's Case, 4 Rep.92（おもに，Plucknett, op.cit., p.645による）である。

(77)　Chloros, op.cit., p.614. ローマ法では方式を欠く合意が裸の債務であったが，イギリス法では，むしろ約因を欠く債務がnude pactであった（Plucknett, op.cit., p.649）。前述のアダム・スミスの言もこれを前提としている。大陸法でも，原因が諾成契約の契機となったことについては，前注(21)参照。

(78)　Chloros, op.cit., p.611.

(79)　詐欺防止法によれば，契約の成立そのものは書面の作成を要しないが，訴訟を提起し契約を強行するには，書面の作成が必要である（書面がなければ，unenforceableである。なお，4条，Law of Property Act, 1925, s.40参照）。証拠法の不備を補うために書面の作成を要求したものであるが，その煩雑性と弊害から，縮小・廃止されつつある（Law Reform (Enforcement of Contracts) Act, 1954）。

(80)　アメリカ統一売買法典（1906年）も，売買契約の成立には方式を問わないとしながら（3条），500ドル以上の売買については，現物か代金の全部または一部の交付，あるいは書面の作成がなければ契約を強行しえない，とした（4条）。

(81)　Adam Smith, The Welth of Nations, 1776 (1964), Book I, Chap. II (of the principle which gives occasion to the division of labour), pp.12（分業と交換・契約に関する），Book V, Chap. III (of public debts), p.368（公債に関する部分，契約による歳入の補填）．アダム・スミス・前掲国富論（前注(23)参照）1巻23頁，4巻286頁以下参照（分業には工場内の技術的分業のほかに，社会的分業があるからである）。

　　アダム・スミス・前掲書（前注(75)）229頁．そこで，無方式の契約は，本来「教会裁判所以外の法廷には訴えられなかったが，しかししだいに民事法廷にきた。名誉と徳の原理によって裁判をした普通法は，無償でなされる契約であっても，人びとを履行義務があるものとした。これは民法によって模倣されたし，われわれの法律によれば，もし約束が明白に証明されるならば，約束した人はそれを遂行しなければならない」。

(82)　Chitty, Contracts, I, 1994, 1-004 (p.5).

(83)　イギリスにおける契約自由およびその制限について，Cheshire, Fifoot and Furmston, Law of Contract, 1996, p.11, p.20; Atiyah, The Rise and Fall of Freedom of Contract, 1979, p.318, p.585, p,716. とくに比較法的見地からの責任制限の合意については，Bruns, Haftungsbeschränkung und Mindesthaftung, 2003, S.12, S.117ff. (Die Zulässigkeit vertraglicher Haftungsbeschränkungen in den nationalen Rechtsordnungen wichtiger EU-Staaten); ders. a.a.O. (Vertragsfreiheit), S.390.

(84)　Rühl, Basedow und Fock (hrsg.), Europäisches Versicherungsvertragsrecht, II, pp.1377 (Vereinigtes Königreich und Republik Ireland), S.1384ff. (Vertragsschluß),

S.1391（Kontrahierungszwänge），p.1392（Zwingendes Recht）．Cf. Atiyah, op.cit.,
　　　p.716（the decline of contract の部分）．
(85)　EU-Richtlinie über missbräuchliche Klauseln in Verbraucherverträgen
　　　angeordneten Verbandsklageverfahrens; RiL 93/13/EWG des Rates v.5.4.1993, Abl.
　　　EG Nr.L 95 v.21.5.1993, S.29.
(86)　とくに消費者保護に関係するものでは，たとえば，Consumer Safety Act, 1978（cf.
　　　Consumer Protection Act, 1961, 1971）; Consumer Credit Act, 1974 などである。初期
　　　のものの詳細については，ポーリー・ダイヤモンド・消費者保護（新井正男・池上俊
　　　雄訳・1975 年），とくに契約の自由と売主の義務については，25 頁以下，55 頁以下参
　　　照。Cheshire, Fifoot and Furmston, op.cit.,p. 23.
　　　　また，EU 指令やそれにもとづく法，PECL, PICC などは，イギリス法のテキストで
　　　も普通に法源としてとりあげられるようになりつつある。Cf.Rose, Blackstone's
　　　Statutes on Contract, Tort & Restitution, 2003-2004, pp.450.
(87)　Atiyah, op.cit.（The Rise and Fall of Freedom of Contract），p.318, p.716.
　　　　ほかにも，cf. Atiyah, Contracts, Promises and the Law of Obligations, 94 L. Q.R.193
　　　（1978）; An Introduction to the Law of Contract, 3rd.ed. 1981; Promises, Morals and
　　　Law, 1981, p.177; Consideration in Contracts: A Fundamental Estatement, 1971.
　　　　これに対する書評も多い。Cf. Collins, Promises, Morals, and Law.by P.S.Atiyah, 45
　　　Mod.L.Rev.225（1982）; Raz, Promises, Morals, and Law.by P.S.Atiyah, 95 Harv.
　　　L.Rev. 916（1982）; Simpson, Promises, Morals, and Law.by P.S.Atiyah, 98
　　　L.Q.R. 471（1982）．ただし，最後のものは，Dawson, Gifts and Promises をも対象とし
　　　ている。また，Kronman, A New Champion for the Will Theory, 91 Yale L.J.404（1981）．
　　　　もっとも，それ以前にも，とくに普通取引約款との関係，契約法の変容やそれに対
　　　する救済に言及したものは多い。Grunfeld, Reform in the Law of Contract, 24 Mod.
　　　L.Rev.62（1961）; Treitel, Mutuality in Contract,77 L.Q.Rev.83（1961）; Guest,
　　　Fundamental Breach of Contract, 77 L.Q.Rev.98（1961）など。
(88)　立法理由でも，方式の要求に対する問題は言及されていない（cf. §2-201 Purposes
　　　of Changes, Official Uniform Comment）。
(89)　Farnsworth, op.cit. §1.7（p.19）; Bruns, a.a.O.（Vertragsfreiheit），S.391.
(90)　Ib., pp.307; Bruns, ib., S.391. たとえば，非良心性法理（Unconscionability）による
　　　コントロールである。もっとも，法理自体は，新しい法，たとえば，UCC §2-302 にも
　　　存在する。単純な比較はむずかしいであろう。Cf. Chitty, op.cit., 7-042（pp. 427）．
(91)　Bruns, a.a.O.（Haftungsbeschränkung），S.75; ders. a.a.O.（Vertragsfreiheit），S.391.
(92)　42 U.S.C.A. §1981.
(93)　Bruns, a.a.O.（Vertragsfreiheit），S.391. 小野・大学と法曹養成制度（2001 年，以下
　　　【大学】と略する）332 頁。

109

第1部　契約の自由と現代における権利

(94)　Gilmore, The Death of Contract, 1974. 本書には，森達・三和一博・今上益雄訳・契約法の死〔1979年〕がある。ギルモアの所説は，1970年に行ったオハイオ・ロースクールにおける講演にもとづくものである。なお，曽野和明「書評」アメリカ法〔1978年2号〕199頁，樋口範雄「紹介」学習院研究年報14号〔1979年〕103頁。また，ギルモアには，アメリカ法の発展を概観した The Ages of American Law, 1977. がある（同書には，望月礼二郎訳・アメリカ法の軌跡〔1984年〕がある）。また，内田貴・契約の再生（1990年）12頁，同・契約の時代（2000年）14頁。

(95)　大きな反響を呼んだことから，ギルモアの見解や契約法の運命などを論じたものが，短期間に現れた。Gordley, The Death of Contract.by Grant Gilmore, 89 Harv.L.Rev. 452 (1975); Horwitz, The Death of Contract.by Grant Gilmore,42 Univ.of Chicage L.Rev.787 (1975); Milsom, A Pageant in Modern Dress, 84 Yale L.J.1585 (1974); von Mehren, The Death of Contract.by Grant Gilmore, 75 Colum, L.Rev. 1404 (1975); Speidel, An Essay on the Reported Death and Continued Vitality of Contract, 27 Stanford L.Rev.1161 (1975). なお，Horwitz, The Transformation of American Law, 1780-1860, 1977; ib., Historical Foundation of Modern Contract Law, 87 Harv. L.Rev.917 (1974).

(96)　Fried, Contract as Promise, 1981. これに対する書評として，cf.Turpin, Contract as Promise.by Charles Fried, 41 Cam.L.J. 190 (1982). また，cf.Tillotson, Contract Law in Perspective, 1981; Burrows, Contract, Tort and Restitution - A satisfactory Division or not? , 99 L.Q.R.217 (1983).

(97)　19世紀には，Pothier, Treatise on Obligations, p.35. にもとづく意思理論（will theory）が英米法にも大きな影響を与えたのである（Cheshire, Fifoot and Furmston, op. cit., p.213）。原著では，Traité des obligations, (par Bugnet), 1848, p.4, p.46. こうして，19世紀後半から20世紀の初頭にかけて，英米法に対してもかなりの大陸法理論の影響がみられた（Pothier, Domat, Savigny が英訳され個別の問題に利用されたことのほか，1893年の動産売買法典のような比較的大きな一般法典の例もみられる。【研究】365頁。また，コモンローの法典化運動があったことにつき，ツヴァイゲルト＝ケッツ・比較法概論・下（大木雅夫訳・1974年）385頁参照）。その当時影響をうけた大陸法の意思理論が，のちに修正されるという意味で，契約法の死が語られることは，さほど不思議ではない。

(98)　小野・商論52巻1号142頁参照。【研究】95頁所収。邦文のものでは，川村泰啓「追奪担保体系・権利供与体系と日本民法典」ジュリスト621号，622号，624号，625号，630号，633号，636号，とくに624号106頁以下が詳細である。

(99)　もっとも，初期の法典では，たとえば，フランス民法ではかなり不完全であり，存続上の牽連関係は明文上認められていない。給付の不履行にさいして，解釈上，契約を解除して反対給付の義務を消滅することが行われている（1184条）。小野・商論50

巻3号31頁以下。【研究】43頁所収。
(100) 【研究】96頁所収。
(101) 約因理論には変遷がみられ,過去の約因(past consideration)の可能性,相当の代価であることを要しないとする胡椒の実(peppercorn)の理論によって,交換性,等価性を緩和されているのである (Holdsworth, A History of English Law,8, 1914, p.13, p.32; Plucknett, op.cit., p.650)。

また,英米法で,正面から約因を廃止しようとする見解は以前からみられ,古くは,約因をたんなる契約の証拠の地位に引き下げようとしたマンスフィールドの理論がある (Pillans v.Van Mierop, 3 Burr.1663,97; 97 Eng.Rep.1035 (K.B.1765))。Cf.Pound, An Introduction to the Philosophy of Law, 1954,144; Ib., The Role of the Will in Law, 68 Harv.L.Rev.1 (1954); Wright, Ought the Doctrine of Consideration to be Abolished from the Common Law?, 49 Harv.L.Rev.1225, 1251 (1936). 小野・商論52巻1号148頁参照。研究】103頁所収。

(102) Ernst, Laurant, Huc, Planiolなどの見解である (Planiol, Traité élémentaire de droit civil, t.1, 1922, n° 1037; cf.Marty et Raynaud, Droit civil, II-1,1962, n° 174 (p. 158))。小野・商論50巻3号37頁注(9)参照。【研究】53頁注(9)参照。

(103) サレイユの提唱にかかるものである (Saleilles, De la déclaration de volonté, 1901, n° 891 (p. 229 et s.))。なお, Rabel, Das Recht des Warenkaufs, I, 1957, S.108.

(104) ドイツでは,1976年に約款規制法 (AGBG=Gesetz zur Regelung des Rechts der Allgemeinen Geschäftsbedingungen) が成立し,それを契機に約款法の検討がふたたびさかんになった。旧約款規制法は,2002年の債務法現代化法によって,民法典に組み込まれた (305条以下)。

(105) また,前注(73)のように,フランス法では,デクレによって定められる一定額を超える場合にも,公証人の,または私署の証書を作成しなければならない(1999年1月から単一通貨ユーロが導入されたことから,この金額は, Décr. n° 2001-476 du 30 mai 2001で,800ユーロとされた。2002年1月1日から)。

ドイツには,1900年の民法典成立後に,方式の自由について論じた文献は比較的乏しいが,民法典や商法典における方式を整理し,方式自由との関係,その欠缺のさいの無効の限界を検討したものとして, Lobe, Die Form der Rechtsgeschäfte nebst einem Verzeichnis der formbedürftigen Rechtsgeschäfte, 1901, 1 (S. 13).

(106) 【倫理】218, 219頁参照。
(107) 強行法規による制限 (zwingendes Recht) については, Art.1.103 PECL, Art.1.4 PICC。後者は,国際私法による同様の制限についてもふれる。
(108) 自由,デモクラシー,人権と法治国家の構造は,不可分の関係にあり,EUのような近代的な国際組織も同じである (Die Union beruht *auf den Grundsätzen der Freiheit, der Demokratie, der Achtung der Menschenrechte und Grundfreiheiten sowie der*

第1部　契約の自由と現代における権利

　　Rechtsstaatlichkeit; diese Grundsätze sind allen Mitgliedstaaten gemeinsam)。

　　EU法における契約自由について，Remien, a.a.O., S.33ff. とりわけ重大なのは，1984年の消費者契約における濫用条項に関する指令である（Mitteilung über mißbräuchlichen Klauseln in Verbraucherverträgen）。1980年代を転機とみることができよう。

(109)　Rittner, Die wirtschaftsrechtliche Ordnung der EG und das Privatrecht, JZ 1990, S.838; Müller-Graff, Europäisches Gemeinschaftsrecht und Privatrecht, NJW 1993, S.13; Canaris, Verfassungs- und europarechtliche Aspekt der Vertragsfreiheit in der Privatrechtsgesellschaft, in Festschrift für Lerche zum 65.Gesburttag, Wege und Verfahren des Verfassungslebens, 1993, S.873.

　　また，ヨーロッパ人権条約（EMRK, Europäische Konvention zum Schutz der Menschenrechte und Grundfreiheiten）1条1文と，EUV 6条2項の所有権の保障からも，私的自治は当然の前提とされている。

(110)　Ono, Modern Development in Environment and Product Liability, Hitotsubashi Journal of Law & Politics, vol.27（1999），p.16. 【倫理】394頁所収。

(111)　小野「ドイツの2001年債務法現代化法」国際商事29巻7号809頁，8号924頁，【現代化】193頁所収。

(112)　小野「遅延利息の設定における競争条件の統一と消費者信用」国際商事31巻11号1543頁，【倫理】69頁所収。

(113)　これに対して，消費者消費貸借の495条の撤回権は，ヨーロッパ法の次元では，まだ知られていない。

(114)　これにつき，小野「通信販売と金融サービス給付」国際商事32巻4号448頁，【倫理】74頁所収。通信販売指令の旧規定は，Richtlinie 97/7/EG des Europäischen Parlaments und des Rates über den Verbraucherschutz bei Vertragsabschlüssen im Fernabsatz v.20.5.1997, Abl.EG Nr.L 144, S.19.

(115)　これにつき，小野「所有権概念の変容と私権の体系─ドイツの期間割りの居住権契約との関係で─」国際商事33巻4号479頁，【倫理】193頁所収。

(116)　Richtlinie 2002/73/EG v.23.9.2002 zur Änderung der RiL 76/207/EWG des Rates v.9.2.1976, Abl.EG Nr.L 269, S.15. 第1章2(2)参照。

(117)　Richtlinie 2000/43/EG des Rates v.29.6.2000 zur Anwendung des Gleichbehandlungsgrundsatzes ohne Unterschied der Rasse oder der ethnischen Herkunft, Abl.EG Nr.L 180, S.22. 人種による差別を禁止する平等取扱に関する指令である。第1章2(2)参照。

(118)　とくに，個人保険（Personenversicherung）の価格算定に影響すると目される。価格統制法（Preisgesetz）による契約自由への制約について，vgl. Wolf, a.a.O., S. 385.

(119)　BVerfGE 73,339 (JZ 1987, S.236 mit Anmerkung v.Rupp), 1986.10.22. また，憲法裁判所は，EU条約に照らしてEU法をいわば違憲審査できるが，ヨーロッパ裁判所

にはそのような権限はなく、また主たる任務としているわけでもないのである。
(120) Bruns, a.a.O. (Vertragsfreiheit), S.394; ders., a.a.O. (Haftungsbeschränkung)., S.275f. すなわち、通説とは異なり、物をみずから売却した自然人については、最高額の制限は個別の損害に対するものではなく、契約的な制限は可能だとするのである。Vgl. BGHZ 116,104f.; Palandt (Thomas), BGB, 2007, §10 ProdHaftG Nr.1 (S.2721).

たとえば、総額300万ユーロまでという制限は不可能であるが、個別の損害につき、1万ユーロまでという制限はできる。それで、総額850万ユーロまでというものである。後者はそれ以上制限できない。

なお、損害賠償額の制限をより高くすることは可能であり、各国でそうしている例は多い。また、責任制限が高いことは、製造物責任による厳格責任を実効性あるものとする限りは避けられないであろう。不法行為責任であれば、あらかじめ制限できないことは当然である。さもないと、責任として画餅になるからである。Brunsがしばしば引用するイギリス法でも無制限であるし、アメリカ法も基本的には同様である。

(121) これに対し、Bruns, a.a.O. (Vertragsfreiheit), S.394. は、契約自由の歴史と、デモクラシー的な法秩序におけるその機能を考えるときに、現在の行き過ぎには疑問があるとし、また、アメリカにおいては、なおリベラルな契約自由が高い価値をもっているとし、ヨーロッパ法の動きは、私法の麻痺をもたらすとして反対する。そして、ヨーロッパの立法者とヨーロッパ裁判所は、時代の兆候を認識し、ヨーロッパ司法の限界において、リベラルな契約自由を考慮する必要があるとする。

しかし、国内法に反して、ヨーロッパ法のみが契約自由に固執することはできないし、英米法でも、種々の制約が生じていることは変わらない。一面的な自由を唱えるのではなく、たとえば、アメリカ法が競争条件の均一化などで、市場に即した規制をおいていることに着目する必要があろう。また、そこで根拠となっている製造物責任自体、アメリカ法に由来するものでもある。むしろ、制約の方法にこそ着目するべきであろう。

(122) Bruns, a.a.O. (Vertragsfreiheit), S.389.
(123) Ib., S.389. 同説に対する一番の疑問は、デモクラシーも、自由の途という位置づけになることである。チェック機能、少なくとも両面的な意義を認める必要があろう。
(124) 改革後の立法による安定化機能については、古くから指摘されるところである。契約自由は、このような安定化機能を日々の装置として組み込むものである。Ono, Comparative Law and the Civil Code of Japan, Hitotsubashi Journal of Law and Politics, vol.25, 1997, pp.29 (p.34, pacification of law).
(125) Bruns, a.a.O. (Vertragsfreiheit), S.390.
(126) アメリカには、借地借家法はないが、各州の欠陥住宅基準はきびしい。また、人種、年齢、性別を理由とする賃貸借、売買上の差別には、罰則を伴った厳しい制限がある（たとえば、U.S.Code Title 42, Chapter 45, Subchap.1, § 3604. Discrimination in the

sale or rental of housing and other prohibited practices）。消費貸借でも，消費者保護の観点からの制限には，懲罰的損害賠償を伴った厳格な部分がある（US. Code Title 15, Chapter 41, §§1601・Consumer Credit Protection Act）。つまり，沿革上主として目的とするところが異なるにすぎないのであり，一部の経済学者のいうような一般的な緩い基準があるわけではない。借地借家法がなく利息制限が不十分であるから，サブプライムローン問題（2007年から顕在化）で住宅ローンの破綻がふえると，すぐにホームレスが増え，どろなわ的に，金利上昇の契約を制限する必要が生じてくるのである。自由放任，無策ですむわけではなく，一般的破綻まで待つか，恒常的な調整装置を備えるかという方法の相違にすぎないのである。また，連邦法の欠如には，しばしば連邦国家における憲法上の制約（連邦権限の不足）があることも注目される必要がある。なお，連邦レベルでも，統一消費者信用法（Uniform Consumer Credit Code, 1968）があり，現在10州とグアムで採用されている。これにつき，小野・消費者法ニュース75号40頁参照。

(127) 小野「東ドイツ地域の共同所有権の私有化」（山内進編・混沌の所有（2000年）所収）165頁以下参照。および「私法におけるカノン法の適用」第2章4節(1)(ア)参照（【利息】所収11頁以下，50頁）。

(128) したがって，契約の自由や権利も，必ずしも無限定のものではない。私見では，近代法には，ある種の西欧法の伝統や内在的制約が存在するが（たとえば，カノン法に由来），それは同時に，カルヴィニズムによる法の伝統からの離脱，法や企業の無国籍性という特性を有している（【現代化】11頁，21頁の注(28)参照）。西欧法の伝統を重視すれば，必ずしも外見的にはみえない規範を探ることは重要であるが（法社会学の課題であろう），無国籍性が前提となれば，もっと露骨な法の適用が可能となる（依るべき国家をもたないことが，カルヴィニズムの特徴であり，かつ世界的な伝播性の根源である。近代資本主義社会の構成と企業の無国籍性は，根源的にはこれに由来する）。近代法そのものについても，相当程度まで，あてはまる。国民国家の段階では伝統との連続性はなお存続したが，グローバリズムは連続性を断ち切ろうとする。アメリカ型の規範の国際標準としての主張は，一面では，このような普遍性の主張でもある。ここでは，ヨーロッパ型の法とアメリカ型のそれとの相違という観点も重要となろう（【大学】332頁，【現代化】11頁，260頁においても指摘）。

このような自由な契約のモデルは，法そのもののとらえ方の反映でもある。中世的な法は，「古き良き法（gutes altes Recht）」（慣習）の中から発見されるものであったが，法の自由な定立は，法規実証主義とそれを技術的に可能にした国民国家の産物である。しかし，文化や言語と法における伝統主義の拘束（時代精神）については，周知のごとく，かねての法典論争におけるサヴィニーの主張が参考となる。法も，決して完全に自由には定立できないのであるが，およそ定立する場合には，現在では，いわば国民国家が神を代替するのである。グローバルな規範の定立は，新たな課題であ

第2篇　契約の自由と当事者の地位

る（たとえば，後注(129)参照）。従来のグローバリズムは，この国民国家による拘束を否定しようとするものである。

(129)　契約自由は，経済関係における自律の裏面であるから，私法関係を律するには，第一義的には契約，ついで任意法規の補充的機能が期待される。強行法規による規制は最終的な担保としての意味をもつが，この中間に，自律的スタンダードの方法がある。その中にも，認証機関による規格をデファクトのルールとして尊重する方式や，そのような規格の受容を宣言することにより，デジュールのルールに昇進させる方式がある。

前者は，ISO の技術規格などにみられ，後者には，たとえばドイツのコーポレート・ガバナンス〔企業倫理〕準則（Deutscher Corporate Governance Kodex）がある。この倫理準則は，本来企業を直接拘束するものではないが（拒絶は可能），会社法関連の法律規定を修正する改正法「企業経営の透明性と開示のための法律」（Transparenz- und Publizitätsgesetz, 2002 年 7 月 26 日施行）によって，2002 年に，株式法（Aktiengesetz）161 条が改正され，企業が，コーポレートガバナンス準則委員会の勧告規定の遵守を宣言した場合には，それに拘束されるとしたことにより，間接的に，法律に準じた効力をもつにいたっている（いわゆる強制規格の引用の方式である。小野「経済活動における法と倫理」国際商事 34 巻 12 号 1603 頁参照）。経済活動の複雑化，国際化により，この自律的な方式は今後いっそう拡大するものと考えられる。

(130)　これに反し，ドイツ民法典は，古くから民法典中に，賃貸借関係の保護規定をおき，形式的な当事者の平等という理念は，少なくとも部分的には，早くから放棄されていたのである（法の発展が，特別法によるか，法典そのものの修正によるかについては，小野「司法の現代化とドイツ私法の改革」法の支配 132 号，【倫理】所収 218 頁）。

また，2002 年の債務法現代化法によって，約款規制法や消費者信用法，訪問販売法，通信販売法といった特別法も，民法典に組み込まれたことは記憶に新しい。

115

第3篇　虚無の所有権，終身年金，保険売買と射幸契約

第1章　はじめに

1　扶養，後見，相続

(1)　イギリスにおける歴史法学の祖，メーン（Maine, 1822-88）の著名なテーゼ「身分から契約へ」（Ancient Law, 1861; movement of societies from Status to Contract）は，社会秩序における契約関係の発展を示したものである。この用語は，たんに社会における法の発展の形態を位置づけるだけではなく，現代における家庭の契約化，社会化にもあてはまる[1]。

扶養や後見，相続は，かねて家族法の課題であった。しかし，現在の核家族化の増大した社会の中では，たんに家族法がそれらを引きうけるだけではたらず，社会的あるいは契約的な補完が必要となっている。家族法の自己完結性は，過去のものとなっているのである。高齢者の扶養と介護は，公的年金制度と介護保険によって，すでに家族外への社会化が行われている。わがくにで1999年に行われた成年後見制度の導入も，基本的には，従来家族内で完結していた後見制度のアウトソーシングの一例と位置づけられる[2]。

扶養と相続は，パンデクテン体系のもとでは，家族法と相続法という別のカテゴリーに包含されるが，内容的，実際的な機能のうえでは関連性が高い。たとえば，古い制度である寡婦産（dower）は，夫に扶養されていた妻の扶養の一形態であり，妻の生存中は，夫の遺産のうち，とくに不動産の使用を認めるものである。家産が妻の相続を通して，夫の血縁以外の者に流出することを防ぐことを目的とし，相続を回避しながら扶養を実現するものである。これに比して，相続の中における扶養の性質は，子どもについては，早くに克服された（単純な相続）[3]。

その後，寡婦産は，相続法において妻の相続分が広く認められることによ

り，より具体的な財産法上の権利へと転換された。しかし，その場合でも，子のみの相続人の指定が行われたり，子どもであるAを相続人に指定するけれども，寡婦Bの生存中は，これを扶養するように義務づけるといった方式も，ときには選択されたのである。また，扶養の趣旨でする負担付きの贈与・遺贈も行われてきた。

(2) 出発点の異なった制度が，帰結として同様の機能を果たす例は，しばしばみられる。第三者のためにする契約や信託において，AB間において，子Cのために，特定の財産やその収益を与えることを約束することは，扶養や教育にも資するものであるし，財団の設立は，広い意味においては，同様の目的に対しても有益である。

他方，わがくにでは，公的扶養が広く行われてきた。社会保険や公的年金による場合には，伝統的な家族法的な扶養や後見とは，制度的なつながりがない。しかし，年金財政や社会資本の欠乏によって，しばしば私法的な補完が必要となっている。いわば，家族法の社会化・契約化である。本篇では，そのうち，虚無の所有権の売買，終身定期金，保険売買を対象とする。一見異なる制度が，経済的・社会的に類似の機能を果たしている場合には，これらを横断的に検討することに意味があろう。

2 使用権を留保した売買，弁済の猶予，不定期間にわたる定期金

使用権を留保した，虚無の所有権（nuda proprieta）の売買と，その対価の支払という形式は，わがくにでは，実際上も裁判例上もほとんどみられない。外国法においても，実例は複雑でしばしば論点が多岐にわたることから，そのわかりやすい例を，モーパッサン（Maupassant, 1850-93）・酒樽（Le petit fût, 水野亮訳・1941・岩波文庫）のつぎの会話にみることにしよう（旧字体の漢字は新字体に改めた）。

　　シコは，マグロワール婆さんの家と隣り合わせのところにも土地をもっているが，婆さんの土地も欲しいと思っている。しかし，マグロワール婆さんは生まれ育ったところであるから，土地は，売らないといっている。そこで，ある日，シコが，マグロワール婆さんに新しい提案をもちかけたところである。

　　「わしは毎月，150フランづつあんたにあげる。いいかね，毎月あの馬車で5

フラン金貨30枚持ってくるだ。それだけで，ほかになんにも変わったことはねえのさ，まったくなんにも。あんたはこの家にいつまでもいる。わしのことなんか，ちっとも気に病むことはねえだ！　ちっとも恩に着ることはねえだ。わしの金さへ黙って取ってりゃ，それでいいだ。どうだね，気に入ったかね。」

「わしには結構な話だが，お前様にして見れば，この地所は自分のものにはならないぢゃないかね。」

「そんなこと，何も心配しなさんな。神様が生かしておかっしやる間はここにいるがいいだ。ただあんたには，公証人のところで一筆書いて貰ふべえ。あんたが死んだら，この地所はわしのものになるとな。あんた，子供衆はなし，身寄りといえば甥御ばかりだが，それだってあんたは，ろくに構ひつけもしないぢゃないか。どうだね，いい話だらず〔だずら〕　生きてる間は，地所は自分のものだ。さうして月々150フラン貰へる。あんたにして見りゃ，まるまるの儲けだによ。」

　すなわち，毎月150フランの定期金を，シコがマグロワール婆さんに終身間支払う。他方，マグロワール婆さんが死んだら，子どももいないので，土地は，シコに譲渡されるという契約である。将来の土地の譲渡は，いわゆる虚無（あるいは虚有）の所有権（nue-propriété, nuda proprieta）の譲渡である。他方，その対価は，不確定期間の年金の支払である。フランスのみならず，イタリアやスペインなど，ラテン系の社会には多くみられる形態であり，その起源は中世に遡る。裁判例のみならず，上述のようにしばしば物語などにも登場するのである。終身定期金は，このような虚無の所有権の売買と結合して初めて意味がある。わが民法で，関連されることなく前者のみが規定されたのは，起草者の見落としというべきであろう。

第2章　虚無の所有権の売買と終身定期金

1　虚無の所有権の売買の例

　「酒樽」を続けよう。マグロワール婆さんは，思案に耽って，公証人に相談した。すると，公証人はシコの申込をうけることを勧めた。ただし，マグロワール婆さんの土地は，安く見積もっても6万フランの値打ちがあるから，月

額150フランではなく，250フランを請求することを勧めた。その計算の根拠となるのは，つぎの公証人の言である。

「仮にあんたがこれから15年生きるにしたところで，シコどんはまだやっと4万5000フランしか払わなかった勘定になりますぜ。」(250F × 12 カ月 × 15 年 =4万5000フラン。ちなみに，最初の申出額であると，150F × 12 カ月 × 15 年となり，合計2万7000フランにすぎない)。

定期金の総額が土地の代価と釣り合うのは，月々250フランの支払が20年継続した場合である (250 × 12 × 20 = 6万フラン。代金の利息や土地の果実は考えない)。担保目的の所有権留保の売買は，わが民法でも制定後に多く行われたが，利用権留保の売買は，ほとんど行われなかった (用益物権を組み合わせる場合を除く)。その理由には，本稿では立ち入りえないが，1つには，このような射幸的契約の適法性が疑わしいからであり，ここに社会的な意識の相違をみることもできよう[4]。

そこで，マグロワール婆さんがこれよりも長生きすると，シコは損するのである。逆にマグロワール婆さんは，これよりも長生きをすると，得をすることになる。

物語では，契約の締結後，3年間は無事に月々の金が支払われた。その間，
「老婆は不思議なほど丈夫だった。見たところ一日も歳を取らないので，シコはがっかりした」，そこで，「顔を見ると，絞め殺してやりたくなった。彼は獰猛な，陰険な憎しみをもって，――物を盗まれた百姓の憎悪をもって憎んだ」。

そこから，シコは，「色々手段を考へた」のである。最初は，マグロワール婆さんに自分の店で過食をさせようとしたが，これは失敗した。そこで，つぎに，強い火酒を飲むように勧めた。そして登場するのが，タイトルの酒樽である。酒をふるまわれ，ついには酒樽ごと与えられたマグロワール婆さんは，酒びたりになり，じきに死んだ，というものである。そして，マグロワール婆さんの土地を取得したシコは，言った。

「阿呆な婆で，飲みさへしなけりや，もう10年は生きられたのに。」

すなわち，マグロワール婆さんの死によって，シコは，250F × 12 カ月 × 10 年 =3万フランの得をしたことを自覚しているのである (ちなみに，6万フランの土地に対し，現実に支払ったのは，250F × 12 カ月 × 3 年 = 9000フランの

みである)。

2 虚無の所有権の売買の危険性

(1) このような虚無の所有権の売買の危険性は，明らかである。一面では，契約の双務性が不確実である。定期金の継続が，20年以下であれば，買主の得であり，それよりも長期であれば，売主の得となる。前者の場合にも，短期であるほど，買主には有利であり，そこから，もう1つの危険である，支払の期間を短縮する行為が誘発される。しかも，期間の短縮は，所有権の移転の時期を早めるのみならず，定期金の支払をも短縮することから，二重の意味で買主にとって有利なのである（買主は，給付額の増大と所有権の取得が遅れることの二重のリスクをおう）。ここに犯罪の温床となる可能性がある。逆に，長生きした場合には，売主に有利ではあるが，これは容易には人の行為によって左右される事項ではなく，もちろん倫理的に問題となりようもない。わがくにおいて，このような契約が行われなかったのは，その危険性やいかがわしさに対する疑問があったためであろう[5]。

なお，売買代金は，月払や年金による場合のほか（この場合には，長生きだと代金額が増大する。買主のリスクが大きい），定額（先払い）の場合もあり，その場合には，あらかじめ代金が支払われるが（売主は，自分のリスクで，受領した金額の範囲で生活する），この場合でも，買主は，売主の死亡まで土地を利用できないから，売主が長生きするほど，買主は損をすることになる（買主のリスクは，占有が移転しない点だけとなる）。つまり，金額は固定であるが，利用（所有権や利用権の移転時期）だけが不確実となる。買主は，売主の死亡により実現される期待権のみを取得することになる。ここから，所有権が虚無 (nuda) であるといわれるのである[6]。

(2) さらに，売買が行われても，死亡まで所有権は移転しないとして，期限の制限を設ける形態もありうる。この類型では，期限の到来により利益をうける者が，不正に期限を到来させた場合には，条件の成就により不利益をうける者が故意に条件の成就を妨害したのと同様に（日130条，フ民1178条，ド民162条，ス債務法176条参照），期限の不到来とみなすことが可能であろう。この場合には，必ずしも全部無効とする必要はあるまい。

130条の場合とは逆に，条件成就によって利益をうける者が不正手段を用いて条件を成就させた場合につき民法には規定はないが，ドイツ民法（162条2項）では，相手方は条件が成就しなかったものとみなすことができる（なお，保険契約について，日本商法641条・665条・680条参照，最判平6・5・31民集48巻4号1029頁参照）。わが法のもとでも，これについては，先例がある[7]。法律構成の相違にかかわらず，不正手段により利益をえることがないようにする必要がある。

(3) (a) 条件の場合とパラレルに，期限についても，期限の到来によって不利益をうける当事者が，故意に期限の到来を妨害した場合には，相手方は，期限が到来したものとみなすことができるべきであろう。たとえば，このさくらの花が咲いたら，100万円与えるという約束において，約束者・債務者がさくらの木を切った場合である。

(b) そして，逆に，期限の到来によって利益をうける当事者が，故意に期限を到来させた場合にも，相手方は，期限が到来しないとみなすことができるのである。たとえば，自然には数年に1回しか咲かない熱帯の花が咲いたら，100万円与えるといわれて，債権者が遺伝子操作や温室にいれて無理に咲かせた場合である。あるいはAが死んだら遺産から資本を付与するから，それで自活しろといわれた者が，資本が欲しくてAを死亡させた場合である。さらに，Aの死亡までは，扶養の趣旨で毎月20万円ずつBから付与するが，Aが死亡したら，Aの土地をBに与えるという約束において，Aを死亡させる場合もこの場合にあたる。ここでは，死亡という期限が早く到来すると，Bは利益をうけるからである。期限は，いずれ到来する事実に関するものにすぎないが，被相続人を殺害することが相続欠格になるように（891条1号），債務の成立基盤を害することから，義務の存続にも影響することは，130条の場合と同様となる。

3　終身定期金

(1)　虚無の所有権の対価である終身定期金は，債務者が，自己，相手方（債権者）または第三者（受益者）に，定期に，その死亡にいたるまで金銭その他の代替物を給付する契約関係である（689条）。たんに債権者と債務者との間

で終身間金銭を給付する契約だけではなく，受益者である第三者に金銭を給付する契約でもよい。後者の場合には，第三者のためにする契約（537条）が成立する。終身定期金契約じたいは，諾成契約であり（689条参照），第三者のためにする契約である場合でも，債権者と債務者の合意によって成立する。

(2) 民法の起草者は，終身定期金を旧民法からうけついだ。ただし，起草時に説明された理由は，それがたんに射幸契約の一部であること，また射幸契約そのものは定義していない，とのことだけである。

民法修正案理由書によれば，「本節ハ既成民法財産取得編第7章第2節ニ該当ス。既成法典第7章射幸契約トシ其一部分トシテ第2節ニ終身年金ニ関スル規定ヲ為セリ。佛蘭西，西班牙ノ民法，バイエルン民法草案等モ亦此ノ如クナレトモ，本案ニ於テハ特ニ射幸契約ナル表題ヲ設ケサルナリ。何トナレハ射幸契約一般ニ通スル総則ヲ置カサルニ此特別ノ表題ヲ設クル必要ナケレハナリ。猶実定契約ナル表題ヲ設ケスシテ直チニ売買交換等ノ事ヲ規定スルカ如シ」。

それ以外の説明は，文字の修正点についてだけである。「年金」を「定期金」と改めたのは，わがくにの慣習で，月払いや半年払いがあるからである。技術的な理由にすぎない。その経済的な理由は，必ずしも明確ではなく，また，たんに定期払いという結果のみを（おそらく扶養義務を前提に）規定したものにすぎず，それがもつ財産法的な意味はまったく没却されている。

「既成法典ニハ終身年金権トアリシヲ改メテ終身定期金トシタリ。即チ既成法典ヲ改メタル点ハ第1　権ノ字ヲ削レルト，第2　年金ヲ定期金トシタルニアリ。権ノ字を削ルヘキハ殆ント説明ヲ要セス。年金トアルノヲ定期金トシタルハ我国ノ慣習トシテ年金ノ外6カ月毎ニ若クハ月賦等ニテ金銭ヲ支払フコト亦多キヲ以テナリ。而シテ茲ニ定期金トシ定期物トセサリシハ此契約ノ目的ハ多クハ金銭ニシテ金銭以外ノ物件ナルコト極メテ稀ナルカ故ナリ。決シテ金銭以外ノ物件ノ定期納付ヲ除外スルノ主意ニアラス。時効及ヒ抵当権ノ規定ニ於テ定期金ト言ヘルモノト同一ナリトス」[8]。

(3) そして，わがくにでは，戦前は，老後の扶養はおもに家族内の扶助によって行われ，また戦後は，公的年金の充実によってまかなわれるものとされてきた。私的な財産法的な契約によって行われることはまれであり，実例

も乏しい。しかし、まったくないわけではない。

　X（A）がYに国債や株を贈与し、その利息や配当はYが受領するつど、X（A）の生存中これをXに給付するとする契約が、終身定期金契約とされた場合がある。

　大判昭3・2・17民集7巻76頁。

　「Xノ前主タル亡Aハ明治43年6月17日Yニ対シ額面100円ノ帝国政府甲路号五分利公債25枚及大阪府農工銀行株式20円払込ノモノ150株ヲ其ノ利息並配当金ハ、A在世間Yニ於テ受取次第Aニ交付スヘキ約旨ノ下ニ移転シ、次テ明治45年4月27日ヲ以テ隠居シ、Y其ノ家督ヲ相続シ、其ノ後Aハ妻タルXト共ニ別家ヲ為シタリ。然ルニYハ大正4年7月以降右利息並配当金ヲAニ交付セサルニ依リ、Aハ大正15年3月8日右交附未了ノ利息並配当金総計金4147円50銭並之ニ対スル年5分ノ割合ノ損害金ノ支払ヲ請求シタル……Yハ既ニ之ヲ処分シ目的物ノ返還不能ニ帰シタルニ依リ、之カ損害賠償トシテ右有価証券ノ大正15年9月6日ニ於ケル価格総計金6365円……ノ支払ヲ求ムル為本訴ニ及ヒタル……前記契約ハ民法第689条所定ノ終身定期金契約ニ外ナラサルカ故ニ、定期金債務者タルYカ定期金ノ元本ヲ受ケタルコト上叙ノ如クナルニ拘ラス、其ノ定期金ノ給付ヲ怠リタル場合ニ於テ相手方タルAハ隠居後ト雖民法第691条ニ基キ既ニ元本トシテ給付セルモノノ返還ヲ求メ得ヘク、従テ其ノ返還不能ナル本件ニ於テ之カ代償ヲ求ムルコトヲ得ル」。

　このような株券の事例は、定期金の原資の先渡しの類型である。最初に贈与があるから、これは、有効とせざるえをえない。わが民法の起草者も、主としてこのような場合を前提にしていたと思われる。

　これに対し、「酒樽」の例は、後渡しの類型で、定期金の原資となる所有権は、あとで移転する。前述のように、所有権移転と、定期金の支払額の増大という二面において、取引関係は不安定であり、それに伴う危険性も増大する形態である。

第1部　契約の自由と現代における権利

第3章　保険売買とリバース・モーゲージ

1　リバース・モーゲージ

(1)　所有する不動産を担保に，終身の定期金を獲得する方法として，おもに経済のバブルの時期からリバース・モーゲージが活用され始めた。リバース・モーゲージは，不動産を担保に生活資金を借り，死亡時に不動産を売却して資金を返済するものである。比較的早いものは，主として地方自治体などの公共団体によるものであったが，近時では，もっと私的なものも登場している。公的年金の不十分さを，私的な契約により補充しようとするものである(9)。

　日本では，1981年，武蔵野市の始めたものが最初である。その後，ほかの自治体や金融機関にも広がった（世田谷区や神戸市，信託銀行による私的なものもある）。アメリカでは，もっと古く1960年代に導入されて，10年間に8万件の契約が締結されたといわれる。しかし，日本では，バブル経済の崩壊により，不動産価格が下落し，担保割れとなる例が多発したことから，金融機関の多くはこれを止めた。また，日本では，中古住宅の流通市場が未発達で，担保にした住宅の売却が必ずしも容易ではないことが障害要因となっている。さらに，相続人がいると，その同意をとることも容易ではない。

　一戸建ての不動産を担保に生活資金（およそ月30万円以内）を貸すとするものが多い。その後，2005年から，東京など大都市圏では地価の下落に歯止めがかかったことから，再導入が試みられている。少子化のためで，自宅の相続人もいない場合が多い。長生きするほど，融資額が増加するため，リスクがあるとの特徴がある。

　民間金融機関では，中央三井信託銀行が東京・大阪・名古屋など大都市圏の一戸建て所有者を対象に，また，住宅会社では，旭化成ホームズ，トヨタホームなどが，自社物件の購入者を対象に，リバース・モーゲージで生活資金を融資する制度を設けている。ただし，融資額は，土地評価額の50％程度，支払額は，融資額の分割額にすぎないことから，射幸性は少ない。本来的な終身定期金契約というよりは，融資契約と死亡時の清算の義務づけられた担

保契約というべきであろう。

ほかに，一部の介護会社にも，老人ホームの入居金についてリバースモーゲージによる融資をするものがあり，この場合には，入居後も自宅が残るので，必要な時期には自宅で過ごすことができるとの利点がある。老人ホームになじめない場合は退去するよちも残る。

(2) また，近時，高度成長期に立てられたマンションが老朽化し，その建替えが必要となっていることから，その費用を捻出する手段としても着目されている。たとえば，マンションの建替えに2000万円ぐらいかかるが，収入がなく，他方で，相続人もいないので，終身の利用さえ保障されればたりるという場合である。

2001年に施行された「高齢者の居住の安定確保に関する法律」を機会に，高齢者がマンションを建て替えるさいに，公庫がマンションを担保に最大1000万円を融資し，元本の返済を猶予する住宅金融公庫の高齢者返済特例制度も創設された。高齢者住宅財団が債務を保証し，連帯保証人も不要で，高齢者は，毎月の金利だけを払い，金利は公庫の住宅ローンと同じというものである (2005年3月に，年2.8％)。清算は，死亡後に，遺族がマンションを売却して行う。

(3) さらに，リバース・モーゲージは，地震被災者の建設費を捻出する手段としても注目されている。2004年秋の中越地震で自宅が破壊され，その再建が困難な人のために，新潟県は，2006年度から，被災者が将来遺産となる財産を担保にし，建設費を融資するリバースモーゲージ制度を導入することとした。1995年の阪神大震災でも，自治体が，高齢の被災者を対象に，建設費の一部を貸すために不動産を担保にした例はあるが (神戸市と兵庫県西宮市。ただし，終身ではなく，融資後10年で一部弁済)，建設費全額を貸し出すことは新しい試みである (一部弁済もない)[10]。

いずれの形態も，担保としての性質が強く (清算が死後に予定されるから)，ラテン系の定期金契約や虚無の所有権譲渡とは異なり，射幸性の乏しいのが，わがくにの契約の特徴である。反面，生存はそれ自体が射幸的であるから，契約としての魅力が欠けることにもなる。

2 保険契約の処分，保険金請求権への担保権の設定

(1) 老齢者や比較的まとまった融資を必要とする者が，一定の担保を基礎として定期金をえる手段としては，ほかに，生命保険を担保とする形態がある。虚無の所有権売買やリバース・モーゲージでは，不動産を所有していることが必要であり，保険契約しか有しない者には活用できないからである。その端的なものは，保険契約の売却であり，外国には例がある（後述）。なお，満期後に生じた保険金請求権を譲渡することは，金銭債権の譲渡にすぎないから，従来からも契約上の制限以外の障害はない。

(2) わがくにには，従来，保険契約そのものの売買が認められた例はないが，保険金請求権上に質権を設定することは可能であり，住宅ローンなどでも担保と併用して用いられている。なお，2006年の貸金業法改正において，担保目的でする生命保険契約の締結の要件は，厳格化された（貸金業法［施行から1年以内予定の第3次改正部分］12条の7，16条の3）。

また，解約返戻金債権に質権などの担保権が設定されることもある。つぎは，解約返戻金債権に質権を設定する契約が公序良俗に違反するとされた例である。目的価格と債権額とのバランスから，このような契約が暴利行為として制限されることはありうる[11]。

大判昭9・5・1民集13巻875頁。

貸金業者Xは，昭7年1月27日，Yに500円を弁済期同年3月25日の約定で貸し，担保として，Yから，保険金額2000円の保険金受領権上に質権の設定をうけ，証券の交付もうけた。同時に，Yが債務の履行をしないときには，Xが保険契約を解約し解約返戻金を受領し，Yの債務に過不足を生じても清算しない特約を結んだ。Yは，大9年11月から昭6年11月まで保険料1281円を支払い，昭7年3月に解約すれば，その解約返戻金は980円にのぼるものであった。Xはこれを「了知」のうえ，貸付金500円から，手数料として50円，2ヶ月に満たないにもかかわらず，3ヶ月分の利息として30円，印紙代として7円を天引きしたので，Yが現実に受領した金額は412円余にすぎなかった（この2ヶ月の利息だけで実質的に2割以上となる）。Xが保険契約を解約する手続中に，Yが保険会社より証券の再交付をうけこれを担保として金を借りたことから，Xは，解約返戻金の980円からYが支払った500円を

控除した残額480円の損害をうけたとして，賠償請求した。Yは，特約が公序良俗に違反することを主張。1審，2審ともXの請求棄却。Xの上告に対して，棄却。

「他人ノ窮迫軽率若ハ無経験ヲ利用シ著シク過当ナル利益ノ獲得ヲ目的トスル法律行為ハ善良ノ風俗ニ反スル事項ヲ目的トスルモノニシテ無効ナリト謂ハサルヘカラス。然ラハ本件担保ノ目的タル保険契約ニ基ク解約返戻金カ金九百八十円余ヲ算スルコトヲ業務上智悉セルXハ，農ヲ業トスルYノ此ノ点ニ関スル無知ト窮迫ニ乗シ，貸金ノ倍額ニモ等シキ返戻金アルコトヲ秘シ，特ニ短期間ノ弁済期ヲ定メ前記ノ如ク貸金シ，Yニ於テ其返還ヲ為ササルトキハ右返戻金カ貸金ニ比シ過不足ヲ生スルモ，YハXニ対シ不足金ヲ支払ハサルト共ニ剰余金ノ支払ヲ請求セサル旨ノ特約ヲ為サシメタルモノナルコト明ナルヲ以テ，斯ノ如キ特約ハ，民法第九十条ニ依リ無効ナルモノト断スルヲ相当トス」。

(3) 解約返戻金を担保とした場合には，被担保債権と目的価額との不均衡は明白であるから（事案では，被担保債権412円，解約返戻金が980円），暴利として無効となることはありうる。もっとも，仮登記担保の清算構成（最判昭49・10・23民集28巻7号1473頁ほか）や譲渡担保の清算義務に（譲渡担保に公序良俗違反を認めた最判昭38・1・18民集17巻1号25頁，清算については，最判昭46・3・25民集25巻2号208頁）比して柔軟性を欠くところから，むしろ清算義務を課するほうがベターといえよう。

他方，解約返戻金債権の譲渡は，保険契約の変形にすぎないから，保険満期前に行われる保険金請求権の譲渡と同じ問題が生じよう。ただし，前者は，いわば過去の保険料の取り戻しであるから，将来の不確定な給付である保険金受領権ほどの射幸性はない（期限前の預金の払戻と同じである）。そこで，問題は，担保にする場合と同じく，射幸性の防止そのものというよりは，対価との均衡や暴利の防止ということになろう[12]。

3 保険契約の売却，定期金

(1) 保険金の受領権を担保とする場合とは異なり，保険買取契約は，保険金の受領権そのものを売却するものである。Aが，C保険会社の死亡保険契

約に加入していても，月々の保険掛金（数万円程度）も支払えず，療養その他の理由により，生きている間に，保険金を受領したいことがある。解約返戻金は，3000万円程度の保険を解約しても，数十万円程度にしかならないことが多い[13]。

そこで，生命保険契約の買取の専門会社であるBが，この契約を買い取って，代わりに保険金を支払うというものである。保険会社Cに対して，保険料を支払う契約者Aと受領者を，買取会社Bに変更する。手続がすむと，Bは，Aに代金を払い，保険料も負担して，Aの死亡時に，Bが保険金を受領する。売買代金は，Aの余命を予測して，死亡後の保険金から割引いて価格を決めることになるが，余命が短いと推測されると，それだけ価格は高くなり，保険金額の8割以上のこともある。買主のBは，買取額と保険金の差額の利益をうける。この間の計算は，虚無の所有権の売買のシコの場合と同様である。BがAに支払う売買代金額は一定であるが，Bは，Aの生存中，Cに対し保険掛金を支払う必要があることから，そこで，Aが長期間生存すると，Bは損をする関係がある。逆に，Aが早く死ぬほど，Bは有利となるから，終身定期金や虚無権と同様に，犯罪を誘発する可能性がある。そこで，これを防止するために，買取価格と弔慰金を組み合わせることが一般である。犯罪の防止策として，早期死亡の場合には，かなり高額のプラスの支払を約束しておくのである。

　買取価格は，1500万円（保険金3000万円の50％）
　売買と同年中に死亡したら，プラス1200万円（つまり最高額2700万円，90％）
　次年度なら，プラス900万円（合計2400万円，80％）
　再来年なら，プラス600万円（合計2100万円，70％）
　その次年なら，プラス300万円（合計1800万円，60％）
　それ以後は，100万円（最低額1600万円で，53.3％）

このモデル例では，早く死亡するほど，買取価格と弔慰金の合計額が保険金額の満額に近くなる。売買と同年中の死亡の場合に，B社の利益は，差額の300万円のみとなる。ちなみに，利息制限法の最高利率の20％の利率を参照すれば，利益の最高額は，600万円までとなる。もっとも，契約時に支払うのは，その半額にすぎないから，限度額もその半額の300万円となる（最

高額 2700 万円に対応)のが妥当といえよう。

　機能的には,保険の売却は,その担保化とそれほど異なるわけではない。住宅ローンの支払では,同時に生命保険契約が担保となることが多く,近時では,消費者金融の債務についても行われている。しかし,後者については,不適切な取立を誘発するとして問題となり,2006 年 10 月までには,大手の消費者金融会社は廃止を公表している (2006 年の改正貸金業法は,これを禁止した)。

　なお,買取価格と弔慰金の比率は,契約の性質により異なる。余命の計算が比較的確実な場合には,前者をより厚くすることも可能であろう。たとえば,統計的に,2 年以上の生存の可能性がないという場合である (がんやエイズの場合)。

(2)　保険売買は,アメリカでは,一定の要件のもとで可能とされている。すでに 1980 年代から,エイズの末期患者の支援のために行われた。患者には,配偶者も子供もないことが多く,死後の扶養を考える必要がなかったからである (1989 年に 3 社。現在は,約 50 社)。その後,がん患者や心臓病などの慢性病患者や高齢者にも拡大された (Viatical Settlements)。一般化したことにより,投資商品化が行われ,2003 年には,取引された保険金総額は,3000 億円にも達した。通常その売買額は,保険契約額の 50〜80% といわれる。州の司法事務所か州保険局 (State Attoney Gereral Office or State Department of Insurance) が監督を担当している。

　わがくにでも,保険の特約で,余命がごく短期 (6 カ月程度) と診断されると,生存中に受領できる「リビングニーズ」の制度はあるが,余命が数年と長期間になると適用されず (2, 3 カ月の例が多い),また,治療や家族の必要性が要件とされ,60 歳以下の末期患者に限定される例が多いようである。そこで,後述の東京地判平 17・11・17 においても,X が慈恵会医大付属病院の主治医の診断書を Y 保険会社に郵送し,その手続をしたものの,適用は拒否されたと認定されている[14]。

(3)　わがくにでは,当然に契約者を変更しうる制度はないから,契約内で受取人だけを変更するために保険会社と合意することが必要となる。第三者のためにする保険契約の締結は可能であるが,後発的な契約の変更は合意に

よるほかはない。約款では，会社の承諾で，第3者への契約の承継を認める制度があるだけである。しかも，わがくにでは，保険会社が合意した例はなく，普及するよちはなかった。保険会社が同意しないのは，契約者が安価で売却するおそれがあることを理由とする。しかし，保険会社が承諾しないと，契約そのものの解約をよぎなくされ，契約者はいっそう困窮することもある。そして，2005年2月には，保険会社に承諾を求める最初の訴訟が提起された。

　保険会社側の理由としては，①家族の生活保障，②患者が早く死ぬほど，買受け会社が利益となるので，犯罪を誘発する，③患者が弱い立場にあり，不当に安く買いたたかれる，④売買契約のチェックができないなどがある。さらに，買取をされると，返戻金だけで消滅する契約が存続することになるので，保険会社に不利になるとのこともあるが，この点は論外であろう。

　①には理由がある。生命保険は，本来，残された家族のためのものであるとすると，自己利用は目的外となる。しかし，掛金も払えず解約することになれば，家族の保障にもならないから，必ずしも絶対的な理由とはならない。また，自己利用をまったく目的外のものとすることにも疑問があろう。しかし，最初から転売目的で保険に入ると，制度を歪めるとの理由もありうる。自殺目的の保険加入と同じである。しかし，これも，転売までの期間や要件を限定すれば，回避不可能というほどの理由ではない。

　②③④は，いずれも技術的な理由にすぎない。アメリカでは，買取会社を免許制にし，買取価格も法定する（余命6カ月内なら保険金額の80％以上。州による）。これらも，個別の契約において，合理的に定めることができ，必ずしも回避不可能な理由ではない。④には，保険会社側としては，契約当事者が変更して，契約管理が複雑になり，また，暴力団などの手に落ちて，対応に苦慮したり，社会的糾弾をあびるリスクなども付加されよう。要件の限定は，不可欠であるが，担保は今でもあるから，それほど大きな問題とはいえない。

　したがって，制度的な整備が必要なことはいうまでもないが，保険の譲渡そのものが当然に公序良俗に違反するとまではいえない。個別事情に応じて，無効となりうるというのにとどまる。とくに，被用者のためにする使用者保険が，かなり普及していることとの均衡からすれば，すべてを否定するのは，

アンバランスである。

4 裁 判 例
(1) 保険売買について公刊された裁判例では，東京地判平17・11・17金判1230号11頁が最初の例である。

Xは，肝機能障害を患っているが費用が工面できず生体肝移植手術をうけられないことから，治療費，生活費，長男の大学進学費用の捻出などの目的で，保険会社Yを相手方として，保険金受取人を買取業者の名義に変更するよう求めた。すなわち，Xは，Yに対し，生命保険契約における保険契約者たる地位を買取ることを業とする会社Aに，Yとの生命保険契約における保険契約者の地位を譲渡するにあたり，右譲渡に同意するよう求めた事件である。判決は，本件約款は譲渡を承諾をするか否かの判断を原則として保険者の裁量に委ねており，また，その承諾を義務づけるような法令の規定は見当たらず，わがくにの各保険会社は保険契約者の地位が売買取引の対象とされる場合は，契約者変更を認めない取扱いをしており，Yは承諾を義務づけられることはなく，自由に同意もしくは拒否の判断をすることができるとして，請求を棄却した。

「しかし，米国においても，健康状態の優れない被保険者の生命保険ほど買取会社や投資家にとって魅力的な投資対象となるのに対し，買取会社の交渉相手たる被保険者は，気力，体力，ともに衰弱した病人である場合が多く，当事者間の交渉能力に当初から格段の差が存すること，生命保険契約譲渡の対価の合理性を判定すべき客観的基準が存在しないため，生命保険契約の譲渡を自由放任とすれば，買取会社が，窮乏した契約者，高齢者，判断能力の不十分な者，死期が迫った者等から不当に廉価で生命保険契約を買い取るなどの暴利行為を招きやすいこと，詐欺的取引や，暴力団の資金源とされるなどの危険性が危惧されること等の事情が指摘されており，これらを理由として，生命保険買取事業に反対する考えも表明されている。また，フロリダ州等では，買取会社について，認可制を採用し，認可を受けていない業者については，生命保険契約の売買を認めていない。

わが国においても，生命保険を業とする各保険会社は，生命保険契約締結

の前提として，保険契約者，被保険者，保険金受取人の間に生命保険を必要とする相当の関係があることを求めているのに加え，生命保険契約における保険契約者の地位が売買取引の対象となることは，人命が売買の対象となることに等しく，ひいては社会一般の生命保険制度に寄せる信頼を損ねる結果になると考え，いずれも，生命保険契約における保険契約者の地位の売買に対しては，同意をしない取扱いをしているものとうかがわれる。

さらに，生命保険契約者が，生命保険契約に関して資金を得る方法としては，生命保険金支払請求権に質権を設定し，この担保に基づき融資を受ける方法が広く行われており，保険会社も，通常，これに異議を述べていないので，本件生命保険譲渡が，Xにとって，唯一の資金取得の方法だったとまではいえない。現に，Aは，Xに交付した550万円の返還請求権を被担保債権として，本件生命保険契約に基づく保険金支払請求権に対し質権を設定しており，Yもこれに同意している。

その上，本件生命保険譲渡の対価が適切であるか否かを客観的に判断するための確たる資料は存在しないものの，本件生命保険譲渡によりAが取得し得る利益は，最少額でも約1100万円であって，保険料の負担を考えても，極めて高額であり，これが保険契約者である患者の負担によって得られるものであるから，この点についても，議論の対象になるものと考えられる」。

「生命保険譲渡は，生活困窮状態にあるXにとって必要な資金を取得する手段として一定の有効性のあることは否定できず，多くの癌患者においても同様であろうと考えられ，既に米国では行われている。しかし，前記のとおり，Yは，原則として自由に同意をするかしないかの判断をすることができるところ，上記ウのとおり，本件生命保険譲渡は本件生命保険契約を利用する唯一の資金取得方法であるとはいえない上，そもそも，生命保険契約における保険契約者の地位を売買取引の対象にすることについては，米国やわが国の生命保険業界に異論があり，様々な問題が生じる危険性も否定できない。そうすると，Yが，生命保険契約における保険契約者の地位を売買取引の対象とすることの危険性を危惧し，本件生命保険譲渡に同意しないとの判断をしたことについて，これが直ちに不当であるとはいい難く，少なくとも，Yが上記同意を拒否することが，Yの有する裁量権を逸脱して権利の濫用に当た

るとまでいうことはできない」。

(2) また，二審である，東京高判平 18・3・22 金判 1240 号 6 頁も，一審判決を支持して，保険売買を否定した。この訴訟でも，アメリカで始まった生命保険の買取ビジネスが，日本で認められるかどうかが，規制緩和の風潮の中で注目された。

高裁も，このような取引が行われた場合の危険性に言及して，Xの請求は「理解できなくもなく，またその必要性は高い」としたが，あらためて「生命保険契約における保険契約者の地位が売買取引の対象となることによる不正の危険の増大や社会一般の生命保険制度に対する信頼の毀損」を実質的な理由としてあげた。また，詐欺的取引や暴力団の資金源とされる危険性にもふれた。そして，買取にあたって「いかなる具体的な規準を設定するのが相当か等についての慎重な検討が必要である」として，「このような議論が未だ熟しているとはいえない現段階において，主としてXの個別の事情を重視し過ぎる余り，Yの上記同意の拒否を否定することはできない」とした。

(3) 買取ビジネスのモラル・リスクについては，上述した判決の示すとおりであるので，本稿では，繰り返さない。なお，わがくにでも，簡易保険契約では，約款で，保険契約者の地位の譲渡につき保険者の同意を要件としていないので（簡易生命保険 57 条），保険売買の可能性は否定できない。しかし，これは，「保険金額が民間の生命保険の場合よりも少なく，上限も設定されていて（同法 20 条），モラルリスクや公序良俗に反する場合が少ないから」である（高裁判決）。また，変更の可能性の妥当性に疑問もあるところである[15]。

本件では，とくに，代金額を問題としたい。これには，暴利行為の可能性もあり，利息制限法 3 条や貸金業法 14 条は，利息と同視するみなし利息につき厳格に規定しており，それを潜脱する可能性もあるからである。

本件売買契約の代金額は，つぎのようであった。死亡保険金は約 3000 万円（じっさいは 2830 万円）。上述のモデル例に比して，契約内容は，かなり譲渡人にとって不利となっている。

　買取価格は，849 万円（2830 万円の 30％）
　平 17 年度中に死亡したら，弔慰金 849 万円（ここで最高給付となり，1698 万円，60％）

平 18 年度なら，プラス 566 万円

平 19 年度なら，プラス 283 万円

平 20 年度なら，プラス 141 万 5000 円

平 21 年度以後は，56 万 6000 円（最低の給付の場合で，905 万 6000 円，32％となる）

　A 社が負担する比率のもっとも高い場合は，60％の場合であり（17 年死亡の場合），合計 1698 万円にすぎない。死亡保険金は，2830 万円であるから，その差額は，1132 万円であり，保険料負担があっても，1100 万円を割ることはない。前述のモデル例と比較されたい。

　判決も，この点をとらえて，本件生命保険の譲渡によって A 社の取得する利益は，最低でも，1100 万円であって，保険料の負担を考えても，きわめて高額であり，この点についても，議論の対象になる，とする。

　前述のシコと公証人の計算において，虚無の所有権の移転の契約は，時期は射幸的でも，機会は平等であった（20 年生存すると，地価の 6 万フランと釣り合う。合理的計算）。給付のバランスが，いわば射幸性の代償となり，契約における最低限のモラルを支えているのである。当初から，給付額の 60％にしかならない契約では，射幸的であり，暴利というべきであろう。

　(4)　虚無の所有権の売買が定期金による場合の問題は，たんに代金額と所有権の移転時期が不確定であるというだけであった。これと，保険売買は，たんに売買の目的が債権であるという違いだけである。すなわち，保険売買は，売買総額が生存期間によって決定されるから，実質的には定期金による場合と異ならない。そこで，定期金による不動産の売買をも否定しないかぎり，契約の性質上，当然に保険売買が公序良俗違反ということにはならない。個別の契約の内容いかんということになろう。この点は，担保の場合に，被担保債権と担保目的物の価格のバランスが問題になるのと同様である。

　不定期性は問題とならない。扶養も本来的な終身定期金もそのようなものであるし，寡婦産（dower）でも同じである。ただし，上述のように当該の契約を検討してみると，かなり合理性は乏しい。

　さらに，同種の契約が多く行われるようになると，いっそう粗悪な商品が出現するおそれもあり，立法による規制が必要なことはいうまでもない。暴

利をねらった形態が生じやすい契約類型ともいえる（上述の大判昭9・5・1民集13巻875頁参照）。

第4章　むすび

1　虚無の所有権の売買

(1)　射幸行為は，社会の健全な勤労の意欲を失わせ，またいちじるしい損害を発生させる可能性を有する。健全な財産的秩序に反するので，公序良俗に反するとされる。従来，この類型に入り公序良俗違反とされたものは，とりわけ賭博行為である（大判昭13・3・30民集17巻578頁。賭博によって負担した債務の弁済に充てる資金を貸す契約は，公序良俗に反して無効である）(16)。賭博に勝った者は負けた者に対して賭博の金を請求できず（大判大5・8・12民録22輯1646頁），賭博による債務の履行のために，第三者振出の小切手をうけた所持人が，振出人との間で小切手金の支払に関し和解契約を締結した場合には，この契約の内容である振出人の所持人に対する金銭支払の約定は，公序良俗に違反し無効である（最判昭46・4・9民集25巻3号264頁）。賭博債権の債務者が，異議をとどめずに債権の譲渡を承諾したときでも，譲受人に対して公序良俗による無効を主張することができる（最判平9・11・11民集51巻10号4077頁）。

ただし，頼母子講の講金をうける契約は，射幸性がないわけではないが，公序良俗に違反しない（大判明36・6・30民録9輯818頁）。また，保険契約には射幸性があるが，商法がこれを認め，終身定期金は，民法によって認められている。その限界が問題となる。

(2)　これに対し，虚無の所有権譲渡は，従来わがくにでは行われず，保険契約の売買にも消極的であることは，第3章までに述べたとおりである。

しかし，一方では射幸的であっても認められる類型があることから，公序良俗違反の判断は，必ずしも賭博の場合と同列とまではいえない。健全な財産的秩序に反するかが基準となる。射幸的であって，かつ不均衡で，合理的な理由がなく，同時に犯罪を誘発する場合（誘発の歯止めがない）ことが必要である。

住宅ローン担保としての生命保険利用は可能であるが，これは，本来，十分な物的担保があり，生命保険は補充的である（たとえば，後発的に火災の結果，不良債権となった）からである。そこで，同じ生命保険契約でも，主たる弁済方法として予定する消費者金融による保険利用は制限するべきものとなる。本来の担保がなく，事実上，生命保険だけで返済を予定している（原始的に不良債権である場合をカバーする）からである。

(3) 所有権の移転は，たんに不確定な期限が設定されたというだけでは違法性があるものではない。ただし，人のすべての財産を贈与し，生存の基礎を失わせるような行為には，公序良俗違反となる可能性がないわけではない。そこで，虚無の不動産や生命保険の売買は，これに抵触するおそれもある。わがくにでは，最判昭25・4・28民集4巻4号152頁が，包括財産の譲渡の公序良俗違反を問題とし，かつ否定した先例である。

事案は，養子Xが存するにもかかわらず，養父Aが実子をもたない後妻Yの将来を心配して所有する一切の不動産・動産を贈与した場合である。これが，長子相続制を実質的に潜脱すると主張されたが，公序良俗違反の主張は排斥された。同時に，被相続人が家督相続開始前に，その所有にかかる一切の動産不動産を挙げて相続人以外の者に贈与しても，その贈与は遺留分減殺権を認めた趣旨からいって当然無効ではないとされた。

「原判決は，Xの養父A（被相続人）はその判示の如き事情の下に実子を持たぬ，後妻であるYの将来を慮り，当時同人の所有していた本件物件その他一切の動産，不動産を挙げて，これをYに贈与した事実を認めたのであつて，長子相続制を認めていた当時の民法下においても，これをもつて所論のように直ちに公序良俗に反する無効の契約とすることはできない。かかる場合に，家督相続人に遺留分減殺請求権を認めた同民法の趣意からしても，右のごとき契約を当然無効とするものでないことは明らかである」。

(4) 全財産の譲渡については，比較法的には制限をおく例もあり，場合によっては，公序良俗違反となることを否定するものではない。そのような全財産の贈与や遺贈の制限は，たとえば，ドイツ法にみられる[17]。

(a) 2002年に改定されたドイツ民法典の新債務法（現代化法）311b条は，旧債務法310〜313条を1条に統合したものである[18]。その内容は多岐にわ

たる。その第1項は，旧313条をうけつぎ，不動産所有権の移転義務の設定に関する方式を定め，契約には公正証書を必要とするとする（1文）。ただし，方式が欠けていても，所有権移転の物権的意思表示（Auflassung）が登記官によって受容され登記された場合には，治癒されるものとする（2文）[19]。不動産譲渡に方式を必要とするものである。不動産のように重要な財産の譲渡・贈与に方式を要することはヨーロッパ法では通常であり，フランス民法典（931条，1715条，および書証の必要性について一般的に1315条以下，1341条など）あるいはスイス民法典でもみられる（657条1項，スイス債務法216条，243条1項など）。契約自由の原則のうち，方式の自由を制限したものであるが，かなり普遍的な場合を明文化したものといえる。

(b) これと異なり，第2項以下は，よりパターナリスティックな保護法規としての性質を有する。まず，第2項は，将来の財産に関する契約の無効を定め（旧310条），自分の将来の財産あるいはその持分（Bruchteil）を〔包括的に〕譲渡しあるいは用益権を設定する義務を無効とする。これは，民法総則の138条，すなわち良俗規定の具体化であり（わが民法典90条に相当），経済的活動の過度の侵害から締約者の人格の自由を保護しようとするものである（第1草案350条1項）[20]。現存しない財産に関する契約は軽率に行われる可能性も大きく，そのようなものを期待する相手方を保護する必要性も乏しいからである。

また，第3項は，現在の財産あるいは持分財産を譲渡あるいは用益権を設定する契約には，公正証書を必要とする（旧311条）。軽率からの保護や，いちじるしい危険性を専門的助言により回避し，公正証書により契約につき慎重にさせる警告機能（Warnfunktion）を期待したものである（第1草案350条2項）[21]。第2項とは異なり，法は，契約の無効までも求めない。契約は自由であり，相手方もあることから，たんに軽率さを防ぐだけでたりるからである。

(c) 第4項と5項は，生存する第3者の遺産（Nachlaß）に関する契約，生存する第3者の遺産にもとづく遺留分（Pflichtteil）や遺贈（Vermächtnis）に関する契約を無効とする（旧312条，第1草案349条）[22]。その目的は，軽率につけこんだ危険な行為を予防し，財産の浪費を防止することにある（BGHZ

104, 279, 281; BGH NJW 1995, 448)。

　もっとも，この制限は，推定法定相続人間において，その中の1人の法定相続分あるいは遺留分に関して締結された契約には適用されない（5項1文）。これは，1924条以下の推定相続人間における遺産分割（Erbauseinandersetzung）の契約を可能にするものである。ただし，この場合でも契約を無効とする必要はないが，慎重さを求める必要はあるから，第3項と同様に公正証書を必要とするのである（第5項2文）。被相続人が同意している場合でも，この方式は必要である（BGH NJW 1995, 448）。相続分や遺留分に関する契約，遺言による相続分や遺贈に関する契約も，同様である（BGHZ 104, 279）。法定相続分を修正するかぎりでは，慎重さを必要とすることに変わりはないからである。

2　間接損害と保険

　かねて，わが保険実務では，保険売買は認めないのに，他方で，他人・使用者の保険利用を認める（遺族への引渡をしない）。団体生命保険では，従業員が知らないうちに保険をかけて会社が保険金を受け取る例があり，1990年代半ばから問題となっている。

　これは，かなりアンバランスな扱いである。生命保険は，本来，本人とその家族の利益のためである。せいぜい許されるのは，企業責任で，企業利益の場合である。すなわち，個人企業に近い場合で法人そのものと同視できる場合だけである。取締役や会社の機関あるいはこれに準じる場合に限定される。それ以外の従業員には，損害は，企業にではなく，当人およびその家族に生じるから，これを認める場合には，契約の譲渡も可能なのが一貫しよう。

　以下の最高裁平18・4・11民集60巻4号1387頁，判時1933号61頁は，団体定期保険（Aグループ保険）にもとづいて被保険者である従業員の死亡により保険金を受領した会社は，その遺族に対し，社内規定にもとづく給付額を超えて上記保険金の一部を支払うべきであるとした原審の判断に違法があるとした事例であるが，補足意見のいうとおり，会社にそのような保険金請求権が発生するとみるべきではない。もっとも，それでは，そのような保険を勧めた保険会社に不払いの口実を与えるから，損害が生じていないとの抗弁

は信義則上排斥される。遺族は，企業に生じた利益を不当利得として請求できるのである[23]。

なお，この訴訟で対象になったのは，全社員が原則として加入し，会社が保険料を負担する「団体定期保険旧Aグループ」と呼ばれるもので，従業員が知らないうちに保険をかけて，会社が大部分を受領する場合があったことから，遺族への引き渡しを求める訴訟が提起されたものである。そこで，1996年に遺族と会社の受領分を分離させた新型保険に切り替わり，旧A型はなくなっている。

最高裁「⑴団体定期保険契約は，他人の死亡により保険金の支払を行うものであるところ，このような他人を被保険者とする生命保険は，保険金目当ての犯罪を誘発したり，いわゆる賭博保険として用いられるなどの危険性があることから，商法は，これを防止する方策として，被保険者の同意を要求することとする（674条1項）一方，損害保険における630条，631条のように，金銭的に評価の可能な被保険利益の存在を要求するとか，保険金額が被保険利益の価額を超過することを許さないといった観点からの規制は採用していない。

本件で，Y〔第1審被告〕が，被保険者である各従業員の死亡につき6000万円を超える高額の保険を掛けながら，社内規定に基づく退職金等としてX〔第1審原告〕らに実際に支払われたのは各1000万円前後にとどまること，Y，生命保険各社との関係を良好に保つことを主な動機として団体定期保険を締結し，受領した配当金及び保険金を保険料の支払に充当するということを漫然と繰り返していたにすぎないことは，前記のとおりであり，このような運用が，従業員の福利厚生の拡充を図ることを目的とする団体定期保険の趣旨から逸脱したものであることは明らかである。しかし，他人の生命の保険については，被保険者の同意を求めることでその適正な運用を図ることとし，保険金額に見合う被保険利益の裏付けを要求するような規制を採用していない立法政策が採られていることにも照らすと，死亡時給付金としてYから遺族に対して支払われた金額が，本件各保険契約に基づく保険金の額の一部にとどまっていても，被保険者の同意があることが前提である以上，そのことから直ちに本件各保険契約の公序良俗違反をいうことは相当でなく，本件で，

他にこの公序良俗違反を基礎付けるに足りる事情は見当たらない。」

　上田豊三，藤田宙靖裁判官の補足意見があり，事案では，商法 674 条 1 項が要求する被保険者の同意が欠如しており，黙示のそれもなく，本件の「保険契約は，被保険者の同意を欠くものとして，無効であったというべきである。Xらの本訴請求は，本件各保険契約が有効に成立したことを前提に，それに基づいて支払われた保険金の全部又は一部の分配を求める趣旨と解されるから，Xらの請求は，この前提を欠くという点においても理由がないといわざるを得ない」とする。

3　むすび

　以上のことから，虚無の所有権の売買とその対価としての定期金契約や，保険売買などの射幸的契約においては，いくつかの共通する要素を導き出すことができよう。

　①いずれも，生活保障を基本とするものであって，たんなる投資（投機）目的ではないことが必要である。これは，つぎの射幸性の要件とも結合する。保障や保険的な性質が，射幸性の違法性を緩和するのである。しかし，消費者金融の生命保険のような担保の全面的な代替方法としては認めがたい。また，契約の前提となる給付の均衡（合理的計算）は，射幸性の代替として必要である（シコの契約における 6 万フランの取得可能性）。

　②また，被保険者や定期金給付をうける者が早く死ぬほど，保険買取会社や定期金給付者が利益をえないようにする必要がある。とくに，犯罪防止措置を必要とする。ただし，それだけではたらず，同時に，最低支払額を定めておくことも必要となる。明文で法定することが望ましいが，そのさいに，契約内容の適正化，主体の制限もあわせて法定することが望ましい。契約が公的にチェックされる必要もある。その点では，従来，リバースモーゲージを公共団体が中心となって行ってきたことには意味がある。保険売買にも，保険業自体と同様の免許や制限が必要となろう。犯罪を防止するには，暴力団などの関与するよちをふさいでおく必要もある。

　③同時に，買いたたきを防止し，最低支払額や清算の可能性を保障する必要がある。これは，保険売買やリバースモーゲージも担保であると位置づけ

第3篇　虚無の所有権，終身年金，保険売買と射幸契約

れば，被担保債権と担保のバランスという意味から導き出すことができよう。いちじるしい射幸性は，否定されるべきである。

　給付のバランスと射幸性の防止を要件として，限定的な要件のもとでのみ，例外的に契約の合法性を認めることができるであろう。

⑴　Maine, Ancient Law, its connection with the early History of Society and its relation to Modern Ideas, 1861 (1963), p.164.
⑵　同棲も，定型的な家族法の拘束をうけたくないという意味での夫婦そのもののアウトソーシングともいえる。
⑶　寡婦産（dower）と遺産相続との関係について，小野「夫婦財産制と退職金，年金の分割」一論131巻9頁参照。ゲルマン法の寡婦権（妻に，その生涯にわたって所有地を与える場合につき，ザクセンシュピーゲル1・21・1（久保正幡ほか訳「ザクセンシュピーゲル・ラント法」（1977年）63頁以下参照）。
⑷　ヨーロッパでも，ドイツ法の領域ではあまり例はない。後者では，むしろ親子契約の形態で，契約法的扶養が行われるからである。わが法の身分法的扶養とも異なる。フランス法のそれは，現象的にはこの中間であり，いわば所有権的扶養といえる。
　　なお，終身定期金契約そのものについては，いっさい本稿の対象とはしていない。また，定期金売買（Rentenkauf）は，消費貸借と所有権の移転とが結合したものであり，経済的には扶養や年金の目的にも使用された契約類型であるが，これについても本稿の対象とはしていない（ごく簡単には，小野・利息制限法と公序良俗（1999年）78頁，388頁，520頁参照）。
⑸　ただし，公的年金の場合ですら，余命の計算は射幸的になる。18世紀のフランス政府の年金の売買において，スイスの都市（とくにジュネーヴ）がこれを引きうける場合の年金の受給権者は，長期の給付を確実にするために，健康な娘が選択されたといわれる。そこでは，年金資格の購入者が受給者を指名できるというフランスの慣行を利用して，30人の女性を引受者とするシンジケートが結成された。年金が女性に入り，株としてシンジケートに配分されたのである。ジョーダン・女性と信用取引（2003年・工藤政司訳）83頁以下。
　　フランスの公債の中で，終身年金の占める割合が高いことは，かねてアダム・スミスの国富論が指摘したところである（アダム・スミス・国富論（水田洋・杉山忠平訳・4巻・2001年）305頁以下）。公債総額24億リーブルのうち，終身年金が与えられた元本は，8分の1の3億リーブルに達する。年金自体は，年に3000万リーブル，公債全体の利子1億2000万リーブルの4分の1に達した。
　　また，年金のような定期金の売買は，中世の都市や国家の借金財政の逃げ道であり，ここで生成・発展したのである。そして，中世の通常の利息である4ないし5％の利

第1部　契約の自由と現代における権利

率ではなく（資本を割賦償還する場合），借入を確実にするために 10％が保障されたことも，これを加速した。一面では，カノン法による徴利の禁止の回避手段でもあった。このような状況は，フランス革命まで継続したが（革命の一要因でもある），財政の破綻にも貢献した。つまり，定期金の起原は，むしろ公的なものであり，ラテン系の国で多く用いられるのは，この沿革にもとづくものである。

(6)　定額（後払い）は，寿命により左右されることから，実現はむずかしいが，死亡時に遺産で清算する方式はこれである（後述のリバース・モーゲージ）。ただし，この弱点は，財産が担保となるため，過度な財産の授与が必要か，あるいは予定額に達した時には給付を打ち切る必要があり，契約として魅力がないことである。老後保障としては，限定的な意味をもつにとどまるからである。

なお，代金額が不定な物の売買は可能か。とくに，フランス法では，代金額の確定が条文上は，不可欠であることから問題となる。わが法では，必要とはいえない。小野「代金額の決定と司法的コントロール」好美先生古稀記念論文集・現代契約法の展開（2000年）111頁。

(7)　Xらが櫛歯ピンを付着した部分かつらを製造販売せず，これに違反した場合にはYに対し違約金を支払うことを内容とする裁判上の和解調書につき，Yは，条件成就による執行文の付与をうけた。これに対し，Xらが条件成就を争い，執行文付与に対する異議の訴えを提起した。Xの主張によれば，Yの取引先関係者がYの指示の下，X店舗で部分かつらの購入契約を締結し，その製作作業がかなり進んだ段階で，購入契約の解約を申入れ，解約できないなら櫛歯ピンを付けて欲しいなどと要求した。これは，YがXを積極的に和解条項に違反するよう誘引したものであり，条件の成就によって利益をうける当事者であるYが故意に条件を成就させたものといえるから，民法130条の類推適用により，Xは，条件が成就していないものとみなすことができるとした。

「XがAに櫛歯ピン付き部分かつらを販売した行為が本件和解条項第1項に違反する行為に当たるものであることは否定できないけれども，Yは，単に本件和解条項違反行為の有無を調査ないし確認する範囲を超えて，Aを介して積極的にXを本件和解条項第1項に違反する行為をするよう誘引したものであって，これは，条件の成就によって利益を受ける当事者であるYが故意に条件を成就させたものというべきであるから，民法130条の類推適用により，Xらは，本件和解条項第2項の条件が成就していないものとみなすことができると解するのが相当である」。

(8)　民法修正案理由書（未定稿）第13節（688条の前）参照。

(9)　リバース・モーゲージについては，たとえば，取扱会社のほか，一部地方自治体の資料による（武蔵野市高齢者福祉課の福祉資金貸付事業につき http://www.city.musashino.lg.jp/cms/guide/00/00/02/00000270.html）。

なお，近時，生活保護給付の節減のためにも，リバース・モーゲージを活用するこ

第3篇　虚無の所有権，終身年金，保険売買と射幸契約

とが計画されている。すなわち，持ち家に住みながら生活保護をうけている65歳以上の高齢者については，まず自宅の土地・建物を担保にして生活資金を貸し付けるリバースモーゲージを利用させ，担保割れなどで貸し付けがうけられなくなった時点で生活保護に切り替え，貸付金は本人が死亡した後に不動産を処分して清算するという。対象者は，1万〜2万人いるとみられ，厚生労働省は，生活保護費約100億円を節減できるとする。また，死亡後，不動産が家族らに相続されることも避けられる（朝日新聞2006年6月25日および11月30日）。

　わがくにのリバース・モーゲージは，たんなる担保つきの貸付であり，虚無の所有権売買などのような射幸性が捨象されている点が特徴である。

⑽　この例では，仮設住宅に暮らす人を対象にするが（2006年1月に2405世帯），不動産だけでなく，将来，遺族がうけとる金融財産を含めた，すべての相続財産を担保にするという。新潟県のHPのほか，朝日新聞2006年2月14日参照。

⑾　ただし，利息に関する暴利は，伝統的には一部無効となることが多い。本文の判決でも，債務に過不足を生じても清算しない特約部分のみが無効となる。全部無効となると，債務者にかえって利益となることがあるからである。もっとも，債権者の悪性など特約の性質によっては，全部無効となることもありうる。その場合には，さらに受領した元本の不当利得も問題となるが，不法原因給付も考慮されなければならない（債権者の悪性が高いときには，不法原因給付が成立）。

⑿　生命保険も，預金と同じという観点からは，これと同じになる。大判昭9・5・1民集13巻875頁については，【利息】参照（〔4・8〕判決）。

⒀　ただし，保険でも，積み立て式だと預金に近いが，掛け捨てだと，より射幸性が強く，犯罪を誘発する程度にも相違がある。以下の計算は，おもに前者を念頭においている。

⒁　アメリカの状況については，後述の東京地判平17・11・17のほか，Viatical Settlementsに関する多くの会社がこれを説明している（http://www.viaticalsettlements.net/ほか）。日本の保険契約でも，living needsに関する特約が増加しつつある。

⒂　山下典孝「簡易生命保険契約における保険契約者の変更に関する諸問題」法時78巻1号58頁。なお，同・金判1240号57頁は，原審である東京地判平17・11・17に賛成。

⒃　大判昭13・3・30民集17巻578頁「本件貸金ハ被上告人田中カ賭博ニ敗レタルカ為メ負担シタル債務ノ弁済ノ目的ヲ以テ其ノ事情ヲ貸主タル上告人ニ開示シテ借受ケタルモノニシテ賭博前ニ賭博ノ資ニ供センカ為メニ借受ケタルモノニ非サルコト明ナリ而シテ原審カ〔『〕賭博ノ用ニ供スル目的ノ下ニ借受クル旨ヲ表示シ被控訴人（上告人）亦之ヲ諒承シ上敢テ貸与スルニ至リ云々』ト判示シタルハ其ノ措辞正確ヲ缺ク憾ナキニ非スト雖モ結局『賭博ノ用ニ供スル目的』トハ賭博後ノ弁済ノ資ニ供スル目的ノ意味ニ帰着スルモノナルコト原審引用ノ各証拠ニ徴シテ之ヲ窺知シ得ル所ナリトス然リ

143

第1部 契約の自由と現代における権利

而シテ借主ヲシテ賭博後ノ弁済ノ資ニ供センカ為メ消費貸借契約ヲ締結スルハ借主カ賭博ヲ為サンカ為メニ消費貸借ヲ締結スル場合ト異ナリ毫モ公序良俗ニ違反セサルカ如キ外観ナキニ非スト雖モ之ヲ仔細ニ考察スルトキハ賭博後ノ弁済ノ資ヲ供スル為メ貸金ヲ為スコトハ之ニヨリ借主ヲシテ賭博ヲ為スコトヲ容易ナラシメ将来モ亦其ノ資金ノ融通ヲ受ケ得ヘキコトヲ信頼シテ賭博ヲ反復セシムルカ如キ弊ヲ生スルノ虞ナシト謂フヲ得サル以テ其ノ借入カ賭博行為ノ前ナルト後ナルトヲ問ハス何レモ之ヲ以テ公序良俗違反ノ法律行為トシテ無効ナルモノト謂ハサルヲ得ス」。

(17) 類似のことは，継続的債務の保証人の負担する債務についてもいえ，この場合には，射幸性はないが，原始的に，債務者の返済能力を超えている場合には，保証人の債務負担だけで返済を予定しているのである。継続的保証の制限法理と同じ問題がある。小野・利息制限法と公序良俗495頁以下，簡単には，本田＝小野・債権総論（2006年・第3版）175頁。
(18) 小野・国際商事32巻1号46頁参照。
(19) 同条につき，小野「公証人と公証人弁護士」公証138号9頁参照。
(20) Motive II, S.186=Mugdan II, Die gesamten Materialien zum Bürgerlichen Gesetzbuch für das Deutsche Reich, 1899, S.102f.; Dauner-Lieb, Schuldrecht, 2002, S.389.
(21) Motive II, S.188; Dauner-Lieb. a.a.O., S.390.
(22) Motive II, S.182=Mugdan II, S.100f.; Dauner-Lieb, a.a.O., S.390.
(23) 原審・名古屋高裁は，遺族の引渡請求を認めた。「団体定期保険の主たる目的は，保険契約者である企業において，その受領した保険金を従業員に対する福利厚生制度に基づく給付に充てることにあり，保険契約者がその本来の目的と異なる目的又は方法で団体定期保険契約を利用することは，公序良俗に違反するものとして許されないと解すべきである。そして，公序良俗に違反しないというためには，従業員の死亡保険金を受領した企業が，保険金の全部又は一部，少なくとも，死亡時給付金として社会的に相当な金額に満つるまでの額を，遺族補償として支払う必要がある」。

第4篇　経済活動における自由と自律
――ドイツのコーポレート・ガバナンス準則の改定(2006年)――

第1章　はじめに

　2006年7月24日，ドイツ連邦司法省は，ドイツ・コーポレート・ガバナンス〔企業倫理〕準則（Deutscher Corporate Governance Kodex, 以下，倫理準則という）の改定を公表した。倫理準則は，企業を直接拘束するものではないが，会社法関連の法律規定を修正する改正法「企業経営の透明性と開示のための法律」（Transparenz- und Publizitätsgesetz, 2002年7月26日施行）によって，2002年に，株式法（Aktiengesetz）161条が改正された。そのさいに，以下の条文が付加されたことにより，間接的に，法律に準じた効力をもつにいたっている。

　株式法161条「上場会社の取締役会と監査役会は，毎年，連邦司法省の電子連邦官報（elektronischer Bundesanzeiger）に公告された，政府諮問のコーポレートガバナンス準則委員会の勧告規定を遵守してきたか，または，するかどうかについて，あるいは，どの勧告を遵守しなかったか，または，遵守しないかの表示を行うものとする。その表示は，株主に継続的にアクセス可能とされなければならない」。

　倫理準則は，2002年に制定されたルールであり，ほぼ毎年改定され，制定後，すでに数次の改定を経ている。

①　2002年2月26日（02年11月7日まで有効）
②　2002年11月8日（03年7月3日まで有効）
③　2003年5月21日（05年7月19日まで有効）
④　2005年6月2日（06年7月23日まで有効）
⑤　2006年6月12日（07年7月19日まで有効）（7月24日公表）
〔その後，⑥　2007年6月14日にも改定が行われた（連邦電子官報に公布

145

第1部　契約の自由と現代における権利

され，2007年7月20日から有効となる）。〕

　このような準則が求められたのは，金融市場のグローバル化によるところが大きい。伝統的に，ドイツでも日本と同様に，企業の資金調達は，その多くを銀行による間接金融に頼ってきた。そこでは，企業は，主たる債権者や従業員には注意を払うものの，株主に注意を払うことは相対的に少なかった。しかし，1990年代，東西ドイツの再統一による資金需要の増大や，銀行の信用減少のために，より有利な資金を求めて，企業が，金融市場から直接資金を求める必要が生じたことから，株主の地位が高まった。そして，海外投資の受容が盛んになり，とくにアメリカ市場からの投資が重要視されるようになったことから，株主の保護や説明に対する関心が増大したのである。

第2章　倫理準則

　倫理準則は，企業経営のための種々の倫理ルールを定めている。ドイツの上場会社の経営と監理部門に対し，法的な規定を簡潔に示し，あるいは国際的および国内的に認められた責任ある企業経営のスタンダードを示している。これによって，ドイツの上場会社の経営に対する，内外の投資家，顧客，従業員および社会の信頼を増進することを目的としている。会社経営への信頼を強め，投資のための透明性を与えようとするためのものである。政府のコーポレート・ガバナンスのための委員会，いわゆる Cromme 委員会（Gerhard Cromme は，ティッセン・クルップの監査役会長である。Vorsitzender des Aufsichtsrats ThyssenKrupp AG. 合計13人の委員の多くは，大会社の監査役あるいは取締役であり，ほかに年金基金の代表，ボン大学の Lutter と経営学の学者が入っている。監査役には労働者代表の者もいる）によって策定され，2002年に公表された。上述第1章の経過を経て，最新のものは，2006年6月に変更されたものである。内容は，(1)総則，(2)株主と総会，(3)取締役会と監査役会の協力，(4)取締役会，(5)監査役会，(6)透明性，(7)年次会計報告の開示と監査—の構成で，およそ60項目からなる。

　項目の多くは，従前から認められてきた企業と機関の権利と責任をまとめたものである。その中には，法律上の規範のほか，一般的な経営上の行為規

第4篇　経済活動における自由と自律

範が包含されている。なお，ドイツの株式会社が，法的に二重の管理システム（取締役会と監査役会）を予定していることから，上述（(1)〜(7)）のような構成になっている（アメリカのような一元的執行制度とは異なる）。また，ドイツの会社の労使共同決定性を前提としている（500 から 2000 人以上の労働者のいる企業では，被用者も，監査役会に 3 分の 1 ないし半分の代表を送ることができる）。

　法律とは異なり，この準則をただちに遵守する義務はない。しかし，遵守するかどうかを表示し（この場合には法的な効力を獲得する），遵守しない場合には，その理由を表示することが必要である。遵守の自律性を認めることによってその実効性を高めていることが特徴である。そこで，準則による「勧告」（Empfehlung, recommendation）は，多くの場合に「しなければならない」（soll）の形で示されている。企業は，準則から離脱することもできる（部分的遵守も可能）。しかし，そのことを，毎年表示する（erklären）必要がある。このような選択によって，専門的あるいは企業に特殊な必要性をみたすことを可能にしている。そこで，準則は，ドイツの企業の定款作成の自由と自己決定にも貢献している。これは，準則の中に一般的な行為規範が包含され，それを直接法律によって定めることが困難だからである。もっとも，soll といった概念を使用していない，準則の他の部分は，法律によって企業がなすべき規定に関するものであり，法律上の拘束力があることは当然である。また，準則には，開示なしに離脱可能な部分もある。「示唆」（Anregung, suggestion）の部分であり，これは，「するべき」〔適切である〕（sollte）とか「できる」（kann）といった言葉で表現されている。

　大半の項目について，対象となる企業の多くが遵守することを表明している（ドイツ企業の多くは，監査役会および取締役会によって準則の遵守を表明し，HP にその旨を掲載している。そして，電子連邦官報からも，それらに対するリンクがはられている）。しかし，①役員報酬の開示，②役員報酬を固定給と変動給で構成すること，③会社がする役員賠償責任保険（D&O (directors and officers' liability insurance), D&O-Versicherung）の締結の 3 項目については，遵守しないとする例がかなりみられる。

　2006 年の変更の重点は，2005 年 8 月の役員報酬の開示法（das Vorstands-

147

vergütungs-Offenlegungsgesetz vom August 2005）との関連規定の改訂である（4.2.3）。「取締役会のメンバーの総報酬は，月額報酬，年金，その他の約束，とくに，任期後のもの，付随的な給付，任期中の活動に関して約束され，あるいは与えられた第三者からの給付を含む」（1項。また，2項以下で，報酬には固定のものだけではなく，変動するものも包含され，さらに，stock options や phantom stocks が対象となることが明らかにされている）。また，開示義務に関する 4.2.4 も変更され（Pflicht zur Offenlegung），開示の方法に関する 4.2.5 が新設された（Art und Weise der Offenlegung）。「開示は，一般に理解可能な方法で，役員の報酬システムをも説明しているコーポレート・ガバナンス報告書の一部をなす報酬報告書において行われなければならない」（4.2.5 第1項）。開示の勧告は，2005 年で，80―90％の企業で実行されるにとどまっていたのである（それ以前は，70％）。

　また，通常総会は，遅くても4時間以上6時間内に終るべきこととされた（2.2.4 第2文。第1文は臨時総会の招集で変更なし），通常総会は，株式会社の決定機関として，より存在価値を高める必要があることから，それを時間的に緊張あるものとし，内容的に本質的な企業の戦略的問題に向かわせることが必要であるとしたのである。2005 年 11 月の企業統合と，取消の現代化の法（Gesetz zur Unternehmensintegrität und Modernisierung des Anfechtungsrechts（UMAG）vom November 2005）も，同様の手続の緊張を求めている。

第3章　法と自律的規制の調和

　1　ヨーロッパ諸国においても，コーポレート・ガバナンスには種々の規範があるが，諸国のルールには，かなりの共通性がみられる。そこで，ヨーロッパ委員会（EU）は，統一された指針やルールを直接策定することをせず，原則を示すにとどめている（上述の企業経営の透明性と開示のための法律も，EU 指針の具体化法の1つである。Gesetz zur Umsetzung der Richtlinie 2000/52/EG der Kommission vom 26. Juli 2000 zur Änderung der Richtlinie 80/723/EWG über die Transparenz der finanziellen Beziehungen zwischen den Mitgliedstaaten und den öffentlichen Unternehmen）。また，2003 年に，ヨーロッパ委員会がまとめた

「会社法改革のための行動計画」では、執行機関（Board）の構成が一元的なものと二元的なものから選択可能としている。二元的な制度のドイツでは、執行機関と監督機関の責任が分離されていることを特徴とする。他方、一元的な制度のアメリカでは、執行機関の責任も一元化されるが、多くの場合に、最高執行責任者（CEO）の権限が巨大なものとなりすぎることが問題となる。

コーポレート・ガバナンスに関する規則が定められたのは、比較的イギリスが早く（1998年。これは、ロンドン証券取引所の規則として採用された）、それは、他のEU諸国にも影響を与えた。そして、1999年には、経済協力開発機構（OECD）は、国際的なコーポレート・ガバナンスの必要性を指摘して、「コーポレート・ガバナンス原則」を定めた。ただし、これは、国によって歴史、経済、法的な特色があることを前提として、単一のモデルを提示するものではなかった。コーポレート・ガバナンスに共通する要素を抽出し、法制度の指針を提示するものであったから、その加盟国のみならず非加盟国にも参考となるものであった。その後、この原則は、アメリカにおけるエンロン、ワールドコムの不正会計事件をうけて、2004年5月に改訂された。

アメリカでは、2001年、エンロン、ワールドコムの不正会計事件の発生により、市場への信頼が失われたことから、2002年に、企業改革法（Sarbanes-Oxley Act）が制定され、監査の向上、独立性の強化が図られるとともに、情報開示、財務報告が強化された。また、それに関する経営者の責任も厳格化された。これをうけて、2003年11月、ニューヨーク証券取引所（NYSE）やナスダック（NASDAQ）も、上場規則の改訂を行った（独立取締役の活用、内部告発者の保護を含め、広範かつ詳細な規定整備が行われた）。

2 倫理基準の困難性は、それを法律に具体化することがむずかしいことである。各国の事情に応じた試みが行われているにとどまり、いまだに国際的に一致した基準は存在しない。共通した基準は、透明性や公開性といった抽象的なものや最低限の原則にとどまり、諸国の要求の程度も必ずしも同じではない。

このような場合に有効なのは、法律による直接の規制の方法ではなく、自律規範による補充である。上述のOECDやEUの原則もそうであったし、ドイツの準則も、基本的にその形態による。準則は、たんにスタンダードを定

め，その遵守を各国や企業の自律に委ねたのである。強制手段をもたない自律規範は，一見すると脆弱ではあるが，国際的な企業にとって，国際的な準則の遵守は不可欠であり，企業イメージからも，そこからの大幅な乖離はむずかしい。自律は，遵守に対する努力を導くから，法による規制がしばしば逸脱や回避を招くのに比して，必ずしも脆弱とはいえないのである。つまり，EUは指針を定めるだけで，最終的な強制力は国内法によるとの構造だけが原因というわけではなく，法と自律規範の分業に由来するのである。

　強制的な規則の中に任意の基準が参照されると（株式法161条），本来は任意基準であったものが強制力をもつ（いわゆる規格の引用の場合）。強制的な規制の基準（最低限の基準）を越えてどこまで自主的に倫理的に行動するかは，費用に対する効果によって決定され，企業が任意の基準にもとづいて自由に目標を（高い目標も）設定することもできる。そこで，任意のスタンダードは，基本的に自律と自己責任を基調とする市場経済になじみやすい性格を有している。企業による自己統治が，当局による規制に代わって，あるいはそれを超えて実施されるのである。倫理準則も，このような考え方を基本としている。

　2004年，ISO（国際標準化機構）は，企業の社会的責任の国際規格をつくることになった。ISOはもともと工業品の部品の規格を統一してきたが，その後統一の目標は，品質管理や環境対策の規格化にも拡大された。さらに，これは企業の社会的責任にも拡大され，人権侵害，環境保護，腐敗防止などを実現するといわれる。

　企業経営においても，倫理の必要性は否定することはできないが，倫理は，ただちに法とはなりえない。しばしば，建前や説教にとどまり実効性がないとの弱点は，国際的なスタンダードの定立という制度によって克服する手法に適合している。スタンダードの定立は，それを定めるにとどまらず，遵守（あるいは非遵守）への意思表示という手法によって，その内に，履行のための装置を内包するものとなる。

　また，法は地域的なものであるのに反し，国際的な企業は，法人理論の抽象性から無国籍的である。後者を規律する意味でも，逃避可能な個別の国内法の規制によるよりも，しばしば国際的な自律のスタンダードの定立が適している。こうした法と自律規範の結合は，今後の倫理に関する規律のあり方

第4篇　経済活動における自由と自律

を示すものでもあろう。

〔参考文献〕　海外情報「OECDのコーポレート・ガバナンスガイドライン草案」商事法務1520号78頁，海外情報「ドイツにおけるコーポレート・ガバナンス等の会社法改正の動き」商事法務1602号104頁，海外情報「ドイツにおける企業法制改正の動き」商事法務1603号60頁，海外情報「ドイツにおけるコーポレート・ガバナンス改革のための商法改正」商事法務1620号34頁。
　小野「企業倫理と技術―専門家の責任」Law & Technology 27号26頁，「先端技術と法―法と倫理に関する序説」法の支配134号107頁。Regierungskommission, Deutscher Corporate Governance Kodex; BMJ, Recht und Ethik (2005.2.10); ders.Verantwortung und Verantwortlichkeiten in der Wirtschaft (2005.4.11); ders.Deutscher Corporate Governance Kodex fortentwickelt. (2006.7.24).

〔追記〕　2008年6月，連邦政府のコーポレートガバナンス委員会には，大幅な変更があった。7年間，委員長をしたクロメ（Gerhard Cromme）が引退し，委員のBreuerとLutterも停年で引退した。この委員会は，連邦司法大臣により設置・任命される独立委員会であり，2001年9月に任命され，2002年2月には，ドイツ・コーポレートガバナンス準則を公表した。後任の委員長には，コメルツ銀行（Commerzbank AG）の監査役会長Klaus-Peter Müllerが就任し，Lutterの後任委員は，国際弁護士事務所のパートナーDaniela Weber-Reyとなった。彼女は，EU委員会の「コーポレートガバナンスと会社法」の助言グループ（Advisory Group）のメンバーでもある。Vgl.BMJ, Revirement in der Regierungskommission Deutscher Corporate Governance Kodex, Berlin, 5. Juni 2008.

151

第 1 部　契約の自由と現代における権利

利潤主義と厳格主義

【利潤派】　　　　　　　　　　　　　　　　　　【厳格派】

　　　　　　　　　　　　　　　　　　　　　利息の禁止，神学的規制
　　　　　　　　　　　　　　（中世）　　　反貨殖主義，公序良俗

　　　　　　　　　　　　　　　　　　　　恩恵，寛容による自主規制

利息の解禁
　利潤　　　　　　　　　　　　　　　　刑事的規制
　　　　契約の自由⇨　　　（近代）　　暴利の禁止
　自由放任

利潤至上主義

　　　　　　　　　　　　最低限の制限
　　　　　　　　　　　　　　人権
　　　　　　　　　　　　　　社会対策，社会法　　　大陸では国家による
　　　　　　　　　　　　　　社会福祉的観点
　　　　　　　　　　　　　　19末　ポピュリスト運動　　自律
　　　　　　　　　　　　　　1920　Progressivism　　1920－33　禁酒法
　　　　　　　　　　　　　　ワイマール憲法
　　　　　　　　　　　　　　1930－40　ニューディール
　　　　　　　　　（政府の過度の規制への反対）
　　　　　　　プロフェッショナリズム
　　　　　　　市民社会の自主規制
　　　　　　　（国家との緊張関係）

　　　　　　　　　　　　標準化，自律と他律の合体
　　　　グローバリズム⇨　　ウォーターゲート事件と法曹倫理
規制緩和
　新たな自由放任　　　　（現代）
　　エンロン，ワールドコム　　　　　　粉飾決算
　　　　　　　　　　　　　　　　　マンション耐震偽装事件など
利益と責任の再認識　　　　　先端医療の問題
　　　　　　　　　　　　　倫理
　　　　　　　　　　　　　地位と基本権
　　　　　　　　　　　スタンダード

第5篇　夫婦財産制と退職金，年金の分割

第1章　はじめに

1　婚姻費用の分担と夫婦の協力扶助義務，日常家事債務の連帯責任

(1)　夫婦はその資産，収入その他いっさいの事情を考慮して，婚姻から生じる費用を分担する（民法760条）。婚姻費用は，家族が，その財産，収入，社会的地位などに応じて共同生活をするのに必要とする費用である。具体的な分担額の算定には，夫婦の収入合計を最低生活費で按分することになる。妻が家事育児に専念する結果収入がないときは，夫が費用を負担する。

民法は，婚姻費用の分担義務とはべつに，夫婦の協力扶助義務をも規定するが（752条），扶助義務の財産的な側面は婚姻費用の分担を意味するから，内容的には重複する。その相互の関係については争いがある[1]。

夫婦は複合体であるから，婚姻費用は分担されるが，それ以外の関係では，民法は個人主義を採用しており，夫婦間でも別産制の原則が適用される。夫婦といえども財産は個別に処理される。しかし，この別産制をあまりに厳格に貫くと，日常生活の不便をもたらし，また家族の共同生活のために夫婦の一方が取引をした場合に，第三者に不測の損害を与える可能性がある。そこで，夫婦の一方と取引をした第三者を保護するために，日常の家事に関する法律行為をした場合には，他方配偶者もまた連帯責任をおうとされている（761条）。日常家事の範囲には，たんに通常の家計にした出費が含まれるだけではなく，生活費を調達するためにした借金や特有財産の処分も含まれる。もっとも，日常家事の連帯責任は，夫婦の別産制や経済的独立に反する側面を有することから，多数の学説・判例は，これを比較的狭く解する。そこで，日常家事の範囲外の行為は，表見代理（110条の趣旨の類推）として保護をうけるにとどまる。そして，表見代理が成立する範囲も無制限なものではない

といった制限がある(2)。

(2) 婚姻費用はたんに婚姻中分担されるだけではなく，別居後も離婚までは分担の請求が認められる。婚姻費用の分担額は過去に遡って請求できる（最高裁は過去に遡って分担を認める）(3)。さもなければ，分担しなかった者が有利になるからである。もっとも，遡及する時期は必ずしも明らかではない。また，過去の扶養料を否定する立場からは，義務が協議，調停あるいは審判により確定するまでの費用は請求できない。

最決昭40・6・30判時413号10頁は，家事審判法9条1項乙類3号の婚姻費用の分担に関する処分の審判の合憲性を肯定した判決である。一審，二審とも，婚姻費用の分担の請求をしたと認めるべき第1回調停期日の開かれた月から婚姻費用の分担請求を認めたが，上告論旨は，過去の婚姻費用の分担を命じる審判は，損害賠償請求という通常裁判所の訴訟事項を非公開・非対審の決定手続によって裁判するから違憲であると主張した。

これに対して，最高裁は，「家庭裁判所は夫婦の資産，収入その他一切の事情を考慮して，公権的立場から，合目的の見地に立って，裁量権を行使して，その具体的分担額を決定するもので，その性質は非訟事件の裁判であり，純然たる訴訟事件の裁判ではない。従って，公開の法廷における対審及び判決によってなされる必要はなく，右家事審判法の規定に従ってした本件審判は何ら右憲法の規定〔32条〕に反するものではない」とした。

また，「家庭裁判所が婚姻費用の分担額を決定するに当り，過去に遡って，その額を形成決定することが許されない理由はなく，所論の如く将来に対するこの分担のみを命じ得るに過ぎない」とした。理由づけはなく詳細は不明である。当時の家庭裁判所の実務は，過去の扶養料の請求を発生時から認めるもの，請求時以降の分を認めるもの，審判日以降の分を認めるものなどに分かれていた。学説にも，過去の扶養料の請求につき扶養権利者の請求時まで遡って支払を命じうるとするもののほか(4)，請求時以前に遡って認めるもの(5)，逆に審判時より遡って過去の扶養料の支払を命じることはできないとするものもあった。

(3) 婚姻費用分担と財産分与の関係についても，争いがある。下級審判例は分かれ，①離婚後も婚姻費用の分担請求はできるが，財産分与がされた後

はできないとするもの，②離婚後は婚姻費用の分担請求は許されず，財産分与の請求がこれに代わるとするものがある。財産分与は離婚後の扶養の性質を有し，離婚後は，夫婦間の扶助・扶養に関する問題は，もっぱら財産分与の枠内で決着する趣旨とすれば，②のように解することになる[6]。財産分与請求権の包括性から，前説のように解する利益は乏しい[7]。そこで，婚姻費用の分担の問題は，同じく婚姻中の財産の清算のプロセスである財産の分割の問題と合わせて考慮することが便宜であろう（以下2参照）。

各制度の関係

―― 婚姻中 ――――――┘ 離婚
　　婚姻費用の分担　　財産分与
　　夫婦の協力扶助義務

2　取得財産の帰属

夫婦財産制は，婚姻中に夫婦が取得した財産の帰属を決定する制度である。婚姻締結時（あるいは婚姻中）に当事者が夫婦財産契約を締結した場合には，契約に従って財産の帰属が決定されるが，契約がない場合には，法定財産制となる（755条以下）。

わが民法も，制度としては夫婦財産契約を認めるが（755条），その実例は少ない。伝統的に家父長制が強く，また契約概念が乏しかったことから，夫婦財産契約を締結する習慣は従来ほとんどなく，法技術的にも，婚姻の届出までに登記するとの要件があり(756条)，あまり実行されえないからである[8]。さらに，実態としても，従来は夫婦の一方のみが収入を有することが多く，あまり実益もなかったのである。もっとも，それゆえ今後発展が予想されないわけではない。

婚姻中は財産の管理が問題となるが，婚姻解消後は，その清算が行われる。各国の夫婦財産制によって，また時代によって異なった清算方法がある（以下，第2章参照）。本稿は，夫婦財産制の変遷と関連させて，とくに婚姻解消後の退職金・年金の分割を検討するものである。離婚の増大と婚姻における破綻主義の拡大，有責配偶者からの離婚請求の肯定によって，ますます重要

第1部　契約の自由と現代における権利

な論点となろう(9)。なお，本稿は，従来の発展を位置づけることを目的としており，解釈論の詳細はべつの機会にゆずることとしたい。

3　19世紀までの法分裂

夫婦財産制は，19世紀までは多様であり，そのことについては，ドイツの諸ラントの種々の方式が参考となる。出発点として，1890年の数量的な区分を以下に示す(10)。19世紀の末には，ローマ法・普通法的な嫁資設定制はすでに過去のものとなっている。ドイツ法的な管理共同制・財産吸収制と，フランス法的な共有制が多数であるが，後者のほうが優勢である。もっとも，一般的な共有制だけではなく，動産のみ，あるいは所得のみの共有制へと3分される。そこで，1900年のドイツ民法典が夫による管理共同制を採用したことは，必ずしも伝統に忠実だったわけではなく，かなり特殊（いわば反動的

1890年当時のドイツの夫婦財産制の法域区分
ローマ法の影響が比較的小さいのが特徴である。

Verwaltungs-Gem.	17,839,000 人	管理共同制
Gütergemeinschaft	11,813,000	財産共有制
Mobiliar-G.	8,216,000	動産共有制
Errungenschafts-G.	7,695,000	所得共有制
Römisches Dotalrecht	3,864,000	持参金　嫁資設定，別産制
合計	49,429,000 人	

法域ごとの人口
単位：1000人

	Verwalt	GüterG	Mobiliar	ErrunG	Röm.DR
人口	17839	11813	8216	7697	3864

合計は，4942万9000人である（1890年12月）。

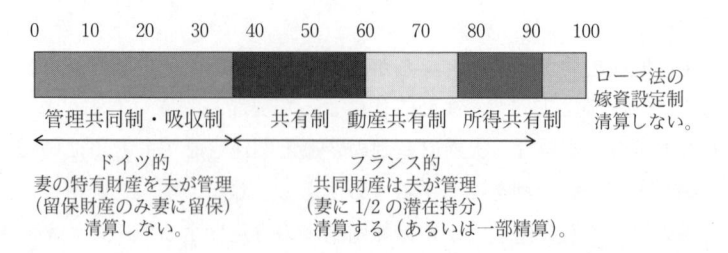

管理共同制・吸収制　　共有制　動産共有制　所得共有制　　ローマ法の嫁資設定制　清算しない。

ドイツ的
妻の特有財産を夫が管理
（留保財産のみ妻に留保）
清算しない。

フランス的
共同財産は夫が管理
（妻に1/2の潜在持分）
清算する（あるいは一部精算）。

156

な意味をももっていたことが注目されるのである。

　夫婦財産制の地域区分は，たんなる普通法と地域実定法（ALR，ABGBなど）の区分とは異なる。また，ラント諸邦の政治的な領域区分とも異なる[11]。たとえば，一般的にプロイセン法のもとにいる人口は，2105万3000人を超えたが，管理共同制のもとにいる人口は，1783万9000人にとどまり，逆に，ライン・フランス法のもとの人口は，819万9000人であったのに対し，財産共有制のもとの人口は，1181万3000人を超えたのである。そして，種々の共有制のもとの人口は，全体の56％を超えていたのである。

第2章　夫婦財産制の諸類型

1　法定財産制の変遷

　伝統的な夫婦財産制は共有制と別産制に大別されるが，じっさいにはその内容は多様である（前述の表参照）。しかし，20世紀以降の変化は大きく，また，各国ともに，第2次大戦後に大幅に修正された。その結果，婚姻中でも，財産や収入に対する夫婦各自の自主的管理処分権が尊重されるようになり，また婚姻後には，夫婦の協力により取得した財産の分割につき妻が関与できることも多くなった。そこで，伝統的な別産制にも共有制にもあたらない複合的な制度が多くなっている。また，結果的には，かなりの類似性がみられるようになっている。

2　おもな夫婦財産制（Eheliches Güterrecht, BGB 1363条以下）の類型

　出発点としての夫婦財産制のおもな類型には，以下のものがある。

　(1)　(a)　管理共同制（Verwaltungsgemeinschaft）は，戦後の民法（第4編・5編）の全面改正前における日本やドイツの民法が法定財産制として採用していたものである。妻は特有財産を所有でき，その限度では別産制であるが，婚姻締結によって無能力者とされ，妻の財産の管理・収益権は夫に委ねられる。財産を家長に集中することによって，家父長制を強化する目的を有していた。婚姻解消後にも，婚姻中の利益の清算をなしえない場合には，「共同制」は名ばかりであって，実質的には「管理」に重きがあり，むしろ夫によ

る妻の財産的利益の「吸収制」といえる。ただし，ドイツにおいても，「管理共同性」はドイツ民法典制定・施行（1900年）までは必ずしも一般的な制度ではなく，普通法的には，むしろ共有制がドイツの半ば以上を占めていたのである（前述の表参照）。

1900年のドイツ民法典1363条は，妻の財産は，婚姻によって，夫の管理と受益（Verwaltung und Nutznießung）のもとにおかれるとする（1項。持参財産，eingebrachtes Gut）。妻が婚姻中取得した財産も持参財産となる（同条2項）。この持参財産の管理は，妻の留保財産には及ばなかった（1365条，Vorbehaltsgut）。留保財産は，もっぱら妻の人的な使用に供されるもの，たとえば衣服や装飾品，作業器具（伝統的にはつむぎぐるまや織機）などである（1366条）。また，妻が労働によって（1367条），あるいは相続や遺言によって（1369条）取得したものも留保財産であり，婚姻にあたりあらかじめ留保することもできたし（1368条），留保財産の代償も留保財産であった（1370条）。管理については詳細な規定があった（1373条〜1409条）。夫の債権者は，持参債務からの弁済を求めえず（1410条），妻の債権者は，夫の管理にかかわらず，持参財産からの弁済を請求できた（1411条）。債権者との関係では，別産制だったのである。さらに，法定財産制である管理財産制のほかに，契約財産制が存在した（1432条以下）[12]。

ローマ法の嫁資設定制も，妻の嫁資のみが別産として留保されるにすぎないから，附加利益の清算がない管理共同制と同様の結果となる。

(b) 管理共同制は，1953年に，男女平等の原則（基本法3条2項。これに反する法は，同117条で暫定的効力を留保された）に違反するとされた（BGH, 1953, 12, 18, BVerfG.3, 225; NJW 1954, S.65）。

さらに，1957年に男女同権法（Gesetz über die Gleichberechtigung von Mann und Frau auf dem Gebiete des bürgerlichen Rechts (Gleichberechtigungsgesetz), 18.6.1957; BGBl.1957, I, S.609）によって，附加利益共同制（Zugewinngemeinschaft, 1363条以下）が採用された。これによれば，婚姻中は別産制であり，各自は自分の財産を独立して管理する（selbständig verwalten, 1364条）が，財産全体の処分（Verfügung über Vermögen im Ganzen, 1365条）や居住する不動産の処分のような重要な財産の処分（Verfügungen über Haushaltsgegenstände,

1369条）には，他方配偶者の同意を必要とする。

また，離婚のさいには，婚姻解消時の最終財産（Endvermögen, 1375条）から婚姻締結時の当初財産（Anfangsvermögen, 1374条）を差し引いた差額（Zugewinn, 附加利益, 1373条）を計算し，少ないほうから多いほうに対しその2分の1の債権的請求権を認めた（1373条以下, 1378条, Ausgleichsforderung über die Hälfte des Überschusses）。そして，死亡による解消の場合には，法定相続分に遺産の4分の1を附加する（1371条）。

これは，別産制と附加利益部分の共有制を折衷したものと位置づけられる。そこで，所得共有制とも，実質的には類似する。なお，1408条以下には，契約財産制も存続した。

附加利益共同制

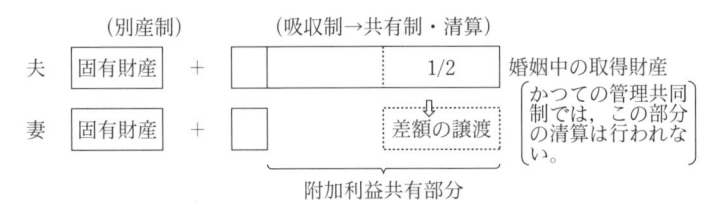

```
         （別産制）      （吸収制→共有制・清算）
   夫  [固有財産] +  [        |   1/2    ]   婚姻中の取得財産
                              ↓              ┌かつての管理共同
   妻  [固有財産] +  [   ]  [差額の譲渡 ]   │制では，この部分
                                             │の清算は行われな
                   └─ 附加利益共有部分 ─┘  └い。
```

事例によって例示すると，以下のようになる。

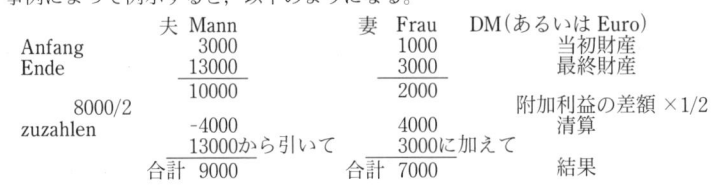

	夫 Mann	妻 Frau	DM（あるいは Euro）
Anfang	3000	1000	当初財産
Ende	13000	3000	最終財産
	10000	2000	
8000/2 zuzahlen	-4000	4000	附加利益の差額×1/2 清算
	13000から引いて	3000に加えて	
合計	9000	合計 7000	結果

ドイツの制度のモデルとなったのは，スカンディナヴィア諸国である。そこでも，かつては管理共同制がとられていたが，20世紀に入ってから附加利益共同制に類似した制度が採用された。婚姻中は別産制であるが，死亡，離婚，別居により夫婦財産制が解消するときには，固有財産を除いて，取得財産について2分の1の分割請求を認め，また婚姻中も，夫婦が使用する不動産の処分には他方の同意を要するとするものである[13]。個人の独立と，夫婦の財産的衡平をもっともよく実現しているものと評価される。

(2) (a) 共有制は，おもにフランス法に由来する（フ民1400条以下，communauté légale, Gütergemeinschaft）。その共有制は中世以来の慣習に由来し，単純な共有制では，婚姻中に取得したすべての財産が共有となる（旧1401条では，婚姻前に取得したものも動産はすべて共有となった）。ほかに，動産共有制と所得共有制とがある。前者は，婚姻締結後に取得した動産を，後者は，婚姻中に夫婦の特有財産から生じた収益や夫婦の労働収入を夫婦の共同財産とし，その他は特有財産となる。

特有財産は，各配偶者によって保持されるが（1403条），古い規定では，婚姻中には，夫が単独で共有財産を管理し（1421条旧規定，administration de la communauté, 1985年の新規定では，各配偶者が管理可能），夫の債務の責任財産となった（1409条旧規定，1985年の新規定では債務者である配偶者の特有財産のみが負担する）。離婚や一方の死亡により法定の財産制が終了した場合には，特有財産の原物による取戻（reprise），価額による償還（récompense）がされたのち（1468条以下），財産が分割される。すなわち，剰余の（surplus）共同財産は原則として2分の1の割合で分割される（1467条以下，とくに旧1474条。新1475条1項はほぼこれと同文である。liquidation et partage de la communauté）。清算と分割の方法は，附加利益の清算をともなう管理共同制と類似する。死亡配偶者の持分については，相続が開始する。

共有制も，婚姻中の夫のみの管理権を認める場合には（前述の旧規定，la gestion de la communauté, すなわち，管理共有制である。これが共同管理制に修正されたのは，ようやく1965年であった。しかし，夫はなお家長（chef）とされ，厳密な平等は1985年法によったのである），「共有制」は名ばかりであって，実質的にはみえない管理に重きがあり，むしろ夫による妻の財産的利益の「吸収制」に近い。管理共同制と同じ問題をかかえており，実態もそう異ならない。ドイツ諸邦において，名目的な共有制が広く存在したのは，このような同質性にもとづいたものである。

また，夫の一方的な管理のもとでは，婚姻中でも，夫が債務を負担したり，共同財産や重要な財産を独断で処分することによって，妻の期待権を空洞化させる可能性があるので，夫の行為は制限され，あるいは妻の代償的な権利が認められる（たとえば，1423条で，夫婦の一方のする遺贈（legs）は共有持分

第5篇　夫婦財産制と退職金，年金の分割

を超えることができない。旧1433条では，売却不動産の代金に妻の優先権があり，妻は夫の特有財産に対しても法定の優先権を有した。また，旧1471条，妻の先取り権の優先など)。しかし，20世紀に入ってから，妻の無能力制度は廃止され，共有の平等が確立されたことから，これに対応する妻の優先権も廃止された（新1471条)。妻の労働収入も留保財産として，妻が自由に管理・収益できることとなった（1414条参照)。さらに，法定財産制である共有制のほかに，契約財産制が存在する（1497条以下)。

　(b)　ほかに，中世の慣習法のもとでは，寡婦産（donaire, dower, Leibzucht）の制度があり，夫と死別後の妻には，夫の不動産の2分の1ないし3分の1の利用権が終身の間確保された。これは，変種の不動産共有制とでもいうべきであろう。夫の生存中の妻の家事や育児の労働に対する報酬の趣旨であるが，のちには，婚姻にさいして，あらかじめ寡婦産を設定することが慣行となった。これは，一方では，死別後の妻の生活を保障するものとなったことから，教会によって奨励された。また，これによって配偶者への相続権を不要とすることができ，直系相続人への相続のみを可能とすることから，封建財産の維持のために役立ったのである。他方では，夫の生存中でも妻の同意がなければ，不動産の処分ができなかったことから，取引の妨げとみなされ，フランスでは，革命期の革命暦2年雪月17日法（1794年1月10日法，nivôse法）によって廃止された。その代償としては，生存配偶者への相続権を認めることにより，扶養と生活の保障とする制度がとられた。16世紀以降，ローマ法の継受によって，配偶者相続権が確立していったことが，寡婦産廃止の契機となったとされている(14)。なお，婚姻住居への単独処分を制限する方式は，ある意味ではこの寡婦産の考え方の復活とも位置づけられる。

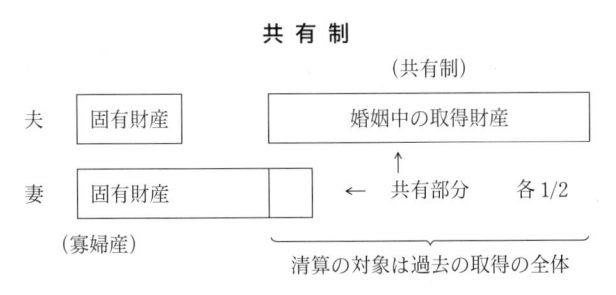

共 有 制

(共有制)

夫	固有財産	婚姻中の取得財産
妻	固有財産	← 共有部分　各1/2
	(寡婦産)	清算の対象は過去の取得の全体

161

(3) (a) 別産制は，夫婦の特有の財産について，特別の法規制を加えないものである。婚姻後，妻にも，夫と同様に財産権上の独立性が存続する。債権だけではなく，債務も各自の負担となる。夫婦平等の思想にもとづく。もっとも，歴史的には，このような夫婦別産制は比較的新しい。

ローマ法でも，当初は婚姻が成立すると持参財産も夫に帰属したが（婚資，dos である。妻は財産法的に無能力，vermögensunfähig），そのままでは，離婚の場合に妻が不利になるため，古典後期以後には，妻には持参財産の返還請求権が付与された(15)。いわば夫には，婚姻中に利用権が付与されるのと同様になったのである。妻の dower に対応し，夫婦相互の家産の継承を妨げない制度と位置づけられる。婚資設定制は，婚姻にあたって，婚資を妻の特有財産として留保しておくものであり，別産制の萌芽となるものである。契約によることなく婚資が留保されている場合には，その限りで別産制である。土地のみが収入源となる社会のもとでは，妻の財産を留保することには意義があったが，収入源が多様化すると，これのみではたりなくなる。たとえば，婚姻中の妻の賃金収入の留保を認めたり，離婚後の清算をすることが必要となる。

(b) イギリスでは，コモン・ロー上は，夫と妻は人格が一体化するとされたから，妻の特有財産もすべて夫に帰属した（財産吸収制。債務も同様である）。このことを前提に，1870 年の既婚女性財産法（Married Women's Property Act 1870）は，吸収制を修正し，既婚女性の賃金が独自の財産となるものとし（1条），別財産（separate property）として銀行に預金しうるとする（2条）。他方，夫は，妻の婚姻前の債務につき負担をおわない（12条。1874年のその改正法はこれを修正）。別産制が採用されるまで，既婚女性が財産を保持あるいは取得するには，信託を用いるほかはなかったのである。前述したローマ法の嫁資設定制も，これに近い。吸収制のもとでは，たんに設定された嫁資のみが吸収から除外されるにとどまる。

第5篇　夫婦財産制と退職金，年金の分割

別産制と小さな清算

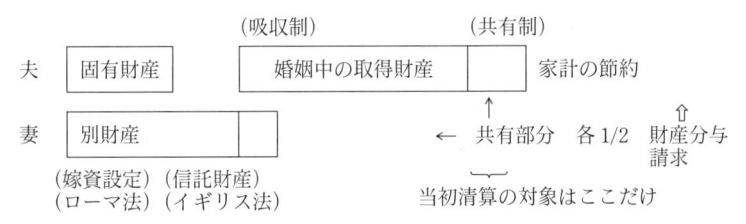

```
                (吸収制)              (共有制)
夫  │固有財産│ │ 婚姻中の取得財産 │  │家計の節約│
妻  │別財産 │                    ←  共有部分 各1/2  ↑
                                                  財産分与
                                                  請求
   (嫁資設定)(信託財産)           当初清算の対象はここだけ
   (ローマ法)(イギリス法)
```

そして，1882年の既婚女性財産法（Married Women's Property Act 1882= An Act to consolidate and amend the Acts relating to the Property of Married Women, Ch.75）は別産制を拡大し，すべての財産を自分の別財産として（as her separate property）取得，保持，処分することができるようになった（1条。また12条で，民事上の救済手段も可能となった）。さらに，1964年の既婚女性財産法（Married Women's Property Act 1964=An Act to amend the law relating to rights of property as between husband and wife, Ch.19）により，家計費（expenses of the matrimonial home）の節約によってえられた金銭またはこれによって取得した財産は，平等の割合で夫婦の共有に属するとされた（belonging to the husband and the wife in equal shares）（1条）。そして，1967年の婚姻住居法（Matrimonial Homes Act 1967= An Act to amend the law as to the rights of a husband or wife to occupy a dwelling house which has been the matrimonial home, Ch.75）は，夫婦の一方は他方所有の婚姻住居につき居住権（right of occupation）を有し（1条，2条），登記によって，買主その他の第三者にも対抗できるものとした（3条，4条）。その後，婚姻住居にも法定の共有が認められるなどの拡大が行われた[16]。

(c)　日本も，民法の旧規定（明治民法）では管理共同制をとっていた。旧801条1項によれば，「夫ハ妻ノ財産ヲ管理ス」。その反面，夫は婚姻から生じる一切の費用を負担する義務をおった（旧798条）。

現行民法は，戦後，男女平等の原則から別産制を採用した。762条1項「夫婦の一方が婚姻前から有する財産及び婚姻中自己の名で得た財産は，その特有財産とする」。夫婦のいずれに属するかが明らかでない財産は共有に属するものと推定される（同条2項）。しかし，別産制を理念的に定めただけでは，夫

婦の実質的な平等を達成することにはならない。婚姻中の財産の取得は配偶者の一方の名義によることが多く，これを放置したのでは他方配偶者にとって不利だからである。

　そこで，民法上，夫婦関係の解消（離婚と死亡）にあたって，夫婦間の協力や寄与に対する財産分与請求権（768条），扶養請求権（以上，生存配偶者に対して），相続権（死亡配偶者に対して）が認められているのである。もっとも，婚姻解消のさいの財産分与があまりに低額であると，婚姻中の取得財産の清算が行われず，配偶者間の不公平が生じる結果となる。従来の実務も，結果的に一般にかなり低額であった。財産分与請求権の適切な活用が課題である。

　分与財産の算定の低額化を回避するためには，いくつかの方途がある。まず，妻の家事に対する協力が経済的価値を有することから，労働への寄与を契約的に組合的共同事業ととらえて清算する方途（762条1項）がある。しかし，家事労働などは無償あるいは低く評価されることが多いことから，その適正な評価は困難を伴う。また，共有の推定（762条2項）を広く認める方途によれば，婚姻中夫婦の協力によって取得した一方名義の財産は，かりに一方名義人の所有となっていても，それは対外的なものにすぎず，夫婦間では，その代価を出した証明がなければ夫婦の実質的共有財産と認めることが可能となる[17]。また，先祖からの相続財産などを除けば，夫婦の婚姻中の取得財産については夫婦の共有とみるのが一般の意識でもあろう。しかし，このような内外を区別することの是非，および第三者との関係では，このような内部的な区別を主張できないとすれば，依然として一方配偶者（とくに妻）の財産上の地位は不安定なものとなる。また，分与の対象となる財産の範囲そのものの拡大も課題である。これは，本稿のテーマでもある退職金・年金への拡大の議論と接続する。

別産制と大きな清算

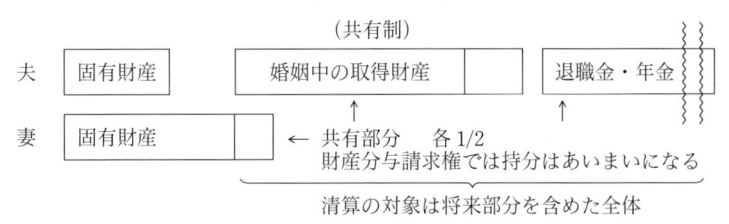

（共有制）

```
夫  │固有財産│   │婚姻中の取得財産│   │　│退職金・年金│〜〜
                        ↑                    ↑
妻  │固有財産│   │         ← 共有部分　各1/2
                  財産分与請求権では持分はあいまいになる
                 ╰──────────────────────╯
                  清算の対象は将来部分を含めた全体
```

　(4)　大きな流れとしては，吸収制→共有制→別産制への転換がみられる。吸収制は，妻の財産に対する夫の権利を認める点で，もっとも妻の独立性に反する。しかし，吸収制のもとでも固有財産の留保が認められることがあり（ローマ法の嫁資設定制），とくに資産階級では通常であった。共有制は，もともと妻の財産取得への道を開くものであったが，反面，妻の財産への夫の干渉を正当化する可能性をも有することから，妻の独立性に反する面もある。また，夫の管理権を認めるかぎりでは，管理共同制とほとんど異ならない。別産制は，妻の財産を吸収しないという意味では，その独立制を保障するが，反面，清算が行われないかぎり（管理共同制），実質的には妻の財産取得は閉ざされる。管理共同制の前提とする別産制は，夫による附加利益の取得を正当化するものにすぎない。

　いずれの立場をとっても，特有財産の独立は，個人の尊厳の理念から，どの制度にとっても共通の出発点となる。そして，夫婦の婚姻から生じる費用の分担や収益の共同性からすると，附加利益の共有も，当然の帰結となる。この入口と出口を押さえると，種々の財産制は，実質的にかなり類似した結果となる。別産制のもとでも附加利益を分割するというか，共有制のもとで増加した共有取得財産を分割するというかは，実質的に同じことを言い換えているにすぎない。したがって，なにが原則であるかを問うことのみでは，あまり意味のないこととなる。

　焦点は，共同の取得利益を分割することである。そして，そうだとすれば，過去の利益だけではなく，将来のそれも分割の対象となる。ここに，退職金や年金をも分割する契機がある。

第3章　退職金・年金の分割

1　退職金・年金分割

　退職金・年金が清算財産の対象となるかについては，わがくにでもかねて争いがあり，とくに将来の退職金については，以下 **2** の諸裁判例がある。婚姻中に取得した一般の財産と同様に，既払いの退職金が清算財産の対象となることに問題はない（東京高判昭58・9・8判時1095号106頁，福岡家小倉支審昭46・8・25家月5巻1号48頁）。

　年金や恩給については，必ずしも先例は多くなく，困難な論点が存在する。厚生年金の報酬比例部分の受領は，被保険者本人に限定されていることから，離婚すると，男女間で老後に受け取る年金額に大きな開きが生じる。妻の就業率が低い世代の離婚率の増加（およびその世代が年金受領世代となること）により，問題が生じており，年金の分割が緊急な課題となっている。

　厚生年金に加入している会社員は，年収の一定割合（現行13・58％）の保険料を労使折半で納めている。配偶者が無職の場合に，「第3号被保険者」（1153万人，うち女性1148万人）扱いとなり，配偶者本人は保険料負担せず，支給する金額も基礎年金分（40年加入で月6万6000円）に限られる。つまり，一階部分の基礎年金分については，夫婦の平等が貫かれているが，二階部分の厚生年金分は，配偶者の一方（通常夫）にのみ帰属するのである。

　これに対し，年収の半分を配偶者が稼いだとみなすのが年金分割案であり，これによると，現行制度で会社員本人のみに支給される報酬比例部分（報酬月額39万円で月8万5000円）も夫婦で折半することになる[18]。

2　裁　判　例

　(1)　裁判例では，名古屋高判平12・12・20判タ1095号233頁において，退職金・年金に対する財産分与が焦点となった。

　妻Xが，夫Yを相手方として提起した離婚訴訟において，財産分与の額と方法が争われた事例である。退職金・年金が，夫婦財産分与の基礎財産となるかについて判断したものである。

①退職金については，退職までまだ8年あることから，退職手当受給を不確実とし，現在自己都合で退職しても1632万円の退職手当を受領できるとし，財産分与の基礎財産とした。清算の対象となるのは，現在までの全勤続年数（27年）の退職手当額のうち，婚姻期間分（15年）に相当する額である。数字を比較すると，つぎのようになる。

1632万8025×15/27=907万1124円　自己都合退職の場合の相当額
1160万7337円　将来退職時の相当額

これに受給の不確実性と現在清算することによるYの不利益を考慮し，財産分与金500万円を，Yが将来退職手当を現実に受給したときに支払うように命じた。YがXと別居した日までの勤続年数は27年で，Yが現在自己都合により退職した場合の退職手当の額は1632万8025万円である。

「YがXと婚姻して別居するまでの間税務職員として勤務したことについてはXの妻としての協力（いわゆる内助の功）があったことを否定することはできないから，Yが現在自己都合により退職した場合でも右金額の退職手当を受給できる地位にあることは，それを実際に受給できるのが将来の退職時においてではあるものの，これを現存する積極財産として財産分与算定の基礎財産に加えるべきものである」。「右試算にかかる退職手当額1632万8025円は，Yの現在までの勤続年数に対応するものであるので，そのうち別居までのXとの婚姻期間である15年（中略）だけがXの協力を得て勤務していた期間であるから，右退職手当額のうち右婚姻期間分に対応する額である907万1124円の範囲で財産分与算定の基礎財産になるものというべきである」。「Yへの退職手当給付は，Yの退職時になされるものであるから，Y指摘の支給制限事由の存在，さらには，将来退職したときに受給する退職手当を離婚時に現実に清算させることとしたときには，Yにその支払のための資金調達の不利益を強いることにもなりかねないことも勘案すると，Xに対するYの右退職手当に由来する財産分与金の支払は，Yが将来退職手当を受給したときとするのが相当である」。

「将来定年により受給する退職手当は，Yが今後8年余り勤続することを前提として初めて受給できるものである上，退職手当を受給できない場合もあり（前記支給制限事由の存在）受給できる場合でも，退職の事由のいかんによっ

て受給できる退職手当の額には相当大きな差異がある（同法〔国家公務員退職手当法〕4条，5条参照）ため，現在の時点において，その存否及び内容が確定しているものとは到底言い難いのであるから，このようなYの将来の勤続を前提とし，しかもその存否および内容も不確定なYの定年時の退職手当受給額を，現存する積極財産として，財産分与算定の基礎財産とすることはできない」。「将来定年退職した時に受給できる退職手当額のうちXとの別居までの婚姻期間である15年に対応する額1160万7337円は，Yが現在自己都合により退職したときに受給できる退職手当のうち右婚姻期間分に対応する額である907万1124円に比べて相当に増額となる関係にあるので，右のことは，民法768条3項の『その他一切の事情』として，Yが退職手当を受領するときにXに対して支払うべき財産分与の額を定めるに当たって，これを考慮することとする」。

②年金については，共済掛金のうち短期掛金分は，清算対象財産とならないとし，長期掛金分は，Yの基礎年金拠出分だけでなく，Xの基礎年金拠出分を含み，その全額がYが将来受給する退職共済年金受給権に関連しているわけではないとして，清算対象財産となることを否定した。

「YがXとの婚姻期間中に支払った右長期掛金には，右のとおりYに係る基礎年金拠出金分のみならず，その配偶者であるXに係る基礎年金拠出分もふくまれているのであるから，その金額がYの右退職共済年金受給権に直接関連しているわけではなく，かつ，そのうち右退職共済年金に対応する掛金額を明らかにすることもできないので，YがXとの婚姻期間中に支払った右長期掛金を，YとXがその婚姻中の協力によって形成され，離婚に当たって清算されるべき共同財産であるとすることはできない。なお，右退職共済年金受給権は，Yが将来同法所定の退職共済年金の受給資格を取得した場合（同法〔国家公務員共済組合法〕76条等参照）に限って受給できるのであり，その受給期間もYの生存期間によって変動し，ひいては，Yが受給する退職共済年金の総額の算定も困難であるというほかないものであるので，このような不確定な要素の多い将来の退職共済年金受給権については，離婚に当たって清算されるべき共同財産であるとすることはできない」。

「もっとも，右退職共済年金受給権は，前記のとおり，Yが支払をしている

長期掛金の支払に対応する面があることも否定できない上，Yの勤務年数（組合員期間）は現在（当審の口頭弁論終結時）すでに27年6か月であって，同法76条の受給資格の一部を満たしていることでもあるので，将来Yが退職共済年金を受給できる権利を取得できる地位にあること（中略）は，民法766条3項の『その他一切の事情』として，Xに対する財産分与を定めるに当たって，これを考慮することができる」。

(2) (a) 従来の裁判例は，ほぼ退職金に関するものに限られる。

古い裁判例は，これについても消極的である。長野地判昭32・12・4下民8巻12号2271頁は，「Y〔夫・長野県職員〕が将来前記のような恩給並びに退職手当を必ず支給されると決定されているわけではないのみならず，民法第768条及び第771条の規定する財産分与は右第768条第3項の定めるように，当事者双方がその協力によって得た財産の額その他一切の事情を考慮して分与をさせるべきかどうか並びに分与の額及び方法を定めるのであるから，Yが将来退職に際し乃至退職後，右のような懲戒免職になる等の特別の事由のない限り，前記のような恩給などを支給される期待権を有するからといっていちがいにXが主張するようにその半額乃至これを現在に引き直した価額相当の金額を直に分与されて然るべきものとする根拠は何ら存しない」とした。

(b) 近時の裁判例は，比較的積極的である。

将来の退職金については，横浜地判平9・1・22判時1618号109頁がある。同判決は，Xの後妻Yに対する離婚訴訟において，Y管理の共有財産のうち1500万円をYからXに分与すること，Xが将来受領する退職金の2分の1をYに分与するのが相当とし，将来Xに退職金が支給されたときに，その2分の1を支払えと命じ，扶養的財産分与として，Yが死亡するまで，毎月Xに15万円を支払うよう命じた。

東京高判平10・3・18判時1690号66頁は，この横浜地判平9年事件の控訴審である。一審とは異なり，Yの扶養的財産分与請求を否定し，退職金を考慮しない場合には，むしろYがXに500万円程度の支払をするのが相当とし，Xの将来の退職金をも総合して，清算的財産分与として，XがYに500万円を分与するべきものとした。

また、水戸家龍ヶ崎支審平9・10・7家月50巻11号86頁は、「相手方に将来支給されることがほぼ確実である退職金は、賃金の後払い的な性格が強いものと考えられ、そうすると夫婦同居中に得た相手方の賃金は、結果として夫婦の協力により取得した財産とみなされるべきものであるから、退職金に関して申立人にも何らかの権利があるといわざるを得ないというべきであり、財産分与としては、離婚時に相手方が任意に退職したと仮定して、その際に支給されるであろう退職金相当額から所得税等相当額を控除した残額の半分に相当する金額を基本として、婚姻以前の勤続年数（10年）とこの勤続10年の場合の退職金の支給率（15.0）をも考慮して定めた金額を、現実に退職金が支給されたときに、申立人から相手方に支払うべきものとするのが相当である」。

　　{40万円×54.0（勤続33年の支給率）－30万円（所得税及び市町村税の概算合計額)} ×1/2＝1065万円

　財産分与の額は、この1065万円から、婚姻前の勤続年数分の支給率である15.0に当たる分を差し引いた残額であるから、結局、1065万円×39（＝54－15）/54＝769万1666円であった。

支給の蓋然性が低いときには、対象としない可能性があり、また蓋然性の概念には不明確さが残っている。これは、つぎの裁判例も同様である。具体的な計算式は若干異なる。

東京高決平10・3・13家月50巻11号81頁（うえの水戸家龍ヶ崎支審平9・10・7の控訴審）も、「将来支給を受ける退職金であっても、その支給を受ける高度の蓋然性が認められるときには、これを財産分与の対象とすることができるものと解するのが相当である。そして、本件においては、抗告人の勤務する企業の規模等に照らして、抗告人が退職時に退職金の支給を受けることはほぼ確実であると考えられる」とした。退職金についての相手方の寄与率を4割とし、つぎの算式によった。

　　{抗告人の月額基本給40万円×（離婚までの勤続年数33年の支給率54－婚姻以前の勤続年数10年の支給率15）－30万円（所得税及び市町村税の概算合計額)} ×0.4(相手方の寄与率)＝612万円

これら判決が、退職時に支払を命じたのに対し、離婚時に退職金の支払を

命じたのは，東京地判平 11・9・3 判時 1700 号 78 頁である。退職時の金額のうち婚姻期間相当分を清算の対象とし，これに寄与した率をかけて一時金の支払いを命じた。「将来退職金を受け取れる蓋然性が高い場合には，将来受給するであろう退職金のうち，夫婦の婚姻期間に対応する分を算出し，これを現在の額に引き直したうえ，清算の対象とすることができる」（中間利息を控除して，5 割を清算的財産分与として支払うことを命じた）。

ただし，退職前に支払を命じるのであるから，中間利息の控除が必要となる。判決は，現在の市中金利に比して高額の年 5％の控除をしたが，交通事故の賠償と同様に，分与をうける者にとっては，低額となる点が問題となる。

(c) 学説は，古くは，前記の長野地裁昭 32 年判決を引用して，期待権にすぎないとして，清算の対象にならないとする[19]。また，将来の退職金の不確実さから，清算の対象とするのではなく，現実に支払われた時点で，扶養料の変更を申立てうる一種の事情変更とする見解もある[20]。前記の名古屋高裁平 12 判決では，離婚時に退職したよりも，将来の退職金が多いことを考慮して算定しているが，このような算定は賃金が上昇している時期には適切でも，公務員給与・退職金が下がる時期にあっては，夫にとっては不利であることも指摘される[21]。

(d) 他方，積極的な見解も多い。まず，退職金は賃金の後払いであり，年金は，その掛金を賃金から支払っているから，賃金の獲得に妻の内助の功があった場合には，分与の対象にするとの見解がある。この場合の分与は，扶養としてではなく，夫婦財産の清算の趣旨である[22]。また，退職金は妻との「共稼ぎ」によってえられるものであり，諸外国の例を参考として，財産分与の額を決定するべきとする[23]。あるいは，退職金は，夫婦の永年の協力による共同財産と考えられるから，清算の対象とするべきであるとし，たとえ離婚時に受領していなくても，近い将来受領しうる蓋然性が高い場合には，無形財産（財産取得能力）の一種として評価するとする[24]。

さらに，将来の退職金の期待は，婚姻中の労働の対価として取得される所得能力であり，役割分担により蓄積される夫婦の資力の重要な一部をなす。また，夫婦双方の老後の生活資金としての性格をもち，退職金の支払時と離婚時の前後によって結論を異にすることは，均衡を欠くとする見解もある[25]。

共稼ぎの場合には技術的問題が大きい。この場合には，妻も自分の退職金を取得するが，財産分与は退職金相互の不均衡を補うためのものと位置づけられる。算定の困難もある。夫婦の退職金相互と婚姻費用の分担を考慮して算定されることになるが(26)，これは，結局，附加利益の清算と類似するものとなろう。

しかし，実務家からは，将来の退職金の不確実性を無視できないとの見解も強い。将来の退職金の支払いが不確定な要素を含むことから，一律に判断することはできず，具体的事案に応じて公平な方法を選択するものとする見解，あるいは近時の社会情勢では算定は困難であり，その場合には，扶養的要素の基礎事情として考慮するにとどまるとする(27)。

また，若年者では，リストラが盛んなことなどで将来の退職金を想定することがむずかしく，せいぜい近い将来に受領しえる蓋然性が高い場合に分与対象財産として考慮するのが穏当とする見解もある(28)。

(3) (a) 恩給・年金については，清算の対象とすることがむずかしく，消極的に解することが多い（福岡家小倉支審昭46・8・25家月5巻1号48頁，東京高判昭61・1・29判時1185号112頁，ただし，諸般の事情の中で考慮した）。

横浜地裁相模原支判平11・7・30判時1708号142頁は，扶養的要素として，受給が開始されている年金額の4割を妻に支払うものとした。「扶養的財産分与として，今後Y〔夫〕の受領する年金（退職年金は除く。）の内縁記X〔妻〕受領額との差額の4割相当額についてYからXに支払わせることが相当であるから，X死亡まで月額16万円を支払わせることとする」。年金の分割に近い構成である。

(b) 古い学説では，清算の対象ではなく，夫の特有財産として離婚後扶養の基礎となるとする(29)。また，横浜地裁平9年判決と同様に，扶養的財産分与として考慮する見解がある(30)。

(c) しかし，清算的財産分与の対象とする見解もある。その論拠として，スウェーデンの公務員の退職年金は，夫が再婚した場合には，妻の相当分は先妻と後妻に半々に分けられ，夫が再婚しなかった場合には，婚姻が3年以上継続していれば，先妻に相当分の全額が支給される。そして，地方自治体では，婚姻継続の期間に応じて退職金を按分するとの指摘がある(31)。

また，夫が職業労働に専念し，多額の年金の資格をえることができたのは，妻が家事労働を担当し，自己の年金の資格をえられなかったり少額になることを甘受したためであるとし，年金は「婚姻中に夫婦の協力により蓄積された資力」であり，これを清算の対象から除くと，役割分担に起因する妻の不利益を完全に填補することはできないとする[32]。あるいは，夫婦の協力により取得された財産とみて清算の対象に加えるとし，ドイツの1976年改正離婚法の「扶助の均分」を参考とするべきものとする[33]。

(d) 年金の性質によって区分して考える見解では，基礎年金は婚姻中等しく保障されているから，離婚のさいに清算する必要はなく，離婚後に妻がみずから1号被保険者として負担する保険料のみが問題となるが，これは婚姻の役割分担の結果として離婚後に生じる夫婦間の不公平を調整する「離婚補償」として夫に負担させるべきとする[34]。つぎに，報酬比例年金として被用者年金については，夫の受給権の積み上げは妻の内助の功の結果であり，夫婦の共有財産的なものとなるから，ドイツの年金権調整制度の考え方を援用して，被用者年金の年金権や期待権についても，財産分与の中で処理することができる。これらの権利は，離婚後も各人の基礎年金を前提としつつ，夫婦双方の老後の生活保証に役立つものでなければならず，夫婦の協力によって取得されたものである以上，離婚のさいに夫婦間で平等になるよう調整すべきであるとする。さらに，大企業の厚生年金，退職金の性質を有する企業年金についても，清算の対象となる[35]。

また，年金も所得獲得能力の格差是正のために清算の対象となり，このような清算によってもなお離婚後の自立が困難な場合に，離婚後扶養する必要が生じるから，そのさいの資力としては，婚姻前の掛金にもとづく年金も考慮されるとする[36]。そこで，必ずしも婚姻してからの部分に限らず，広く年金を対象とした清算が正当化されるのである。

企業年金には，退職金の分割払的な性質があり，厚生年金も被用者の所得能力の差がその額を決定する重要な要素となっているのであるから，掛金を支払っている一方配偶者が受給あるいは将来受給できる期待権について，他方の寄与貢献割合を観念できるとするが，本来的には立法的解決が望まれるとする見解もある[37]。

3 立 法 論

(1) 年金の分割は，2003年4月22日に，厚生労働省が，厚生年金に加入する会社員とその配偶者が，老後の年金を半分ずつ分割して受け取る制度を2004年の次期年金改革で導入する方針を固め，社会保障審議会年金部会に提示したことから，本格的に問題となった[38]。

(2) 年金の分割方法にも，剰余方式と包括方式とがある。下図において，剰余方式は，剰余にならないaの部分は，固有財産と同じ扱いをうけるが，他方，剰余部分は，半分に分割されるのである（各1/2）。たとえば，夫の受給権が40万円，妻が20万円だった場合，差額（20万円）の半分10万円が，夫から妻に移転し，妻の年金権は，これと20万円を加える。妻の年金権の上限は30万円となる。

包括方式では，a, bのすべてを対象に分割する。合計値（60万円）の半分30万円から妻の年金権20万円を差し引いた10万円が，夫から妻に移転し，妻の年金権の上限は30万円となる。

抽象的な計算の結果は同様になる。また，夫婦の一方のみに年金が発生する場合には，aが存在せず，bの計算にとどまるから，算定は容易であるが，夫婦の双方に固有の年金が発生する場合には，剰余の計算が簡明である。妻が専業主婦の場合は，夫の報酬比例部分の半分が上限となる。厚生労働省の素案は，包括方式を原則とした。

剰余方式と包括方式

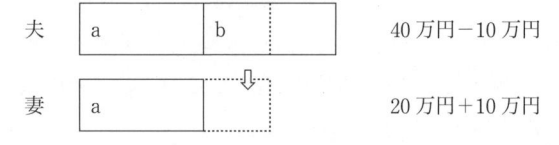

夫　| a | b |　　　40万円－10万円

妻　| a |　　　　　20万円＋10万円

(3) (a) しかし，いずれの場合でも，婚姻期間と稼働期間は必ずしも一致しないから，じっさいの算定はかなり困難である。年金は，じっさいには受領時に金額が確定することから，離婚の時点では不動産や預貯金のように財産価格が確定していないとの問題もある。

算定が容易な年金が1つしか発生しない場合を考えると，単純な例はつぎのようになる。たとえば，就労期間30年で，婚姻期間15年とし，就労期間中の貢献を半分とすると，年金権への分割可能性も半分となる。先の例で，夫の受給権が40万円とするとその半分を二分割するのである。さもないと，再婚の場合など，前妻のみに有利となるからである。就労期間30年で，前婚15年，後婚15年であれば，40万円の半分を二分割し，前妻と後妻はそれぞれ10万円となる[39]。就労期間と婚姻期間に齟齬や長短がある場合には，期間に応じて按分することになろう（次図参照）。

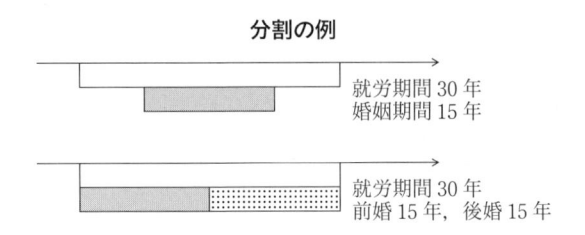

分割の例

就労期間30年
婚姻期間15年

就労期間30年
前婚15年，後婚15年

(b) 配偶者＝妻にも年金権が発生する場合の計算は，より複雑になる。たとえば，夫の受給権が40万円（就労期間30年），妻が20万円で，婚姻期間が15年とすると，差額20万円の半分10万円が分割の対象となり，（婚姻期間で半分が）妻に移転する（合計25万円）。後妻がいた場合には（婚姻期間各7.5年），各2.5万円ずつ移転することになる。

第4章　むすび

1　残された問題

(1) 将来の退職金の分与を肯定しても，その時期については，分与する者は，まだじっさいには受領していないから，あらかじめ資金を確保する必要が生じる[40]。また，受給できない事由が生じたときには，不当利得として返還するべきかが問題となる[41]。これを避けるためには，前述の横浜地裁平9年判決のように，月額給付とする構成に利点があるが，回帰的給付のみとす

るのは，その実効性を担保する方法が不可欠であるから，必ずしも賛同しがたい。財産の散逸や債務者の無資力の危険もある（損害賠償の定期給付と共通する問題である）。受給の確実性には疑問があることから，離婚時に分与するのではなく，受給時に現実に分割するとするべきであろう。

(2) 年金の分割については，現状では，受給者がこれを行いうるのみであり，直接妻に支給することはできない。当面は，分与額に従って，夫婦の間で分割するだけである。したがって，形式的な受給権者が約束を履行しない場合には，その実効性が問題となる。立法による場合には，この問題はクリアーされる。かねて家庭裁判所に年金を分割する権限はないことが問題とされ，立法論として，家庭裁判所に年金の分割の権限を与えるべきことが主張されていた[42]。議論の提起からほぼ15年を経て，これが現実の問題となっているのである。

また，専業主婦であれば年金は分割されるが，働いていて，自分が厚生年金の加入者となった場合は，分割対象からはずれるというのでは不十分である。そうすると，妻が低賃金だった場合に，夫の収入が高ければ，働かないで分割権を確保しておいた方が妻本人分は高い年金になる可能性があるからである。このような「逆転現象」が生じると，新たな不公平が生みだされる。この場合でも，世帯単位でみれば，働いた妻が受領する厚生年金分だけ年金額が増えるが，年金の個人単位化という点では，課題を残している。また，個人ごとの逆転現象を正当化するものではない。附加利益の分割のような観点が必要である。

2 技術的問題

前述のように，具体的な解釈論や立法論は，本稿の課題ではない。第3章に現れた問題のほかに，若干の技術的問題も示しておく。たとえば，どの時点で年金を分割するかも問題となる。年金の個人化や離婚の可能性などを考えると，保険料を納めている時点であらかじめ分割しておく方式が有利である。しかし，反面で，障害をおって働けなくなった場合に支給される障害年金や，死亡した場合に支給される遺族年金の金額も，分割された保険料納付実績にもとづいて算定されると，従来に比べて低くなるとの不利益もある。

第5篇　夫婦財産制と退職金，年金の分割

　そこで，年金を受領する時に分割するとすると，夫婦間の年齢差が問題になる。夫婦のいずれかが65歳になった時点で分割する場合に，夫が年長だと，妻が65歳に達するまでは夫の分割分が給付されるのみで，その間の所得保障として十分ではなくなる。分割の限度で給付は低くなるのである。個人年金化の方途としては適合するが，世帯の収入の補填の趣旨としては，総額が減少し本末転倒となる。

　逆に妻が年上だと，世帯収入の減少はないが，妻が60歳に達したあとの保険料負担は夫だけに算定されるため，年金額は必ずしも半々の分割にはならない[43]。利益だけではなく，この間の負担をも分割するかという問題を生じる。さらには，個人年金化との関係では，年金の受給年齢そのものの是非，あるいは男女の平均寿命が異なることなどをどう考慮するべきかも問題となろう。世帯収入を考慮すると，妻が年上の世帯のほうが有利ということになるからである。

(1)　古くに，我妻・親族法（1961年）84頁。
(2)　最判昭44・12・18民集23巻12号2476頁参照。かねてドイツの日常家事の債務の共同責任は，本来妻のSchulüsselgewaltにもとづくものであったが，男女同権理念のもとで，相互的なものとなっている（BMJ, Das Eherecht, 2002.12.16, S.7.）。
(3)　これにつき，島津一郎・注釈民法21巻（1966年）201頁参照。
(4)　ドイツ民法1613条を参考とするものである（主張した時が起算点となる。"Gelebt wird in der Gegenwart, nicht in der Vergangenheit"「現在に生き，過去ではない」というものである。BMJ, a.a.O., S.18.）。通説といわれる。大判明34・10・3民録7輯11頁ほか参照。
(5)　我妻・前掲書86頁。
(6)　島津・前掲書201頁。
(7)　財産分与請求権が行使できない場合にのみ意味がある。分与請求権の無限定の放棄は認めるべきではないから，有用性が認められるのは，その時効消滅の場合ぐらいであろう。
(8)　夫婦財産契約があまりなかったことについては，いちいちふれるまでもないが，森有礼（1847-89年）が1875年に広瀬阿常と契約結婚をしたというのが，著名な例外である。
　　現在でも，締結例は，年間2, 3件である。フランスでも96％は法定財産制である（後注(14)参照）。多額の資産をもたない勤労者にとってはそれが容易だからである。もっ

第1部　契約の自由と現代における権利

とも，その場合でも，簡単な契約書がつくられることはある。

(9)　最高裁が有責配偶者からの離婚請求を肯定したのは，最判昭62・9・2民集41巻6号1423頁であった。これを否定していた最判昭27・2・19民集6巻2号110頁によれば，有責配偶者からの離婚請求は妻にとって「踏んだり蹴たり」であるから，その代償としての離婚給付が重要となるのである。なお，ドイツにおける破綻主義の採用は，1977年に遡る（Zerrütungsprinzip, BMJ, Das Eherecht, S.9）。

(10)　Deutsche Rechts- und Gerichtskarte, mit einem Orientierungsheft neu hrsg. und mit einer Einleitung versehen von D.Klippel, 1896 (1996). もっとも，法域の区分については，時代と見解により相違がある。たとえば，ザクセン民法典の制定は1865年であるから，19世紀初頭をとれば，ここも普通法地域となる。また，バイエルンには，形式的には1754年の民法典があるが，これが時代遅れとなっていたことから，ここも普通法地域とみるのが一般的である。

(11)　普通法時代のドイツにおける法の分裂については，小野・専門家の責任と権能（2000年）158頁参照。一般的な法域による人口の区分（1890年）は，つぎのとおりである。

法域による人口区分

プロイセン法	21,053,000人
普通法	14,416,000
ライン・フランス法	8,199,000
ザクセン法	5,382,000
ユトランド法	354,000
デンマーク法	16,000
フリースランド法	9,000
合計	49,429,000人

また，夫婦財産制の地域区分は，女性への後見制の区分とも異なる。後者は，もっとラント法の区分に近く，たとえば，普通法地域は，女性すべての独立を認めたのに対し，オーストリア法では，既婚女性に対する補助的な夫の後見制をとり（eingeschränkte cura martalis），フランス法とプロイセン法のもとでは，独身女性は独立していたが，既婚女性は夫に従属していた（cura martalis）。さらに，シレジアと西ザクセン法のもとでは，独身女性も訴訟能力を制限されていた（eingeschränkte cura sexus, cura martalis）。そして，バーデン，スイス，東ザクセン法では，女性すべてがなお従属的地位にあったのである（cura sexus, cura martalis. デンマーク，ハンガリーと西プロイセンも同様）。Vgl.Gerhard, Frauen in der Geschichte des Rechts, 1997, S.436.

(12)　Vgl. Gernhuber, BGB (MünchKomm), Bd.5, 1989, S.294ff. 旧法についても詳しい。Ib., S.297ff. 附加利益共同制については，ib., S.305ff.

(13)　男女同権と財産制に関する諸国の改革について，一般的に，Müller-Freienfels, Familienrecht im In- und Ausland, Bd.I,1978, S.105ff.（以下でも参照したところが多

い)。とくに、スカンディナビアとドイツの附加利益共同制について、S.187ff. また、後述する年金分割に関して、ders., Ehe und Recht, 1962, S.205ff.（Pensionsanspruch auf Grund einer Beamtenstellung). なお、ドイツの附加利益共同制の具体的な諸問題については、本沢巳代子・離婚給付の研究（1998 年）118 頁以下を参照。

なお、旧東ドイツでは、附加利益共同制に類似した収益共同制（Errungenschaftsgemeinschaft, §§13-16 FGB-DDR）を採用していたが、これは、たんに価値の共同だけではなく、物権的な共有制を肯定する点で異なっている。Vgl.Giesen, Familienrecht, 1994, S.123.

(14)　比較的古いものについては、Planiol-Boulanger, Traité de Droit civil, t.VIII (Les régimes Matrimoniaux), 1957, n° 53-1 (p.317et s.). 古い制度については、Kaser, Römsches Privatrecht, 1976, S.237ff. (§59). ローマ私法概説（柴田光蔵訳）468 頁以下。

1965 年と 1985 年のフランス法の改正については、Mazeaud, Jean et Léon, Chabas, Leçons de droit civil, t.III-1 (Leveneur, Laurent), 1995, n°s1108 (p.529). また、同書によれば、フランスでも、夫婦財産制の 96％は、法定財産制であるという (p.528)。そこで、ヨーロッパにおいても、契約財産制は、それほど盛んなわけではないのである。Cf. Carbonnier, Droit Civil, t.2 (La famille, l'enfant, le couple), 2002, p.516; Ghestin (Hauser et Huet-Weiller), Traité de droit civil, La famille, 1993, n°s1064 (p.773).

(15)　Kaser, a.a.O., S.237f., S.241. ゲルマン法の夫婦財産制については、Mitteis, Deutsches Privatrecht, §18II 2（ドイツ私法概説・世良晃志朗＝広中俊雄訳 130 頁）。中世法において、財産共同制と制限的財産共同制が進出したとされる。

(16)　イギリスの諸法は、Married Women's Property Act 1870, Ch.93; 1874, Ch.50. これ以後のものについては、本文参照。前注(13)の文献をも参照。

(17)　財産分与請求権の沿革と性質については、島津・前掲書（注釈民法）176 頁、185 頁参照。その性格づけは、算定方法や額にかなりの影響を与える可能性がある。同書 186 頁、205 頁以下参照。

(18)　2003 年 7 月 3 日に、厚生労働省が社会保障審議会年金部会に提示した素案である（朝日新聞・読売新聞各同日および 4 月 22 日）。

(19)　稲田龍樹「離婚給付の現状」自由と正義 26 巻 10 号 20 頁。

(20)　右近健男①「将来の退職金請求権」判タ 1057 号 82 頁。右近教授には、ほかに②「財産分与と退職金・年金」判タ 1100 号 59 頁、つぎの注(21)の③がある。

(21)　右近③「財産分与と退職金・年金」判タ 1107 号 77 頁。この③は、名古屋高裁平 12・12・20 判タ 1095 号 232 頁の評釈である。③は、退職時に分与する場合の問題点として、ほかにも、リストラで早く退職して、分与者の債権が時効にかかったり、その心配から勤務先にコンタクトをとると、それがべつの問題を生じること、分与者の住所が不明になると執行できないこと、企業が倒産することもあり、分与者に不利益を課す結果になることもあげる。①では、定期昇給が認められなくなる時点以降に予想さ

第1部　契約の自由と現代における権利

　　れる退職金をもとに分与額を算定しておき，支給されたら支払うことが「比較的穏当」
　　とする。
(22)　高木積夫「財産分与の対象となる財産の範囲」現代家族法体系2（1980年）314頁，長野地裁昭32年判決は，懲戒免職の場合に支給されないことをいうが，それは例外的場合であるから一般には反対の根拠に乏しいとする。しかし，この見解は，年金，恩給は清算の対象ではないとする。また，二宮周平「判例批評」判タ973号89頁，93頁は，横浜地裁平9年判決を高く評価している。
(23)　島津一郎・前掲書（注釈民法）186頁。
(24)　大津千明・離婚給付に関する実証的研究（1990年）118頁。
(25)　鈴木眞次・離婚給付の決定基準（1992年）257頁。
(26)　二宮・前掲論文93頁。
(27)　渡邊雅道「財産分与の対象財産の範囲と判断の基準時」判タ1100号50頁。
(28)　沼田幸雄「離婚給付をめぐる周辺問題」自由と正義50巻8号122頁，128頁。なお，分与額の具体的な計算方法については，右近・前掲論文①84頁以下に比較がある。
(29)　稲田・前掲論文（注参照）20頁。長野地裁昭32年判決を引用する。
(30)　右近・前掲論文②判タ1100号59頁。年金またはその期待権にもとづき他方に金銭給付をするのは，「年金の性質上」適当ではなく，他方の年金給付のかさ上げに寄与する方法を考えるべしとする。保険料前納制度を利用して，財産分与者に相手方のための国民年金を確保させる方法が考えられるとする（国民年金法93条）。
　　　また，花元彩・判例批評（名古屋高判平12）法時75巻8号92頁は，将来の退職金および年金とも財産分与の清算の対象財産とすべきではなく，扶養的要素の1考慮事由とする。しかし，この問題は，実効性ともあわせ考慮する必要があり，分与した場合には，直接の権利となるのに対し，扶養の構成をとると，離婚の相手方による給付を媒介とすることから，実効性が薄れるのである。年金については，立法的措置が必要であろうが，少なくとも退職金については，直接的な権利を追求するよちがある。
(31)　島津・前掲書（注釈民法）186頁。
(32)　鈴木・前掲論文261頁。
(33)　大津・前掲書118頁。この見解では，たんなる扶養的財産分与では不足とする。ドイツの1976年法による年金権の調整については，宮井忠夫「西ドイツ家族法改正について」ジュリ640号125頁，本沢・前掲書（前注(13)）186頁以下参照。1976年6月14日公布，77年7月1日施行。婚姻法および家族法改正のための法律。1587条。詳細については，これらの文献を参照されたい。
(34)　本沢巳代子・前掲書（前注(13)）286頁以下，289頁。家事労働の価値から，妻の基礎年金を妻の特有財産とする見解として，小石侑子「年金制度と夫婦財産法上の諸問題」判タ646号79頁も，これに近い（また，アメリカの例に詳しい）。
(35)　本沢・前掲書291頁，295頁，本沢・私法51号165頁。ただし，厚生年金は，補償

(36) 二宮・前掲論文93頁。同論文は、年金の分割を清算としてよりも、扶養としてとらえる。
(37) 渡邊・前掲論文51頁。
(38) 前注(18)の朝日新聞2003年7月3日参照。
(39) 前記の第3章2(3)(c)で指摘されたスウェーデンの方式は、これに近いものとなろう。もっとも、この場合でも、給与に増加があることから、若年期間の前半の保険料は、後半のそれに比して少ない。これを反映させるかが問題であるが、転職して給与が大幅にアップしたような場合のほかは（典型的には企業年金分にみられる）必要ないであろう。制度改革があった場合は問題であるが、基本的に単一の制度（つまり支払期間の継続が要件であり、若年時に支払が開始されたことによる利点も考慮しなければならない）と考えられるからである。
(40) 前述の東京地裁平11判決の指摘するように、中間利息を控除し、それが大幅になると分与額が低額となり、分与をうける者にとって不満が残る。なお、右近・前掲論文③78頁。ただし、中間利息の控除については、最判平17・6・14民集59巻5号983頁およびその評釈である小野・民商133巻4・5号840頁を参照。
(41) 右近・③78頁は、事情変更が生じたときには、分与者は、家審法7条による非訟事件手続法の準用により、同法18条によって審判を取り消す道を示唆している。
(42) 島津一郎「相互有責の法理に代わるもの」曹時39巻9号26頁。解釈論としては否定のようである。なお、離婚により妻に年金を喪失させるのが過酷な場合には、離婚を認めるべきではないとする（破綻主義の限界）。しかし、それでは本末転倒であるから、むしろ、年金の分割によって、このような事態を回避するべきであろう。
(43) 厚労省は、夫婦がともに65歳になった時点で分割する案を軸とし、共働き世帯や離婚時の分割については、別途議論するとする（朝日新聞2003年4月30日参照）。

〔追記〕 2004年の厚生労働省の改革案では、分割の対象となるのは、①妻が専業主婦であった期間のみを対象とする。②共働きで独自に厚生年金に加入していた場合、自営業で年間130万円以上の収入があり国民年金の保険料を支払っていた場合の期間は除外される。そこで、場合によっては、仕事をしていても保険料が少ない場合には、仕事をしていない場合よりも受領できる年金額が少ないこともありうる。これでは、女性の就労という動機を阻害するとの問題がある。この場合には、③差額精算の方法がありうる。

第 1 部　契約の自由と現代における権利

① 妻が専業主婦の場合

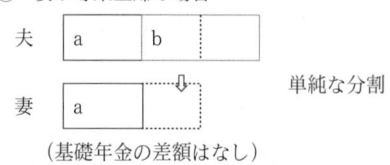

夫 | a | b |

妻 | a | → 　単純な分割

（基礎年金の差額はなし）

② 妻に固有の厚生年金がある場合

夫 | a | b1 |　　専業主婦で，分割の対象となる期間

妻 | a | b2 | ↓

③ 完全清算の場合

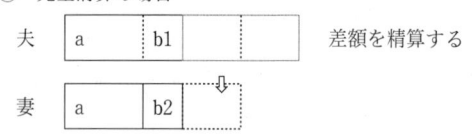

夫 | a | b1 |　　差額を精算する

妻 | a | b2 | ↓

　また，2004 年法では，年金分割は，2007 年（平 19 年）4 月からの任意分割と，2008 年（平 20 年）4 月からの，3 号被保険者の強制分割の 2 段階で行われることとされた（厚生年金法 78 条の 2～78 条の 12）。1 号改定者（厚生年金法 78 条の 6 第 1 号）と，2 号改定者（同 2 号，第一号改定者の配偶者であつた者）の間で，離婚のさいに標準報酬の改定が行われる（78 条の 2 第 1 項）。分割割合は，2 分の 1 を限度とする（78 条の 3）。たんに配偶者の一方 A が受領した額を他方 B が請求できるとするものではなく，いわゆる保険料納付記録自体が分割されることから，B は，A と並んで（それぞれ分割された額につき），直接年金基金から給付をうけるのである。請求期間は，離婚から 2 年以内である。分割の対象となるのは，婚姻期間中の厚生年金と共済年金の報酬比例部分（いわゆる「2 階部分」）に限られ，「1 階部分」である基礎年金や「3 階部分」である厚生年金基金の上乗せ給付や確定給付企業年金等の給付は包含されない。分割を受けても，自分が受給年齢に達するまでは老齢厚生年金をうけることはできない。事実婚も包含されるが，分割の対象になるのは，被扶養配偶者として国民年金法上の第 3 号被保険者と認定されていた期間に限定される。

　強制分割では，2008 年 4 月以降について，3 号被保険者（およそ 1100 万人と予想される）に対して 2 分の 1 までを強制分割する。分割されるのは，2008 年以降の年金相当分だけであり，それ以前の分は，任意分割にとどまる（遡及

して分割する案は政治的な理由から否定された）。また，低賃金の配偶者は，3号被保険者の場合よりも低くなる可能性があり（上述②の場合），ドイツ流の差額を半分ずつ分けるのとは異なる（上述③の場合。そこで，必ずしも財産分与の延長とはならない）。分割割合も最大で2分の1というだけであり，分割割合についての推定規定もない。分割割合を決定するさいには，別居期間，夫婦の役割分担上の差異，その他離婚のさいの有責性，慰謝料，財産分与額，分与する側の経済状況など一切の事情が考慮され（78条の2第2項），これは財産分与の場合と同じである。

第6篇　遺産分割の効力

1　遺産分割の遡及効

　共同相続人がいる場合に，相続財産は，相続の開始によって共同相続人の共同所有となり，遺産分割によってはじめて各相続人につき具体的に帰属する。そこで，遺産の共有は，遺産分割までの暫定的な形態にすぎず，各相続人は，原則としていつでも自由に遺産分割を求めることができる（907条）。

　遺産分割は，遺言による指定があればそれに従い（指定分割，908条），指定がない場合には，共同相続人間の協議により（協議分割，907条1項），さらに協議が調わない場合には，家裁による審判が行われる（審判分割，907条2項）。後二者の場合には，必然的にある程度の時間を要することになる。

　しかし，分割には，いわゆる遡及効があり，分割の効果は，相続開始時に遡及し，分割により各相続人が取得した財産は，相続開始時からその相続人に帰属したものと扱われる（909条本文）。いわば，共有の状態を経ずに，各相続人は直接被相続人から財産を取得したとみなされるのである（分割の宣言主義）。そこで，登記手続では，分割による所有権の取得の登記は，被相続人の名義から直接，取得した相続人の名義に移転することができる。これに対して，相続開始により遺産は共有状態になり，各相続人は，分割によって改めて単独の所有権を取得するとする構成があることは周知のとおりである（分割の移転主義）。

2　遡及効の例外

　もっとも，分割の遡及効は，法による擬制にすぎず，必ずしも貫かれてはいない。民法上も，分割の遡及効によって，分割前に個別の財産の持分を取得した第三者の権利を害することはできない，と規定されている（909条但書。当事者間でも，911条以下に担保責任が定められている）。取引の安全を考慮した規定であり，この規定がおかれたことによって，分割の宣言主義は，実質的

には，移転主義と異ならないともいわれている。

物権変動の一般理論によれば，遺産分割により相続分と異なる権利を取得した場合には，分割後に権利を取得した第三者に対し，登記なくしては法定相続分を超える権利の取得を対抗できない（最判昭46・1・26民集25巻1号90頁）。また，所有権取得の登記手続においても，いったん共同相続による共有の登記をしたうえで，さらに移転登記をすることも可能とされている。そして，遺産を共有している間にその果実が生じた場合には，その果実も独立して遺産分割の対象となり，果実を生じた財産を取得した者に当然に帰属するわけではない。

遺産分割の遡及効が実質的に制限され，相続放棄と相違するとの効果は，種々の場合にみられる。たとえば，最判平11・6・11民集53巻5号898頁は，共同相続人の間で成立した遺産分割協議も，詐害行為取消権行使の対象となるとした。遺産分割協議は，相続の開始によって共同相続人の共有となった相続財産について，その全部または一部を，各相続人の単独所有とし，または新たな共有関係に移行させることによって，相続財産の帰属を確定させるものであり，その性質上，財産権を目的とする法律行為であるといえることを理由とする。

「共同相続人の間で成立した遺産分割協議は，詐害行為取消権行使の対象となり得るものと解するのが相当である。けだし，遺産分割協議は，相続の開始によって共同相続人の共有となった相続財産について，その全部又は一部を，各相続人の単独所有とし，又は新たな共有関係に移行させることによって，相続財産の帰属を確定させるものであり，その性質上，財産権を目的とする法律行為であるということができるからである」。

他方，相続放棄については，最判昭49・9・20民集28巻6号1202頁は，詐害行為取消権の対象とならないとする。分割協議でも，一部の相続人については事実上放棄がされ，また相続放棄も分割も相続開始時に遡って効力を生じる（939条，909条）ことからすると，両者を区別するべきではないともいえるが，物権変動にさいし，相続放棄の効果は，登記なしに何人に対しても効力を生じるのに対し（最判昭42・1・20民集21巻1号16頁），遺産分割では，上述昭46年判決のように，登記なくして，分割後に権利を取得した第三者に

対し法定相続分を超える権利の取得を対抗できない、との相違が認められている。また、相続放棄には、法定の3か月の期間制限がある。この区別が、詐害行為の場合にも、パラレルに肯定されたといえる。

3　相続課税と遡及効

相続の遡及効は、ほかの問題にも影響する可能性がある。

相続税は、相続により取得した財産に対する課税であり、遺産分割協議が調わない場合には、相続税法55条（未分割遺産に対する課税）により、法定相続分に従った額が徴収される。そこで、遺産分割が行われた結果、法定相続分と異なる財産が取得された場合には、当初の課税は、各相続人によりアンバランスとなる。もっとも、相続放棄の効果は絶対的であり、相続人とはならないから、清算の問題を残さない（これも、2の遺産分割と相続放棄の区別に対応する）。

このような場合に、後発的な遺産分割の効果を清算するのが相続税法32条（更正の請求の特則）、35条（更正および決定の特則）である。払いすぎた者Aには返還し、不足する者Bからはさらに徴収するべきこととなる。共同相続人の地位がまったく同一であれば、A、Bの支払うべき総額には、法定相続分で計算した場合と、遺産分割後に計算した場合とで相違の出るよちは、あまりない。いわばA、B間で、互いにやり取りするだけの関係に近い。しかし、A、Bには、相続人としての資格に税法上は相違があり、それが課税に反映される場合がある。たとえば、Aが相続すれば、相続税法上の特則、配偶者として軽減措置が適用されるが、Bが相続した場合にはそうでないという場合である。その結果、支払うべき総額に差異を生じることとなる。この場合には、Aの減額分が、必ずしもBの増額分に等しいということにはならない。そして、課税の調整は、とりわけ国際的な場面において、大きな問題となる。たとえば、相続された未分割財産中に国外財産があり、共同相続人中に、制限納税義務者がいる場合である。グローバル化のもとで、近時重要な論点となりつつある問題である。

分割の遡及効を文字どおりにとれば、総額に変動を生じることはありえないはずであろう。分割の前後で、取得した総財産に相違はないはずだからで

ある。しかし，じっさいには，遺産分割前の課税は，法定相続分を抽象的に計算しているにすぎず，各種の特則の適用も機械的なものにすぎないから，分割による具体的な取得に着目して課税するとすれば，変動を無視することはできない。一面では，税法特有の問題であるが，他面では，実質的な移転主義の一適用の場面と位置づけることもできるのである。

　近時，最高裁は，相続開始から遺産分割までの間に共同相続に係る不動産から生じる賃料債権は，各共同相続人がその相続分に応じて分割単独債権として確定的に取得し，この賃料債権の帰属は，後にされた遺産分割の遡及効によっても影響をうけない旨を判示した（最判平17・9・8民集59巻7号1931頁）。このような場合でも，金銭債権の帰属は，私法上は確定的な取得であるが，その他の財産の取得により，税法上の負担額は，必ずしも確定的ではないことがありうる。たとえば，賃料債権を取得しても（なお，賃料債権は所得税課税の対象となる），他の財産を取得しないことにより，法定相続分を下回った場合には，法定相続分に相当する相続税額では払いすぎたことになる。これも，遺産分割の遡及効の制限の一例に位置づけることができるのである。

付　共同相続と遺産分割

問題1　Aには，配偶者Bのほか，子どもCDEがいる。Bは認知症で，法律的な事務を行う能力はない。ABは同居していたが，Aが死亡した当時，たまたま夫婦げんかをして自分の家を飛び出していたCとその娘RがA宅に一時同居していた。DEは別居している。

Aには自宅のある甲不動産（1億円相当）のほか，G銀行に対する預金6000万円，現金600万円があるほか，自分を被保険者とする3000万円の生命保険がかかっていた。また，Aは，アパート乙をももっており，そこには賃借人HJKがいた。それぞれの家賃は，月額10万円であった。

(1) 遺産分割協議の結果，甲不動産を，Dが取得することになったが，Cは，甲不動産がまだ被相続人A名義になっていたことから，法定相続分による共同相続登記をしたうえで，その登記簿上の持分を善意のXに売却し，持分の移転登記を済ませた。Dは，Xに対し，どのような主張をなしうるか。

(2) Cは，たまたま同居していたことから，現金をみつけ，ふところにいれた。DEには，どのような主張が可能か。また，銀行預金，保険金請求権の帰属はどうなるか。

(3) Cは，Aの死亡後，賃借人HJKに対して賃料の請求をし，受領している。Aの死亡から6か月後に遺産分割があり，乙不動産をEが取得することになった場合に，Eはどのような主張が可能か。

(4) Cが，預金証書や保険証券を占有しているので，DEは，遺産の総額を把握できない。どのような主張が可能か。

問題2　問題1の家族の関係において，相続人のうち，Cは多額の借金をしている。Cの債権者であるYは，相続財産である甲不動産に対するCの法定相続分による共有持分を仮差押えして，登記を済ませた。

Cが，相続を放棄した場合に，Yは，どのような主張をなしうるか。また，遺産分割のさいに，Cには多額の負債があることから，その相続分をゼロとした協議が成立した場合には，Yは，どのような主張をなしうるか。

（問題1と問題2は，別の問題である）。

1 はじめに

(1) 問題1の(1)と問題2は，ごくオーソドックスな問題である。問題1の(2)以下の部分が論点であり，また相続と遺産の分割の手続を財産の種類によって横断的に整理することを目的としている。なお，以下では，問題点を横断的に検討するとの観点から，必ずしも設問の解答の範囲に属するわけではないが，関連する重要な論点にも若干ふれる。

(2) はじめに，遺産分割の遡及効につき整理しておこう。

共同相続人がいる場合に，相続財産は，相続の開始によって共同相続人の共同所有となり，遺産分割によってはじめて各相続人につき具体的に帰属する。そこで，遺産の共有は，遺産分割までの暫定的な形態にすぎず，各相続人は，原則としていつでも自由に遺産分割を求めることができる（907条）。

遺産分割は，遺言による指定があればそれに従い（指定分割，908条），指定がない場合には，共同相続人間の協議により（協議分割，907条1項），さらに協議が調わない場合には，家裁による審判が行われる（審判分割，907条2項）。後二者の場合には，必然的にある程度の時間を要することになる。

しかし，分割には，いわゆる遡及効があり，分割の効果は，相続開始時に遡及し，分割により各相続人が取得した財産は，相続開始時からその相続人に帰属したものと扱われる（909条本文）。いわば，共有の状態を経ずに，各相続人は直接被相続人から財産を取得したとみなされるのである（分割の宣言主義）。そこで，登記手続では，分割による所有権の取得の登記は，被相続人の名義から直接，取得した相続人の名義に移転することができる。これに対して，相続開始により遺産は共有状態になり，各相続人は，分割によって改めて単独の所有権を取得するとする構成があることは周知のとおりである（分割の移転主義）。

(3) もっとも，分割の遡及効は，法による擬制にすぎず，必ずしも貫かれてはいない。民法上も，分割の遡及効によって，分割前に個別の財産の持分を取得した第三者の権利を害することはできない，と規定されている（909条但書。当事者間でも，911条以下に担保責任が定められている）。取引の安全を考

慮した規定であり，この規定がおかれたことによって，分割の宣言主義は，実質的には，移転主義と異ならないともいわれている。

物権変動の一般理論によれば，遺産分割により相続分と異なる権利を取得した場合には，分割後に権利を取得した第三者に対し，登記なくしては法定相続分を超える権利の取得を対抗できない（最判昭46・1・26民集25巻1号90頁）。また，所有権取得の登記手続においても，いったん共同相続による共有の登記をしたうえで，さらに移転登記をすることも可能とされている。さらに，遺産を共有している間にその果実が生じた場合には，その果実も独立して遺産分割の対象となり，果実を生じた財産を取得した者に当然に帰属するわけではない（詳細は以下の2参照）。これらは，移転主義的な折衷に属する。

(4) また，遺産共有の意味については，これを合有とみる見解と，共有とする見解とがある。前者によれば，具体的な財産に対して，持分は潜在的なものにすぎず，遺産分割手続が行われるまでは，具体的権利は存在しないが，後者によれば，持分が存在し，物権的な分割請求も可能となる。以上の一般論は，以下の設問の総論である。

2 遺産分割と第三者

(1) 問題1(1)は，共同相続と登記に関する古典的な問題である。

この問題は，909条但書の適用との関係で，分割前の第三者と分割後の第三者に区分して理解されている。前者は，たとえば，設問のCが，不動産甲の法定相続分をXに譲渡した後，遺産分割によって甲がDのものになった場合に関する。譲渡された法定相続分も，遡及効によればDのものになるはずであるが，それではあとで行われた分割協議によって，Xの利益を害することになるので，遡及効を制限するものとする（906条但書）。

設問は，いわゆる分割後の第三者の場合である。

ここでも，分割の遡及効を貫くとすれば，甲不動産は初めから，Dのものとなり，Cには，不動産につき，初めから権利がなかったことになる。また，遺産分割後の処分であるから，909条但書の適用はない。さらに，登記に公信力はなく，Cは無権利者であるから，譲受人Xは，いっさい権利を取得できない結果となる。宣言主義的な解決である。その問題点は，第三者である

Xを害する点である。

これに対し、もっと移転主義的にとらえると、遺産分割まで、Cも共有持分をもっていたわけであり、それがXとDに二重に移転したとみれば、177条の適用を認める可能性があり、上述の昭46年判決は、この立場によっている。

(2) (a) 金銭債権が共同相続された場合に、共同相続人は、相続分の割合で当然に分割された額に応じて債権を取得する（保険金請求権について、大判大9・12・22民録26輯2062頁、立木の伐採の不法行為債権について、最判昭29・4・8民集8巻4号819頁）。そこで、他の共同相続人によって、自分の相続分に対応する債権を侵害された共同相続人は、侵害した共同相続人に対し、不法行為にもとづく損害賠償請求または不当利得の返還を請求することができる（最判平16・4・20判時1859号61頁）。

共同相続された財産の、いわゆる合有説のもとでは、遺産分割前の債権の取立ては相続人全員でしなければならないが、判例は共有説をとり、上述の当然分割の構成によっている。もっとも、当然分割が、遺産分割に関する906条や912条と必ずしも整合的でないことは、周知のとおりである。

実務においては、判例を前提に、遺産分割前の預金の払戻には、全相続人からの依頼書、および必要な場合には相続関係を証するための戸籍謄本を提出することが必要であり、前者なしには、法定相続分に応じた限度で支払われるのみである（このように分割割合が支払の限度であることを前提とするものとして、東京地判昭59・4・24金判715号28頁、東京地判平7・11・30判時1578号71頁、東京地判平8・11・8金法1499号45頁。ただし、預金者の生前から預金を管理してきた相続人につき、478条の適用を認めたものとして、東京地判平8・2・28判時1588号112頁がある）。

相続があったことを知らずに払う場合は債権の準占有者に対する弁済として保護をうける。もっとも、銀行実務には地域によって多少の差異もあり、顧客サービスのために、金融機関が、迷惑をかけない趣旨の念書をCからとったのみで全額の支払に応じることもある（さらに、対外的には、相続を知らなかったとして支払に応じることも多い）。

なお、共同相続人の全員の合意で遺産分割前に遺産を構成する特定不動産

を第三者に売却したときにも，その不動産は遺産分割の対象から逸出し，各相続人は第三者に対し持分に応じた代金債権を取得し，これを個々に請求することができる（最判昭52・9・19家月30巻2号110頁，判時868号29頁。全代金を受領した共同相続人Yは，Xの相続部分の金額につき，Xの委任により受領した代理人として民法646条1項前段によりXに交付するべきとする）。この場合の扱いも，遺産中の可分債権が相続分に応じて当然に分割されるとの判例（前掲最判昭29・4・8）に近い。

(b)　金銭債権が当然に分割されるとの判例理論を前提とすると，他の共同相続人によって，自分の相続分に対応する債権を侵害された共同相続人は，侵害した共同相続人に対し，不法行為にもとづく損害賠償請求または不当利得の返還を請求することができる（最判平16・4・20判時1859号61頁）。「共同相続人の1人が，相続財産中の可分債権につき，法律上の権限なく自己の債権となった分以外の債権を行使した場合には，当該権利行使は，当該債権を取得した他の共同相続人の財産に対する侵害となるから，その侵害を受けた共同相続人は，その侵害をした共同相続人に対して不法行為に基づく損害賠償又は不当利得の返還を求めることができる」。

本設問との関係では，不当利得は，(3)との関係でも言及される必要がある。

なお，関連する問題として，この不当利得返還請求訴訟において，請求権の成立要件である「損失」が発生していないと主張して請求を争うことが信義誠実の原則に反するとされた事例として，最判平16・10・26金法1739号40頁，金融・商事判例1209号28頁，判例時報1881号64頁がある（以下のY，Xは，おおむね本件のC，Dに相当する）。

「(1)Yは，本件各金融機関からX相続分の預金について自ら受領権限があるものとして払戻しを受けておきながら，Xから提起された本件訴訟において，一転して，本件各金融機関に過失があるとして，自らが受けた上記払戻しが無効であるなどと主張するに至ったものであること，(2)仮に，Yが，本件各金融機関がした上記払戻しの民法478条の弁済としての有効性を争って，Xの本訴請求の棄却を求めることができるとすると，Xは，本件各金融機関が上記払戻しをするに当たり善意無過失であったか否かという，自らが関与していない問題についての判断をした上で訴訟の相手方を選択しなければなら

ないということになるが，何ら非のないXがYとの関係でこのような訴訟上の負担を受忍しなければならない理由はないことなどの諸点にかんがみると，Yが上記のような主張をしてXの本訴請求を争うことは，信義誠実の原則に反し許されないものというべきである」。さらに，同旨の最判平17・7・11金法1759号59頁，判時1911号97頁がある（これらにつき，小野・金法1748号7頁参照）。

なお，保険金請求権については，被相続人が自己を被保険者とし，かつ自己を受取人としている場合には，相続財産となり，相続人が受取人たる地位を相続し，預金債権と同じ問題が生じるが，相続人自身を被保険者とする場合には，相続財産とならないことはいうまでもない。後者は原始取得となる（最判昭40・2・2民集19巻1号1頁，「相続人」のうけとるべき割合は法定相続分に従う。最判平6・7・18民集48巻5号1233頁参照）。

(c) つぎに，現金の帰趨が問題となり，金銭債権（当然分割）や不動産（物権的に分割請求）と同じかが問題となる。

債権と異なり，金銭自体は，当然に分割されることなく共有とされ，したがって，それを遺産分割までの間，相続財産として保管している相続人に対して，自己の相続分に相当する金銭の支払いを求めることはできない（最判平4・4・10家月44巻8号16頁，金法1330号32頁）。

つまり，具体的な請求には，遺産分割手続が必要となる。相続人は，遺産の分割までの間は，相続開始時に存した金銭を相続財産として保管している他の相続人に対して，自己の相続分に相当する金銭の支払を求めることはできないから，他の財産とは相当アンバランスになる。この場合には，相続人が遺産分割前に遺産である金銭を保管している他の相続人に対して自己の相続分に相当する金銭の支払を求めることもできない。金銭債権や不動産において，実質的に意義を減少した扱いをうける遺産分割手続も，現金では意義が残されているのである（債権につき，上述(2)(a)参照）。もっとも，その実際性には疑問がある（通常少額でもあることから，かえって秘匿を推奨する結果になる）。

(3) 果実収取権も，分割後の賃料債権が，所有権者であるEに属することに問題はない。なお，この場合に，物権の取得を主張するには，登記を必要としよう（賃貸人の交代の場合につき，大判昭8・5・9民集12巻1123頁，最判昭

49・3・19民集28巻2号325頁)。

　問題となるのは,分割前の賃料債権である。ここでは,果実をどうとらえるか,とくに果実が遺産に属するかが問題である。果実を生じた不動産は遺産に属するが,被相続人の死亡後に生じた果実は,遺産とは別個の共有財産ともいえるからである。もっとも,遺産に由来することまで否定されるわけではないから,その場合でも遺産分割手続の対象となることまで当然に否定されるわけではない。

　ここでも,遺産分割の効果を遡及的にとらえるかどうかが問題となる。①宣言主義的にみれば,不動産とともに最初からEのものであったと扱われることになるが,②移転主義的に,果実をもっと固有の財産とみると,不動産とは別個の扱いが可能となる。ただし,その場合でも,遺産として遺産分割手続を必要とするとみるか,遺産でない共有財産とみるかが問題となる。さらに,後者の場合でも,遺産の性質を帯びて遺産分割手続に服させる可能性はあろうし,逆に,別の分割手続によるか,当然分割という可能性もある(遺産とみる場合でも,これらの可能性はある)。なお,ドイツ民法典2038条2項2文は,果実の分割は,遺産分割により生じるとする。

　後述の平17年最高裁判決までの家裁実務は分かれていた。古くは,同判決の原審のように,「遺産分割の効力が相続開始時にさかのぼる以上,遺産分割によって特定の財産を取得した者は,相続開始後に当該財産から生ずる法定果実を取得することができるから,本件各不動産から生じた賃料債権は,相続開始の時にさかのぼって,本件遺産分割決定により本件各不動産を取得した各相続人にそれぞれ帰属する」としたものが有力であった。

　これに対し,比較的新しくは,賃料を遺産とは別個の共有財産とし,一定の場合に遺産分割の対象にできるとするものが多い(必ずしも統一されていない)。

　最判平17・9・8民集59巻7号1931頁は,原判決を破棄差し戻した。すなわち,「遺産は,相続人が数人あるときは,相続開始から遺産分割までの間,共同相続人の共有に属するものであるから,この間に遺産である賃貸不動産を使用管理した結果生ずる金銭債権たる賃料債権は,遺産とは別個の財産というべきであって,各共同相続人がその相続分に応じて分割単独債権として

確定的に取得するものと解するのが相当である。遺産分割は，相続開始の時にさかのぼってその効力を生ずるものであるが，各共同相続人がその相続分に応じて分割単独債権として確定的に取得した上記賃料債権の帰属は，後にされた遺産分割の影響を受けないものというべきである。

したがって，相続開始から本件遺産分割決定が確定するまでの間に本件各不動産から生じた賃料債権は，被上告人及び上告人らがその相続分に応じて分割単独債権として取得したものであり，本件口座の残金は，これを前提として清算されるべきである」。

なお，実務的な問題としては，相続の事実を知らない，あるいは相続人間の遺産分割手続の詳細を知らない賃借人がする賃料の支払は，基本的に，債権の準占有者に対する弁済として保護をうけるべきであろう。

また，設問に対する解答としては，(2)で前述した不当利得の問題が言及されるべきである。

(4) (a) 近時，共同相続人間の財産争いが，上級審にまでいたることが多い。典型的なものは，共同相続人の一部の者が，遺産を私物化するものである。事実上占有している者が遺産を私物化する場合に，他の共同相続人には，その事実が不明である。

そのような場合につき，ドイツ民法典は，共同相続人の情報開示義務を認めている。すなわち，相続財産占有者（潜称相続人）および相続開始当時被相続人と同一の家庭共同生活をしていた者（相続人に限られない）に財産明示義務をおわせることによって，相続回復請求権に実効性を与えているのである（ド民2027条・2028条，Auskunftspflicht。また，2057条では，各共同相続人は，他の相続人に対し，持戻しをするべき出捐についても報告義務がある）。事実の把握ができない場合には，占有していない共同相続人は，事実上権利の行使が不可能となるから，こうした報告義務を信義則上認める必要がある。共有者は無関係ではなく，共有物の使用，変更，管理につき相互的な拘束をうけており（249条以下），金銭債権そのものは当然分割されるとしても，金銭も遺産の一部であることまでは否定されず，これに関する情報をえる利益があるからである。共有物の分割後の証書保存義務も類推されてよい（262条）。もっとも，249条以下，262条の方法によりうるのは，Aの相続財産に属する預金

の開示までで，私物化した共同相続人Ｃの固有の預金の開示には十分ではない。

　さらに，よりじっさい的なのは，銀行の開示義務を認めることである。預金であれば，最終的には，銀行に請求することになるからである。銀行などの金融機関は，手数料をとって開示に応じるものもあるが，情報開示義務の存在は必ずしも明確ではない。なお，開示の基本問題は，相続人相互の関係であり，第三者である金融機関が巻き込まれることは，あくまでも二次的な問題にすぎず，第一義的には，上述の共同相続人の開示義務が検討されるべき問題である。

　銀行の，預金者の相続人に対する取引履歴の開示義務は，必ずしも明らかではない。消費寄託である預金契約には委任の報告義務（645条）は準用されていない（665条）。下級審の裁判例では，肯定するもの（東京地判平15・8・29判時1843号85頁，大阪高判平15・9・18金法1693号86頁，東京高判平14・3・26判時1780号98頁）と，否定するもの（東京地判平14・8・30金法1678号65頁，東京高判平14・12・4金法1693号86頁）がある。

　(b)　やや類似するものとして消費者金融業者の情報開示義務を認めた最判平17・7・19民集59巻6号1783頁，金判1221号2頁がある。「貸金業法は，罰則をもって貸金業者に業務帳簿の作成・備付け義務を課すことによって，貸金業の適正な運営を確保して貸金業者から貸付けを受ける債務者の利益の保護を図るとともに，債務内容に疑義が生じた場合は，これを業務帳簿によって明らかにし，みなし弁済をめぐる紛争も含めて，貸金業者と債務者との間の貸付けに関する紛争の発生を未然に防止し又は生じた紛争を速やかに解決することを図ったものと解するのが相当である。金融庁事務ガイドライン3-2-3（現在は3-2-7）が，貸金業者の監督に当たっての留意事項として，『債務者，保証人その他の債務の弁済を行おうとする者から，帳簿の記載事項のうち，当該弁済に係る債務の内容について開示を求められたときに協力すること。』と記載し，貸金業者の監督に当たる者に対して，債務内容の開示要求に協力するように貸金業者に促すことを求めている（貸金業法施行時には，大蔵省銀行局長通達（昭和58年9月30日付蔵銀第2602号）『貸金業者の業務運営に関する基本事項について』第2の4(1)ロ(ハ)に，貸金業者が業務帳簿の備付け及び記

載事項の開示に関して執るべき措置として，債務内容の開示要求に協力しなければならない旨記載されていた。）のも，このような貸金業法の趣旨を踏まえたものと解される」。

そして，「以上のような貸金業法の趣旨に加えて，一般に，債務者は，債務内容を正確に把握できない場合には，弁済計画を立てることが困難となったり，過払金があるのにその返還を請求できないばかりか，更に弁済を求められてこれに応ずることを余儀なくされるなど，大きな不利益を被る可能性があるのに対して，貸金業者が保存している業務帳簿に基づいて債務内容を開示することは容易であり，貸金業者に特段の負担は生じないことにかんがみると，貸金業者は，債務者から取引履歴の開示を求められた場合には，その開示要求が濫用にわたると認められるなど特段の事情のない限り，貸金業法の適用を受ける金銭消費貸借契約の付随義務として，信義則上，保存している業務帳簿（保存期間を経過して保存しているものを含む。）に基づいて取引履歴を開示すべき義務を負うものと解すべきである。そして，貸金業者がこの義務に違反して取引履歴の開示を拒絶したときは，その行為は，違法性を有し，不法行為を構成するものというべきである」。

債権者の開示義務を肯定したものであり，貸金業法において，みなし弁済が問題になる点で特殊性を有するが，同様の開示義務が，どこまで債務者についてもいえるかが問題である。

(c) 共同相続人の開示請求権についても，同様の付随義務や信義則によることは可能であろう。また，委任契約の趣旨からも可能性がないわけではない（これにつき，浅生重機「預金者の取引経過開示請求権の有無」金法1700号73頁，三上徹「預金の取引経過の開示義務」金法1689号4頁参照）。個別の規定としては，相続法の915条2項，限定承認の場合の918条の趣旨，共有の管理に関する252条，分割が完了した場合の証書保存に関する262条1項なども参考に値しよう。消費寄託の666条は，寄託の規定を準用し，後者は，委任の646条から650条の規定を準用している。文言上645条の受任者の報告義務は準用されていないが，銀行取引は単純な寄託のみと解するべきではないから，645条の準用を認め，これによることも可能であろう。

もっとも，その場合でも，消費者金融業者に対するのとは必ずしも同様で

はない。みなし弁済の成立は理由とならないであろうし，消費者金融業者に開示を求めるのは債務者であるのに対し，銀行に開示を求めるのは預金債権者の一部（共同相続人）であるとの相違がある。また，開示の内容も，詳細な取引履歴というよりは，相続時の残高証明でたりることが多いであろう（ただし，遺産の持戻し計算では，過去の履歴の開示が必要となる。903条，1030条参照）。手数料と費用も必要となる。さらに，開示の合理的範囲が問題となり，相続関係が不明な者の請求など，過度の負担となる場合もある。

　もっとも問題となるのは，共同相続の理解である。相続争いが前提であるから，これに金融機関を巻き込むことへの評価が必要となる。預金の守秘義務はあるが，争いがあっても，開示請求者は共同相続人であり包括承継人であるから，開示するべきであろう。従来も，相続預金の残高証明は，一部相続人にも出してきたようである。理論的には，調査が管理行為か保存行為か問題となる。ただし，遺産分割に必要な調査であるから，分割によって地位が確定するまで請求できないとしたのでは無意味となろう。口座解約後の請求など開示の時間的限界も問題となる。もっとも，実際には可能な範囲で応じているようである。とくに保存期間や方法の定めがないから，開示できない場合が生じることはやむをえないであろう。

　〔追記〕　最高裁（第3小）は，2007年12月11日の決定（判時1993号7頁）において，Y（岐阜信用金庫）が顧客の取引履歴の情報を裁判所に開示しなかったことに関する許可抗告審で，Yに開示を命じた。遺産相続をめぐる共同相続人間の訴訟に関連して，XがYの取引明細表の提出を求めていたものである。被相続人Aの取引履歴の開示を求めたのではなく，共同相続人Bの取引履歴の開示を求めたものである。一審は，文書提出を命じ，原審は，開示義務を否定したが，最高裁は肯定した。

　「金融機関は，顧客との取引内容に関する情報や顧客との取引に関して得た顧客の信用にかかわる情報などの顧客情報につき，商慣習上又は契約上，当該顧客との関係において守秘義務を負い，その顧客情報をみだりに外部に漏らすことは許されない。しかしながら，金融機関が有する上記守秘義務は，上記の根拠に基づき個々の顧客との関係において認められるにすぎないものであるから，金融機関が民事訴訟において訴訟外の第三者として開示を求められた顧

客情報について，当該顧客自身が当該民事訴訟の当事者として開示義務を負う場合には，当該顧客は上記顧客情報につき金融機関の守秘義務により保護されるべき正当な利益を有さず，金融機関は，訴訟手続において上記顧客情報を開示しても守秘義務には違反しないというべきである。そうすると，金融機関は，訴訟手続上，顧客に対し守秘義務を負うことを理由として上記顧客情報の開示を拒否することはできず，同情報は，金融機関がこれにつき職業の秘密として保護に値する独自の利益を有する場合は別として，民訴法197条1項3号にいう職業の秘密として保護されないものというべきである。

これを本件についてみるに，本件明細表は，相手方Yとその顧客であるBとの取引履歴が記載されたものであり，Yは，同取引履歴を秘匿する独自の利益を有するものとはいえず，これについてBとの関係において守秘義務を負っているにすぎない。そして，本件明細表は，本案の訴訟当事者であるBがこれを所持しているとすれば，民訴法220条4号所定の事由のいずれにも該当せず，提出義務の認められる文書であるから，Bは本件明細表に記載された取引履歴について相手方の守秘義務によって保護されるべき正当な利益を有さず，相手方が本案訴訟において本件明細表を提出しても，守秘義務に違反するものではないというべきである」。

共同相続人の1人Xに対して，金融機関Yの開示義務を認めたものである。BがXに対して開示義務をおうことは当然の前提とされている。直接に争われたのは，手続的問題であり，金融機関との関係であるが，その基礎となっているのは，共同相続人の開示義務に関する実体法的問題である。共同相続人間の開示義務の根拠は必ずしも明確ではないが，わが法上も肯定するべきことが明らかにされたといってよいであろう。

3　放棄前の第三者

(1)　問題2は，オーソドックスな設問である。

判例によれば，相続放棄の効果は，登記なしに何人に対しても効力を生じる（最判昭42・1・20民集21巻1号16頁）。この事案は，放棄後の第三者に対する関係であったが，放棄前の第三者との関係も，同様となろう。放棄の絶対性が理由となっているからである。遺産分割とは異なり，909条但書のような第三者保護の規定がなく，遡及効を否定することはむずかしい。

なお，これに対し，第三者の側であるYは，詐害行為を主張する可能性があるが，判例は，古くから，詐害行為取消権の対象とならないとしている（最

判昭49・9・20民集28巻6号1202頁）。放棄の効力に絶対性を認めることと一貫しよう。

(2) 前述のように，分割前の第三者との関係では，909条但書により，第三者Yは，Cの法定相続分につき自己の取得を共同相続人に対抗できる。また，共同相続人の間で成立した遺産分割協議も，詐害行為取消権行使の対象となる（最判平11・6・11民集53巻5号898頁）。「共同相続人の間で成立した遺産分割協議は，詐害行為取消権行使の対象となり得るものと解するのが相当である。けだし，遺産分割協議は，相続の開始によって共同相続人の共有となった相続財産について，その全部又は一部を，各相続人の単独所有とし，又は新たな共有関係に移行させることによって，相続財産の帰属を確定させるものであり，その性質上，財産権を目的とする法律行為であるということができるからである」。もっとも，設問のように，すでに第三者Yが登記をえている場合には，前者によればたりる。平11年判決の事案は，遺産分割によってただちに共同相続人が，移転登記をした場合であり，とくに，登記の無効を主張する必要から，詐害行為を主張したものである。

(3) 相続放棄と遺産分割の場合が並んでいるのであるから，結果だけではなく，なぜ結果が異なるのかにもふれる必要がある。一方には，絶対効があり，他方には，なぜないのか。

分割協議でも，一部の相続人については事実上放棄がされ，また相続放棄も分割も相続開始時に遡って効力を生じる（939条，909条）ことからすると，両者を区別する必然性はないともいえるが，物権変動にさいし，相続放棄の効果は，登記なしに何人に対しても効力を生じるのに対し（最判昭42・1・20民集21巻1号16頁），遺産分割では，上述昭46年判決のように，登記なくして，分割後に権利を取得した第三者に対し法定相続分を超える権利の取得を対抗できない，との相違が認められている。また，相続放棄には，法定の3か月の期間制限がある。この区別が，詐害行為の場合にも，パラレルに肯定されたといえる。

関連問題

問題3　問題1(1)においてCが，遺産分割前に，偽造書類を用いて，登記

を自己名義にしたうえで，Yに譲渡した場合に，共同相続人BDEは，どのような主張が可能か。

　問題4　Aは，家を建てるさいに，L銀行から5000万円の借金をし，住宅ローンを利用して，月額20万円ずつ返済している。残額が3000万円とする。子どもの1人であるDが家を相続することになった場合に，L銀行は，どのような主張が可能か。

第2部　金利と利息制限

第1篇　みなし弁済の制限と最近の最高裁判例の法理

第1章　はじめに

　数年来，最高裁は，一連の判決において貸金業法43条の適用を厳格化しつつある。これは，あたかも1960年代において，利息制限法1条2項の制限解釈が進展した時代を彷彿させる。周知のとおり，利息制限法1条1項によると，元本額によって利率は，法定の割合に制限されるが，同条2項によると，債務者が任意に弁済したときには，返還請求できないとされる。しかし，利息制限法1条1項と2項は，本来両立しない事項を「任意」弁済の構成で繕っているのである。

　「任意」というフィクションを否定し第2項を事実上空文とし，第1項に統一したのが，かねての最高裁大法廷判決であった。判例理論によれば，債務者が超過利息を支払っても，元本が残存すればそれに充当され（最大判昭39・11・18民集18巻9号1868頁），また，元本が完済された場合には，不当利得として返還を請求することができる（最大判昭43・11・13民集22巻12号2526頁）。

　この利息制限法1条1項の実質的な厳格適用という理論が，1983年の貸金業法の制定により覆された。同法43条1項によって，利息制限法の制限に反する過払い利息の弁済は，一定の要件のもとで有効なものとみなされた。しかし，利息制限法1条1項とこの43条1項との間にも，なお同様の矛盾がある。

　この問題に対する従来の最高裁の態度は，必ずしも一貫したものではなかった。当初，最高裁は，最判平2・1・22民集44巻1号332頁において，貸金業法43条1項の「利息として任意に支払った」ことにつき，利息の制限超過部分の契約が無効であることの認識を不要とし，その適用の実質的要件を

205

緩く解した。しかし，形式的要件の具備については，最判平11・1・21民集53巻1号98頁において，貸金業法18条書面の交付につき厳格な解釈を示している(1)。

2003年来の最高裁判例の展開によって，後述のような実質論への傾斜が強まり，一気に消費者金融の金利規制への関心が高まっている。そして，従来から批判の強かった貸金業法による高金利と利息制限法による制限金利との差についての，いわゆるグレーゾーン金利を撤廃する動きも本格化しつつある。もっとも，このような動きは，すでに2003年の最高裁判決の時から始まっており，さらには，長い間の伏流水というべきものがあった。

第2章　貸金業法43条とその制限

1　従来の展開

貸金業法が制定された1983年（昭58年）後には，政治に対する司法の無力感が強く，これは前述の最高裁平成2年判決をもたらした。学界においても，同様の感覚は強く，同法制定後，利息制限法や貸金業法に関する研究は，文言解釈に関するものを除くと激減した。このようなムードは，ほぼ2003年（平成15年）のやみ金融防止のための貸金業法の改正まで継続した。その中で，天引に対する不適用や貸金業法43条1項の形式的要件を厳格に解する理論とこれによるかなり多数の下級審裁判例が，実質的に果たした役割には大きなものがあった(2)。これに対し，数年来の最高裁の諸判決は，最高裁が，利息制限の実質論への回帰の方向性を示したものと位置づけられる。このような回帰には，近年の司法制度改革や，極端な司法消極主義への反省，企業のコンプライアンスの実質化など多様な背景がある。また，このような状況は，卓越した思想的基盤や背景がないかぎり，個別の解釈だけでは重大な価値の転換がむずかしいことの一例ともなっている(3)。

変化の端緒は，最高裁の2003年の3つの判決である。これらの判決は，従来，下級審において争いのあった商工ローンの保証会社に対する信用保証料などのみなし利息と仕組み金融における充当に関する判断を行った（最2小判平15・7・18民集57巻7号895頁，同1小判平15・9・11判時1841号95頁，同

3 小判平 15・9・16 判時 1841 号 100 頁)。

　消費者金融の取引は，1 回かぎりの場合はまれで，近時の形態では，基本契約の中で貸付が反復し繰りかえされるとすることが多い。そのような場合でも，貸金業者の取扱では，当初の取引において利息制限法に違反する超過利息の支払があっても，貸金業法 43 条 1 項が適用され（制限超過利息を収受できて），次回の貸付には新たな利息債務が発生するとする。しかし，違法な利息が元本に充当されるとすれば，次回の貸付金額そのものが減少し，徴収可能な利息額も減少する。このような構成によって，貸金業法 43 条の適用領域そのものが限定されるのである。この理論は，1960 年代の利息制限法に関する判例理論と同様に，実質的には「充当」を用いた貸金業法 43 条の限定解釈と位置づけることができる。

　「同一の貸主と借主との間で基本契約に基づき継続的に貸付けが繰り返される金銭消費貸借取引において，借主がそのうちの一つの借入金債務につき法所定の制限を超える利息を任意に支払い，この制限超過部分を残元本に充当してもなお過払金が存する場合，この過払金は……弁済当時存在する他の借入金債務に充当され，当該他の借入金債務の利率が法所定の制限を超える場合には，貸主は充当されるべき元本に対する約定の期限までの利息を取得することができない」（前掲最判平 15・7・18。さらに，同旨の最判平 17・7・11 判例集未登載がある）。

2　拘束預金

　類似の問題につき，比較的古い裁判例で参考とするべきものとしては，導入預金や両建預金の制限に関するものがある。戦後やその後の高度成長期の高金利時に，実質的に利息制限法を潜脱する手段として行われたものである。まず，預金等に係る不当契約の取締に関する法律 2 条 1 項に違反するいわゆる導入預金であっても，預金契約自体は，民法 90 条に該当する無効なものということはできないとされた（最判昭 49・3・1 民集 28 巻 2 号 135 頁）。また，預金を拘束しこれを担保にする貸付である，いわゆる歩積・両建預金に関する先例によれば，独禁法 19 条（不公正な取引方法）に違反することがあるとしても，それが公序良俗に違反するような特別の場合を除き，ただちに私法上

無効とはいえないが，拘束された両建預金を取引条件とする信用協同組合の貸付が独禁法に違反し，両建預金があるために実質金利が利息制限法の制限利率を超過する場合には，超過する限度で貸付契約の利息，損害金についての約定が無効となるものとした（最判昭52・6・20民集31巻4号449頁）。

この拘束預金は，預金と貸付が時間的に同時に行われ，いわば並列的に行われる結果，利息制限法の制限を超過した場合であるが，この考え方は，継続的な貸付の場合に，逐次的な貸付で，いわば直列的な原因による利率の超過という現象について参考となる。実質的に充当や相殺的な考慮を認めるべき点では異ならないからである[4]。

第3章　形式から実質へ

1　厳格解釈

貸金業法43条1項も，決して無制限に，利息制限法1条1項の制限に超過する利息の支払を肯定しているわけではない。一定の法定の要件の具備が必要であり，また支払は任意に行われることを必要とする。前者の法定要件の具備を厳格に求めることによっても，43条1項の適用はかなり制限される。

比較的早いものでは，前掲最判平11・1・21が，貸金業法18条書面の交付につき厳格な解釈を示した。直接には，口座払込という特定の形態に関するものであるが，その考え方の射程は広い。「貸金業者との間の金銭消費貸借上の利息の契約に基づき，債務者が利息として任意に支払った金銭の額が，利息制限法1条1項に定める制限額を超える場合において，右超過部分の支払が貸金業の規制等に関する法律43条1項によって有効な利息の債務の弁済とみなされるためには，右の支払が貸金業者の預金又は貯金の口座に対する払込みによってされたときであっても，特段の事情のない限り，貸金業者は，右の払込みを受けたことを確認した都度，直ちに，同法18条1項に規定する書面（以下「受取証書」という。）を債務者に交付しなければならないと解するのが相当である。けだし，同法43条1項2号は，受取証書の交付について何らの除外事由を設けておらず，また，債務者は，受取証書の交付を受けることによって，払い込んだ金銭の利息，元本等への充当関係を初めて具体的に

把握することができるからである」。従来から下級審判決にみられた厳格解釈を最上級審として確認したところに意義がある。

前掲最判平15・7・18民集57巻7号895頁（および前掲の最判平15・9・11，最判平15・9・16）においては，利息制限法の実質的確保という観点が強く打ち出されたが，同時に，みなし利息に関する判断も注目される。すなわち，当該事件の信用保証株式会社と消費者金融業者との関係を考慮すると，信用保証株式会社の法人格が形がい的または濫用的なものでないとか，信用保証株式会社のうける保証料等が，消費者金融業者の受ける利息等とは別個で，これを利息制限法3条所定のみなし利息とみることはできないとすることはできず，信用保証株式会社のうける保証料等は金融業者のうける法3条所定のみなし利息に当たるとした（なお，最判平15・7・18では，原審もみなし利息に該当することを肯定したので，この部分の説示は，おもに平15・9・11および平15・9・16判決による）[5]。

2 天引に関する判例，書面の厳格化

その後，天引に対する貸金業法43条の適用排除や貸金業法17条書面の厳格化の判断が続いた（最判平16・2・20＝平15年(オ)第386号，民集58巻2号475頁，金判1188号2頁，最判平16・2・20＝平14年(受)第912号，金判1188号10頁）。これらの判決において，貸金業者との間の金銭消費貸借上の約定にもとづき利息の天引きがされた場合における天引利息については，貸金業法43条1項の規定の適用はないこと，および貸金業法43条の適用要件に関する新たな判断が示された。「利息制限法2条は，貸主が利息を天引きした場合には，その利息が制限利率以下の利率によるものであっても，現実の受領額を元本として同法1条1項所定の利率で計算した金額を超える場合には，その超過部分を元本の支払に充てたものとみなす旨を定めている。そして，法43条1項の規定が利息制限法1条1項についての特則規定であることは，その文言上から明らかであるけれども，上記の同法2条の規定の趣旨からみて，法43条1項の規定は利息制限法2条の特則規定ではないと解するのが相当であ」り，「貸金業者との間の金銭消費貸借上の約定に基づき利息の天引きがされた場合における天引利息については，法43条1項の規定の適用はないと解すべ

きである」(前掲最判平16・2・20)。

　書面の厳格化の方向は，従来の判例理論の進展の結果であるが，天引の実質的な制限は，貸金業法43条1項の弁済の任意性に深くかかわるものであり，従来，同条の厳格適用という形式的方法にとどまった最高裁の立場の変化を示すものである[6]。ただし，この時期には，まだ文言解釈を主とした理由づけをするにとどまった。

　同時に，これら判決には，貸金業法17条，18条書面の厳格な具備という判断もみられた。18条書面のほかに，17条書面についても，厳格な記載が必要であるとしたのである。貸金業「法43条1項の規定の適用要件として，法17条1項所定の事項を記載した書面（以下「17条書面」という。）をその相手方に交付しなければならないものとされているが，17条書面には，法17条1項所定の事項のすべてが記載されていることを要するものであり，その一部が記載されていないときは，法43条1項適用の要件を欠くというべきであって，有効な利息の債務の弁済とみなすことはできない」，また「18条書面は弁済の都度，直ちに交付することを義務付けられているのであるから，18条書面の交付は弁済の直後にしなければならない」とする。

　それ以降は，加速度的に，新たな判断が現れている。さらに，最判平16・7・9判時1870号12頁においても，天引きが制限されることと，貸金業法18条の書面の内容および交付時期に関して（弁済後7～10日後に領収書を交付），厳格性が求められた。

3　リボルビング払い

　最判平17・12・15民集59巻10号2899頁，判時1921号3頁は，リボルビング払いの際にも書面の厳格性を求めた。リボルビング方式の「貸付けは，本件基本契約の下で，借入限度額の範囲内で借入れと返済を繰り返すことを予定して行われたものであり……当該追加貸付けを含めたその時点での本件基本契約に基づく全貸付けの残元利金（以下，単に「残元利金」という。）について，毎月15日の返済期日に最低返済額及び経過利息を支払えば足りるとするものであ」る。そこで，「個々の貸付けについての「返済期間及び返済回数」や各回の「返済金額」……は定められないし，残元利金についての返済期間，

返済金額等は，X〔借主〕が，今後，追加借入れをするかどうか，毎月15日の返済期日に幾ら返済するかによって変動する」。そこで，個々の貸付けの際に，当該貸付けやその時点での残元利金について，確定的な返済期間，返済金額等を17条書面に記載して借主に交付することは不可能である。

このような場合でも，貸金業「法の趣旨，目的（法1条）等にかんがみると，法43条1項の規定の適用要件については，これを厳格に解釈すべきものであり，17条書面の交付の要件についても，厳格に解釈しなければならず，17条書面として交付された書面に法17条1項所定の事項のうちで記載されていない事項があるときは，法43条1項の規定の適用要件を欠くというべきである」。「仮に，当該貸付けに係る契約の性質上，法17条1項所定の事項のうち，確定的な記載が不可能な事項があったとしても，貸金業者は，その事項の記載義務を免れるものではなく，その場合には，当該事項に準じた事項を記載すべき義務があり，同義務を尽くせば，当該事項を記載したものと解すべきであって，17条書面として交付された書面に当該事項に準じた事項の記載がないときは，17条書面の交付があったとは認められず，法43条1項の規定の適用要件を欠くというべきである」[7]。

この判決は，一見すると形式論であるが，それにとどまらない。他方で，17条書面相当の記載があれば，借主は，「いつ残元利金が完済になるのかを把握することができ，完済までの期間の長さ等によって，自己の負担している債務の重さを認識し，漫然と借入れを繰り返すことを避けることができるものと解され，確定的な返済期間，返済金額等の記載に準じた効果があるということができる」として，債務者に債務の重さを認識させる必要性に言及しており，消費者金融の実態がそれに反することを指摘し，安易な43条の適用を否定することにつながっている。

4　取引履歴の開示

最判平17・7・19民集59巻6号1783頁は，消費者金融業者の取引履歴開示義務に関して，債務者からの開示請求を肯定した。この点も，形式だけではなく，貸金業者の業務の適性さをも求める観点にもとづくから，従来の厳格解釈だけという構成からの転換を示すものである。論点は，すでに下級審

裁判例において争いのあった事項についての判断であるが，広い開示義務を肯定しただけではなく，不法行為の成立をも認めた点から注目される。公正な手続を確保する観点から，取引の明確性を求める以後の判例理論を実質的にも担保させようとするものである。

「貸金業法の趣旨に加えて，一般に，債務者は，債務内容を正確に把握できない場合には，弁済計画を立てることが困難となったり，過払金があるのにその返還を請求できないばかりか，更に弁済を求められてこれに応ずることを余儀なくされるなど，大きな不利益を被る可能性があるのに対して，貸金業者が保存している業務帳簿に基づいて債務内容を開示することは容易であり，貸金業者に特段の負担は生じないことにかんがみると，貸金業者は，債務者から取引履歴の開示を求められた場合には，その開示要求が濫用にわたると認められるなど特段の事情のない限り，貸金業法の適用を受ける金銭消費貸借契約の付随義務として，信義則上，保存している業務帳簿（保存期間を経過して保存しているものを含む。）に基づいて取引履歴を開示すべき義務を負うものと解すべきである。そして，貸金業者がこの義務に違反して取引履歴の開示を拒絶したときは，その行為は，違法性を有し，不法行為を構成するものというべきである」[8]。これと同旨を述べたものとして，最判平18・3・9判例集未登載がある。

第4章　任意性への回帰

1　期限の利益喪失条項

2006年になってからは，期限の利益喪失特約に関する最判平18・1・13金判1233号10頁，判時1926号17頁，最判平18・1・19判時1920号17頁，裁時1404号71頁，最判平18・1・24判時1926号28頁，裁時1404号89頁が続いている。支払の遅滞によって期限の利益を喪失する旨の特約は，支払義務をおわない超過部分の支払をも事実上強制することになり，超過部分に関しては無効になるとした（なお，最判平18・3・30判例集未登載も同旨）[9]。

「期限の利益喪失特約がその文言どおりの効力を有するとすると，X〔借主〕は，支払期日に制限超過部分を含む約定利息の支払を怠った場合には，元

本についての期限の利益を当然に喪失し，残元本全額及び経過利息を直ちに一括して支払う義務を負うことになる上，残元本全額に対して年29.2％の割合による遅延損害金を支払うべき義務も負うことになる。このような結果は，Xに対し，期限の利益を喪失する等の不利益を避けるため，本来は利息制限法1条1項によって支払義務を負わない制限超過部分の支払を強制することとなるから，同項の趣旨に反し容認することができ」ない。そこで，「期限の利益喪失特約のうち，Xが支払期日に制限超過部分の支払を怠った場合に期限の利益を喪失するとする部分は，同項の趣旨に反して無効であり，Xは，支払期日に約定の元本及び利息の制限額を支払いさえすれば，制限超過部分の支払を怠ったとしても，期限の利益を喪失することはなく，支払期日に約定の元本又は利息の制限額の支払を怠った場合に限り，期限の利益を喪失するものと解するのが相当である」。

「本件期限の利益喪失特約は，法律上は，上記のように一部無効であって，制限超過部分の支払を怠ったとしても期限の利益を喪失することはないけれども，この特約の存在は，通常，債務者に対し，支払期日に約定の元本と共に制限超過部分を含む約定利息を支払わない限り，期限の利益を喪失し，残元本全額を直ちに一括して支払い，これに対する遅延損害金を支払うべき義務を負うことになるとの誤解を与え，その結果，このような不利益を回避するために，制限超過部分を支払うことを債務者に事実上強制することになるものというべきである」。そこで，「本件期限の利益喪失特約の下で，債務者が，利息として，利息の制限額を超える額の金銭を支払った場合には，上記のような誤解が生じなかったといえるような特段の事情のない限り，債務者が自己の自由な意思によって制限超過部分を支払ったものということはできないと解するのが相当である」。

期限の利益喪失特約が，債務者に誤解を与え，事実上超過利息の支払を強制するものであることを指摘し，正面からその任意性を否定した点で，画期的である。この議論は，直接には，期限の利益喪失特約に関するものであるが，それがない高利の約定そのものにもあてはまることから，支払の任意性の判断に影響するところは大きい[10]。

また，日賦業者の貸付につき，貸金業法43条の適用要件も厳格に解するも

のとする最判平18・1・24判時1926号28頁，裁時1404号85頁がある[11]。「出資法附則8項が，日賦貸金業者について出資の受入れ，預り金及び金利等の取締りに関する法律5条2,3項の特例を設け，一般の貸金業者よりも著しく高い利息について貸金業法43条1項の規定が適用されるものとした趣旨は，日賦貸金業者が，小規模の物品販売業者等の資金需要にこたえるものであり，100日以上の返済期間，毎日のように貸付けの相手方の営業所又は住所において集金する方法により少額の金銭を取り立てるという出資法附則9項所定の業務の方法による貸金業のみを行うものであるため，債権額に比して債権回収に必要な労力と費用が現実に極めて大きなものになるという格別の事情があるからであると考えられる。そうすると，日賦貸金業者について貸金業法43条1項の規定が適用されるためには，契約締結時の契約内容において出資法附則9項所定の各要件が充足されている必要があることはもとより，実際の貸付けにおいても上記各要件が現実に充足されている必要があると解するのが相当である」。

判旨の判断そのものは，日賦業者のする日掛け金融の特則についても，厳格解釈をするとしたものであり，従来の判例の延長と位置づけられる。本篇では，解釈論としての詳細には，立ち入ることができない。

2　仕組み金融

期限の利益喪失特約は，貸金業者によって，高金利を実現するための仕組み金融の一環として利用されている。利息制限法内の貸借におけるとは，まったく異なった利用がされていることに注目する必要がある。すなわち，たんなる債務不履行に対する制裁というより，利息制限法を超過する利息を収受するための装置としてである。

従来の例によると，利息制限法の超過利息を徴収する手段としては，第1に，古典的な方法として，弁済の期間をごく短期に設定し借換えをさせることにより，利息制限法違反の事実を不明にする方法があったが，これは，貸金業法17条，18条書面の具備が必要となることにより封じられた（利息の再計算）。その後，第2に，借換え時に「任意」弁済させ，超過利息を元本に組み入れる方法と，借換え時に天引する方法が用いられてきた。これらは，一

連の取引に関する前掲最判平15・7・18民集57巻7号895頁ほか2判決と，天引を制限する最判平16・2・20民集58巻2号475頁ほか1判決によって封じられた。また，この最判平15・7・18は，第3の方法として金融業者が保証料の名目で実質的な利息をとることをも制限した。

　これらが，無事故のさいの高利の実現方法であるとすれば，期限の利益喪失特約は，債務不履行という事故の形式を利用して高利を実現しようとするものである。この場合には，一面において，債務者に対して，利息制限法の制限を超過する利息の支払を請求して，弁済があれば，「任意」弁済として，貸金業法43条の適用を主張でき，他面において，弁済がなければ，遅延損害金として，利息制限法4条1項の1.46倍の利息を合法化する手段とされている。出資法の制限利率がしだいに低減化した結果（29.2%），元本10万円未満の遅延損害金の利率は，同じく29.2%となるから，貸金業法43条の要件を満たすことなく，利息制限法1条1項を超える利率を合法化できる。つまり，期限の利益喪失特約は，（少なくとも業者側の計算では）それが発動されても，発動されなくても，高利を実現する手段となるのである。

　このような事故の形式が注目されるのは，無事故の方式が，43条の厳格解釈，あるいは仕組み金融における天引きが制限されたことと関係している（前掲最判平16・2・20）。利息制限法の超過利息の徴収は多様な方法で行われるから，事故の形式にかかわらず，機能的に対応することが必要である[12]。

3　仮装売買と譲渡担保

　仕組み金融の防止は，仮装売買による高金利を制限した最判平18・2・7判時1926号61頁にもみられる。すなわち，譲渡担保契約であれば認められる清算金の支払義務（最判昭46・3・25民集25巻2号208頁参照）をおわない真正の買戻特約つきの売買契約の効果は，「当該契約が債権担保の目的を有する場合には認めることができず，買戻特約付売買契約の形式が採られていても，目的不動産を何らかの債権の担保とする目的で締結された契約は，譲渡担保契約と解するのが相当である」とし，事案の契約を「債権担保の目的を有することをうかがわせる事情が存在する」としたものである。

　また，特別上告を認めた最判平18・3・17裁時1408号164頁は，18条書

面の厳格性を求めるものである。貸金業法18条書面に関連して，貸金業法施行規則を「内閣府令に対する法の委任の範囲を逸脱した違法な規定として無効」と解し，18条書面の交付を否定した。また，期限の利益喪失特約との関係で，「本件期限の利益喪失特約の下で，債務者が，利息として，利息の制限額を超える額の金銭を支払った場合には，上記のような誤解が生じなかったといえるような特段の事情のない限り，債務者が自己の自由な意思によって制限超過部分を支払ったものということはできないと解するのが相当である（前掲最高裁平成18年1月13日第二小法廷判決参照）」とした。いずれの判断も，前述の最判平18・1・13を確認するものである。

この内閣布令に関する判断は，前述の最判平18・1・13にもとづくが，貸金業法施行規則15条2項について，貸金業法18条との関係から法の委任を逸脱した無効なものであると断じた。ここに，平成2年判決にみられた司法消極主義的な態度からの転回をもみることができるのである。

「法18条1項が，貸金業者は，貸付けの契約に基づく債権の全部又は一部について弁済を受けたときは，同項各号に掲げる事項を記載した書面を当該弁済をした者に交付しなければならない旨を定めているのは，貸金業者の業務の適正な運営を確保し，資金需要者等の利益の保護を図るためであるから，同項の解釈にあたっては，文理を離れて緩やかな解釈をすることは許されないというべきである。

同項柱書きは，「貸金業者は，貸付けの契約に基づく債権の全部又は一部について弁済を受けたときは，その都度，直ちに，内閣府令で定めるところにより，次の各号に掲げる事項を記載した書面を当該弁済をした者に交付しなければならない。」と規定している。そして，同項6号に，「前各号に掲げるもののほか，内閣府令で定める事項」が掲げられている。

同項は，その文理に照らすと，同項の規定に基づき貸金業者が貸付けの契約に基づく債権の全部又は一部について弁済を受けたときに当該弁済をした者に対して交付すべき書面（以下「18条書面」という。）の記載事項は，同項1号から5号までに掲げる事項（以下「法定事項」という。）及び法定事項に追加して内閣府令（法施行当時は大蔵省令。後に，総理府令・大蔵省令，総理府令，内閣府令と順次改められた。）で定める事項であることを規定するとともに，18

条書面の交付方法の定めについて内閣府令に委任することを規定したものと解される。したがって，18条書面の記載事項について，内閣府令により他の事項の記載をもって法定事項の記載に代えることは許されないものというべきである。

(2) 上記内閣府令に該当する施行規則15条2項は，「貸金業者は，法第18条第1項の規定により交付すべき書面を作成するときは，当該弁済を受けた債権に係る貸付けの契約を契約番号その他により明示することをもって，同項第1号から第3号まで並びに前項第2号及び第3号に掲げる事項の記載に代えることができる。」と規定している。この規定のうち，当該弁済を受けた債権に係る貸付けの契約を契約番号その他により明示することをもって，法18条1項1号から3号までに掲げる事項の記載に代えることができる旨定めた部分は，他の事項の記載をもって法定事項の一部の記載に代えることを定めたものであるから，内閣府令に対する法の委任の範囲を逸脱した違法な規定として無効と解すべきである」。

4 貸金業法施行規則の違法性等にみる実質性

2006年の諸判決（とくに最判平18・1・19前掲）は，超過利息の支払の任意性の要件は，明確に認められることを必要とするとした。法定事項だけが形式的に厳格に記載されていればたりるわけではない。そこで，従来の最高裁の方式，すなわち「任意性」の実質論には立ち入らず，書面の具備という形式論で貸金業法43条の適用を制限することを超えて，最高裁が，実質論にまで立ち入りつつあることを意味している（その契機は，前述最判平16・2・20である）。前述の平成2年判決においては，法定事項の記載内容についてさえ，事案に則した幅のある解釈が可能との調査官解説がみられた。しかし，その後形成された判例理論によれば，書面内容は，実質的にも厳格でなければならない。とりわけ期限の利益喪失約款（実質的な任意性の必要性）と書面の厳格主義に関する判断が，最高裁の3つの小法廷から出されていることからすると（最判平18・1・13ほか），平成2年判決の実質的な判例変更とみることもできるのである[13]。

第5章　むすび——法改正の動向

1　立法作業

(1)　一般的な超低金利時代にもかかわらず，消費者金融には高金利が続き，多重債務者の増加が，今日大きな社会問題ともなっている。自己破産申請件数（自然人）は，2003年に24万件を突破し，史上最高となった後（24万2357件），2004，2005年にやや減少し（21万1402件），2005年には，20万件の大台をも割り込んだ（18万4294件）[14]。しかし，なお高い水準にあり，利息制限法の超過利息の返還を求める訴訟も，増大しつつある。

出資法の上限金利は，しだいに低下しているが，主としてやみ金融への対策として行われた2004年の諸改正では，上限金利自体には手がつけられなかった。そして，2004年1月に全面施行された改正貸金業法は，付則で施行後3年を目途に必要な見直しを行うと定め，出資法の上限金利も見直しの対象として掲げた（12条）[15]。その期限は，2007年1月である。金融庁は，2005年3月末から総務企画局長の私的会議として「貸金業制度等に関する懇談会」を立ち上げ，2006年4月に「座長としての中間整理」がまとめられた。最高裁判決をうけ，基本的な方向は，グレーゾーン金利の撤廃である。

(2)　さらに，最高裁による判例の展開の結果は，国会にも影響を与えている。貸金業法が議員立法のため，与党の金融調査会，金融問題調査委員会において，2006年7月6日，「貸金業制度等の改革に関する基本的考え方」が公表された。議論がまとまれば，2006年秋の臨時国会に改正案が提出される。

この「基本的考え方」によって，1. 貸金業の適正化（参入規制の適正化，自主規制機関の段階的強化，広告規制・行為規制の強化，監督・罰則の適正化），2. 過剰貸付の抑制（信用情報機関の充実・強化，カウンセリング体制の充実，総量規制の強化，支払額・返済期間の適正化，金利体系の適正化）が提言された。このうち，金利体系の適正化では，グレーゾーン金利の廃止が掲げられ，その理由として，支払の任意性と一定の書面交付を要件として有効とみなす現行のみなし弁済の制度は，借り手・貸し手双方にとって問題が多く，不安定な制度であるとする。ただし，グレーゾーン金利廃止後の方向性については，出

資法の上限金利を利息制限法の金利水準に引き下げるべきとの意見が大勢であったが，利息制限法の金利の引上げ，少額短期の貸付への特例を認めるなどの意見が併記されている。最高裁判例の動向からすれば，新たな改正法では，貸金業法43条とグレーゾーン金利の撤廃は不可避であろう。

他方，消費者金融業界からは，利息制限法の制限利率の引き上げも主張されている。また，上記の「基本的考え方」で提示された少額短期貸付等の特例には，いわば金利の適正化の方向を骨抜きにする危険性があり，さらに，利息制限法の制限金利の金額の段階の見直しや，利息制限法を20％に一本化することなども提示されている。しかし，利息制限法（1954年法）の制定からすでに50年を経て，利息制限法の制限利率そのものがかなり加重なものとなっていることも注目される必要がある（1954年の銀行の平均貸出金利は年利約9％，現在は，ゼロ金利政策が解除されたとはいえ，超低金利政策は継続しており，銀行の平均貸出金利は年2％に満たない）。いかなる形であれ，利息制限法の制限利率の引き上げを認めることは不当であろう[16]。法律の見直し期限を2007年1月に控えていることから，今後の立法作業が注目される。

2　残された課題

グレーゾーン金利の撤廃は，焦眉の課題であるが，問題はそれにとどまらない。さらなる課題は，利息制限法の利率自体の低減化であろう。低金利政策のもとで，現在の利率は時代にそぐわないものとなっている（利制1条1項のほか，とくに4条）[17]。

また，金利以外に，過剰融資の抑制や不適切な取立の規制，広告の規制，債務者情報の流出の防止，説明義務の徹底，リボルビング払いなどが問題となる。さらに，債務者にかける生命保険や年金担保の規制，認知症の高齢者や精神・知的障害者などの保護といった周辺の課題もある（年金担保は，貸金業法の2004年改正により罰則をもって禁止）。みなし利息（利制3条）を筆頭に，両建預金や一連の取引の個別化の例にみられるように，特殊な取引方法によって実質的に金利を高める方策を防止する必要があることから，金利の規制だけでは十分とはいえない。また，過剰融資との関係では，リボルビング払いは，毎月の支払いを一定額におさえるが，他方で，期間が不定期となり，新

たな貸付の契機ともなり，ひいては元本は容易には減らないとの特徴をももっている。金利の問題は，単独では解決しがたい性格をもっている(18)。

全般的な体系の上にも問題がある。利息制限法が金利の制限のみを規定し，また貸金業法が業務規制をしながらも，その雑則においてみなし弁済を定めたにすぎないことから，わがくにには，必ずしも消費者に特有の消費貸借法と位置づけうるものが存在しない。ほかに，包括的な消費者信用法も存在しない(19)。

金利の周辺をおさえた規制は，わがくにでも，かねてから問題となっている手形や公正証書の利用や期限の利益の喪失約款を利用した高利の仕組みのような種々の脱法的な貸借を防止するうえでも効果的である（とりわけ消費者消費貸借における手形や公正証書の利用禁止は，現在わがくにでも焦眉の課題である）。すなわち，規制は，一面では根本的に（金利やみなし弁済の見直し），他面では個別の規制を積み重ねるといった，きめの細かさを必要としているのである。

(1) 同判決については，森泉章・判評488号208頁，川神裕・判タ1036号81頁，佐久間邦夫・ジュリ1158号114頁，飯塚和之・NBL690号60頁，小野・民法判例百選Ⅱ（5版）124頁など参照。
(2) 最高裁判決以前の下級審裁判例の展開については，小野「利息制限法理の新たな展開（下）」判評520号2頁，同・司法の現代化と民法（2004年）304頁所収（以下「現代化」と略する）。
(3) 小野「消費者金融の金利の行方」市民と法40号61頁参照。
(4) 小野・前掲判評520号2頁参照。
(5) 最判平11・3・11民集53巻3号451頁，判時1673号80頁は，分割払による貸金の返済期日が「毎月Ⅹ日」と定められた場合にⅩ日が休日に当たるときの返済期日の解釈と貸金業法17条の書面に記載すべき「各回の返済期日」に関して，「返済期日を単に『毎月〇日』と定めただけで，その日が日曜日その他の一般の休日に当たる場合の取り扱いが明定されなかった場合には，その地方においては別異の慣習があるなどの特段の事情がない限り，契約当事者間に〇日が右休日であるときはその翌営業日を返済期日とする旨の黙示の合意があったことが推認されるものというべきである。現代社会においてはそれが一般的な取引の慣習になっていると考えられるからである（民法142条参照）」とした。一見すると，厳格解釈を緩和したものともみえるが，同判決は，履行の期限に関する一般理論を逸脱するものではない。そこで，貸金業法の適用

にあたって，契約書面に記載する事項を厳格に定めるとの判例理論に反するとか，とくに緩和したものとみるべきではないが，とくに厳格化したともいえない。

(6)　小野・判評519号2頁，520号2頁（現代化301頁，307頁）。同・民商129巻6号77頁。最判平16・2・20民集58巻2号475頁では，とくに滝井補足意見参照。天引の肯定論としては，たとえば，三井哲夫「利息の天引ないし先払と貸金業法43条」NBL714号16頁。

(7)　そこで，「各貸付けについて，確定的な返済期間，返済金額等を17条書面に記載することが不可能であるからといって，Y〔貸主〕は，返済期間，返済金額等を17条書面に記載すべき義務を免れるものではなく，個々の貸付けの時点での残元利金について，最低返済額及び経過利息を毎月15日の返済期日に返済する場合の返済期間，返済金額等を17条書面に記載することは可能であるから，Yは，これを確定的な返済期間，返済金額等の記載に準ずるものとして，17条書面として交付する書面に記載すべき義務があったというべきである」。

(8)　開示義務について，小野・金判1230号64頁，河津博史・銀法655号51頁，小粥太郎・ジュリ1313号72頁など参照。

(9)　最判平18・1・13については，川畑大輔・金法1763号1頁，澤重信・NBL826号4頁，滝澤孝臣・銀法659号4頁，水野信次・銀法659号55頁など参照。小野・金法1780号（9月5日号＝金融判例研究16号）67頁。

(10)　茆原正道「貸金業規制法43条に関する最高裁判決の意義」市民と法40号23頁参照。なお，最高裁は，無効の超過利息の支払に関して期限の利益を喪失する特約の記載があったから，ただちに17条書面の要件を害するとの構成はとっていない。この場合には，弁済の有効性は，客観的要件によってではなく，任意性によって判断される。43条1項の適用のためには，17条書面には，超過利息のような無効な記載があった場合でもたりるという構造に対応させたものである。

(11)　本件については，小野・民商135巻1号198頁参照。本書第5篇所収。

(12)　種々の超過利息の徴収の方法につき，小野・判評520号6頁以下参照。

(13)　前掲・金法1780号67頁参照。これに対し，平成2年判決についても，それが，もともと，債務者が支払のさいに超過部分の契約が無効であることの認識を必要としないというだけで，任意性が不要であるとしたわけではないとの指摘がある（茆原・前掲論文24頁，28頁）。無効の認識があっても，やむなく支払う場合には，任意性がないことと対比して，解釈上，認識は不要であるから，任意の支払であったと直結されていたにすぎない。第3の場合として，認識がなくても，誤解して，事実上強制されたときには任意性はないことがある（最判平18・1・13判決）。こう解する場合には，平成2年判決と同18年判決には矛盾はないともいえるが，少なくとも平成2年判決が，もっと過大な意味で理解されてきたことは（良し悪しは別として）見過ごせないであろう。

第2部　金利と利息制限

(14)　さらに，1998年から2002年の推移は，10万3803，12万2741，13万9281，16万0419，21万4633件であった。司法統計年報各年（2004年＝平16年版では71頁）参照。

(15)　「附則第12条　新貸金業規制法による貸金業制度の在り方については，この法律の施行後3年を目途として，新貸金業規制法の施行の状況，貸金業者の実態等を勘案して検討を加え，必要な見直しを行うものとする。
　　　2　出資の受入れ，預り金及び金利等の取締りに関する法律第5条第2項については，この法律の施行後3年を目途として，資金需給の状況その他の経済・金融情勢，資金需要者の資力又は信用に応じた貸付けの利率の設定の状況その他貸金業者の業務の実態等を勘案して検討を加え，必要な見直しを行うものとする。」

(16)　特則を設けることについては，現在の出資法付則による日掛金融が脱法的に利用されるのと同じ危険がある。7月12日には，日弁連の会長声明が出された。貸金業法43条の違憲論については，茆原正道「43条違憲論」消費者法ニュース別冊。なお，現代化320頁注(4)参照。

(17)　法定利率について，最判平17・6・14民集59巻5号983頁は，「被害者の将来の逸失利益を現在価額に換算するために控除すべき中間利息の割合は民事法定利率である年5％より引き下げるべきであるとの主張も理解できないではない」とする（具体的な結論は引下げを否定）。これにつき，小野「ドイツ債務法現代化法における法定利率と基礎利率」国際商事法務34巻4号474頁参照。同・民商133巻4=5号840頁参照。固定金利による一般的な制限のほかに，低金利時代には，流動金利による機能的な制限も必要となる。

(18)　2006年4月，不適切な取立を理由として，消費者金融大手に営業停止の行政処分が行われた。これを契機として銀行業界でも，消費者金融会社との提携関係を見直す動きがある。超過利息の返還訴訟の増大は，間接的な形でも経済界ほかに影響を与えている。たとえば，日本公認会計士協会は，06年3月15日付けで「『貸金業の規制等に関する法律』のみなし弁済規定の適用に係る最高裁判決を踏まえた消費者金融会社等における監査上の留意事項について」を公表した。消費者金融会社は，通常，利息制限法の上限金利を超える貸付利率で営業しているが，最高裁平18・1・13および18・1・19判決をうけて，債務者等から利息制限法の超過利息の返還が求められることの増加が予想されることから，「みなし弁済規定の適用に係る最高裁判決を踏まえた消費者金融会社等における監査上の留意事項について」を取りまとめたものである。監査人の粉飾決算への関与が問題となっているおりから，消費者金融会社などの監査人の適切な監査が注目されている。

(19)　小野「貸金業法43条と社会倫理」消費者法ニュース61号38頁参照。

第2篇　改正貸金業法の経緯・位置づけ・概観

第1章　はじめに

1　本稿の対象

　周知のごとく，わがくにには，統一的な消費者信用法は存在しない。民法典中には，消費貸借の項目があるが（587条以下），わずかに6条だけであり，そこには，金利に関する規定は存在しない。民法では，金銭債務の特質については，むしろ債権総論の中の金銭債権と法定利率（402条以下），あるいは金銭債務の不履行（419条）の規定によってカバーされる領域が内容的には豊富である。

　それというのも，金利，とくに利息の制限については利息制限法が存在し，貸金業の規制については，貸金業法があり，また，刑事法的な規制としては，出資法が存在するからである。さらに，広義の消費者信用に関係する法律としては，割賦販売法や特定商取引法，金融商品取引法などがあるが，いずれも特定の分野を対象とするものであり，包括的なものではない。

　外国法では，これらを統一した消費者信用法（たとえば，ドイツの旧消費者信用法，フランス消費者法，アメリカ消費者法など）が存在するか，さらには，それをも民法典に統合する例がある（2002年のドイツ民法典の債務法現代化では，消費者信用法が民法典に組み込まれた）。法体系を見通しよくするためには，包括的な消費者信用法制，あるいは民法典への統合が望ましい。立法技術的にも，個別法規相互の間のもれをなくすためには，望ましいのである。

　しかし，現行法は，上述の4本建ての方式をとっており，本篇（およびその対象とする貸金業法の改正）においても，この方式を前提とする。本篇の対象とする2006年（平18年）に行われた貸金業に関連する法改正は，狭義の貸金業法の改正を中心とするが，それにとどまらず，利息制限法と出資法の

改正をも包含するものである。本篇で，改正（貸金業）法という場合には，広義のそれを意味しており，必ずしも形式的な貸金業法のみの改正を意味しているわけではない。

2 利息制限への回帰

2006年末の法改正の契機は，2005年（平17年）末以来の最高裁判例の展開である。一連の最高裁判決によって，一気に消費者金融の金利規制への関心が高まった。そして，従来から批判の強かった貸金業法による高金利と利息制限法による制限金利との差についての，いわゆるグレーゾーン金利を撤廃する動きが具体化したのである。

もっとも，このような動きは，すでに2003年の最高裁判決時から始まっており，さらには，長い間の伏流水があった。1983年に，貸金業法が制定された後には，政治に対する司法の無力感が強く，これは後述の最高裁平成2年判決をもたらした（同判決は，今やその意義をほぼ失ったとみることができる）。学界においても，同様の無力感は強く，同法制定後，利息制限法や貸金業法に関する研究は，文言解釈に関するものを除くと激減した。

このような潮流は，ほぼ2003年（平成15年）のやみ金融防止のための貸金業法の改正まで継続した。その中で，天引に対する不適用や貸金業法43条の形式的要件を厳格に解する動き，とくに多数の下級審裁判例が，実質的に果たした役割には大きなものがあった。これに対し，2003年以来の最高裁の諸判決は，最高裁が，利息制限の実質論への回帰の方向性を示したものと位置づけられる。このような回帰には，近年の司法制度改革や司法消極主義への反省，企業のコンプライアンスの実質化など多様な背景がある（小野「貸金業法43条と社会倫理」消費者法ニュース61号38頁参照）。

3 利息制限法と貸金業法

歴史は繰り返す，といわれる。ここでの出発点は，利息制限法1条1項と2項の関係である。これは，本来両立しない事項を「任意」弁済の構成で繕っている。「任意」というフィクションを否定し2項を事実上空文とし，1項に統一したのが，かねての最高裁大法廷判決であった。判例理論によれば，債

務者が超過利息を支払っても，元本が残存すればそれに充当され（最判昭39・11・18民集18巻9号1868頁），また，元本が完済された場合には，不当利得として返還を請求することができる（最判昭43・11・13民集22巻12号2526頁）。

この利息制限法1条1項の実質的な厳格適用という判例理論が，1983年の貸金業法の制定によって振り出しに戻った。同法43条1項によって，利息制限法に反する過払い利息の弁済は，一定の要件のもとで有効なものとみなされた。しかし，利息制限法1条1項とこの貸金業法43条1項の間にも，なお同様の矛盾がある。

この問題に対する従来の最高裁の態度は，必ずしも一貫したものではなかった。当初，最高裁は，最判平2・1・22民集44巻1号332頁において，貸金業法43条1項の「利息として任意に支払った」ことにつき，利息の制限超過部分の契約が無効であることの認識を不要とし，その適用の実質的要件を緩く解した。しかし，形式的要件の具備については，最判平11・1・21民集53巻1号98頁において，貸金業法18条書面の交付につき厳格な解釈を示している（平2年判決につき，森泉章・判例評論382号204頁，滝澤孝臣・法曹時報44巻1号（判解民平2年44頁），鎌野邦樹・ジュリスト979号98頁ほか。また，平11判決については，森泉章・判評488号208頁，川神裕・判タ1036号81頁，佐久間邦夫・ジュリ1158号114頁，飯塚和之・NBL690号60頁，小野・民法判例百選Ⅱ（5版新法補訂版）124頁など参照）。

そして，最高裁は，2003年の3つの判決において，従来下級審において争いのあった商工ローンの保証会社に対する信用保証料などのみなし利息と仕組み金融における充当に関する判断を行った（最高裁第2小法廷判決平15・7・18民集57巻7号895頁，第1小法廷判決平15・9・11金判1188号13頁，第3小法廷判決平15・9・16金判1188号20頁）。

また，2004年2月の2つの判決において（最高裁第2小法廷判決平16・2・20民集58巻2号475頁，金判1188号2頁，②最高裁第2小法廷平16・2・20金判1188号10頁），貸金業者との間の金銭消費貸借上の約定に基づき利息の天引がされた場合における天引利息については，貸金業法43条1項の規定の適用はないこと，および貸金業法43条の適用要件に関する新たな判断を行った。

さらに，最判平16・7・9判時1870号12頁の判決においても，これが確認された（その後の展開については，後述第3章）。

第2章　従来の展開

1　金利規制と社会情勢——戦前

(1)　金利規制は，時々の社会・経済情勢の反映であるが，大まかな流れは，法律の規定上にも現れている。

現行の利息制限法の基礎となったのは，1877年（明10年）9月11日の太政官布告66号によって出された旧利息制限法である。これによって，明治初頭の金利規制の全面的な撤廃の方針は，放棄されることとなった。その特徴は，以下のような元本額に応じた利率の方式であり，それ自体は今日まで継続している。

「1条　凡ソ金銀貸借上ノ利息ヲ分テ契約上ノ利息ト法律上ノ利息トス
2条　契約上ノ利息トハ人民相互ノ契約ヲ以テ定メ得ヘキ所利息ニシテ元金100円未満ハ1ケ年ニ付100分ノ20（2割），100円以上1000円未満100分ノ15（1割5分），1000円以上100分ノ12（1割2分）以下トス。若シ此限ヲ超過スル分ハ裁判上無効ノモノトシ各其制限ニマテ引直サシムヘシ（以下，略）」。

注目するべきことは，この利率が当時の経済情勢を反映していることである。当時は，幕末の動乱期を経て，資金需要が高い時代であった。また，殖産興業・富国強兵政策のもとで，近代化のための多大な投資が行われた時代でもある。他方，これに応じるべき金融制度は未整備であった。同法における利率も，当時のそのような民需を反映したものであり，必ずしも普遍的なものではないことが注目されるべきであろう。

その後行われた民法の制定作業は，この利息制限法の存在を予定したものであり，その結果，わがくにでは，制限利率についてとくに規定しない民法と制限利率についての詳細な規定をおく利息制限法との二本だての構成がとられることになった（旧利息制限法のもう1つの特徴である「裁判上無効」の構成が，利息制限法1条旧2項の，任意の支払は「返還を請求することができない」

の構成（2006年改正で削除）にうけつがれたことやその前近代的性格については立ち入らない。小野・利息制限法と公序良俗（1999年）205頁以下参照。以下，前掲書・利息と略する）。

(2) この状況は，その後も継続しているが，民間の実効金利は，基本的には下がり続けたことから，第一次大戦終了時の1919年（大正8年）の改正によって，旧利息制限法の最高利率の引下げが行われている（最高利率は，元本100円未満1割5分，100円以上1000円未満1割2分，1000円以上1割）。この改正までの期間は，42年間であった。

なお，1939年（昭14年）には，貸金業に対する行政的規制として，金融業取締規則（1939年警視庁令29号）が制定された。これによって，開業の規制として許可制が，また誇大広告の禁止や契約書について書面を交付する義務などが定められたが，1947年（昭22年）5月3日に廃止された（前掲書・利息221頁以下。利息制限法の変遷に関する文献は多い。たとえば，我妻栄・民法講義IV（1964年）49頁以下，V₂（1957年）345頁以下，遠藤浩ほか編〔清水暁〕逐条民法特別法講座⑥契約I（1986年）202頁。森泉章・判例利息制限法（増補1978年）6頁，大河純夫「利息の制限」民法講座（5・1985年）277頁以下など。そこで，本篇の記述は，必ずしも網羅的なものではない）。

2　戦後の規制——出資法，新利息制限法

(1) 第二次大戦後，1947年（昭22年）には，金融機関の金利については，臨時金利調整法，また1946年（昭21年）には，物価統制令による暴利の禁止（10条）が定められた。臨時金利調整法（1947年法律181号）は，金融機関を対象として金利の最高限度を設定するとするものである。もっとも，同法による最高限度を超過しても，契約がただちに無効になるわけではなく，立法趣旨を異にするから，当然に利息制限法の適用を排除するものでもない。

(2) 他方，行政的規制としては，戦後の混乱期にあって，高金利の弊害から「貸金業等の取締に関する法律」（1949年法律170号）が定められた。開業の規制として，大蔵大臣への事前の届出制をとり，一定の欠格事由に該当する場合には，届出の受理を拒絶できるとしていた。しかし，登録制ではないために，未届の業者を排除する機能に欠けていた。そこで，新利息制限法お

よび出資法の成立にともない廃止された。

　昭和47年（1972年）には「貸金業者の自主規制の助長に関する法律」（昭和47年法律102号）が制定され、従来の行政的監督に代えて、業者の自主規制による規制が行われたが、それによる庶民金融協会への業者の加入は任意のため、出資法による届出業者に比して少ないものにとどまり、実効性も乏しかったのである（1割以下）。

　このような業者の自主規制の方法が採用された理由としては、行政庁が「指導金利」を設定することによって、利息制限法や最高裁判例を無視すること、また高金利から生じる社会問題を放置する責任を回避するには、業法をつくり、金利の規制もその自主規制にまかせることが無難との考慮によった。そこで定める金利は、庶民金融業協会の定款で定める定款金利によることになった。これにより、実質的には、貸金業者の定める制限超過の利息が公認される結果ともなった。

　(3)　1954年（昭29年）5月15日（1954年法律100号）には、新利息制限法が成立した。新法は、戦後のいちじるしいインフレにあわせて利息の制限額を引き上げた（1条、最高利率は、旧法と同様に、元本額に応じた制限利率の方式）。また、同年6月23日の出資の受入、預り金及び金利等の取締等に関する法律（1954年法律195号。旧出資法）は、年利109.5％（日歩0.3％）以上の高利を罰則をもって禁じた（5条）。この利息制限法と出資法による規制が、その後長期にわたり利息制限の基礎となった。

　現行の利息制限法の制限利率は、戦後の高金利の時代の産物である。民間の金利が経済情勢を反映するとすれば、その後の高度成長期やバブル経済の時期には必ずしも不当とはならなかったが、バブル経済の崩壊後の超低金利時代には、そぐわないものとなっている。

　なお、この時期の裁判例では、導入預金や両建預金の制限に関するものがある。戦後やその後の高度成長期の高金利時に、実質的に利息制限法を潜脱する手段として行われたものである。

　まず、預金等に係る不当契約の取締に関する法律2条1項に違反するいわゆる導入預金であっても、預金契約自体は、民法90条に該当する無効なものということはできないとされた（最判昭49・3・1民集28巻2号135頁）。

また，預金を拘束しこれを担保にする貸付である，いわゆる歩積・両建預金に関する先例によれば，独禁法19条に違反することがあるとしても，それが公序良俗に違反するような特別の場合を除き，ただちに私法上無効とはいえないが，拘束された両建預金を取引条件とする信用協同組合の貸付が独禁法に違反し，両建預金があるために実質金利が利息制限法の制限利率を超過する場合には，超過する限度で貸付契約の利息，損害金についての約定が無効となるものとした（最判昭52・6・20民集31巻4号449頁）。

この拘束預金は，預金と貸付が時間的に同時に行われ，いわば並列的に行われる結果，利息制限法の制限を超過した場合であるが，この考え方は，継続的な取引の場合に，逐次的な貸付で，いわば直列的な原因による利率の超過という現象についても参考となる。実質的に充当や相殺的な考慮を認めるべき点では異ならないからである（小野「利息制限法理の新たな展開（下）」判評520号2頁，同・司法の現代化と民法（2004年）304頁所収（以下，前掲書・現代化と略する））。

3　出資法改正と貸金業法

(1)　利息制限法と出資法による規制は，ようやく1970年（昭45年）代後半の消費者金融の社会問題化（いわゆるサラ金問題）にともない，かなり大幅な修正をうけることになった。金利の制限，業者の限定，取立て方法など業務の適正化，あるいは大手の金融機関による小額金融の方途が求められるようになったのである。

このうち，金利の制限と業者の限定が，法の改正および新しい法の施行によって行われるようになった。暴力的取立てなどに対しては，刑事的処断の活性化と業者の限定による間接的な影響が期待され，また，銀行による低利での小額金融の方途もかなり開かれるようになった。さらに，1960年代半ばから，制限超過の利息の充当や返還に関する判例理論の進展がいちじるしく，これに関し，前述の最高裁昭39年，昭43年判決の両判決がある（第1章参照）。これにより，利息制限法1条1項と2項の矛盾が克服されたことについては，繰り返す必要はないであろう。この判例理論は70年代を通じて維持されてきたが，議員立法である貸金業法はこれを覆すことも目的とした。

(2) 従前の出資法では，刑罰により高金利を規制しようとするのみで，しかも処罰の対象とされる制限利率は，年利109.5％（日歩30銭）とかなり高率であった。また，貸金業を規制するものとしては，たんなる届出の規定を有するにすぎなかった（旧7条）。開業自体は，事前の届出なしでも可能であった。同様に，大蔵大臣の報告聴取権，営業所への立入権も定められてはいたが，貸金業の実態を調査，把握する目的で認められていたにすぎない。刑罰による処罰の対象とならない業者の排除には，ほとんど機能しえなかったのである。

1983年（昭58年）の改正法の眼目は，2点であった。

第1点は，制限金利の低率化である。高利の金融に対する従来の出資法の制限は，利息制限法の制限利率（年利1割5分ないし2割）とのギャップが大きすぎ，かつ債務者の保護としても実質性を欠いている。そこで，年利109.5％を超える金利制限を定めた旧5条に，第2項を追加し，年利40.004％（日歩0.1096％）を超える金利をも処罰の対象とすることとした。もっとも，法律の施行の日から3年間は，第2項の制限金利は，73％と読みかえられ，この経過措置によって2段階で金利の低下をはかることとした（附則2号）。さらに，これには例外措置がおかれ，この3年を経過する日から，別に法律で定める日までの間は，54.75％と読みかえられる。この「法律」は，平2年法律42号により，1991年（平3年）10月31日までとされた。結局，同法の規定による利息の引き下げ（年利40.004％）は，1983年（昭58年）の改正から，8年を経過してようやく実現されたのである。その後も，バブル経済の期間，引き下げは停滞したのである（2000年まで）。法の変遷は，つぎのグラフのように整理される（前掲書・利息235頁以下）。

なお，処罰金利の引き下げは，「業として金銭の貸付けを行う場合」(5条2項）に限られ，それ以外の場合には，なお年109.5％の利息が許容され（同条1項），また付則には，日賦貸金業者，質屋と電話担保金融（「当分の間」それぞれ109.5％と54.75％）の特例措置が残されていたのである。

2006年改正法までの制限金利の推移

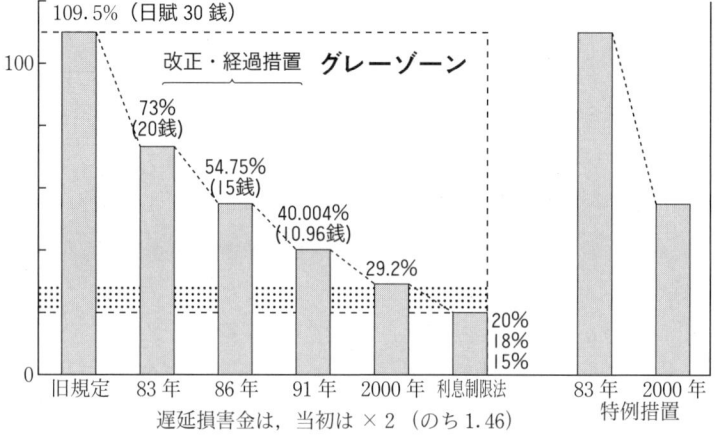

- 109.5%（日賦30銭）［旧規定］
- 73%（20銭）［83年］
- 54.75%（15銭）［86年］
- 40.004%（10.96銭）［91年］
- 29.2%［2000年］
- 利息制限法：20%／18%／15%
- 改正・経過措置　グレーゾーン
- 特例措置：83年／2000年

遅延損害金は，当初は×2（のち1.46）

(3) 第2に「貸金業の規制等に関する法律」（昭58年法律第32号，貸金業法）が成立した。この法律は，4つの方向から貸金業を規制した。

第1に，貸金業者は貸金業者登録簿に登録を義務づけられた（3条―12条）。第2に，貸金業者の事業に対し一定の業務規制が行われた（13条―24条）。第3に，貸金業者の組織する団体の適正な活動を促進することによって，その業務の適正な運営を確保し，間接的に資金需要者の利益の保護がはかられた（25条―35条）。第4に，同法の定める諸規定に対する監督官庁による監督が，かなり広範に定められた（36条―42条）。

他方で，金利については，利息制限法の制限を超過して貸金業者に任意に支払った利息の支払を，一定の要件のもとで有効な利息の弁済とみなす「みなし弁済」の規定がおかれた。これが，改正法の特徴である，任意に支払った利息のみなし弁済に関する規定の新設である（43条）。すなわち，登録された貸金業者が業として行う金銭を目的とする消費貸借上の利息の契約にもとづき，債務者が任意に支払った金銭の額が，利息制限法1条1項に定める利息の制限額を超える場合においても，その支払は有効な利息の債務の弁済とみなされる（43条1項の各号の場合）。

しかし，前述のように，最高裁の判例は，利息制限法1条1項に定める利

息の制限額を超えて支払った場合には，それを無効とし返還請求をも認めてきた。いったん支払った場合には，その返還を認めないとすることは，高利規制をも重要な目的の一つとして，当時のサラ金問題に対処するために貸金業法が設けられたのに反し，判例理論を変更したのでは，かえって債務者保護の実質をうすくする。疑問とされるべき点であった。そこで，国会審議当初は，5年間の時限立法として説明されていた（発議説明など。もっとも，条文や附則のうえでは明確ではない）。

　もっとも，この 43 条が適用されるには，①登録された貸金業者が業として行う金銭を目的とする消費貸借上の利息の契約にもとづく利息の支払であること，②債務者がその利息を，「利息として」，「任意に」支払うこと，③貸金業法 17 条の定める「契約内容を明らかにする書面」が債務者に交付されたこと，④同法 18 条の「受取証書」が，支払のつど，債務者に交付されていることが必要であり，のちの裁判例では，これら要件の具備が問題とされる。

　(4)　この間の裁判例としては，前述最判平 2・1・22 があるが，利息制限には必ずしも積極的なものではなかった。他方，かなり多数の下級審の裁判実務上は，貸金業法 43 条の適用要件（同法 17 条，18 条の書面）を厳格に求める扱いが定着し，これは，やがて前述最判平 11・1・21 によって追認されることとなった。

第3章　従来の立法，裁判例の展開

1　商工ローンとやみ金融対策

　(1)　1990 年代，バブル経済の崩壊とともに，いわゆる超低金利時代となり，市場金利は，低下の一途をたどった。日本銀行統計「21 金融 5 貸出金利（主要行・短期）」（2008 年 1 月）によると，短期プライムレートは，バブル経済の崩壊した時期である 1990 年末には，8.25％，1991 年末には，6.625％となり，以後，継続的に低下し，1999 年末には，1.375％（ほぼ 2005 年末まで），2006 年末には，1.625％，2007 年末には，1.875％となった。その結果，出資法や利息制限法の制限金利はもとより，5％の法定利率でさえも，相当な高金利とみなしうるような事態となった。

1990年末	1991年末	1992年末	1993年末	1994年末	1995〜97年末
8.250%	6.625%	4.500%	3.000%	3.000%	1.625%
1998年末	1999年末	2000年末	2001年末〜05年末	2006年末	2007年末
1.500%	1.375%	1.500%	1.375%	1.625%	1.875%

　しかし，出資法の上限金利を引き下げることは遅れ，ようやく1999年改正（2000年＝平12年施行）で実現された。いわゆる商工ローン問題（おもに1998年〜99年に社会問題化）を契機とする。

　同年の改正では，貸金業法につき，①保証人に対する事前の説明の強化（書面の交付），②保証人に対する事後の通知（追加貸付の通知），③取立規制（保証による求償権の取得者に対する），④罰則の強化が行われた。

　また，出資法について，刑罰金利の上限である年利40.004％が，29.2％に引き下げられた。これにあわせて，利息制限法についても，損害賠償額の予定の制限につき，制限金利の2倍という従来の制限が1.46倍に引き下げられた。施行は，2000年6月1日であった。

　もっとも，日賦業者に関する出資法の制限金利の特例は，2000年（平12年）5月改正法（施行は2001年6月）で，109.5％から54.75％として引き下げられたにとどまる。一般的なグレーゾーン金利の存続の問題とともに，その解消は将来の課題として残された。その結果，一般貸出における超低金利のもとで，出資法の制限金利の限界近くで事業を行う貸金業者は，空前の利益をあげることになったのである。

　(2)　2004年には，おりからのやみ金融が社会問題となったことを直接の契機として，出資法などの規制強化が行われた（一部規定は2003年から先行施行。2004年に全面施行。やみ金融規制法）。この時期には，一般的な企業の不祥事が多発したことから，企業のコンプライアンスが求められるようになったことも一因である。その後も，企業の社会的責任を求める潮流は継続している。卓越した思想的基盤や社会的背景がないかぎり，価値の転換がむずかしいことの一例ともなっている。

　2004年法によって，貸金業法，出資法の改正が行われた。改正の中心は，貸金業法であり，その骨子は，①登録要件の厳格化，②適切な営業体制の確

立（貸金業務取扱主任者制度の導入），③取立規制の厳格化，④契約の無効，⑤罰則の強化である。

　このうち，注目するべきものは，④である。従来，登録業者の多くは，利息制限法と出資法の間のいわゆるグレーゾーン（15～20％以上，29.2％以下）の利息を定め，収益をあげてきた。他方，いわゆるやみ金融は，出資法の定めをもはるかに超過する高利の定めをしている。ところが，刑事法である出資法に違反する利息の定めがあっても，必ずしも元本や利息制限法の制限内の利息の債権までが無効とは考えられてこない場合もあった。そこで，出資法の上限金利を超える利息の支払をする契約の効力が，法律案の段階で問題とされ，109.5％を超える割合の利息の契約は禁止され，消費貸借契約は無効となるとされた（貸金42条の2第1項）。

　しかし，高利対策の決め手として，元本の返還請求権を明文で否定することは見送られた。元本の返還請求をも認めるよちがないと，借主のモラルハザード（返すつもりなしに借りる）をもたらす可能性があるという理由である。条文では，たんに年利109.5％を超える貸し付けについては，契約を無効とするにとどまる。あとは解釈の問題となり，元本の給付が不法原因給付となれば（民708条），その返還請求も制限されるが，そうでなければ，元本の返還請求は可能となり，実質的に金利部分の無効となるにとどまる。しかし，元本の返還請求を認めないことが高金利への抑制となることから，かりに返還請求を認める場合でも，法定利率までの利息を認めるような解釈は否定する必要がある。109.5％を超過するような暴利は犯罪行為であり，バブル経済崩壊後の低金利との比較では，法定利率でさえもかなり高率であり，元本にさえ返還の疑問がある場合に，利益の保持を認めるべきではないからである。いうまでもなく，利息制限法の制限利率に違反する金利の約定も，一般の出資法の制限金利である29.2％に違反する約定も無効である。109.5％を超過することのみが，公序良俗や不法原因給付の基準になるわけではないから，貸付の態様によっては，109.5％以下の場合にも，元金の返還請求権が制限されるとの解釈はありうる（小野「ヤミ金融対策法の概要」市民と法24号2頁。前掲書・現代化289頁以下）。

　なお，いわゆる押し貸しや数百％にも及ぶやみ金融は犯罪であり，元金も

犯罪の道具たるにすぎないから，貸主からの請求に対しては不法原因給付として返還をいっさい認めるべきではない。また，犯罪性に着目して借主から不法行為による損害賠償請求をする場合でも，その実質は，不当利得の返還請求であるから，損益相殺といった形で，貸主への元金の返還を実現させるべきではない。これにつき，最決平 18・3・7 は，年 1200％の高金利で行われたやみ金融の事案に対し，「貸金に名を借りた違法行為の手段にすぎず，民法上の保護に値する財産的価値の移転があったと評価することは相当でない」として，借主が業者に返済した元本相当金額についても，不法行為に基づく損害であると認め，実質的に，借主から業者に対する返還請求を認めた札幌高裁判決（札幌高判平 17・2・23 判時 1916 号 39 頁）に対する上告を棄却して同判決を確定させた。〔最判平 20・6・10 最高裁 HP も，損益相殺を否定した。〕

しかし，2004 年改正では，出資法の制限利率そのものについては，引き下げは行われなかった。実効性のある方法で，利息制限法の制限を超える利息の支払を制限する必要が課題として残された。

2　最高裁の動向

(1)　数年来，最高裁は，一連の判決において貸金業法 43 条の適用を厳格化してきた。これは，あたかも 1960 年代において，利息制限法 1 条 2 項の制限解釈が進展した時代を彷彿させる（前述の最判昭 39・11・18，最判昭 43・11・13 ほか）。

比較的早いものでは，前述最判平 11・1・21 が，貸金業法 18 条書面の交付につき厳格な解釈を示した。そして，みなし利息や一連の取引の過払い金を他の債務に充当した 2003 年の判決が，それ以後の一連の判決の先駆である（前述の最判平 15・7・18 民集 57 巻 7 号 895 頁，最判平 15・9・11，最判平 15・9・16，さらに，同旨の最判平 17・7・11 判例集未登載がある）。貸金業者と一体をなす信用保証会社のする保証料をも，前者の利息とみなすものである（小野・金判 1196 号 57 頁）。

ついで，天引や貸金業法 17 条書面の厳格化がこれに続いた（前述の最判平 16・2・20 民集 58 巻 2 号 475 頁，金判 1188 号 2 頁，最判平 16・2・20 金判 1188 号

10頁)。書面の厳格化は，従来の判例理論の進展の結果であるが，天引の実質的な制限は，貸金業法43条の弁済の任意性に深くかかわるものであり，従来，同法43条の厳格適用という形式的方法にとどまった最高裁の立場の変化を示すものである（小野「利息制限法理の新たな展開」判評519号2頁，520号2頁（前掲書・現代化301頁，307頁）。同・民商129巻6号77頁。最判平16・2・20民集58巻2号475頁では，とくに滝井補足意見参照。他方，天引の肯定論としては，たとえば，三井哲夫「利息の天引ないし先払と貸金業法43条」NBL 714号16頁）。

それ以降は，加速度的に，新たな判断が現れている。最判平16・7・9判タ1163号113頁は，貸金業法18条の書面の内容だけではなく，その交付時期に関しても（弁済後7〜10日後に領収書を交付），厳格性を求めた。また，最判平17・7・19民集59巻6号1783頁は，貸金業者の取引履歴開示義務に関して，債務者からの開示請求と不法行為責任（精神的損害と損害賠償）の成立を肯定した（同旨，最判平18・3・9判例集未登載）。この点も，形式だけではなく，貸金業者の業務の適性性をも求める観点にもとづくことから，従来の厳格解釈の構成からの転換を示すものである（小野・金判1230号64頁，同・国際商事法務34巻6号765頁をも参照）。さらに，最判平17・12・15民集59巻10号2899頁は，リボルビング払いの際にも書面の厳格性を求めた。

2006年になってからは，期限の利益喪失約款に関する最判平18・1・13民集60巻1号1頁，金判1233号10頁，最判平18・1・19判時1926号23頁，最判平18・1・24判時1926号36頁が続いており，支払の遅滞によって期限の利益を喪失する旨の特約は，支払義務をおわない超過部分の支払をも事実上強制することになり，超過部分に関しては無効になるとした（なお，最判平18・3・30も同旨）。また，日賦業者の貸付につき，貸金業法43条の適用要件も厳格に解するものとする最判平18・1・24民集60巻1号319頁，仮装売買による高金利を制限した最判平18・2・7民集60巻2号480頁，特別上告を認めた最判平18・3・17判時1937号87頁などがある。

2006年の諸判決は，書面の記載内容が不正確あるいは不明確な場合には，貸金業法43条の適用が制限されるとするものであり，たんに法の規定する事項だけが形式的に記載されていればたりるというものではない。そこで，従来の最高裁の方式，すなわち，「任意性」の実質論には立ち入らず，書面の具

備という形式論で貸金業法43条の適用を制限することを超えて，最高裁が，実質論にまで立ち入りつつあることを意味している（その契機は，前述最判平16・2・20である）。前述の平2年判決では，法定事項の記載内容についてさえ，事案に則した幅のある解釈が可能との調査官解説が登場した。しかし，その後形成された判例理論によれば，書面内容は，実質的にも厳格でなければならない。とりわけ期限の利益喪失約款（実質的な任意性の必要性）と書面の厳格主義に関する判断が，最高裁の3つの小法廷から出されていることからすると（前述の最判平18・1・13ほか），平2年判決の実質的な判例変更とみることもできるのである。

また，前述の最判平18・1・13は，貸金業法施行規則15条2項について，貸金業法18条との関係から法の委任を逸脱した無効なものであると断じた。ここに，平2判決の司法消極主義的な態度からの転回をみることもできる。

そして，このような判例の展開が，2006年改正の契機となったのである。

(2) なお，最判平19・2・13民集61巻1号182頁（第3小法廷）は，貸主と借主の間で，基本契約が締結されていない複数の貸借において，第1の貸付に対して利息制限法の制限を超過する弁済が行われ，過払金が発生し，その後，第2の貸付による債務が発生したときには，①「第1の貸付けの際にも第2の貸付けが想定されていたとか，その貸主と借主との間に第1貸付け過払金の充当に関する特約が存在するなどの特段の事情のない限り，第1貸付け過払金は，第1の貸付けに係る債務の各弁済が第2の貸付けの前にされたものであるか否かにかかわらず，第2の貸付けに係る債務には充当されないと解するのが相当である」とした。また，②「過払金を不当利得として返還する場合において，悪意の受益者が付すべき民法704条前段所定の利息の利率は，民法所定の年5分と解するのが相当である」とした。

①の判断には，過払金の弁済充当を認める範囲が狭いとの，また②の判断には，不当利得の性質に関する疑問がある（すなわち，契約の一部無効のさいの不当利得は，いわゆる給付利得であり，有効な契約の規範目的にそくして清算されるべきであり，利息制限法が適用された場合にもっとも近い解決が図られなければならない。受益者の利得は利息を付して全額返還される）。この裁判例は，従来の裁判例とはやや異質のものであり，事案の特殊性によるものか，それとも

これにより最高裁の立場が変動しつつあるかどうかには，注目の必要があろう。

第4章　2006年改正の経緯

1　最高裁判決の影響，グレーゾーン金利

　一般的な超低金利時代にもかかわらず，消費者金融には高金利が続き，多重債務者の増加が，今日大きな社会問題となっている。自己破産申請件数（自然人）は，2003年に24万件を突破し，史上最高となった後，2004，2005年にやや減少し，2005年には，20万件の大台をも割り込んだ（最高裁司法統計による）。しかし，なお高い水準にあり，利息制限法の超過利息の返還を求める訴訟も，増大しつつある。

（件）

98年	99年	2000年	2001年	2002年	2003年	2004年	2005年
10万3803	12万2741	13万9281	16万0419	21万4633	24万2357	21万1402	18万4294

（2006年は，16万6339件）

　やみ金融の対策として行われた2004年（施行）の諸改正では，出資法の上限金利には手がつけられなかった。もっとも，2004年1月に全面施行された改正貸金業法は，付則で施行後3年を目途に必要な見直しを行うと定め，出資法の上限金利も見直しの対象として掲げた（付則12条）。

　「附則第12条　新貸金業規制法による貸金業制度の在り方については，この法律の施行後3年を目途として，新貸金業規制法の施行の状況，貸金業者の実態等を勘案して検討を加え，必要な見直しを行うものとする。

　2　出資の受入れ，預り金及び金利等の取締りに関する法律第5条第2項については，この法律の施行後3年を目途として，資金需給の状況その他の経済・金融情勢，資金需要者の資力又は信用に応じた貸付けの利率の設定の状況その他貸金業者の業務の実態等を勘案して検討を加え，必要な見直しを行うものとする。」

その見直しの期限は，2007年1月となる。そこで，金融庁は，2005年3月末から総務企画局長の私的会議として「貸金業制度等に関する懇談会」を立ち上げ，2006年4月21日に「座長としての中間整理」がまとめられた。最高裁判決をうけ，基本的な方向は，グレーゾーン金利の撤廃であった。

2　法改正の経緯と背景

(1)　前述のような最高裁による判例の展開の結果は，金融庁の方針に影響を与えるだけでなく，国会にも影響を与えた。貸金業法が議員立法のため，自民党の金融調査会と財務金融部会，公明党の金融問題調査委員会の議論を経て，2006年7月6日に「貸金業制度等の改革に関する基本的考え方」がまとめられた。この「基本的考え方」も，「中間整理」も，ともに利用者保護を機軸としたが，同時に，利息制限法の見直しや少額金融の特例などが併記あるいは検討課題として残されていた。

とくに，「基本的考え方」は，1. 貸金業の適正化（参入規制の適正化，自主規制機関の段階的強化，広告規制・行為規制の強化，監督・罰則の適正化），2. 過剰貸付の抑制（信用情報機関の充実・強化，カウンセリング体制の充実，総量規制の強化，支払額・返済期間の適正化，金利体系の適正化）を提言した。このうち，金利体系の適正化では，グレーゾーン金利の廃止が掲げられ，その理由として，支払の任意性と一定の書面交付を要件として有効とみなす現行のみなし弁済の制度は，借主・貸主双方にとって問題が多く，不安定な制度であるとする。ただし，グレーゾーン金利廃止後の方向性については，出資法の上限金利を利息制限法の金利水準に引き下げるべきとの意見が大勢であったが，利息制限法の金利の引き上げ（金額の段階の引き上げ，あるいはこれを廃止して年利20%とする一本化），少額短期の貸付への特例を認めるなどの意見が併記されていた。また，保証料，ATM手数料など金利の概念につき，あるいは金利引き下げの経過措置についても検討課題が残されていた。

2006年9月5日に，金融庁は，貸金業規制法の改正案を自民党の金融調査会や法務部会などの合同会議に正式に伝えた。方向としてのグレーゾーン金利の廃止は打ち出したものの，少額・短期の融資などに年28%の特例金利を認めるとしたほか，利息制限法の金利区分を変えることが盛り込まれた。ま

た，施行まで1年，経過措置に3年（グレーゾーン金利の存続），特例措置が最長5年とされたことから，従前の上限金利の水準が9年以上続く計算となった（これらにつき，第3編282頁参照）。

金融庁案に対しては，特例金利の存続期間などにつき強い批判が起こったことから，同月7日，11日の合同会議でも，ともに意見がまとまらず，15日の会議において，少額・短期の貸出に金利の上乗せを認める特例措置は，金利25.5％，期間を2年とすることで決着した（19日，政務調査会で承認。自民党のHPに掲載された）。特例措置の期間が短縮され，金利も引き下げられたものの，準備期間とあわせ，5年の高金利を容認するものとなった。また，利息制限法の区分の変更が盛り込まれたことは，恒久的な一部の金利の引き上げとなっていた（元本額が10万円以上50万円未満では，18％が20％に，100万円以上500万円未満では，15％が18％となる）。

これに対しても，専門家だけではなく，各界からの大きな批判が起こったことから（おもなものとして，宇都宮健児「金利引き下げ問題をめぐる情勢について―正念場を迎えた金利引き下げ問題」消費者法ニュース69号48頁），自民党金融調査会は，その後24日の幹部会で，貸金業規制強化策のうち，少額・短期融資向けの特例，実質的な利上げとなる金利区分の変更を撤回することとし，25日の合同会議は，これを了承した。さらに，31日に臨時国会に提出された改正案では，貸金業者が借主に生命保険をかけその借主が自殺したことによって保険金が支払われる契約が禁止され，また公正証書の委任状取得も認めないことなどが追加された。臨時国会に提出された改正案は，12月13日，参議院本会議で，全会一致で可決成立した。

(2) (a) 最高裁判例の動向からすれば，来るべき改正法において，貸金業法43条とグレーゾーン金利が撤廃されることは不可避であった。他方，消費者金融業界からは，グレーゾーン金利の存続や，利息制限法の制限利率の引き上げが主張され，上述のように，改正案は二転三転したのである。

このような経緯をたどったのは，貸金業界のロビー活動と近時における企業倫理への法意識の高まりが影響しているものと思われる。2006年も，種々の企業不祥事が続出した（2005年からの耐震強度偽装問題，自動車のリコール隠しや不正車検，ライブドアの証券取引法違反，村上ファンドのインサイ

ダー取引，各種の談合事件，生命保険金の不払い，中央青山監査法人の粉飾決算会計，三井住友銀行の独禁法違反，シンドラー・エレベーター事故，パロマやリンナイの湯沸器事故，浴室乾燥機事故，大手メーカー各社による派遣労働者の偽装請負，ソニー不良リチウム電池破裂，明治ヨーグルトや不二家の正味期限切れ食品事件など）。不祥事の多発には，1990年代からの利潤至上主義の影響が大きい。企業のコーポレート・ガバナンスは唱えられているが，いわばたんなるお題目となっている。企業のコンプライアンスは，法律の回避や潜脱，事実の隠匿を意味するのではなく，その背景としての実質的な法の遵守と倫理の確立を求めているのである。

(b) 貸金業関係でも，2005年10月の金融庁の発表によると，全国の貸金業者に対する2004年度の行政処分は，1612件で過去最多となった。業務停止が前年度の10倍で，より悪質な場合に適用される「登録取り消し」も2.7倍に増えた。2005年11月には，商工ローン大手のSFCG（旧商工ファンド）が白紙委任状の不当取得から業務停止命令をうけ，2006年4月には，消費者金融大手のアイフルが強引な取り立てから，約1900の全店で金融庁から業務停止命令をうけた。2006年10月，レイクも，貸金業規制法に違反したとして一部業務について業務停止命令をうけた。武富士は，2003年と04年に一部店舗で業務停止命令をうけている。

2006年5月，金融庁から業務停止処分をうけた消費者金融大手アイフルと提携している全国81金融機関が，提携ローンの新規販売や広告・宣伝などを自粛した。

とりわけ悪質なものとして注目されたのは，消費者金融大手の行った取引履歴の改ざんである。過払いの事実を隠蔽して返還額を減らそうとしたものであり，三洋信販は，金融庁から2007年1月に業務停止命令をうけた。アメリカ・シティグループ系の消費者金融大手CFJでも，2006年10月に，取引履歴の改ざんが明るみに出た。2003年1月にアコムも，同様のことを行っている。

また，2006年には，大手消費者金融では顧客に金を貸すと同時に加入させている消費者信用団体生命保険によって，実質的に，命を担保とする厳しい取り立てが助長されていることが問題とされるにいたった。債務者が知らな

いうちに被保険者になり、比較的少額で短期の貸付債権の回収のために保険が不当に利用されていることから、社会の批判をうけ、同年10月までに、大手の貸金業者は、これを打ち切った。ただし、金融庁の調査によると、消費者金融大手5社が2005年度にうけとった死亡保険金は3万9880件で、うち1割にあたる3649件の死亡理由が自殺だったとされる。

(c) 2006年には、一連の最高裁判決をうけ、貸金業者に対する過払い利息の返還を請求する訴訟が各地の裁判所に提起され、和解や返還の実施が多数にのぼった。その結果、大手の貸金業者の決算も、従来の大幅な黒字から、減益につながった。貸金業者に限らず、利息制限法の上限を超える過払い利息の返還に備える引当金の増額の結果、信販会社などにも、かなりの赤字決算がみられた。また、やみ金融に対する警察による摘発件数も増加しつつある。

そして、最高裁判例と超過利息の返還訴訟の増大は、間接的な形でも経済界ほかに影響を与え、たとえば、日本公認会計士協会は、2006年3月15日付けで、「『貸金業の規制等に関する法律』のみなし弁済規定の適用に係る最高裁判決を踏まえた消費者金融会社等における監査上の留意事項について」を公表した。消費者金融会社が、通常、利息制限法の上限金利を超える貸付利率で営業しており、前述の最高裁平18・1・13および18・1・19判決をうけて、債務者等から利息制限法の超過利息の返還が求められることの増加が予想されることから、「みなし弁済規定の適用に係る最高裁判決を踏まえた消費者金融会社等における監査上の留意事項について」を取りまとめたものである。おりから粉飾決算への監査人の関与が問題となったところから、消費者金融会社などの監査人の適切な監査も求められた。さらに、マスコミ関係の、消費者金融広告掲載の自粛も行われた。

(3) 貸金業法の改正も、企業倫理を求める一連の流れの中にある。かねて貸金業法43条は、利息制限法を超える金利を文言上可能としてきた。同条自体、かなり厳格な形式的要件をおいてはいるが、近時の仕組み金融は、法の制限を回避し自動的に利息制限法の適用を排除することを意図している。しかし、技術は、法やその基礎となっている倫理を回避するものではありえない。技術の進歩が当然に法や倫理を超えると錯覚（意図）してはならない。ある意味では、最高裁判決と改正法にいたる流れは、企業倫理を求める社会意

識の向上の結果である。

　種々の批判から，改正法には，金利に関する特則は設けられなかったが（中途で削除），最終的な施行までには，かなりの期間があり，その間に，特例を求める動きが再燃しないとは限らない。全面的な施行までは，注目していくことが必要であろう。

第5章　改正の概要

　2006年の改正法の施行は段階的に行われる予定となっており，きわめて複雑である。①公布日［1］，②1カ月後［2］，③1年以内［3］，④そこから1年半以内［4］，⑤2年半以内［5］に施行と，5段階のものがある。詳細には立ち入らず，以下の概観においては，なるべく改正の経緯と全面施行後の全体像が把握できる記述とする。したがって，必ずしも網羅的なものではない（後述252頁参照）。

1　改正点1・貸金業の適正化

　改正点は，多岐にわたる。概観するにとどめ，詳細には立ち入らない。その中心は，金利規制の修正であるが，それにとどまらず，貸金業そのものを適正な形態とし，多重債務が発生しないような基礎環境を整備しようとすることを目的としている。過去数回行われた貸金業法等の改正に比較しても大規模な修正であり，多重債務問題そのものに踏み込もうとする根本的なものである。

　また，「貸金業の規制等に関する法律」は，従来の通称と同じく，その題名を「貸金業法」に修正される（［3］公布後1年以内施行）。内容と題目の修正にもかかわらず，貸金業法は，新法ではなく，改正法としての形式をとどめている。従来の法解釈との整合性を考慮したものであろう。ただし，「24条の6の10」にみられるように，孫番号が付され，必ずしも見通しのよいものではない。

　(1)　第1は，貸金業への参入条件の厳格化のための改正である。

　貸金業に参入するために，純資産が5000万円以上であることを求める。こ

れは，二段階で実施され，まず施行後1年半以内に2000万円に，ついで上限金利引下げ時に5000万円の順に引上げられる（貸金業法［4］6条1項14号，3項，4項，貸金業法［5］6条1項14号，3項，4項）。不適切な規模の業者により行われる高利を防止するためである。

　また，貸金業者の登録要件が強化され，貸金業者の登録拒否要件に，貸金業を的確に遂行するための必要な体制が整備されていると認められない者と，他に営む業務が公益に反すると認められる者が加えられた（貸金業法［3］6条）。

　さらに，法令遵守のための助言・指導を行う貸金業務取扱主任者について，資格試験制度と試験実施機関の指定制度を創設し，資格試験に合格した者が，貸金業務取扱主任者の登録を申請し，登録する（貸金業法［4］24条の8〜24条の50）。この合格者を営業所ごとに配置することを求める（貸金業法［3］12条の3）。貸金業務取扱主任者の設置が義務づけられ，ついで，設置していないことは登録拒否要件となる（貸金業法［5］4条1項6号，6条1項13号，12条の3）。

　貸金業者は，貸金業の業務に従事する従業者にその従業者であることを証する証明書を携帯させなければ，その者を業務に従事させることができない（貸金業法［3］12条の4）。宅建業における宅地建物取引主任者と同様に（宅建業22条の4），不適格な者を使用させない趣旨である（旧貸金13条の2参照）。そこで，12条の3と結合させ，証明書の提示までも義務づけるとすれば，不当な取立などを排するためのより有効な途となろう。また，暴力団員などを従事させることができないことは，とくに明示されている（貸金業法［3］12条の5）。

　(2)　第2は，貸金業協会の自主規制機能強化である（貸金業法［3］25条〜41条の12）。

　貸金業協会を，認可をうけて設立する法人とし，貸金業者の加入を確保するとともに，都道府県ごとの支部設置を義務づける。

　また，広告の頻度や過剰貸付防止等について自主規制ルールを制定させ，当局が認可する枠組みを導入する。

　そして，貸金業協会は，協会員が法令等に違反する行為をした場合に，過

怠金を課し，定款の定める協会員の権利の停止もしくは制限を命じたり除名する旨を定款に定めなければならないこととする。

　内閣総理大臣または都道府県知事は，その登録をうけた貸金業者であって貸金業協会に加入していないものの貸金業の業務について，資金需要者等の利益の保護に欠けることのないよう，貸金業協会の定款，業務規程その他の規則を考慮し，適切な監督を行わなければならない（貸金業法［3］24条の6の11）。

(3) 第3は，行為規制の強化である。

(a) 貸金業者は，業務を第三者に委託する場合において，業務に関して取得した資金需要者等に関する情報の適正な取扱いを確保することを要する（貸金業法［3］12条の2）。従来しばしば生じたように，多重債務情報などが流出しないためである。情報は，新たなやみ金融被害などの原因ともなるからである

(b) また，資金需要者や保証人に対し，虚偽のことを告げたり，貸付けの契約の内容のうち重要な事項を告げない行為，不正または著しく不当な行為が規制される（貸金業法［3］12条の6）。消費者契約法の文言に近いが（4条），行為義務にとどまり，当然に取消権が付与されるわけではないので，その効力は限定的である（消費者契約法を経由して取消すことは可）。立法論的には，クーリングオフの権利をも付与し，あるいは約定利息の引下げにつながることが必要である。

(c) 貸金業者が，借主等の自殺により保険金が支払われる保険契約を締結することは禁止される（貸金業法［3］12条の7）。自殺を保険事故とする生命保険は，従来から議論があり，2006年の改正の時期には社会問題ともなっていた。弁済の資力のない者に過大な貸付を行うことが，保険金取得のための自殺をもたらす苛酷な取立を招来していたからである。

　ただし，住宅ローンに相当する場合など，内閣布令で定める契約は除かれる。本来生命以外の担保があるからである。もっとも，無制約というわけでもなく，貸金業者が，貸付けの契約の相手方または相手方となろうとする者の死亡によって保険金額の支払いをうけることを定める保険契約を締結しようとし，これらの者から同意を得ようとする場合には，あらかじめ保険契約

の内容を説明する書面を交付しなければならない（貸金業法［3］16条の3）。

　(d)　貸金業者は，資金需要者等の利益の保護のために必要と認められる場合には，資金需要者等に対して，カウンセリング機関を紹介するよう努めなければならない（貸金業法［3］12条の8）。これは，多重債務の予防措置の1つでもある。そして，多重債務の防止は，債務者のためであるのと同時に，債権者の債務回収の確保のためでもある。

　(e)　公正証書作成にかかる委任状の取得を禁止する。また，利息制限法の金利を超える貸付けの契約について公正証書の作成の嘱託を禁止する（貸金業法［3］20条）。この点も，従来から議論があり，2006年の改正の時期に社会問題となったところである。従来のように，たんに利息制限法の制限超過利息の約定の貸金契約について，適法な利息に引きなおして公正証書の作成を認めるのではなく，超過する約定の貸金契約には，公正証書の利用を認めず，公正証書作成の嘱託が禁じられる。

　(f)　連帯保証人の保護を徹底するため，連帯保証人に対して，催告・検索の抗弁権がないことの説明を義務付ける（貸金業法［3］16条の2第1項，17条3項）。

　(g)　いわゆる「極度方式基本契約」（貸付けに係る契約のうち，資金需要者である顧客によりあらかじめ定められた条件に従った返済が行われることを条件として，当該顧客の請求に応じ，極度額の限度内において貸付けを行うことを約する契約）では，これについての契約書面の記載事項に係る規定を整備する（貸金業法［3］2条，17条）。

　(h)　貸金業者は，債務者等から帳簿の閲覧または謄写を請求されたときには，債務者等の権利の行使に関する調査を目的とするものでないことが明らかであるときを除き，その請求を拒むことができない（貸金業法［3］19条の2）。従来から多くの裁判例があった取引履歴の開示に関する規定である（前述最判平17・7・19民集59巻6号1783頁）。従来は，金融庁の事務ガイドライン（事務ガイドライン3-2-3，のちに3-2-7）にのみ規定されていた協力義務が，開示義務として明示されたのである。

　(i)　従来からあった夜間に加えて，日中の執拗な取立行為など，取立規制が強化された。要件を客観的なものとするとともに，禁止行為の類型が追加

されたのである（債務者の申出にも取立禁止の効果）。債務者等から退去すべき意思を示されたにもかかわらず，居宅や勤務先等から退去しないことや禁止行為のいずれかを行うことを告げることも含まれる（貸金業法［3］21条1項）。

(j) 貸付けにあたり，すべての元利負担額など契約の内容を説明した書面の事前交付を義務づける（貸金業法［5］16条の2）。当初，保証契約締結前の書面の交付が義務づけられるが（貸金業法［3］16条の2），これが契約一般に拡大されるのである。

貸金業者は，利息制限法を超える利息の契約を締結し，利息を受領し，またはその支払を要求してはならないこととする（貸金業法［5］12条の8）。

(k) 他方，利息制限法の上限金利以下の金利での貸付け（極度方式貸付けに係る契約）について，相手方の同意を条件に，マンスリーステートメントによる代替および書面交付の電子化を可能とした（貸金業法［3］17条6項，7項，18条3項，4項）。交付書面の電子化は，業界の求めるところであった。比較的技術的な問題であり，特例金利などの業者向けの規定は撤回されたが，採用されたものである。ただし，電子的書面では，紙のものに比して一覧性が悪いとの難点が残されている。具体的な形式については，検討のよちがあろう。また，貸金業者からの電子化への要望は強いが，安易な借入を助長することから，将来的にも，電子的方法だけで完結する契約の締結は認めるべきではない。

(4) 第4は，行政処分の強化と業務改善命令の導入である。

規制違反に対して機動的に対処するため，登録取消や業務停止に加えて（貸金業法［3］24条の6の4），業務の方法の変更その他業務の運営の改善に必要な措置を命ずる業務改善命令を導入する（貸金業法［3］24条の6の3）。登録取消や業務停止だけでは，個別の違反に対処するには柔軟性を欠く場合があるからである。

また，正当な理由がないのに，登録をうけた日から6月以内に貸金業を開始しないとき，または引き続き6月以上貸金業を休止したときは，内閣総理大臣または都道府県知事は，登録を取り消すことができることとし（貸金業法［3］24条の6の6），すべての貸金業者に事業報告書の提出が義務づけられる（貸金業法［3］24条の6の9）。

2 改正点2・過剰貸付の抑制

第2点は，過剰貸付の抑制である。

(1) その第1は，指定信用情報機関制度の創設である。

信用情報の適切な管理や全件登録などの条件を満たす信用情報機関を指定する制度を導入し，貸金業者が借主の総借入残高を把握できる仕組を整備する。指定信用情報機関が複数の場合には，相互に残高情報等の交流のため情報提供義務を義務づけ，また指定信用情報機関に対する報告徴収，立入検査，業務改善命令，指定の取消しその他の監督に関する所要の規定をも整備する（貸金業法［4］41条の13〜41条の38）。

公布から1年半以内に施行される第4段階の改正部分は，指定信用機関と貸金業務取扱主任者試験という制度的なものが大部分を占める点に特徴がある。制限金利縮小の予備としての意味がもたされている。ここの整備が遅れると，グレーゾーン金利縮小を阻害する口実になる可能性がある。

(2) その第2は，総量規制の導入である。

貸金業者に借主の返済能力の調査を義務づけ，個人が借主の場合には，指定信用情報機関の信用情報の使用を義務づける。改正前の旧13条（過剰貸付の禁止）は，たんなる抽象的な義務を定めたにすぎず，必ずしも十分ではなかったからである。

そして，①自社からの借入残高が50万円超となる貸付け，または②総借入残高が100万円超となる貸付けの場合には，年収等の資料（源泉徴収票等）の取得を義務づける（貸金業法［5］13条）。返済能力の調査を具体化するものである。借主の側からは，安易な借入への心理的な制約となろう。

また，調査の結果，総借入残高が年収の3分の1を超える貸付けなど，返済能力を超えた貸付けを禁止する。なお，すでに売却を予定していることが客観的に明らかな不動産担保貸付の場合などを除く。

貸金業者に対し，みずからの貸付けの金額と他の貸金業者の貸付けの残高の合計額が年収等の3分の1を超えることとなる貸付けは，原則として禁止される。

極度方式基本契約を締結している場合には，極度方式貸付けの状況を勘案し，または定期的に，指定信用情報機関の信用情報を使用して返済能力を調

査し，自らの貸付けの金額と他の貸金業者の貸付けの残高の合計額が年収等の3分の1を超えると認められるときは，極度方式貸付けを抑制するために必要な措置を講じなければならないこととする（貸金業法［5］13条の2〜13条の4）。

(3) 過剰貸付の抑制に関連する補充的な規定は，ほかにもある。

貸金業者は，資金需要者等の知識，経験，財産の状況および貸付けの契約の締結の目的に照らして不適当と認められる勧誘を行って資金需要者等の利益の保護に欠けるおそれがないように，貸金業の業務を行わなければならないこととする（貸金業法［3］16条3項）。一般の金融取引と同様に，顧客に適合しない勧誘を制限する適合性原則が，貸金業にも適用されるのである（金融商品取引法40条参照）。

また，貸金業者は，貸付けの契約の勧誘をうけた資金需要者等が契約を締結しない旨の意思を表示したにもかかわらず，勧誘を継続しえない（貸金業法［3］16条第4項）。

3 改正点3・金利体系の適正化

第3点は，改正の眼目である金利体系の適正化である。ただし，時期的には，実施は遅い。

(1) 第1に，上限金利の引下げが行われる。

貸金業法上の「みなし弁済」制度（いわゆるグレーゾーン金利）を廃止し，出資法の上限金利を20％に引下げる（貸金業法［5］43条削除，あわせて利息制限法［5］1条2項，4条2項も削除。出資［5］5条2項）。すなわち，これを超える場合は刑事罰が科される。ただし，利息制限法の上限金利は，3段階の区分であるから，利息制限法の上限金利（20％〜15％）と出資法の上限金利（20％）との間の金利での貸付けについては，行政処分の対象とされる。そこで，たとえば，15％の金利規制が適用される場合でも，20％にいたるまでは，刑事罰は科せられない。グレーゾーン金利に準じたイエローゾーンが残るともいえる。

利息の制限の規律について，債権者が業として行う金銭消費貸借が同一の当事者間で複数ある場合における元本額区分の適用の特則が設けられる（利

息制限法[5]5条)。営業的金銭消費貸借の特則である。利息制限法の金利区分を前提とし、形式的に分割するとすれば（たとえば、50万円の貸金の金利は18％であるが、これを10万円の貸金5口とすれば、個別には20％の金利となりうる）、実質的に高い金利をえることができるからである。

利息制限法5条によって、元本額の区分の特則をうけるのは、①営業的金銭消費貸借上の債務をすでに負担している債務者が同じ債権者から重ねて営業的金銭消費貸借による貸付けをうけた場合における営業的金銭消費貸借上の利息であり、すでに負担している債務の残元本の額と、貸付をうけた元本の額との合計額で算定され、また②債務者が同一の債権者から同時に2以上の営業的金銭消費貸借による貸付をうけた場合におけるそれぞれの貸付にかかる営業的金銭消費貸借上の利息も、その2以上の貸付をうけた元本の額の合計額で算定される。

また、営業的金銭消費貸借上の債務不履行による賠償額の予定は、その賠償額の元本に対する割合が年2割を超えるときには、その超過部分について無効となる（利息制限法[5]7条）。損害賠償額の予定は、消費者契約法9条2号では、14.6％が最高限度であるから、利息制限法の制限金利の引き下げの問題と関係して、議論のよちのあるところである。

(2) 金利規制には、直接の制限だけではなく、その潜脱が行われないための補助手段が必要となる。従来の利息制限法にも、みなし利息の規定はあるが（3条）、これを補充する金利概念の整理が行われる。

業として行う貸付けの利息には、契約締結費用および債務弁済費用も含むこととする（みなし利息）。ただし、公租公課やATM手数料は除かれる。ATM使用料の徴収可能性はかねて貸金の関係業界の主張するところであった。ATM使用料といっても、過大である場合、これに藉口した徴収が行われると問題となる。また、債務者の要請により債権者が行う事務の費用として政令で定めるものも除かれる（利息制限法[5]6条、出資法[5]5条の4第4項）。

ATM利用料は、2007年10月に、1万円を超える場合には210円まで、1万円以下では105円とされた。銀行の手数料程度であるが、1万円の返済を繰り返した場合には、約定利息と合算すると、20％の金利制限を超過する可能性がないわけではない。

第2篇　改正貸金業法の経緯・位置づけ・概観

貸付利息と借主が保証業者に支払う保証料を合算して上限金利を超過した場合，超過部分につき，原則として，保証料を無効とし，保証業者に刑事罰を科する。根保証における保証料の特則を設ける（利息制限法［5］8条）。保証人が主たる債務者からうけるべき保証料につき，主たる債務の利息と合算して出資法の上限金利規制の対象とする。保証料がある場合における高金利の規制の特則を設ける（出資法［5］5条の2，5条の3）。実質的な金利に相当する保証料の制限も，最高裁判決に従ったものである（前述の最判平15・7・18民集57巻7号895頁）。

(3) 出資法の特例であった日賦貸金業者および電話担保金融の特例は，廃止される（出資法［5］一部改正法附則8項〜16項。出資法附則1〜8条は削除）。

(4) 出資法では，金銭の貸借の媒介手数料の制限に関し，貸借の期間が1年未満であるものについては，その期間の日数に応じ，貸借の金額に年5％の割合を乗じて計算した金額を超える手数料の契約をし，またはこれを超える手数料を受領してはならないものとする（出資法［5］4条1項）。

金銭の貸借の保証の媒介についても，金銭の貸借の媒介と同様の規制を設ける（出資法［5］4条2項）。

4　改正点4・その他

(1) やみ金融対策の強化も論点である。

やみ金融（無登録営業）に対する罰則が強化される（懲役5年または1000万円以下の罰金→懲役10年または3000万円以下の罰金）。109.5％を超えるような超高金利の貸付けや無登録営業などが，これに該当する（貸金業法［2］47条〜第49条，第51条，出資法［5］5条3項）。

(2) 多重債務者に関する問題に対しては，政府を挙げた取り組みが行われるものとされている。具体的な内容はいまだ未定であるが，政府は，関係省庁相互の連携強化により，多重債務問題解決のための施策を総合的かつ効果的に推進するものとされる（附則66条）。

(3) 全面的な改正までの経過措置は，複雑である。

施行スケジュールは，数段階からなる（附則第1条）。第1に，附則66条の経過措置は，①公布日から適用される（ただし，多重債務問題に対する政府の

努力義務の部分である)。第2は,罰則の引上げであり,これは,公布から1ヵ月後である(②1カ月後＝改正法1条および6条)。

第3は,本体施行であり,③公布から1年以内(取立規制の強化,業務改善命令の導入,新貸金業協会設立など)である。貸金業協会の自主規制や業者の行為規制の強化は,先行して行われる。

第4に,施行から④1年半以内とされるのが,貸金業務取扱主任者の試験開始,指定信用情報機関制度(指定の開始),財産的基礎引上げ(2000万円)である(改正法3条)。前2つの制度の開始に関する変更が大部分を占めている。

そして,第5に,改正の眼目である金利体系の適正化は,⑤施行から2年半以内とされている(改正法4条,5条,7条,8条)。すなわち,「みなし弁済」の廃止,出資法上限金利の引下げ等,総量規制の導入,財産的基礎の引上げ(5000万円),事前書面交付義務の導入である。そして,これらは,公布からおおむね3年を目途にすることとされる。

(4) さらに,見直し規定があり,貸金業制度のあり方について,施行から2年半以内に,総量規制などの規定を円滑に実施するために講じるべき施策の必要性について検討を加え,その検討の結果に応じて所要の見直しを行う。

また,出資法および利息制限法に基づく金利規制のあり方について,施行から2年半以内に,出資法と利息制限法の規定を円滑に実施するために講じるべき施策の必要性について検討を加え,その検討の結果に応じて所要の見

	[1]	[2]	[3]	[4]	[5]
(1)貸金業の適正化			貸金業協会☆	参入規制	参入規制
(2)過剰貸付の抑制			抑制規定	指定信用	総量規制
(3)金利体系の適正化					上限金利*
(4)その他	国の責務	やみ金対策			やみ金対策

☆ 貸金業協会の自主規制の強化,行為規制の強化,マンスリーステートメント・書面交付の電子化,行政処分の強化,業務改善命令の導入。
* 上限金利の引下げ,みなし弁済の廃止,金利引下げの補助規定,日賦貸金業者・電話担保金融の廃止,媒介手数料の制限など。
[1] (第1次施行・交付日から)
[2] (第2次施行・交付から1か月後)
[3] (第3次施行・本体施行,公布から1年以内)
[4] (第4次改正・施行から1年半以内)
[5] (第5次施行・施行から2年半以内。ただし,公布からおおむね3年を目途)。

直しを行う、こととされている（附則67条）。

第6章　残された問題、制限金利の低減化

(1) グレーゾーン金利の撤廃は、緊急の課題であるが、問題はそれにとどまらない。グレーゾーン金利を撤廃した後、さらなる課題は、利息制限法の利率自体の低減化であろう。制定からすでに50年を経て、利息制限法の制限利率そのものがかなり加重なものとなっていることも注目される必要がある。長期の低金利政策のもとで、現在の利率は時代にそぐわないものとなっている（利制1条1項のほか、4条）。

これを示唆するのは、5％法定利率の問題である。交通事故などの不法行為訴訟において、逸失利益の算定にあたって控除される中間利息の控除割合として、固定的な法定利率を用いることの不適切さそのものは、最高裁判決も認めるところである（最判平17・6・14民集59巻5号983頁、金判1225号11頁。同判決では、「被害者の将来の逸失利益を現在価額に換算するために控除すべき中間利息の割合は民事法定利率である年5％より引き下げるべきであるとの主張も理解できないではない」とする。もっとも、具体的な結論は否定であるが、技術的な理由にすぎないものととらえられる）。

法定利率よりもはるかに高利な利息制限法の制限利率では、不適切さはより重大である。本稿では、立ち入りえないが、それ自体を公定歩合（2006年からは基準割引率および基準貸付利率）を基礎とする変動利率の方式を採用し、かつ、利息制限の利率も、それに一定割合をプラスするといった機能的なものに修正することが期待される（法定利率の問題点については、小野「ドイツ債務法現代化法における法定利率と基礎利率」国際商事法務34巻4号474頁参照。同・民商133巻4・5号840頁参照)。低金利時代には、固定金利による制限のほかに、流動金利による制限も必要となるのである。

(2) みなし利息（利制3条）を筆頭に、両建預金や貸増しや天引き、個別の取引の一連の取引への偽装、保証料の金利への上乗せの例にみられるように、特殊な取引方法によって実質的に金利を高める方策を防止する必要があることから、金利の規制だけでは十分とはいえない。

第2部　金利と利息制限

　2006年の改正時に，金利以外に，過剰融資の抑制や不適切な取立の規制，広告の規制，債務者情報の流出の防止，説明義務の徹底，債務者にかける生命保険や年金担保の規制，不適切な公正証書の利用，リボルビング払いなどが問題となっていた。改正法は，これらの多くの問題に対処したが，認知症の高齢者や精神・知的障害者などの保護といった周辺の課題はまだ残されている（年金担保は，貸金業法の2004年改正により罰則をもって禁止）。

　また，過剰融資との関係では，リボルビング払いは，毎月の支払いを一定額におさえるが，他方で，期間が不定期となり，新たな貸付の契機ともなり，元本は容易には減らないとの特徴をもっている。金利の問題は，周辺部をおさえたうえで，多重債務そのものを抑制しなければ解決しがたい性格を帯びている。2006年改正法は，その一部に踏み込んだが必ずしも全面的なものとはいえない。

　全般的な法体系の上にも問題がある。利息制限法が金利の制限のみを規定し，また貸金業法が業務規制をしながらも，その雑則においてみなし弁済を定めたにすぎないことから，わがくにには，必ずしも消費者に特有の消費貸借法と位置づけうるものが存在してこなかった。ほかに，包括的な消費者信用法も存在しない。法を見通しよくする必要があろう（たとえば，消費者信用に関わる法である割賦販売法や特定商取引法で認められているクーリングオフの導入である。行為規制に関する規定に違反した場合に，消費者契約法4条1項の適用があり，契約を取り消すことは別である。[3] 12条の6参照）。

　金利の周辺をおさえた規制は，わがくにでも，かねてから問題となっている手形や期限の利益の喪失約款を利用した高利の仕組みのような種々の脱法的な貸借を防止するうえでも効果的である。とりわけ消費者消費貸借における手形の利用禁止は，現在わがくにでも焦眉の課題である。すなわち，規制は，一面では根本的に（金利やみなし弁済の見直し），他面では個別の規制を積み重ねるといった，きめの細かさを必要としているのである。

第3篇　消費者消費貸借と貸金業法

第1章　はじめに

1　消費者消費貸借の規制

わがくにには，統一的な消費者信用法は存在しない。民法典中には，典型契約の1つとして消費貸借の項目があるが（587条以下），わずかに6条だけであり，そこには，金利に関する規定は存在しない。民法では，金銭債務の特質は，むしろ債権総論の中の金銭債権と法定利率（402条以下），あるいは金銭債務の不履行（419条）の規定がカバーする領域が内容的には豊富である。

それというのも，金利，とくに利息の制限については利息制限法が存在し，貸金業の規制については，貸金業法があり，また，刑事法的な規制としては，出資法が存在するからである。さらに，広義の消費者信用に関係する法律としては，割賦販売法や特定商取引法，金融商品取引法などがあるが，いずれも特定の分野を対象とするものであり，包括的なものではない。

外国法では，これらを統一した消費者信用法（たとえば，ドイツの旧消費者信用法，フランス，アメリカの消費者法）が存在するか，さらには，それをも民法典に統合する例がある（消費者信用法を民法典に組み込んだドイツの債務法現代化法。以下「現代化法」という）。法体系を見通しよくするためには，包括的な消費者信用法制，あるいは民法典への統合が望ましい。立法技術的にも，個別法規相互の間のもれをなくすことができるのである。

本篇は，2002年に，民法典に組み込まれたドイツの消費者消費貸借を参考に，わが貸金業法に依然として欠ける視点を検討しようとするものである。

2　貸金業法の改正

2006年に改正された貸金業法は，全面的な改正の実現までに，かなり複雑

な経過措置が予定されている。第1は，罰則の引上げであり，これは，公布から1か月後である（②1か月後＝改正法1条および6条）。附則66条の経過措置は，①公布日から適用される（ただし，多重債務問題に対する政府の努力義務の部分である）。

第2は，本体施行であり，③公布から1年以内（取立規制の強化，業務改善命令の導入，新貸金業協会設立など）である。貸金業協会の自主規制や業者の行為規制の強化は，先行して行われる（2007年12月）。

施行から④1年半以内とされるのが，貸金業務取扱主任者の試験開始，指定信用情報機関制度（指定の開始），財産的基礎引上げ（2000万円）である（改正法3条）。前2つの制度の開始に関する変更が大部分を占めている。

そして，改正の眼目である金利体系の適正化は，⑤施行から2年半以内とされている（改正法4条，5条，7条，8条）。すなわち，「みなし弁済」の廃止，出資法上限金利の引下げ等，総量規制の導入，財産的基礎の引上げ（5000万円），事前書面交付義務の導入である。そして，これらは，公布からおおむね3年を目途にすることとされる。

さらに，見直し規定があり，貸金業制度のあり方について，施行から2年半以内に，総量規制などの規定を円滑に実施するために講じるべき施策の必要性について検討を加え，その検討の結果に応じて所要の見直しを行う。

また，出資法および利息制限法に基づく金利規制のあり方について，施行から2年半以内に，出資法と利息制限法の規定を円滑に実施するために講じるべき施策の必要性について検討を加え，その検討の結果に応じて所要の見直しを行う，こととされている（附則67条）。

2006年の改正によって，貸金業法は，たんなる業法から消費者保護法規としての性格をより強めつつある。条文も増え，包括的な法典の性格を帯び始めており，個別の規定には，判例を具体化するような取引履歴の開示義務の明示，公正証書の利用規制などもあるが，必ずしも十分なものとはいえない。消費者取引における手形の制限はいれられなかったし，判例にあらわれた期限の利益喪失条項の制限もおかれなかった。全体として，わが貸金業法は，まだ発展途上の状況にある。個別の論点については，比較法的な研究が有益であろう。以下では，2002年のドイツ民法の債務法現代化法を参考として，契

約の方式と解約，抗弁の切断に関する規制，期限の利益に関する規制をおもに検討することとする。

3 消費貸借と消費者消費貸借
(1) ドイツ法上の消費貸借の定義は，必ずしも日本法と同じではない。消費貸借契約にもとづいて，貸主は，借主に対して，合意された限度で金銭を利用させる義務をおい，他方，借主は，義務のある利息を支払い，利用した金額を期限に返済する義務をおう（488条1項）。すなわち，諾成契約である。他方，わが消費貸借は，「相手方から金銭その他の物を受け取る」ことによって生じる要物契約である[1]。無名契約としての諾成的消費貸借の可否については，学説上争いがある。

そして，ドイツ法上，約定利息は，別段の定めがない限り，1年を経過するごとに，また1年経過前に返済するべき場合には，返済の時に支払わなければならない（同条2項）。日本法では，債権総論に法定重利の規定があり，利息の支払が1年以上遅滞したときには，債権者は，これを元本に組み入れることができる（405条）。

ドイツ法では，消費貸借の返還の時期を定めていないときには，履行期は，貸主または借主が解約告知をした時に到来するが，解約告知のための期間は，3か月である。告知期間のある告知（befristete Kündigung）といわれる。利息が義務づけられていないときには，借主は，解約告知なしでも返済する権利を有する（488条3項）。他方，日本の591条1項では，貸主は，相当の期間を定めて返還の催告をなすことができ，2項で，借主は，いつでも返還をなしうる。解約の申入れはいつでもできるが，その効力が生じるまでに一定の期間を要する（617条）。これも，告知期間のある告知である。

(2) (ア) 現代化法の消費者消費貸借は，旧消費者信用法を民法に組み入れたものであり，消費貸借規定の特則をなしている。事業者が貸主で消費者が借主である場合の有償の消費貸借契約であり，片面的な強行規定であることに特徴がある（491条）[2]。片面的強行規定であるから，消費者に有利な合意は有効である（506条1項）。

消費者消費貸借は，第1に，有償の消費貸借でなければならない。貸借が

それ自体としては利息なしでも,「費用」がある場合には,費用の一部に有償性が認められることもある。わが利息制限法のみなし利息と同様に,実質的な利息を費用名義で徴収する場合をカバーするためである。第2に,貸主は,事業者でなければならない。同人は,消費貸借を営業として,または職業活動としてしなければならない（14条）。第3に,借主は,貸借を私的目的のためにする消費者であって,かつ自然人でなければならない（13条）[3]。

(イ) 借主たる自然人が,営業的な活動のために消費貸借契約を締結する場合にも,491条から506条の規定が適用される（生業的貸付 Existenzgründer への適用。507条）。個人の借入は,消費者としてのものか必ずしも明確ではないからである。そこで,「消費者消費貸借」による保護は,必ずしも消費者としての貸借のみに限定されないことになる。

また,狭義の消費貸借に限られず,法の予定する支払猶予,またはその他の金融支援措置が付与された場合またはこれらの目的のために分割引渡の契約（Ratenlieferungsvertrag）が締結された場合にも,適用される。ただし,正味の消費貸借額または現金価格が5万ユーロを超える場合には,この限りではない（507条参照）。この場合には,必ずしも「消費者」消費貸借でなくてもいいことになる。わが利息制限法が,営業的な貸付かどうかを問わないのと同じである。

もっとも,わが利息制限法は,2006年の改正（第5次施行部分）5条〜9条において,新たに営業的金銭消費貸借の特則規定をおいた。

(3) ただし,保護規定の適用が除外される種々の場合がある。

(ア) 消費者消費貸借の特則が全部排除される場合としては,491条2項がある。

1. 支払われるべき消費貸借額（消費貸借の正味の金額, Nettodarlehensbetrag）が200ユーロを超えない場合。〔少額貸借, Klein- od. Bagatelldarlehen〕

2. 使用者が自分の労働者との間で,市場の通常の利率以下の利息について合意した場合。〔労働関係上の貸借, Arbeitgeberdarlehen〕

3. 公法上の認可決定または公的予算の出捐による居住用土地および都市計画上の助成において,直接,助成資金を委託された公法上の機関と消費者との間で,市場の通常の利率以下の利率が定められたときである。〔助成貸借,

Förderdarlehn〕

　1号の基準によれば，少額の例外というのは，せいぜい2万円ぐらいということである。わが貸金業法の改正（2006年）のさいに繰り返して登場した30〜50万円といった「少額」の基準は，過大にすぎる。また，労働契約に付随する貸借の場合でも，完全な除外ではなく，市場の通常の利率以下であることが要件とされている。

　(ｲ)　消費者消費貸借の規定が部分的に適用されない場合としては，491条3項がある。除外される規定は，場合により異なる。おもに撤回権と形式に関する規定である。

　1. 民事訴訟法の規定にもとづき作成された裁判上の調書に記載された場合，または公正証書が作成された場合。〔裁判上の貸借，gerichtliches Protokoll〕

　2. 有価証券，外国為替，デリバティブまたは貴金属を取得するための融資に利用される場合。〔投機行為，Spekulationsgeschäft〕

　もっとも，2002年8月1日改正（Gesetz v.23.7.2002, BGBl.I S.2850）までは，以下の場合も例外とされた。いわゆる不動産融資（Realdarlehen）の場合である。すなわち，消費貸借が土地担保権により担保されており，かつ土地担保権で担保された消費貸借契約とそのつなぎ融資（Zwischenfinanzierung）にとって通常である条件でなされた場合である。改正の結果，3項旧1号が削除され，旧2号，3号が，現在の1号，2号となったのである。不動産融資が，通常の条件で行われた場合には，不当な行為がまれであることによる。しかし，まったくの例外とする必要はないので削除された。そこで，現在ではこれらの物的担保のある貸借にも，消費者消費貸借の規定が適用される[4]。

　現1号の裁判上あるいは公正証書による場合の例外は，この場合には，不当な行為が行われないことによる。

　2号は，別の理由にもとづく。投機的な取引の融資の消費貸借に関しては，結合取引の規定を，それが投機的な取引（Spekulationsgeschäft）に関する限りで不適用としている。一般に，消費貸借契約には，撤回権が付与されているが，投機的な取引では有効である[5]。これは，消費者が銀行など貸主の負担で投機することを防止するためである（3項3号）。

第2章　契約の方式と解約

1　解約告知権，撤回権・クーリングオフ権

(1)　消費貸借における特殊な告知権は，1867年11月14日の北ドイツ連邦法に遡る（北ドイツ連邦は，1867年にプロイセンを中心に成立，1871年にドイツ帝国成立によって発展的に解消された）。同法は，連邦構成諸ラントのすべてにおいて，利息制限に関する法規を撤廃したが（同法1条），その代償として，つぎの告知権を認めた[6]。すなわち，1867年法は，高利規制を撤廃したが，必ずしも利息に関する規制を全面的に廃止したわけではない。

> 第2条　「債権者に年利6％よりも高い利率を承認しまたは約束した者は，半年間の期間をもって契約を告知することができる。ただし，債務者は，契約の成立後ただちにではなく，半年間の経過ののちにはじめて，この権利を取得する。
>
> この規定を債務者の不利に制限しまたは否定する契約上の定めは，無効とする。（3項は省略）」

```
        半年・拘束期間    半年
        ┌─────────┬─────────┐
────────┴─────────┴─────────┴────────→
     契約成立        告知        効力発生
```

もっとも，この2条の定めた告知権には，ラント法の留保が認められ，これを排除しまたは告知の要件を加重することが許されている（5条）。しかし，本条の告知権の趣旨は，1900年のドイツ民法典247条（1986年以降は609a条）にも受け継がれた。この規定の適用の結果，債務者は，1年以上（半年の経過後，さらに半年の告知期間をおかなければならないから）年利6％を超える利息を支払うことは，理論上は免れることができるのである。

ただし，1986年改正後は，6％の利率を超える場合の告知権ではなく，利率の合意ができない場合の告知権とされ（旧609a条，Gesetz zur Änderung wirtschafts-, verbraucher-, arbeits- und sozialrechtlicher Vorschriften, 1986, 7, 25, BGBl.I, S.1169），一面では拡大され（6％以下でも，合意できない場合には告知できる），他面では縮小された（6％以上でも，合意があれば告知できない）。形式的な制限基準よりも，合意の効力が尊重されたのである。これが現代化法にも受け継がれた。

(2) 現代化法による解約告知権は，2つある。

　第1は，借主のための，通常の告知権である（489条）。これは，さらに，固定利率の場合と変動利率の場合に分けられる。旧609a条に相当する部分である。

　(ア) まず，借主は，以下の場合に，固定利率（fester Zinssatz）が合意された消費貸借契約の全部または一部を解約告知することができる（同条1項）。

　1. 利息の拘束（Zinsbindung，利息の支払義務の生じる状態）が返済のための特定の期日の前に終了し，かつ利率について新しい合意が行われないときには，1か月の解約告知の期間を設けることにより，利息の拘束が終了する日の経過時に解約告知をすることができる。1年以内の一定の時期に利率の改定が合意されているときには，借主は，利息の拘束が終了する日から解約告知をすることができる。

　2. 貸借が土地担保権または船舶担保権により担保されていないときには，全額を受領して6か月を経過した後，3か月の解約告知の期間を設けることにより，解約告知をすることができる。

　3. いずれの場合においても，全額を受領して10年を経過した後には，6か月の解約告知期間を設けることにより，解約告知をすることができる。貸金を受領した後に，返済時期または利率について新しい合意がされた場合には，全額払渡の時点に代えて，この合意の時点を基準とする。

　すなわち，利息の拘束がない場合には，1か月の解約告知期間を設定することで，いつでも解約告知でき，利息の拘束がある場合でも，6か月の拘束期間後は，3か月の告知期間を設定して，解約告知をすることができるのである。つまり，後者の場合には，貸主側からすると，9か月が最短の継続期間となる。

　(イ) 借主が，解約告知が効力を生じた後2週間以内に，負担する額につき

返済しない場合には，1項または2項による借主の解約告知は，効力を生じなかったものとみなす（489条3項）。

(ウ) 1項および2項による借主の解約告知権は，契約により排除し，またはその要件を加重することができない。連邦，連邦の特別財産たる団体，州，市町村，市町村の団体，ヨーロッパ共同体または外国の地域団体に対する消費貸借については，この限りでない（同条4項）。

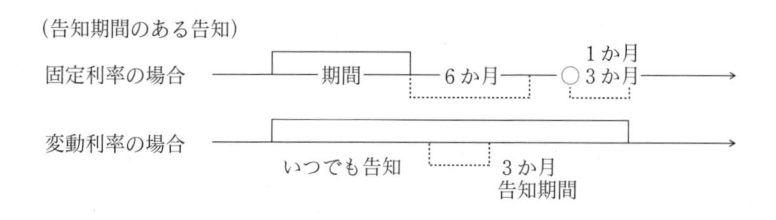

```
（告知期間のある告知）
                                          1か月
固定利率の場合 ────┤ 期間 ├──6か月──○ 3か月──→

変動利率の場合 ────┤                            ├─────→
                   いつでも告知   3か月
                                告知期間
```

(エ) つぎは，変動利率の場合であり，債務法現代化法により新設された[7]。変動利率は，比較的新しい現象であるが，すでに現在の多くの金融取引の主流となっているからである。ここでは，借主は，変動利率を伴う消費貸借契約を，3か月の解約告知の期間を設けることにより，いつでも解約告知することができる（同条2項）。

(3) 第2は，貸主および借主のための，特別の解約告知権である（490条）。

(ア) 490条1項は，一種の不安の抗弁であり，借主の財産関係，または消費貸借のために供した担保の価値がいちじるしく悪化し（eine wesentliche Verschlechterung），あるいは悪化するおそれがあり，それにより，担保を換価しても貸金の返済が危うくなる場合の規定である。貸主は，貸金の払渡（Auszahlung）前にはつねに，払渡後でも，原則として〔解約のための〕告知期間を定めることなく（fristlos），消費貸借契約を解約告知することができる。信用の低下にもかかわらず消費貸借を行うことには問題があり，不安や過剰信用の防止という趣旨からは参考に値しよう。

(イ) 消費貸借契約において，確定期間につき固定利率が合意され，かつ土地担保権あるいは船舶担保権により担保されている場合には，借主は，489条1項2号の〔解約告知の〕期間のもとで，その消費貸借契約を返済時期前

第3篇　消費者消費貸借と貸金業法

に解約告知することができる（490条2項）。ただし，借主の正当な利益（berechtigtes Interesse）にとって有益な場合に限られる。物的担保がついている場合の借主のための保護を図ったものである。

このような利益があるのは，とりわけ，借主が消費貸借の担保に供した物を他の用途のため使用（Verwertung, 換価）する必要があるときである。もっとも，借主は，返済期前の解約告知（vorzeitige Kündigung）によって貸主に生じた損害を賠償しなければならない（Vorfälligkeitsentschädigung, 履行期前の損害の賠償）。この場合の解約告知の動機には，制限がない。そこで，離婚，病気，失業，債務加重，引越，遺産分割，有利な売買の機会があることでもたりる[8]。

(ウ)　313条および314条の規定は，これにより影響されないとされる（490条3項）。すなわち，行為基礎の喪失による契約の解除（313条），および重大な事由にもとづく継続的契約の告知（314条）とは別個に規定されている。不安の抗弁権（321条）が言及されていないのは，消費貸借が321条の予定する双務契約ではなく，490条1項とは競合しないからである。

(4)　つぎに，撤回権がある（495条）。

(ア)　495条は，旧消費者信用法7条に相当し，借主に，355条による撤回権を与えている（1項）。491条以下の消費者保護の中心ともいえる。経済的な意義の大きさと，消費者消費貸借契約の重要性から，性質上，考慮期間が付与され，借主は，14日の期間内に契約をやめることができるのである。撤回権に関して必要な説明（Belehrung）は，1文に定める法律効果を示して，行われなければならない。

なお，借主が，契約上，解約告知期間を要することなくいつでも，かつ追加の費用なしに返済できるときには，消費者消費貸借契約（493条1項）には，この495条1項の規定は適用されない（同条2項）。約定解除できるときには，法定のクーリングオフは不要だからである。

(イ)　消費者は，355条1項2文の2週間の撤回期間内に撤回した限り，355条1項1文により，契約締結の意思表示に拘束されない。355条1項によって，1項の撤回可能性は，契約の浮動的な有効をもたらす。消費貸借契約は，有効性を阻害されることがなく，撤回期間が徒過されたときには（wenn die

263

Frist ungenutzt verstreicht），有効なまま確定する。借主が撤回したときには，契約は無効（unwirksam）となる。浮動状態の間，いずれの当事者も，履行を請求することができる。日本でも，割賦販売法4条の4では，クーリングオフは，告げられた日から起算して8日を経過しない間にすることとされている（また特定商取引法9条をも参照）。クーリングオフは，訪問販売などでは，突然の販売に対する翻意の趣旨であるから，比較的短いことが可能であるが，消費貸借は，財産状態への影響の大きさと契約内容の理解が困難な場合もあることから，比較的長いことが望ましく，立法論上考慮するさいには，参考に値しよう。

　2週間の撤回期間は，355条2項により，貸主が借主に相当な説明（Belehrung）をしてから進行する。知らない間に，期間が徒過しないようにするためである。ただし，説明がなくても，契約締結から6か月を経過すると消滅する（2002年6月28日改正法）。旧消費者信用法7条2項によると，説明のない場合の撤回権は，消費者の意思表示から1年で初めて消滅するとされていたから，それと比べると借主に不利となっている[9]。

　㋒　2002年8月1日改正（Gesetz v.23.7.2002, BGBl.I S.2850）において，旧2項は削除され，旧3項が2項に繰り上がった。

　旧規定のもとでは，契約を撤回しても，借主が，貸借の金を受領し，その貸借金が2週間内に返還されないときには，撤回しないものとみなされた（旧2項）。受領しておきながら，その無効を主張することは，矛盾した行為となるからである。みなされる結果として，契約は完全に有効となった[10]。しかし，消費者契約のうち，消費貸借にだけ，このような例外をおく必要はないことから，削除されたのである。

　旧495条2項3文は，貸主に，撤回権の効力の説明を義務づけていた。貸借金の返還を遅延して，消費者が撤回権を見落とさないようにするためである[11]。

　㋓　撤回権の規定は，493条1項1文の合意された信用による貸越（Überziehungskredit）には，適用されない（495条2項，旧3項）。これは，預金以上に引き出せる場合であり，また消費者が契約により貸借金をいつでも告知期間の制限なしに，また費用なしに返還できる（あるいは受領する必要が

ない）場合である。この場合には，借りない限り，貸借は生ぜず，撤回権は，じっさい上必要ないからである。文言は，超過信用が合意されている場合だけを対象としているが（493条1項1文），規定の趣旨は，493条2項の事実上の超過信用にもあてはまる（あらかじめ合意がなくても過払いが行われる場合）(12)。同様に，もっぱら借主の意思による貸借といえるからである。

撤回の効果については，立ち入らない。契約は，清算の関係に転換される。具体的な効果については，解除の規定が準用される（346条以下，357条1項）。

(オ) わが貸金業法には，2006年の改正法を含めても，クーリングオフに相当する規定がない。同じ消費者信用に関わる割賦販売法や特定商取引法がこれを認めるのに比して，保護が薄い。統一的な消費者信用法が存在しないことによる欠陥の1つであり，立法論として考慮する必要があろう(13)。

なお，貸金業法には種々の行為義務の定めがある。これは，2006年改正法の中にもあり，たとえば，資金需要者や保証人に対し，虚偽のことを告げたり，貸付けの契約の内容のうち重要な事項を告げない行為，不正または著しく不当な行為が規制される（貸金業法［公布から1年以内の第3次施行部分］12条の6）。消費者契約法の文言に近いが（4条），行為義務にとどまる。消費者契約法を経由して取消すことは可能であるが，必ずしも当然に取消権が付与されるわけではないので，その効力は限定的である。

2 方　式

(1) 消費者契約には，厳格な契約の方式が定められることが通常であり，民法の方式の自由の重大な例外をなしている。わがくにでは，これに代えて，書面の交付義務が定められている（割賦販売法4条参照）。その他の特別法にもみられる（貸金業法の2006年改正で採り入れられた契約の内容を説明した書面の事前交付義務。当初は，保証契約締結前の書面の交付が義務づけられ，これが契約一般に拡大される。貸金業法［第3次施行部分］16条の2参照）。

現代化法では，492条が方式の必要性を定めており，消費者消費貸借契約は，より厳格な方式が定められていない限り，書面によって締結されなければならないとされる。また，電子的方式による（in elektronischer Form）契約の締結はできない。安易な借入を防止するためである。参考とするべきであ

265

る。ただし，書面の方式は，申込と承諾が契約当事者によって各別に書面によって表示されることでたりる。貸主の表示が自動支払機 (automatische Einrichtung, ATM である) を利用して行われる場合には，表示は署名を必要としない（同条1項）。

492条1項1文によると，消費者消費貸借は，書面による方式を必要とする（126条）[14]。ドイツ民法は，一般的には，書式は原則として電子的な方法で代替できることを定めている（126条3項，126a条），しかし，消費者消費貸借では，電子的な方法を排している。

もっとも，じっさい的な理由から，書式は，2点で軽減されている。126条2項（当事者の署名が同一文書によるべきこと）と異なり，3文によると，申込と承諾がべつの文書で行われてもたりる。また，126条1項と異なり（自署を求める），4文では，自動支払機によるときには，貸主の表示には，自署を要しない（上述）。

(2) 書面の方式にも制限があり，借主により署名されるべき契約上の表示には，以下のことが示されなければならない（492条1項各号）。これらは，旧消費者信用法4条1項4文a-g号とほとんど文言上同一である。

1. 消費貸借の正味の金額，場合によってはその上限の記載が必要である。
2. 〔分割払の〕全額が，消費者消費貸借契約の締結時に全期間を通じて額によって確定している場合には，借主が消費貸借の弁済，利息その他の費用として支払うべき分割払の総額。分割払により支払う条件が変動する消費貸借の場合には，契約締結時に基準となった消費貸借の条件を基礎とした全額を示さなければならない。「上限額までの請求が裁量に委ねられた消費貸借においては，総額を示すことを要しない」との部分は，2002年8月1日改正 (Gesetz v.23.7.2002, BGBl.I S.2850) により削除された。

すなわち，契約締結時に，支払うべき分割払の支払の全額 (Gesamtbetrag der Teilzahlungen) が確定している場合には，その金額が明示されるが，条件が変更する賦払い (Ratendarlehen) では，推定される仮定の金額 (fiktiver Gesamtbetrag) が明示される。変動のさいの最初の条件の算定される基礎も明示されなければならない。ただし，特定の最高額（限度内）までの貸借が行われる契約の場合には，全額の明示義務はない。

3. 消費貸借の返済の方法，または，あらかじめ合意をしていないときには，契約終了に関する定めの記載が必要である。

　　分割支払では，とくに金額，最初の支払額，および償還レート（Tilgungsrate）の評価時期が必要である。たとえば，当座勘定の信用（Kontokorrentkredit）供与のさいに，このような合意が欠けていた場合には，契約の終了に関する規定が適用され，告知や解除権が付与されることがある。

4. 消費貸借の利率およびその他の費用のすべての記載が必要である。費用については，その額が判明している限り個別に示さなければならず，その他の場合には，借主の負担に帰せられるべき仲介費用があればこれを含めて，その根拠を示さなければならない。

　　締約時に，これらが定まっていない場合には，根拠に従った明示でたりる。

5. 実効年利，または利率その他の金額決定の要素の変更が留保されている場合には当初の実効年利の記載が必要である。当初の実効年利とともに，どのような要件のもとで金額決定要素が変更されるか，およびどれだけの期間，支払の欠損または融資へのプレミアム（Zuschlag）から生じる負担が，実効年利の算定にあたり差引計算（verrechnen）されるかを，あわせて表示しなければならない[15]。

6. 未払債務その他の保険の費用の記載が必要である。ただし，その消費者消費貸借契約に関連して取り決めるものに限る。

7. 供与されるべき担保（Sicherheiten）の記載が必要である。物権的なものだけではなく，債務法上の義務も包含される。

(3) 2002年8月1日改正法（Gesetz v.23.7.2002, BGBl.I S.2850）で追加された1a項によれば，1項5文2号とは異なり，最高限度額までの請求〔利用〕が任意である消費貸借および不動産消費貸借契約では，総額は記載されない。不動産消費貸借契約とは，貸付（Zurverfügungsstellung用立て）が不動産担保権による担保に依存し，また不動産担保権によって担保される消費貸借契約およびそのつなぎ融資（Zwischenfinanzierung）において通常行われる条件で行われる消費貸借契約をいう。最高限度額まで任意である利用の除外は，2002年改正までは，1項5文2項に記載されていた。不動産消費貸借契約の除外は，改正法により追加されたものである[16]。

267

(4) 実効年利とは，消費貸借の正味の金額の百分率により示される1年あたりのすべての負担をいう。実効年利および当初の実効年利の算定には，価格表示に関する法律（Verordnung zur Regelung der Preisangaben）6条を基準とする（同条2項）。

(5) 貸主は，借主に対して，契約の表示の写しを与えなければならない（492条3項）。情報提供の趣旨である。3項では，文言上，貸主は，消費者に契約の表示の写しを与えなければならない（zur Verfügung zu stellen），と定めた。旧消費者信用法4条3項と，政府草案492条3項は，交付（Aushändigung）を要件とした。しかし，これでは，写しを直接引渡す場合だけを意味し，郵便による場合（per Post）が除外される。双方を包含したのである[17]。

写しの請求権は，契約の有効なことを必要としない。355条2項3文によると，消費者が貸主から「契約書面，消費者の書面による申込，あるいは契約書面か申込の写し」をえるまでは，335条1項の撤回権の2週間の期間は進行しない。写しを与えたことは，貸主が証明しなければならない。この義務の不履行の場合には，契約は無効ではないが，撤回権を生じるのである[18]。

(6) 1項および2項は，借主が消費者消費貸借契約を締結するために授権した代理にも適用される（492条4項1文）。492条1項から3項は，従来の消費者信用法4条に相当するが，4項は新設であり，消費者消費貸借の締結のための代理権を規定している。旧法下の見解では，消費者信用契約の締結の代理権が代理書面によることは，消費者信用法4条1項5文の義務ではなかったし，いかなる書面を必要とする規定もなかったのである[19]。

492条4項1文の規定は，訴訟代理権および公証人による公証をうけた代理については適用されない（4項2文）。公証された代理権は，126条4項により，つねに書式を備えており，訴訟代理権は，方式がなくても有効に生じるが，民訴法80条1項から，原則として書面の作成を前提とするからである。

3 方式の欠缺の効果

(1) 契約の書式の要件は，日本法では，必ずしも契約の無効までももたらすことがない。たとえば，貸金業法17条，18条の書面の不備は，同43条のみなし弁済を生じない効果をもたらすにすぎない。割賦販売法などによる方

式の不備も，たかだかクーリングオフ期間の進行をとめるだけである。

　ドイツ民法494条1項によれば，書面の方式が全体的にみて遵守されず（insgesamt nicht eingehalten ist），または492条1項5文1号から6号までに定められた記載を欠くときには，消費者消費貸借契約およびこれを締結するために消費者から授与された代理権は，無効（nichtig）となる。旧消費者信用法6条に相当する。ただし，492条1項5文7号（担保の記載）の不備だけでは，契約の無効を生じない。

　1項は，民法総則の125条（方式の欠缺による無効）と139条（原則として法律行為の一部無効は全部無効になるとする）の特別法（lex specialis）である。

　(2)　(ア)　ドイツ民法494条1項に定める〔方式の〕欠如にかかわらず，消費者消費貸借契約は，借主が貸借の金銭の支払をうけ，またはその支払を請求する限りでは，有効となる（治癒，Heilung）。ただし，その消費者消費貸借契約の基礎とする利率（492条1項5文4号）は，その記載，実効年利または当初の年利の記載（492条1項5文5号）あるいは総額の記載（492条1項5文2号）がない場合には，法定利率に引き下げられる。記載のない費用は，借主の負担とならない。合意された分割返済金（Teilzahlungen）は，引き下げられた利息または費用を考慮して，新たに計算し直さなければならない。どのような要件のもとで，価格決定の要因が変更されるかが記載されていないときには，これを借主に不利に変更することはできない。担保は，これにつき記載のない場合には請求できないが，消費貸借の正味金額が5万ユーロを超えるときには，この限りではない。

　すなわち，1項による無効な消費者消費貸借契約は，2項1文によると，借主が貸借金を受領し，または請求した限りで，有効となる。そこで，消費貸借の金額が，たとえば，50％の割合で支払われたときには，治癒は，この範囲となる[20]。

　契約の治癒は，借主が貸借金を受領したか，請求したことにより生じる。貸借金の受領は，貸主による貸借の価値の支払をいう。それは，現金または振替えだけではなく，銀行の貸方勘定（Gutschrift）に入ることでもよい。また，借主の指図する第三者に与えられた場合でもたりる[21]。これらは，ドイツの「貸主」として，主として銀行が想定されているからである。

(イ) 治癒の効果は，契約が有効になることである。ただし，2項による（方式）無効のみが治癒され，良俗違反による無効や取消は，変更されない。

無効と治癒の結合は，実質的に一部無効を意味する。とくに，利息が法定利率に引き下げられることに意味がある。ドイツ法では，一部無効が制限されているから（139条では，原則として全部無効をもたらす），治癒という方法でいくのである。

また，2項による治癒は，借主による495条以下，355条の撤回権を変更するものではない（495条の改正については前述）。治癒の効果は，契約の浮動状態にすぎない。契約は，なお撤回可能である。浮動状態は，撤回期間が，撤回なしに徒過したときに終了する。

(ウ) 消費者消費貸借契約の治癒があっても，492条1項5文1-7の貸主の情報提供義務の違反への制裁がある。約定利率（492条1項5文4号），実効年利（同条5文5号），全額（同条5文2号）の記載がなければ，2文により，約定利率は，「法定利率」に引下げられる。つまり，246条により年利4％ということである。方式を欠くにもかかわらず，契約をそのまま有効とすることは，借主にとって負担が大きいだけではなく，貸主による潜脱の契機ともなるからである。このような解決は，方式の遵守に関する立法上，参考に値するものでもある。

ここで，ドイツ商法352条1項による5％の「法定利率」が適用されるか疑問となる。これは，消費者消費貸借契約が，双方的商行為による場合に問題となる（507条により491条以下が準用される，Existenzgründern）。立法のさいの編集上の見落としがあり，2項2文による法定利率は，例外なく246条の法定利率とみるべきものとされる[22]。

治癒に関する494条2項は，消費者により付与される代理権について，ふれていない。1項による代理の（方式）無効は，貸借金が支払われても，2項によって治癒されることはない。さもないと，492条4項による消費者保護を回避する結果となることからである。すなわち，代理人が，受領代理人として，金を支払わせたときに，代理が有効となってしまうからである。受領代理は担保として利用されるから，無制限に認めることはできない。ただし，借主がみずから貸借金をえて，代理権のない代理人による締結を確実に承認

したときには治癒される(23)。

(3) 494条1項と2項が対象とするのは，義務的な記載事項が「ない」場合であり，たんに「不正確」な場合ではない。3項は，実効金利または最初の実効金利に関する不正確な場合を問題とする。偽装への対策である。

実効年利または当初の実効年利がいちじるしく低く表示されているときには，消費者消費貸借契約の基礎となる利率は，実効年利または当初の実効年利としていちじるしく低く記載された利率まで減額される(24)。低いように書くと，その利率が適用されるのであり，高利を巧みに隠蔽する（偽装の場合）ことへの実際的な意味があり，無効の治癒の場合の法定利率の適用とともに（494条2項），立法政策上参考に値するものである。

(4) 実効利率の偽装に関する効果は，わが法にも参考に値するところがある。もっとも，かつて，わが法にも，これに類似する考え方がなかったわけではない。

(ア) (a) かねて旧民法の基礎となったボアソナードの民法典草案は，利息制限法の存在を予定した規定を置いていたが，同時に，偽装につき注目するべき規定をおいていた(25)。

882条 「約定利息（les intérêts conventionnels）は法定利息（les intérêts légaux）を超過しえない。ただし，法律が禁じない場合は，この限りではない。〔つまり，禁じない場合には，超過できる〕

法律が許容したよりも高い利率で公然と（ostensiblement）利息が定められたときには，利息は法律の制限に減じられ〔これを法律の制限に減額し〕，また，すでに支払ったものは元本に充当しまたは取り戻すことができる。

しかし，前記の不法な利息（intérêts illégitimes）は，債権者が実際に貸したよりも高い元本を承認させまたはその他の方法で，その全部または一部を隠蔽した（dissimuler）ときには，負担されない〔弁済される必要がない〕。弁済してしまったときには，その全部が償還される」。

(b) ボアソナードは，フランス法（1807年9月3日法，1850年12月19日法，1886年1月14〔2〕日法）にならって，しかしそれに修正を加え，この規定を置いたとする。もっとも，フランス民法典自体は，約定利息を制限する規定を置いていない(26)。特別法によっている。

271

882条の原則は，最高利率の制限を超えることを禁じることにあるが，それを修正・改廃したときでも，それによって民法の条文を修正する必要がないように，このような体裁をとったのである(27)。利息制限法による禁止がないときには，約定によって法定利率を超えることができる（1項）。また，伝統的にみられた，制限利率と法定利率の密接な関係を示唆するものでもある。

(c) しかし，ボアソナードの真意は，2項以下の利息制限にあったとみることができ，またその制限は，かなり厳格である(28)。そして，ボアソナードは，利息制限に違反した場合の効果を2つに大別した。

① 第1は，制限超過の利息を公然と（ostensible et loyale）定めた場合である。この場合には，貸主が利息制限法を知らずにまたは誤解して契約したものとみなして，超過利息のみを無効とした（2項）(29)。すなわち，一部無効である。

② 第2は，貸主が，債務証書中に利息を隠蔽するような記載をした場合である。この場合には，貸主は利息に関するすべての権利（tout droit à des intérêts）を失うのである（3項）(30)。たとえば，草案に明示されている，元金の不正な積み増しの場合だけではなく，超過利息の天引も含まれる。その効果として，貸主が利息に関するすべての権利を失うとしたのは，ボアソナードの創案であり，これは，利息制限の趣旨を徹底させるためであった。すなわち，超過利息のみが無効になるとしたのでは，貸主はなんら危険をおわないから，制限を破ろうとするであろうからである(31)。この場合には，全部無効である。

ボアソナードの草案は，約定利息に対する制限が原則としては残されること（公然の場合は一部無効），および，隠秘の方法による超過利息に対して制裁的な失権がともなう点において（全部無効），支払われた利息の返還を認めない伝統的な方法（相対済し）を修正し，保護法規的な色彩を一貫させている。未払いの場合に，超過利息を請求することができないのと同じく，既払の利息の返還を認めるからである。

(イ) (a) これに対して，旧民法自体が，すでに草案にかなりの修正を加えた。

旧民法・財産取得編187条「合意上ノ利息ハ法律上ノ利息ヲ超ユルコトヲ得

但法律ヲ以テ特ニ定メタル合意上ノ利息ノ制限ヲ超ユルコトヲ得ス。
② 法律ノ制限ヲ超エテ顕然ニ利息ヲ定メタルトキハ之ヲ法律ノ制限ニ減却シ此制限ヲ超エテ為シタル弁済ハ之ヲ元本ニ充当シ又ハ之ヲ取戻スコトヲ得。
③ 債権者カ実際ニ貸付シタル元本ヲ超ユル元本ヲ認メシメ又ハ其他ノ方法ヲ以テ不正当ノ利息ヲ隠秘シタルトキハ債務者ハ其不正当ノ利息ヲ弁済スルコトヲ要セス若シ弁済シタルトキハ之ヲ取戻スコトヲ得」。

おもな改正点は、2点である。①第1は、ボアソナードの草案とは、原則と例外とが入れ代わっていることである。ボアソナードが制限した約定利息は、旧民法では原則として自由とされたのである（1項本文）。②第2は、制限を超過する利息が隠秘の方法で定められた場合であっても、その効果は、債務者が「不正当ノ利息」を弁済しなくてもよい、とされたことである（3項）。後述の利息制限そのものへの議論が主となったために、その意味は必ずしも明確ではないが、草案が定めた「利息に関するすべての権利の喪失」とは異なるとすると（「不正当ノ利息」を超過利息とみる場合）、2項と同様の一部無効を意味することになり、その場合には、2項と区別して3項を存置することの意味は、ほとんど失われる。もっとも、全部無効を意味するとすれば（「不正当ノ利息」を利息全体とみる場合）、草案とそれほど異ならないものとなる[32]。

　(b) このような修正は、旧民法を審議した法典調査会のなかの意見の対立を反映したものである。一般に、旧民法の審議にさいしては原案への批判やその修正はそれほど多くはないが、本条に関しては、例外的にきわめて活発な議論がなされた[33]。しかも、そのほとんどは、ボアソナードの見解に反対する利息制限の緩和の意見である。

　論拠は多岐にわたるが、①利息制限をすると、金融がとざされ、かえって借手が困るであろう[34]。②そもそも、利息の制限は廃止するべきである[35]。③日本の実情からすると、強い制限はできない[36]。④とくに強く主張されたのは、たとえ制限を置いてもこれを超えて支払った場合には、その返還を認めないようにするべきである[37]ことなどである。

　とくに、この④は重大な争点となっており、利息制限法が制限超過利息を裁判上無効とするにとどめたのも同じ趣旨からであるとし[38]、返還制限の主

張者は，そこでの法の審議にさいしても，返還は予定されていなかったことを理由にあげる[39]。利息制限を未払の利息に限り，既払のものにはおよぼさないとする，このような跛行的な方法は，利息制限法によってわが法にその後も長く影響を与えるのであるが[40]，旧民法を修正したのも，この考え方であったのである[41]。

(c)　これらの意見から，利息の自由に対する考え方がより強く打ち出されたものといえよう。逆に，ボアソナードの独自かつ保護法的な考え方は，批判をよぎなくされたのである（ただし，修正はなかった）。

もっとも，旧利息制限法が，制限超過利息の支払をたんに「裁判上無効」として許容していたのに比すると，利息制限法の適用をうける限り（2項），制限超過利息の元本充当と返還請求とがパラレルに認められ，なお保護法的機能も強く残されていた，とも位置づけることができる。

(ウ)　(a)　さらに，現行民法典の起草者は，ボアソナードとは逆の立場を採用しようとした。すなわち，民法典の制定にあたって契約自由の原則を採用し，利息制限法をまったく廃止しようとしたのである（民法典の審議は，明治28年＝1895年）[42]。もっとも，起草担当者・富井政章は，上述のような旧民法の審議のプロセスを知らなかったので，旧民法＝ボアソナードも，「初メハ」利息の制限を設けない趣旨であったとしている[43]。

(b)　しかし，起草者の見解もまた，法典調査会の民法議事においては，賛同をうることはできなかった。起草者は，利息制限法の廃止に努力したが，2度の廃止案提出にもかかわらず，賛同はえられなかったのである。ここでは，契約の自由を理由とする廃止案が，債務者保護の反対論を説得しきれなかったことが特徴である（旧民法の審議とは，方向性はむしろ逆である）。そして，利息制限法は，民法典施行後も存続することになった[44]。そこで，わが民法典と利息制限立法にさいしては，債務者保護の思想と，契約自由の原則との妥協が見出されるのである。

1898年（明治31年）に，現行民法典が施行されるのに伴い，その第3条（法定利率を6分とするもの。民法典404条では民事法定利率は5分とされた）が削除されたのみで，利息制限法は存続することになった（民法典施行法52条）[45]。

(エ) 以上の経過から知りうるように，偽装に関するボアソナード草案の規定は，利息制限の本質に関わり，参考に値するものを包含している。これが，支払った利息の不返還の構成と関連づけられていることは興味深い。そして，不当な偽装が，利息の支払義務を減免させるとのことは，現代化法による法定利率への引き下げとも軌を一にするものである。

わが法上，従来も，貸金業法43条1項のみなし弁済規定の適用には，厳格な契約書面と受領書面の交付が義務づけられていた。しかし，その効果は，たんに書面を具備しない場合に，みなし弁済が成立しないこと，つまり制限超過利息の支払の無効を意味したにすぎない。かりに制限内の約定利率であっても，かなりの高利に及ぶ場合もあるから，必要な事項の開示されないものをそのまま肯定するのでは，たりない。正確な書面の交付がない場合や偽装された場合には，より積極的な引き下げが行われるべきであろう。

(オ) 2006年改正の貸金業法では，公正証書作成にかかる委任状の取得が禁止された（貸金業法の第3次施行部分の20条2項）。改正時に，貸金業者が一方的に作成した書類にもとづき，借主の不知の間に，利息制限法の金利を超える貸付の契約について公正証書の作成の嘱託をすることが行われていた。

また，もとより利息制限法の制限に違反する公正証書の作成はできないが，従来，利息の約定について適法な利率の範囲に引きなおして作成する扱いになっていた。これは，いわば契約書面とは異なる内容の作成を容認するものである。そこで，改正貸金業法では，利息制限法に違反する利息の約定がされた貸金の契約については，公正証書の利用を認めないこととし，有効な約定部分も含めて嘱託を禁止した（同20条1項）。偽装にもとづく作成といえ，公正証書の効力の問題を離れても，単純に制限利率までの利息を認めるべき場合とはいえない。この点にも，立法上考慮するべき点は残されている。

(5) さらに，違法な利息の約定についても，参考に値する点がある。すなわち，2004年の改正で新設された「契約の無効」の規定の解釈である。同年の改正貸金業法は，①登録要件の厳格化，②適切な営業体制の確立（貸金業務取扱主任者制度の導入），③取立規制の厳格化，④契約の無効，⑤罰則の強化を行った。

このうち，注目するべきものは，④である。従来，登録業者の多くは，利

息制限法と出資法の間のいわゆるグレーゾーン（15～20％以上，29.2％以下）の利息を定め，収益をあげてきた。他方，いわゆるやみ金融は，出資法の定めをもはるかに超過する高利の定めをしている。ところが，刑事法である出資法に違反する利息の定めがあっても，必ずしも元本や利息制限法の制限内の利息の債権までが無効とは考えられてこない場合もあった。そこで，出資法の上限金利を超える利息の支払をする契約の効力が，法律案の段階で問題とされ，109.5％を超える割合の利息の契約は禁止され，消費貸借契約は無効となることとされた（貸金42条の2第1項）。利息などの計算については出資法5条4項以下が適用され，違反に対しては，刑事罰が適用される（同第2項）。

しかし，高利対策の決め手として，元本の返還請求権を明文で否定することは見送られた。元本の返還請求をも認めるよちがないと，借り手のモラルハザード（返すつもりなしに借りる）をもたらす可能性があるという理由である。条文では，たんに年利109.5％を超える貸し付けについては，契約を無効とするにとどまる。あとは解釈の問題となり，元本の給付が不法原因給付となれば（708条），その返還請求も制限されるが，そうでなければ，元本の返還請求は可能となり，実質的に金利部分の無効となるにとどまる。しかし，元本の返還請求を認めないことが高金利への抑制となることから，かりに返還請求を認める場合でも，法定利率までの利息を認めるような解釈は否定する必要がある。109.5％を超過するような暴利は犯罪行為であり，バブル経済崩壊後の低金利との比較では，法定利率でさえもかなり高率であり，元本にさえ返還の疑問がある場合に，利益の保持を認めるべきではないからである。

また，いうまでもなく，利息制限法の制限利率に違反する金利の約定も，一般の出資法の制限金利である29.2％に違反する約定も無効である。109.5％を超過することのみが，公序良俗や不法原因給付の基準になるわけではないから，貸付の態様によっては，109.5％以下の場合にも，元金や利息に対する還請求権が制限されるとの解釈はありうる[46]。

なお，いわゆる押し貸しや数百％にも及ぶやみ金融は犯罪であり，元金も犯罪の道具たるにすぎないから，不法原因給付として返還をいっさい認めるべきではない。また，犯罪性に着目して不法行為による損害賠償請求をする

場合でも，その実質は，不当利得の返還請求であるから，損益相殺といった形で，元金の返還を実現させるべきではない。これにつき，最決平18・3・7判例集未登載は，年1200％の高金利で行われたやみ金融の事案に対し，「貸金に名を借りた違法行為の手段にすぎず，民法上の保護に値する財産的価値の移転があったと評価することは相当でない」として，借主が業者に返済した元本相当金額についても，不法行為に基づく損害であると認め，実質的に，借主から業者に対する返還請求を認めた札幌高裁判決（札幌高判平17・2・23判時1916号39頁）に対する上告を棄却して同判決を確定させた。

現在明文化されているのは，109.5％を超える割合の利息の契約の無効のみであるが，その他の偽装の場合の利率の制限も，より積極的に考えられるべき論点である。

第3章　抗弁の切断と手形・小切手の制限，遅延利息

1　抗弁の放棄の制限

(1)　消費貸借契約上の債権が譲渡されると，抗弁が切断される。抗弁の切断は，債務者にとって不利なことが多く，それとの関係で，わが貸金業法でも債権譲渡には，一定の制限がある（24条）。重要な論点ではあるが，それ自体はそれほど新奇なことではないので，以下では，あまり立ち入らず，2以下と関連する限度で言及するにとどめる。

他方，現代化法は，496条において，抗弁の放棄を制限し，あわせて消費者契約において，手形および小切手の利用を制限している。すなわち，借主が貸主に対して有する抗弁を404条により譲渡債権者〔債権の譲受をうけた債権者〕にも対抗し，または貸主に対して借主に帰属する債権をもって406条により譲渡債権者に対しても相殺する抗弁のための権利を放棄する合意は，無効とする（1項）。すなわち，抗弁の接続を否定する合意は，制限されるのである。

(2)　現代化法の債権総論404条，406条では，債務者は，債権譲渡の場合または法定の債権譲渡（412条）のさいに新債権者に対する抗弁権，相殺権を行使できるが，これらの保護は，任意規定であり，契約的に放棄することが

可能である。そこで，496条1項は，旧消費者信用法10条1項を受け継ぎ，これらの規定を消費者消費貸借に関して強行法としている。この保護がないと，債務者保護規定が契約により放棄された場合に，消費者は，新債権者に対し消費貸借契約上の義務を履行する義務をおうことになり，損害賠償請求権と返還を，たんに旧債権者としての貸主に対してしか主張できなくなるからである[47]。

2　手形・小切手の制限

(1)　(ア)　抗弁権の切断の手段としては，しばしば手形・小切手が用いられる。借主は，有価証券が譲渡されると，第三者との関係において，手形法17条，小切手法22条の人的な抗弁を失う可能性があり，貸主との関係でも，手形訴訟において防御の機会を制約される。また，有価証券の交付は，抗弁の説明や証明責任の転換をもたらす。

わがくにでは，一連の貸借において，前の取引との関係が明らかになると，借り換えとして，過払い利息の元本への充当が行われることから，これを潜脱するために手形が用いられることもある。手形の濫用といえるものであり，実質的な借り換えが行われた場合には，手形は手段にすぎず，元本充当が行われる必要がある[48]。このような手形が一般に流通することは，実質的にはありえない。

(イ)　消費者金融会社が私製手形を濫用したことが問題となったこともある。争点は，譲渡による抗弁の切断というよりも，簡易な取立方法としてである。

2003年，東京地裁は，旧商工ファンドの手形訴訟の受理を拒絶するものとした。同社の融資は債務者から約束手形を借用書代わりに取るシステムをとっており，裁判が強引な取り立てに利用されてきた。同社による手形訴訟の提起は2002年だけで1500件を超え，同地裁の手形訴訟の8割を占めたといわれる。手形訴訟は，裏書きなど一定の形式的要件を満たしていれば，原則として抗弁が制限され，弁論も一回で結審するケースが大半であり，業者側は，簡易に勝訴判決を取得してただちに強制執行の手続に入ることができる。

東京地裁は，①　借用書代わりの約束手形を一般の手形と同一視して，即

決手続に乗せるべきではない，②　手形の支払地が東京だという理由で，北海道から九州まで全国の債務者の裁判を東京で行うのは，借手側の防御権を事実上奪う結果となることを問題とした。

また，東京地判平15・11・17判時1839号83頁では，商工ローン会社Xが貸付にさいし主債務者と連帯保証人から共同振出しさせている私製手形による手形金請求の手形訴訟が，手形制度および手形訴訟制度を濫用したものとして不適法とされた[49]。

しかし，制度の濫用による受理の拒否や一般条項による制限だけではなく，正面から制限することが効果的であり，透明な制度として構築することも望ましい。

(2)　(ｱ)　現代化法は，496条2項によって，もっと直接に手形の利用を制限している。すなわち，借主は，消費者消費貸借契約による貸主の請求権について手形上の拘束を生じさせる義務をおわない（1文）。また，貸主は，消費者消費貸借契約から生じる自分の請求権を担保するために，消費者から小切手をうけ取ってはならないとされる（2文）。そして，借主は，貸主に対し，1文または2文の規定に反して交付された手形または小切手の返還を，いつでも請求することができる（3文）。貸主は，手形または小切手の交付によって借主に生じたすべての損害につき責任をおう（4文）。

この2項は，旧消費者信用法10条2項を引き継ぎ，EUの消費者信用指令10条の要請を満たしている。手形の利用制限と同じ保護目的から，ドイツ法上の抽象的債務約束（780条）と債務承認（781条）にも，2項が類推適用される[50]。

(ｲ)　ここでは，手形と小切手を区別する必要がある。2項1文による手形債務の負担の禁止は，一般的な禁止であり，消費者がみずからした「任意の」手形の交付も制限される。

これに対し，2項2文による小切手の禁止は，必ずしも一般的な禁止ではなく，貸主に，消費者消費貸借契約上の自分の請求権の担保として小切手を受領することのみを禁じているにとどまる。禁じられた担保というのは，借主が，期限前に小切手を付与したり，小切手が先日付にされる場合である（vordatiert，小切手法28条，29条）。1文と2文の禁止の範囲の違いから，支

払手段としての小切手の機能は，なお残されている。すなわち，担保のみが禁止されるから，たとえば，借主が支払のさいに，現金でなく，小切手で支払うことは許される(51)。

(3)　法の制限に反して，有価証券が交付されたときには，民法総則の134条(強行法規違反の無効)によって，義務の設定と担保の合意(Sicherungsabrede)のみが無効となる。すなわち，貸主との関係でだけ無効となり，第三者との関係では有効である。抽象的な手形ないし小切手の義務そのものは，有効である。そこで，借主の保護のために，3文は，貸主から，いつでも違法な手形や小切手の返還を請求できるとする。さらに，貸主は，借主に，違法な手形と小切手を交付したことによる損害を賠償しなければならない。このような損害は，とくに，手形が譲渡され，借主が，取得者から有価証券の支払請求をうけた場合に生じる。この場合に，借主は，4文の無過失の担保請求権によって（auf den verschuldensunabhängigen Garantieanspruch），貸主に求償することができる。貸主の無過失の絶対的責任が定められているのである。

(4)　消費者が手形の振出を求められ，その手形が金融業者に譲渡されて予期しない不利益を受けるケースは，欠陥商品の引渡や商品の引渡がない場合の抗弁の切断と共通した問題である。販売業者に対する抗弁をもって手形所持人に対抗することは，困難となる。

ドイツ以外の諸国でも，消費者手形について特別な法的取扱いをし，特別法を制定する例が増加してきた。たとえば，消費者手形の利用を禁止する（アメリカ統一消費者信用法），手形面に消費者手形であることの表示を義務づけ，その手形の抗弁切断機能を否定する（カナダ手形法），割賦販売では指図禁止手形のみ利用を認める（オーストリア割賦販売法）などである(52)。しかし，日本には，消費者手形に関する特別な法制度は現在ない。前述の裁判例にみられるように，濫用が問題となっている。

上述のオーストリア法をも参考とすると，1916年に大幅改正されたオーストリア一般民法典（ABGB，1811年）879条は，一般的に暴利行為を禁止したが，1979年3月8日の消費者保護法は，より具体的に以下の規定をおき，その11条で，手形の使用を制限している(53)。

消費者保護法（Konsumentenschutzgesetz, Bundesgesetz vom 8.3.1979 BGBl

140, mit dem Bestimmungen zum Schutz der Verbraucher getroffen werden）11 条 (Verbot des Orderwechsels)

「事業者が，消費者に対する自分の債権のために，消費者の手形債務を負担させうるのは，事業者が手形取得者（1955 年手形法 1 条 6 号，75 条 5 号）となり，かつ手形上に「指図禁止」(nicht an Order) の文言，または同旨の記入がされた場合のみである。

　前項に違反した場合には，手形を振り出した消費者は，事業者に，償還額の範囲で（Rückgriffssumme）支払の請求権を有する。ただし，消費者が手形債務の引受または履行により，手形なしでも生じた義務から免責されていることを〔つまり，事業者が消費者にもはや請求しないこと〕，事業者が立証した場合はこの限りではない」。

　すなわち，裏書きが制限され，人的抗弁の切断は認められていない。また，手形金を支払った場合には，原因債権の消滅が担保されているのである。

3　遅延利息の限度と充当

(1)　遅延利息は，それが多額になると，消費者の利益を害する。わが利息制限法 4 条は，賠償額の予定は，その賠償額の元本に対する割合が利息制限法 1 条 1 項の率の 1.46 倍を超えるときには，その超過部分を無効とする。すなわち，最高利率である 2 割の 1.46 倍である 29.2％ は，出資法の最高限度と同率となることから，出資法の最高利率が下げられた 2000 年施行の貸金業法の改正のさいに，改められたのである。他方，消費者契約法 9 条 2 項は，損害賠償額の予定または違約金を定める条項では，年利 14.6％ をもって限度とする。利息制限法の制限の率が，いぜんとして高いことが問題である（結果として損害賠償額の制限も緩い）。2006 年の改正の途中では，特例金利など種々の問題が登場し，おおむね削除されたが，損害賠償額の予定は，あまり考慮されなかったのである[54]。

利率（2006年の賃金業法の改正時の種々の利率の比較）

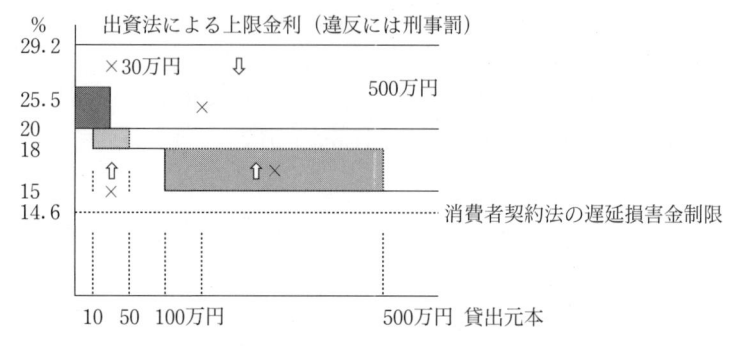

```
 %     出資法による上限金利（違反には刑事罰）
29.2
      ×30万円
25.5              ×        500万円
 20
 18        ⇧         ⇧×
 15        ×
14.6                        消費者契約法の遅延損害金制限

      10 50 100万円       500万円 貸出元本
```

①②③は、2006年の改正の途中で出た問題点（①②は採用されなかった）
　①利息制限法の上限の金利の引上げ
　　現行法では、10万円未満は20%　　　草案では、50万円未満は20%　（恒久的な措置）
　　　　　　　　100万円未満は18%　　　　　　　　500万円未満は18%
　　　　　　　　100万円未満は15%　　　　　　　　500万円未満は15%
　②特例金利　25.5%（当初は28%。少額・短期の貸出に金利の上乗せを認める）2年
　③準備期間と経過措置などで5年（当初は9年）→おおむね3年

(2)　(ア)　現代化法497条1項によれば、借主は、消費者消費貸借契約にもとづいて負担した支払を遅滞したときには、負担した金額（geschuldeter Betrag, 元本）につき288条1項により利息〔288条1項の遅延利息は、基礎利率に5%をプラスしたもの〕を支払わなければならない。ただし、これは、不動産担保つきの消費貸借契約には適用されない（2002年8月1日改正（Gesetz v.23.7.2002, BGBl.I S.2850）前は、「491条3項1号による土地担保権により担保された消費者消費貸借契約は（grundpfandrechtlich gesicherter Verbraucherdarlehensvertrag）、この限りでない」）。この契約では、遅延利息の利率は、その年の基礎利率に2.5%をプラスしたものとする。

同条は、旧消費者信用法11条に相当する規定である。EUの消費者信用指令は、この点に関する基準を包含していないから、497条では、消費者信用指令15条で認められたよりも進んだ規定となっている。1文は、いわゆる通常の貸借（Standarddarlehen）に関する規定であり、2文は、物的貸借（Realdarlehen, 内容的には物的担保のある貸借である）に関する規定である。

(イ)　通常の貸借において、基礎利率に5%を上乗せする規定は、債権総論の288条（履行遅滞の場合の賠償額）と同様である。そこで、立法の過程では、

討議草案501条にも，確定草案(KF)494条にも相当の規定はなかった。Bülowは，これを批判し，旧消費者信用法11条1項は，遅延利息の限度のみならず重利の禁止にも意味があるとし，これをうけて，政府草案では，497条1項1文が付加された。1項1文前段は，借主は，約定の債務額に288条1項に従って利息をつけなければならないと定めた。491条3項1号において土地債務で担保された貸借が問題となる後段では適用されない(55)。

物的（物的担保のある）貸借について，旧消費者信用法は，遅滞後の利息のつき方について特別の規定をもたなかった。2文は，新規定である。物的貸借につき，遅延利息の利率を，基礎利率に2.5％をプラスしたものと定め，遅延利息の率の限度が一般の貸借と異なるとしたのは，抵当権信用のさいの貸出コストは，通常の貸借の場合よりも小さいからである(56)。

また，遅延利息を決定するさいに問題となるのは，固定的な法定利率ではない。法定利率を修正する基礎利率は，半年ごとの変動金利であり，現代化法の施行された2002年には3.62％，その後低減し，2006年1月から1.37％，7月から1.95％（2007年1月から2.70％，7月から3.19％）である。これに5％を加えた額が，遅延利息の上限とされる（497条1項，288条1項，247条)(57)。

(ウ) 1項3文によれば，個別の場合において，貸主は，損害がより高いことを，また，借主は，損害がより少ないことを，それぞれ証明することができる。これは，旧消費者信用法11条1項後段に相当する。それによると，貸主は，(288条4項と同じく，遅滞になった債務の債権者は）損害が，（通常の貸借の）5％という1文や（物的貸借の）基礎利率プラス2.5％という概算よりももっと高かったと証明することができる。3文は，他方で，借主にも，貸主の損害は，1文の概算よりも少なかったと証明することを認める。この可能性は，消費者信用法に由来する独自の規定であり，288条のもとでは，遅滞した債務者には認められていない。債権総論では，より高いことの証明は可能であるが，低い証明はできない。もちろん，実務上，信用機関に対して，借主が，損害が少なかったと証明することはむずかしいが，その他の貸主に対しては，ありえないわけではない(58)。

(3) 497条2項によれば，遅滞が生じた後に発生した利息は，特別の（分離した）口座（gesondertes Konto）に記帳されなければならず，債務額または

その他の債権者の債権とともに当座勘定（Kontokorrent）の中に入れてはならない（1文）。この規定は，旧消費者信用法11条2項に相当する。1文は，遅滞後に生じる「利息」は，必ず特別の口座に記帳することを定めている。この口座の分離は，商法355条による重利の効果を防止している[59]。

この利息については，289条2文が適用されるが，貸主は損害賠償を法定利率（246条）までしか請求できない（2文）。すなわち，289条1文の重利の禁止では，債務者は保護されない。なぜなら，債権者は，289条2文によって，利息をつけることのできる遅延利息を請求しており，遅延利息は，利息ではなく損害賠償である。そこで，重利は損害賠償の限度で可能であるが，法定利率までとしているのである。実質的には，重利を制限しているともいえよう。

(4) (ｱ) (a) 3項は，充当の順序（Anrechnungsreihenfolge）の制限である。借主による支払が，弁済期に達した全債務の返済にたりないときには，367条1項の規定によらずに，まず権利行使の費用に，つぎにその他の債務額（1項）に，最後に利息（2項）に充当される（1文）。貸主は，一部の弁済を拒絶することができない（2文）。

これにより，消費者の借入債務への支払総額が減じる（旧消費者信用法11条3項1文）。債権総論の一般的な充当の順序では，まず権利追行の費用に，つぎに遅延利息，最後に元本の順となる。これに比して，消費者の負担の軽減となっている。2文も，一般規定である266条と異なり，消費者には一部給付の権利があり，貸主がこれを妨げえないことを定めている。

(b) 2006年のわが貸金業法の改正では，いわゆる総量規制の考え方が打ち出された。その方途は多岐にわたるが，信用情報を把握することの充実や契約締結時の貸手責任の強化を中心とする。従来，消費貸借契約自体の過剰契約の制限や，割賦販売契約などをも含めた契約額の総量規制は，わがくにでは十分行われたことがなく，信用供与形態が多様なもとでは，信用情報の集中が必要となる。これらの必要性はいうまでもないが，他方，多重債務問題の根本的な解決には，貸手責任の観点から，民法の原則をも修正する必要が生じることがあろう。この意味では，改正法は，債権総論の原則を変えるほどのものではない。

改正法は，以下のとおり，貸金業者に借主の返済能力の調査を義務づけ，個人が借主の場合には，指定信用情報機関の信用情報の使用を義務づけるものである。改正前の旧13条（過剰貸付の禁止）は，たんなる抽象的な義務を定めたにすぎず，必ずしも十分ではなかったからである。

そして，①自社からの借入残高が50万円超となる貸付，または②総借入残高が100万円超となる貸付の場合には，年収等の資料（源泉徴収票等）の取得を義務づける（貸金業法［第5次改正の］13条）。返済能力の調査を具体化するものである。借主の側からは，安易な借入への心理的な制約となる。

また，調査の結果，総借入残高が年収の3分の1を超える貸付など，返済能力を超えた貸付を禁止する。なお，内閣府令で，売却可能な資産がある場合などは除かれる。

そして，貸金業者に対し，みずからの貸付の金額と他の貸金業者の貸付の残高の合計額が年収等の3分の1を超えることとなる貸付は，原則として禁止される。

極度方式基本契約を締結している場合には，極度方式貸付の状況を勘案し，または定期的に，指定信用情報機関の信用情報を使用して返済能力を調査し，自らの貸付の金額と他の貸金業者の貸付の残高の合計額が年収等の3分の1を超えると認められるときは，極度方式貸付を抑制するために必要な措置を講じなければならないこととする（貸金業法［第5次改正の］13条の2〜13条の4）[60]。

(イ)　現代化法によると，消費貸借の返還および利息請求権の消滅時効は，1項による遅滞の発生後，197条1項3号から5号までに掲げる事由による権利の確定まで停止する。ただし，その発生から10年を超えない。利息の請求権には，197条2項は適用されない（3文）。

367条を変更した充当順序を定めた代償として，旧消費者信用法11条3項3文は，利息請求権（2項）につき，旧197条，218条2項が適用されないとした。つまり，旧195条の30年の通常の消滅時効が適用されたのである。これにより，貸主が利息だけのために，時効の中断，たとえば，訴訟の提起をすることを不要としていた。

しかし，現代化法は，時効期間をも短縮したから，195条によると，2002

年1月1日から，通常の時効期間は，3年となった。これでは，弁済をうけない貸主は，たびたび時効の中断をする必要にせまられる。

そこで，政府草案は，497条3項3文で，197条2項は，利息請求権には適用されないとのみ規定した。これによって，判決で確定された利息請求権（tituliierte Zinsansprüche）は，30年で時効にかかることが明示された。また，連邦参議院の提案で，判決で確定されていない利息債権（auch nicht tituliierte Zinsforderungen）と元本（1項）も，長期時効のもとにおかれるとされ，3文が新設された。政府草案の497条3項と3文は，4文となった。新3文によれば，貸借の返還と1項の遅滞後の利息の請求権の時効は，197条1項3号-5号の債務名義の獲得（Tituliierung，確定判決など，30年の時効）まで，停止する。しかし，請求権の最長期は，成立から10年である[61]。

(ウ) 1文から4文は，支払が執行名義（Vollstreckungstitel）により行われ，執行の主たる債権が利息の支払を内容とする場合には，適用されない（5文）。借主が，利息債権を含む貸主の強制執行により支払ったときには，5文によると，1文-4文は適用されない。これは，旧消費者信用法11条3項4文に由来する。利息のみを分離して給付する場合には，367条の弁済の充当方法と，197条2項の通常の時効が残る結果となる。

第4章　期限の利益と支払の猶予

1　期限の利益喪失約款

(1)　(ア)　期限の利益は，債務者にとって重大な利益であり，些細な契約違反によって，これを失うことには，その後の高額な遅延損害金が発生する理由ともなることから，問題がある。とりわけ，わが法のもとでは，期限の利益喪失を道具とすることによって，法律上支払義務のない，いわゆるグレーゾーン金利の支払を実質的に強制することが行われてきた。これについては，2006年の3判決である最判平18・1・13民集60巻1号1頁，最判平18・1・19判時1926号23頁，最判平18・1・24判時1926号36頁が出されており，支払の遅滞によって期限の利益を喪失する旨の特約は，支払義務をおわない超過部分の支払をも事実上強制することになり，超過部分に関しては無効に

なるとした（なお，最判平 18・3・30 判例集未登載も同旨）。

「期限の利益喪失特約がその文言どおりの効力を有するとすると，Y〔借主〕は，支払期日に制限超過部分を含む約定利息の支払を怠った場合には，元本についての期限の利益を当然に喪失し，残元本全額及び経過利息を直ちに一括して支払う義務を負うことになる上，残元本全額に対して年 29.2％の割合による遅延損害金を支払うべき義務も負うことになる。このような結果は，Y に対し，期限の利益を喪失する等の不利益を避けるため，本来は利息制限法 1 条 1 項によって支払義務を負わない制限超過部分の支払を強制することとなるから，同項の趣旨に反し容認することができず，本件期限の利益喪失特約のうち，Y が支払期日に制限超過部分の支払を怠った場合に期限の利益を喪失するとする部分は，同項の趣旨に反して無効であり，Y は，支払期日に約定の元本及び利息の制限額を支払いさえすれば，制限超過部分の支払を怠ったとしても，期限の利益を喪失することはなく，支払期日に約定の元本又は利息の制限額の支払を怠った場合に限り，期限の利益を喪失するものと解するのが相当である。

そして，本件期限の利益喪失特約は，法律上は，上記のように一部無効であって，制限超過部分の支払を怠ったとしても期限の利益を喪失することはないけれども，この特約の存在は，通常，債務者に対し，支払期日に約定の元本と共に制限超過部分を含む約定利息を支払わない限り，期限の利益を喪失し，残元本全額を直ちに一括して支払い，これに対する遅延損害金を支払うべき義務を負うことになるとの誤解を与え，その結果，このような不利益を回避するために，制限超過部分を支払うことを債務者に事実上強制することになるものというべきである。

したがって，本件期限の利益喪失特約の下で，債務者が，利息として，利息の制限額を超える額の金銭を支払った場合には，上記のような誤解が生じなかったといえるような特段の事情のない限り，債務者が自己の自由な意思によって制限超過部分を支払ったものということはできないと解するのが相当である」（前掲最判平 18・1・13）。

期限の利益喪失特約が，債務者に誤解を与え，事実上支払を強制するものであることを指摘し，正面からその任意性を否定した点で，画期的である。こ

の議論は，直接には，期限の利益喪失特約に関するものであるが，それがない高利の約定そのものにもあてはまる面があることから，支払の任意性の判断に影響するところも大である[62]。

(イ) また，些細な不履行を理由とする期限の利益喪失，さらに連続する取引で，過払いになっている場合に，当該の不履行だけで期限の利益が喪失するかが問題となる[63]。

たとえば，過去に10回，超過利息を支払っており，11回目に，支払が遅れたといった場合には，すでに支払った超過利息の範囲内では，債務不履行は生じないと解される（最判平15・7・18民集57巻7号895頁参照。同判決は，一連の取引において，超過利息がつぎの取引に充当されていく場合であるが，一連の返済にも同様の関係がある）。先行する利息の支払が制限を超えた場合には，すでに一部無効であり，元本に充当されうるからである。債務不履行は，外見にすぎず，超過利息が充当されれば，当該の不履行自体が存在しないのである。

また，貸主が，些細な不履行や計算違いに藉口して，残金全額の期限の利益喪失を主張することは信義則に反することがあろう。さらに，不履行があっても，一括返済を求めずに，長期間，損害金の名目で分割払させた場合には，制限超過利息をとる隠れ蓑にすぎないというべきである。特別法や外国法で指摘されるように，期限の利益喪失は，債務者の権利ともいえる利益を奪うものであるから，債務全体の残額とのバランスや不履行の態様を考慮することが必要となる（期限の利益の存続と，遅延損害金の制限）。期限の利益喪失を発動する手続をも明確にする必要があろう。

たとえば，貸金契約と同様の信用供与契約である割賦販売法は，消費者保護の観点から，分割払契約の解除による残債務の一括請求にさいし，20日以上の相当な期間を定めた書面による未払い金の催告を求め，また損害金の利率を法定利率による遅延損害金に制限している（5条，6条。なお，消費者契約法9条をも参照）。

さらに，最近の立法例を参照すると，つぎに，現代化法の498条が参考になる。期限の利益喪失条項の規制と，期限の利益が喪失した場合の遅延利息の規制（前述の497条1項，2項）が有機的に結合されている点が参考に値す

るものである。2006年のわが貸金業法等の改正のさいに、期限の利益喪失に対する包括的な規制が行われなかったことは、取引履歴の開示など、判例理論を成文化するものもみられたことからすると、重大なアンバランスというべきである。

　(2)　(ア)　現代化法は、498条において、分割返済の消費貸借における全額の弁済期の到来〔期限の利益の喪失〕を包括的に制限した。期限の利益を喪失させるにたりる不履行を定めているのである。

　すなわち、借主の支払遅滞を理由として、貸主は、分割払で返済される貸借において、消費者消費貸借契約を解約告知することができるのは、つぎの場合だけである。

　1.　借主が、少なくとも2回連続して分割支払の全部または一部を遅滞し、かつ少なくとも〔額面金額または分割支払額の〕10％につき、消費者消費貸借契約の期間が3年を超える場合には、額面金額または分割支払額の5％につき、遅滞となること（1文1号）、および

　2.　貸主が、借主に対し、期間内に支払がなされない場合には残債務の全額を請求する旨の表示をして、残額支払のために2週間の期間を設定し、その期間が徒過されたこと（1文2号）。

　498条は、借主の保護を目的としている。1項では、遅滞を条件とした告知について、特定の要件を設け、2項では、利用されなかった消費貸借の費用が包含されないとしている。この規定は、旧消費者信用法12条に相当する。それは、EUの消費者信用指令15条が命じていない、追加的な規定である。

　1項1号によると、498条では、2回遅滞がなければならないから、少なくとも3回の分割払の消費者消費貸借にのみ適用される。また、498条は、遅滞の場合に、消費貸借の残債務の満期がくるには、告知の意思表示が必要であるとしている。そこで、自動的な解約条項（automatische wirkende Verfallklauseln）は、無効である[64]。

　(イ)　告知が有効であるには、1項1文にいう要件（1号、2号とも）が、すべて存在することが必要である。まず、借主の遅滞の限定がある。借主は、1文1号により、2つの前後連続した支払につき、全部または、一部遅滞にならなければならない（286条）[65]。消費者契約においては、このような明確性

が必要であろう。

　また，残額は，消費貸借額の10％以上でなければならない（3年以上の貸借では，5％）。些細な不履行を理由に，重大な結果を招来するべきものではないからである。実体的なバランスが必要であり，あまりに些細な不履行に藉口して，期限の利益喪失特約を主張することを防止している。

　㈦　1文2号によれば，貸主は，借主に，告知の前にさらに2週間の追加期間（Nachfrist）を設定しなければならない。それには，返還するべき債務の不払いのさいには，残る全債務を請求するとの意思表示が付される。これによって，貸主は，履行のために最後の機会を与えるのである。その意思表示では，497条1項，2項で負担する返還するべき額を，具体的に指摘しなければならない(66)。契約の解除にさいしては，相当の期間を定めて催告することが必要である（日本民法では541条を参照）。これと同様に，期限の利益喪失といった当事者の利益を大きく損なうものには，慎重な手続が必要なのである。

　借主が，期間内に支払ったときには，告知の要件はなくなる。分割払の貸借（Teilzahlungsdarlehen）は，従来と変更なく存続する。そこで，わがくにで，しばしばみられたように，期限の利益が喪失したと主張しながら，他方で，高利の損害金を分割払で主張する（これは，実質的には利息制限法の潜脱である）ことを防止できるのである。

　⑶　貸主が，借主に対して，遅くても期間を設定する時までに，合意により交渉する機会（Gespräch）を与えなければならない（1項2文）。期限の利益喪失が，不履行に対処するためであり，高利の実現の道具でないとすれば，不履行をたんなるチャンスととらえるのではなく，その治癒を考えることが必要であろう。もっとも，機会の提供は，告知のための前提要件ではない(67)。

　⑷　貸主が消費者消費貸借契約を解約告知した場合には，利息およびその他の時の経過に応じた消費貸借契約の費用に関する残債務は，段階的な計算（bei staffelmäßiger Berechnung）によると，解約告知が効力を生じた後の期間に相当する分だけに減額される（2項）。

　2項が定めたのは，告知の効果である。貸主が貸借を有効に告知したときには，分割払の合意はなくなるから，2項で決定される全部の残債務が請求

可能となる (fällig)。しかし，この場合でも，貸主は，契約上の全利息の支払を請求できるわけではなく，法律上当然に，貸方に入らない費用については，残債務の利息の減少 (Abzinsung) が生じる。残債務のうち，段階的な計算では，告知後の期間に入るような，期間による費用と契約利息は，消費者の利益のために，残債務から減額される[(68)]。

期限の利益喪失条項の規制と，期限の利益が喪失した場合の遅延損害の規制が有機的に結合されている点が参考に値するものである。なお，本稿では立ち入りえないが，不履行の場合の遅延損害金も制限されている（497条は，遅延利息の一般規定である288条を一部修正し強行法規としている。遅延損害金の制限の点は，わが消費者契約法とも類似している）。

(5) 3項は，2002年8月1日改正に (Gesetz v.23.7.2002, BGBl.I S.2850) よって附加された。すなわち，1項，2項の規定は，不動産によって担保された消費貸借契約には適用されない。

〔追記〕　2007年12月に，ドイツ連邦司法省は，連邦議会に，債務者のリスク限定法 (Risikobegrenzungsgesetz) の草案が提出されたことを公表した (vgl. BMJ, Zypries will den Schutz von Kreditnehmern verbessern, Berlin, 11. Dezember 2007)。その一部は，上記の498条3項にかかわっている（後述④）。

　銀行実務において，債権が流動化し投資目的からの債権の譲渡が増加しているのは，ドイツでも，わがくにと同様である（診療債権に関する最判平11・1・29民集53巻1号151頁，あるいは売掛債権に関する最判平13・11・22民集55巻6号1056頁参照。後者と比較される最判平13・11・27民集55巻6号1090頁は，第三債務者の利害を考慮したものである）。投資者の多くは，借主との間に長期間の関係を築く意図はなく，債権を安く買って，短期に転売したり実行したりする。そこで，住宅ローンや小規模の営業ローンのために銀行信用をうけている場合には，投資者の返還請求の手続を適正化することが必要となる。他方で，債権の譲渡は，とくに資本取引の自由から求められるものであるから，不必要に制約を加えることはできない。銀行は，譲渡により再融資をうけることができ，ひいては利息を低くでき，それは顧客にとっても意味がないわけではない。

　考慮されるべき借主には，種々の類型がある。
　① 第1は，まったく不履行をしていない借主である。消費貸借契約の締結

にさいして，公正証書により，強制執行認諾の書面（vollstreckbaren Urkunden）が作成されることがある。不払にさいして，貸主は，ただちに執行できる。不払がなければ執行できないのは当然であるが，裁判所が債権を検証するわけではないので，不払がないのに，貸主が執行に及ぶこともある。もちろん，この場合に，借主は，損害賠償を請求できるが，現行法の解釈では，貸主に故意・過失がある場合に限定される。また，損害賠償による爾後の救済は，不十分なことも多い（倒産など）。そこで，草案は，損害賠償を広く肯定し，借主が，自分の不動産を不当に執行されたときにも認めた。すなわち，無過失責任である。

② 銀行貸付をうける借主は，旧債権者との間では，長期的な関係にあり，期間満了後にも，新たな融資をうけるかなり高い蓋然性を有する。あるいは，新たな融資をうけない場合でも，そのことを知る利益はある。そこで，貸主が借主に，契約の変更の前に通知することを義務づけた。遅くとも，合意した利息の拘束期間の経過，あるいは全返還債権の満期の3カ月前に，銀行は，顧客に次の融資（Folgeangebot）ができることを知らせるか，あるいは契約が延長されないことを通知しなければならない。これにより，借主は，あらかじめ対処することができる。

また，債権が譲渡され，あるいは貸主が変更したときには，借主に，ただちに通知をしなければならない。これにより，借主は，新債権者の取引目的を知ることができ，長期の契約関係を続けるかをあらかじめ決めることができる。

③ また，貸主には，譲渡できない債権をも提供することが義務づけられる。これにより，借主は，新たな貸主に直面することを防止できる。契約の締結にあたり，貸主は，信用を求める者に，契約の前に，このような提供をし，条件を明示しなければならない。ただし，この場合の債務者の保護は無償ではなく，譲渡できない債権は，より高い利率で提供される。債務者は，譲渡のリスクと利率を選択するのである。

④ 第2は，借主が遅滞した場合である。この場合でも，期限の利益が無制限に否定されるわけではない。消費貸借の現在の498条でも，借主が消費者で，遅滞がわずかな場合には，特別の保護がある。消費者消費貸借は，遅滞が債務額の一定の割合を超えるときにのみ告知できる（上述）。この特別の保護は，現在は，不動産によって担保された消費貸借には適用されないが，草案では，これも包含するように変更される。そうすると，住宅ローンも，告知からより保護されることになる。

また，民法399条は，譲渡禁止の特約（pactum de non cedendo）を認めるが，現在の銀行実務では，事業者が，債権が譲渡されないよう合意することはない

といわれる。しかし，草案のもとでは，事業者も，譲渡できない貸借をすることができるようになる。

わが民法では，譲渡自由の原則（466条1項），合意による制限（466条2項）が定められ，後者については，いわゆる物権的効力説が有力である。今日，債権流動化の議論は盛んであるが，無制約ではなく，類型的考察や一定の歯止めが必要であろう。

2　分割払，支払猶予，ファイナンスリース

(1)　消費者向けの消費貸借は，たんに単純な貸付としてだけ行われるわけではない。売買のさいの分割払やファイナンス・リース，当座貸越など，多様な形態がある。旧消費者信用法は，事業者と消費者の間の有償の信用契約のすべてに適用された。この意味における有償の信用は，消費貸借のほか，支払の猶予とその他のファイナンス支援措置をも意味した。

現代化法では，体系的理由と見通しをよくするために，491条-498条の消費者消費貸借は，消費貸借（488条-490条）の特則として規定されている。そこで，499条において，これらを消費者へのファイナンス支援措置として，包括的に準用している。本稿では，このうち，準用に関する総論部分と特則の一部を扱うこととする。

現代化法499条は，358条，359条，492条1項から3項までおよび494条から498条までの規定を，2項および3項の規定の適用を妨げることなく，事業者が消費者に対して3か月を超える有償の支払猶予その他の有償ファイナンス支援措置を与える場合に準用する（1項）。

1項では，有償の支払の猶予（Zahlungsaufschub）または他の有償のファイナンス支援措置（Finanzierungshilfe）を目的とする消費者契約には，消費者消費貸借契約に関する規定が準用されると定める。例外は，貸越契約（Überziehung）に関する493条と，492条4項だけである。他の信用契約，たとえば，後発的な支払期間の猶予（Stundung）の締結のための代理は，492条1項の形式を必要としない。

「支払の猶予」(Zahlungsaufschub) は，ほんの20年前までは，ドイツ民法には，知られていない概念であった。これは，EUの消費者信用指令のArt. 1.

293

Abs. 2 lit. c に由来し，旧消費者信用法1条2項にうけつがれ，499条に入ったのである(69)。

支払の猶予は，消費者の利益のために，給付期間に関する任意規定，とくに271条（給付期間）からの乖離を契約によって認めるものである。ここで，要件となるのは，有償の支払の猶予が，3か月以上になることである。従来消費者信用法3条1項1号に規定された制限がある(70)。

「その他のファイナンス支援措置」も，ドイツ民法では，前は知られていなかった概念である。これも，EUの消費者信用法指令のArt.1. Abs.2 lit.cにもとづき，消費者信用法1条2項を介して取り入れられた。この概念は，一面では，新規な取引をうけとめる概念（Auffangfunktion）でもあるが，すでに知られているものではファイナンスリース契約がある(71)。

(2) ファイナンスリース契約，および分割払と引換えに，一定の物の引渡または他の一定の給付の履行を目的とする契約（分割払取引）については，500条から504条までに定める特則が適用される（2項）。

2項は，特定の場合につき，500条以下に特則を設け，消費者消費貸借の規定の準用にとどめないものとした。特徴のある取引形態だからである。しかし，1項の原則と2項の関係は，相対的なものにすぎない。「その他のファイナンス支援措置」のもっとも重要な場合であるファイナンスリース契約と，「支払の猶予」のもっとも重要な場合である分割支払取引については，1項による一般規定が適用されないからである。この有償の消費者契約に適用される規範は，消費者消費貸借法と別に，500条ないし501条において独立して導入されている。分割支払取引には，502条〜504条が適用される。

「ファイナンスリース契約」の概念は，従来，法律では定義されていない。リース借主は，一定期間，リース料を，使用の対価として支払わなければならず，さらに，リース貸主のファイナンスのコストの償却（Amortisation）もしなければならない。リース借主の取得権は，必要ではないとされる(72)。

分割支払取引は，2項の新たな定義では，分割支払と引換えに，特定の物の引渡または特定の給付の履行を目的とする契約である（旧消費者信用法の4条1項5文2号参照）。ただし，規範の趣旨からすると，「分割支払と引換えに」とあっても，のちの一括支払（Zahlung auf einmal）や分割（in Raten）の場合

でもたりる。必要なのは，たんに，物の引渡または他の給付の履行に関する契約が，支払期限を延期されることだけである。2項でも同様で，このような（引渡）契約をともなう有償の支払の猶予でたりる[73]。

(3) この款（499条〜504条のファイナンス支援措置に関する部分）の規定は，491条2項および3項に定める範囲において適用されない（3項）。すなわち，少額の場合などの特則規定の適用範囲は，準用される消費者消費貸借と同じ例外のもとにあるとされる。

第5章 むすび

1 当座貸越契約

(1) 当座貸越は，従来，民法典の対象とするところではなかった。しかし，それが，消費貸借の重要な内容をなしていることから，現代化法は，特則をおいた。すなわち，493条は，当座貸越信用供与（Überziehungskredit）に関する独立した1条をおいたのである。

同条1項は，あらかじめ合意がある貸越であり，2項は，事後的な貸越の規定である。

この493条は，ほぼ旧消費者信用法5条に相当し，振込口座（Gehaltkonto）や類似の口座への貸越について，492条の方式を免除している。この信用形態を不必要に制約しないためである。そして，書式と表示義務の代わりに，同条は，通知義務を定めた。

(2) (ア) 492条の規定は，信用供与機関（Kreditinstitut）が，借主に，当座口座（laufendes Konto）への一定額の貸越を認める消費貸借には適用されない（1項1文）。ただし，利息以外には，請求される消費貸借に対して費用が計算されず，かつ3か月以内には利息が付せられないものに限る。

491条に対し，493条の例外規定の人的な適用範囲は，制限され，貸主が銀行など信用機関である消費者貸借のみが対象となる。

適用の前提として，借主は，信用機関に当座口座（laufendes Konto），すなわち，支払取引に使う当座口座（Kontokorrentkonto）をもたなければならない。さらに，信用機関が消費者に，この口座で特定額まで貸越する権利を認

め，消費者には，限度額のある信用わくが認められなければならない[74]。

　(イ)　信用供与機関は，このような消費貸借の貸越（Inanspruchnahme）の前に，借主に対して以下の事項を通知しなければならない（以下，2文1号から4号）。

1. 消費貸借の上限
2. 通知の時点において適用される年利
3. 利息が変更される条件
4. 契約終了に関するルール

　合意された貸越信用の契約がある場合には，1文により，492条の規定は適用されない。消費者貸借契約は，ここでは，方式なしに締結される。方式の自由である。

　しかし，この2文1号から4号までに定める契約上の条件は，遅くとも消費貸借の最初の利用＝貸越（Inanspruchnahme）をした後に（最初の引出，erste Überziehung），借主に通知（確認）しなければならない（2文）。通知するのは，貸借の一定額で現された限度額，名目の年利，変更の条件，契約終了のルールなどの契約条件である。

　また，借主には，消費貸借の利用＝貸越の間は，年利の変更があるごとに通知しなければならない（3文）。3文にもとづく確認および前文にもとづく通知は，書面により行われなければならない（4文）。通知は，口座の通知書（Kontoauszug）への表示によることもできる（5文）。

　(3)　2項は，事前の貸越の合意がなく，消費者の信用に対して一方的に付与された甘受（Duldung）による貸越信用が行われる場合である。

　信用供与機関が当座口座の貸越を〔事後的に〕認め，かつその口座が3か月以上にわたり貸越しとなる場合には，信用供与機関は，借主に，年利，費用およびこれに関する変更を通知しなければならない。この通知は，口座の通知書への表示によることもできる（2項）。

　信用機関の「甘受による貸越」は，たとえばATMによる現金の支払によって生じる。2項のいう甘受による貸越は，銀行が，義務をおわずに，貸越をするかどうか自由な判断をなしうる場合である。支払が保証されていない小切手の支払が典型的な場合である。性質上，銀行と消費者の間で，貸越信用

の付与またはそれを高めるための設定的な合意があるとみられる（konkludente Einigung）。しかし，このような合意は，時間的に貸越の後に行われている。2項の意味の貸越の許容があるにすぎない場合には，銀行は，1項の合意された貸越信用の場合よりも限定された情報提供義務をおうにとどまる。銀行は，年利，その他の貸越費用，およびこれに関連する変更の明示だけをしなければならない。さらに，この通知義務は，貸越が3か月よりも長く継続するときにのみ生じる。通知は，1項の場合と同じく，口座の通知書によることでたりる(75)。

2 統一的法典の意義

みなし利息（利制3条）を筆頭に，両建預金や貸増しや天引き，個別の取引の一連の取引への偽装，保証料の金利への上乗せの例にみられるように，特殊な取引方法によって実質的に金利を高める方策を防止する必要があることから，単純な金利の規制だけでは十分とはいえない。

2006年の貸金業法等の改正時に，金利以外に，過剰融資の抑制や不適切な取立の規制，広告の規制，債務者情報の流出の防止，説明義務の徹底，債務者にかける生命保険や年金担保の規制，不適切な公正証書の利用，リボルビング払いなどが問題となっていた。改正法は，これらの多くの問題に対処したが，認知症の高齢者や精神・知的障害者などの保護といった周辺の課題はまだ残されている（年金担保は，貸金業法の2004年改正により罰則をもって禁止）。

また，過剰融資との関係では，リボルビング払いは，毎月の支払いを一定額におさえるが，他方で，期間が不定期となり，新たな貸付の契機ともなり，元本は容易には減らないとの特徴をもっている。金利の問題は，周辺部をおさえたうえで，多重債務そのものを抑制しなければ解決しがたい性格を帯びている。2006年改正法は，その一部に踏み込んだが必ずしも全面的なものとはいえない。

全般的な法体系の上でも問題がある。利息制限法が金利の制限のみを規定し，また貸金業法が業務規制をしながらも，その雑則においてみなし弁済を定めたにすぎないことから，わがくにには，必ずしも消費者に特有の消費貸

借法と位置づけうるものが存在してこなかった。ほかに，包括的な消費者信用法も存在しない。法を見通し良くする必要があろう。

　金利の周辺をおさえた規制は，わがくにでも，かねてから問題となっている手形や期限の利益の喪失約款を利用した高利の仕組みのような種々の脱法的な貸借を防止するうえでも効果的である。とりわけ消費者消費貸借における手形の利用禁止は，現在わがくにでも焦眉の課題である。見通しのよさともれのない体系という観点からは，他の消費者信用と同様に（割賦販売法や特定商取引法)，クーリングオフの導入をも求めるものであろう。すなわち，規制は，一面では根本的に（金利やみなし弁済の見直し)，他面では個別の規制を積み重ねるといった，きめの細かさを必要としているのである(76)。

(1)　法典調査会・民法議事速記録・法務図書館版10冊255頁（5節，589条は，268頁から)，商事法務版4冊187頁以下（5節，589条，200頁)〔消費貸借の部分の起草担当は，富井政章であった〕。ちなみに，そのあとが，利息制限法を廃止するための乙号議案であった（法務図書館版281頁，商事法務版213頁)。当初，消費貸借の部分の審議においても，議論が利息制限法廃止の是非に集中し進展がなかったことから（明治28年＝1895年5月31日・90回)，利息制限法の廃止案を乙号議案として，次回の明治28年6月4日（91回）会議に譲ったのである。これにつき，小野・利息制限法と公序良俗（1999年）216頁以下，219頁（以下，【利息】と略する)。

　原案589条の審議において，フランス民法典1892条以下，旧民法財産取得編178条，ドイツ民法典第1草案453条や第2草案547条に従い，消費貸借契約を要物契約としたことが説明されている。スイス旧債務法329条（現312条）などの諾成契約の構成には従わなかったのである。

　旧民法財産取得編178条「消費貸借ハ当事者ノ一方カ代替物ノ所有権ヲ他ノ一方ニ移転シ他ノ一方カ或ル時期後ニ同数量及ヒ同品質ノ物ヲ返還スル義務ヲ負担スル契約ナリ」。すなわち，外形上は諾成契約のようであるが，起草者の説明によれば所有権の取得も占有の取得と同じく交付であり，所有権の移転があれば物の引渡があったとみることができるとする。これに対して，現行法の起草者は，端的に要物契約としたのである。

　消費貸借を諾成契約とするか，要物契約とするかは，ドイツ民法典の制定・発効時（1900年）にあたっても，問題がなかったわけではなく，鋭い見解の対立の結果，要物主義が採用されたのである（第1草案453条，第2草案547条参照)。Vgl. Mugdan, Die gesamten Materialien zum Bürgerlichen Gesetzbuch für das Deutsche Reich, Bd.II, 1899, S.169, Mülbert, Das verzinsliche Darlehen, AcP 192 (1992), 447, 485ff. 1900年

の民法典も，現代化法の前まで同様であった（旧607条）。

しかし，学説では，売買と同様に諾成契約とするべしとの見解が従前から強く，現代化のさいに，これに従ったのである。Schmidt-Ränsch, infra. (2), S.582; Dauner-Lieb (Reiff), S.638; Schulze (Ebert), S.610.

(2) ドイツ民法典には，2000年に，消費者（13条），事業者（14条）の規定が設けられた（Art.2 Nr.1, Gesetz v.2000.6.27; BGBl I S.897, Gesetze über Fernabsatzverträge usw.)。これと消費者保護法規の民法典への組み込みによって，従来の形式的平等を旨とする伝統的法典から，社会法的な法典へと性格の変化があったものと位置づけられる。消費者保護概念は，最初2000年6月30日に発効した通信販売法（FernabsatzG，上述）によって導入された概念である。EUの通信販売指令によるものであった。Vgl. Richtlinie 97/7/EG des Europäischen Parlaments und des Rates über den Verbraucherschutz bei Vertragsabschlüssen im Fernabsatz (20.Mai.1997, ABl.EG Nr.L 144 S.19) oder Richtlinie 90/314/EWG über Pauschalreisen (13.Juni 1990, ABl.Nr.L 158/59). Vgl. Schulze (Dörner), BGB, S.6.

さらに，2002年の現代化とともに，多くの消費者保護法規が組み込まれた。Vgl.Ono, Das Japanische Recht und der Code Civil als Modell der Rechtsvergleichung, Hitotsubahi Journal Law and Politics, Vol.34, S.15, S.23 (IV (15))。

なお，以下のものは，名前と頁数のみで引用する。Dauner-Lieb (Reiff), Schuldrecht, 2002, S.636 (§§ 488); Schulze (Ebert), BGB, 4.Aufl., 2005, S.488ff. (§§ 488); Jauernig (Berger), BGB, 10.Aufl., 2003, S.578 (§§ 488); Palandt, BGB (Putzo), 63.Aufl., 2004, S.677ff. (§§ 488); Schmidt-Ränsch, Maifeld, Meier-Göring, Röcken, Das neue Schuldrecht, 2002, S.582ff.

(3) 消費者消費貸借契約は，貸主としての事業者と借主としての消費者の間の契約であることが必要である。Dauner-Lieb (Reiff), S.650. そこで，事業者間あるいは消費者間の貸借は対象とならない。Jauernig (Berger), S.589. しかし，混合した場合，すなわち一部営業で一部私的な利用の場合でも，対象となる。事業者でも，自然人であれば，営業目的でない場合には，私的な利用として対象となる。Palandt (Putzo), S.687.

13条の消費者概念の解釈においても，消費者と営業の要素が混合した場合（たとえば，営業的にも使う自家用車の売買に関する）には，商法344条1項の推定規定（商人のする法律行為に営業性を推定する）は適用されず，現実の消費者保護（保護目的）のために「消費者」と扱うとの解釈が有力である。いわゆる目的保護説である（たんなる事業者や消費者という属性によらない）。消費者かどうかの証明は，借主がおう（旧消費者信用法では貸主）。Dauner-Lieb (Ring), S.31; Palandt (Heinrichs), S.21 (§13).

(4) この削除について，半田吉信・ドイツ債務法現代化法概説（2003年）360頁以下，362頁に詳しい。

(5) たとえば，AがB銀行から金を借りてCとの間で投機的な売買をした場合に，AB間の貸借についても撤回はできない。Dauner-Lieb (Reiff), S.651; vgl. Schmidt-Ränsch, S.597. 撤回できるとすると，売買に失敗した場合に，貸主に負担を転嫁できるからである（成功した場合には，利益をうける）。他人のリスクで投機することを防止するのである。とくに結合契約に意味のある制限である。Palandt (Putzo), S.688.

投機については，金融サービスとの関係で，小野「通信販売と金融サービス給付―ドイツの新通信取引法―」国際商事法務32巻4号448頁。同・民法における倫理と技術（2006年）（以下，【倫理】と略する）74頁所収（80頁）。

(6) 利息制限法に代わる告知権につき，小野「19世紀ドイツにおける利息制限法」鈴木禄彌先生古稀記念論文集（1993年）327頁。【利息】127頁所収。本稿では，あまり立ち入らない。

(7) 近時の変動利率の動向については，小野「法定利率と変動金利―ドイツ債務法現代化における法定利率と基礎利率」国際商事法務34巻4号474頁。

(8) Dauner-Lieb (Reiff), S.647; Palandt (Putzo), S.685. BGH NJW 97, 2877 (§609 a.F. に関する)．ただし，借主が，契約締結時にその原因を知らなかったことが必要である。Jauernig (Berger), S.587.

(9) この変更は，従来個別の消費者保護法で個々に規定されていた撤回期間の統一が求められたことにもとづく。しかし，撤回権は，それぞれ異なった理由にもとづいており，必ずしも統一することに必然性はない。たとえば訪問販売法の撤回権は，不意打ち防止を考慮しているが（312条1項），消費貸借契約の撤回権は，その経済的な意味と契約の内容的な困難さから認められているからである。Dauner-Lieb (Reiff), S.659; Schmidt-Ränsch, S.395. クーリングオフ期間の長さと同じことがいえるのである。

(10) この規定により，貸主は，撤回期間の経過を待つことなしに，契約後ただちに支払うことが可能となる利点があるとされた。前提となるのは，貸借金の受領である。撤回したら，受領するなということである（撤回時から2週間内に返還）。受領しても撤回したいということもあるから，ただちに撤回権がなくなることはないが，その場合でも，受領から2週間内に返還しなければならない。返還するのは，受領した正味の貸借金（Nettodarlehensbetrag）（491条2項1号）である。Dauner-Lieb (Reiff), S.659. つまり，利息を付する必要はないのである。立法過程につき，Schmidt-Ränsch, S.608.

撤回しないとみなされる擬制は，358条2項の場合，すなわちクレジットなどの結合契約には，適用されない。そこで，消費者は，貸借金を返還しなくても，消費貸借契約を有効に撤回できる。この場合には，貸主が，通常，借主ではなく，売主に支払っており，借主は，返還できる地位にいない。他方，貸主の観点からすると，貸主は，売却した物の担保化（Sicherungsübereignung）により保護されることから，不都合は生じない。つまり，借主が離脱して，売主（受信者）と貸主（与信者）の関係となる。2002年改正については，半田・前掲書365頁参照。旧2項の削除は，ヨーロッパ裁判

所判決によると、訪問販売撤回指令の条件と調和しないからである。Vgl.Palandt (Putzo), S.693.

⑾ 旧消費者信用法7条2項と一致するが、政府草案にはなく、連邦参議院の提案で付加されたものである。治癒のみなし規定とは異なり、消費者に不利な規定ではないから、削除されても、355条の解釈として同旨を認めるべきものであろう。Vgl.Schmidt-Ränsch, S.608; Palandt (Heinrichs), S.557.

⑿ そこで、3項の例外規定は、この超過信用にも類推適用される。Dauner-Lieb (Reiff), S.659; Palandt (Putzo), S.694. 撤回権は、いつでも撤回できる貸越信用の貸借には不要だからである。Jauernig (Berger), S.595.

⒀ 統一的な消費者信用法の必要性については、簡単に、別稿でふれたことがある。消費者法ニュース52号135頁。小野・司法の現代化と民法（2004年）280頁所収（以下【現代化】という）281頁。これにつき、日本司法書士会連合会編・改正貸金業法の解説（2007年）第1部（2頁以下、38頁）参照。

⒁ ただし、「より厳格な書式が予定されていない限り」との制限があるが、このような制限は、旧消費者信用法4条1項1文にはなかった。たとえば、公正証書の場合である（128条，127a条）。Palandt (Putzo), S.689.

⒂ 実効年利の記載は、消費者が価格を比較できるようにするためである。変動要因のある契約では、当初の実効年利を提示し、さらに、すべての価格決定の要素の変更のための要件、最初の変更の時期、支払に欠損（Disagio, Damnum）が出た場合または貸借へのプレミアム（Zuschlag, Agio）があった場合に合意で差引計算をする時期などが記載される。Vgl.Palandt (Putzo), S.690. このような規定は、リボリビング払いの貸借にも、厳格な貸金業法の契約書面を求めた最判平17・12・15民集59巻10号2899頁を彷彿させる。

⒃ 最高限度額まで任意である場合はいわば当然であるから、不動産消費貸借契約の除外の方がより大きな意味があることはいうまでもない。ただし、この場合でも、無制限ではなく、「通常の条件」で行われることが必要である。Vgl. Schulze (Ebert), S.618.

⒄ Dauner-Lieb (Reiff), S.652; Schmidt-Ränsch, S.603; Palandt (Putzo), S.691.

⒅ Dauner-Lieb (Reiff), S.653; Jauernig (Berger), S.592.

⒆ Schmidt-Ränsch, S.603; Dauner-Lieb (Reiff), S.653; Palandt (Putzo), S.691.

⒇ Dauner-Lieb (Reiff), S.657; vgl.Jauernig (Berger), S.594.

(21) Palandt (Putzo), S.693. つまり、借主に利得があればたりるのである。借主の利得は、みずから受領した場合だけではなく、その指図した第三者に与えられた場合でもたりる。わが不当利得の判例では、最判平10・5・25民集52巻4号985頁がある。小野・金判1070号54頁参照。

(22) Dauner-Lieb (Reiff), S.657; Jauernig (Berger), S.594.

(23) Dauner-Lieb (Reiff), S.657.

第 2 部　金利と利息制限

⑭　ここで意味しているのは，相対的な利率への減額ではなく，（絶対的な）「利率」（entsprechende Anzahl von (absoluten) Prozentpunkten）である。そこで，8％の実効年利で，名目利率10％の利率の貸借とされていたが，実際には，11.5％であったときには，名目利率の差額1.5％が，実効金利の8％から差し引かれ6.5％に減じられる。下限は，利率なし（0％）である。Dauner-Lieb (Reiff), S.658; Schulze (Ebert), S.620. ただし，ごく些細な違反，たとえば，0.05％の相違は，寛容されるという。Vgl. Palandt (Putzo), S.693; LG Stuttgart NJW 93, 208 (6 VerbrKrG)。

⑮　Boissonade, Projet de Code civil pour l'Empire du Japon, III, 1888 (1983), p.779, p.814 (n°675).
なお，以下のボアソナード草案，旧民法，現行民法の変遷については，【利息】216頁以下参照。繰り返しになるので，必要な限りで言及するにとどめる。

⑯　フランス法の利息制限については，【利息】105頁以下（利息制限法から暴利の禁止への移行）参照。19世紀には約定最高利率に対する制限であったが，その後は，わが利息制限法とは異なり，確定した率による制限は廃止され，暴利を禁止する方法となっている。

⑰　Ib., p.814. 法定利息とは，合意なくして法律上課せられる利息（たとえば，遅延利息 intérêts moratoires）である（Ib.,1°）。

⑱　もっとも，民事責任のみであって，刑事責任まで予定していたわけではない（Ib.）。

⑲　Boissonade, op.cit., p.815, 2°.

⑳　Ib., p.815, 3°.

㉑　Ib., p.815.

㉒　本文の2つの解釈のうち，旧著【利息】では，前者と解したが，現在では，むしろ後者に近く，草案と成案との間には，基本的な変更はないと考えている。ただし，法典調査会で議論の対象となったのは，もっぱら支払った超過利息の返還を認めるかどうかであった。すなわち，一部無効と全部無効（2項，3項）の問題よりも，支払った場合に有効とする見解が強かったので，前二者の相違が，あまり意識されなかったのである。

支払った場合の有効という構成が克服されてから，ようやく返還するべき利息の範囲が意識されるという意味では，利息制限法1条2項や，貸金業法43条1項がようやく克服された現在と同様である。新たに，利息の契約の手続に欠陥（とくに不記載や偽装）がある場合に，それでも約定利息を支払わせるかが問題になるのは，自然な成り行きといえるであろう。

㉓　法典調査会〔旧民法の法律取調委員会〕・旧民法議事速記録〔財産取得編〕12巻94丁以下（第61回審議。明治21年＝1888年6月4日。原案882条。「消費貸借」〔原案873条〕の審議は，12巻74丁からである。学振版による）。

法典論争を経た現行民法典の審議過程では，旧民法への批判は多数みられるが，旧

民法の審議過程では，ボアソナードの草案への批判は一般的にまれである。利息制限に関する議論は，例外的に活発な批判が出た部分として注目に値する。もっとも，その批判のなかには，ほとんど感情的なものもみられた。

　旧民法・財産取得編882条草案では，すでに，報告委員である栗塚省吾〔大審院判事〕の原案そのものが，第1項を「合意上ノ利息ハ法律上ノ利息ヲ超ユルコトヲ得ス。但法律ノ禁セサル場合ハ此限ニ在ラス」と改め，2項についても，本文882条2項の条文の〔〕内の部分を「超過シテ顕ニ定メラレタルトキハ法律ノ許ス割合ニ之ヲ減スルコトヲ得ヘク」，3項についても，「弁済スルニ及ハス若シ之ヲ弁済シタルトキハ其全部ヲ償還セシム」と修正していた（法典調査会・前掲12巻95丁参照）。もっとも，これらの修正は，文言を微調整しもしくは内容を明確にした程度にとどまるものである。

(34)　元尾崎発言〔速記録中，元老院議官・尾崎三良は元尾崎と略称されている〕・前掲98丁（「却テ借リル者ガ困ルテシヨウ」），大尾崎発言〔大審院長・尾崎忠治は大尾崎と略称されている〕・前掲100丁（「世間融通ガ塞カル」）。清岡発言〔清岡公張・元老院議官〕・前掲100丁（ソンナコトヲシテハ直チニ差支ガ生スル」）。

(35)　元尾崎発言・前掲98丁（「無暗ニ制限ヲ立テナケレハナランナレハ制限法ハ止メテ宜シイ」）。南部発言〔南部甕男・大審院民事第一局長〕・前掲98丁（「私抔ハ制限ヲ止メル方ガ宜シイト思ヒマス。併シナカラ，ソレハ今日ハ行ハレマセン。然ル以上ハ制限ヲ置タ以上ハ仕方ガアリマセン」）。

(36)　第62回（第61回には成案をえられず，延期になった）の審議のさいの発言であるが，清岡発言・前掲147丁（「制限法ノ制限タルヤソウ云フ様ナ強イ禁制物ト云フ訳ケテナイ」），大尾崎発言・前掲156丁（民法上の制限は，刑法上のことと異なり，「之レハ宜イ加減ニシテ置キタイ」）。

　しかし，これに対して，西発言〔西成度・東京控訴院長〕・前掲98丁は，控訴院での実務では，50円の手数料で50両〔円の意味であろう〕を貸し100円を返還させる契約の場合には，手数料は取り戻させる（「現ニ手数料ト云フモノハ取還シテヤッテ居リマス」），という。つまり，借主がそこまで支払わなくてもいい扱いになっているというのである（なお，同155丁。超過利息の返還を認める例も，裁判上あるとする。しかし，清岡発言・同155丁はこれを否定する。そこで，これをうけて，大尾崎発言・同155丁では，「裁判ハ区々テアリマス」。超過利息の返還については，当時の実務は必ずしも統一されていなかったようである）。この審議の過程では，むしろ裁判所の判断が必ずしも統一されていなかったとの指摘が興味のあるところである。

(37)　清岡発言・前掲99丁（「制限ヲ超ヘテモ既ニ払ヒ済タモノヲ戻サセルコトハ酷イト思ヒマス」），大尾崎発言・前掲99丁（「制限法ニ裁判所ニ出テ来タラ制限法ニスルゾヨト云フノテ，相対ノモノヲ禁タノテアリマセン，故ニ已ニ払ツタモノヲ又取還サセルト云フノハ不都合テス」。さらに，102丁まで，同旨の発言が繰り返されている）。清

第 2 部　金利と利息制限

岡発言・前掲 101 丁（高利の約束についてはだまされて締結したといえても，弁済については，「任意テ払ツタノテアリマスカラ，之レヲ取戻サセルコトハ酷イテアリマショウ」）。植村正直〔元老院議官〕発言・前掲 102 丁（利息を「引直ス」〔元本に充当する〕ことについて，「已ニ払タモノヲ初ノ日ニ調テ引直ス性質テハアリマスマイ」）。大尾崎発言・前掲 102 丁（「元来制限ト云フモノハ裁判所ヘ出ナイ場合ノモノヲ禁シタノテハアリマセン」）。

　　これらの発言から，裁判上無効の構成と支払ずみの利息の返還を認めないことが，相対済しに由来することをうかがうことができる。

(38)　大尾崎発言・前掲 100 丁（「法律ハ立入ル可キモノテハアリマセン」）。

(39)　元尾崎発言・前掲 103 丁（「利息制限法ハ私等ガ議シタノテスガ決シテ〔任意の支払を〕禁スル趣意テハアリマセン」）。

　　なお，民法典成立以前の文献であるが，制限超過払の利息の弁済充当に関する「討論」法協 21 号，22 号がある。これも，既払の利息の返還を認めないことを前提にした議論であるが，さらに弁済の充当について，甲説（中橋徳五郎，高橋捨六，土方寧）は，これを否定。乙説（戸水寛人，馬場愿治）は充当を主張している。論点は多岐にわたるが，利息制限法 2 条との関係では，前者は，弁済充当を認めたのでは裁判所が返還に手を貸すことになるというのに反し，後者は，充当せずに債務全額の支払を命じたのでは，かえって裁判所が高利の履行を強制することになるという。ちなみに，その場では，甲説が 29 人，乙説は 22 人であった。

(40)　跛行的見解が多数であるが，わずかに南部発言・前掲 101～102 丁，栗塚発言・前掲 102 丁は，利息制限をする以上，取戻も認めるべし，とする（もっとも，前者は，利息の制限をしないなら返還を認めなくてもよい，ともいう，前掲 98 丁）。栗塚・南部両者の発言が，もっともボアソナードの原案に忠実である。

(41)　このように見解が分かれた結果，882 条の審議は，明治 21 年 6 月 4 日に決められずに（第 61 回），翌 5 日（第 62 回）に延期されたのである（前掲 103 丁）。

　　第 62 回の審議でも，かなりの議論がなされた。もっとも，賛否の論拠は，いずれも前回までに出つくしており，議論の多くは繰り返しにすぎない（法典調査会・旧民法議事速記録〔財産取得編〕12 巻 145 丁以下（第 62 回審議））。

　　そこで，この蒸し返しの論争中に委員長が議論に加わり（前掲 152 丁以下），既払のものを取り戻すのはよくない，と発言した結果（前掲 154 丁。「決了シタモノナラハ，遡ツテソレヲ通算スルト云フト〔ノ〕事ハ出来マセン話テアロウト思ヒマス。ソレヲ取リ還スト云フコトハ悪ルカロウト思ヒマス」），妥協として返還請求権に 6 か月ないし 1 月の短期時効を但書をもって設けることが提案され（前掲 157 丁以下。栗塚発言「報告委員ニ於キマシテモ之レハ即席テアリマスガ，期満効ヲ短カクシテ之レヲ 6 ケ月トシテハ如何テスカ」，同「元利完済ノ後 1 ケ月過キレハトシテモ宜シイ」），結局それをボアソナードに諮問することで決着がつけられた（前掲 159 丁。「起草者ニ序ニ聞テ

304

第3篇　消費者消費貸借と貸金業法

時効ノ論ト元利皆済ノ時訴件〔権〕ヲ與ヘント云ツテハ如何カ」）。
　その後の経過は必ずしも明らかではないが，できあがった旧民法の条文にはみぎの趣旨の但書は付せられなかったから，ボアソナードの認めるところとはならなかった，と思われる。結果の評価は別として，これが当時の日本人委員の能力の限界であったともいえる。

(42)　法典調査会・民法議事速記録〔学振版〕28巻103丁（法務図書館版10冊255頁以下，商事法務版4冊187頁以下）。第5節（消費貸借）の起草担当は，富井政章である。すでに，消費貸借に関する節の最初の説明のさいに，「唯タ一ツ消費貸借ニ付キマシテ頗ル大ナル改正ヲ加ヘマシタ．夫レハ利息制限法ヲ廃スルト云フ精神ヲ以テ書イタノテアリマス」として，廃止が提案されている（同）。

(43)　「既成法典ハ初メハ『ボアソナード』氏ノ意見ニ依リ少シモ利息ニ制限ヲ設ケナイト云フ精神デ出来テ居リマシタ併シ確定議ニ於テ矢張リ明治十年九月ノ利息制限法ヲ存スルト云フコトニ極ツテ其精神ニ依テ取得編ノ百八十七抔ガ置カレテ居リマス」（同）。民法典の原則は契約の自由であるとし，債務者の保護は，特別法にゆだねればたりるとの考え方である。
　利息制限法に関する民法審議の特徴は，民法の審議にさいして，特別法である利息制限法をも廃止してしまおうとした点である。

(44)　法典調査会・前掲165丁．利息制限法の廃止案は，明治28年＝1895年5月31日（第90回）の審議で未了・延期となり，589条（現587条）が審議された。そして，6月4日（第91回）の審議で，590条（現589条）の審議のまえに，乙第21号議案「利息制限法ハ之ヲ廃スルコト」，として再提出されたが，結局，多数をえられずに廃案となった。つまり，利息制限法は廃止されないことになったのである（同152〜165, 166丁，前掲・法務図書館版281頁，商事法務版213頁）。

(45)　民法施行法52条「明治十年第六十六号布告利息制限法第三条ハ之ヲ削除ス」。また，利息制限法5条は，商法施行法117条によって商事には適用されない．商法施行法117条「明治十年第六十六号布告利息制限法第五条ノ規定ハ商事ニハ之ヲ適用セス」。さらに，商事法定利率は，6分とされる（商法514条）。
　なお，現行民法典において，法定利率は，民事5％とされた（404条）。ここで，法定利率が，5％とされたのは，起草委員にも経済上の関係は不案内なので，「大蔵省デ調ベテ貰ツタ」結果であるとされている。利息制限法では6分であるが，商法では7分であり，これよりも，民法典の法定利率が低いのは，利息制限法のできた明治10年＝1877年と比較すると一般の利率が下がったことによっている。この部分も，詳細は【利息】219頁に委ねる。
　「法定利率ト云フモノハ其国テ金ヲ融通致シマスルニ付テ一番普通ノモノ，即チ普通ノ融通ノ利率ト同率デナケレバナラヌ」とし，日本の「普通ノ利率」は5分だとするのである。しかし，法典調査会では，5分でも高すぎる，3分でもいいとの議論もあり，

305

また，諸外国の民法でも5分が多いが，民法のできたあとには実際には5分以下のこ とも多いとの指摘がみられる。起草者によっても，必ずしも確信をもって定められた ものとはいえず，また経済事情の変化によって，法定利率の変動もありうることを予 定したものであった。

　もっとも，直接的な動機は，当時の最新の立法作業であるドイツ民法典第一草案の 影響によるものである。その後成立したドイツ民法典は4％の民事法定利率を定めた が（288条1項），ドイツ民法典の制定過程において，第2草案までは，5％であった ことが注目される。ちなみに，ドイツの立法作業のなかで，利率が引き下げられたの は，連邦参議院においてエルザス・ロートリンゲンによって提案され（プロイセンは 草案を支持していた），さらにライヒ議会において修正が行われた結果であった。

　なお，法定利率が近時問題になったケースとして，最判平17・6・14民集59巻5号 983頁，これにつき，小野・民商133巻4・5号840頁参照。

(46)　小野「ヤミ金融対策法の概要」市民と法24号2頁。【現代化】289頁以下。

　わがくにの公序良俗の適用基準は，そのまま一般化したのでは諸外国に比して厳格 にすぎる。金利に関しては，利息制限法の存在がその理由であり，超過利息のみを無 効とする解釈の基礎でもあった。しかし，実質的に利息制限法が機能していない（あ るいは潜脱されている）とみられる場合にまで，そのような厳格な制限をする必要は ない。まして，出資法の基準にも違反する場合には，犯罪行為であり，公序良俗違反 として無効とする必要がある。

(47)　この404条，406条とは異なり，407条〔債権譲渡のさいの，従来の債権者に対する 法的行為〕は強行法規とされていないが，衡平上の観点から，その1項も類推適用し なければならない。Dauner-Lieb (Reiff), S.661; Palandt (Putzo), S.694.

　また，物品供給と結合した消費貸借の効力も問題である。抗弁の接続の問題は，わ がくにでは，部分的に割賦販売法30条の4（1984年改正）で採用されたが，種々の問 題が残されている。指定商品以外のものが対象とされていないことから，被害が生じ た後に後追い的に拡大適用される傾向があり，また，立替え払いやローン提携販売以 外の契約方式が包含されない。カードによらない，買い物のたびに契約を結ぶ個品割 賦で，近時，被害が多発している。割賦の形式が必要であり，ボーナス一括払いでは 対象とならない。管轄の省庁間のみぞが大きいことにも由来する。とりわけ大きな問 題は，適用される場合でも，抗弁の接続に限られ，既払金の返還請求ができないこと である。解釈論には限界があるため（最判平2・2・20判時1354号76頁参照），包括 的な消費者信用法が必要である（後述第5章2参照）。

　現代化法358条では，(1)消費者が，事業者による物の引渡またはその他の給付の履 行に関する契約締結に向けられた意思表示を有効に撤回したときには，その消費者は， その契約の締結と結合した消費者消費貸借契約に向けられた自分の意思表示に拘束さ れない。

また，⑵消費者が，消費者消費貸借契約の締結に向けられた自分の意思表示を有効に撤回したときには，その消費者は，その消費者消費貸借契約と結合した物の引渡またはその他の給付を履行する契約の締結に向けられた自分の意思表示にも，拘束されない。消費者が結合契約の締結に向けられた意思表示を撤回できる場合には，1項のみが適用され，495条1項による撤回権は，行使できない。消費者が，消費者消費貸借契約の撤回を表示したときには，1項による事業者に対する結合契約の撤回とみなす，として，売買契約と消費貸借契約との，いずれに向けられた意思表示についても，その一方が撤回されたときには，他の意思表示も拘束力をもたないとしている。

⒇　この場合の貸付の仕組みは，当初の借入にさいして交付した手形（①額面をたとえば10万円とする）の満期直前に，借主Xが貸金業者Yに満期日を4か月先とする同額面の手形（②額面10万円）を送付すると，Yは，額面額から，4か月間の利息などを差し引いた金をXの口座に振込み（金額は天引後の額9万円），Xは，額面額と振込金の差額を他から調達して口座に入金し，当初の手形を決済する（額面10万円を返還）。この手形①②が別個の貸付か一連の貸付かが問題となる。たとえば，東京高判平12・3・29判時1712号137頁，これにつき，小野・私法判例リマークス2001年46頁。その後，最判平15・7・18民集57巻7号895頁は，実質的な取引の一連性を肯定した。

　なお，手形の濫用は中世に遡るものであり，そこでは，利息の禁止または制限を潜脱するために用いられた。もっとも単純なものは，利息を加えた金額を返還額として手形券面上に記載してしまう方法である。【利息】79頁参照。わが貸金業法17条，18条の書面要件は，これを防止するためのものである。

⒆「それにもかかわらず，Xが主債務者及び連帯保証人をして私製手形を振出させているのは，手形訴訟により，同人らの抗弁を封じ，かつ，簡易・迅速に債務名義を取得して，同人らに対して強制執行手続をし，又は，同手続をすることを示して圧力をかけて金銭の取立てをすること（同人らをしてXに有利な和解をさせることなどを含む。）を目的としているものと認めざるを得ない。

　手形訴訟制度が証拠制限をし，簡易・迅速に債務名義を取得させることとしているのは，手形の信用を高め流通を促進するために，その簡易・迅速な金銭化が強く要請されるからであるところ，私製手形が手形の信用と流通とは無縁のものであることは，以上の認定・説示から明らかである。

　以上に認定・説示したところを併せ考慮すると，Xが使用する私製手形は，手形訴訟を利用するために手形制度を濫用（悪用）しているものというべきで，このような私製手形によりXの提起する手形訴訟）は，手形訴訟制度を濫用（悪用）したものというべきである。

　したがって，本件各手形により提起した本件各手形訴訟は，手形制度及び手形訴訟制度を濫用（悪用）したものとして，不適法なものというべきである」。

　また，横浜地裁決定平15・7・7判時1841号120頁も，商工ローンの手形が，手形

訴訟の立法趣旨に反する，としたものである。

(50) Dauner-Lieb (Reiff), S.661; Jauernig (Berger), S.595. 抽象的債務約束（780 条）と債務承認（781 条）は，ドイツ法に特有の制度であり，原因と無関係に，債務のみを負担する行為である。原因関係が切断される点では，手形と異ならない。

(51) また，貸主は，期限のきた支払義務の履行のために借主が与えた小切手を受領することもできる。Dauner-Lieb (Reiff), S.661; Palandt (Putzo), S.694.

(52) アメリカの Consumer Credit Protection Act (U.S. Code, Title 15, Chapter 41) 1601 条，1666 条以下，1692f 条 (Credit Billing)。カナダの Bills of Exchange Act (R.S.,1985, c.B.4) では，188 条以下 (Part V, Consumer Bills and Notes)。なお，手形の制限については，これ以上立ち入らない。【利息】79 頁，378 頁，412 頁，415 頁，438 頁参照。

(53) 1979 年には，ABGB 934 条が強行法規化され，消費者保護が強化された。【利息】132 頁，また，オーストリア法における暴利禁止規定の発展についても，同書 131 頁以下参照。153 頁，183 頁をも参照。

(54) 2006 年改正時における特例金利などの議論については，宇都宮健児「金利引き下げ問題をめぐる情勢について―正念場を迎えた金利引き下げ問題」消費者法ニュース 69 号 48 頁，小野「改正貸金業法の位置づけと概要」実務のための新貸金業法（日本司法書士会連合会編・2007 年）28 頁以下参照。

(55) Dauner-Lieb (Reiff), S.663; vgl.Schmidt-Ränsch, S.610.

(56) 旧法では，抵当債務のある貸借の貸主は，4％の固定利率を請求できた。また，2000 年 5 月 1 日から，旧 288 条 1 項 1 文が改正され，一般規定では（消費者のする物的信用契約にも適用される），基礎利率に 5％をプラスする遅延利息が請求できたから，1 項 2 文の新規定では，物的貸借の貸主は，現行法よりも不利になったのである。Vgl. Dauner-Lieb (Reiff), S.663; Schmidt-Ränsch, S.611.

(57) 小野「利息制限法と消費者問題のあり方」消費者法ニュース 52 号 135 頁参照。ちなみに，ドイツではゼロ金利や超低金利政策がとられてきたわけではないから，変動金利といっても，わがくにと比較するとかなり高めの数字となっている。

(58) 遅延利息の請求に関し，288 条 3 項において，債権者が，他の法律上の原因にもとづき，より高い利息を請求することができることについては，小野「遅延利息の設定における競争条件の統一と消費者信用」国際商事法務 31 巻 11 号 1543 頁参照。【倫理】69 頁所収。

(59) 口座の分離は，ドイツ法上しばしば行われ，本文の 288 条の場合のほか，たとえば，賃貸借の保証金（敷金，Kaution）でも求められており，確実な返還を保障するものとなっている。どんぶり勘定を防止するために，わが法のもとでも参考に値するものである。小野「賃貸借法における保護規定と投資，労働流動性，環境保護―ドイツ賃貸借法の 2001 年現代化法」国際商事法務 29 巻 11 号 1321 頁，12 号 1463 頁，小野・土地法の研究（2003 年）198 頁所収。

第3篇　消費者消費貸借と貸金業法

⑹⓪　改正法の総量規制は，基本的に行政的規制の延長にあるものと位置づけられる。私法上の制限は，必ずしも十分ではない。

　改正法13条「貸金業者は，貸付けの契約を締結しようとする場合には，顧客等の収入又は収益その他の資力，信用，借入れの状況，返済計画その他の返済能力に関する事項を調査しなければならない。

　2　貸金業者が個人である顧客等と貸付けの契約（極度方式貸付けに係る契約その他の内閣府令で定める貸付けの契約を除く。）を締結しようとする場合には，前項の規定による調査を行うに際し，指定信用情報機関が保有する信用情報を使用しなければならない。

　3　貸金業者は，前項の場合において，次の各号に掲げる場合のいずれかに該当するときは，第1項の規定による調査を行うに際し，資金需要者である個人の顧客（以下この節において「個人顧客」という。）から源泉徴収票（所得税法（昭和40年法律第33号）第226条第1項に規定する源泉徴収票をいう。以下この項及び第13条の3第3項において同じ。）その他の当該個人顧客の収入又は収益その他の資力を明らかにする事項を記載し，又は記録した書面又は電磁的記録として内閣府令で定めるものの提出又は提供を受けなければならない。ただし，貸金業者が既に当該個人顧客の源泉徴収票その他の当該個人顧客の収入又は収益その他の資力を明らかにする事項を記載し，又は記録した書面又は電磁的記録として内閣府令で定めるものの提出又は提供を受けている場合は，この限りでない。

　一　次に掲げる金額を合算した額（次号イにおいて「当該貸金業者合算額」という。）が50万円を超える場合

　　イ　当該貸付けの契約（貸付けに係る契約に限る。ロにおいて同じ。）に係る貸付けの金額（極度方式基本契約にあつては，極度額（当該貸金業者が当該個人顧客に対し当該極度方式基本契約に基づく極度方式貸付けの元本の残高の上限として極度額を下回る額を提示する場合にあつては，当該下回る額））

　　ロ　当該個人顧客と当該貸付けの契約以外の貸付けに係る契約を締結しているときは，その貸付けの残高（極度方式基本契約にあつては，極度額（当該貸金業者が当該個人顧客に対し当該極度方式基本契約に基づく極度方式貸付けの元本の残高の上限として極度額を下回る額を提示している場合にあつては，当該下回る額））の合計額

　二　次に掲げる金額を合算した額（次条第2項において「個人顧客合算額」という。）が百万円を超える場合（前号に掲げる場合を除く。）

　　イ　当該貸金業者合算額

　　ロ　指定信用情報機関から提供を受けた信用情報により判明した当該個人顧客に対する当該貸金業者以外の貸金業者の貸付けの残高の合計額」

　また，これに続く以下の項目も，行政的規制の延長にある。

309

第2部　金利と利息制限

13条の2　過剰貸付け等の禁止
13条の3　基準額超過極度方式基本契約に係る調査
13条の4　基準額超過極度方式基本契約に係る必要な措置

(61)　Dauner-Lieb (Reiff), S.664; Jauernig (Berger), S.596; Palandt (Putzo), S.695.
(62)　小野「貸金業にまつわる最近の最高裁判例の法理」ジュリ1319号26頁。
(63)　小野・民商135巻1号198頁（214頁）参照（最判平18・1・24民集60巻1号319頁の評釈）。
(64)　Dauner-Lieb (Reiff), S.665. 期間の設定のさいに意思表示をしてもたりない。Jauernig (Berger), S.598. また，314条（重大な事由による継続的契約関係の告知）3項の類推により，相当の期間内に告知しなければならない。なお，2週間の期間は，短縮することはできないが，延長することはできる。Palandt (Putzo), S.696.
(65)　ここで，消費者は，2回ごとに（1回おきに jede zweite Rate）給付することによって，告知権を否定するわけにはいかない。なぜなら，消費貸借契約の一部支払の同意には，相殺の同意が含まれるからである。消費者は，一方的にそれに反することはできないし，それによれば，もっとも古い残支払から充当されるからである。Dauner-Lieb (Reiff), S.666.
(66)　そこで，あまりに過大な額をいったときには，期間の設定は無効である。Dauner-Lieb (Reiff), S.666.
(67)　いわゆる義務規定（Sollvorschrift）である。Jauernig (Berger), S.598. しかし，この規定違反は，損害賠償義務を生じる。Dauner-Lieb (Reiff), S.666.
(68)　Vgl. Jauernig (Berger), S.598; Palandt (Putzo), S.697. 一回限りの期間による給付は，必ずしも費用が減少するわけではないから，この限りでない。Dauner-Lieb (Reiff), S.666. たとえば，担保の設定である。1年が半年になっても，設定の費用そのものは同じである。
(69)　Dauner-Lieb (Reiff), S.667. Vgl.Jauernig (Berger), S.599.
(70)　支払猶予のもっとも重要な形式は，猶予（Stundung）の下位としての分割取引（Teilzahlungsgeschäft）である。猶予は，契約で原始的にも，後発的に合意によっても定められる。期限の猶予約款の一種である pactum de non petendo も同じである。ただし，クレジットカード取引では，支払猶予ではなく，組織的な期間の延期（Verschiebung）があるにすぎず，この延期も，必ずしも3か月という制限なしに行われる。
(71)　リースには，ファイナンスリースのほか，製造者ないし取引者リース（Herstellerbez. Händlerleasing）と Mietkauf がある。Dauner-Lieb (Reiff), S.667; Palandt (Putzo), S.698; Jauernig (Berger), S.599.
(72)　ファイナンスリースについては，Vgl. Schulte (Ebert), S.625; Jauernig (Berger), S.599.
(73)　Dauner-Lieb (Reiff), S.667; Jauernig (Berger), S.599.

(74) 手数料などの費用は，包含されない。ここでいう費用は，通常の口座維持料（Kontoführungsgebüren）ではなく，支払取引の処理（Abwicklung）の費用である。また，利息は，4半期より短くして消費者に負担させることができない。これにより，商法典355条1項後段の重利は制限される。Dauner-Lieb (Reiff), S.654-655; Jauernig (Berger), S.593; Palandt (Putzo), S.692.

(75) Dauner-Lieb (Reiff), S.655; Jauernig (Berger), S.593; Palandt (Putzo), S.692.

(76) (i) なお，最判平19・2・13判時1962号68頁（第3小法廷）は，貸主と借主の間で，基本契約が締結されていない複数の貸借において，第1の貸付に対して利息制限法の制限を超過する弁済が行われ，過払金が発生し，その後，第2の貸付による債務が発生したときには，①「第1の貸付けの際にも第2の貸付けが想定されていたとか，その貸主と借主との間に第1貸付け過払金の充当に関する特約が存在するなどの特段の事情のない限り，第1貸付け過払金は，第1の貸付けに係る債務の各弁済が第2の貸付けの前にされたものであるか否かにかかわらず，第2の貸付けに係る債務には充当されないと解するのが相当である」とした。また，②「過払金を不当利得として返還する場合において，悪意の受益者が付すべき民法704条前段所定の利息の利率は，民法所定の年5分と解するのが相当である」とした。

①の判断には，過払金の弁済充当を認める範囲が狭いとの，また②の判断には，不当利得の性質に関する疑問がある（すなわち，契約の一部無効のさいの不当利得は，いわゆる給付利得であり，有効な契約の規範目的にそくして清算されるべきであり，利息制限法が適用された場合にもっとも近い解決が図られなければならない。受益者の利得は利息を付して全額返還される）。この裁判例は，従来の裁判例とはやや異質のものであり，事案の特殊性によるものか，それともこれにより最高裁の立場が変動しつつあるかどうかについては，注目の必要がある（後者と即断することはできない）。なお，詳細は，別稿にゆずる。

(ii) 数口の債務の1つが完済された後の別口債権への充当は，最判昭43・10・29民集22巻10号2257頁がかつて肯定したところであり，また，一連の取引における貸付への充当については，最高裁第2小法廷判決平15・7・18民集57巻7号895頁，平15・9・11第1小法廷判決，平15・9・16第3小法廷判決があった。

また，2006年（平18年）12月13日成立（20日公布）の利息制限法5条によれば，同一当事者間の金銭消費貸借において複数貸付があったときには，それらの残元本と新元本の合計額，同時に複数貸付があったときにはそれら元本の合計額を元本として利息発生の元本とすることが規定された。貸付個数を分断する潜脱を許さないことと同時に，基本契約があるか否かに関係なく，個別か否かも関係なく，そのときにある総元本を基本とすることが明文化されている。

利息制限法第5条　次の各号に掲げる利息に関する第1条の規定の適用については，当該各号に定める額を同条に規定する元本の額とみなす。

第 2 部　金利と利息制限

　　1　営業的金銭消費貸借（債権者が業として行う金銭を目的とする消費貸借をいう。以下同じ。）上の債務を既に負担している債務者が同一の債権者から重ねて営業的金銭消費貸借による貸付けを受けた場合における当該貸付けに係る営業的金銭消費貸借上の利息
　　　当該既に負担している債務の残元本の額と当該貸付けを受けた元本の額との合計額
　　2　債務者が同一の債権者から同時に二以上の営業的金銭消費貸借による貸付けを受けた場合におけるそれぞれの貸付けに係る営業的金銭消費貸借上の利息
　　　当該 2 以上の貸付けを受けた元本の額の合計額
　　(iii)　最高裁第 1 小法廷は、6 月 17 日の判決において（6 月判決という）、いわゆるカードローンの基本契約が、同契約に基づく借入金債務につき利息制限法所定の制限を超える利息の弁済により過払金が発生した場合には、他の借入金債務が存在しなければこれをその後に発生する新たな借入金債務に充当する旨の合意を含んでいるものと解するのが相当とした。
　　また、第 1 小法廷は、7 月 19 日判決において、同一の貸主と借主の間で基本契約に基づかずに切替え及び貸増しとしてされた多数回の貸付けに係る金銭消費貸借契約が、利息制限法所定の制限を超える利息の弁済により発生した過払金をその後に発生する新たな借入金債務に充当する旨の合意を含むものと解した。基本契約の存在は決定的な理由たりえない。
　　平 15 年判決では充当が原則であり、6 月判決でも、新たな借入金は、契約の構造上、充当される合意が包含されているとされており、つまり充当が原則なのである。これに対して、2 月判決は、特段の事情のないかぎり、充当されないというのである。両者の関係については別稿に譲るが（消費者法ニュース 73 号 23 頁〔なお、75 号 40 頁をも参照〕。判評 585 号 9 頁）、充当法理は判例法理の中心をなすものであり、基本契約の存否や契約の分断といった技術的区別により左右されるべきではない。2 月判決は、当該の契約の特質にもとづく例外的なものと位置づける必要がある。
　　平 15 年の 3 つの判決が事例判決の形式をとっているのは（その射程は広いにもかかわらず）、充当のための定式を立てると、潜脱の口実を作らせるからである（これにつき、民商 129 巻 6 号 853 頁参照）。「基本契約」は、事例として言及しただけで、これが要件となっているわけではないのである。2 月判決はその趣旨を見過ごしている。後者は、当該の事件に限定される事例判決と解するべきものにすぎない。最高裁の判例の潮流は、平 15 年判決、6、7 月判決の線上にある（6 月、7 月判決も、当事者の意思を重視しすぎる点では問題を残している）。
　　〔なお、前注(47)に関連し、08 年 6 月 11 日に成立した割賦販売法、特定商取引法の改正では、過量販売のクーリングオフ権が定められたほか、指定商品制が廃止され、個別式クレジットでは既払金の返還が可能とされた。〕

第3篇　消費者消費貸借と貸金業法

現代化法と旧消費者信用法（Verbrauchrkreditgesetz）

現代化法	旧規定	1992年草案，内容
491, 597, 488	1	修正（消費者消費貸借ほか）
491, 499-501		（支払猶予，ファイナンス支援措置）
655a		（Kreditvermittlungsvertrag）
505	2	修正（Ratenlieferungsverträge）
491, 499	3	修正 消費者消費貸借（Verbraucherdarlehensvertrag）
500		ファイナンスリース
492, 501	4	ほぼ同一内容（方式，分割支払取引）
493	5	同一内容（貸越信用）
494, 502	6	修正（方式の欠缺の効果）
355, 358, 495, 503	7	修正（クーリングオフ）
502II, 358	8	修正（分割支払取引の方式，効果）
358, 359	9	修正（結合契約）Verbundene Verträge
496	10	同一内容（抗弁の放棄，手形・小切手の制限）
497	11	修正（遅延利息，弁済充当の順序）
498	12	修正（期限の利益の喪失）
501, 503, 355-357	13	同一内容（返還権，解除権）
501, 504	14	同一内容（分割支払取引の一時的支払）
655a, 655b	15	修正（貸借の媒介の際の書式）
655c	16	同一内容（対価の制限）
655d	17	同一内容（付随する対価の制限）
506, 655e	18	同一内容（片面的強行法）
削除	19	

付・現代化法試訳（消費者消費貸借）

以下は，現代化法による関連条文である（2002年改正を含む。現代化法の翻訳については，半田・前掲書（前注(4)）493頁以下，岡孝編・契約法における現代化の課題（2002年）225頁以下参照。ただし，後者は，2002年8月の改正を含まない）。

488条 消費貸借契約における契約類型上の義務
(1) 消費貸借契約にもとづいて，貸主は，借主に対して，合意された限度で金銭を利用させる義務をおう。借主は，義務のある利息を支払い，利用した金額を期限に返済する義務をおう。
(2) 約定利息は，別段の定めがない限り，1年を経過するごとに，また1年経過前に返済するべき場合には，返済の時に支払わなければならない。
(3) 消費貸借の返還の時期を定めていないときには，満期は，貸主または借主が解約告知をした時に到来する。解約告知のための期間は，3か月とする。利息が義務づけられていないときには，借主は，解約告知なしでも返済する権利を有する。

489条 借主の通常の解約告知権
(1) 以下の場合に，借主は，一定の期間にわたって固定利率（fester Zinssatz）が合意された消費貸借契約の全部または一部を解約告知することができる。
1. 利息の拘束（Zinsbindung 利息の支払義務の生じる状態）が返済のための特定の期日の前に終了し，かつ利率について新しい合意が行われないときには，1か月の解約告知の期間を設けることにより，利息の拘束が終了する日の経過時に解約告知をすることができる。1年以内の一定の時期に利率の改定が合意されているときには，借主は，利息の拘束が終了する日から解約告知をすることができる。
2. 貸借が消費者に供与され，それが土地担保権または船舶担保権により担保されていないときには，全額を受領して6か月を経過した後，3か月の解約告知の期間を設けることにより，解約告知をすることができる。
3. いずれの場合においても，全額を受領して10年を経過した後には，6か月の解約告知期間を設けることにより，解約告知をすることができる。貸金を受領した後に，返済の時期または利率について新しい合意がされた場合には，全額払渡の時点に代えて，この合意の時点を基準とする。

(2) 借主は，変動利率を伴う消費貸借契約を，3か月の解約告知の期間を設けることにより，いつでも解約告知をすることができる。

(3) 借主が，解約告知が効力を生じた後2週間以内に，負担する額につき返済しない場合には，1項または2項による借主の解約告知は，効力を生じなかったものとみなす。

(4) 1項および2項による借主の解約告知権は，契約により排除し，またはその要件を加重することができない。連邦，連邦の特別財産，州，市町村，市町村の団体，ヨーロッパ共同体または外国の地域団体に対する消費貸借については，この限りではない。

490条 特別の解約告知権

(1) 借主の財産関係，または消費貸借のために供した担保の価値がいちじるしく悪化し（eine wesentliche Verschlechterung），あるいは悪化するおそれがあり，それにより，担保を換価しても貸金の返済が危うくなる場合には，貸主は，貸金の払渡（Auszahlung）前にはつねに，払渡後には，原則として〔解約のための〕告知期間を定めることなく（fristlos）消費貸借契約を解約告知することができる。

(2) 消費貸借契約において確定期間につき固定利率が合意され，かつ，土地担保権あるいは船舶担保権により担保されている場合において，借主は，489条1項2号の期間のもとで，その消費貸借契約を返済期前に解約告知することができる。ただし，借主の正当な利益（berechtigtes Interesse）に有益な場合に限る。このような利益があるのは，とりわけ，借主が消費貸借の担保に供した物を他の用途のため使用（Verwertung〔とくに換価〕）する必要があるときである。借主は，返済期前の解約告知（vorzeitige Kündigung）によって貸主に生じた損害を賠償しなければならない（Vorfälligkeitsentschädigung，履行期前の損害の賠償）。

(3) 313条および314条の規定は，これにより影響されない。

491条 消費者消費貸借契約

(1) 事業者が貸主で消費者が借主である場合の有償の消費貸借契約（消費者消費貸借契約）では，2項と3項の規定の適用を除き，次条以下に定める規定を補充的に適用する。〔2項と3項は，消費者消費貸借の規定が適用されない場合〕

(2) 次の各号のいずれかにあたる消費者消費貸借契約については，以下に定める規定を適用しない。

1. 支払われるべき消費貸借額（消費貸借の正味金額 Nettodarlehensbetrag）が200

第2部　金利と利息制限

ユーロを超えないとき。〔Bagatelldarlehen〕
2. 使用者が自分の労働者との間で，市場の通常の利率以下の利息について合意したとき。〔Arbeitgeberdarlehen〕
3. 公法上の認可決定または公的予算の出捐による居住用土地および都市計画上の助成において，直接，助成資金を委託された公法上の機関と消費者との間で，市場の通常の利率以下の利率が定められたとき。〔Förderdarlehn〕

(3)　次の場合にも，適用しない。〔2002年改正（Gesetz v.23.7.2002, BGBl.I S.2850)〕

1. 358条2項，4項，5項，および492条から495条までの規定は，民事訴訟法の規定にもとづき作成された裁判上の調書に記載された，または公正証書が作成された消費者消費貸借契約〔に適用しない〕。ただし，その調書または公正証書が，①年利，②契約締結時に考慮された消費貸借の費用，ならびに③年間の利息または費用を変更しうる要件を含んでいる場合に限る。〔gerichtliches Protokoll〕
2. 358条2項，4項，5項および359条は，有価証券，外国為替，デリバティブまたは貴金属を取得するための融資に利用される消費者消費貸借契約〔に適用しない〕。〔Spekulationsgeschäft〕

492条　書面の方式，契約内容

(1)　消費者消費貸借契約は，より厳格な方式が定められていない限り，書面によって締結しなければならない。電子的方式による（in elektronischer Form）契約の締結はできない。書面の方式は，申込と承諾が契約当事者によって各別に書面によって表示されることでたりる。貸主の表示が自動支払機（automatische Einrichtung）を利用して行われる場合には，当該表示は署名を必要としない。借主により署名されるべき契約上の表示には，以下のことを示さなければならない。

1. 消費貸借の純〔正味の〕金額，場合によってはその上限。
2. 〔分割払の〕全額が，消費者消費貸借契約の締結時に全期間を通じて額によって確定している場合には，借主によって消費貸借の弁済，利息その他の費用として支払うべき分割払の総額。分割払により支払う条件が変動する消費貸借の場合には，契約締結時に基準となった消費貸借の条件を基礎とした全額を示さなければならない。〔2002年一部削除（Gesetz v.23.7.2002, BGBl.I S.2850)〕
3. 消費貸借の返済の方法，または，あらかじめこれに関する合意をしていないときには，契約終了に関する定め。

4. 消費貸借の利率およびその他の費用のすべて。費用については，その額が判明している限り個別に示さなければならず，その他の場合には，借主の負担に帰せられるべき仲介費用があればこれを含めて，その根拠を示さなければならない。
5. 実効年利，または利率その他の金額決定の要素の変更が留保されている場合には当初の実効年利。当初の実効年利とともに，どのような要件のもとで金額決定要素が変更されるか，およびどれだけの期間，支払の欠損または融資へのプレミアム（Zuschlag）から生じる負担が，実効年利の算定にあたりどこまで差引計算（verrechnen）されるかを，あわせて表示しなければならない。
6. 未払債務その他の保険の費用。ただし，その消費者消費貸借契約に関連して取り決めるものに限る。
7. 供与されるべき担保。

(1a) 〔2002年改正（Gesetz v.23.7.2002, BGBl.I S.2850）で追加〕1項5文2号とは異なり，最高限度額までの請求〔利用〕が任意である消費貸借および不動産消費貸借契約では，総額は記載されない。不動産消費貸借契約は，貸付（Zurverfügungsstellung 用立て）が不動産担保権による担保に依存し，また不動産担保権によって担保される消費貸借契約およびそのつなぎ融資（Zwischenfinanzierung）において通常される条件で行われる消費貸借契約をいう。建築貯蓄金庫（Bausparkasse）に関する法律7条3項から5項による担保を除き，不動産担保権による担保も同様である。

(2) 実効年利とは，消費貸借の正味の金額の百分率により示される1年あたりのすべての負担をいう。実効年利および当初の実効年利の算定には，価格表示に関する法律（Verordnung zur Regelung der Preisangaben）6条を基準とする。

(3) 貸主は，借主に対して，契約の表示の写しを与えなければならない。

(4) 1項および2項は，借主が消費者消費貸借契約を締結するために授権した代理にも適用する。第1文の規定は，訴訟代理権および公証人による公証をうけた代理については適用しない。

493条　当座貸越信用供与

(1) 492条の規定は，信用供与機関（Kreditinstitut）が，借主に，当座口座（laufendes Konto）への一定額の貸越を認める消費貸借には適用しない。ただし，利息以外には，請求される消費貸借に対して費用が計算されず，かつ3か月以内には利息が付せられないものに限る。＊信用供与機関は，このような消費貸借の貸越（Inanspruch-

nahme）の前に，借主に対して以下の事項を通知しなければならない。
 1. 消費貸借の上限
 2. 通知の時点において適用される年利
 3. 利息が変更される条件
 4. 契約終了に関するルール

　第2文（*以下）1号から4号までに定める契約上の条件は，遅くとも消費貸借の最初の利用＝貸越（Inanspruchnahme）をした後に，借主に確認しなければならない。また，借主には，消費貸借の利用＝貸越の間は，年利の変更があるごとに通知しなければならない。第3文にもとづく確認および前文にもとづく通知は，書面により行われなければならない。通知は，口座の通知書（Kontoauszug）への表示によることもできる。

　(2) 信用供与機関が当座口座の貸越を〔事後的に〕認め，かつその口座が3か月以上にわたり貸越しとなる場合には，信用供与機関は，借主に，年利，費用およびこれに関する変更を通知しなければならない。この通知は，口座の通知書への表示によることもできる。

494条　方式欠缺の法律効果

　(1) 書面の方式が全体的にみて遵守されず（insgesamt nicht eingehalten ist），または492条1項5文1号から6号までに定められた記載を欠くときには，消費者消費貸借契約およびこれを締結するために消費者から授与された代理権は，無効とする。

　(2) 前項に定める〔方式の〕欠如にかかわらず，消費者消費貸借契約は，借主が貸借の〔金銭の〕支払をうけ，またはその支払を請求する限りでは，有効とする。ただし，その消費者消費貸借契約の基礎とする利率（492条1項5文4号）は，その記載，実効年利または当初の年利の記載（492条1項5文5号）あるいは総額の記載（492条1項5文2号，1a項〔2002年改正で追加〕）がない場合には，法定利率に引き下げられる。記載のない費用は，借主の負担とならない。合意された分割返済金（Teilzahlungen）は，引き下げられた利息または費用を考慮して，新たに計算しなければならない。どのような要件のもとで，価格決定の要因が変更されるかが記載されていないときには，これを借主に不利に変更することはできない。担保は，これにつき記載のない場合には請求できない。消費貸借の正味金額が5万ユーロを超えるときには，この限りではない。

　(3) 実効年利または当初の実効年利がいちじるしく低く表示されているときには，

消費者消費貸借契約の基礎となる利率は，実効年利または当初の実効年利としてしちじるしく低く記載された利率まで減額される。

495条 撤回権
(1) 消費者消費貸借契約において，借主は，355条にもとづく撤回権を有する。
(2) 借主が，契約上，解約告知期間を要することなくいつでも，かつ追加の費用なしに返済できるときには，493条1項1文にいう消費者消費貸借契約には，前項の規定は，適用されない。
〔2002年8月1日改正（Gesetz v.23.7.2002, BGBl.I S.2850）で，旧2項削除。繰り上がって，3項が2項となる。〕

496条 抗弁の放棄，手形および小切手の禁止
(1) 借主が貸主に対して有する抗弁を404条により譲渡債権者〔債権の譲受をうけた債権者 Abtretungsgläubiger〕に〔も〕対抗し，または貸主に対して借主に帰属する債権をもって406条により譲渡債権者に対しても相殺する抗弁のための権利を放棄する合意は，無効とする。
(2) 借主は，消費者消費貸借契約による貸主の請求権について手形上の拘束を生じさせる義務をおわない。貸主は，消費者消費貸借契約から生じる自分の請求権を担保するために，消費者から小切手をうけ取ってはならない。借主は，貸主に対し，1文または2文の規定に反して交付された手形または小切手の返還を，いつでも請求することができる。貸主は，手形または小切手の交付によって借主に生じたすべての損害につき責任をおう。

497条 遅延利息の扱い，一部給付の充当
(1) 借主は，消費者消費貸借契約にもとづいて負担した支払を遅滞したときには，負担した金額（geschuldeten Betrag 元本）につき288条1項により利息〔288条1項の遅延利息は，基礎利率に5%をプラスしたもの〕を支払わなければならない。〔2002年改正（Gesetz v.23.7.2002, BGBl.I S.2850）〕これは，不動産消費貸借（Immobiliardarlehensverträge）には適用されない。〔ここまで，1文〕
この契約では，遅延利息の利率は，その年の基礎利率に2.5%をプラスしたものとする。個別の場合において，貸主は，損害がより高いことを，また，借主は，損害がより少ないことを，それぞれ証明することができる。
(2) 遅滞が生じた後に発生した利息は，特別の（分離した）口座（gesondertes

Konto）に記帳されなければならず，債務額またはその他の債権者の債権とともに当座勘定（Kontokorrent）の中に入れてはならない。この利息については，289条2文が適用されるが，貸主は損害賠償を法定利率（246条）までしか請求できない。

(3) 借主による支払が，弁済期に達した全債務の返済にたりないときには，367条1項の規定によらずに，まず権利行使の費用に，次にその他の債務額（1項）に，最後に利息（2項）に充当する。貸主は，一部の支払を拒絶することができない。消費貸借の返還および利息請求権の消滅時効は，1項による遅滞の発生後，197条1項3号から5号までに掲げる事由による〔権利の〕確定まで停止する。ただし，その発生から10年を超えない。利息の請求権には，197条2項は適用しない。1文から4文は，支払が執行名義（Vollstreckungstitel）により行われ，執行の主たる債権が利息〔の支払〕を内容とする場合には，適用されない。

498条 分割返済の消費貸借における全額の弁済期の到来〔期限の利益の喪失〕

(1) 借主の支払遅滞を理由として，貸主は，分割払で返済される貸借において，以下の場合に，消費者消費貸借契約を解約告知することができる。
1. 借主が，少なくとも2回連続して分割支払の全部または一部を遅滞し，かつ少なくとも〔額面金額または分割支払額の〕10％につき，消費者消費貸借契約の期間が3年を超える場合には，額面金額または分割支払額の5％につき，遅滞となること，および
2. 貸主が，借主に対し，期間内に支払がなされない場合には残債務の全額を請求する旨の表示をして，残額支払のために2週間の期間を設定し，その期間が徒過されたこと〔ここまで，1項1文〕

貸主が，借主に対して，遅くても期間を設定する時までに，合意により交渉する機会を与えなければならない。〔1項2文〕

(2) 貸主が消費者消費貸借契約を解約告知した場合には，利息およびその他の時の経過に応じた消費貸借契約の費用に関する残債務は，段階的な計算（bei staffelmäßiger Berechnung）によると，解約告知が効力を生じた後の期間に相当する分だけに減額される。

(3) 1項および2項は，不動産消費貸借契約には適用されない。
〔2002年改正（Gesetz v.23.7.2002, BGBl.I S.2850)〕

499条 支払猶予，その他のファイナンス支援措置

(1) 358条，359条，492条1項から3項までおよび494条から前条までの規定は，2項および3項の規定の適用を妨げることなく，事業者が消費者に対して3か月を超える有償の支払猶予その他の有償ファイナンス支援措置を与える場合に準用する。

(2) ファイナンスリース契約，および分割払と引換えに，一定の物の引渡または他の一定の給付の履行を目的とする契約（分割払取引）については，3項の規定の適用を妨げることなく，500条から504条までに定める特則を適用する。

(3) この款〔499条-504条のファイナンス支援措置に関する部分〕の規定は，491条2項および3項に定める範囲において適用しない。分割払取引においては，491条2項1号に掲げる消費貸借の正味の金額を分割払価格と読み替えるものとする。

500条 ファイナンスリース契約

事業者と消費者との間におけるファイナンスリース契約については，358条，359条，492条1項1文から4文まで，492条2項および3項，495条1項ならびに496条から498条までの規定のみを準用する。

501条 分割払取引

事業者と消費者との間における分割払取引については，358条，359条，492条1項1文から4文までおよび492条2項および3項，495条1項ならびに496条から498条までの規定のみを準用する。その他については，次条以下の規定を適用する。

502条 分割払取引における必要的記載事項，方式欠缺の法律効果

(1) 分割払取引の場合に，消費者により署名された契約の表示には，次の事項を示さなければならない。

1. 現金支払価格
2. 分割払価格（初回金および消費者が支払うべきその他の分割払返済額の総額，利息，その他の費用を含むものとする）
3. 個々の分割払金額，回数および支払時期
4. 実効年利
5. 当該分割払取引に関連して定められた保険の費用
6. 所有権留保その他の供すべき担保の合意 〔ここまで，1項1文〕

事業者が分割払と引換えにのみ物を供給し，または給付を行うときには，現金支払価格および実効年利の表示を要しない。〔1項2文〕

(2) 通信取引における分割払取引の場合には，1項，492条1項1文から4文および492条3項の要件は，適用しない。ただし，1項1文1号から5号に記載した事項が，個別の分割払の額の例外とともに〔額の変動〕，消費者に，適時に書面の方式によって通知され，消費者が契約締結前にその記載事項の詳細を知ることができるときに限る。

(3) 492条1項1文から4文までの書面の方式が遵守されず，または1項1文1号から5号までに定める記載事項のいずれかを欠くときには，分割払取引は，無効である。1文に対する瑕疵にかかわらず，消費者に物が引渡され，または給付が履行されたときには，分割払取引は有効となる。分割払価格または実効年利の表示がないときには，現金支払価格には，法定利率まで利息を付するものとする。現金支払価格が示されず，疑わしいときには〔明確ではない場合には〕，市場価格を現金支払価格とみなす。担保の設定が記載されない場合には，それを請求することができない。実効年利または当初の実効年利が低く表示されているときには，分割払価格は，実効年利または当初の実効年利として低く表示された百分率まで引き下げられる。

503条 分割払取引における返還権，解除

(1) 495条1項によって消費者に認められた撤回権に代えて，消費者に，356条による返還権（Rückgaberecht）を認めることができる。

(2) 事業者は，498条1項の要件のもとでのみ，消費者の支払遅滞を理由として分割払取引を解除することができる。消費者は，事業者に対して，契約により生じた費用も償還しなければならない。返還すべき物の使用の対価の算定には，その間に生じた価値の減少（Wertminderung）を考慮しなければならない。事業者が分割払取引にもとづいて引渡した物を取戻したときには，これを解除権の行使とみなす，ただし，事業者が消費者との間で，引揚げ（Wegnahme）時における物の通常の売買価値を消費者に対して補償するよう合意している場合は，この限りではない。4文は，物の供給に関する契約が消費者消費貸借契約と結合し（358条2項），かつ貸主が物を回収する場合に準用する。解除がなされたときには，貸主と消費者の間の法律関係は，2文および3文により定める。

504条 分割払取引における期限前の支払

消費者が，分割払取引から生じる義務を期限前に履行した場合には，分割支払価格は，利息やその他の時の経過に応じて生じる（laufzeitabhängige）費用のうち，段

階的な算定によれば期限前に履行がなされた後の期間に相当する分だけ減じられる。現金支払価格が，502条1項2文によって表示されない場合には，法定利率（246条）を基礎とする。消費者が履行期前に自分の義務を履行した場合であっても，事業者は，当初予定された期間のうち最初の9か月分について，利息その他の時の経過に応じて生じる費用を請求することができる。

505条　分割供給契約
(1)　事業者との契約において，消費者の意思表示が契約の締結に向けられ，かつ以下のいずれかにあたる場合には，消費者は，2文の場合を除き，355条による撤回権を有する。
1. 関連するものとして売却された複数の物（mehrere als zusammengehörend verkaufter Sachen）を分割して引渡し，かつ物全部に対する代金を分割して（in Teilzahlungen）支払う場合，または
2. 同種の物を定期的に（regelmäßige）引渡す場合，または
3. 物の回帰的（wiederkehrenden）取得または引渡を義務づける場合。

491条2項および3項に定めた範囲では，これは適用されない。491条2項1号に定めた正味の消費貸借金額は，消費者による最初の解約告知時までに支払われる分割払の全額とする。

(2)　1項の分割供給契約は，書面による方式を要する。1文の規定は，消費者が，契約締結時にさいし普通取引約款を含む契約条項にアクセスし，再生可能な方式で（wiedergabefähiger Form）保存できる場合には，適用しない。事業者は，消費者に対し，書面による方式により契約内容を通知しなければならない。

506条　異なった合意の効力〔片面的強行法〕
491条から505条の規定は，消費者の不利に変更することはできない。これらの規定は，それが，異なった方法で変更されたときにも適用される（durch anderweitige Gestaltungen umgangen werden）。

507条（生業的貸付 Existenzgründer への適用）
491条から506条は，自然人に対して，かつ営業的なまたは独立した職業的な活動のために，消費貸借，支払猶予，またはその他の金融支援措置が与えられ，またはこれらの目的のために分割引渡の契約（Ratenlieferungsvertrag）が締結された場合にも，適用される。ただし，正味の消費貸借額または現金価格が5万ユーロを超

第 2 部　金利と利息制限

える場合には，この限りではない。

508 条 –515 条は削除

第4篇　期限の利益喪失特約とみなし弁済
（最判平18・1・13民集60巻1号1頁）

I　問題の所在

　消費貸借上の貸金の分割払いの契約における期限の利益喪失条項は，一回でも弁済を怠ったときには，債務の残額を一括して請求できるとするものである。しかし，消費者金融においては，たんに債務不履行に対する制裁としてだけではなく，同時に，通常よりも高い利率を適用することにより，本来利息制限法に違反する利率の適用を遅延損害金の形で合法化しようとするところに特徴がある（同法4条参照）。すなわち，利息制限法の超過利息を請求し，その不払を理由として（適法部分の支払だけでは受領しないとするもの。そして，超過部分を支払ったときには，貸金業法43条のみなし弁済を主張する），債務不履行の状態を作出するのである。本最高裁判決は，このような高利の仕組みである期限の利益喪失条項を制限し，貸金業法43条のみなし弁済規定の適用を排除したものである。その後の一連の最高裁判決とともに，実質的に貸金業法43条を制限する重要な意義をもつものである。

II　事案の概要

　(1)　Xは，貸金業法3条所定の登録を受けた貸金業者であり，平成12年7月6日，Y_1に対し，300万円を，利息年利29％，遅延損害金年利29.2％で，平成12年8月から毎月60回にわたって元金5万円ずつを経過利息と共に支払い，Y_1が，元金または利息の支払を遅滞したときには，当然に期限の利益を失い，Xに対して直ちに元利金を一時に支払うとの期限の利益喪失特約のもとで貸し付け，Y_2は，Xに対し，Y_1の貸付け債務について連帯保証をした。

　Xは，契約時に，Y_1に対し「貸付及び保証契約説明書」および「償還表」と題する書面を交付した。この貸付及び保証契約説明書には，利息の利率を

年利29％とする約定と「元金又は利息の支払いを遅滞したとき（中略）は催告の手続きを要せずして期限の利益を失い直ちに元利金を一時に支払います。」との記載があり，遅延損害金の利率を年29.2％とする約定が記載されていた。

　Y_1は，Xに対し債務の弁済をし，Xは，Y_1に対し，弁済のつど，ただちに「領収書兼利用明細書」と題する受取証書を交付した。この受取証書には，貸金業法施行規則（昭58年大蔵省令第40号）15条2項に基づき，貸金業法18条1項2号所定の契約年月日の記載に代えて，契約番号が記載されていた。

　(2)　Xは，Y_1のした弁済には貸金業法43条1項または3項の規定が適用され，利息制限法1条1項，4条1項に定める利息または賠償額の予定の制限額を超える部分の支払も有効な債務の弁済とみなされると主張して，Y_1らに対し，本件貸付けの残元本189万4369円および遅延損害金の支払を求めた。

　(3)　原審は，Y_1の弁済には貸金業法43条1項または3項の規定が適用されるとして，Xの請求を認容した。これに対し，Y_1は，利息制限法の制限超過部分の支払を怠った場合に期限の利益を喪失するとする約定の部分は無効であり，このような記載は，貸金業法17条1項8号，施行規則13条1項1号ヌの記載に欠けるとして上告受理の申立てをした。

　この点につき，最高裁は，期限の利益喪失条項は，一部無効であり，Y_1は，支払期日に約定の元本および利息の制限額を支払えば，期限の利益を喪失することはなく，支払期日に約定の元本または利息の制限額の支払を怠った場合に限り，期限の利益を喪失するものと解するとしたが，貸金業法上の記載に「欠けるところはない」とした。

　また，原審は，貸金業法施行規則15条2項の規定によって，契約年月日の記載がなくとも，契約番号の記載により，弁済をうけた債権に係る貸付けの契約を特定するのに不足することはないから，契約年月日の記載に代えて契約番号が記載された本件の各受取証書には，貸金業法18条1項所定の事項の記載に欠けるところはないとした。判旨は，この部分を破棄差戻したものである。

Ⅲ　判　旨

(1)　最高裁は、貸金業法18条1項の解釈にあたっては「文理を離れて緩やかな解釈をすることは許されない」とし、同条同項は、受取書面の記載事項を法定し、さらに同項6号に「前各号に掲げるもののほか、内閣府令で定める事項」が掲げられ、18条書面の交付方法の定めについて内閣府令に委任することを規定したものであるが、18条書面の記載事項について、内閣府令により他の事項の記載をもって法定事項の記載に代えることは許されないとした。

そして、この「内閣府令に該当する施行規則15条2項は、「『貸金業者は、法第18条第1項の規定により交付すべき書面を作成するときは、当該弁済を受けた債権に係る貸付けの契約を契約番号その他により明示することをもって、同項第1号から第3号まで並びに前項第2号及び第3号に掲げる事項の記載に代えることができる。』と規定している。この規定のうち、当該弁済を受けた債権に係る貸付けの契約を契約番号その他により明示することをもって、法18条1項1号から3号までに掲げる事項の記載に代えることができる旨定めた部分は、他の事項の記載をもって法定事項の一部の記載に代えることを定めたものであるから、内閣府令に対する法の委任の範囲を逸脱した違法な規定として無効と解すべきである」。

(2)　「期限の利益喪失特約がその文言どおりの効力を有するとすると、Y_1は、支払期日に制限超過部分を含む約定利息の支払を怠った場合には、元本についての期限の利益を当然に喪失し、残元本全額及び経過利息を直ちに一括して支払う義務を負うことになる上、残元本全額に対して年29.2％の割合による遅延損害金を支払うべき義務も負うことになる。このような結果は、Y_1に対し、期限の利益を喪失する等の不利益を避けるため、本来は利息制限法1条1項によって支払義務を負わない制限超過部分の支払を強制することとなるから、同項の趣旨に反し容認することができず、本件期限の利益喪失特約のうち、Y_1が支払期日に制限超過部分の支払を怠った場合に期限の利益を喪失するとする部分は、同項の趣旨に反して無効であり、Y_1は、支払期日に約定の元本及び利息の制限額を支払いさえすれば、制限超過部分の支払を怠ったとしても、期限の利益を喪失することはなく、支払期日に約定の元

本又は利息の制限額の支払を怠った場合に限り，期限の利益を喪失するものと解するのが相当である」。

(3)「本件期限の利益喪失特約は，法律上は，上記のように一部無効であって，制限超過部分の支払を怠ったとしても期限の利益を喪失することはないけれども，この特約の存在は，通常，債務者に対し，支払期日に約定の元本と共に制限超過部分を含む約定利息を支払わない限り，期限の利益を喪失し，残元本全額を直ちに一括して支払い，これに対する遅延損害金を支払うべき義務を負うことになるとの誤解を与え，その結果，このような不利益を回避するために，制限超過部分を支払うことを債務者に事実上強制することになるものというべきである。

したがって，本件期限の利益喪失特約の下で，債務者が，利息として，利息の制限額を超える額の金銭を支払った場合には，上記のような誤解が生じなかったといえるような特段の事情のない限り，債務者が自己の自由な意思によって制限超過部分を支払ったものということはできないと解するのが相当である」。

IV 期限の利益喪失特約

1 消費者金融における期限の利益喪失条項は，たんに利息制限法の制限内で高い利率の適用が行われるというものではなく，利息制限法1条1項の制限を超過させる装置として機能していることに注目する必要がある（上述I）。すなわち，期限の利益喪失条項は，高利の損害金請求の入口となっている。期限の利益喪失条項を伴う貸金契約では，しばしばきわめて短期の弁済期限が定められ，期限の利益の確保のために高利の支払を強いて，支払が遅れると，期限後に高利の遅延損害金を主張することが行われる。利息制限法4条は，旧利息制限法において裁判所の思料による減額のみが定められていたことを修正したものであるが（旧5条「損害ノ補償ニ不當ナリト思量スルトキハ之レニ相當ノ減少ヲ為スコトヲ得」），その制限は緩く（制定時，利息制限法1条1項の制限の2倍），その合理性には今日では疑問がある。

そこで，利息制限法の2000年改正においても，出資法の制限利率が年利40.004％から29.2％に引き下げられたことにあわせ，損害賠償額の予定の制

限を制限金利の1.46倍への引き下げ（従来2倍）をよぎなくされた。また，貸金契約と同様の信用供与契約である割賦販売法も，消費者保護の観点から，分割払い契約の解除による残債務の一括請求にさいし，20日以上の相当な期間を定めた書面による未払い金の催告を求め，また損害金の利率を法定利率による遅延損害金に制限している（5条，6条）。

　2　従来の例によると，利息制限法の超過利息を徴収する手段としては，第1に，古典的な方法として，弁済の期間をごく短期に設定し借換えをさせることにより，利息制限法違反の事実を不明にする方法があったが，これは，貸金業法17条，18条書面の具備が必要となることにより封じられた。その後，第2に，借換え時に「任意」弁済させ，超過利息を元本に組み入れる方法と，借換え時に天引する方法が用いられてきた。これらは，一連の取引に関する最判平15・7・18民集57巻7号895頁ほか2判決と，天引を制限する最判平16・2・20民集58巻2号475頁ほか1判決によって封じられた。また，この最判平15・7・18は，第3の方法として金融業者が保証料の名目で実質的な利息をとることをも制限した。

　これらが，無事故の形式による高利の実現方法であるとすれば，期限の利益喪失条項は，債務不履行という事故の形式を利用して高利を実現しようとするものである。この場合には，一面において，債務者に対して，利息制限法の制限を超過する利息の支払を請求し，弁済があれば，「任意」弁済として貸金業法43条の適用を主張し，他面において，弁済がなければ，利息制限法の制限を超過する違法な利息を転換して，遅延損害金として利息制限法4条1項の1.46倍の利息を合法化する手段とされている。出資法の制限利率がしだいに低減化された結果（29.2％），元本10万円未満の遅延損害金の利率は，同じ29.2％となるから，貸金業法43条の要件を満たすことなく，利息制限法1条1項を超える利率を合法化できる。つまり，期限の利益喪失条項は，それが発動されても，発動されなくても，高利を実現する手段となるのである。

　このような事故の形式が注目されるのは，無事故の方式が，43条の厳格解釈，あるいは仕組み金融における天引きが制限されたことと関係している（前掲最判平16・2・20）。利息制限法の超過利息の徴収は多様な方法で行われるから，事故の形式にかかわらず，機能的に対応することが必要である（これら

につき，小野「利息制限法理の新たな展開」判評519号2頁（判時1776号172頁），520号2頁（判時1770号164頁）参照）。

本判決には，貸金業法17条，18条書面の効力に関する部分と，期限の利益喪失条項に関する部分があり，上述Ⅱ(3)のように，最高裁は，期限の利益喪失条項は，一部無効であるが，それが記載されていても貸金業法上の記載に「欠けるところはない」とし，17条書面の具備は認めた。他方，18条書面の具備は，貸金業法施行規則の適法性をも否定することにより肯定しなかった。とくに後者は，同規則の無効を宣言した点で重要であるが，本篇では立ち入りえない。

V　3つの小法廷判決

期限の利益喪失条項については，本判決以後，最一小法廷判平18・1・19裁時1404号71頁，最三小法廷判平18・1・24裁時1404号89頁，最判平18・1・24裁時1404号85頁が続いた。本件の第2小法廷判決と，他の2つの小法廷判決が出されたことにより，3つの小法廷の見解が出揃うこととなった。

最高裁は，期限の利益喪失特約につき，利息制限法違反の限度で一部無効であるが，それが存在すると，制限超過部分を含む約定利息を支払わない限り，期限の利益を喪失し，残元本全額を直ちに一括して支払い，これに対する遅延損害金を支払うべき義務をおうことになるとの誤解を与えるから，このような不利益を回避するために，制限超過部分を支払うことを債務者に事実上強制することになるとし，このような期限の利益喪失特約の下で，債務者が，利息として，利息の制限額を超える額の金銭を支払った場合には，上記のような誤解が生じなかったといえるような特段の事情のない限り，債務者が自己の自由な意思によって制限超過部分を支払ったものということはできないとする。

近年，最高裁は，貸金業法43条の適用に関し，形式的理由に厚く（最判平11・1・21民集53巻1号98頁），任意性による実質的理由には薄い（最判平2・1・22民集44巻1号332頁）との傾向があった。しかし，本判決の期限の利益喪失条項についての構造は，たんなる形式を超えるものである。一方で，期

限の利益喪失条項が，利息制限法1条に違反する部分については無効とし，しかし，この一部無効の合意が記載されていること自体が，17条書面の形式要件には反しないとしながら，他方で，そのような期限の利益喪失条項が，事実上支払を強制することになるとして，その任意性を否定したのである。

形式を重視する方法によれば，17条書面の内容の明確性や正確性によっても，貸金業法43条の適用を防止することは可能だともいえる。最高裁がこの方法によらずに，貸金業法43条の本丸というべき任意性に踏み込んだことには，たんなる形式を重視する思考からの転換をみることができる。ただし，任意性の重視は，すでに，最判平16・2・20（とくに滝井補足意見）にもみられた。こうして，3つの小法廷が，任意性の判断に踏み込んだ点からみると，平2年判決の実質的な判例変更とみることもできるのである。

実質に薄く，形式に厳格という方式では，良くいえば，消費者金融業者の実務を指導することになるが，反面，次々に新たな抜け道を探らせることとなり，果てしない繰り返しに陥る危険性を伴っている。実質的な判例の変更は，このことへの反省があるものと思われる。

もっとも，各小法廷判決の詳細な内容は必ずしも同一ではない。2月24日判決は，1月13日判決の文言に近く，期限の利益喪失条項のうち制限超過部分の利息の支払を怠った場合に期限の利益を喪失するとする部分は，利息制限法1条1項の趣旨に反して無効であり，債務者が，支払期日に約定の元本及び利息の制限額を支払いさえすれば，期限の利益を喪失することはないが，同条項の存在は，債務者に対し誤解を与え，事実上，制限超過部分を支払うことを債務者に強制することになるから，期限の利益喪失条項の下で，債務者が，利息として，制限超過部分を支払った場合には，債務者が自己の自由な意思によって支払ったものということはできないとした。任意性の判断は，条項の文言解釈のかぎりであり，任意性が認められるには「特段の事情」が必要とするのみである。

しかし，1月19日の第1小法廷判決は，より積極的である。すなわち，貸金業法43条1項の適用に当たっては，「制限超過部分の支払の任意性の要件は，明確に認められることが必要である。法21条1項に規定された行為は，貸金業者として最低限度行ってはならない態様の取立行為を罰則により禁

止したものであって，貸金業者が同項に違反していないからといって，それだけで直ちに債務者がした制限超過部分の支払の任意性が認められるものではない」とする。書面についてだけではなく，任意性についても，厳格な認定が必要とする。また，「債務者が制限超過部分を自己の自由な意思によって支払ったか否かは，金銭消費貸借契約証書や貸付契約説明書の文言，契約締結及び督促の際の貸金業者の債務者に対する説明内容などの具体的事情に基づき，総合的に判断されるべきである」とした。任意性は，たんに弁済時の書面性に関してだけではなく，締約時の口頭や督促の態様の説明にも関連する広がりを有している。

なお，超過利息による期限の利益喪失条項による支払の任意性については，上田豊三裁判官の〔実質的な反対〕意見がある。平2年判決との整合性とともに検討するべき課題が残されている。

〔参考文献〕　川畑大輔・金法1763号1頁，澤重信・NBL826号4頁，滝澤孝臣・銀法659号4頁，水野信次・銀法659号55頁。

第5篇　日賦業者の貸付，期限の利益喪失条項と制限超過部分の支払の任意性

①　日賦業者の貸付と，借用証書の記載内容の正確性または明確性。日賦業者の貸付に，貸金業法43条1項の規定が適用される要件
②　利息制限法違反の利息の支払の遅滞と，期限の利益喪失条項の効力。期限の利益喪失条項の下でも制限超過部分の支払の任意性の有無

①　平成18年1月24日第三小法廷判決，平成15年（受）第1653号　生命保険証券及び傷害保険証券返還等請求事件，民集60巻1号319頁，裁時1404号85頁，破棄差戻
②　平成18年1月24日第三小法廷判決平成16年（受）第424号不当利得返還請求事件，裁時1404号89頁，破棄差戻
（以下，①②判決という）

I　①事件の事実と判旨
【事実】　(1)　Yは，貸金業法3条所定の登録を受けて貸金業を営む貸金業者であり，平成12年法律第112号による改正前の出資法の一部を改正する法律附則9項所定の業務の方法による貸金業のみを行う日賦貸金業者である。

　Yは，利息年109.5％，支払期日に約定の元本および利息の支払を1回でも怠ったときには，当然に期限の利益を失い，直ちに残元本全部と利息，損害金を支払うとの期限の利益喪失条項を含む約定で，平成10年から12年の間に8回（各40〜100万円），Xに金銭を貸し付けた（①〜⑧）。③貸付けでは，②貸付けの約定の返済期間の途中で，残元本に貸増しが行われ，貸増し後の元本の合計金額を契約金額として，新たに契約が締結され，④〜⑧貸付けでも，その直前の貸付けの約定の返済期間の途中で，貸増しが行われた。

　また，Yは，Xに対し，本件各貸付けに際し，借用証書の写しをそれぞれ交付したが，③〜⑥貸付けの各借用証書には，「契約手渡金額」欄があり，同

欄の下部には「上記のとおり借用し本日この金員を受領しました。」との記載があるにもかかわらず，この「契約手渡金額」欄には，各貸付けに係る契約の際にYからXに実際に手渡された金額ではなく，実際に手渡された金額とその直前の貸付けの残元本の金額との合計金額が記載されていた。

①～④貸付けにおいて，日曜日，第2土曜日，第3土曜日，国民の祝日，年末年始休暇（12月31日から翌年1月5日までの6日間）および夏期休暇（8月13日から同月17日までの5日間）には，集金休日として集金をしない旨の合意があったにもかかわらず，①貸付けの借用証書には，集金休日の記載はなく，また，②～④貸付けの各借用証書には，日曜日，第2土曜日，第3土曜日，国民の祝日及び「その他取引をなさない慣習のある休日」を集金休日とする旨の記載がされていた。

Xは，⑥貸付けに係る契約を締結した平成12年1月7日，Yに対し，被担保債権をXとYとの間の金銭消費貸借取引および金銭準消費貸借取引に基づく債務ならびに金銭消費貸借取引および金銭準消費貸借取引に基づき将来発生する一切の債務，存続期間を契約日より10年などとして，Xが保険契約者となっている生命保険契約と傷害保険契約の各保険金請求権に根質権を設定し，各契約の保険証券を交付した。

⑤貸付けの借用証書には，「この契約には，従前の契約番号400754号の残元金32万9920円が含まれています」との記載があるが，じっさいには，当該契約番号の貸付の残元本の金額は32万8920円であった。

③貸付けについては，契約締結時の契約内容においては，返済期間が100日以上と定められていたところ，約定の返済期間の途中で，残元本に貸増しが行われ，貸増し後の元本の合計金額を契約金額として，新たに④貸付けに係る契約が締結され，③貸付けに係る債務が消滅したために，同債務については，返済期間が100日未満となった。また，⑤，⑥貸付けについても，同様に，契約締結時の契約内容においては，返済期間が100日以上と定められていたが，約定の返済期間の途中で，残元本に貸増しが行われ，貸増し後の元本の合計金額を契約金額として，新たにその直後の貸付けに係る契約が締結され，旧債務が消滅したことから，旧債務については，返済期間が100日未満となった。

第5篇　日賦業者の貸付，期限の利益喪失条項と制限超過部分の支払の任意性

　各貸付けについて，いずれも，契約締結時の契約内容においては，Xの営業所等においてYが自ら集金する方法により取り立てる日数が，返済期間の全日数の100分の70以上と定められていたが，実際の貸付けにおいて，①，③，④貸付けについては，Xの営業所等においてYが自ら集金する方法により取り立てた日数が，返済のされなかった日を除いても，返済期間の全日数の100分の70以上であり，②，⑥～⑧貸付けについては，Xの営業所等においてYが自ら集金する方法により取り立てた日数が，返済のされなかった日を含めれば，返済期間の全日数の100分の70以上であったが，返済のされなかった日を除けば，返済期間の全日数の100分の70未満であり，また，⑤貸付けについては，Xの営業所等においてYが自ら集金する方法により取り立てた日数（返済のされなかった日はない）は，返済期間の全日数の100分の70未満であった。

　Xは，Yに対し，各貸付けの弁済を行い，各弁済後に，Xが破産したことによって，根質権によって担保される債権の元本が確定した。

　(2)　Xは，Yに対し，各弁済のとおり支払われた利息等のうち利息制限法1条1項所定の利息の制限額を超過する部分（制限超過部分）を元本に充当すると過払金が生じており，根質権の確定元本額も0円となることから，Yは，本件各保険証券を占有する権原を失ったものであるとして，本件各保険証券の返還を求めた。

　(3)　原審＝福岡高等裁判所（平成14年（ネ）第929号）は，各貸付けについては，貸金業法17条1項及び18条1項所定の各要件を具備した各書面が交付されたとして，各弁済には貸金業法43条1項の規定が適用されるから，本件各貸付けの債務は残存しており，Yは各保険証券を占有する権原を失っていないとして，Xの請求を棄却した。

　その理由は，③～⑥貸付けの各借用証書の「契約手渡金額」欄には，各貸付けに係る契約の際にYからXに実際に手渡された金額ではなく，実際に手渡された金額とその直前の貸付金の残元本の金額との合計金額が記載されているが，借用証書には，別途，従前の貸付けの債務の残高が記載されているのであるから，これらの借用証書であっても，貸金業法17条1項3号の「貸付けの金額」の記載要件としてたりる。

また，①貸付けの借用証書には，年末年始休暇や夏期休暇の期間等を集金休日とする旨の記載が欠けているが，上記期間等が集金休日であることについては，社会通念上推知することができるのであるから，この借用証書であっても，貸金業法17条1項所定の要件を具備した書面といえ，②〜④貸付けの借用証書についても同様のことがいえる，というものである。

上告受理申立て理由は，原審＝福岡高等裁判所（平15・6・10）判決には，貸金業法43条1項，17条1項の解釈適用の誤り，貸付けの借用証書に不備があり，同43条1項は適用されないというものである。

【判旨】「貸金業法17条1項が，貸金業者につき，貸付けに係る契約を締結したときに，17条書面を交付すべき義務を定めた趣旨は，貸付けに係る合意の内容を書面化することで，貸金業者の業務の適正な運営を確保するとともに，後日になって当事者間に貸付けに係る合意の内容をめぐって紛争が発生するのを防止することにあると解される。したがって，17条書面の貸金業法17条1項所定の事項の記載内容が正確でないときや明確でないときにも，同法43条1項の規定の適用要件を欠くというべきであって，有効な利息の債務の弁済とみなすことはできない」。

「本件期限の利益喪失条項のうち，制限超過部分の利息の支払を怠った場合に期限の利益を喪失するとする部分は，利息制限法1条1項の趣旨に反して無効であり，Xは，支払期日に約定の元本及び利息の制限額を支払いさえすれば，期限の利益を喪失することはなく，支払期日に約定の元本又は利息の制限額の支払を怠った場合に限り，期限の利益を喪失するものと解するのが相当である。

しかしながら，前記のとおり，貸金業法17条1項が，貸金業者に17条書面の交付義務を定めた趣旨は，貸付けに係る合意の内容を書面化することで，貸金業者の業務の適正な運営を確保するとともに，後日になって当事者間に貸付けに係る合意の内容をめぐって紛争が発生するのを防止することにあるのであるから，同項及びその委任に基づき定められた施行規則13条1項は，飽くまでも当事者が合意した内容を正確に記載することを要求しているものと解するのが相当であり，このことは，当該合意が法律の解釈適用によって

無効又は一部無効となる場合であっても左右されるものではない」。そこで，このような（一部）無効の期限の利益喪失特約であっても，貸金業法17条1項8号，施行規則13条1項1号ヌ所定の「期限の利益の喪失の定めがあるときは，その旨及びその内容」としての記載に欠けるところはない」。

「出資法附則8項が，日賦貸金業者について出資の受入れ，預り金及び金利等の取締りに関する法律5条2，3項の特例を設け，一般の貸金業者よりも著しく高い利息について貸金業法43条1項の規定が適用されるものとした趣旨は，日賦貸金業者が，小規模の物品販売業者等の資金需要にこたえるものであり，100日以上の返済期間，毎日のように貸付けの相手方の営業所又は住所において集金する方法により少額の金銭を取り立てるという出資法附則9項所定の業務の方法による貸金業のみを行うものであるため，債権額に比して債権回収に必要な労力と費用が現実に極めて大きなものになるという格別の事情があるからであると考えられる。そうすると，日賦貸金業者について貸金業法43条1項の規定が適用されるためには，契約締結時の契約内容において出資法附則9項所定の各要件が充足されている必要があることはもとより，実際の貸付けにおいても上記各要件が現実に充足されている必要があると解するのが相当である」。

【参照条文】 利息制限法1条1項，貸金業法17条，18条，43条，出資法5条2項，3項，同附則8項（昭58法33）（平12法112改正前）

Ⅱ ②事件の事実と判旨
【事実】 (1) Yは，貸金業法3条所定の登録を受けて貸金業を営む貸金業者であり，平成12年法律第112号による改正前の出資法の一部を改正する法律附則9項所定の業務の方法による貸金業のみを行う日賦貸金業者である。

Yは，利息年109.5％，支払期日に約定の元本および利息の支払を1回でも怠ったときには，当然に期限の利益を失い，直ちに残元本全部と利息，損害金を支払うとの期限の利益喪失条項を含む約定で，①〜⑩のとおり，X_1に金銭を貸し付け，また，⑪〜⑯のとおり，同X_1が代表者を務める有限会社X_2に金銭を貸し付けた（各50〜60万円）。②貸付けは，①貸付けの約定の返

済期間の途中で，残元本に貸増しが行われ，貸増し後の元本の合計金額を契約金額として，新たに契約が締結された。また，③〜⑩貸付けについても，同様に，その直前の貸付けの約定の返済期間の途中で，貸増しが行われた。⑪〜⑯貸付けについても，①〜⑩貸付けと同じ方法で貸付けが行われた。

　Yは，Xらに対し，各貸付けに際し，借用証書の写しをそれぞれ交付したが，②〜⑩，⑫，⑬貸付けの各借用証書には，「契約手渡金額」欄があり，同欄の下部には，「上記のとおり借用し本日この金員を受領しました。」との記載があるにもかかわらず，「契約手渡金額」欄には，各貸付けに係る契約の際にYからXらに実際に手渡された金額ではなく，実際に手渡された金額とその直前の貸付けの残元本の金額との合計金額が記載されていた。

　また，①〜⑪貸付けにおいては，日曜日，第2土曜日，第3土曜日，国民の祝日，年末年始休暇（12月31日から翌年1月5日までの6日間）および夏期休暇（8月13日から同月17日までの5日間）には，集金休日として集金をしない旨の合意があったにもかかわらず，①〜⑦貸付けの各借用証書には，集金休日の記載はなく，また，⑧〜⑪貸付けの各借用証書には，日曜日，第2土曜日，第3土曜日，国民の祝日および「その他取引をなさない慣習のある休日」を集金休日とする旨の記載がされていた。

　Yは，X_1から，平成10年12月24日，⑨貸付けの弁済として，3257円を受領したにもかかわらず，Yが同X_1に交付した同日付けの領収書には，受領金額が2303円と記載されていた。

　②貸付けについて，契約締結時の契約内容においては，返済期間が100日以上と定められていたが，約定の返済期間の途中で，残元本に貸増しが行われ，貸増し後の元本の合計金額を契約金額として，新たに本件③貸付けに係る契約が締結され，②貸付けに係る債務が消滅したために，同債務については，返済期間が100日未満となったものであり，④〜⑧，⑭，⑮貸付けについても，同様に，契約締結時の契約内容においては，返済期間が100日以上と定められていたが，約定の返済期間の途中で，残元本に貸増しが行われ，貸増し後の元本の合計金額を契約金額として，新たにその直後の貸付けに係る契約が締結され，旧債務が消滅したために，旧債務については，返済期間は100日未満となった。

第5篇　日賦業者の貸付，期限の利益喪失条項と制限超過部分の支払の任意性

　各貸付けについては，いずれも，契約締結時の契約内容においては，Xらの営業所等においてYが自ら集金する方法により取り立てる日数が，返済期間の全日数の100分の70以上と定められていた。しかし，実際の貸付けでは，Xらの営業所等においてYが自ら集金する方法により取り立てた日数が，返済のされなかった日を含めると，返済期間の全日数の100分の70以上であったが，返済のされなかった日を除けば，返済期間の全日数の100分の70未満であった。

　X_1は，Yに対し，①〜⑩貸付けの弁済を，また，X_2も，Yに対し，⑪〜⑯貸付けの弁済を行った。

　(2)　Xらは，Yに対し，本件各弁済のとおり支払われた利息等のうち利息制限法1条1項所定の利息を超過する部分等を元本に充当すると過払金が生じているとして，不当利得返還請求権に基づき，過払金の返還を請求した。

　(3)　原審＝福岡高等裁判所（平成15年（ネ）第229号）は，各貸付けには，貸金業法17条1項及び18条1項所定の各要件を具備した各書面が交付されており，各弁済には貸金業法43条1項の規定が適用されるから，各貸付けの債務は残存しており，Yの不当利得返還債務は存在しないとして，Xらの請求をいずれも棄却した。

　上告受理申立て理由は，原審＝福岡高等裁判所（福岡高裁平15・11・28）判決には，貸金業法17条1項，18条，43条の解釈適用に誤りがあるというものである。

　【判旨】「(2)本件期限の利益喪失条項がその文言どおりの効力を有するとすれば，Xらは，支払期日に制限超過部分を含む約定利息の支払を怠った場合には，元本についての期限の利益を当然に喪失し，残元本全額及び経過利息を直ちに一括して支払う義務を負うことになるが，このような結果は，Xらに対し，期限の利益を喪失する不利益を避けるため，本来は利息制限法1条1項によって支払義務を負わない制限超過部分の支払を強制することとなるから，同項の趣旨に反し容認することができない。本件期限の利益喪失条項のうち，制限超過部分の利息の支払を怠った場合に期限の利益を喪失するとする部分は，利息制限法1条1項の趣旨に反して無効であり，Xらは，支

払期日に約定の元本及び利息の制限額を支払いさえすれば，期限の利益を喪失することはなく，支払期日に約定の元本又は利息の制限額の支払を怠った場合に限り，期限の利益を喪失するものと解するのが相当である。

　そして，本件期限の利益喪失条項は，法律上は，上記のように一部無効であって，制限超過部分の支払を怠ったとしても期限の利益を喪失することはないものであるが，この条項の存在は，通常，債務者に対し，支払期日に約定の元本及び制限超過部分を含む約定利息を支払わない限り，期限の利益を喪失し，残元本全額及び経過利息を直ちに一括して支払う義務を負うことになるとの誤解を与え，その結果，このような不利益を回避するために，制限超過部分を支払うことを債務者に事実上強制することになるものというべきである。

　したがって，本件期限の利益喪失条項の下で，債務者が，利息として，制限超過部分を支払った場合には，上記のような誤解が生じなかったといえるような特段の事情のない限り，債務者が自己の自由な意思によって支払ったものということはできないと解するのが相当である」。

　「(1)出資法附則8項が，日賦貸金業者について出資の受入れ，預り金及び金利等の取締りに関する法律5条2，3項の特例を設け，一般の貸金業者よりも著しく高い利息について貸金業法43条1項の規定が適用されるものとした趣旨は，日賦貸金業者が，小規模の物品販売業者等の資金需要にこたえるものであり，100日以上の返済期間，毎日のように貸付けの相手方の営業所又は住所において集金する方法により少額の金銭を取り立てるという出資法附則9項所定の業務の方法による貸金業のみを行うものであるため，債権額に比して債権回収に必要な労力と費用が現実に極めて大きなものになるという格別の事情があるからであると考えられる。そうすると，日賦貸金業者について貸金業法43条1項の規定が適用されるためには，契約締結時の契約内容において出資法附則9項所定の各要件が充足されている必要があることはもとより，実際の貸付けにおいても上記各要件が現実に充足されている必要があると解するのが相当である」。

　【参照条文】　利息制限法1条1項，貸金業法17条，18条，43条，出資法

5条2項，3項，同附則8項（昭58法33）（平12法112改正前）

Ⅲ 日掛け金融と出資法

　出資法は，業として行う貸付につき年利29.2%を超える高金利に刑事罰を定めているが，その特例として，いわゆる日掛け金融を行う日賦業者には，年54.75%までの金利を認めている（出資法附則8項）。この特例は，毎日のように貸付けの相手方の営業所や住所で集金する方法によって少額の金銭を取り立てる方法の貸金業のみを行うものであるため，債権額に比して債権回収に必要な労力と費用がごく大きくなるという理由に基づいている。

　日賦業者の特例は，従来とりわけ九州や沖縄地域において多く行われてきたが，反面では，不当な貸付の温床ともなっており，濫用例が目立っている。特例が適用される要件は本来は厳しいが，サラリーマンや主婦への融資や違法な取り立てをめぐる問題が頻発したことから，平12年（2000年）改正法（施行は01年6月）は，従前の109.5%の制限金利を半減するものとした。

　出資法附則9項によれば，日賦業者は，貸金業法2条2項の貸金業者であって，主として物品販売業，物品製造業，サービス業を営む者で内閣府令で定める小規模のもの（従業員が5人以下）を貸付の相手方とすること，返済期間が100日以上であること，返済金を返済期間の100分の50以上の日数にわたり，かつ，貸付の相手方の営業所または住所で貸金業者がみずから集金する方法で取り立てるべきものとされている。

　取立ては，業者が債務者を訪れ集金する方法で行われる。その取立て頻度は，100日間に50日である。平12年改正までは，100分の70以上であった。改正前の規制では，土日や祭日に休むと，平日はほぼ毎日が集金日となった。改正法は利率を厳格化した代わりに，集金の方法を緩和したのであるが，これがかえって濫用例を増加させることになったのである。

　本件①②判決は，いずれも出資法附則改正前のケースであり，日掛け貸金業者Yが，それぞれ実質年利109.5%で，数十万円を繰り返し貸したケースである。①では，借主X（設計事務所）は利息制限法の上限を超えて払った過払金があるとして，担保として提供した保険証券の返還を求め，②ではX（イベント会社）は，利息制限法の上限を超えて払った金員を不当利得として返還

請求した。最高裁第三小法廷は，契約を有効とした原審判決を破棄し，いずれも福岡高裁に差し戻した。

Ⅳ　日掛け金融の金利と貸金業法 43 条

(1)　日掛け金融においても，一般の消費者金融のグレーゾーン金利と同様に，利息制限法の上限を超えて支払った金利が有効とされるためには，契約のさいに返済期間や回数などを記載した契約書面と弁済の受領書面を交付しなければならない。

貸金業法 43 条 1 項のみなし弁済は，利息制限法の制限利率を超過し無効な弁済を，例外的に有効とするものであるから，その前提として，正確な契約書面と受領書面の交付（17 条および 18 条書面）を義務づけている。これについては，貸金業法制定以来，多くの裁判例があり，最高裁も，厳格な交付を要件としている。

比較的早いものとしては，最判平 11・1・21 民集 53 巻 1 号 98 頁において，貸金業法 18 条書面の交付と時期につき厳格な解釈を求めた（同判決については，森泉章・判評 488 号 208 頁，川神裕・判タ 1036 号 81 頁，佐久間邦夫・ジュリ 1158 号 114 頁，飯塚和之・NBL　690 号 60 頁，小野・民法判例百選Ⅱ（5 版）124 頁など参照）。また，その後の最高裁判決（最判平成 16・2・20 民集 58 巻 2 号 475 頁，金判 1191 号 14 頁，最判 16・2・20 金判 1191 号 22 頁）および近時の一連の判決（最判平 18・1・13 金判 1233 号 10 頁，最判平 18・1・19 裁時 1404 号 71 頁）もそのことを前提としている。

①判決も，貸金業法 43 条の適用要件については，「これを厳格に解釈すべきものである」とし，17 条書面には，同条 1 項所定の事項のすべてが記載されることを要するとし，17 条書面，18 条書面を交付するべき理由は，貸金業者の業務の適正な運営を確保するとともに，後日になって当事者間に貸付けに係る合意の内容をめぐって紛争が発生するのを防止することにあるとして，17 条書面の同条 1 項所定の事項の「記載内容が正確でないときや明確でないときにも，同法 43 条 1 項の規定の適用要件を欠くというべきであって，有効な利息の債務の弁済とみなすことはできない」とした。また，②判決も同様の理論を採用している。

第5篇　日賦業者の貸付，期限の利益喪失条項と制限超過部分の支払の任意性

　最高裁は，前述の最判平 11・1・21 や最判平 16・2・20 において，貸金業法 43 条のみなし弁済が適用される場合の 17 条書面，18 条書面の必要性や厳格性について肯定しているものの，その内容は，形式的な法定要件の具備にすぎないと解されるよちもあった。書面内容の記載の「正確性」や「明確性」は，従来，かなり多くの下級審裁判例では，当然の前提とされていたと思われるが，それを最高裁として明示したところに意義がある。本件判旨は，書面の記載内容が不正確あるいは不明確な場合には，43 条の適用が制限されるとするものであり，たんに法定の事項が形式的に記載されていればたりるというものではない。

　そこで，従来の最高裁の方式（すなわち「任意性」の実質論には立ち入らず，書面の具備という形式論で，貸金業法 43 条の適用を制限する）ことを超えて，最高裁が，実質論にまで立ち入りつつあることを意味している（その契機は，最判平 16・2・20 である）。最判平 2・1・22 民集 44 巻 1 号 332 頁（貸金業法 43 条 1 項の「利息として任意に支払った」ことにつき，利息の制限超過部分の契約が無効であることの認識を不要とし，その適用の実質的要件を緩く解した）では，法定事項の記載内容についてさえ，事案に則した弾力的な解釈が可能とする調査官解説がみられた（滝澤孝臣・ジュリ 959 号 92 頁，これに対し，小野・利息制限法と公序良俗（1999 年）373 頁，383 頁）。しかし，近時の判例理論によれば，書面内容は，たんに形式的に具備されるだけではなく，実質的にも厳格でなければならない。

　具体的には，借用証書の「契約手渡金額」欄の記載と，実際の手渡金額とが一致しない場合，および借用証書に集金休日の記載がないのに休日が設けられた場合には，書面の記載が不正確なため，また，集金休日に「取引をなさない慣習のある休日」と記載された場合には，不明確なため，それぞれ 17 条書面の要件を満たさないとされた。とくに，最後の場合には，形式的には記載があっても，明確性の要件を満たさないとされたことには意義があろう。この判断は，抽象的な文言で，記載の正確性を代用しようとする抜け道をふさぐことになる。内容的には，リボルビング方式のさいに記載が不可能な場合にも，できるだけ正確な記載を求めた平 17 年 12 月 15 日の判決と同じ考慮を求めたものと位置づけられる。また，物的担保の内容についても，根質権

の設定や保険証券の交付の記載がなく，さらに債務残高の内訳と受領金額の記載にも誤りがあり，それぞれ17条書面と18条書面の交付が不備とされた。

　日掛け金融に特有の問題としては，契約締結時に，返済期間が100日以上でも，返済期間の途中で，貸増しがあり返済期間が100日未満となった場合，および集金のために実際に取り立てた日が，返済期間の日数の100分の70未満であったものも，日掛け金融の特則の要件を満たしていないとして，43条1項の適用を否定した。

　(2)　しかし，残された問題がなくもない。第1に，日賦業者の集金についての100分の70の要件については，当該「集金日」には，集金にいったが返済のない日を含めずに返済期間の100分の70以上とする場合と，返済のない日も含めて返済期間の100分の70以上とする場合とがありうるが，後者でもたりるとしている（原審判断を是認。取立もない場合は不十分である）。出資法の制限（刑罰の適用）を免れるためには，100分の70の計算に，返済のない日を含める計算が可能であっても，貸金業法43条1項の適用を認めるためには，返済のない日を含めないという厳格な計算が必要である。前者については，曖昧さが残るが，罪刑法定主義との関係では，やむをえないと解するよちもある。しかし，貸金業法の適用に関しては，その43条が利息制限法の超過金利を例外的に肯定するものであることからすると，厳格性が必要である。とくに，適用要件が100分の50に緩和された場合をも考慮すると，返済もない日を「集金日」ということには問題がある。

　第2に，超過利息による期限の利益喪失条項についての17条書面の記載事項に関して，「飽くまでも当事者が合意した内容を正確に記載することを要求しているものと解するのが相当であ」るとするにとどまる。厳格性の要件を指摘するが，必ずしも違法とまではいっていない。たんなる一部無効である。もちろん，記載内容が正確でないときや明確でないときには，貸金業法43条1項の規定の適用要件を欠き，有効な利息の債務の弁済とすることはできないとする。最判平18・1・13判決と同様である（以下，V参照）。

　なお，出資法の特例は，ほかに電話金融と質屋でも，同様の高利が認められている（出資法附則12条）。これらの特例には，必ずしも合理性がないから，撤廃するべきものであろう（小野・前掲書（利息）237頁。ちなみに，日弁連も，

2003年7月の「出資法の上限金利の引き下げ等を求める意見書」の中で，撤廃を提言している）。

〔2006年12月の貸金業法等の改正により，日賦業者および電話担保金融の特則規定は廃止されることとなった。貸金業法の本体施行から2年半以内で，みなし弁済制度の廃止と同じ第5次施行部分である。これにつき，第2部2篇参照。〕

V 期限の利益喪失条項の効力

(1) 本件両判決は，期限の利益喪失条項の効力についてふれる。期限の利益喪失条項は，貸金業者によって，高金利を実現するための仕組み金融の一環として利用されており，そこでは，利息制限法内の適法な貸借におけるとは，まったく異なった利用がされていることに注目する必要がある。すなわち，たんなる債務不履行に対する制裁というより，利息制限法の制限を超過する利息を収受するための装置としてである。

従来の例によると，利息制限法の超過利息を徴収する手段としては，第1に，古典的な方法として，弁済の期間をごく短期に設定し借換えを繰りかえさせることにより，利息制限法違反の事実を不明にする方法があったが，これは，貸金業法17条，18条書面の具備が必要となることにより封じられた。その後，第2に，借換え時に「任意」弁済させ，超過利息を元本に組み入れる方法と，借換え時に天引する方法が用いられてきた。これらは，一連の取引に関する最判平15・7・18民集57巻7号895頁ほか2判決と，天引を制限する最判平16・2・20民集58巻2号475頁ほか1判決によって封じられた。また，この最判平15・7・18は，第3の方法として金融業者が保証料の名目で実質的な利息をとることをも制限した。

これらが，無事故のさいの高利の実現方法であるとすれば，期限の利益喪失条項は，債務不履行という事故の形式を利用して高利を実現しようとするものである。この場合には，一面において，債務者に対して，利息制限法の制限を超過する利息の支払を請求して，弁済があれば，「任意」弁済として，貸金業法43条1項の適用を主張でき，他面において，弁済がなければ，利息制限法の超過利息についても，遅延損害金として（その範囲で）利息制限法4

条1項の1.46倍の利息を合法化できる手段とされている。出資法の制限利率がしだいに低減化した結果（29.2％）、元本10万円未満の遅延損害金の利率は、同じ29.2％となるから、貸金業法43条の要件を満たすことなく、利息制限法1条1項を超える利率を合法化できるのである。つまり、期限の利益喪失条項は、それが発動されても、発動されなくても、高利を実現する手段となるのである。

このような事故の形式が注目されるのは、無事故の方式が、貸金業法43条の厳格解釈、あるいは仕組み金融における天引きが制限されたことと関係している（前掲最判平16・2・20）。利息制限法の超過利息の徴収は多様な方法で行われるから、事故の形式にかかわらず、機能的に対応することが必要である（これらにつき、小野・判評519号2頁（判時1776号172頁）、520号2頁（判時1779号164頁）参照）。期限の利益喪失条項は、高利の損害金請求の入口にすぎない。

(2)　期限の利益喪失条項については、すでに、前掲最判平18・1・13金判1233号10頁、最判平18・1・19裁時1404号71頁がある。前者は第2小法廷、後者は第1小法廷の判決であり、本件②判決は、第3小法廷であることから、これで期限の利益喪失条項に関して、3つの小法廷の見解が出揃うことになった（ただし、他の1月の2判決は、「期限の利益喪失特約」という）。

もっとも、これらの詳細な内容は必ずしも同一ではない。②判決は、1月13日の第2小法廷判決の文言に近く、期限の利益喪失条項がその文言どおりの効力を有するとすれば、支払期日に制限超過部分を含む約定利息の支払を怠った場合には、期限の利益を当然に喪失し、残元本全額および経過利息を直ちに一括して支払う義務をおうことになるが、このような不利益を避けるために、本来は利息制限法1条1項によって支払義務を負わない制限超過部分の支払を強制することとなることを指摘する。そして、期限の利益喪失条項のうち、制限超過部分の利息の支払を怠った場合に期限の利益を喪失するとする部分は、利息制限法1条1項の趣旨に反して無効であり、債務者が、支払期日に約定の元本および利息の制限額を支払いさえすれば、期限の利益を喪失することはないとする。

そして、本件の期限の利益喪失条項は、一部無効であって、制限超過部分

の支払を怠ったとしても期限の利益を喪失することはないが，この条項の存在は，通常，債務者に対し，支払期日に約定の元本および制限超過部分を含む約定利息を支払わない限り，期限の利益を喪失し，残元本全額および経過利息を直ちに一括して支払う義務を負うことになるとの誤解を与え，その結果，このような不利益を回避するために，制限超過部分を支払うことを債務者に事実上強制することになるとし，本件期限の利益喪失条項の下で，債務者が，利息として，制限超過部分を支払った場合には，債務者が自己の自由な意思によって支払ったものということはできないとした。任意性を否定することによって，貸金業法43条1項の適用を否定したのである。任意性の判断は，条項の文言解釈のかぎりであり，任意性が認められるには「特段の事情」が必要とするのみである。

しかし，1月19日の第1小法廷判決は，より積極的である。すなわち，貸金業法43条1項の適用に当たっては，「制限超過部分の支払の任意性の要件は，明確に認められることが必要である。法21条1項に規定された行為は，貸金業者として最低限度行ってはならない態様の取立て行為を罰則により禁止したものであって，貸金業者が同項に違反していないからといって，それだけで直ちに債務者がした制限超過部分の支払の任意性が認められるものではない」とする。書面についてだけではなく，任意性についても，厳格な認定が必要とする。また，「債務者が制限超過部分を自己の自由な意思によって支払ったか否かは，金銭消費貸借契約証書や貸付契約説明書の文言，契約締結及び督促の際の貸金業者の債務者に対する説明内容などの具体的事情に基づき，総合的に判断されるべきである」とした。

すなわち，任意性は，弁済時の態様に関してだけではなく，締約や督促時の口頭の説明によっても影響されるのである。もっとも，本件②判決は，文言上，1月13日判決に近いが，時間的関係から，内容的には，この1月19日判決をも前提にすることはいうまでもない。

(3) 従来，最高裁には，貸金業法43条の適用に関し，形式的理由に厚く（平11年判決），任意性による実質的理由には薄い（平2年判決）との傾向があった。しかし，期限の利益喪失条項についての構造は，たんなる形式を超えるものである。一方で，期限の利益喪失条項が，利息制限法1条に違反す

る部分については無効とし，しかし，この一部無効の合意が記載されていることは，17条書面の形式要件には反しないとし，他方で，そのような期限の利益喪失条項が，事実上支払を強制することになるとして，その任意性を否定したのである。

　形式を重視する方法によれば，17条書面の内容の明確性や正確性を追求することによっても，貸金業法43条1項の適用を防止することは可能だともいえる。最高裁がこの方法によらずに，貸金業法同条の本丸というべき任意性に踏み込んだことに，従来の形式を重視する思考からの転換をみることができる。任意性の重視は，すでに，前掲最判平11・2・20（とくに滝井補足意見）にもみられた。こうして，3つの小法廷が，任意性の判断に踏み込んだ点からみると，平2年判決の実質的な判例変更とみることもできるのである。

　なお，超過利息による期限の利益喪失条項による支払の任意性の否定については，上田豊三裁判官の〔実質的な反対〕意見がある（②判決）。見方によっては，①②判決の平2年判決との整合性とともに検討するべき課題が残されている（とくに判例変更とみない場合）。判例の安定性のうえからも，大法廷判決が望まれる（実質的判例変更とみる場合）。

Ⅵ　残された問題

　なお残された課題もある。本件の期限の利益喪失条項に関する判断も，継続的な支払については，必ずしも十分とはいえない。判決は，制限利息を支払えば期限の利益は喪失しないとして特約を一部無効としているが，複数回の超過利息のうち支払を初めて怠った場合の判断にすぎない。

　これに反し，たとえば，過去に10回，超過利息を支払っており，11回目に，支払が遅れたといった場合には，すでに支払った超過利息の範囲内では，債務不履行は生じないと解される（最判平15・7・18民集57巻7号895頁参照。同判決は，一連の取引において，超過利息がつぎの取引に充当されていく場合であるが，一連の返済にも同様の関係がある）。先行する利息の支払が制限を超えた場合には，すでに一部無効であり，元本に充当されうるからである。債務不履行は，外見にすぎず，超過利息が充当されれば，当該の不履行自体が存在しないのである。

また，貸主が，些細な不履行や計算違いに藉口して，残金全額の期限の利益喪失を主張することは信義則に反することがあろう。さらに，不履行があっても，一括返済を催告せず，長期間，損害金の名目で分割させた場合には，制限超過利息をとる隠れ蓑にすぎないというべきであろう。特別法や外国法で指摘されるように，期限の利益喪失は，債務者の権利ともいえる利益を奪うものであるから，債務全体の残額とのバランスや不履行の態様を考慮することが必要となる（期限の利益の存続と，遅延損害金の制限）。

たとえば，貸金契約と同様の信用供与契約である割賦販売法は，消費者保護の観点から，分割払い契約の解除による残債務の一括請求にさいし，20日以上の相当な期間を定めた書面による未払い金の催告を求め，また損害金の利率を法定利率による遅延損害金に制限している（5条，6条。なお，消費者契約法9条をも参照）。さらに，最近の立法例を参照すると，2002年1月1日から施行されたドイツ民法典債務法現代化法においては，消費貸借の条文の中に，「消費者消費貸借」に関する独立した項目がおかれ，期限の利益喪失約款が制限されている。すなわち，少なくとも2回連続して支払額の10％を超える額を遅滞することを要し，また，貸主は，期限の利益喪失の意思表示をするには，2週間の催告期間をおかなければならない（498条）。そして，消費者消費貸借による支払では，遅延利息も制限され，法定利率を修正する基礎利率（半年ごとの変動金利であり，2002年には3・62％，その後低減し，06年1月から，1.37％，7月から1.95％）に5％を加えた額が上限とされる（497条1項，288条1項，247条。小野「利息制限法と消費者問題のあり方」消費者法ニュース52号135頁参照。ちなみに，ドイツではゼロ金利や超低金利政策がとられているわけではないから，変動金利といっても，わがくにと比較するとかなり高めの数字となっている）。

第6篇　第1の貸付けに対して過払金が発生し，その後，第2の貸付けに係る債務が発生した場合と，過払金の同債務への充当
(最判平19・2・13民集61巻1号182頁)

I　事実の概要

(1)　貸金業法3条所定の登録を受けた貸金業者であるYは，平成5年3月，Xに対し，年利40.004％，支払日を同年5月末日として300万円を貸し付けた（「第1貸付け」）。同年5月末日ごろ，X・Yは，この貸付けについて，元本の弁済期を期限の定めのないものとする旨合意した。Xは，同年4月から平成15年12月までの間，Yに対し，第1貸付け債務の弁済を繰り返した結果，利息の制限額を超えて利息として支払われた部分を元本に充当すると，平成8年10月以後，過払金が発生した。

YはXに対し，平成10年8月にも，年利40.004％，支払日を同年9月27日として100万円を貸し付けた（「第2貸付け」）。第2貸付けについても，X・Yは，同年9月27日ごろ，元本の弁済期を期限の定めのないものとする旨合意した。Xは，Yに対し，第2貸付けに係る債務の弁済として弁済を繰り返した。YとXとの間には，継続的に貸付けが繰り返されることを予定した基本契約は締結されていない。

(2)　XはYに対し，この2回の貸付けに係る債務の弁済金のうち利息制限法1条1項所定の利息の制限額を超えて利息として支払われた部分を元本に充当すると過払金が発生しているとして，不当利得返還請求権に基づき，過払金416万円余とこれに対する商事法定利率年6分の割合による民法704条前段所定の利息の支払を求めた。

他方，Yは反訴を提起し，Xに対し，各貸付けに係る債務の弁済には，貸金業法43条1項の規定が適用され，利息の制限額を超える部分の支払も有効な利息の債務の弁済とみなされるとして，各貸付けの残元本合計393万円とこれに対する遅延損害金の支払を求めた。

(3)　原審は，以下の理由で，Xの請求を認容した。

第6篇　第1の貸付けに対して過払金が発生し，その後，第2の貸付けに係る債務が発生した場合と，過払金の同債務への充当

①　各貸付けに係る債務の各弁済に当たって貸金業法18条1項所定の要件を具備した書面がXに交付されていないので，各弁済については，同法43条1項の規定の適用要件を欠く。

②　同一の貸主から複数の貸付けを受ける借主としては，基本契約に基づき継続的に貸付けが繰り返される場合でなくても，過払金を考慮して全体として借入総額が減少することを望み，複数の権利関係が発生するような事態が生ずることは望まないのが通常の合理的意思であると考えられ，過払金が発生した後に別口の借入金が発生したときであっても，その別口の借入金の弁済に過払金を充当する意思を有していると推認するのが相当であるから，YとXとの間で基本契約が締結されておらず，本件第1貸付けについて過払金が発生した平成8年10月31日の後に，第2貸付けに係る債務が発生したものであるとしても，第1貸付けについての過払金は，第2貸付けに係る債務に当然に充当される。

③　各貸付けに係る債務についての過払金は，Yの不当利得となり，Yは，過払金が発生した時点から民法704条の悪意の受益者というべきである。

④　過払金の返還債務は，実質的に，Yの商行為によって生じた債務というべきであり，また，Yが，過払金を営業のために使用し，収益を上げているのは明らかであるから，Yが上記債務に付すべき民法704条前段所定の利息の利率は，商事法定利率の年6分と解するべきである。

Ⅱ　判　旨
Yの上告受理申立に対し，最高裁第三小法廷は，Ⅰ(3)②，④につき，原判決を破棄。

「貸主と借主との間で基本契約が締結されていない場合において，第1の貸付けに係る債務の各弁済金のうち利息の制限額を超えて利息として支払われた部分を元本に充当すると過払金が発生し（以下，この過払金を「第1貸付け過払金」という。），その後，同一の貸主と借主との間に第2の貸付けに係る債務が発生したときには，その貸主と借主との間で，基本契約が締結されているのと同様の貸付けが繰り返されており，第1の貸付けの際にも第2の貸付けが想定されていたとか，その貸主と借主との間に第1貸付け過払金の充当

に関する特約が存在するなどの特段の事情のない限り、第1貸付け過払金は、第1の貸付けに係る債務の各弁済が第2の貸付けの前にされたものであるか否かにかかわらず、第2の貸付けに係る債務には充当されないと解するのが相当である。なぜなら、そのような特段の事情のない限り、第2の貸付けの前に、借主が、第1貸付け過払金を充当すべき債務として第2の貸付けに係る債務を指定するということは通常は考えられないし、第2の貸付けの以後であっても、第1貸付け過払金の存在を知った借主は、不当利得としてその返還を求めたり、第1貸付け過払金の返還請求権と第2の貸付けに係る債権とを相殺する可能性があるのであり、当然に借主が第1貸付け過払金を充当すべき債務として第2の貸付けに係る債務を指定したものと推認することはできないからである」。

「商行為である貸付けに係る債務の弁済金のうち利息の制限額を超えて利息として支払われた部分を元本に充当することにより発生する過払金を不当利得として返還する場合において、悪意の受益者が付すべき民法704条前段所定の利息の利率は、民法所定の年5分と解するのが相当である。なぜなら、商法514条の適用又は類推適用されるべき債権は、商行為によって生じたもの又はこれに準ずるものでなければならないところ、上記過払金についての不当利得返還請求権は、高利を制限して借主を保護する目的で設けられた利息制限法の規定によって発生する債権であって、営利性を考慮すべき債権ではないので、商行為によって生じたもの又はこれに準ずるものと解することはできないからである。」そして、本件において、原判決は、上記特段の事情の有無について判断していないとして、前記特段の事情の有無等につき更に審理を尽くさせるため、本件を原審に差し戻した。

Ⅲ 弁済法理の進展

(1) 最高裁は、この数年の一連の判決において、貸金業法43条1項の、いわゆるみなし弁済規定を厳格に解する方向性を打ち出し、その結果、2006年12月には、貸金業法の改正が行われ、みなし弁済規定の廃止が予定されることとなった。

最高裁は、まず、2003年の3つの判決において、従来下級審において争い

第6篇　第1の貸付けに対して過払金が発生し，その後，第2の貸付けに係る債務が発生した場合と，過払金の同債務への充当

のあった商工ローンの保証会社に対する信用保証料などのみなし利息と仕組み金融における充当に関する判断を行った（最高裁第2小法廷判決平15・7・18民集57巻7号895頁，第1小法廷判決平15・9・11金判1188号13頁，第3小法廷判決平15・9・16金判1188号20頁）。

また，2004年2月の2つの判決において（最高裁第2小法廷判決平16・2・20民集58巻2号475頁，金判1188号2頁，最高裁第2小法廷平16・2・20金判1188号10頁），貸金業者との間の金銭消費貸借上の約定に基づき利息の天引がされた場合における天引利息については，貸金業法43条1項の規定の適用はないこと，および貸金業法43条の適用要件に関する新たな判断を行った。さらに，最判平16・7・9判時1870号12頁の判決においても，これが確認された。

そして，充当に関するものではないが，最判平17・7・19民集59巻6号1783頁は，貸金業者の取引履歴開示義務に関して，債務者からの開示請求と不法行為責任（精神的損害と損害賠償）の成立を肯定した（同旨，最判平18・3・9判例集未登載。小野・金判1230号64頁，同・国際商事法務34巻6号765頁をも参照）。最判平17・12・15民集59巻10号2899頁は，リボルビング払いの際にも書面の厳格性を求めた。

2006年になってからは，期限の利益喪失約款に関する最判平18・1・13金判1233号10頁，最判平18・1・19判時1926号23頁，最判平18・1・24判時1926号36頁があり，支払の遅滞によって期限の利益を喪失する旨の特約は，支払義務をおわない超過部分の支払をも事実上強制することになり，超過部分に関しては無効になるとした（なお，最判平18・3・30判例集未登載も同旨）。また，日賦業者の貸付につき，貸金業法43条の適用要件も厳格に解するものとする最判平18・1・24民集60巻1号319頁，仮装売買による高金利を制限した最判平18・2・7民集60巻2号480頁，特別上告を認めた最判平18・3・17判時1937号87頁などがある。これら一連の判決は，貸金業法43条の制限解釈と充当法理の厳格適用を中心として展開している。充当理論を潜脱するために，次々に新たな仕組み金融が考案され，判例は，穴をふさぐ役を果たしてきたからである。

(2)　これに対し，本件の2月13日第3小法廷判決（以下，2月13日判決と

いう）は，充当法理の適用を限定する異例な判断を示した。これにより，最高裁の動向が変化したのかどうかにつき，実務的に重大な関心が寄せられている。

Ⅳ　2月13日判決の特異性

(1)　2月13日判決は，貸主と借主の間で基本契約が締結されていない事例において，第1貸付の債務が過払いになった後に，同一の貸主と借主の間で，第2貸付から債務が発生したときに，第1貸付の過払金は，第1貸付にかかる債務の弁済が第2貸付の前にされたかどうかにかかわらず，第2貸付にかかる債務に充当されないものとした。

一審（鳥取地判米子支判平17・9・26）も，第1貸付の過払い金が，第2貸付の債務に充当されないものとしたが，原審（広島高松江支判平18・3・31）は，基本契約が締結されていない場合でも，第1貸付の過払い金が，第2貸付の債務に充当されるとしたのである。

2月13日判決は，一般的には，別口債権にも過払い金の充当の可能性を認めたものであるが（特段の事情），このこと自体は，さほど目新しいものではない。最判昭43・10・29民集22巻10号225頁，最判昭43・11・13民集22巻12号2526頁（後者は充当するべき債務が存在しない場合の不当利得返還請求を肯定）は，早くにこの理を認め，近くは，前掲最判平15・7・18も，それを前提としている。

(2)　しかし，充当されるべき場合は，①基本契約が締結されているのと同様の貸付が繰り返されており，第1貸付のさいにも第2貸付が想定されていた場合，あるいは②貸主と借主の間に第1貸付過払い金の充当に関する特約が存在するなど，「特段の事情」がある場合とされている。他方，最判昭39・11・18民集18巻9号1868頁の大法廷判決においては，利息制限法超過債務の当然無効が述べられている。超過部分の債務は存在しないから，充当の指定は不要であり，意思表示を待たずに当然に充当が行われる。すなわち，充当についての借主の意思は不要なはずであり，充当に関する当事者の意思をもちだすことは，矛盾である（茆原正道「最高裁第3小法廷平成19年2月13日判決批判」消費者法ニュース71号64頁）。

第6篇 第1の貸付けに対して過払金が発生し，その後，第2の貸付けに係る債務が発生した場合と，過払金の同債務への充当

　これに対し，充当に関する最高裁判決がすでに過去のものであるとの理由で，2月13日判決を評価するむきもある（宮本幸治「判批」法時79巻123頁）。しかし，第3小法廷判決が，最高裁の大法廷判決を変更したとみるのは，矛盾であり，充当法理による利息制限法1項の貫徹は，現在でも指導原理とみるべきである。

　2月13日判決は，「その貸主と借主との間に第1貸付け過払金の充当に関する特約が存在するなどの特段の事情のない限り」充当がないとする。しかし，貸主と借主の契約締結時の力関係を考えれば，このような特約はありえず，まったく空虚な理由というべきである。

　充当に関して当事者の意思に言及する構成は，前掲最判平15・7・18に由来する。同判決は，充当に関して，借主の充当の意思にもふれている。そして，同判決に関する調査官解説（中村也寸志・判解民平15年度（下）448頁，466頁）は，充当が認められるかどうかを，借主の充当指定についての意思解釈の問題とした。しかし，同判決は，貸付（手形による）ごとに支払う借主の意思を否定して，借主が総債務の減少を望むものであるとの関係で言及したにすぎず，充当に借主の意思が必要と限定したわけではない（茆原・前掲論文75頁）。したがって，当事者の具体的な指定が必要なわけではないから，充当が行われる理由として2月13日判決がいう「第2の貸付けの前に，借主が，第1貸付け過払金を充当すべき債務として第2の貸付けに係る債務を指定するということは通常は考えられない」とする部分は，ほとんど理由たらない。

　また，もう1つの理由である「第2の貸付けの以後であっても，第1貸付け過払金の存在を知った借主は，不当利得としてその返還を求めたり，第1貸付け過払金の返還請求権と第2の貸付けに係る債権とを相殺する可能性がある」という部分にも問題がある。たしかに，過払金が発生した後，新たな貸付に対して充当を認めなければ，借主は不当利得返還請求権をもって相殺するほかはない。しかし，超過利息の清算に，第一義的に充当が行われることは，前掲最判昭39・11・18が示したとおりであり，前掲最判昭43・11・13は，不当利得返還請求権を肯定した判決であるが，これは，充当するべき元本がない場合の措置である（別口債務への充当は，前掲最判昭43・10・29）。すなわち，相殺は，二次的な救済にすぎず，その可能性があるからといって，充

355

当を否定する理由にはならない。重大な先例違反というべきである。また, 実質的にみても, 充当は, 法律関係の簡便に資するし, 不当利得返還請求権のように時効により消滅することもない。そこで, 前掲最判平 15・7・18 判決も, 借主が複数の権利発生を望まないとして, 充当を認めているのである。付随的には, 借主の取得する不当利得返還請求権には, たかだか法定利率による遅延損害金が付されるにすぎないのに反し, 貸主の貸付金にははるかに高利な利率が適用されるとの不公平も指摘できる。さらに, 最判平 15・7・18 は, 債権者に約定期限まで利息を取る権利を認めなかったから, 相殺まで充当されないことは, 期間の利益を認めることになり, この点も, 変更となる。

(3) 2月13日判決は, あたかも最判平 15・7・18 を踏襲するかの表現をしながら, その実, これを踏み違える判断をしている。上述の特段の事情や相殺の理由づけだけではなく,「基本契約」への言及も同様である (竹内俊雄・判批・金判 1266 号 13 頁は, 2 月 13 日判決を基本契約がない場合に関するものとするが, 充当は認めるべしとする)。すなわち, 最判平 15・7・18 も,「基本契約」がある場合の充当を述べている。しかし, 最判平 15・7・18 が基本契約のある事案の事例判決の形式をとっているのは, 充当のための要件を定式化することにより, そこからの潜脱の口実を作らせないためである。「基本契約」は, 事例として言及しただけで, これが不可欠の要件となっていたわけではないのである。

これに対し, 種々の疑問を包含する 2 月判決は, 類似の事例がないとの意味での事例判決と解するべきであろう。

V 6月判決との整合性

(1) 他方, 最高裁第 1 小法廷は, 6 月 7 日の判決において (6 月 7 日判決という), いわゆるカードローンの基本契約が, 同契約に基づく借入金債務につき利息制限法所定の制限を超える利息の弁済により過払金が発生した場合には, 他の借入金債務が存在しなければこれをその後に発生する新たな借入金債務に充当する旨の合意を含んでいるものと解するのが相当とした。

6月7日判決は, 最判平 15・7・8 民集 57 巻 7 号 895 頁, 同 15・9・11 裁判集民 210 号 617 頁を引用して, 過払い金が発生しても, その当時他の借り

第6篇　第1の貸付けに対して過払金が発生し，その後，第2の貸付けに係る債務が発生した場合と，過払金の同債務への充当

入れ金債務が存在しなかった場合には，その後に発生した新たな借入金債務に当然に充当されることはないとしながら，この場合でも，少なくとも当事者間に過払い金を新たな借入金債務に充当する旨の合意が存在するときには，その合意に従った充当がされるとし，当該の事案について，「基本契約に基づく債務の弁済は，各貸付けごとに個別的な対応関係をもって行われることが予定されているものではなく，本件各基本契約に基づく借入金の全体に対して行われるものと解されるのであり，充当の対象となるのはこのような全体としての借入金債務であると解する」として，この場合は「充当する旨の合意を含んでいる」と解したのである。

　平15年判決では充当が原則であり，6月7日判決でも，新たな借入金は，契約の構造上，充当される合意が包含されており，つまり充当が原則なのである。これに対して，2月13日判決は，特段の事情のないかぎり，充当されないというのである。

　(2)　2月13日判決と6月7日判決の2者を矛盾なく解することはむずかしい。第1に，形式的な解釈としては，2月13日判決は，基本契約が存在しない場合を，6月17日判決は，基本契約が存在する場合を対象とするとするものがあろう。しかし，基本契約の存在にそのような重大な意義をもたせることは，継続的に行われる消費者金融の実態にそぐわないであろう。6月7日判決のいう「債務の弁済は，各貸付けごとに個別的な対応関係をもって行われることが予定されているものではなく，本件各基本契約に基づく借入金の全体に対して行われる」のが，基本契約の有無によらず，むしろ通常である。また，2月13日判決も，必ずしもつねに基本契約が必要といっているわけではなく，「基本契約が締結されているのと同様の貸付が繰り返されており，第1の貸付のさいに，第2の貸付が想定されていた」場合も，充当がありうるとする。もっとも，その位置づけは問題であり，基本契約などなくても，むしろこれが通常とみるべきなのである。基本契約は，たんに貸付の便宜や機械を利用するための技術的要請（顧客管理のための）にもとづくにすぎない。

　また，その後の，第1小法廷の7月19日判決は，同一の貸主と借主の間で基本契約に基づかずに切替え及び貸増しとしてされた多数回の貸付けに係る金銭消費貸借契約が，利息制限法所定の制限を超える利息の弁済により発生

した過払金をその後に発生する新たな借入金債務に充当する旨の合意を含むものと解した。基本契約の存在は決定的な理由たりえない。

　第2の解釈としては，6月判決は，2月判決のいう特段の事情がある場合をいうとするものである。しかし，6月判決は，弁済が，借入金全体に対して行われる場合の充当をいい，内容的にはむしろ広い。そこで，第3の解釈として，6月判決こそが，判例の本流をなし，平15年判決をうけるものだとするものがありうる。私見は，第3の解釈こそが，最高裁の立場と解する。充当法理は，決して過去のものではない。判決でしばしば登場する当事者の合意は，契約締結時に一方的に押しつけられる（あるいは逆に，存在不能な顧客に有利な）個別具体的な合意を指すのではなく，借入金全体に対して行われる合理的な解釈上の充当を指し，6月7日判決は，それを明らかにしているのである。

　このような複数貸付の全体評価の観点は，すでに2006年12月13日成立（同20日公布）の利息制限法にもみられる。その5条によれば，同一当事者間の金銭消費貸借においての複数貸付があったときには，それらの残元本と新元本の合計額，同時に複数貸付があったときにはそれら元本の合計額を元本として利息発生の元本とすることが規定された。貸付個数を分断する潜脱を許さないことと同時に，基本契約があるか否かに関係なく，個別か否かも関係なく，そのときにある総元本を基本とすることが明文化された（第5次施行部分）。

　また，同じ改正法（貸金業法）による過剰貸付制限のための総量規制の導入も参考となろう。貸金業者は，借主の返済能力の調査を義務づけられ，個人が借主の場合には，指定信用情報機関の信用情報の使用を義務づけられる。また，一定額以上の貸付も禁止される（貸金業法［第5次施行部分］13条）。改正前の旧13条（過剰貸付の禁止）は，たんなる抽象的な義務を定めたにすぎず，必ずしも十分ではなかったからである。

　そして，①自社からの借入残高が50万円超となる貸付け，または②総借入残高が100万円超となる貸付けの場合には，年収等の資料（源泉徴収票等）の取得が義務づけられる。返済能力の調査を具体化するものである。また，調査の結果，総借入残高が年収の3分の1を超える貸付けなど，返済能力を超

えた貸付けが禁止される。

　なお，第1の解釈による場合には，基本契約が複数ある場合にどう充当されるのか疑問となるし，弁済に関して，契約の分断を認めるべきではない。分断の解釈は，結局，利息制限法の潜脱の方法の1つとなることに注目する必要があろう。

　さらに，郵便局や銀行の名寄せも参考となろう。それらは，預け入れ制限や預金保険との関係にすぎないが，弁済という基本的な財産関係においても，貸付が分断されることはアンバランスである。また，技術的な困難が理由たりえない証左ともなる。

　(3)　第三小法廷の立場は，かなり特異である。他の小法廷との整合性を実現するために，最高裁は大法廷により判例を統一するべきであろう。利息制限法に関する最判平43・11・13以来，この分野では，大法廷が開かれていない。前掲の最判平15・7・18民集57巻7号895頁，判時1834号3頁，平成15年9月11日判時1841号95頁，最判平15・9・16判時1841号100頁の一連の取引に関する判決，および前掲の最判平18・1・13民集60巻1号1頁，判時1926号17頁，最判平18・1・19判時1926号23頁，最判平18・1・24判時1926号36頁の期限の利益喪失約款に関する判決は，いずれも3つの小法廷の判決が一致しているにすぎない（後者では，第三小法廷の上田豊三裁判官のみ〔実質的に反対〕意見）。判例の安定性が期待されるところである。

VI　法定利率

　2月判決は，また，商行為である貸付けに対する弁済金のうち利息制限法の制限超過利息を元本に充当することにより生ずる過払金を返還する場合に，悪意の受益者が付すべき民法704条前段の利息の利率を年5分とした。形式的に，不当利得返還請求権が法定の債権であるとの理由によるべきではない。契約の一部無効のさいの不当利得は，いわゆる給付利得であり，有効な契約の規範目的にそくして清算されるべきであり，利息制限法が適用された場合にもっとも近い解決が図られなければならない。受益者の利得は利息を付して全額返還されるのは当然である（我妻栄・債権各論 V_3（1972年）1110頁は，利得者が目的物を営業に使用して収益をあげた場合には，商事法定利率6分とし，

第 2 部　金利と利息制限

「商人とりわけ銀行が金銭によって利得した場合などには，そうすべきである」とする。貸金業者については，いっそうあてはまろう）。

　また，この場合の法定利率の範囲が問題となる。給付利得が本来の契約の清算であることの趣旨からすれば，高利の貸付利率を清算するためには，返還関係にも利息制限法が適用されるのと同じ効果が求められる（とりわけ充当を制限する場合には，高利の貸付利率と釣り合う構成が求められよう。民事法定利率 5 分ではなく，商事法定利率 6 分をとる必要がある（これでも貸付利率とのアンバランスは残る。加藤雅信「財産法の体系と不当利得法の構造」(1986 年) 423 頁は，時効と利率の問題を共通とし，商事時効説による。竹内・前掲 14 頁は，商行為たる金銭消費貸借から派生的に生じたことから，商法 514 条を類推適用するとする）。

　また，返還請求権の時効につき，10 年の民事時効が適用されることも（最判昭 55・1・24 民集 34 巻 1 号 61 頁），利息制限法の強行法規性から導かれる。類型論は，たんに契約関係を清算関係にもそのまま適用するものではなく，規範的適用に従ったものでなければならない。法定利率と時効は，方向性が異なるから，清算関係にも，利息制限法の規範的適用をすれば，商事利率を適用することは，民事時効を適用することと矛盾するわけではなく，類型論的帰結といえるのである。

　なお，法定利息を付することについては，最高裁第 2 小法廷の 7 月 13 日の 2 判決および 7 月 17 日の判決（①最判平成 19 年 7 月 13 日　平成 18（受）276，②最判平成 19 年 7 月 13 日平成 17（受）1970，③最決平成 19 年 7 月 17 日　平成 18（受）1666（判時 1984 号 26 頁））がある。これらについては，立ち入りえない。

第7篇　貸金業者の制限超過利息の請求と不法行為の成立・慰謝料
（札幌高裁平19・4・26 判時1976号60頁）

I　事実の概要

Xは，昭62年6月から，貸金業者であるYとの間で，継続的な金銭消費貸借契約を締結したうえ，金銭を借り，約定の利息を支払ってきた。利息が利息制限法所定の制限を超過し，借入元本に充当すると過払金が発生することから，Yに対して，不当利得にもとづいてその過払金304万4050円と確定利息金2万4185円の支払を請求した（過払利息を商事法定利率年6分の割合で計算）。

一審は，過払金280万0467円と確定利息金1万0016円の請求を認容した。そこで，XとYの双方が，これを不服として控訴した。また，Xは，控訴審において，請求を拡張し，704条後段にもとづき過払金返還訴訟にかかる弁護士費用30万円を同条後段の損害として，不法行為にもとづく損害賠償として慰謝料15万円および弁護士費用5万円，ならびにこれらの合計50万円に対する受益の日ないし不法行為の後である平18年2月25日から支払済みまで年5分の割合による遅延損害金の支払を請求した。

II　判　旨

① 「(2)Yは，悪意の受益者であることを争っている。しかしながら，Yは，貸金業の登録をして営業をしている者である。したがって，利息について利息制限法所定の制限があること，貸金業法43条1項の要件を備えることにより例外的に利息制限法所定の制限を超える利率による利息を受領することが許されることなどの法的知識は当然に有しているというべきである。本件において，Yは貸金業法43条1項の要件を具備していたことについて何らの主張・立証をしない。これによれば，Yは利息制限法所定の制限を超える利率による利息を受領することについて，これが不当利得を構成することを知りつつ受領したと推認すべきであるから，Yは悪意の受益者というべきである。

したがって，Yは不当利得が生じた日からXに対して利息を支払う義務を負う。

(3) Xは，悪意の受益者の支払うべき利息の利率については，商事法定利率の年6分の割合によるべきであると主張する。しかし，商法514条の適用又は類推適用されるべき債権は，商行為によって生じたもの又はこれに準ずるものでなければならないところ，XとYとの間で生じる不当利得返還請求権は，高利を制限して借主を保護する目的で設けられた利息制限法の規定によって発生する債権であって，営利性を考慮すべき債権ではないので，商行為によって生じたもの又はこれに準ずるものと解することはできないから，利息の利率については，民法所定の年5分の割合によるべきである（最高裁判所平成19年2月13日第三小法廷判決参照）」。

② 「2 民法704条後段に基づく請求

Yが，Xが利息制限法所定の制限を超える利率でYに支払った利息について，その元本充当，元本債務消滅後の支払分の返還に容易に応じないことは，本訴におけるYの訴訟追行の態度から明らかであり，そのために，Xは弁護士に委任して本訴を提起せざるを得なかったというべきであるから，Xの弁護士費用は民法704条後段所定の損害に当たると解するのが相当である。そして，Xが過払金返還請求のために弁護士に委任して本訴を提起したことは，当裁判所に顕著であるところ，Xの過払金額その他本件における諸事情を考慮すると，Yの不当利得と相当因果関係にある弁護士費用は30万円であると認めるのが相当である」。

③ 「Yは，Xから受領する利息制限法所定の制限を超える利率による利息は不当利得を構成するものであることを知っていたというべきであるところ，弁論の全趣旨によれば，Yは，充当計算をせずにXに対して利息及び元本の支払請求をし，Xはその請求が正しいものとして，これに応じてYに返済を続けてきたことが認められる。Yの上記のような請求は，充当計算の結果元本がなくなるまでは，その一部は存在しない債務に係るものであり，元本がなくなった後は，その全部が存在しない債務に係るものであるから，架空請求として不法行為を構成すると解するのが相当である（Yが主張するように，貸金業者がグレーゾーン金利で営業することを監督官庁が容認しているとしても，

私法上の違法性を阻却するものではない。)。なお，上記のようなYの請求は，Yが充当計算をしていなかったとしても，少なくとも債務の一部はないことを，そして場合によっては元本がなくなっていることを知りつつなされたものであるから，Yは架空請求になることを知っていたものというべきである。

　XがYによる上記請求を受け，請求額全額を支払わなければならないと誤信し，そのために苦しい生活を強いられたことは容易に想像され，そのために精神的苦痛を被ったと認められる。そして，Xが昭和62年7月から平成17年9月まで弁済を強いられ，しかも，充当計算の結果，原判決別紙裁判所計算表（被告CFJ）のとおり平成3年5月以降は元本がなかったことなどを考慮すると，Xの精神的苦痛に対する慰謝料は15万円を下ることはないものと認められる」。

Ⅲ　本判決の意義，過払金返還のさいの受益の態様

　1　(1)　本判決は，①利息制限法超過利息の支払を請求し，弁済をうけた貸金業者Yが悪意の受益者であり，過払金につき法定利率の利息を付して返還するべきこと，②Xが過払金返還請求のために弁護士に委任して訴を提起せざるをえなかったことから，この弁護士費用が，民法704条後段の損害に当たること，③Yの利息制限法所定の制限を超える利息の請求は，架空請求として不法行為を構成するとし，架空請求をうけて苦しんだXに慰謝料請求が可能なこと，を肯定した。

　とりわけ③は，貸金業者の利息制限法の制限を超過する利息の支払請求を架空請求として不法行為の成立を認め，債務者からの慰謝料請求と弁護士費用の請求を認めたことから注目を集めた（判時1976号61頁コメント参照）。実務上大きな影響をもつ判決であるが，Yが上告しなかったのは敗訴した場合の影響を慮ったためと考えられる。数年来，多発している振込詐欺による架空請求とまったく同列に論じるべきかには検討のよちもあるが，後述の取引履歴の開示に関する判決においては，不開示が違法な請求を助長するものとされ，不開示そのものが不法行為ととらえられたのである。

　(2)　利息制限法の超過利息を請求し受領した貸金業者が悪意の受益者にあたるかについては，すでに多くの下級審判決がこれを肯定し，本判決の直前

に，第三小法廷による最判平19・2・13民集61巻1号182頁も，これを肯定した（また，①最判平成19年7月13日・平成18（受）276，②最判平成19年7月13日・平成17（受）1970，③最決平成19年7月17日・平成18（受）1666（判時1984号26頁）がある）。

　この①判決によれば「金銭を目的とする消費貸借において制限利率を超過する利息の契約は，その超過部分につき無効であって，この理は，貸金業者についても同様であるところ，貸金業者については，貸金業法43条1項が適用される場合に限り，制限超過部分を有効な利息の債務の弁済として受領することができるとされているにとどまる。このような法の趣旨からすれば，貸金業者は，同項の適用がない場合には，制限超過部分は，貸付金の残元本があればこれに充当され，残元本が完済になった後の過払金は不当利得として借主に返還すべきものであることを十分に認識しているものというべきである」。

　また，そうすると「貸金業者が制限超過部分を利息の債務の弁済として受領したが，その受領につき貸金業法43条1項の適用が認められない場合には，当該貸金業者は，同項の適用があるとの認識を有しており，かつ，そのような認識を有するに至ったことについてやむを得ないといえる特段の事情があるときでない限り，法律上の原因がないことを知りながら過払金を取得した者，すなわち民法704条の『悪意の受益者』であると推定されるもの」であるとされ，貸金業法43条1項の要件が具備されていない場合に，利息制限法所定の制限を超える利率による利息を受領した場合には，Yは悪意の受益者となる。不当利得の類型論からは，（一部）無効な契約により給付したものの返還に704条を適用することは，ほとんど争うよちはない。もっとも，同判決は「不当利得を構成することを知りつつ受領したと推認すべきであるから」としているので，構成上は推定にとどまり，類型論をとったとまではいえない。

　専門の貸金業者であるYが，利息制限法の制限を超過して，貸金業法の要件を満たしえない場合に，借主の返還請求権が発生することは，当然に予測できる。また，受領した額を高利で運用しうるYに，利息の支払を負担させることにも実質的な意義を肯定できよう。

古くに，最判昭38・12・24民集17巻12号1720頁は，Xが，債務がないのにY銀行に支払った金銭の不当利得につき，不当利得された財産に受益者の行為が加わることによってえられた収益については，社会観念上受益者の行為の介入がなくても損失者が当然取得したであろうと考えられる範囲において，その者に損失があると解すべきであり，それが現存する限り，703条により返還されるべきものとした。その原審は，Y銀行は少なくとも商事法定利率による利息相当の運用利益をえているが，Yが善意である間は，189条1項によりYに収取権があるものとしたが，最高裁は，X敗訴部分を破棄したのである。

合法的な利息の受領であれば，受領者の善意をいうことができるが，違法な利息の受領を同様に解することはできない。善意の対象は，自分の行為全体の正当性への信頼であるから，違法でも，弁済されれば貸金業法43条あるいは利息制限法1条2項の適用により返還を免れうると部分的に信じるのではたりない。なお，前述のように，不当利得の類型論からすれば，給付利得には704条が適用され，金銭を受領したときには，つねに受領したものに利息を加えて返還することになるから（703条の軽減は侵害利得のみ），適用条文を問題とするよちは乏しい。

(3) 本件判決は，返還するべき金銭に付すべき利息を民事法定利率によるべきものとした。前述の最判平19・2・13に従うものである（原審は，6分の商事利率によった）。しかし，法定利息を付する理由として，不当利得返還請求権が法定の債権であるとの形式的な構成によるべきではない。契約の一部無効のさいの不当利得は，いわゆる給付利得であり，有効な契約の規範目的にそくして清算されるべきであるから，利息制限法が適用された場合にもっとも近い解決が図られなければならない。受益者の利得は利息を付して全額返還される（我妻栄・債権各論V₃（1972年）1110頁は，利得者が目的物を営業に使用して収益をあげた場合の利率は，商事法定利率6分とし，「商人とりわけ銀行が金銭によって利得した場合などには，そうすべきである」とする。福地俊雄「704条」新版注民（18巻・1991年）656頁も同旨。貸金業者については，いっそうあてはまろう）。

最判平15・7・18民集57巻7号895頁は，制限超過貸付における充当につ

き債権者に期限の利益を認めないとしている。超過利息を定め，かつ充当を否定する種々の手段を弄する場合には，後述の不法行為的判断が，返還のさいの規範目的に合致するのである。

最判昭30・9・8民集9巻10号1222頁は，売買契約の合意解除にもとづく前渡代金の返還のケースにおいて，売買契約が商行為であるときは，その解除による前渡代金返還債務にも商法514条の適用があると解し，年6分の遅延損害金の支払を認めた原審の判断を維持した。

給付利得が本来の契約の清算であることの趣旨からすれば，高利の貸付利率を清算するためには，返還関係にも利息制限法が適用されるのと同じ効果が求められる。とりわけ充当を制限する場合には，高利の貸付利率と釣り合う構成が求められる。民事法定利率5分ではなく，商事法定利率6分を採用する必要があるが，これでも貸付利率とのアンバランスは残ろう（加藤雅信「財産法の体系と不当利得法の構造」(1986年) 423頁は，時効と利率を共通の問題とし，商事時効説による。最判平19・2・13に関する竹内俊雄「判批」金判1266号14頁は，商行為たる金銭消費貸借から派生的に生じたことから，商法514条を類推適用するとする。岡林伸幸「過払い金返還請求訴訟と最高裁判決」市民と法48号24頁は，後者に反対。笹本幸祐「判批」法セ632号120頁も判決肯定のようである）。

返還請求権の時効につき，10年の民事時効が適用されることも（最判昭55・1・24民集34巻1号61頁），利息制限法の強行法規性から導かれる。不当利得の類型論は，たんに契約関係を清算関係にもそのまま適用するものではなく，規範的適用に従ったものでなければならない。法定利率と時効は，方向性が異なるから，清算関係にも，利息制限法の規範的適用をすれば，商事利率を適用することは，民事時効を適用することと矛盾するわけではなく，類型論的帰結といえるのである。

(4) 悪意の受益者の行為が不法行為にもあたることから，704条は，同条前段において，少なくとも法定利息に相当する損害が損失者に生じたものとしている。同条後段の損害の賠償は，不法行為の709条からも当然に生じるところである（梅謙次郎・民法要義3巻 (1984年，大正元年版復刻) 870頁。もっとも，704条後段の損害賠償の性質を不法行為責任とみるか，不法行為的な責任で

はあるが，不当利得責任の加重とみるかには争いがある。福地・前掲書657頁）。「尠クモ法定利息即チ其価額ノ年五分ノ利息ニ相当スル損害ヲ生スルモノト見做シ，尚ホ是ヨリ多額ノ損害アリタルコトヲ証明シ得ル場合ニ於テハ之ヲ賠償スヘキモノトセリ」（梅・前掲書）。たとえば，他人の金1000円を盗んだものは，その1000円に年5分の利息を付して返還するが，被害者が商業上の損失をおったり，自分の債務が履行できずに違約金を払ったときには，その損害をも賠償するべきこととする（法典調査会・民法議事速記録（商事法務版）五・172頁（714条）参照。起草担当は，穂積陳重である。もともと旧民法財産編364条は，「悪意ノ占有者テモ債権者ニ非スシテ弁済ヲ受ケタル者ハ其善意ト悪意ト又弁済者ノ錯誤ト故意トヲ問ハス訴ヲ受ケタル日ニ於テ現ニ己レヲ利シタルモノノ取戻ヲ受ク」として，あまり差異を設けないとしていたが，現行法はこれを修正した）。704条において，要件の同一性までは求めるべきではないが，効果において不法行為の場合と著しい差を認めるべきではない。

　わが419条は，金銭債務の不履行にさいしては，損害賠償の額を法定利率によって定めるとし，これは，金銭債務の遅滞のさいには，4％の法定利率を付するとするドイツ民法典旧288条1項，246条に由来するが（これにつき，拙稿「判批」民商133巻4・5号840頁，847頁参照），ドイツ民法典は，2002年の現代化法で，法定利率に代えて，遅延利息の利率は，流動利率である基礎利率（公定歩合から算出された最低利率）に5％をプラスしたものとする（288条1項，247条1項）。規定は旧法より詳細になっており，消費者が当事者でない法律行為の場合には，利率は，基礎利率に8％をプラスしたものとされ（2項），また，債権者は，他の法律上の原因にもとづき，より高い利息を請求することができる（3項）。このようなきめの細かい規制は参考に値しよう。変動利率を用いない場合でも，専門の金融業者に，より高い利率を適用することは，合理性をもつものであり，商事法定利率は，ごく控えめな請求にすぎないものである。

Ⅳ　弁護士費用の請求

　本判決は，Xが過払金返還請求のために弁護士に委任して訴を提起せざるをえなかったことから，この弁護士費用が，民法704条後段の損害に当たる

とし，弁護士費用30万円の請求を認めた。判決は，「Yに言い分があり，YがXの請求に任意に応じない場合において，本件のようにXの過払金返還請求の一部が認容される場合には，結果的にYの言い分の一部はY独自のものにすぎなかったことになるから，Xが弁護士に委任して本訴を提起したことは，Xの過払金返還請求権を実現するために必要であったものとして，その弁護士費用は民法704条後段所定の損害であると認定されてもやむを得ないもの」とする。

権利追行の費用はそれぞれの請求者もちであるとするYの主張を排斥し，過払金返還訴訟の弁護士費用の支払を認容した点が注目される。後述の不法行為ではなく，704条の損害に包含したところに特徴があり，上述の給付利得の返還における規範的考慮が行われている。すなわち利息制限法の適用にもっとも近い返還を目ざすときには，給付されたものの返還だけではなく，返還の実現に必要な費用をも包含することが必要である。

不当利得の対象とすることは，少なくとも法律行為に不法行為の成立をも肯定するような重大な瑕疵がある場合には問題なく肯定される。Ⅲで前述したように，704条後段の不当利得には，不法行為の性質も包含されており，後者の構成による場合には，加害行為と損害の因果関係の問題として，従来からも弁護士費用の請求が肯定されているから，不当利得においてもバランス上肯定できるのである。

Ⅴ　不法行為と慰謝料請求

本判決の眼目は，③である。Yの利息制限法所定の制限を超える利息の請求は，架空請求として不法行為を構成するとしたうえ，架空請求をうけて苦しんだXの慰謝料請求15万円と弁護士費用5万円の支払請求を肯定したのである。高裁段階でこれを肯定したものとしては初めての判決であり，その後の肯定判決としては，大阪高判平19・8・9（判例集未登載）がある。

グレーゾーン金利の請求はすでに一連の最高裁判決によって制限され（期限の利益喪失条項に関する最判平18・1・13民集60巻1号1頁，最判平18・1・19判時1926号23頁，最判平18・1・24民集60巻1号319頁），2006年末には，貸金業法等の改正が行われた。グレーゾーン金利の撤廃自体は，公布からおお

むね3年以内に予定される第5次施行部分に属するが，利息制限法1条2項は廃止されることになっている。消費者金融各社は，すでに法施行を見込んだ金利の削減（利息制限法1条1項への適合化）を行っている。しかし，グレーゾーン金利の請求を広く不法行為と構成すれば，既存の契約における請求にも一定の歯止めがかかることと予想されることから，過払金訴訟に与える影響は，無視できないものとなる。

　消費者金融の関係では，すでに取引履歴開示義務の不履行につき，最判平17・7・19民集59巻6号1783頁は，貸金業者がこの義務に違反して取引履歴の開示を拒絶したときには，その行為は，違法性を有し，不法行為を構成するとしている。また，当該事件では，債務者Ｘによる取引履歴の開示要求には，これを否定するべき特段の事情はなく，Ｙの開示拒絶行為は違法性を有し，「これによってＸが被った精神的損害については，過払金返還請求が認められることにより損害がてん補される関係には立たず，不法行為による損害賠償が認められなければならない」とした。

　貸金業法43条の適用がありうる消費貸借については，任意の支払の有無がとりわけ重要である。一連の最高裁判決の認めるように，任意性を肯定するには，事実上の強制も排除されなければならない（上述の最判平18・1・13ほか参照）。また，貸金業法の特質から，いったん「任意」に弁済されれば取り戻すことは制限されるから，返還されれば損害は填補される，との契約法の一般的な考慮はあてはまらない。

　しかも，その「損害」について，財産法的な理由から（返還請求が制限される）「損害」たらないとしたのでは，超過利息の請求を増長させることになる。請求の違法性に着目して，慰謝料請求をも認める必要があろう（なお，その額は，違法性の程度に応じた相関的なものと解される。暴力的な場合など，きわめて悪質な事例では，任意性の観点からも，みなし弁済そのものが成立しないことも多いが，それとは別に，不法行為法の観点から慰謝料請求額の増大をもたらしうる）。上述の最高裁平17判決にならえば，違法な請求により被った精神的損害については，利息制限法超過利息の請求が否定されても，ただちに損害がてん補されるといった関係には立たないのである（超過利息の返還の否定される場合には，慰謝料請求は，財産的損害ひいては不当利得の返還請求の代替的な意味を帯

びるが，精神的損害に対する慰謝料請求は別物であるから，否定されるべきではない）。

第 8 篇　逸失利益算定にあたり控除すべき中間利息の割合
（最判平 17・6・14 民集 59 巻 5 号 983 頁，金判 1225 号 11 頁）

I　事案の概要

(1)　Xらの子であるA（平成 4 年 1 月 29 日生。事故当時 9 歳）は，平成 13 年 8 月 18 日，Yの過失によって発生した交通事故（自動車による歩道暴走行為）により死亡した。Xらは，本件事故によるAのYに対する損害賠償請求権を法定相続分である各 2 分の 1 の割合で相続により取得した。そして，Xらは，不法行為等による損害賠償請求権にもとづき，Yに対し，本件事故による損害賠償を請求した。

(2)　一審は，逸失利益の損害賠償は，月ごとの定期金がもっとも正確であるが，賠償義務者が死亡し相続放棄された場合や破産免責をうけた場合には，将来分の賠償金が回収できなくなる危険を被害者に生じるおそれがあるとし，また，不法行為時の一時金で請求する場合の中間利息控除率では，年 5％のライプニッツ方式が一般的であるとする。加害者が損害賠償の支払を遅延した場合に，被害者はその制裁として年 5％の遅延損害金しかえられず，また，年 5％のライプニッツ方式による中間利息控除は，中間利息控除の最大値であるから，市中金利がきわめて低い場合には，年 5％のライプニッツ方式による中間利息控除は過大な中間利息控除となる。本件では，中間利息を年 3％のライプニッツ方式で控除しても，逸失利益の額は，5530 万 3262 円にしかならず，「この額は，一般人には不可能な，消費生活における出費の節約を可能にするには十分な額ではあるが，利殖における有利さとしてはそれほど大きなものを得させるほどの額ではないというべきである。そうすると，この一時金を取得することは，金利による利殖以外の有利さを被害者にもたらすとしても，中間利息控除を年 3 パーセントのライプニッツ方式にして計算することは相当と認められる」として，Xの請求を認容した（なお，一審，原審の認めた慰謝料の定期金払いについては，上告を受理した最高裁判決では判断されていないので，以下でも省略する）。

原審も，Aの将来の逸失利益の算定における中間利息の控除割合につき，次のとおり判示して（最高裁の要約による），Xらの請求を一部認容した。

交通事故による逸失利益を現在価額に換算する上で中間利息を控除することが許されるのは，将来にわたる分割払と比べて不足を生じないだけの経済的利益が一般的に肯定されるからにほかならないのであるから，基礎収入を被害者の死亡又は症状固定の時点でのそれに固定した上で逸失利益を現在価額に換算する場合には，中間利息の控除割合は裁判時の実質金利（名目金利と賃金上昇率又は物価上昇率との差）とすべきである。民法404条は，利息を生ずべき債権の利率についての補充規定であり，実質金利とは異なる名目金利を定める規定であるので，これを実質金利の基準とすることの合理性を見いだすことはできない。また，旧破産法（平成16年法律第75号による廃止前のもの）46条5号ほかの倒産法の規定や民事執行法88条2項の規定が弁済期未到来の債権を現在価額に換算するに際して民事法定利率による中間利息の控除を認めていることについては，いずれも利息の定めがなく，かつ，弁済期の到来していない債権を対象としており，弁済期が到来し，かつ，不法行為時から遅延損害金が発生している逸失利益の賠償請求権とは，その対象とする債権の性質を異にしているのであって，中間利息の控除割合についてこれらの規定を類推またはその趣旨を援用する前提を欠くものというべきである。

わが国の昭和31年から平成14年までの47年間における定期預金（1年物）の金利（税引き後）と賃金上昇率との差がプラスとなった年は16年で，マイナスとなった年は31年であること，そのうちプラス2％を超えたのは3年（最大値はプラス2.3％）であり，マイナス5％を下回った年は16年（最小値はマイナス21.4％）であり，全期間の平均値はマイナス3.32％であり，平成8年から平成14年までの期間の平均値は0.25％であることによれば，Aの将来の逸失利益を現在価額に換算するための中間利息の控除割合としての実質金利は，多くとも年3％を超えることはなく，中間利息の控除割合を年3％とすることが将来における実質金利の変動を考慮しても十分に控え目なものというべきである。

(3) Yから上告および上告受理申立があり，上告はたんなる法令違反とし

て棄却された。上告受理申立が受理され，その理由中，損害賠償額の算定にあたり被害者の将来の逸失利益を現在価額に換算するために控除するべき中間利息の割合を年5％とする部分が判断された。

Ⅱ　判　旨
原判決中のY敗訴部分を破棄し原審に差戻した。
「我が国では実際の金利が近時低い状況にあることや原審のいう実質金利の動向からすれば，被害者の将来の逸失利益を現在価額に換算するために控除すべき中間利息の割合は民事法定利率である年5％より引き下げるべきであるとの主張も理解できないではない。
しかし，民法404条において民事法定利率が年5％と定められたのは，民法の制定に当たって参考とされたヨーロッパ諸国の一般的な貸付金利や法定利率，我が国の一般的な貸付金利を踏まえ，金銭は，通常の利用方法によれば年5％の利息を生ずべきものと考えられたからである。そして，現行法は，将来の請求権を現在価額に換算するに際し，法的安定及び統一的処理が必要とされる場合には，法定利率により中間利息を控除する考え方を採用している。例えば，民事執行法88条2項，破産法99条1項2号（旧破産法（平成16年法律第75号による廃止前のもの）46条5号も同様），民事再生法87条1項1号，2号，会社更生法136条1項1号，2号等は，いずれも将来の請求権を法定利率による中間利息の控除によって現在価額に換算することを規定している。損害賠償額の算定に当たり被害者の将来の逸失利益を現在価額に換算するについても，法的安定及び統一的処理が必要とされるのであるから，民法は，民事法定利率により中間利息を控除することを予定しているものと考えられる。このように考えることによって，事案ごとに，また，裁判官ごとに中間利息の控除割合についての判断が区々に分かれることを防ぎ，被害者相互間の公平の確保，損害額の予測可能性による紛争の予防も図ることができる。上記の諸点に照らすと，損害賠償額の算定に当たり，被害者の将来の逸失利益を現在価額に換算するために控除すべき中間利息の割合は，民事法定利率によらなければならないというべきである」。

III　問題の所在

　被害者の将来の逸失利益を現在の価格に換算して損害賠償額を算定するためには、損害賠償を算定する基準時から将来において利益がえられるべき時までの中間利息を控除しなければならない。従来の実務では、将来の逸失利益を算定するさいに、年5％の利率で中間利息を控除することが行われてきた。また、その前提となる中間利息を控除する方式としては、ホフマン方式の、あるいは年5％の中間利息を控除するためのライプニッツ方式が採用されている（最判昭37・12・14民集16巻12号2368頁、最判昭53・10・20民集32巻7号1500頁。方式の統一については、井上繁規・中路義彦・北沢章功「交通事故による逸失利益の算定方式についての共同提言」平11・11・22、判時1692号162頁参照）。

　しかし、1990年代からの超低金利政策の結果、中間利息を法定利率で控除することの是非が問題とされるに至っている。銀行定期預金の利率が1％にも満たないのに（0.035％。05年10月の1年以上2年未満の定期預金の平均、日本銀行・金融経済統計月報（05年12月）19頁）、5％法定利率による控除では高すぎるからである。ここには、一般の利率に比して法定利率が高すぎることの問題、これをさらに逸失利益の中間利息の控除割合にも利用することの二重の問題がある。

　適切な損害賠償額を確保させるために、下級審裁判例には、中間利息の控除割合に4ないし2％を用いるものも出るようになり、5％を採用するものとの対立がみられる。本件は、最高裁（第三小法廷）が初めて正面から中間利息の控除割合を5％とする旨を判断したものであるが、その理由づけは必ずしも確定的なものとはいえない。

IV　判例・学説

　(1)　従来の裁判例の多数は、逸失利益の中間利息の控除割合について、404条の適用を当然の前提としている（近時、5％の法定利率によったものとして、東京地判平12・4・20判時1708号56頁、横浜地判平12・5・11判タ1094号199頁、東京高判平12・9・13金判1101号54頁、東京高判平12・11・8判時1758号31頁、福岡高判平13・3・7判タ1061号222頁、東京高判平13・6・13判時1752号44頁、

大阪高判平 14・4・17 判時 1808 号 78 頁, 大阪地判平 16・1・23 交民集 37 巻 1 号 109 頁, 福井地判平 16・3・17 判時 1882 号 99 頁, 大阪地判平 16・8・30 判時 1886 号 143 頁, 大阪地判平 17・6・27 判タ 1188 号 282 頁など多数)。その理由は, ①金利には変動があるから, 長期的には 5％の利率でも不当とはいえない。②損害賠償債務の遅延損害金も年 5％の利率による。③将来の債権を現在価額に換算するさいに, 法定利率によるとする法律がある (民執 88 条 2 項, 破産 99 条 1 項 2 号, 民事再生 87 条 1 項, 会社更生 136 条 1 項など)。④中間利息の控除割合を事実認定の問題とすると, 事案ごとに判断が分かれ, 被害者間の衡平が保たれず, また損害の予測も困難になる, などである。このうち, ③④の理由は, 本件最高裁判決にも現れている。

　これに対し, 法定利率を疑問とする裁判例があるが, その場合にも, それぞれで適用される利率は, 必ずしも一致しているわけではない。4％とするものとして, 東京高判平 57・5・11 判時 1041 号 40 頁 (6 歳の男児につき 10 年間。倉田卓次裁判長), 福岡地判平 8・2・13 判タ 900 号 251 頁 (16 歳の女子高校生。控訴されずに確定), 東京高判平 12・3・22 判時 1712 号 142 頁 (7 歳男児, 確定)。また, 3％とするものとして, 長野地諏訪支判平 12・11・14 判時 1759 号 94 頁 (20 歳男子), 札幌地判平 13・8・30 判時 1769 号 93 頁 (16 歳男子, 5 年間, その後, 42 年間が 5％), 札幌地小樽支判平 15・11・28 判時 1952 号 130 頁 (18 歳男子)。さらに, 2％とするものとして, 津地熊野支判平 12・12・26 判時 1763 号 206 頁 (62 歳の主婦, 12 年間, その後は 5％), 津地四日市支判平 13・9・4 判時 1770 号 131 頁 (59 歳の主婦), 津地伊勢支判平 13・11・30 自保ジャーナル 1426 号 22 頁 (65 歳主婦) などがある。多くは, 中間利息の控除割合を運用利益についての事実認定ととらえ, 近時の低金利を考慮するものである。もっとも, 控訴されずに確定したもののほか, 多くの一審判決は, 控訴審によって 5％に変更されている (高裁段階では, 本件高裁のほかは確定して, 上告されていない。金判コメント参照)。

　(2)　学説でも, 従来, 中間利息の控除割合の問題を正面から取り上げるものは少なく, 多くは, 当然の前提とするか, あるいは近時の裁判例に触発され疑問を呈するものである。これは, 長らくインフレと法定利率以上の市場金利が続き, 法定利率による控除が被害者にとって必ずしも不利ではなかっ

たことによるものである。その意味では，中間利息の控除利率の問題も，低金利政策が続き，法定利率が市場金利を上回る（異常な）事態によって顕在化した問題であり，サブリースなどと同じく，いわばバブル崩壊の遺産の1つである。

　学説では，中間利息の控除割合を 5% とすることを必ずしも相当とはしないが，とりあえず前提とするべしとするものが多い（大島眞一「逸失利益の算定における中間利息の控除割合と年少女子の基礎収入」判タ1088号（2002年）60頁，並木茂「逸失利益の算定における中間利息の控除割合」リマークス23号38頁，高野真人「中間利息の控除について」ひろば54巻12号30頁，井上繁規「逸失利益の算定における中間利息の控除割合」金判1104号2頁，藤村和夫・判評502号43頁，塩崎勤・自保ジャーナル1380号1頁など）。法的安定性や当事者間の衡平を理由とするものが多い。また，法定利率のほかに，ほかに依るべき適切な指標がないこと，さらには，幼児などの逸失利益の算定自体が裁判官の認定によるものであり，控除利率のみを厳格に認定しても意味がないことも，理由とされる。

　本件との関係では，従来，逸失利益の算定問題の統一につき，最高裁は必ずしも積極的ではなかったと指摘し，さらに，中間利息控除の回避のための定期金賠償の可能性，404条を改正して利率を政令で変更するとの立法論，および最高裁による積極的な修正への期待にふれるものの，解釈論としては，民事法定利率によることもやむをえないとするものがある（青野博之・法教304号166頁。404条の改正提言については，すでに，大島・前掲論文63頁もふれる）。

　他方，5%の法定利率による算定に疑問を提示し，5%の控除割合では高すぎ，個々の事件において裁判官が独自の判断として法定利率と異なる利率による控除を行ったとしても，それをもって不合理・不相当として否定すべきではない，とするものがある（吉村良一・判評517号（2002年）17頁。潮見佳男・不法行為法（1999年）278頁は，現在価額へと評価換えをするためになされる中間利息の控除については，利息債権に関する民法404条が直接に適用される場合ではなく，民法典には，規定の欠缺があるが，問題点の指摘にとどめるとする）。

　また，本件最高裁判決を契機として，多くの評釈が出されている。すなわち，貸付と預貯金では利率が異なること，経済状態の異なる時代の被害者間

では実質的不公平があること，法定利率により統一化することが妥当か問題
があることから，最高裁の理由づけに疑問があるとするものがある（丸山絵
美子・法セ609号128頁）。

　もっとも，疑問の提示を超えて，具体的な代案や利率が提示されることは，
従来まれであった。これに対し，本件に対するもっとも早くかつ包括的な研
究である川井健・本件評釈（NBL 814号44頁）は，中間利息の控除割合につ
き，民法に直接の定めがないとして，法の不存在（欠缺）を埋めるために，将
来の請求権を現在価額に換算するのであるから，民法404条を活用するほか
ないとする。ただし，同条は法律行為に関する規定であり，逸失利益の中間
利息の控除割合を念頭に置いた規定ではないことから，その類推適用を図る
ものとし，また同条の任意法規性を指摘し，さらに91条の適用をうけること
から，慣習による修正を主張する。そして，「本問題についても，法的根拠さ
えあれば，最高裁判所も，『中間利息の割合は民事法定利率である年5％より
引き下げるべきであるとの主張も理解できないではない』というにとどまら
ず，被害者にとっては，約2000万円もの引下げとなるといわれる逸失利益の
中間利息の控除割合について，英断を下したにちがいない」，「本最高裁判決
によって，5％が判例上確定したとはいえず，今後，民法92条の類推適用と
いう法的根拠が主張されると，なお将来の変動を考慮した実質金利によると
いう裁判は可能と考えられ，またそうした判例が形成されることを希望する」
とする（同・債権総論（2005年）31頁も同旨）。積極的な提言を包含するもの
として注目に値する。

　さらに，逸失利益の算定における中間利息控除を，事実認定の問題として
処理し，実質金利によるべきことを主張する見解もある（尾島茂樹・LEX DB
重要判例解説2005-009）。すなわち，404条の利息は，名目金利を指すから，実
質金利が適用されるべき逸失利益の中間利息控除の割合については，法の不
存在があるとし，404条を出発点とする必要はない。中間利息の控除は，当
事者間の公平を目的とした損害額の調整にすぎないから，法規適用の問題で
はなく，当該事件ごとに，損害額の立証の問題の一部になる，とする。この
見解によれば，5％の法定利率を採らない多くの下級審判決と同様に，個別の
処理をすることになろう。

V　最高裁判決の検討

本件最高裁判決は，逸失利益の中間利息の控除割合を5%とすることにつき，①404条の沿革的理由，②民法以外の法律（民執88条2項ほか）の存在，③損害賠償額の算定に対する法的安定，統一的処理を理由としてあげた。しかし，そのいずれも，必ずしも十分な根拠とはいえない。

第1の理由である404条の沿革を根拠とするものは，法定利率自体についてのものであって，直接，逸失利益の中間利息の控除割合に対するものではない。のみならず，法定利率についても，起草担当者は，たんにこれが当時の日本の「普通ノ利率」に相当するというだけで，確信があったわけではない。直接的な動機は，当時の最新の立法作業であるドイツ民法典第一草案の影響によるものであろう（ドイツ民法典246条では4%。ただし，その制定過程では第2草案まで，法定利率は5%であり，それがわが民法の制定時には参考とされたのである）。また，法典調査会の議論では，「今後経済ノ変動ニ依テ」金利が下がったときには，この条文を改める可能性があるとし，起草担当の穂積陳重は「当分ノ内ハ之デ差支アルマイ」としている（法典調査会・民法議事速記録17巻230丁，商事法務版3・23頁，これらにつき，小野・利息制限法と公序良俗（1999年）220頁参照）。

第2の理由である民法以外の法律に関する議論も，逸失利益の中間利息の控除割合に直接あてはまるものではない。また，破産や会社更生などは，性質上そう長期の法定利率の適用を前提とするものではない。そして，昭9年〔1934年〕施行の手形法48条1項2号は，手形法統一条約の結果，ドイツ法などと同じく，所持人は，遡求をうける者に対して，年利6分の率による呈示の日以後の利息を請求しうるとしている（小切手法44条2号，ScheckG. Art. 46 II）。すなわち，各法律は，それぞれ固有の理由とそれに適応した利率の定めをもっているのである。

また，不法行為の損害賠償請求権の遅延損害金が不法行為時に発生し，その利率が5%であることとの釣り合いが理由とされることがある（前述IV(1)②参照）。しかし，遅延損害金については，債務不履行について明文規定があり（419条1項），それが不法行為に類推適用されるにすぎない（川井・前掲論文48頁。なお，大判明43・10・20民録16輯719頁参照）。また，わが民法では，約

定利率の定めがない場合に，遅延利息は，法定利率によって定められるが（419条1項），かつて同じ立場であったドイツ民法は（旧288条1項），2002年の債務法現代化法からは，法定利率（246条）のほかに新たな規定をおき，公定歩合によって決定される基礎利率（Basiszinssatz, 247条。草案段階のもっとも単純な方式では，ドイツまたはヨーロッパ中央銀行の公定歩合に2%を加えたもの。現在のものはやや複雑である）に5%を加えたものを遅延賠償の利率とするものと改めた（新288条1項。基礎利率は，当初の2002年の3.62%から低下して，現在は1.17%［06年1月から，1.37%］）。遅延損害金の算定方式を類推するとしても，固定的な法定利率が時代遅れのものとなっている証左である（小野・司法の現代化と民法（2004年）204頁，354頁参照）。

　最高裁の第3の理由，すなわち，法的安定と統一的処理の要請については，それ自体を否定することはむずかしい。しかし，利率が，具体的な運用実績をいうのでないかぎり（その算定は事実上困難である），最低の一般利率が時代に即応することはむしろ望ましいことであり，たとえば，ドイツ民法は，前述の2002年の債務法現代化法において，流動利率である基礎利率を定めた。これは，おおむね一定期間の平均公定歩合に一定利率をプラスした利率であり，一般の金利や時期に即して利率が変動することは，むしろ被害者間の衡平に資するものである。

　むしろ，被害者に不利なことが明らかであるのに，一時期にしか対応しえない硬直な法定利率によることにこそ，問題がある。つまり，裁判所や裁判官によって同時期に区々になるのは望ましくないとはいえても，時代によって変動することは，必ずしも不当とはいえない。民法の起草担当者も，そのような変動はありうるものとしていたし，あるべき損害賠償が実際にそくしていることは，かえって被害者にとって衡平なことである（なお，これは，具体的な運用を前提にするものではない。そうすると，被害者ごとに，その運用の能力にそくして利率が区々にならざるをえず，それは不可能を強いるものとなる）。

　最高裁も，「控除すべき中間利息の割合は民事法定利率である年5%より引き下げるべきであるとの主張も理解できないではない」とする。ちなみに，1991年までの定期金利は，5.7%であり，法定利率と大差なかったが，これ

はむしろまれな例であり，低金利時代に向かう1992年には3.996％となり，5％を割ったが，逆に，1990年には6.039％であった（日本銀行・前掲月報19頁）。実効利率と法定利率が乖離することは多いから，損害賠償を実効あらしめるためには，まったくの立法論に終わらせるべきではあるまい。

VI 流動利率

(1) 逸失利益の中間利息の控除割合の事例では，2つの問題を区別するべきであろう。

第1は，逸失利益の中間利息の控除割合に法定利率に関する404条のわくぐみを利用するかどうかであり，第2は，利用する場合でも，法定利率自体が高すぎるとみるかである。

中間利息の控除割合を事実認定の問題とすると，文字通り，事案ごとに判断が分かれ，被害者間の衡平が保たれず，また損害賠償額の予測も困難になる。ここでは，統一性を求める理由づけには相当な面がある。すなわち，逸失利益の中間利息の控除割合が，なんらかの定型的な方式で決定されること自体は必要であるから，404条のわくぐみを用いるとの方式は，すでに慣習的に定着しているとみるべきであろう。また，そうしてきた従来の扱いも，低金利時代の到来まではとくに問題とならなかったのである。

すでに指摘もあるように，逸失利益の中間利息の控除割合については，民法には直接の規定がない。そこで，法の欠缺の一場面として，その不存在を埋める必要がある（川井・前掲論文47頁）。それは慣習である以上に，損害賠償の基本的な性質にもとづくものである。すなわち，損害賠償は，加害がなければありうべき状態の回復のためのものであり，そのためには，現在提供できるすべての判断を提示する必要がある。これに対し，逸失利益そのものがフィクションであるから，逸失利益の中間利息の控除割合のみを精緻にすることに疑問を出す見解もある。また，実質的には，利率を低減化することに代えて，損害額の操作が行われる可能性もある。しかし，論理の透明性は，説得の技術として重要であり，どんぶり勘定を積極的に正当化するものではない。およそ実現不可能な損害賠償額が，将来の不確定な利率の変動への期待のみから押しつけられるのでは，権利者を説得することはむずかしい。

すると，問題は，その場合に時代といちじるしく乖離した法定利率に固執するべきかの点である。名目金利を用いる判断わくぐみ自体は妥当であっても，具体的に適用される利率までが適用されるとするべきではない。それでは，あたかも銀行預金に法定利率を押しつけるに等しい。404条は任意規定であり，法定利率自体も，暫定的なものである（起草担当者の見解）。

　一般の任意法規は，法律行為によって変更可能であるが，損害賠償のような法律関係の清算には十分に対応できない。性質上，あらかじめ修正することができないからである。このような場合には，社会の一般的基準が参考とされるべきであって，そこからいちじるしく乖離している基準は用いられるべきではあるまい。

　法定利率は，金銭は当然に法定利率相当の利潤を生み出すことを前提とする。しかし，プラスの利潤予定を，中間利息の控除というマイナス評価にもそのままで使えるか疑問である。法律行為の次元で，積極的に利息をとる場合には，より高い利率の約定も可能である。これが，法定利率と現実との乖離を救っている。これがないマイナス評価の場合に，反証を許さないほどのものとするべきかは，疑わしい。すなわち，404条は，プラス評価のさいの基準として（例外的に）規定されているにすぎないと位置づけられる。また，法律行為による場合は，かりに法定利率が用いられる場合でも，そう長期間の適用が予定されるものではなく，清算の場合とは前提とする状況が異なることにも注目しなければならない。

　(2)　本件の原審では，3％の控除をして5530万円の逸失利益を認めたが，5％を控除すると，現在価値は，3313万円になるといわれる（一審の指摘）。別の例では，7歳の女子が事故死した場合に，就労可能期間を18から67歳，生活費控除率を30％，ライプニッツ方式で計算した逸失利益は，中間利息の控除割合を5％とすると，2601万2475円となるが，4％では，3394万6883円，3％では，4511万2892円，2％では，6115万4833円，1％では，8469万5550円となり，5％の場合と比較すると，それぞれ，1.31倍，1.73倍，2.35倍，3.26倍もの開きが出る（大島・前掲論文61頁）。

　たとえば，30年後の逸失利益として，等しく8000万円の賠償を取得できるとしても，控除割合による現在価値の開きは大きく，単純に，誤差の範囲

やフィクションとして無視できる数字ではない。これを避けるための確実な方法は，定期金賠償の方法であるが（東名高速道路飲酒事件の東京地判平15・7・24判時1838号40頁参照），定期金賠償には，特有の問題もあり，長期間にわたってその履行を確保する途なくしては，必ずしもただちに代案となりうるものではない（5％の一時金による東京高判平13・6・13判時1752号44頁，大阪地判平16・3・29交民集37巻2号453頁。なお，旧民訴法下の最判昭62・2・6判時1232号100頁参照）。さらに，長期間の逸失利益が問題となることに関連して，本件のような幼児については，親による逆相続を認めるべきかとの論点もあるが，立ち入りえない（定期金賠償を認め，逆相続を認めないドイツ法では，この問題が比較的広く回避されている）。この点は，とくに考慮されていないとみるべきであろう。

　定期金賠償とは異なり，一時金賠償の途を選択した場合には，現在の時点でもっとも確実なものによる必要がある。実質金利による理論は，損害賠償の性質には適合的であるが，将来にわたる金利の，じっさいの評価はむずかしい。一気に，個別の実質金利の採用にまでいくとするのではなく，中間的に，現実と乖離した名目利率だけを時代に即応するものとする途が探られる必要がある。

　(3)　法定利率に固執することの矛盾は，たんに低金利時代にだけ問題となるわけではない。高度成長期のように，高金利の時代にもないわけではない。たとえば，一般の金利が10％にもなる場合である。この場合にも，5％で控除した金額を受領して，10％で運用すれば（銀行利子率），理論的には，不当な結果となる。ただし，かつての高金利時代は，同時にインフレでもあった。そこで，年に5％のインフレがあったとすれば，実質金利は，やはり5％に収まるし，逆に，9％のインフレがあったとすれば，実質金利は，1％にすぎないのである。前者の場合（高金利がインフレで相殺される）には，控除利率の問題は生じないし，後者の場合には，実質金利が5％に満たないという，本件と同じ問題が生じる。そこで，控除率の問題は，必ずしも低金利時代に特有の問題とはいえないことになる（尾島・前掲論文2頁）。

　ただし，最高裁は，従来，インフレやそれによる貨幣価値の変動を考慮しなかったし（昭9年発行の割増金つき割引勧業債券につき，最判昭36・6・20民

集15巻6号1602頁)，また，一般論はともかく事情変更の原則の具体的な適用にも慎重であった(最判昭29・2・12民集8巻2号448頁，なお，大判昭17・10・22新聞4808号8頁参照)。そして，高金利とインフレとの差はおおむね相殺されると考えられてきたので，問題がそう顕在化しなかったのである(もっとも，インフレを考慮するべきとの主張もなかったわけではない。尾島・前掲論文6頁参照)。最高裁が，実質金利を考慮することに躊躇するもっとも大きな理由は，むしろこの点にあるのであろう。法理論へのはねかえりがあまりに大きいことが無意識的にも考慮されたであろうし，また，政策官庁でない裁判所に判断を期待しえないともいえるからである。さらに，名目的な利率によって中間利息の控除をし，個別の実質金利の評価には立ち入らないとの判断わくぐみ自体には，理由がないわけではない。

　しかし，このような便宜的方法が許されるのは，中間利息の控除利率が相当で，損害賠償の内容を害することがない範囲だけである。実質金利やインフレ率も，名目金利に反映されるから，一般的金利水準を参考にすることは必要である。そして，規制緩和の流れの中で，銀行の貸出金利も大幅に自由化され，一般的にも流動利率が採用されることが多い。固定的な法定利率(約定利率にも変動利率が採用されつつある)にもとづく時代は終焉したものと考えられる。実質金利をも反映できるように，たとえば，公定歩合(01年9月19日から，0.10%)にプラス2%とするような基準が採用される必要がある(2%は，中央銀行の貸出金利と一般のそれとの相違を意味する。なお，これが，やや立法論になるとすれば，次善の策として，公定歩合の変動を法定利率の増減に考慮する方法が可能である。すなわち，バブル経済が終焉し，おおむね実質金利と法定利率が釣り合っていたとみられる1993年2月4日の公定歩合2.50%と現在のそれとの差2.40%を，法定利率から引いた率2.60%。あるいはその直前の1992年7月27日の利率3.25%から計算した1.85%との平均をとると，2.225%となる。公定歩合は，ある程度政策的かつ機能的に変動するから，たとえば，直前の1年間の平均をとるといった操作が必要となる。これらにつき，vgl.Palandt, BGB, 2004, §247 (S.263), Dauner-Lieb (Reiff), Schuldrecht, 2002, S.181. 小野「遅延利息の設定における競争条件の統一と消費者信用」国際商事31巻11号1543頁，同・前掲書(司法の現代化)205頁参

照)。〔ちなみに,供託利息の利率は,2004年からは,年利0.024%である。供託規則33条。2001年には年利0.12%,1996年に年利0.24%と変遷している。それ以前の高金利の時代には,民事法定利率年利5分(404条)の半分程度にまでなったこともある〕

結論からみれば,原審の採用した3%の利率は,控えめなものであり,決して無理な数字ではない。法の欠缺がある場合に,解釈による法の補充が行われるとすれば,スイス民法1条2項のいう立法者がするべきルールによるべきことが指摘される(川井・前掲論文49頁)。具体的な利率は,時期ごとに,最高裁が統一すればたりる。社会の変動の激しい今日,立法によって法定利率の規定を修正するとしても,このような流動利率の方法以外はないであろう(前述の404条の立法過程をも参照)。

なお,本判決後に,本判決を引用して,控除するべき中間利息の算定を5%の割合としたものとして,千葉地判平17・6・23平成16年(受)第1888号がある。

第9篇　法定利率と変動金利
——ドイツ債務法現代化における法定利率と基礎利率——

I　民法と法定利率

1　約定の利率は法律行為によって決定されるが，利率の特約がない場合，および法定利息の利率は，法定利率による（前者につき，大判明29・4・14民録2輯57頁）。そして，民事法定利率は，5％とされる（民404条。なお，商事法定利率は6％＝商514条。ちなみに，ドイツ民法246条では4％，ドイツ商法352条では5％の法定利率である）。

民事では利息支払の特約の存在を前提とするが，金銭に利息が付されるのは，その性質上当然とされるからであり，民法典制定前，古くに，1877年（明10年）の旧利息制限法では，6％と定められていた（旧3条，民法典制定時に削除）。

もっとも，利息の支払の約定がある場合には，通常その利率も同時に定められるから，法定利率が用いられるのは，むしろ法定利息の支払の場合に限られる。たとえば，不法行為にもとづく損害賠償請求において損害賠償を支払う場合に，不法行為時から，法定利率相当の遅延損害金の支払義務が生じる場合である。あるいは，特段の約定のない場合の遅延損害金の場合である。

2　法定利率は，被害者の将来の逸失利益を現在の価格に換算して損害賠償額を算定するさいにも用いられる。すなわち，損害賠償額を算定するには，損害賠償を算定する基準時から将来において利益がえられるべき時までの中間利息を控除しなければならないが，この場合について，民法には直接の規定がなく，いわば法の欠缺がある。そして，従来の実務では，将来の逸失利益を算定するさいに，年5％の法定利率で中間利息を控除することが行われてきた。その前提となる中間利息を控除する方式としては，（年5％の中間利息を控除するための）ホフマン方式あるいはライプニッツ方式が採用されている[1]。

ところが，近時の超低金利政策のもとで，5％というのは銀行の定期預金の金利よりもはるかに高く，被害者は，損害賠償を取得してもこのような高利では運用できないことから，5％の利率で中間利息を控除されると，いちじるしい不利益を被る結果となるのである。

近時の最高裁判決（最判平17・6・14民集59巻5号983頁）の原審では，3％の中間利息の控除をして5530万円の逸失利益を認めたが，法定利率を形式的に適用して5％を控除すると，現在の逸失利益は，3313万円に減少する（9歳の男子の事故死）。中間利息の控除率によって，2000万円以上の差が生じるのである。別の例によれば，7歳の女子が事故死した場合に，就労可能期間を18から67歳，生活費控除率を30％，ライプニッツ方式で計算した逸失利益は，中間利息の控除割合を5％とすると，2601万2475円となるが，4％では，3394万6883円，3％では，4511万2892円，2％では，6115万4833円，1％では，8469万5550円となり，5％の場合と比較すると，それぞれ，1.31倍，1.73倍，2.35倍，3.26倍もの開きが出る[(2)]。

控除利率の比較

	5％	4％	3％	2％	1％
逸失利益額	26,012,475	33,946,883	45,112,892	61,154,833	84,695,550

平成12年，女性労働者平均賃金（3,498,200円），生活費控除率30％の場合

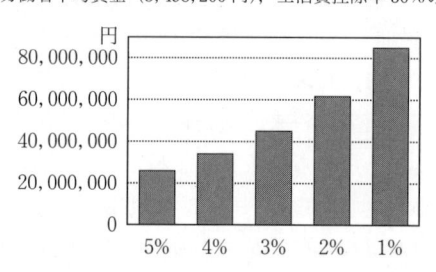

Ⅱ 法定利率と利率の変動

1 上述の最高裁判決は，民法起草時の議論や，将来の債権を現在価額に換算するさいに，法定利率によるとする法律があること（民執88条2項，破産99条1項2号，民事再生87条1項，会社更生136条1項など），中間利息の控

除割合を事実認定の問題とすると，事案ごとに判断が分かれ，被害者間の衡平が保たれないことを理由として，「被害者の将来の逸失利益を現在価額に換算するために控除すべき中間利息の割合は，民事法定利率によらなければならない」とした。これに対して，学説と下級審裁判例には，法定利率の5％を採用するもののほか，4～2％を採用するものがある。

本篇は，同判決の是非には立ち入らず[3]，むしろこれを契機として，固定利率とされている法定利率のあり方を，外国法の動向と比較することによって検討しようとするものである。

2　わが民法で，法定利率が5％とされたのは，民法典の起草担当者（穂積陳重）にも経済上の関係は不案内なので，「大蔵省デ調ベテ貰ツタ」結果であるとされている。旧利息制限法上の法定利率よりも，民法典の法定利率が下がったのは，旧利息制限法のできた1877年と比較すると一般の利率が下がったことによっている[4]。

もっとも，法定利率を5％とすることについては，民法典の起草者も，必ずしも確信があったわけではない。そこで，「法定利率ト云フモノハ其国テ金ヲ融通致シマスルニ付テ一番普通ノモノ，即チ普通ノ融通ノ利率ト同率デナケレバナラヌ」とし，当時の日本の「普通ノ利率」が5分だとしたのである。そして，法典調査会の議論では，5分では高すぎる，3分でもいいとの議論もあり，また，諸外国の民法でも5分が多いが，実際には5分以下のことも多いとの指摘もみられる。さらに，起草担当者は，経済事情の変化によって，法定利率の変動もありうることを予定していた[5]。

より直接的な動機は，当時の最新の立法作業であるドイツ民法典第一草案の影響によるものであろう。わが民法の制定（1896年）後に成立施行されたドイツ民法典（1900年）は，4％の民事法定利率を定めたが（246条），ドイツ民法典の制定過程において，第2草案までは，その法定利率は5％であり，これが，わが民法の起草時に参考とされたのである。ちなみに，ドイツの立法作業のなかで，利率が引き下げられたのは，連邦参議院（州の代表からなる議会）においてエルザス・ロートリンゲン州によって提案され（プロイセン州は草案を支持していた），さらにライヒ議会（衆議院）において修正が行われた結果であった[6]。

その後，戦後のインフレや種々の約定金利の変動にもかかわらず，わがくににおいては，法定利率が変更されることは一度もなかったのである。

Ⅲ ドイツ債務法現代化法と法定利率，基礎利率

1　ところが，ドイツでは，2002年の債務法現代化法（民法典の債務法改正）において，法定利率（Gesetzlicher Zinssatz）のほかに，新たに基礎利率（Basiszinssatz）が定められた。従来の4％の法定利率の規定は廃止こそされなかったが（246条）。これと並んで，247条に，基礎利率の規定が設けられたのである（247条）。

この基礎利率は，現代化法成立の当初3.62％とされたが，固定的なものではない。すなわち，基礎利率は，毎年1月1日および7月1日に，関連わく（一定期間の平均利率）が基礎利率の前回の変動以降上昇または下落した分だけ変動するとされ，さらに，関連わくは，当該半年の最初の暦日前のヨーロッパ中央銀行の最新の主要再貸出金利（Hauptrefinanzierungsoperation）の利率から定められるとされた（247条1項）。

2002年の現代化法に先立つ1992年の債務法改定草案では，より単純に，ドイツ連邦銀行の公定歩合に2％を加えたものを法定利率としていた（246条草案）。当初は，法定利率そのものを機能的な変動利率へと転換することが目ざされていたのである。公定歩合を基礎としたのは，これが市場金利と連動し，また明解でもあるからである。2％の相違（プラス）は，中央銀行の貸出金利と一般の貸出金利との差を意味する[7]。

これに対し，2000年の現代化法の試案の規定では，2001年9月1日〔当初の債務法改正予定時〕の利率を基準として「基礎利率」が設定された。法定利率の規定自体には変更を加えずに，新たに基礎利率の規定を加えたのである。もっとも，多くの場合に，法定利率ではなく，この基礎利率が適用されることが予定され，実質的には法定利率の修正といえるものである。

そして，基礎利率は，毎年1月1日と7月1日に，最新の利率の変更から変動した利率だけ変更されるとされた。試案では，基礎利率はドイツ連邦銀行の公定歩合の率から算出され，また年3回，ドイツまたはヨーロッパ中央銀行の長期再貸出利率＝LRG（Zinssatz für längerfristige Refinanzierungsgeschäfte der Europäischen Zentralbank）を基準に変更されるが，LRG の利率の変動が，0.5％よりも小さい場合には考慮されないとされていた。

　算定の方法はやや複雑である。92 年草案のように直接，政策金利である公定歩合と連動させると，法的安定性をも必要とする基礎利率には必ずしも適合しないことから，一定期間の平均（関連わく）をとるためである。2001 年の政府草案でも，利率の変更にさいしては，ヨーロッパ中央銀行の主要再貸出利率（Hauptrefinanzierungsoperation）が基準となるとされた。ヨーロッパ中央銀行の金利が採用されたのは，2002 年にユーロが全面的に導入（マルクの廃止）されたことに伴う変更が反映され，現代化法にも採り入れられた結果である[8]。

　一般的な金利の変動に伴い，基礎利率は，つぎのように変化している。固定的な法定利率（4％）とは，まったくかけ離れたものとなっていることは明らかであろう。これにより，市場金利が反映されているのである。

　2　このような変動利率の方法がとられたのは，法定利率に相当する基礎

基礎利率 §247BGB　　　　　　　　　　△基礎利率

	2000	2000	2001	2001	2002	2002	2003	2003	2004	2004
△	2.68	3.42	4.26	3.62	2.57	2.47	1.97	1.22	1.14	1.13

	2005	2005	2006	2006	2007	2007	2008	2008
△	1.21	1.17	1.37	1.95	2.70	3.19	3.32	3.19

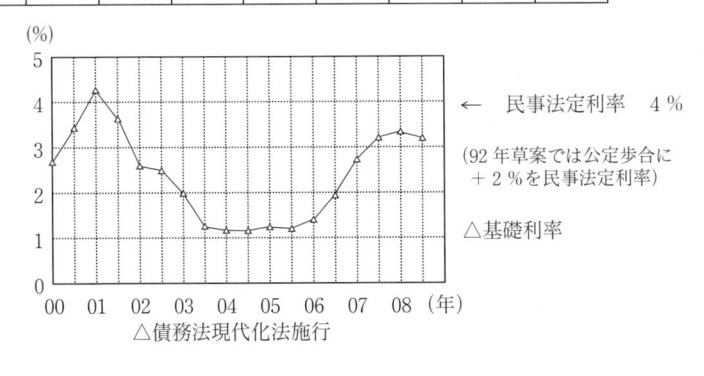

← 民事法定利率　4％
（92 年草案では公定歩合に
　＋2％を民事法定利率）
△基礎利率

△債務法現代化法施行

利率の場合だけではない。

民法典288条（試案285条）の遅延利息（Verzugszinsen）も同様である。2000年5月30日の満期支払の促進法（Gesetz zur Beschleunigung fälliger Zahlungen; BGBl.I S.330）による支払遅延に関する規制（改正民法288条。Zahlungsverzugsrichtlinie, 29. Juni 2000, ABl.EG Nr.L 200, S.35による）は、遅延利息の支払に対する種々の救済方法をおいたが、これを前提として遅延利息の実効性の確保が図られたのである[9]。

288条によれば、金銭債務には遅滞中利息を付さなければならないが、利率は、247条の基礎利率に年利5％をプラスしたものとされる。旧288条では、法定利率と同率の4％とされたが、その利率が拡大されたのである。ただし、消費者が関与しない法律行為では、基礎利率に年利8％（試案では9％）をプラスしたものとされる。商人には、合理的にこの程度の収益が予定されるべきだからである。試案では、この場合に、損害がより小さいとの主張ができないとされたが、削除された。債権者は、他の理由から、より高い利息の請求もでき、損害がより大きいとの主張も妨げられない。

民法典中の利息に関する関連規定は、変更されない。すなわち、遅延利息への利息を禁じる289条（重利の禁止）は、変更されない。また、約定の重利も、従来通り禁止される（248条）[10]。

IV 変動金利の趨勢

1　この公定歩合を基礎とする変動利率による決定方法には、先例として1964年のハーグ国際動産売買統一法条約がある。その83条は、金銭の支払を遅延した場合の利息として、公定歩合に1％をプラスするものと定めた。もっとも、その後の1981年のウィーン国際動産売買統一法条約は、当事者が代金その他の金銭の支払を遅滞した場合に、相手方に利息の権利があるとしたが、具体的な利率は定めなかった（78条参照。元本の運用利益の喪失は、基本的に損害賠償として回復できるとの立場である）。

法定利率は、しばしば利息制限の基礎ともなり（これ自体、あるいはこれに一定割合をプラスしたものを制限利率とする）、固定的な利息制限法によらないヨーロッパ諸国では、早くから一般的な利率との乖離が公序良俗違反の基準

ともなっている。本稿では，立ち入りえないが，70年代のドイツでは，約定利率が市場利率を100％超過すること（100％−Grenze，つまり市場利率の2倍を超えること）との基準が登場し，この場合には，契約は民法典138条1項（日本の民90条相当）によって無効となるとしたのである。たとえば，市場金利が，8％の場合には，年利16％が上限とされる。

しかし，これでは，市場金利が高い場合には制限金利もあまりに高率となり不当となる（市場金利が16％の場合には，年利32％にもなる）。そこで，比較的高金利の時代になった80年代後半から90年代初めには，これと並んで，絶対的制限の基準（absolute Abweichung um 12％）が登場した。すなわち，客観的な利息の限界として，市場利率を12％以上超過する場合（たとえば，市場利率が10％の場合，10＋12％で，つまり年利22％を超過する場合）である[11]。

2　わがくにでは，従来は約定金利も，固定金利が通常であった。しかし，住宅ローンの金利には，比較的早くに変動金利が採用された（変動型）。また，全国銀行協会は，2000年12月4日に「銀行取引約定書ひな型の廃止と留意事項について」を公表し，これをうけて，各銀行は銀行取引約定書を改定したが，この機会に変動金利を前提とする規定も現れた[12]。さらに，2000年代からは，営業的な貸付のみならず，一般預金顧客向けの当座貸越の利率などについても，変動利率が採用されつつある。たとえば，「当座貸越の利率は基準金利（銀行の短期プライムレート）に連動する一律の利率に簡素化」するとし，その当座貸越の利率は毎月通知するとするものである。

法定利率については，金銭の消費貸借のような法律行為による場合には，約定利率も定められることが通常であろうから，必要性はそう大きくはない。しかし，法定利息の利率は，法定利率によらざるをえず，一般の市場金利との乖離は無視しがたい。さらに，中間利息の控除割合の場合にも，市場金利との乖離は，損害賠償額を不当に減少せしめ，損害賠償の制度を空洞化するものとなる。一般の任意法規は，法律行為によって変更可能であるが，損害賠償のような法律関係の清算には十分に対応できないのである。

法定利率は，金銭は当然に法定利率相当の利潤を生み出すことを前提とする。しかし，プラスの利潤予定を，とくに中間利息の控除というマイナス評価にもそのまま使えるかどうかは疑問である。法律行為の次元で，積極的

に利息をとる場合には、より高い利率の約定も可能である。これが、法定利率と現実との乖離を救っている。これがないマイナス評価の場合に、反証を許さないほどのものとするべきかは、疑わしい。性質上、あらかじめ修正することができないからである。すなわち、法定利率に関する民404条は、プラス評価のさいの基準として（例外的に）規定されているにすぎないと位置づけられる。また、法律行為による場合は、かりに法定利率が用いられる場合でも、そう長期間の適用が予定されるものではなく、清算の場合とは前提とする状況が異なることにも注目しなければならない。

　上述の最高裁判決を契機として、市場金利からの法定利率の乖離が再度問題とされている。しかし、疑問は、たんにそれが低金利政策のもとで高すぎることだけにあるのではなく、時代に適合した機能的な変化を予定しえない構造に向けられる必要がある。民法の起草者も、法定利率が変更されることを予定していた。上述の最高裁判決の提起した問題も、社会の変動の激しい今日、公定歩合を基準とするような変動金利を前提とした手当が必要となっている証左であろう。

⑴　最判昭37・12・14民集16巻12号2368頁、最判昭53・10・20民集32巻7号1500頁。

⑵　大島眞一「逸失利益の算定における中間利息の控除割合と年少女子の基礎収入」判タ1088号（2002年）61頁。

⑶　小野・民商133巻4・5号（06年1・2月）840頁参照。本件に関するもっとも早い評釈は、川井健・NBL 814号44頁である。詳細については、本稿では立ち入りえない。本書第8編所収。

⑷　法典調査会原案403条参照。法典調査会・民法議事速記録〔学振版〕17巻228丁〔法務図書館版第7冊119頁以下、商事法務版3・23頁以下〕。これらにつき、小野・利息制限法と公序良俗（1999年）220頁以下。

⑸　法典調査会において、「今後経済ノ変動ニ依テ」金利が下がったときには、この条文を改めるかとの質問（土方寧）に対して、穂積陳重は、条文が変わることはあり、げんにオーストリアでは修正した、しかし「当分ノ内ハ之デ差支アルマイ」と答えている（17巻230丁、法務図書館版第7冊120頁、商事法務版3・24頁参照）。

　なお、1934年（昭9）施行の現行手形法48条1項2号が、手形統一条約の結果、ドイツ法などと同じく、所持人は、遡求をうける者に対して、年利6分の率による満期後の利息を請求しうるとしている（小切手法44条2号をも参照）。

法定利率は，旧民法の審議のときにも若干議論されている。法典調査会・旧民法議事速記録（学振版・財産取得編 882 条）12 巻 95 丁〜96 丁（栗塚発言）。「日本ノ利息ハ六朱〔分〕ガ原則テ，百円以下千円以上ト云フコトヲ行政法テ作ルノハ悪イノテアリマス」。その他の発言も，6 分を前提としている。これらは，明 10 年太政官布告を前提とする議論といえよう。

(6) Jakobs und Schubert, Die Berathung des BGB, Bd.2, 1978, §288 D & E (S.313f.).
(7) Abschlußbericht der Kommission zur Überarbeitung des Schuldrechts, 1992, §246, S.115ff.
(8) Vgl.Palandt, BGB, 2004, §247 (S.263), Dauner-Lieb (Reiff), Schuldrecht, 2002, S.181. 小野・国際商事法務 29 巻 8 号 924 頁。
(9) 支払遅延に関する規制につき，小野＝山本・国際商事法務 31 巻 11 号 1543 頁参照。
(10) 前掲・国際商事法務 29 巻 8 号 924 頁参照。
(11) 前掲書（利息制限法と公序良俗）172 頁以下。
(12) 小野・司法の現代化と民法（2004 年）349 頁以下。

付　債務法現代化法（2002年の民法典債務法）の利息の関連条文

246条　法定利率
債務に，法律または法律行為により利息を付す場合には，別段の定めがないかぎり，年4%を支払わなければならない。

247条　基礎利率（Basiszinssatz）
(1)　基礎利率は，3.62%とする。基礎利率は，毎年1月1日および7月1日に，関連わく（Bezugsgröße）が基礎利率の前回の変動以降上昇しまたは下落した分（Prozentpunkte）だけ変動する。関連わくは，当該半年の最初の暦日前のヨーロッパ中央銀行の最新の主要再貸出金利の利率をいう。

(2)　ドイツ連邦銀行は，現在の基礎利率を，1項2文の期日後に遅滞なく連邦官報に公示する。

248条　重利
(1)　弁済期に達した利息にさらに利息を付すると，あらかじめする合意は，無効（nichitig）とする。

(2)　貯蓄組合，信用機関，銀行業者は，預金の未払い利息を，利息を生じうる新たな預金とすることを，あらかじめ合意することができる。自分の貸付金額につき，利息のつきうる所持人払い債権証書を発行しうる信用機関は，このような消費貸借において，遅延した利息に利息を付すること（die Verzinsung rückständiger Zinsen）を，あらかじめ約束させることができる。

288条　遅延利息
(1)　金銭債務には，遅滞中，利息を付さなければならない。遅延利息の利率は，その年の基礎利率に5%をプラスしたものとする。

(2)　消費者が当事者でない法律行為の場合には，有償の債権の利率は，基礎利率に8%をプラスしたものとする。

(3)　債権者は，他の法律上の原因にもとづき，より高い利息を請求することができる。

(4)　その他の損害〔の賠償〕を主張することは妨げられない。

289条　重利の禁止

利息には，遅延利息を付することはできない。遅滞によって生じた損害の賠償に対する債権者の権利は妨げられない。

290条　価値賠償への利息
債務者が，遅滞中に滅失しまたは遅滞中に生じた事由によって引渡すことができない目的物の価格を賠償する義務をおう場合には，債権者は，価格の決定（Bestimmung des Wertes）にさいし基礎とされた時点から，賠償されるべき金額の利息を請求することができる。債務者が遅滞中に毀損した目的物の価格の減少に対して賠償する義務をおう場合も，同様である。

291条　訴訟利息
債務者が遅滞となっていない場合でも，同人は，金銭債務には，訴訟係属の時から利息を付さなければならない。債務がその後に初めて弁済期に達した場合には，その時から利息を付さなければならない。288条1項2文，2項，3項および289条1文の規定を準用する。

第3部　法曹養成の現代的課題

第1篇　法曹養成制度の長期化と多様化
——比較法的考察——

第1章　はじめに

　(1)　社会の複雑化と多様化に伴い，これを規律する法の担い手である法曹の養成も，長期化する傾向にある。わがくにでは，2004年4月に，法科大学院がスタートした。4年間の大学法学部に加えて，大学院レベルでの2年ないし3年の教育が開始された。当面，司法研修制度も存続するから，世界にも例をみない3段階の法曹養成制度となったのである[1]。

　専門職大学院は，法律の分野だけを対象として設置されるわけではなく，ほかの分野でも，ビジネススクールや知的財産の専門職大学院が設置され始めた（法科大学院が68校に対して，2004年半ばに，22大学の25専攻。2008年からは，中堅教員の再教育や実践的な指導力を備えた新人教員の養成のための教職大学院も計画されている）。医学部は，もともと学部において6年間の教育を行っており（かつての医学進学課程を含む），2006年からは，薬学部においても4年から6年への修学期間の延長が行われた。工学部でも，技術の発展が早いことから，従来から4年の大学教育では不十分であり，大学院の修士課程への進学が多く，その結合が必要といわれてきた。

　実務の修得のための勉学は，一面で，従来の大学教育の不十分な部分を補うものである。その不足は部分的に，従来は企業内のOJT (on the job training, 実地訓練) によっても補われてきたのであるが，1990年代の長期の不況を経て企業の体力が消耗したこと，OJTのみでは限界があり，大学院の教育において理論的，体系的に学ぶ必要があることによる。他面では，社会経験豊かな社会人を教育プロセスに呼び戻すために，大学院レベルでの資格が必要であることにもよる。

　しかし，新たな教育においては，たんに時間的に長期であり，内容的に豊

富であることだけが求められているわけではない。多様な学生に対し，多様な内容を多様な方法によって付与することが必要である。内容上の多様さと高度さや工夫は，すでに注目されているところである。そこで，本稿は，むしろ方法上の多様さに注目した検討を試みるものである。かねてからドイツで試みられている経済専修型のコースとの結合，社会人の取り込みに必要な対応や，実務志向型教育に見合った新たな方法である実習や TA，RA，インターンシップ，エックスターンシップ，マイスター的手法の活用などである。

(2) 実務志向型教育の典型は，わがくにでは，かねてから医学教育にみられた。もっとも，それは，第2次大戦までのドイツ型とそれ以後のアメリカ型に分けられる。ドイツ型は，臨床実習よりも講義を重視する。戦後は，アメリカ型が導入され，臨床実習を重視して，医師養成としての性格を明確にしたが，その場合でも，研修先はほぼ付属の大学病院に限られた。臨床教育も行われたが，講義の優位はくずれず，臨床課程を基本的に病棟実習で行うアメリカのようにはいたらなかった。高度技術を早く全国的に移植するという明治以来の伝統によるものである。しかも，2004年の改革まで，大学の卒業後も，医師の多くが無給の研修医として医学博士号の取得を目標にして出発するなど，研究を至上のものとしてきた。地域や僻地医療などよりも，新人医師の大学病院や大病院志向，先端医学に対する志向は強い。

医学史では，中世の文献医学（library medicine），16世紀から18世紀のライデンを中心とするベッドサイド医学（bedside medicine），19世紀のフランス，イギリスの病院医学（hospital medicine），19世紀後半以降のドイツの研究室医学（laboratory medicine）の変遷があるとされる[2]。アメリカ型医学の導入は，現象的には，19世紀のイギリス型の病院医学の復権でもある。ただし，19世紀から20世紀初頭の研究室医学には，新たな知識の広範かつ急速な普及や高度な治療方法の進展に対して大きな意義があったのであり，このような背景を抜きにして，いちがいに優劣を論じることはできない。それぞれの時代に必要な技術と水準が適合していたということである。そこで，現在求められていることは，たんに，どれによるべきかという観点ではなく，両者の統合という観点である。

実務型教育が早くから導入された医学教育は，ほかの分野にとっても示唆

第1篇　法曹養成制度の長期化と多様化

するところが大きい。ロースクール構想においても，しばしば参照された。本篇でも，比較のうえで参考とするところが多い。

第2章　ドイツの法曹養成制度改革

1　グライフスヴァルト大学の新カリキュラム

(1)　2002年に，ドイツでは，法曹養成制度の理念をかなり大幅に転換する改革が行われた（2002年改正法）。これについては，すでに紹介したことがあるので，本稿では立ち入らない[3]。この改正についての評価は分かれる。法曹養成の革命的変更とする見解と，たんなる技術的改革（technokratische Reform）にすぎないとするものである[4]。改革から日の浅い今日，その評価は，まだ定まっていない。第2章では，これに対応した（一部先取りした）グライフスヴァルト大学の新たな教育課程と方法を参考としよう[5]。

(2)　2002年改正法は，弁護士職と法律相談的機能の必要性を強調したが，同様の観点は，従来もなかったわけではない。かねて紹介した経済専修コースの専門大学は，法律と経済関係の科目の結合を理念としてきたし，2000年8月に開校した私立の法律専門大学・ハンブルクのGerd Bucerius Law School（Zeit財団の設立により，法律ではドイツ初の私立大学である）でも，経済関係の科目を重視したカリキュラムが試みられている。専門大学で成功した経済専修コースは，一般の大学でも導入されつつある。しかし，ドイツの大学における法曹養成は，基本的にドイツ裁判官法によって規制されているために，改正法の施行前には，なお制約があった。専門大学（Fachhochschule）は，ドイツ裁判官法の適用をうけない代わりに，国家試験による資格の獲得を目ざさない。その改革が，裁判官法による規制のある一般の大学に先んじたゆえんである。他方で，大学の大半を占める一般の大学では，改革を先取りする動きもあったが，そのような改革も限定的なものとならざるをえなかった。とりわけ経済関係の教育を法学部の中で一元的に行うことには制約があったのである。

(3)　ここで，注目されるのは，1998年から検討されてきた東ドイツ地域のグライフスヴァルト大学の学士コースの導入である[6]。2002年の改正を先取

401

りする側面が包含されているためである。また，専門大学ではなく，一般の大学法学部の法曹教育の新たな動向として注目されるからでもある。大学の法学部によっては，専門大学と同様に国家試験を目ざさない「経済専修コース」をおくものもあるが，グライフスヴァルトの新コースは，いわば「経済専修コース」と一般の法学コースの融合形態と位置づけられる。

　法学教育における一般的な動向としては，学士と修士の一貫した継続教育 (konsekutive Studiengänge in einem Bachelor- und Masterprogramm) の必要性が主張され，1999 年 6 月 19 日のボローニアのヨーロッパ教育大臣会議の共同宣言（Gemeinsame Erklärung der Europäischen Bildungsminister）も，これを表明した[7]。また，1998 年に「ドイツ学術のための寄付者連盟」(Stifterverband für die Deutsche Wissenschaft) は，改革のための支援プログラムの公募を行い，1999 年に，グライフスヴァルト大学の法学部は，この寄附者連盟から，新たな学士課程（Bachelor of Laws）の導入と，教育における実績志向型モデルのプログラムのために 50 万 DM（25 万ユーロ）を獲得したのである[8]。

　プログラムの目的は，法学教育に soft skills（後述）と経済学の基礎とを有機的に結合した課程の実現である。もっとも，グライフスヴァルト大学の法学部は，わずか 14 講座を有するだけなので（これに寄付講座が 1 つプラスされる），有機的に結合したコースである LL.B.（Bachelor of Laws）のための独自のコースを提供することはできなかった。そこで，1998/1999 年には，国家試験のためのカリキュラムの改編が行われ，これによって，LL.B. コースも同時に取得可能なものとする修正が行われたのである。新たなコースは，新たな修士のコースや国家試験を予定する法律学のコースとも，また経営学の卒業試験にも適合するように計画された[9]。

　そして，各コースは，ヨーロッパ単位互換制度(ECTS, European Credit Transfer System) による互換性のある単位制度（Leistungspunktsystem）により構築されたのである（共通資格の獲得）。

2　その特色

(1)　LL.B. コースは，6 学期を超えるものとされた。しかし，その内容は，従来の法律コースとはかなり異なり，部分的には，2002 年の法曹養成改革法

を先取りしたともいえる内容を含んでいた。

　第1に、講義の6分の1は、soft skills といわれる実用的科目が占めていた。すなわち、レトリックとプレゼンテーション (3 SWS, Semesterwochenstunden.3 コマである。1 SWS で 50 時間の講義を行う。これを換算すると、日本のように2時間講義とすると 25 回分で、およそ1コマとなる(10)、文献考証 (Textkritik)、学問的作業の技術 (3 SWS)、英語の集中講義である。講義のない期間には4週間の集中コースが行われ、その後、2学期以上、専門用語による英米法域の法律的内容の講義が行われたのである (1 コマ 25 回で計算する。また、カリキュラム上の1時間講義というのは、移動時間 15 分を含み、実質的に 45 分を指している)。

　第2に、講義の6分の1は、経済学を対象とした。経営学 (3 SWS)、国民経済学 (3 SWS) を必修導入科目とし、その他は選択によった。経営学を主体とし、経営、会計と財政学が行われた。選択科目には、環境経済、厚生経済、厚生管理 (Gesundheitsmanagement)、市況と成長 (Konjunktur und Wachstum)、金銭と銀行 (Geld und Banken) などがあった。グライフスヴァルト大学の法学部は、経営学 (Diplomkaufmann) の講座を包含していることから、これら科目の提供が可能であった。

　第3は、法律科目である。その中心は、私法、公法と刑法である。これは、国家試験を目ざす通常の法律コースと共通する。しかし、同時に、基礎科目 (法史、法哲学、法社会学) および政治学、訴訟法も重視された。法史、法哲学および法社会学は、LL.B. コースの学生には必修とされた。さらに、隣接科目と結合された法律学の選択科目があった (税法と会計学、競争法とマーケティングなど)。LL.B. コースにおいても、民法の配分時間は、国家試験コースと同一であった (Repetitorium などの試験準備科目を除く)。しかし、刑法のそれでは3分の2、公法では 33 分の 23 であった。また、法律コースの学生には自由な選択可能性があるが、LL.B. コースの学生には選択が制限され、基本的に、経済関係科目のみが可能とされた (6 SWS)。たとえば、商法、会社法、競争と独占法、労働法、税法、行政法、国際私法、ヨーロッパ法である(11)。

　(2) 試験も、このコースの特徴を反映している。上述の ECTS では、講義は試験で修了することとされている。個別の科目の評価にはそれぞれの特徴があるが (たとえば、家での課題作成＝Hausarbeit や口述試験が課せられる場合

がある），総合成績は，個別の成績が合計され，つぎの配点に従って評価される。

LL. B. -Arbeit	10％（論文作成）
経済学関係科目	15％
一般科目	15％
民事法	30％
刑事法	10％
公法	15％
選択法律科目	5％

⑶ 2003年3月7日に，LL.B. コースは，ハノーバーの評価機構（ZEvA, Zentraler Evaluations- und Akkreditierungsagentur Hannover）の肯定的評価をえた（Die Schwerpunktsetzung im Gesamtprogramm erscheint als gelungen.）。ちなみに，大学基本法（Hochschulerahmengesetz）の1998年改正によって，大学や学部の設置時の評価義務が定められたことから，この評価機構は，1999年に発足していた。

2000年9月18日に，メクレンブルク・フォーポンメルン州の教育研究文化省によって，同コースは認可され，グライフスヴァルト大学は，2000年/2001年の冬学期に，正式にこのLL.B. コースを導入した。2000年10月の冬学期に52人（15人が修了），2001年夏学期には26人，2001/2002年の冬学期には54人，2002年の夏学期には34人が登録した。2002/2003年の冬学期には150人の志願者があった（60人の定員 Studienplätzen）。

なお，学生の3分の1は，同時に国家試験のコースにも登録し，二重の資格を目ざした。LL.B. コースの66％は，国家試験コースとも一致するからである。

学校外での実習（Praktikum）は，合計510時間（Stunden，およそ10 SWS）に達する（可能数）。これによって，相当する職業訓練が行われ，修了後ただちに就職することが可能となっている。2001年には，LL.B. コースのAssessment-Center が結成され，銀行，税務，経済界とのシンポジウムが行われ，このコースには保険業界も関心を示しているといわれる。修了者は，3年経過後は，ただちに就職するか，修士の発展プログラムを継続するかを選

択することができる。2002年10月には，修士プログラムの「税務と経済」および「比較法とヨーロッパ法」が開始された。また，修了者は，国家試験を目ざすこともできる。この場合には，国家試験受験資格に不足している約20（64 × 34％）SWSを取得するのである[12]。

　(4)　2002年の法曹養成制度の改正は，弁護士養成を主体とした改革を行った。これは，法学部の卒業生の大半が，定員のある法曹（裁判官と検察官）とはならないことを反映したものであるが，他方，弁護士養成を主眼とする点にも疑問がないわけではない。その過剰から，弁護士職は，もはや必ずしも魅力のある就職先とはされていないからである。

　一般企業に就職する大多数の者にとって，2回の国家試験は，もはや不可欠のものではない。ヨーロッパ的次元では，法曹専門職には学士・修士の継続教育が主流になりつつあるし，結果的には大学の在学期間の短縮や適合した勉学の発見（不適合な場合の脱落の防止）にもつながっている。そして，2002年の法改正も，LL.B.コースのような自由化を相当程度可能とし，言語教育，soft skillsに関する非法律科目をも必修とした。しかし，経済志向の科目配置が不可欠となったわけではなく，大学による選択的な重点科目の配置を可能としたにとどまっている。そして，重点科目の配点が30％程度にとどまる場合には，グライフスヴァルトのコースにおいても，なお時間（20 SWS）が不足する（ちなみに，2002年改正法でも，重点試験の導入は，第1次試験の30％につき行われるにとどまる）。そこで，将来，LL.B.コースを一般のコースに組み込むには，必修科目を民法・刑法・公法の中心科目と結合するようないっそうの短縮が必要となる。

第3章　20世紀後半からの大学教育の変質

1　19世紀と20世紀の大学

　(1)　ドイツを例に，20世紀の大学，とくに法学教育を概観すると，戦後の大学進学率は増加の一途をたどってきた。大学において初めて勉強を始めた者（Studienanfänger）は，全学部でも，1950年代にわずかに2〜3万人，1960年代半ばまで5万人前後であったものが，1970年代には20万人へと爆発的

に増加し，1980年代には恒常的に20数万人規模となり，1990年には30万人台にいたっている。2001/02年の冬学期には，学生総数で186万8229人である。法学部のみの学生は，総数で10万0013人であった（2002/03年の冬学期には，総数で193万0923人）。

これらの数字は，19世紀までのそれに比較すると，きわめて大きい。(i) 18世紀の末には，人口が2000万人の当時，7000人の学生がいたにすぎない（そのうち法学部の学生は2000〜3000人）が，(ii) 1850年には，3530万人の人口に対し，1万2220人の学生がいた（法学部の学生は4391人）。ついで，(iii) 1890年には，4920万人の人口に対し，学生は2万8883人（法学部の学生は6687人）。さらに，(iv) 1930年には，6510万人の人口に対し，学生は9万9577人（法学部の学生は2万2060人）であった。そして，(v) 1963〜64年の冬学期には，（西）ドイツに1万9000人の法学部の学生がいた[13]。これを，人口に対する法学の学生の割合で計算すると，(i) 1万人に1人，(ii) 8000人に1人，(iii) 7357人に1人，(iv) 2951人に1人，(v) もほぼ同数，となる。

また，戦後の1952年の入学者数2829人を（卒業までほぼ5年間かかるとして学生の総数を推定するために）5倍しても，1万4145人にすぎないから，1930年の法学部の学生数2万2060人に比してそう増加しているとはいえない（減少分は，おもに東ドイツ地域の大学の統計がはずれたためである。ほぼ人口比で25％を附加しても，1万7681人にすぎない）。2001年の数字では，人口およそ8000万人に対し，法学部の入学者数は1万7742人である。少なくとも法学部については，大学進学率の上昇は，頭打ちといえる。卒業後の就職難から，あまり魅力ある分野でなくなっているからである。

このような大量進学時代において，量が質を変化させることは避けられない。人的・物的資源や設備の不足が叫ばれて久しく，他方で社会の進展も急速であった。基本的なカリキュラムにかなりの進展があったとしても，結果として質の軽減化が生じたのである。

(2) もっとも，規模が適性であるかぎり，量的な増加が質の上昇をもたらすことは多い。19世紀末から20世紀の初頭までの増加は，そのようなものであった。そして，20世紀の1930年代までの大学進学数には，ドイツ学術の全盛期が反映されていた。この場合も，この時代に求められる学術の水準

19 世紀の大学学生数

Mitchel, European Historical Statistics 1750-1975, 1980 年, およびその翻訳（2 版）808 頁—810 頁参照。

①	1880	1890	1900	1910	1920	1930	1940	1950
ドイツ○	21432*	28359*	47986	70183	119412	127742	49702	116896
フランス△	--	19821	29901	41190	49931	78674	76485	139593
イギリス	--	--	--	--	58952	62312	44034	102012

　　　　　* 男子のみ　　　　　　　　　イギリスは 1922 年

②	1950	1960	1970	1975
ドイツ○	116896	212021	411520	675946
フランス△	139593	210900	651368	806268
イギリス	102012	125530	250494	286267

1950 年以降は，東ドイツを含まない（1960 年代から，ほぼ 10～15 万人規模である）。

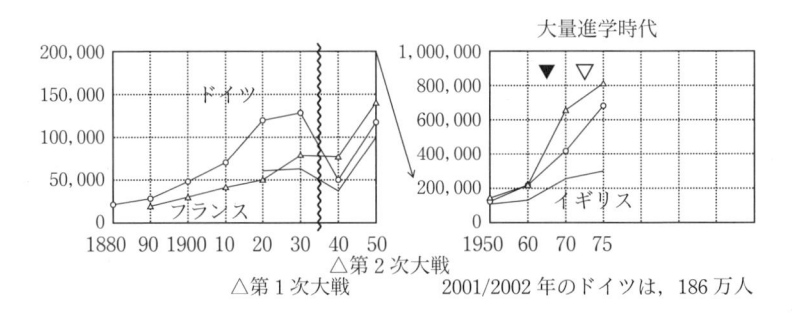

　と教育のシステムが適合していたということであろう。

　また，どの国においても，第 1 次大戦は，長期的には必ずしも大学進学者の数を減少させなかったが，第 2 次大戦は，いちじるしく減少させた。第 2 次大戦が文字通りの総力戦であったことを物語っている。そして，法律の分野においても，戦時中の頭脳流出の現象がみられた[14]。

　戦後の進学率の爆発的増大は，1950 年代に始まったが，フランスではとくに 1960 年代が，ドイツでは 1970 年代がいちじるしい。1970 年代のドイツでは，進学率は，1960 年台の 3 倍以上にも達し，大学生の数は，100 万人を超えた。とくに法学部については，以下を参照。しかし，1980 年代には頭打ち

大学において勉強し始めた者の数（ドイツ）

	1952	1956	1961	1966	1970	1977	1980	1983	1988
全体	24189	35890	47001	57000	61562	212000	220800	232552	246249
法	2829	5573	3898	6669	5881	11235	14446	15500	12511

（Studienanfänger の数。ほぼ 1 学年の数であるから，全体の数は，これに在学年数をかけたものとなる。在学年数も，当初の 4 年から，しだいに 6 年近くまで延びた。1990 年代には，その短縮が図られるようになった）。

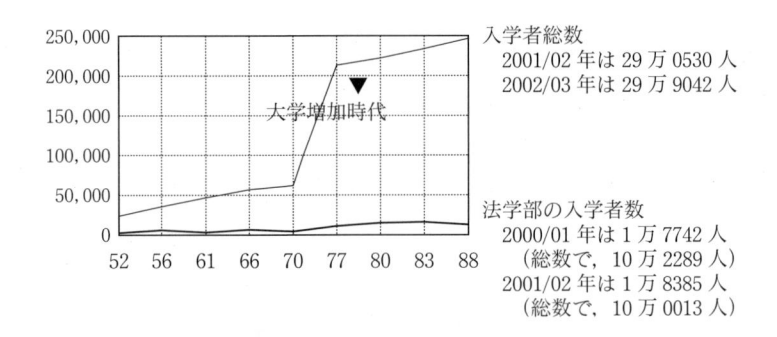

入学者総数
2001/02 年は 29 万 0530 人
2002/03 年は 29 万 9042 人

大学増加時代

法学部の入学者数
2000/01 年は 1 万 7742 人
（総数で，10 万 2289 人）
2001/02 年は 1 万 8385 人
（総数で，10 万 0013 人）

となり，対人口比では，むしろ停滞した。イギリスにおける増加も，1960 年代にいちじるしく，1980 年代まで継続的に続いた。

2　大学進学率

　ドイツの大学進学率は，その人口規模を考慮すると，他のヨーロッパ諸国に比してかなり低い。早い時期に進路の選択が行われるドイツでは，比較的進学率は低く，1970 年代に，実業学校の卒業生に高等教育を与えるために専門大学が作られたことを考慮にいれても，なお全体的な大学進学率は，3 割程度にとどまっているのである（2001/02 年の実数で 186 万人）。これは，わがくにやアメリカでは，大学進学率が 4 割を超え 5 割に近い（平 14 年＝ 2002 年度の文部科学白書。短大を含むと，48.6％）ことと対照的である。

　先進工業国の平均はおよそ 4 割である。名目上の進学率の高さは，わがくにでは，より深刻な問題を引き起こすと考えられるが，この点については立ち入らない。たとえば，大学の講義についていく水準に達しない者が入学し，補習を必要とすること，長期の休学者や不適格者，退学者の増大などである。

高等教育をうけている学生数

Eurostate Yearbook 2000, A Statical Eye on Eruope 1998-1998（ヨーロッパ統計年鑑）118頁。
(Education across the European Union: statistics and indicators, 1998, Eurostate)

年	88	89	90	91	92	93	94	95	96	97	98
ドイツ○	1626	1687	1720	2049	2034	2113	2148	2156	2144	2132	
フランス△	1402	1477	1585	1699	1840	1952	2083	2073	2092	2063	
イギリス	1086	1113	1178	1258	1385	1528	1664	1813	1821	1891	
日本□	--	2588	2683	--	--	--	3841	3918	3945	--	
アメリカ	2767	3055	3539	3065	4359	4486	4305	4279	4262	--	

アメリカは，これにプラス10000　　　　　　単位1000人

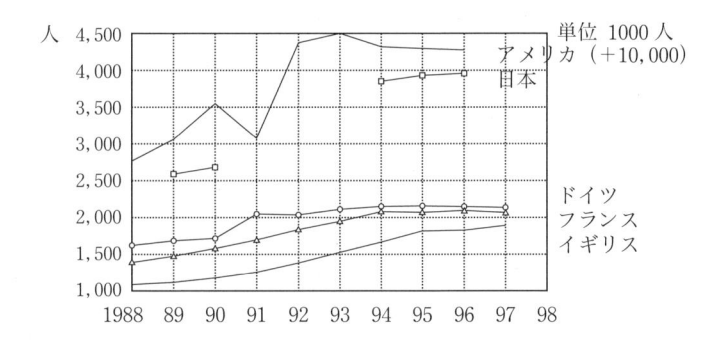

大学の大衆化が進んだアメリカにおいては，早くから問題とされている。あるいは，学士入学や聴講生の増大や実用系の教育における実習の困難という問題もある。また，入口の問題だけではなく，出口の問題である資格ある失業者の増大も深刻になる。

もっとも，進学率の上がらないことには，ドイツの初頭教育の構造に根ざしたものがある。この構造は他の影響をも与えており，たとえば，OECDの教育の国際調査の結果，2004年（2003年実施）も，ドイツは低い点数をえて，ほとんど順位を改善しえなかった（2000年の初調査と比較すると，参加32ヵ国中で，数学的応用力は，20位から19位へ，科学的応用力も，20位から18位へと微上昇したが，読解力は，21位のままにすぎない。問題解決能力も16位である）。同様の結果をめぐって，数年来広い論争が起きており（いわゆるPISAショッ

クである。PISAとは，Programme for International Student Assessmentの略），原因として授業時間数の不足，授業規模の大きいこと，予算の不足を指摘するもの，この手の国際比較の不当性をいうもののほか，教育制度の欠陥を指摘するものがある。ドイツでは，10歳までの4年間の小学校の教育のあと，本課程学校，実業学校，ギムナジウムの区別があることから，必然的に9年目（15歳）の義務教育終了時の平均点は低くなる。平均点を上昇させるには，この構造的な原因を除去することが必要となる。現在，9年目までの平等な教育（Schule für alle）が唱えられている(15)。2004年調査の結果を学校の種類別に分析すると，わずかながらも学力の改善をもたらしたのは，ギムナジウムの生徒の成績が良かったことによるといわれ，他の種類の学校の改善の必要性が実証された。

第4章 研修（継続教育，インターン，エックスターン），マイスター

1 研修と修習

(1) 勉学期間の長期化に対する対策としては，研修期間（インターン）として学生と区別するか，エックスターンを活用し多少の報酬の獲得が可能なものとする方法がある。授業料の低廉（免除）や所得をえる可能性は，同時に，社会人や，継続的にストレートで入学する学生以外の者に対する勉学の選択肢を広げる。

研修や修習の制度は，ドイツには古くからみられる。ドイツでは，司法試験だけではなく，教職などにも，2回の国家試験があり，その間に教育研修がある。その間の身分は，司法研修と同じく，Referendar（修習生，研修生）である。

研修期間は，単純な教育課程でも，独立した職業課程でもない。研修生の地位は，ドイツの伝統的なMeister（親方），Geselle（職人），Lehrling（徒弟）の分類のうち，徒弟に近い。制度的な実習（Praktikum）がなくても，事実上実習生（Praktikant）として働く場合もある。したがって，授業料の負担がない代わりに，報酬も名目的なものにとどまるのである。ドイツにおいては，この中間的地位は，昇進（プロモーション）のつぎの段階でも継続し，助手は，

徒弟的な地位をえるにとどまる。さらに，私講師（Privatdozent）も，伝統的には無償の地位にとどまったのである（聴講料のみを取得）。

　これに対し，アメリカ型のコースでは，助手はむしろ職業の初期コースであり，有償を原則とする。助手の前段階は，博士課程の大学院生であり，その身分は学生である。形式的には，Referendar のような中間的地位は存在しない。しかし，博士課程の院生の多くは，TA（Teaching Assistant）として働くことが多く，授業料の免除をうけ，報酬をえる。必ずしも高額ではないが，日本の国立大学の TA ほど低額ではない。後者は，一学期にうけ取る報酬は，たかだか30万円程度にすぎず（RAで若干上回る），たんなるアルバイト報酬程度である。アメリカでは，報酬そのものは軽微であっても，授業料の免除と結合される結果，合計額は有力な私立大学の年間授業料の2万5000ドルを超えることがある（もっとも授業料も高騰しており，しばしば4万ドルを超える）。

　ドイツでも，1960年代の大学紛争の後から，上級助手や研究補助者，研究協力者という新たな形態が生まれている。最後のものは，アメリカ型の TA に近い。本採用になる前に，職業訓練を行うものである。

(2)　日本では，就職した場合と学生との間のギャップが過大にすぎる。教育課程では，高額な授業料を払うことが必要であるのに対し，職業となると，たんに授業料が不要であるだけではなく，報酬をうけとることもできる。しかも，後者には，テニュアまで附加しているために，極端なギャップとなるのである。TA，RA の導入や任期付き助手の制度が採用されつつあるが，より中間的な形態を促進する必要がある。たとえば，研究協力者としての資格の確保や，TA，RA への大幅な授業料免除である。養成期間が長期化するに伴って，人材確保の観点からも必要となろう。

　2001年，ドイツの大学の法学部に限定してみれば，学術に関する総人員は，3497人で，教授が1098人（うち女性は96人），講師と助手は477人（うち女性が107人），他の研究協力者（wissenschaftliche Mitarbeiter）や研究補助者は1882人（うち女性は727人），他の研究補助員（Lehrkräfte）は40人（うち女性は13人）であった。全体の数字は，毎年増加しつつあるが，最後のカテゴリーだけは減少している（ちなみに，これは語学や芸術に多い。たとえば，Sprach- und Kulturwissenschaften allgemein では，教授99人に対し，310人である）[16]。

2　インターン

(1)　ある職業について，その資格を最終的に取得する（たとえば，国家試験）のに先だって実地訓練を課する場合がある。そのための制度がインターンシップ（Internship）であり，その研修生がインターンである。通常，教育課程の最終段階に位置するが，学校を卒業した後，職業の見習いとして行う点で（いわば本籍を移す），後述のエクスターンと異なる。インターンの用語は，一般には医師に用いられ，日本でも1968年まで，インターンの制度があったが，これは種々の矛盾から廃止され，その後設けられた研修医の制度は，義務的ではなかった（後述第5章参照）。教員免許状の取得に関しても，かねてインターン制度を設けるべしとの意見はあったが，実現されていない。日本でも教育実習はあるが，たんに授業の一部として短期間行われるにすぎない。むしろ，内容は，大学に本籍をおいたまま，関連する職業で実地訓練をするエクスターンシップ（Externship）の一種である。

1990年代以降，わがくにでも採り入れられたTAは，本籍のある自校において一種の職業訓練でもある補助業務を行うが，その性格は現在のところ必ずしも明確ではない。実質的にはエクスターンシップと同じであり，同じ業務を自分のA大学ではなく，B大学でする場合には，形式的にもエクスターンシップとなる。TAの人材の流動性を高めることが，望ましい点もあるが（違う環境を知ることや，学閥や大学間の植民地主義を排除する），採点や研究の補助で守秘性が必要な場合もあるから，いちがいには優劣はつけられない。この点も，アメリカやドイツなど，学生にもともと流動性がある場合には，それぞれの長所を採り入れやすい。

(2)　司法研修でも，日本の修習は授業としての性格が強い。ドイツのそれはもっと職業に近く，文字通り実地訓練である。有償性の由来でもある。性格はかなり異なるが，兵役の代替として行われるZivildienst（民事代替役務）の者が，各種の半公的な職業の補助をする場合と，社会的機能は類似している（比較的低い賃金で，初歩的な職業をこなすものである）。

社会の伝統的・基本的な制度が，一見それとは無関係な分野にも影響を与える場合がある。法律職もそのような分野で，ドイツの独立営業者を対象とするマイスター制度の影響は大きい。そこでは，伝統的な徒弟制度の崩壊後

も長らく，手工業法の指定した（原規定）125 の職種においては，独立の営業をなすには，マイスターの資格の認定が必要であり，その獲得には，マイスターのもとで，徒弟，職人として修行し，マイスター試験に合格しなければならなかった。

　しかし，2003 年 3 月 14 日に，シュレーダー政権が施政方針演説で掲げた Agenda 2010 による包括的な構造改革案のもとでは，社会保障制度と労働市場の近代化が行われた。その一環として，2004 年の手工業法改正では，従来の労働市場の閉鎖性を打破するために，手工業指定の 94 の業種の独立開業規制を，53 業種では廃止し，規制の残る，危険性の高いあるいは職業訓練に時間のかかる業種でも，一定の条件（職業経験 6 年）により，マイスターの資格なしに開業できることとなった[17]。法律職の多様化（国家試験の意義の減少）は，このような改革を先取りしている。

　また，イギリスでも，法曹養成システムは，大陸のそれとは異なる。19 世紀にいたるまで，裁判所の判例によって発展したコモンローは，実務によって教えられ伝えられた。法曹の教育機関として大学の機能が増大したのは，ようやく 20 世紀になってからである。すなわち，大陸の大学法学部は，伝統的に，官吏や司法官の養成を主としたものであったが，イギリスでは，もともと同業者的な養成の伝統が長く続いたのである。裁判官も，バリスター経験者から選ばれたからである。

　そこで，伝統的な法曹の養成は，おもに弁護士（barrister, solicitor）のためのものであった。そして，バリスターの養成は，法曹学院（Inns of court - the Inner Temple, the Middle Temple, Lincoln's Inn, Grey's Inn）に，今日ではそれによって構成される法学教育評議会（Council of Legal Education）により，ソリスィターの養成は，事務弁護士協会（Law Society）によるのである。これらは，ともに職能的組織である。その学問化が，近時の養成課程の課題である[18]。

3　エックスターン

(1)　同じく職業訓練をするといっても，インターンでは，すでに学生（徒弟）の身分から本籍が移されているから，雇用者は，病院などの仮採用者で

413

ある。他方，エックスターンは，まだ本籍は学生であるから，身分は大学に属する。したがって，医療過誤や訴訟過誤の場合に，その責任は訓練主体に属するが，インターンでは（病院などの）被用者となり，エックスターンでは学生は訓練主体の手足となり（業務ごとの履行補助者），それぞれ訓練主体が使用者として負担する（使用者責任）。医療過誤保険や訴訟過誤保険はその契約内容によるが，対象となる「職務」内容に相当の差が生じることは避けられない。

　そこで，エックスターンの場合に，訓練主体（法律事務所など）は，特別な契約によって，大学に責任を転嫁する可能性がある。いわば大学を身元保証人とする身元保証契約による場合である。一部の弁護士事務所のこのような主張が問題となる。しかし，職業訓練は，たんなる大学の道楽に訓練主体が付き合うというものではなく，ほんらい職能団体によって自律的に行われるべき職業人の養成の１プロセスを社会が肩代わりしているにすぎない（上述のイギリスの養成制度参照）。医師の場合であれば医師会が，弁護士の場合であれば弁護士会が，それぞれが後継者を維持するためにするべきことを，公益上の視点から国家ないし社会が制度的に保障するものである。したがって，訓練主体は，自分の利益のためのみに，養成への負担を回避し，転嫁するべきではない。「養成」の内容には，このような危険へのアクセスも含まれるのである。なお，わがくにの身元保証契約それ自体の前近代性も，このような契約を制限するべき理由に附加される。司法修習生の弁護士研修にあたっては，このような主張が行われることはない。

　(2)　2002年のドイツの養成制度改革において，大学の勉学も，従来よりも，オールラウンドな裁判的, 管理行政的, 法律相談的な実務(die rechtsprechende, verwaltende und rechtsberatende Praxis)に向けられた。従来の裁判的な勉学から，とりわけ法律相談的な勉学に軸足を移すことが必要となる。そして，司法研修でも，弁護士研修の強化によって，内容的，手続的，人的に，弁護士職が法曹養成にいっそう関与することが必要となった。連邦弁護士法も，従来のままでは弁護士研修について内容的に不十分となった。法曹養成は，とくに裁判上および裁判外の弁護士活動，依頼者との交渉，弁護士職務法および弁護士事務所の組織をも対象にしなければならない。

この趣旨から，連邦弁護士法も改正された（59条1項）。すなわち，従来，実務研修において修習生を指導し，実務的仕事を与えるとされていたのを，より積極的に，修習生の養成に協力する（mitwirken）義務をおうものとされたのである。また，弁護士会および理事の責任の1つとして，学生および修習生の養成と試験に協力するべきこと（従来は修習生の養成への協力）が規定された（73条2項9号）。たんなる協力から，義務的なものに高められたことが注目されるべきである[19]。これにより，弁護士事務所の養成への義務性が明確となり，責任の転嫁のよちはなくなった。

(3) 継続教育や人事交流の重要性は，わがくににも認識されつつある。現在でも，裁判所では，経験10年未満の裁判官である判事補を対象に，経験の多様化を目的として，民間企業研修，行政官庁への出向，海外留学などを実施しているが（民間企業研修には，4カ月短期コースと1年間のコースとがある。前者で年間20人，後者でその半分程度），2005年4月から，裁判官，検察官になって10年未満の若手に対し弁護士としての研修も開始される。「官民交流法」の仕組みを適用し，初年度は，それぞれ10人前後が予定されている[20]。多様な社会経験を積ませることを目的とするが，裁判官や検察官としての給与を付与され，公務員の身分も保障されることから，真の弁護士活動といえるかとの疑問がある（国家賠償訴訟や裁判官忌避の申立）。英米型の法曹一元が

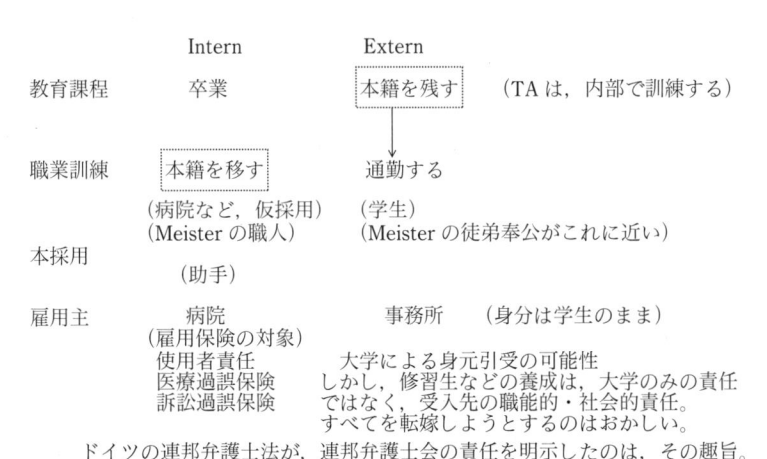

	Intern	Extern	
教育課程	卒業	本籍を残す	（TAは，内部で訓練する）
職業訓練	本籍を移す	通勤する	
	（病院など，仮採用）	（学生）	
	（Meisterの職人）	（Meisterの徒弟奉公がこれに近い）	
本採用	（助手）		
雇用主	病院	事務所	（身分は学生のまま）
	（雇用保険の対象）	大学による身元引受の可能性	
	使用者責任	しかし，修習生などの養成は，大学のみの責任	
	医療過誤保険	ではなく，受入先の職能的・社会的責任。	
	訴訟過誤保険	すべてを転嫁しようとするのはおかしい。	

ドイツの連邦弁護士法が，連邦弁護士会の責任を明示したのは，その趣旨。

第3部　法曹養成の現代的課題

完全に別個の身分で行われるのとは異なっており，また増員されるとしても人数的にも十分とはいえない。

第5章　医師研修と司法研修

1　医師の臨床研修

(1)　2004年から，医師国家試験に合格した医師には，2年間の臨床研修が必修となった。かつて1968年までは，医師のインターン制度があった。これは，アメリカにならって，大学医学部卒業後1年間，大学病院や認定病院において，臨床の実地訓練を積んでから，国家試験の受験資格が与えられる制度であった。しかし，日本では，インターンの期間中は無給で，職業としての身分も保障されず，他方，学生としての指導をうける体制や研修条件も不備であった。このような矛盾から，1960年代の大学紛争の争点の1つともなり，1968年の医師法改正により廃止されたのである。

その後は，医学部の卒業後，ただちに国家試験を受験できるようになったが，医師免許をえてから2年間，大学病院や厚生省指定の病院で研修をうけた者を登録する臨床研修医制度が行われてきた。これは，義務制ではない任意の研修であるが，職業とも，学生ともいえない中途の身分関係を引き継いだものとなった。

そして，研修は，おもに大学の特定の医局において，特定の分野を対象としてするものに限られたのである。専門分野の高度医療を学ぶには適し，その側面では学生であったが，反面，専門医としては下部労働力でもあり給与は低く（研修医の手当は私立大学病院で平均月額10万円にみたないといわれた），一般病院での休日，夜間アルバイトなどをよぎなくされてきた。その負担と，特定の分野の研修しか経ないことから，医師のオールラウンドな知識が乏しく，初期診療（プライマリーケア）の能力の欠けた医師が多く輩出したのである。このような状態では，症状が類似する異分野の病気に対応することはできず，開業医として不適切であるだけではなく，専門医としても，十分ではない。2000年の医師法改正により，2004年からの必修化が決定された。

(2)　新たな新人研修は，教育的な性格のものであり，身分としては学生的

な性格を強化している。大学病院と厚生労働省の指定する病院において，内科，外科，救急・麻酔科，小児科，産婦人科，精神科，地域医療を研修することが必須となった。また，研修に専念できるように，約1万人の研修医に対する30万円程度の月給が予定されたことから，厚生労働省も171億円を予算に計上した。前年の2003年の4倍にもなり，そのうち60億円は，研修医の給料の補填にあてられる。もっとも，国の補助金増額以外にも，診療報酬改定の収入があてられることから，1万5000人前後の研修対象者に，たとえば月額30万円の給与を払うとすると，研修費用の総額として，年に約540億円が必要となる[21]。

なお，これに伴い，臨床研修が必修化された2004年度以降，研修で決められた医療機関以外で患者を診ることは禁止された。

2　司法研修の費用

(1)　これと比較すると，司法修習生の合格者を3000人とした場合に，研修医との比較で，単純に5分の1の人数としても，約100億円が必要となることになる（現在は，概算でおよそ月額20万円として1000人で24億円。任期1年半で36億円）。しかし，部分的にでも診療報酬での対応が可能な医師と異なり，修習生では，純粋に国家の負担とならざるをえない。年額およそ1人330万から360万円の司法修習生の給費制度は，かねてから検討の対象となってきたが，2006年度から新司法試験によって合格者が増加されることから，廃止される[22]。

ドイツを参考とすると，そこでの総費用は，月額10万円で1万人としても120億円となる（任期2年でその倍）。わがくにの負担ははるかに小さい（3000人となっても，任期が1年となれば，72億円程度となろう。1人300万円としても，90億円）。人口や予算規模からみると，「法化」社会にはこの程度の負担は必要と思われる。修習生の給料の無償化は，ただでも重厚長大で個人の負担の重い法科大学院型の養成から人材を遠ざける結果となろう。他方で，研修医と異なり，多少の適切なアルバイト（ドイツと同じく）は，容認可能である。これは，その内容にもよるが，豊富な経験を積む必要からむしろ推奨される。もっとも，その時間がとれるかどうかは，べつの問題である。

司法研修にも，職業の一部か学生か，不透明な面がある。たんに，給与を与えるかという観点だけではなく，きちんとした議論をするべき時期にきている。どのような養成を目的とし，どう位置づけるかの検討が不可欠である(23)。

〔追記〕　大学付属病院で働いていた研修医の過労死をきっかけに，研修医が労働基準法や最低賃金法に定める「労働者」に当たるかどうかが争われた。最高裁は2005年6月3日，労働者に当たるとする初判断を示し，大学Yの上告を棄却した。死亡した研修医の親Xが勝訴し，研修医が受領していた「奨学金」と，法律で決められた最低賃金の差額の支払を大学に命じた二審・大阪高裁判決が確定した。研修医があいまいな身分のまま，低い待遇で長時間労働を強いられることは，医療事故の背景ともなっている。最高裁は，「臨床研修は教育的な側面を持つが，研修医が医療行為に従事する場合には，病院開設者のための労務の遂行という側面を持つのは避けられない」とし，また「開設者の指揮監督の下に労務を行ったと評価できる限り，研修医は労働者に当たる」とした。

最判平17・6・3民集59巻5号938頁「この臨床研修は，医師の資質の向上を図ることを目的とするものであり，教育的な側面を有しているが，そのプログラムに従い，臨床研修指導医の指導の下に，研修医が医療行為等に従事することを予定している。そして，研修医がこのようにして医療行為等に従事する場合には，これらの行為等は病院の開設者のための労務の遂行という側面を不可避的に有することとなるのであり，病院の開設者の指揮監督の下にこれを行ったと評価することができる限り，上記研修医は労働基準法9条所定の労働者に当たる」。そこで，Aは，Yの指揮監督の下で労務の提供をしたものとして労働基準法9条所定の労働者に当たり，最低賃金法2条所定の労働者に当たるというべきであるから，Yは，同法5条2項により，Aに対し，最低賃金と同額の賃金を支払うべき義務を負っていたものというべきである。

(2)　2004年に導入された新たな医師研修には，つぎの予期しない結果を生じた。

第1は，誤算といえるものであり，大学病院を希望する学生が少なく，一般病院との競争では，大学病院は敗北したといわれる。一般病院が4割，大学病院は6割（従来は約7割）にとどまったのである。初期検診の研修は，オールラウンドな能力を目ざすものであり，高度に専門化した大学病院よりも一般病院のほうがふさわしいからである(24)。もっとも，長期的な成果は未確

定である。

　司法研修でも，学生が専門性を希望するか，それともオールラウンドな能力を目ざすかには疑問がある。後者の場合には，この医療研修と同じことが生じる。しかし，司法研修（あるいはその準備段階としてのロースクールの選択コース）では，卒業後の就職の観点からは，むしろ専門性を目ざす傾向が顕著に出る可能性がある。少なくとも，公法・私法・刑法にまたがるオールラウンド性への志向は弱い。もっとも，試験の段階では，合格のためのある程度のオールラウンド性は確保されよう。

　アメリカの医療では，オールラウンドな能力をつけた医師が，OJT の段階で，段階ごとの専門医試験をうけ，専門医となる。普遍性と専門能力の統合という意味からは，法律職においても，参照とするところは多い。すなわち，OJT ないし資格取得後の再教育である。社会や技術の進歩が早い今日，司法職に関しても考慮に値する。

　第1の，大学以外の指定病院で研修医の約4割が研修をうけるとの誤算には，地域医療へのしわ寄せという第2の誤算が伴った。すなわち，従来，大学医局において労働力となっていた研修医が減少したことから，大学医局は，関連病院から医師を呼び戻した。医師不足が問題となるような病院は指定病院となっていないから，医師の派遣をうけていた地方の病院には，医師が不足する事態となったのである。従来これらの病院は，大学の医局から半ば強制されてきた医師の派遣をうけ，その見返りに医学部や医局に研究費を寄付したり，無給の大学院生を当直などに雇って生活を支える関係にあった。これらの医師引き揚げという事態は，厚生労働省にも地方自治体にも予想されていなかったといわれる[25]。

　地域ごとに必要な病院には，指定病院として認定される必要がある。地域性の要件は，研修＝教育からはみ出すおそれがあり，労働力と教育とは両立しがたいという1例ともなる。地域医療は過疎地でも必要なのに反し，大学や指定病院は人口密集地域に多く，しばしば需要と供給が一致しないからである。

　また，大学病院でも，問題が生じた。学生が，一般病院に逃避しただけではなく，新研修医は，従来のような下働きをしないので，労働力不足が生じ

たのである。また、無給の医師が激減する結果、経費も大幅に必要となる。従来は、重症患者と最新の情報が集まる大学病院にいることは、高度な手術や技術の習得、ひいては博士資格の取得にも有利であった。

　全体として、労働力としての医師が、教育プロセスに流れたのである。教育課程の伸長にともなう現象であり、一面では、従来、職業と教育を混乱させ、教育課程の学生を無償で、職業に使っていたことの反動である。教育と職業との人材の争奪という面も有する。ただし、職業と教育の混乱は、必ずしもなくなったわけではなく（図式的にいえば、従来は職業にもかかわらず報酬がなく、改正後は教育なのに報酬が高められた）、少なくとも司法研修との対比では、報酬はいちじるしく高められたことが特徴である。給与が廃止される司法修習との相違は大きく、医療と司法とに対する国の取組みの相違がうかがわれる。

　(3)　2004年の最初のロースクール試験にも、特徴がみられた。その検証はまだ将来の課題であるが、2004年の最初のロースクール試験は、長期間受験のベテラン受験生が在学生をかなり押し退けた点で、問題を残した。在学生でも早くに準備のできた一部のトップクラスは合格したが、その下は少なくとも出身の大学では合格しなかったことが多い。そして、大学の4年生が、ロースクール試験のために予備校にいくという新たな問題を生じている[26]。

　従来の大学院試験との違いは、内部からの囲い込みが減少したことである。在学生が多数のロースクール試験をうけ、その相当部分が落ちたことから、出身校への集中ができなかったのである。また、ロースクールも、2年または3年後の新司法試験を意識して、自校の学生よりも、いわゆる名門校の出身者を選んだからである。学生の流動化が起こったことは、一面では望ましいが、他面では、大学の名門ブランドが、大学院レベルでも生かされることになった。

　学生の流動化は、医師の研修でも指摘されている。研修先として、一般病院を希望する学生が多く、大学病院を希望する学生が少なく、かりに希望する場合でも、自学部と同じ病院を希望する率は低かった。もっとも、全員が自校出身の純粋培養方式のところもあり、国立7校、私立13校では9割以上を占めたという。思いがけず、旧帝国大学での自校出身率が低下したところ

が，新しい。ただし，前述のように長期的な成果は未確定である。

　しかし，ロースクールでは，全体的な移動が長期間のベテラン受験生の移動の結果（在学生への玉突き現象）であったとすると問題が残る。当面，旧試験が廃止されないことと合わせ，試験方法を工夫しないかぎり，（真正の社会人を除き，少なくとも年長者に関して）ロースクールが長期間のベテラン受験生の吹き溜まりとなる可能性があるからである。

　入試における単純な積み上げ方式の試験評価では，中庸の大過ない者が有利となる。4年在校生は，単純な知識面では，長期間のベテラン受験生には対抗できない（2004年1月の試験）。もっとも，新司法試験が，従来とそう変わらないものであれば，各ロースクールが一定の合格率を確保するには有益かもしれない。結局，定型的な暗記思考型出題では，合格には相対的に時間をかけることが必要になるからである。しかし，新司法試験が性格を変えた場合には，暗記思考型では合格はおぼつかない。積み上げ方式ではなく，養成の目的にそくした選抜が必要となる。特定の要素を重視し，バーとして機能させる必要がある。たとえば，英語や自己推薦書・論文・社会人の実績などである。この場合には，入学後や卒業時の成績などとの相関を調べる追跡調査が不可欠である。

　なお，従来の経験からすれば，強い官僚制のもとでの試験には，変化に対応する能力はそう大きくなく，激変はないとすれば，（大学側のみで）あまり議論したり新しい工夫をする実益はとぼしいともいえる。せいぜい，積み上げ方式で，重点的にみる分野を検討する程度でもよいことになる。ただし，この場合でも，研究者養成については，学部の段階から積極的に行う必要がある。金も時間もかかるロースクールでは，必要数を確保することはむずかしい。

第6章　むすび

　(1)　養成期間の長期性については，かねて先進諸外国と，大陸諸国とイギリスや他のコモンロー諸国との法曹教育の相違に関連して，ふれたことがある。大陸諸国はいうまでもなく，アメリカ以外のコモンロー諸国，たとえば

2004年度（初年度）ロースクール学生割合

出身学部　出身学

	法学系	文系学部	理系学部	その他
学生数	3779	1269	486	233

	学生人	社会人*
学生数	2975	2792

入学者5767人　総定員5590人
　　* 社会人には，司法浪人を含む

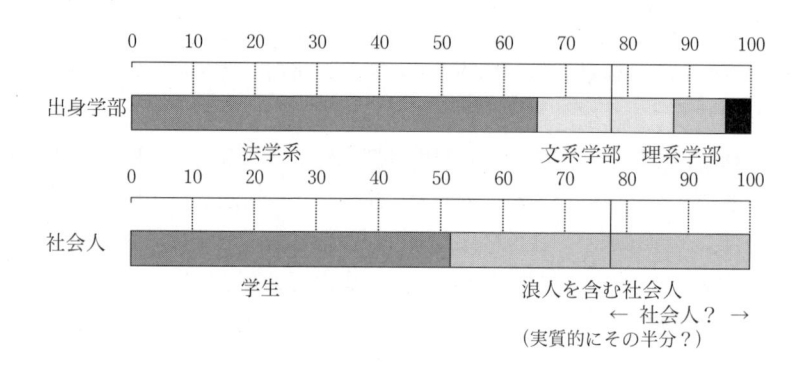

出身学部：法学系／文系学部／理系学部

社会人：学生／浪人を含む社会人
　　　　　　　　← 社会人？ →
　　　　　　　（実質的にその半分？）

　　文系学部といっても，経済学部や人文学部の行政や法学コースも含まれるから，半分
　程度はその学生や卒業生であろう。また，社会人の概念は統一されていないが，およそ
　半分程度は，司法浪人と推測される。また，学生には，5年，6年の留年生も含まれる
　から従来型の司法浪人は，かなりの数になるものと推察される。

　カナダやオーストラリアでも，法曹教育は基本的には学部で行われている。そこで，これらとヨーロッパ大陸にみられる学部と司法研修による養成か，あるいはアメリカ型の学部における専門教育を必要としない大学院による養成に大別される[27]。

　養成期間の問題は，養成課程への入学者の選抜や卒業生の就職とも関係している。これらについても，本稿では立ち入りえない。なお，近時，オーストラリアの法曹養成との比較で，興味深い指摘がある[28]。すなわち，オーストラリアでは，ロースクールによって法曹となる道もあるが，著名なロースクールに入学するために，学部で優秀な成績を修める必要がある。そこで，高校や大学で数学や化学を選択する傾向があるが，これらの分野で高い学業成績を修めた者が法律の分野でもすぐれた業績を残すとは限らない。また，高

校や大学の数学や化学の専攻課程に入学するさいに必要な学業成績はそれほど高いものではないが，これらの分野を専攻した者には，さらに法律職を含む他の専門課程に進もうとする傾向がある。そこで，現行のロースクールの入学選抜方法では，法律以外の分野に向いている者を集め，かえって法律家としての才能を有する人材を他の分野に逃がしているというのである。

また，就労者やロースクールの高額な学費を払えない者，高校や大学学部でよい成績を修めていないためにロースクールに入れない者については，低廉な学費の夜間部法曹養成コースがある。このような多様な方法が，当面わがくにでは欠けている[29]。

(2) 期間の短縮については，かねて紹介したドイツの専門大学における経済法専修コースが参考となる。これは，その後，一般の大学にも拡大しつつある。その背景には，毎年およそ1万2000人の第1次国家試験の合格者，1万人の第2次国家試験の合格者がいるにもかかわらず，公職につける者は，1500人から2000人と少なく（およそ15％から20％。他方，希望者は第2次国家試験合格者の4分の1と推定される），残りは弁護士か経済界に職を求めている。しかも，弁護士の数は1990年の5万9900人から，2003年の12万1420人と，ほぼ倍に増加している。この間東ドイツ地域で求職する可能性があったが，それももはや満杯となっている。経済界で就職する場合には，法律学だけの教育では十分ではなく，不経済な制度となっている。

すでに20の専門大学が，経済専修コースを有している。卒業生の就職状況がよいことから，入学希望者も多い（ときに10倍にもなる）。しかし，これに対して，専門大学の教育は，実務偏重で，マニュアル的であり，必ずしも学問的ではないとの批判がある。そこで，むしろ一般の大学において同様の教育を行うことが望ましく，あるいは一般の大学では，伝統的な司法官の養成と，新たな弁護士養成とともに，経済界向けの教育を行う必要がある。法曹養成の第3の道と位置づけられる[30]。これに対しては，法律家の統一的養成を壊すとの反対論もある。

大学に経済専修コースをおく場合にも，カリキュラムは，専門大学のそれと似た経済および経営と語学の重視であり，卒業資格も，国家試験ではなく，大学ごとの卒業試験による。卒業試験にカリキュラムが反映されているので，

第3部　法曹養成の現代的課題

パッサウ大学の例によってみると，卒業論文，4書面試験と口述試験からなる。卒業論文は，企業や経済に関連するテーマを扱い（25%），書面試験は，私法の3試験と公法の1試験からなる（40%）。口述試験は，商法・経済法の1試験と，経済学関係の2試験，選択科目の1試験からなる（20%）。ほかに，専門に関する語学試験が2である（15%）。卒業論文は，中間試験によって代えることができ，その場合には，20%の配点となる（書面試験が50%，語学試験は10%となる）(31)。

大学と専門大学のコースの相違に加えて，大学自体のコースの多様化から，ドイツの法曹養成は，二元化から多様化の時代に入ったものと位置づけられる。これは，わがくにの法曹養成が，国家試験（資格）重視のロースクールの制度をおいたのとは逆の方向であるが(32)，わがくにでは，まだ学部の再編は緒についたばかりであり，その方向性を示唆するものでもある。

(1) これにつき，小野・一論130巻1号参照。同・司法の現代化と民法（2004年。以下，【現代化】と略す）409頁。なお，小野「転換期におけるドイツの法曹養成の動向」法の支配131号52頁をも参照。なお，養成期間の長期化に対しては，その短縮が課題であることはいうまでもないが，本稿では立ち入らない。

〔教職大学院は，2005年には名称も定まり，当初2007年から予定されていたが，開設は，2008年となった。2007年11月27日に，19校が認可された。〕

(2) 梶田昭・医学史（2003年）228頁。わがくににおける医学教育のドイツ型とイギリス型については，同書307頁。明治初期には，医学教育を病院に基礎をおく臨床指向のイギリス型医学と，大学に基礎をおく科学的訓練と研究型のドイツ医学との対立があり，当時優勢であった後者が選択されたのである。

(3)【現代化】370頁。また，小野「転換期におけるドイツの法曹養成の動向」前掲法の支配131号52頁参照。

(4) 前者として，Hommelhoff/ Teichmann, Das Jurastudium nach der Ausbildungsreform, JuS 2002, S.839; Hommelhoff/ Teichmann, Revolution in der Juristenausbildung, JuS 2001, S.841. 後者としては，Ranieri, Der Computer, mein Repetitor, Die Neuen Medien und die neuen Verwurrungen in der deutshcen Juristenausbildung, JZ 2001, S.856. がある。

(5) Joecks und Guse, Juristenausbildung: Der Studiengang 》Bachelor of Laws《 an der Universität Greifswald, NJ 2002, S.568.

1990年代の末には，専門大学の経済法専修コースの成功をうけて，一般の大学にお

第1篇　法曹養成制度の長期化と多様化

いても同様の試みがされ，そのいくつかはすでに立ち上がっている。たとえば，バイエルン州のアウグスブルク大学である（2002年冬学期から）。しかし，同じバイエルンでも，早い試みであったパッサウ大学では，教授会の反対で1999年7月に挫折した。Vgl. Hromadka, Diplom-Wirtschaftsjurist（univ.）, Der dritte Zweig der Juristenausbildung, Fest.f.Hans-Joachim Musielak zum 70.G., S.253ff. 州政府も積極的であり，1998年の経済法専修コースのシンポジウム（ドイツ学術寄付者連盟の後援による。後注(8)参照）には，州の文化，経済，司法の3大臣が出席し，当時のドイツ・テレコムやダイムラー・ベンツ，金属産業労働組合などの代表も出席した。専門大学の専修コースの場合と同様に，産業界の関心は相当高い。

(6)　ドイツの専門大学や私立大学については，小野・大学と法曹養成制度（2000年。以下【大学】と略す）181頁参照。

　　大学の重点教育を定めた2002年の改正法に従い，他の各大学も，新たな重点コースを開始した。フライブルク大学においても，各30 SWS（後注(10)参照）ほどの8つの重点コースが設定された（法史と比較法，民事法，刑事法，商事・経済法，労働法と社会保障，ヨーロッパ法と国際法，環境と経済，情報社会における法の8つである）。Vgl. JuS-Magazin, Mai/Juni 2004（Die Ausbildung mit dem LL.M. krönen）, S.8ff.

(7)　3段階の養成制度の欠陥は，その長期性である。アメリカはロースクールのみの1段階の，ドイツは大学と司法研修の2段階の法曹養成制度である。これに対して，ドイツの大学のInstitutが大学院レベルとの反論がある。しかし，Institutは，たんなる「教室」にすぎず，大学院ではない。Lehrstuhl（＝講座）の大きいものにすぎない。たとえば，筆者の在外研究先の1つであったFreiburg im Br.のHager教授は，もとは，Professur für Bürgerliches Rechtあるいは Lehrstuhl für Bürgerliches Recht und europäisches Privatrechtに属していたが，その後，Schlechtriem教授の後任として，Institut für Ausländisches und Internationales Privatrecht Abt. Iを継いだ。人によっては，Seminar für Rechtsphilosophie und Kirchenrechtに属する者もいる。伝統的な大陸の制度では，制度としての大学院はなかったからである（学位取得コースとしてはあったし，また近時アメリカ型の導入も行われつつある）。【大学】190頁参照。

(8)　この寄付者連盟に関しては，【大学】239頁注(9)において，ドレスデン工科大学への大学改善プログラムを紹介したことがある。

(9)　Joecks und Guse, a.a.O., S.568.

(10)　ちなみに，25回が基準時間（1コマ）であって，わがくにのロースクールの時間計算のように機械的に1年30回（入学式の前に講義をする）などというのは，机上の計算にすぎない。日本の1コマは，90分であるから，2時間講義である。ヨーロッパでは時間割も，形式的には8時―9時，9時―10時というように記載されており，実質的に，各時間の最初の15分は休み時間である。形式的にだけみれば，学生は教室の移動もできないことになる。

425

第3部　法曹養成の現代的課題

(11)　Joecks und Guse, a.a.O., S.569.
(12)　Joecks und Guse, a.a.O., S.570-571.
(13)　Vgl.Statistisches Jahrbuch 2002, S.371, 16.6〈Hochschulen, Studierende, Studienanfänger und -anfängerinnen im Winersemester 2001/02〉; S.378, 16.7.3〈Im Wintersemester 2000/1 nach Fächergruppen, Studienbereichen und Fachsemestern〉; SJ 2003, S.390f.16.7.2 und 16.7.3. また、19世紀の数字は、おもに Köbler, Zur Geschichte der juristischen Ausbildung in Deutschland, JZ 1971, S.769. による。【大学】45-46頁。
(14)　これについては、五十嵐清「亡命ドイツ法学者のアメリカ法への影響」現代比較法学の諸相（2002年）141頁以下参照。
(15)　Aus für das dreigliedrige Schulsystem? Die Welt, 2004.9.15. 初頭教育システムについては、【現代化】403頁参照。大学進学率については、Statistisches Jahrbuch 2002, S.377, 16.7.2〈Studierende und Studienanfänger/-innern〉); SJ 2003, S.390.
(16)　Statistisches Bundesamt, Statistisches Jahrbuch 2002, S.396.〈16.10.2〉Personal an Hochschulen 2001; SJ 2003, S.390; SJ 2003, S.396.

　　比較すると、若干古い1997年の統計においては、大学の法学部に限定してみれば、学術に関する総人員は、3051人で、教授が961人（うち女性は53人）、講師と助手は457人（うち女性は101人）、他の研究協力者（wissenschaftliche Mitarbeiter）＝研究補助者は1572人（うち女性は576人）、他の研究補助員（Lehrkräfte）は61人（うち女性は8人）であった【大学】185頁参照。

　　研究補助者が少ないのが、わがくにの特色である。その結果、研究者は、補助業務に時間をとられることが多く、研究や教育に専念できない結果となる。ロースクールにおける人員の配置についても、同じような導入科目が重複してあるわりには、各ロースクールが特徴を出そうとして工夫した科目（人権、医療、情報、国際、消費者保護、建築、ビジネスなど）は、それ自体としては司法試験の試験科目でないことから、受講者の少ないことに悩まされている。受験対策ではなく、専門家としての教育がおろそかになり、長期的・社会的な見地からは、むだが生じるのである。
(17)　Agenda 2010 については、http://www.bundesregierung.de/Themen-A-Z/-,9757/Agenda-2010.htm
(18)　Verhandlungen des 58.Deutschen Juristentages (DJT),1990, Bd.1, E (Hassemer und Kübler), F (Hensen und Kramer), Bd.2, O (Sitzungsbericht). とくに、58.DJT, E, S.49 ff.; vgl.Zweigert/Kötz, Einführung in die Rechtsvergleichung auf dem Gebiete des Privatrechts, Bd.1,1984, §17 (S.238ff.). 簡単には、ツヴァイゲルト＝ケッツ・比較法概論〔大木雅夫訳・1974年〕394頁以下をも参照。
(19)　連邦弁護士法の改正については、【現代化】379頁参照。大陸諸国では、弁護士や医師の養成機能は、近代国家や大学によって吸収されたが、これは、それぞれの職能団体が養成の負担をおうべきことと矛盾しないはずである。

第1篇　法曹養成制度の長期化と多様化

⑳　2003年10月3日朝日新聞。
㉑　2002年4月21日朝日新聞。
㉒　2004年6月16日の報道によると，司法制度改革推進本部は15日，司法修習生に年間300数十万円を給与として支払う給費制を2006年度から廃止し，貸与制を導入する方針を決めた。次期国会に裁判所法改正案が提出される。

　　給費に代えて，新たに貸与制が導入され，現行の給付額を目安に無利息での貸付が行われる。返済は10年程度であるが，裁判官や検察官など公益性の高い職種についた場合は返済免除がある。かりにそうなると，実質的に，弁護士の修習だけが公益がないものとして貸与となり，法曹3者の養成の均一性を害することになる（弁護士養成を差別するのは戦前の発想に近く，弁護士のみに公共性がないとするのも前時代的である）。日本弁護士連合会は，廃止に反対している。有給化される医師の場合と，180度の違いに，司法に対するわがくにの姿勢が問われよう。〔2004年9月1日に推進本部事務局から示された「意見の整理」は，貸与制の導入を前提とした。当面任官者免除の制度は設けられていないが，その帰すうはなお未定である〕。

　　〔追記〕　その後，衆議院法務委員会で裁判所法改正案が修正され，当初予定された貸与制は，2006年度から4年延長されて，2010年度実施に延期されることになった。最初のロースクール卒業生の採用の年ではなく，合格者3000人が達成される年からとなったのである。

㉓　文部省所管以外の大学校には給与を支払う例がある。防衛大学校では，学生は防衛庁職員としての身分を有し，学生手当が支給される。税務大学校，郵政大学校などでも，学生は，所轄の職員である。なお，明治初期には，工部省の工部大学校や司法省法学校などもあったが，これらはしだいに文部省に移管され，後者は，1886年に設立の帝国大学に統合された。

　　ドイツでも，司法修習生の地位は，今日では，ほぼ「公的養成関係」（öffentlich-rechtlichen Ausbildungsverhältnis）とされ，かつてのような任期つき公務員（Beamten auf Widerruf）ではなくなっている（東ドイツ地域のザクセン州とテューリンゲン州のみ公務員）。報酬の無償化も議論されているが，一応継続している。問題は，修習期間後の失業であり，今日では，少なくとも数カ月は不可避といわれている。Vgl.JuS-Magazin, März/April, 2004 (Vom Student zum Referendar: Was ändert sich?), S.10. なお，【大学】201頁，211頁以下をも参照。

　　フランスでは，今日でも，高等教育には，大学のほか，公務員として給与の支払をうけるグランゼコール系のコースがあり，二元的な体系をとっている。わがくにでは，司法修習のモデルにドイツの司法研修がとりあげられることが多いが，少数選抜，有給性は，むしろフランスのGrandes écolesの発想に近いものと思われる。

　　もっとも，ここには，高等教育の理念を大衆化におくか，卓越性におくかという根本的な問題があり，法化社会の人材供給という点からすれば，前者により，試験も選

427

第3部　法曹養成の現代的課題

抜ではなく，資格試験としての性格を与えることが必要となる。有給性が後退したのは，この面からはありうる選択でもあった（ただし，これは完全に資格試験化した場合にいえるのであり，定員3000人程度では必然的とはいえない）。

(24)　たとえば，慶応病院は，100人の定員に対し66人しか集まらなかった。従来，1年目の研修医は，約150人であり，2年目に関連病院に派遣された残りの50人とあわせ，約200人が，月額2万5000円と当直料の月約10万円で働いていたという（2004年3月29日朝日新聞）。

大学病院への希望者の減少は，人材養成のべつの面からも検討する必要がある。近時，若手医師には，高度な熟練を要する分野を志す者が減少しているといわれる。3K（きつい，汚い，危険。医師の世界では，きびしい＝低賃金だけはあてはまらない）分野を避ける傾向があり，外科と産婦人科がその代表である。高度な専門医になるには時間がかかり，医療過誤訴訟のリスクも大きいからである。金彪「医師の3K職」朝日新聞2004年7月8日参照。

法律家でも類似の指摘ができ，特許や企業，渉外法務志望者には，ときに報酬が唯一の動機となっているようにきくことがある。法科大学院の導入による長期養成や，そこにおける高額授業料や司法研修期間中の給料の廃止は，ますますこのような傾向を助長する可能性がある。人権や労働，サラ金などの消費者問題に取り組む者が減少する可能性がある。弁護士人口の増加や競争だけが，この問題を解決するわけではない。弁護士を簡単に企業向け，人権向けと大別すると，短期的には，自由競争で解決されるとしても，長期的には，優秀な人権向け希望者の退出（志望人材の他の職域への流出）を招く可能性がある。投資にみあう最低限の報酬はつねに必要であり，それもなければ，法曹全体の質の低下を招き，それは相対的に企業向けの者の質の低下をも招くことになろう。総体として，質の高い人材を法曹志望に呼び戻すことがロースクール設計の目的であったはずである。個人のインセンティブだけに頼る方法には限界がある。また，法曹養成は，国民的な作業であり，一部の分野だけに偏するべきものではない。

〔2005年11月17日の厚生労働省の報告によると，全国の医師総数は増加しても，産婦人科医，外科医，内科医は減少した（2004年医師・歯科医師・薬剤師調査）。全国の医師数は27万371人で，2002年調査に比べ7684人の増となったが，地域別では，青森，山梨の2県では人口10万人当たりの医師数が減少した。また，診療科別では，循環器科や消化器科（胃腸科）は前回調査より7％程度増えたが，産婦人科は4.3％（455人），外科は2.6％（628人），内科は1.4％（1034人）の減少となった。産婦人科の減少は，近時では社会問題の1つとなっている。〕

(25)　2004年2月17日朝日新聞。わがくにでも，古くは，医師の養成においても，研修などはなく，一発試験の方式がとられていた。斎藤茂吉・三筋町界隈（「斎藤茂吉随筆集」岩波文庫・1986年。初出は，1937年）によれば，「今は医育機関が完備して，帝

第1篇　法曹養成制度の長期化と多様化

国大学の医学部か単科医科大学で医者を養成し，専門学校でさえもう低級だと論ずる向もあるくらいであるが，当時は内務省で医術開業試験を行ってそれに及第すれば医者になれたものである。……多くの青年が地方から上京して開業医のところで雑役をしながら医学の勉強をする。もし都合がつけば当時唯一の便利な医学校といってもよかった済生学舎に通って修学する。それが出来なければ基礎医学だけは独学をしてその前期の試験に合格すれば，今度は代診という格になって，実際患者の診察に従事しつつ，その済生学舎に通うというようなわけで，とにかく勉強次第で早くも医者になれるし，とうとう医者になりはぐったというのも出来ていた」。

(26)　ドイツでは，「古いワインは新しい革袋に」（Alter Wein in neuen Schläuchen）入れないとして，新制度は，新たな入学者にのみ適用されるとされた。【現代化】380頁。

(27)　これらにつき，一論111巻1号，【大学】213頁参照。養成期間の高価性については，【現代化】409頁，412頁注(7)参照。短縮が課題である。

(28)　アスティル・齋藤隆広「法科大学院の再生〜夜間部ロー・スクールに学ぶ」国際商事32巻1号以下。とくに，2号201頁。なお，ソクラティク・メソッドやケース・メソッドは，学生に相当の負担を強いることから，かつてほどもてはやされるものではなく，アメリカでも，学生の間では人気がなくなりつつあるとの指摘もある。同2号202頁，203頁注(52)。

(29)　アスティル・齋藤隆広・前掲論文（国際商事32巻）1号54頁，2号201頁参照。もっとも，予備試験の存続は，ほぼ既定のものであろう。ロースクールの方式が高価かつ長期である以上，迂回路の存続は避けられないからである。

(30)　Hromadka, a.a.O., S.257. そこで，前注(5)の挫折にかかわらず，パッサウ大学では，新たな経済専修コースの設置が行われる予定といわれる。

(31)　Hromadka, a.a.O., S.263ff.
　ドイツの2001年の法学部の最終試験合格者（第1次国家試験や修士試験を含む）は，1万3057人で，そのうち，第1次国家試験の合格者は1万1339人，それ以外の学位取得者は，1702人であった。後者の大部分は，90年代末に設立され第1次国家試験を目的としていない経済専修大学またはコースの卒業生である。

(32)　2003年8月の最初の法科大学院の適性試験の出願者は，3万1000人（同年11月の適正試験の追試の受験者は7181人）であったが，2004年6月の受験者総数は2万1298人であり，かなり減少した。しかし，2006年（その後の案では，2010年）に旧司法試験の廃止が予定されていることから，その動きは必ずしも確定的とはいえない。
　なお，わがくにのCOEに類似するものとして，ドイツ連邦研究教育省は，Brain up計画を発足させた。大学間の競争を促進し，世界レベルの研究の水準を目ざしている。これを獲得すると，2005年から5年間，ベスト10大学が選出され，毎年5000万ユーロの資金が提供される。Vgl.Zeitschrift Deutschland, 2004, No.4, S.55.

429

第3部　法曹養成の現代的課題

ドイツの法曹養成の多様化

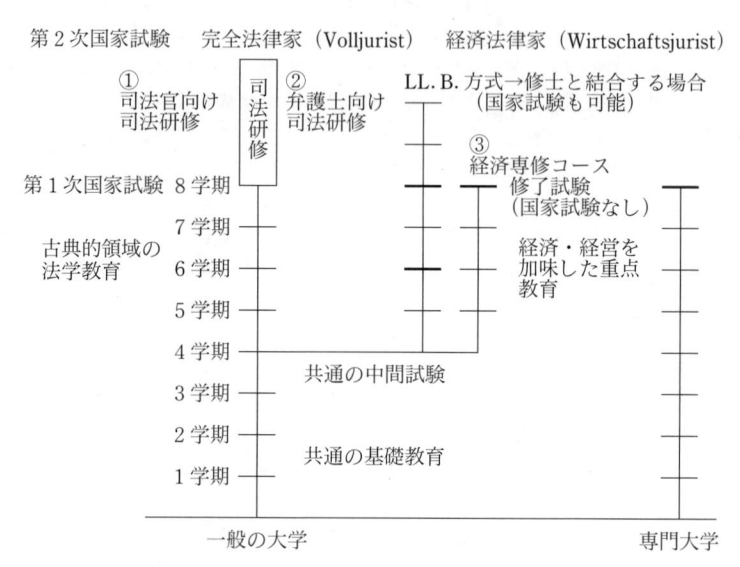

```
第2次国家試験    完全法律家（Volljurist）    経済法律家（Wirtschaftsjurist）
                ┃①          ┃②            ┃ LL.B.方式→修士と結合する場合
                ┃司法官向け  ┃弁護士向け    ┃      （国家試験も可能）
                ┃司法研修    ┃司法研修      ┃
                ┃司法研修    ┃              ┃③
                ┃            ┃              ┃経済専修コース
第1次国家試験 8学期            ┃              ┃修了試験
              7学期                          （国家試験なし）
古典的領域の  6学期                          経済・経営を
法学教育      5学期                          加味した重点
              4学期                          教育
              3学期    共通の中間試験
              2学期
              1学期    共通の基礎教育

          一般の大学                        専門大学
```

（Hromadka（前注(5)参照）

①伝統的養成課程　裁判官的養成　　　→伝統的法律学に集中
　【旧国家試験】
②2002年改正　　　弁護士的機能の重視→soft skills, 国際性(語学)の重視
　【新国家試験】
③経済専修型　　　経済人の養成　　　→soft skillsと経済, 経営関係の領
　【専門大学の経済専修の法律コース】域の重視

第2篇　法曹養成制度と世紀の転換点の大学

第1章　はじめに

　近世法制史の示すところによれば，ドイツの大学の設立は，いつもそれぞれの時代の新しい生活様式を基礎づけてきた。1510年のヴィッテンベルグ（Wittemberg）大学の設立は，宗教改革とメランヒトンの教育改革を，イエズス会の大学の設立はドイツの反宗教改革を象徴し，ブランデンブルクによるハレ（Halle）大学の設立（1694年）は，プロイセン的自然法論の誕生の時とみなされた。中部ドイツ的敬虔主義の精神から発足したこの大学の設立によって，君主と中部ドイツ的初期敬虔主義の担い手の結合関係が生じたのである[1]。

　時代が下っても，このような基礎づけは変わらない。1810年のベルリン大学の設立はフンボルトの教養思想の勝利を象徴し，1737年のゲッティンゲン（Göttingen）大学の創立も，進歩的西ヨーロッパ的啓蒙主義を示すものであり，のちの1837年に，ゲッティンゲン七教授事件が生じたのは，それに対する反動を象徴していた。

　19世紀後半から20世紀の初頭は，ドイツ学術の黄金時代であった。しかし，2度の大戦は，ドイツの大学の世界的な優位を失わせ，さらに，20世紀後半は，大衆化時代にそくして，大学の大型化をもたらした。

　20世紀末，世紀の転換点における変化の特徴は，アメリカ型の職業志向性である。大陸の大学でも，フランスの大学は，比較的職業教育を優先してきた。他方，フンボルト理念に立脚するドイツの大学は，伝統的に研究と教育の統合を目ざしてきた。これに対し，教育における思想や生活様式の観点が後退し，大学教育のマニュアル化，技術化が進んだ。科学や技術の拡大が一般的思考様式にも影響を与えた結果であり，専門学校化ともいえる。これを

象徴するのが，一方では，1990年代の法律系の専門大学の誕生であり，一般の大学へのその波及であった。2002年の法曹養成における改正法も，部分的にはこの系譜に属する。本稿は，世紀の転換点における変容をとくにドイツの法曹養成について検討するが，その基礎は，大学全般の問題でもある。

以下では，まず，改革に対する対応をノルトライン・ヴェストファーレン（Nordrhein-Westfalen）州を例に検討し，つぎに授業料の有料化への対応，国家試験の動向などを検討しよう[2]。

第2章　法曹養成の改革と各州における対応

1　2段階法曹養成制度の基本構造

ドイツでは，法曹養成に関する連邦のドイツ裁判官法（DRiG）は大綱を定めるのみで，これを具体化するのは，各州の法曹養成に関する法である。2002年の改正法に対応して，各州で行われている改革をも考察する必要がある[3]。以下では，全般的な変革のほか，細部では西ドイツの大州であるノルトライン・ヴェストファーレン州を中心に，付加的に，南ドイツのバイエルン（Bayern）州の改革を概観しよう。

ノルトライン・ヴェストファーレン州は，ウィーン会議（1814年）以降，プロイセン領ラインランド（Rheinprovinz）の北半分をなしていた。ドイツの実務研修制度は，プロイセンを嚆矢とするが，その他の州では，導入された時期は必ずしも同一ではない。

ドイツの2段階教育制度は，他の大陸諸国とも異なるものであるが，その歴史はそれほど古いものではなく，18世紀のプロイセン法にさかのぼるにすぎない。それは，1793年以来，司法官僚と行政官僚に対してされた国家試験に由来するのである。もともと実務研修は行政機関によってされていたが，1817年以来，法学教育（Rechtsstudium）が，1869年以来，実務研修（Vorbereitungsdienst）が司法機関によってもされるようになった。また，実務研修は，第二次大戦まで，司法と行政で別個になされていた。ほかのラントも同様のシステムを受容したが，必ずしも同一ではなく，これが統一されたのは，ようやく1934年であった。

このような制度がとられた理由は，さまざまな地域からなる 18 世紀のプロイセン国家にとって，能力ある同質の司法，行政官僚を獲得することが必要だったことにある。プロイセンは，いちじるしく官僚国家的傾向を有したからである（そこで，弁護士や公証人についても，あまり独立性のない独自の資格制度を採用していた）。また，大学における普通法教育だけではなく，地域的実定法，とくに ALR ＝プロイセン一般ラント法典（1794 年）を学ばせることにも動機があった。さらに 19 世紀には，政治的動機が加わった。すなわち，行政にも司法的教育を入れることは法治国家の理念に合致するものであったし，実務研修と国家試験は，大学の国民主義的あるいは民主的動きに対抗する機能をも果たしたのである。

ノルトライン・ヴェストファーレン州では，実務研修制度やその試験の導入は 1869 年であった。そして，同州の法曹養成の構造には，この時期から基本的には変更が行われていないから（2003 年までの少なくとも 134 年間），この端緒的な形態が基本的には維持されてきたのである。

すなわち，19 世紀においても，実務研修に入るためには国家試験に合格することが必要であり（1871 年の統一前は各ラントによる。そこで，今日でも各ラントの試験が「国家」試験といわれるのである），そのためには，大学において最低 3 年の勉学をすることが必要であった。今日では，3 年半が標準年月とされる。最短期間は 2 年である。当時は，書面試験（schriftliche Prüfung）試験は，6 週間の作成期間でする書面の作成作業（wissenschaftliche Arbeit）であった。その後，その書面に対する口頭試験（mündliche Prüfung）があった。つまり，試験といっても，長時間をかけるものであり，かつ試験の内容も，たんに実務一辺倒のものではなく，学問的なものが目ざされていたのである。監督下の試験（Aufsichtarbeit）は，1908 年に導入された。そこで，今日でも，家での課題作業（Hausarbeit）も，いくつかの州において残されている（第 1 次国家試験では，16 州のうち，Bremen 州，Hamburg 州，Hessen 州，Niedersachsen 州，Nordrhein-Westfalen 州，Schleswig-Holstein 州の 6 州と，選択的に Thüringen 州において，家での課題作業が残されている）[4]。

2003 年 7 月施行の改正法（2002 年法，以下 02 年改正法という）は，この基本構造を変革した。試験は，国家試験による必修科目の試験と大学のする重

点科目の試験に分割されたのである。後者は，第1次国家試験の全成績の30％に達する。これによって，大学が，実務研修のための国家試験の成績に直接にかかわるようになるだけではなく(5)，国家試験もその性格を変更した。大学の最終試験が意義をもつようになったからである。もっとも，法律の勉学が国家試験により修了する点には変化はない。そこで，法曹資格の取得に対する大学の影響は，国家試験に関与する限りである。

第1次国家試験の一部を重点科目の試験で代替することがたんなる伝統の破壊を意味するのか，変化した環境への適合とみるのかが争点の1つである。基本的には，後者とみるべきであろうが，これによって，19世紀以来，国家が独占してきた法曹資格の付与に関し，大学の関与が認められたことの意義は，決して軽視しえないであろう(6)。

2002年法が，法曹養成の趣旨を全体として弁護士養成に転換したこと，これに伴い大学によって多様な講義が導入されたことが，大学の関与によって国家試験の一部が代替されることの根拠となっている。従来から，試験科目のみに学生が集中することが避けられず，多様な講義を提供することへの障害となっていたからである。2002年改正法以前にも，実定法科目の試験には，法制史，法哲学，法社会学の観点を採り入れるものとされていた。しかし，従来のような試験科目の限定は，現代的な養成には柔軟に対応することができないのである(7)。

法曹養成の推移（研修期間）

法改正の年		1961	1965	1971	1980	1984	1992
2段階制	大学	3年半（最短期間）（実質5年から6年）				3年半（標準期間），最短期間は2年（実質6年），改革	
	実務研修	3年半	2年半	2年		2年半	2年
1段階制		—（なし）		併用 5年半	併用 —————→	（廃止）	—

2002年改革法でも，期間は同じ

2　法曹養成と国家の関与

ドイツの法曹養成は，近代以降，国家の独占のもとにあった。国家試験に

よる統一的法律家の養成の制度である。古くは，ライヒ帝室裁判所 (Reichskammergericht) がこれにかかわり，近代以降はプロイセン国家が，法曹の候補者が裁判官，弁護士，公証人として適格かどうかを判断する権利を留保しようとした。このうち，ライヒによる資格制限では，中世のライヒに実効力がなかったことから，各大学の法学部が行い，必ずしも国家の関与は直接的ではなかったが，官僚国家 (Obrigkeitsstaat) であるプロイセンは，法曹資格の授与を国家資格として大学から剥奪し，みずからに確保したのである(8)。そして，制度的にはほとんど大学の関与を認めない方式が，2002年の改正まで続いたのである。法曹の養成が基本的に大学に委ねられた他の大陸諸国やその伝統と，もっとも異なる点である。

　法曹資格の付与に国家が直接かかわることの目的は，効率的な司法と行政の運営にあった。司法と行政の組織を構築するために，非党派的かつ清潔な人材が必要であったからである。その方法として，プロイセンは，国家への忠誠心のある，また平均的な能力をもった，信頼すべき法律家を求めたのである。国家試験と実務研修はそのためのものであった。これには，多数の異なった地域からなるプロイセンの地勢的状況も影響していた。その結果，大学による養成を主とする他国において，法曹階級がしばしば国家やその政策に対する批判の主体となったのとは異なり，法曹が批判的な層となることはなかった。他方，イギリスやフランスの法曹階級は，国民国家の中で成熟し，かつもっと国家から独立していたのである(9)。

　もっとも，プロイセン型の養成にも部分的には，たんに保守的であるというだけではなく，当時としては進歩的であり民主的方法である面もあった。貴族の子弟でも，必要な能力なしには司法職につくことはできなくなり，他方，その他の者にも能力によって司法や行政の職につく機会を与えたからである。法曹養成は，近代国家建設のための国家的関心事の1つとなったのである。比喩的にみれば，近代的軍隊の士官の養成と同じである。

　効率的，非党派的，清潔な司法と行政の担い手の育成という目的は，おそらく，今日でも変わっていない。諸外国でも，法曹養成に対し，多かれ少なかれ国家の関与があることが大半である。もっとも，それを達成する方法は多様である。

その多くが，大学による養成であることはいうまでもない。ただし，大学やロースクールにおける勉学がただちに法曹資格の授与につながる例は少ない。多くは，国家や州の試験を伴う。そして，試験が資格試験の場合には，合格はただちに法曹資格を意味するが（アメリカの各州）。選抜試験の場合には，その後に実務研修が行われる（フランス）。

ドイツの国家試験は，従来，この中間に位置した。第1次試験は，実務研修への入口であったが，選抜試験ではなく，第2次試験も，資格試験であったからである。

一般に，選抜試験は，法曹資格者の中から官僚適合者を選ぶことを意図する場合に行われる。イギリスやフランスでも，伝統的に，官僚ではない弁護士については，大学や弁護士の自治的組織による資格認定が行われた。資格試験は，大学による法曹養成の伝統に忠実な方法である。ドイツの国家試験は，国家が大学の卒業資格をも直接に認定した特異な伝統にもとづく。大学の法学部が独自の卒業資格を付与できるようになったのは，ようやく21世紀初頭であった（上述の30％までの国家試験への関与）。

この伝統の上で，ドイツの法曹養成は，統一的法律家を目的とした。すべての法律家を国家が一元的に管理してきたのである。しかし，このような養成は高くつき，法律職のための実務研修者がすべて国（ラント。1871年の統一後は州である）による給与をうけるというのは，世界にもあまり例はない。法曹人口の増大と，官僚主義の排除の観点からは，官僚の選抜は，法曹資格の授与とは別に行われるべきとの観点もありうる。

今日でも，統一的法律家のモデルを維持するべしとする観点は，なお強い。養成の幅が広いことから，履修者は，職業的な展望をもちうるし，その基礎が広いことから，短期間で隣接の領域にもなじむことができる利点があるのである。短期の養成には業種ごとに独立したコースに利点があるが，法曹養成の目的は，職業能力（Berufsfähigkeit）をもつことであって，たんなる職業の準備（Berufsfertigkeit）をすることではない[10]。なお，ここには，法曹養成の単純な専門学校化に対するアンチテーゼも包含されており，法曹養成の理念や目的の問題がかかわっている。もっとも，理念の詳細については，本稿では立ち入りえない。

第2篇　法曹養成制度と世紀の転換点の大学

　統一的法律家の資格に関連して，ドイツ弁護士会（Deutscher Anwaltverein, DAV）の会長 Kilger は，2004年の総会のおりに，裁判官職のための能力よりも，弁護士職に向いた能力を望むものとした。弁護士の数のみが増大しながら，統一的法律家の像を求めるかぎり，裁判官職がモデルとなるのではないかとの不信があるからである。
　他方，弁護士の相談業務の独占の緩和が，連邦政府の課題となっている。インターネットで相談業務を行う会社を非法律家が弁護士とともに起こしたり，専門大学出身の経済法律家が独立して法律相談をすることもありうるものとされている。また，法曹養成の目標を弁護士養成におき，その質を転換することは，全ヨーロッパ的な弁護士業務の競争の観点から必要なものと目されている。すなわち，養成期間の短縮と負担の軽減である。
　なお，ドイツの法曹養成制度は，全ヨーロッパの教育システムとの関係でも問題を生じている。すなわち，2010年までに，全ヨーロッパの大学に統一的な形式を与えるとのボローニア方式（Bologna-Prozess）の導入のために，学士（Bachelor）と修士（Master）の二段階の勉学方式の採用や勉学場所の変更可能性が提案されている[11]。ここでは，とくに大学卒業資格に相当する第1次国家試験の位置づけが問題となる。もっとも，第1次国家試験や実務研修を学士認定や修士の課程によって代替しようとすることに対しては，なお強い反対がある（たとえば，バイエルン司法省）。統一モデルは，法律学のようなナショナルな領域には適さないというものである。

3　法曹養成の現代的課題
　ドイツの法曹養成は，比較的早くに社会的な要請を達成したと位置づけられている。だれでも，収入や身分，人的な関係にかかわらず，また1919年からは女性も，法律職につく道が開けていたからである（ワイマール共和国。ワイマール憲法は1919年8月11日 RGBl. S. 1383）。すべての社会層が法律家になれることは重要である。この点では，まだ実質的には制限のあった100年前と今日では相違がある。たしかに，ドイツの法曹養成の制度は，100年前においても，身分制的要件を廃し開かれた資格であるとして，ヨーロッパでも先進的なものであった。もっとも，かつては法律の知識や能力のほかに，長

期にわたる養成の間やっていけるだけの財産が実質的には必要であった。これも，1919年に変わったのである[12]。この沿革は，大学における授業料の徴収，実務研修にさいしての給与の無償化の議論に影響を与えている（後述第3章参照）。

　試験と成績の統一性を連邦レベルで維持することが原則である。今日では，ドイツ裁判官法5d条1項2号がこれを明示している。「試験のための必要事項および成績評価の統一性は保障される」。また，第1次国家試験に合格した者は，いずれの州においても実務研修をすることができるし（同6条1項），裁判官職の資格を取得した者は，連邦およびいずれの州でもその資格を主張することができるのである（同6条2項）。そのため，試験は州ごとに行われるが，試験機関は相互に密接なコンタクトをとっている。ちなみに，大学の入学資格試験であるアビトゥーア（Abitur）でも，問題は各州で作成されるが，全国的な統一性が維持される点は同じである。第1次国家試験を完全に全国41の大学に委ねるとすれば，試験と成績の統一性は維持されない。統一性が維持されない場合には，実務研修の前に，入学試験をすることは避けられない。このような入学試験は，フランスやイギリスなど，一般的な（大学別の）終了試験しかしない国ではとられているとおりである。

　2002年改正法のもとでも，2段階法曹養成制度そのものには，変更がない。これに対するものとしては，かつて1970年代に行われた1段階の法曹養成制度の経験がある。この1段階制は，1984年に廃止された。その後，1990年代の末に，大学の勉学期間の短縮のために，1段階制に関する新たな議論があった。しかし，かつての失敗にかんがみて，大学からは反対が多く，全州の司法大臣会議も，2000年末に，2段階制を維持することとしたのである[13]。

　したがって，今日唱えられる法曹養成制度の改善とは，統一的法律家（法曹三者を共通に養成し，試験と成績の統一性をも害さない），および2段階制を維持することを前提とする。2002年の改正において目的とされたのは，学生や修習生をなるべく安く大量に養成することではなく，養成の質的な改善である[14]。

　とりわけ，法曹養成が現代的要請に適合する必要がある。なかでも弁護士実務への適合化が必要とされた。たんに法的状況を把握し判断するだけでは

なく，どうすれば当事者にとってより意義があるかの観点が重視される。そこで，弁護士研修の増加が採用され，ノルトライン・ヴェストファーレン州でも，10カ月とされた。これは，裁判官法による基準期間よりも1カ月長い。

大学では，表現術やレトリック，交渉術など実践的プログラムも採り入れられた。必修科目の試験のさいの口述や口頭報告（Vortrag）に関する科目も採り入れられる。また，国際性とヨーロッパ性が課題となる。そこで，専門的な外国語能力の確保が，必修科目の一部となる。外国での専門の勉学が重視されるのは大学にとどまらず，ノルトライン・ヴェストファーレン州では，24カ月のうち11カ月までの外国での実務研修も可能となった[15]。

2002年改正法は，従来の第1次国家試験を改革し，中間試験を導入した。この試験は，1869年まであったAuskultator（試補）試験に近い。同試験は，実務的な勉学期間のための前倒しの研修の入口であった。そこで，試補は文書を読んで，法廷と合議にも参加し（オブザーバーである。聴聞），訴訟手続を学んだのである。3年間の理論的な勉学が先にあった（つまり3段階制である）。新しい州の法曹養成法（JAG）でも，中間試験が入学から1年半から2年後に行われ，専門の重点教育との間の節目となる[16]。

第1次国家試験では，必修科目に関して統一的法律家が必要とする能力と知識が判定される。形式的には，必修科目試験の縮減が行われた。第2次国家試験については，変更がない。2度の国家試験は，総合して，法律家としての能力と知識の判定行う。100年前と異なり，研修は，4年ではなく，2年で終了する。試験も，ベルリンの司法試験機関がするのではなく，各ラントの試験機関による。さらに，かつては，2つの，家での課題作業（Hausarbeit）があり，これは1913年には監督下の課題作業（Aufsichtsarbeit）となったが，これは，将来通常の試験となる。当時も今も，口述試験の重要部分には書類による陳述（Aktenvortrag）があるが，今日では，もっと短い実務的な準備作業（Vorbereitung）を伴っている[17]。

4　バイエルン州の法曹養成

バイエルン州で，法曹養成の細目を定めているのは，法曹養成および試験規則に関する法（Ausbildungs- und Prüfungsordnung für Juristen, JAPO, 2003, 10,

439

13) である。実務研修では,研修期間の長短に,州の若干の特徴が現れている。バイエルン州では,弁護士研修は,標準の9カ月のほか,14カ月にいたることも可能である。試験では,弁護士に特化した教材に関するものが,今日すでに40%に達していると報告されている(18)。

バイエルン州の新たな研修方式

4月開始の場合 10月開始の場合	9月 3月	12月 6月	4月 10月	1月 7月	4月 10月
5カ月	3カ月	4カ月	9カ月(基準期間)	3-5カ月	
民事裁判所 Zivilgericht	刑事裁判所Strafg.	行政 Verwaltung	弁護士 Rechtsanwalt	重点領域 Schwerpunktbereich	

←——————————————→
従来4カ月・大幅な伸長

第3章　授業料有料化とコマーシャリズム

1　大学の授業料有料化,登録料

北および西ヨーロッパの大半の国々と同様に,1960年代以降,ドイツの大学は,授業料を徴収してこなかった。しかし,その後の学生数の増大に施設や予算が追いつかないことから,有料化が進められている。また,1990年代から,授業料を徴収しない場合でも,学期ごとの学籍の登録料を徴収する制度が生じた(19)。その詳細は,次頁の表のとおりである。

2004年までは,授業料を徴収する州と徴収しない州はほぼ半分ずつであるが,徴収する場合には,標準勉学期間から4学期以上を対象とする例が多い。標準勉学期間を4年とすれば,プラス2年以上である。標準勉学期間の1.5倍とする例もあるが,この場合にも,標準勉学期間を4年とすれば,プラス2年以上ということになる。15学期というのは,7年半であるから,これよりも緩い。

授業料は,標準勉学期間を3,4学期超過した場合という例が多く,管理・登録料は40から50ユーロである。いずれか一方の場合,両方を課す場合,両方とも課さない場合がある(20)。

各州における授業料と管理手数料の状況

州	授業料	管理料
Baden-Württemberg	標準勉学期間から4学期以上を対象	40ユーロ
Bayern	標準勉学期間から3学期以上を対象	50ユーロ
Berlin	なし	51ユーロ
Brandenburg	なし	51.13ユーロ
Bremen	15学期から（計画）	50ユーロ
Hamburg	標準勉学期間から4学期以上を対象	なし
Hessen	標準勉学期間の1.5倍を対象	50ユーロ
Mecklenburg-Vorpommern	なし	なし
Niedersachsen	標準勉学期間から4学期以上を対象	50ユーロ
Nordrhein-Westfalen	標準勉学期間の1.5倍を対象	なし
Rheinland-Pfalz	200SWSの負担モデル	なし
Saarland	標準勉学期間から4学期以上を対象	なし
Sachsen	なし	なし
Sachsen-Anhalt	標準勉学期間から4学期以上を対象	なし
Schleswig-Holstein	なし	なし
Thüringen	標準勉学期間から4学期以上を対象	なし

　徴収の方法には，州による相違があるだけで，地域による大きな相違はない。それというのも，授業料の徴収は，理念と政策論でもあり，おおむね野党のCDU・CSU（旧コール政権）はこれに積極的であり，与党のSPDと緑の党（シュレーダー政権）はこれに反対だからである。〔なお，脱稿後，2005年10月，CDU・CSUとSPDの大連立政権（Merkel）の協議が行われ，11月に発足した。〕

　従来は，授業料といっても長期在学者を対象としたものにすぎなかったが，2006年秋からは，これが拡大された。ニーダーザクセン州とノルトライン・ヴェストファーレン州では2006/07年冬学期から，新入生から1学期当たり500ユーロの授業料が徴収される。2007年夏学期以後は同州の全学生が同額の授業料を納めなければならない。また，バーデン・ヴュルテンベルク，バイエルン，ハンブルクの3州も，2007年夏学期から授業料を徴収することにしている。さらに，その他の州も，これに追随すると予想されている。

2 憲法裁判所判決（2005年1月26日）[21]

この対立の中で，2005年1月26日，連邦憲法裁判所（第2部）は，大学基本法の第6次改正法（6. Novelle des Hochschulrahmengesetzes）に関して，違憲の判断を行った。同法1条3号，4号は，州に，勉学のための費用の無償の原則を義務づけたが，これが無効とされたのである。連邦には，そのような立法権能はないとされた。もっとも，憲法裁判所は，各州の行う授業料の徴収それ自体が可能かどうかは決していない。

連邦政府とSPDの政権の州政府は，職業的な能力の勉学については授業料の無償（Gebührenfreiheit für das erste berufsqualifizierte Studium）が，相当と考えている。他方，CDUが政権をもつ州では，有償とするものが多い。そして，旧コール政権のもとで有償化が進んだことから，シュレーダー政権の連邦政府は，州が社会的にミニマムの基盤の整備をする必要があるとして，後者が自由に授業料を徴収することに反対したのである。これには，他の先進諸国に比して，ドイツの大学進学率が必ずしも高くはないこと，ドイツの若者は，必ずしも親の援助によらない場合が多いことから，アカデミックな教育にチャンスをもつ必要があるとの考慮があった。また，州によらず，勉学の機会が保障されなければならないこともあった。

しかし，連邦がこのような決定をすることは，基本法75条1項1文，72条2項に反するとされた。同時に，同判決は，大学基本法により，大学における学生団体の設立（zur Bildung verfasster Studierendenschaften an den Hochschulen）を州の義務として定めることをも否定したのである。

3 登録料，管理手数料

バイエルン州とブレーメン州では，2004―05年の冬学期に，管理手数料が50ユーロに値上げされた。バイエルン州では，手数料に対する訴訟も提起された。バーデン・ヴュルテンベルク州での退学手数料（Rückmeldegebühr）に対し，連邦憲法裁判所は，これを違憲であると判示した。その結果，バーデン・ヴュルテンベルク州では，管理手数料が増額されたのである。ヘッセン州では，管理手数料に対しても，訴訟が提起されたが，ヘッセンの行政裁判所（HessVGH）はこれを棄却した。

今日，ベルリン州，ブランデンブルク州，メクレンブルク・フォーポンメルン州，ザクセン州，シュレスヴィッヒ・ホルシュタイン州を除いて，標準勉学期間を超えた場合に一定の授業料が徴収されている。また，バーデン・ヴュルテンベルク州，バイエルン州，ブレーメン州，ヘッセン州，ニーダーザクセン州などのように授業料と登録手数料双方を課すところもある。

大学学長会議（Hochschulrektorenkonferenz）は，1学期500ユーロ，2年後からは1000-3000ユーロの授業料を提示している[22]。

なお，司法修習生の第2次国家試験への受験手数料は，2003年9月に，連邦行政裁判所によって否定された（2C20/02, NVwZ04,347）。

4　大学の商業化とコマーシャリズム

大学予算の逼迫により，その商業化が問題となる。大学予算の逼迫は，直接には東西ドイツの再統一（1990年）と，東地域への予算の投入に始まる。1980年代終わりまでは，産学連携には疑いがあり，研究への脅威とも考えられたが，1990年代には外部資金の導入が進んだ。もっとも，必ずしも一面的な礼賛というわけではない。

ドイツでもっとも外部資金の導入に成功したとされる例は，東ドイツ地域におけるドレスデン工科大学であるが，その成功に続こうとするものが相次ぎ，2004年に，ドイツの大学の寄附講座（Stiftungsprofessur）の数は，おおむね300を超える。性質上，企業の協力のえやすい経済学部が最大で38%，その他の人文・社会学部で20%といわれる。その経費には，小規模の講座でも，25万ユーロが必要であり，定着するまで最低5年間，講座の基礎的経費を負担するという。教授は，通常の人事手続で選考され，大学と州が任命する。寄附者は，講座に干渉することはできず，せいぜい名目的な顧問となるだけであるが，教授から定期的に研究成果の報告をうけることができる[23]。

中世の例によれば，中世の教会は一大産業であり，真の宗教的活動は，むしろ修道院によって行われた。そして，前者の商業化は，宗教改革を招いた。また，教会と密接な関係あるいは対抗関係にあった大学についても，その商業化は，宗教改革後の一部の大学の衰退をも招来したのである。

商業化はたんに，建物や学生証への企業ロゴの採用や寄附集め，寄附講座

の設立だけにあるのではない。一見,学問的にみえる学術的補助金の獲得についてもある。すでに道路工事などの社会的・物理的なインフラが完備したところ,科学と学問が一種の公共事業となっているともいわれる。科学や学問そのものには,一見疑問のよちがないようにみえながら,その実,企業がやるべき実用一点張りの研究や,会議や旅行を行うためだけの研究,誇張されたテーマ,類似のテーマで重複した申請をする研究も混在している。とくに実用性を過度に強調することは,長期的な視野を妨げている。技術や補助金に対する信奉のみでは,倫理の希薄化を招くこともある。過度の商業化は,社会的信頼を失う可能性をも有しているのである[24]。

〔2005年12月,韓国で,クローン胚からES細胞の樹立に成功したとの研究への疑問が提示され,調査の結果,それが偽装であったことが発覚した。国家主導の研究への過大な助成と結果への期待が原因となっている。短期的な成果への期待や実用性偏重は,研究への長期的な視野をくもらせるものであり,他山の石とするべきである。〕

第4章　国家試験の動向

1　第1次国家試験

(1)　2004年度の第1次国家試験の受験者は1万2976人で,合格者は9655人となり,03年度から1万人を割り込んだ[25]。第1次国家試験の合格者が1万人を下回ったのは,1993年以来ほぼ10年ぶりである。1994年から2002年までは1万人を超えていた(1996年の1万2573人が最大)。1990年の東西ドイツの再統一後の大幅な増加も一段落したのである。

合格率は74.4％であった。成績の割合は,①優等,②優,③良好,④良,⑤合格,⑥不合格(① sehr gut, ② gut, ③ voll-befriedigend, ④ befriedigend, ⑤ ausreichend, ⑥ bestanden nicht=mangelhaft)の順に,① 0.2％,② 2.7％,③ 13.0％,④ 27.6％,⑤ 30.9％,⑥ 25.6％であった。ちなみに,①は25人であり,0.2％という割合は,1989年と同じであり,2000年にはほぼ半減していた。⑤の最低合格の段階の割合は,ほぼ30％台である(1990年代後半に高い)。⑤の低い成績の合格者と⑥不合格者の割合が高いことが特徴である。

ほぼ10年前の1989年の割合は，①0.2%，②2.16%，③10.28%，④26.2%，⑤35.98%，⑥25.22%であった（詳細は，第3篇参照）。あいだに1990年の再統一をはさんでいるが，基本的な傾向に変化はないといえる。中期的には，再統一後の1990年代は，受験者，合格者（実数）とも増大したが，半面，不合格者の割合も増大した（3分の1近く）。1990年代の変動が終わったことから，2000年以後は，1980年代までの伝統的な割合に回帰しつつあるように思われる。不合格者の割合は25%台となった。

　男女比率については，合格者のうち50.7%，不合格者のうち56.6%がそれぞれ女性であった。受験者のうち52.2%が女性であるから，ほとんど男女差はなくなっている。ただし，地域的な偏りはみられ，東ドイツ地域のメクレンブルク・フォーポンメルン州，テューリンゲン州（ザクセン州で59.8%）では，女性（受験者）の割合が60%を超えているのに対し，シュレスヴィッヒ・ホルシュタイン州やハンブルク州では，47%にとどまっている。ラインラント諸州では，50〜52%，南ドイツ諸州では，51%である。

　わがくにの司法改革との関連からみると，旧司法試験の合格率が3%程度とされ，ドイツの第1次国家試験の合格率が，70%を超えるのとでは，一見非常な相違がある。しかし，ドイツでも，第1次国家試験合格後，実務研修に採用されるまでの待機期間のほとんどないトップ・クラス①②（sehr gut, gut）の第1次国家試験の合格率は，3%にみたないから，この範囲では，かなり接近する。ドイツでも，合格範囲を①〜④のbefriedigendまでとし，現在の最低合格⑤（ausreichend）を除外すれば，ほぼ30%が減少するから，合格率は一気に40%にまで減少する。一部には，合格者の研修への収容能力や待機期間の増大を考慮すると，これが適正範囲ともいわれる。合格者数拡大の意図される日本の試験とは逆の方向である。さらに，受験にもいたらない中途挫折者の存在をも考慮すると，ドイツの合格率も必ずしもそう高いわけではないのである。

　(2)　合格率には，州によりかなりの相違がみられるが，2004年度は，ヘッセン州の85.1%が最高であり，ハンブルク州の81.7%がこれに続いている。他方，東ドイツ地域のザクセン・アンハルト州は60.8%，ザクセン州も64.1%であった。南ドイツのバーデン・ヴュルテンベルク州も69.4%であった。

例年，東ドイツ地域と南ドイツ地域の合格率は低く，60％台が多いが，2003年まであった50％台の州はなくなった。東ドイツの諸州の低さは，1990年の再統一以来の傾向である。当初のインフラの不備のほか，東西の経済や環境の格差など種々の事由が基因しているが，格差は確実に減少している。2004年の特徴として，ブレーメン州の66.9％が西ドイツの中で低い。

国家試験に1回で合格せずに2回目の受験をする者が，毎年おり，2004年度は2133人であった。そのうち836人はまた合格しなかった。試験にもいたらずに勉学に挫折する者の存在とともに，受験を重ねても必ずしも合格することにはならないことを示している。受験機会は，基本的には2回に制限されている。第1次国家試験の方法や配点には，各州により工夫が凝らされているが，本稿では立ち入らない。

2　第2次国家試験と実務研修

第2次国家試験の2004年度の受験者は1万1279人，合格者は9639人，合格率は85.5％であった。成績は，①0.1％，②2.2％，③15.8％，④35.7％，⑤31.7％，⑥14.5％である。第1次国家試験の合格率は上がったが，第2次国家試験のそれは下がった。従来，東ドイツの諸州の合格率は低く，メクレンブルク・フォーポンメルン州は，75.4％，ブランデンブルク州は，77.4％であった。ザクセン・アンハルト州は，80.4％となり，初めて8割台となった。その他の諸州も，80％台になり，西側諸州と比べてあまり遜色はない（ヘッセン州は83.3％）。他方，北あるいは西ドイツの諸州で90％台を記録するところもなくなった。第2次国家試験にも工夫が凝らされるが，本稿では立ち入らない。筆記試験と口述試験（陳述を含む）の割合は，おおむね60％と40％となる。口述試験の比率がかなり高いことが特徴である。

2004年度に，実務研修をしている修習生は，2万0832人であった。女性の比率は，数字が不明なヘッセン州とザクセン州を除くと，49.8％であった。従来，東ドイツでは，女性の比率が6割を超え，女性の社会進出の割合が高い再統一以前からの傾向を反映していたが，近時では，あまり地域による相違はなくなってきた（ザクセン・アンハルト州のみ63.7％）。

2004年度に新たに採用された修習生は，9152人であった。実務研修の期間

は，近時では2年となっているが，人員の過剰から，採用数の増加は見込めず，むしろ減少傾向にある。資格者の過剰から，法曹，とくに定員のある裁判官や検察官への就職は，しだいに困難となり，採用人数も頭打ちとなっている[26]。

第5章　むすび

(1) 19世紀のドイツ法学を特徴づけるロマニステンとゲルマニステンの理論対立の一端にも，法曹養成制度の特徴，あるいはそれが前提としている理論と実務の分裂が，ある程度は反映されている。

　すなわち，大学において圧倒的な影響力を有したのは，「現代」ローマ法学たる普通法学であったが，これが伝統的なゲルマン法を消去しきらなかったのは，18世紀において，自然法の名の下にゲルマン法的諸要素をも採り入れて編纂されたALR，ABGBが，実務において維持されていたからである。もっとも，ALR，ABGBの学問化・体系化も普通法学によったから，その存在を過大視することはできない。そして，19世紀を通じて，ALR，ABGBには，普通法学による新たな意味づけが行われたが，大学における普通法学が，ただちには実務を修正しえなかったのは，2段階法曹養成制度の後半において，実務の伝統が維持される制度的保障があったからである。

　フランス法でも，19世紀から注釈学派によるローマ法的解釈が全盛をきわめた。注釈学派は，その名のとおり，従来たんなる概念法学の徒として過少評価されていたように思われるが，その実体は，ドイツの後期普通法学と同様，ゲルマン的要素をも含む民法典のローマ法化であった。たとえば，危険負担の理論において，起草者の自然法的な所有者主義を，ローマ法的な債権者主義に読み替えたことがその一例である[27]。この場合には，学説の影響は直接的であった。

　他面において，養成制度の分離は，理論と実務の乖離という特徴をももたらすことになった。これは，種々の場面において，学説と判例の乖離としてもみられる。また，このような二重構造は，ドイツ法の学説そのものの中にも，しばしばみられる。わずかとはいえ民法典にも採用されたゲルマン法的

第3部　法曹養成の現代的課題

な解釈がそれである。この場合には，ローマ法的学説の硬直性を実務が救ったのである。そして，他の一例は，危険負担の諸主義にもみられ，ローマ法的な債権者主義とカノン法・ゲルマン法的（じつは自然法的）な交換主義との対立が明確に維持されたのである(28)。

(2)　大学における予算や経費の問題に，本稿では立ち入ることはできなかった。修習生の給与削減は，再統一からの財政問題と絡んで，近時の課題となっているが，歴史的にみれば，19世紀には，長らく修習の期間は無償であった。当時の研修は，最低一年の裁判所におけるものにすぎなかったが（Auskultator，そのあとに，Referendar の研修期間があった），修習生の家族は，第２次国家試験に合格するまで，修習生を経済的にサポートできることの証明を必要としたのである。これが，裁判官の養成に，実質的に経済的格差をもたらすものとして批判されたことはいうまでもない(29)。いわば，研修の給費制は，大学の授業料の無料の制度とパラレルな側面を有しているのである。

(3)　本稿では，一般的な入学の問題にも立ち入ることはできなかった(30)。大学入試のさいにも，定員のある大学では（近時ではそのほうが多い），入学希望者数が過剰な場合には，アビトゥーアの成績順に入学が決定されるから，希望先を変更しないかぎり，待機期間が生じることは避けられない。待機期間は，実務研修の暗部であるが，必ずしも実務研修のみに特有の現象というわけではない。とくに大学のそれは，能力による合理的なものとして，法のもとの平等に関する憲法問題を生じるとは考えられていない。

(1)　Wieacker, Privatrechtsgeschichte der Neuzeit,1967, §18 I 2, S.313. 第１版の翻訳である鈴木祿彌訳「近世私法史」（1961年）381頁。17章 I 2参照。Breslau 大学も，プロイセン的啓蒙主義の中心の１つであった。

(2)　本稿は，拙著「大学と法曹養成制度」（2001年）のドイツの法曹養成制度（とくに159頁以下）を補充するものである（以下，【大学】と略する）。

(3)　Gesetz zur Reform des Juristenausbildung v.11.7.2002, BGBl.I,2592; NRW JAG v.11.3.2003; GV NRW 2003,135.

　　　2002年の法曹養成の改正法についての文献は多い。Gerhards, Festanspruchen, in Juristenausbildung zwischen Staat und Hochschule, 2003, S.17ff.; Bilda, Juristenausbildung im Wandel, NWVBl. 2002, S.1; Wassermann, Revolution der Juristenausbildung,

448

第2篇　法曹養成制度と世紀の転換点の大学

　　NJW 2001, S.3685f.; Bull, Von der Rechtswissenschaftlichen Fakultät zur Fachhochschule für Rechtskunde?, JZ 2002, S.977ff; Hesse, Die Reform des Jura-Studiums als Politik seiner Mechanisierung, JZ 2002, S.704f.; Hommelhoff und Teichmann, Das Jurastudium nach der Ausbildungsreform, JuS 2002, S.839.
(4)　Gerhards, a.a.O.（前注(3)），S. 17. ただし，これについては批判があり，監督下の課題作業の廃止論もある。国家試験の受験者の増加による負担の増大をおもな理由とし，さらに2002年改正にみられた養成される法曹像の転換（裁判官から弁護士へ）が附加されることもある。第2次国家試験では，家での課題作業は廃止されている。これも，おもに指導のための負担が重いからである。
(5)　試験に対する大学の関与の承認には，ドイツの大学の同質性・平均性によるところが大きい。すなわち，A大学の点数も，B大学の点数も，同等か近似している必要があるからである。これが，大学間の競争という新たな観点と，どう関係するかには争いがある。すなわち，格差を前提とすれば，いずれ外国流の競争試験が不可欠となるのではないかとの点である。
(6)　Gerhards, a.a.O.（前注(3)），S. 18.
(7)　大学教育の内容では，1969年に，選択科目が設定されたことによって，法制史，法哲学，法社会学は，試験の基礎科目でもなく，影のような存在（Schattendasein）となった（Müller, Die deutsche Juristenausbildung und Europa, DRiZ 1990, S.98f）。そこで，1992年の改正では，必修の科目を，民法（私法），刑法，公法，手続法と哲学的，歴史的および社会的基礎のうえでの法学方法論（つまり，法哲学，法史学，法社会学）とした。すなわち，実定法科目に，これら基礎法的観点を附加するものとしたのである。
　　わがくにでも，各ロースクールが特徴を出そうとして工夫した科目（人権，医療，情報，国際，消費者保護，建築，ビジネスなど）は，それ自体としては新司法試験の試験科目でないことから，受講者の少ないことに悩まされている。学生にとって，実務との連関とは，たんに受験に役立つかを意味するにすぎないからである。専門職養成でありながら，将来を見据えた選択ではなく，試験の合格のみを目標とした選択が行われている。試験科目で，かつ「楽勝」科目が好まれるのは，大学の科目選択の場合と同様である。
　　その結果，これらの専門家に，受験対策をさせるようなことになれば，教える側にとってだけではなく，教わる側にとっても，専門家としての能力をうける機会を失うことから，不幸な結果となろう。
(8)　プロイセンは，大学の卒業資格だけではなく，伝統的な法曹資格についても，国家の関与を強めた。おもに弁護士と公証人について，小野「公証人と公証人弁護士」専門家の責任と権能（2000年）155頁所収（187頁）参照。
(9)　このような相違は，イギリスやフランスが国民国家であり，官僚的な制約を緩めて

449

も国家の存立が安定しうるという相違にもよる。

しかし，司法官であった Kirchmann (1802-84) の Die Wertlosigkeit der Jurisprudenz als Wissenschaft (Ein Vortrag gehalten in der Juristischen Gesellschaft zu Berlin), 1848 (Neud.1988) による批判は，概念法学への批判でありながら (S.29. drei berichtigende Worte des Gesetzgebers und ganze Bibliotheken werden zu Makulatur), 部分的にはこれをもたらしている当時の法制度や法曹への批判を包含するものであった。

もっとも，プロイセンの段階的養成制度そのものは，当時のヨーロッパでも類をみないものであり，外国からは，きわめて厳格な制度と評価されていた。cf. Stein, Legal Education in Mid-nineteenth century Germany through English eyes, Quaestiones Iuris [Festschrift für J.G.Wolf zum 70. Geburtstag], 1999, p.233.

(10) Gerhards, a.a.O. (前注(3))，S.18. 学生にとっては，実務を知る前に進路の細目を決定する必要がないから，選択の誤りといった危険も少ない。また，法律職の間の軋轢も少なくなるとの利点がある。

(11) もっとも，ここでは，たんにヨーロッパ方式の移植というだけではなく，教育における伝統的なフンボルト理念をどこまで維持するべきかという観点が基礎となっている。Vgl. Juristenausbildung zwischen Humboldt und Bologna, JuS-Magazin (Juristen im Bolognaprozess), 2005, Mai/Juni, S.7.

(12) しかし，近時，第1次国家試験の合格者の増大による経費の増大は，その給費の廃止の議論をもたらし，また大学生の増大の結果，授業料の有償化が議論されている。

(13) Gerhards, a.a.O. (前注(3))，S.20. 2段階法曹養成制度は，大学と国家の役割を，学問と実務，理論と実務に分ける伝統にもとづき，学界においても，Jhering以来，広く支持されている。ただし，パンデクテン法学は，ALRの学問的な価値を認めなかったから，法の解釈がローマ法＝普通法学の方法によることは避けられなかった。Vgl. Oebbecke, Festanspruchen, in Juristenausbildung zwischen Staat und Hochschule, 2003, S.25ff. (S.27).

(14) Gerhards, a.a.O. (前注(3))，S.21. 建前上，コストの削減は，法曹養成改革の目的ではないとされている。

(15) Gerhards, a.a.O. (前注(3))，S.21-22. ただし，外国での研修の機会は，1回のみである。一般的な職業能力の必要性から，特定の研修場所だけが保障されるわけではなく，研修の機会は，フレキシブルに割り当てられ重点教育が行われる。

ドイツの法曹養成においても，マルチメディアやE・ラーニングなど新たな方法が必要となっている。Hilgendorf, Juristenausbildung und neue Medien, JZ 2005, S.365.

(16) Gerhards, a.a.O. (前注(3))，S.22. 研修がフレキシブルにされることから，研修場所の変更も可能になり，弁護士研修は，3カ月まで公証人や法律相談的な場所でなされうる。

現代の2段階法曹養成制度は，第1次国家試験合格者であるReferendarと，第2次

国家試験合格者である Assessor を前提とするが，19 世紀の半ばまでの課程はより複雑であった。すなわち，大学教育の期間は 3 年であり，これに，1 年半のプロイセン法の勉学期間があり，それぞれの講義の認定があった。大学の終了時には，ラント裁判所長による試験があったが，対象は，ローマ法や理論的な問題にとどまった。

プロイセン法の実務的な勉学は，インターン（Auskultator）としての研修後に行われた（時代により，1 年かそれ以上とされる）。裁判所での研修後に，プロイセン法と手続に関する試験があり，ここで初めて司法官試補（Referendor）とされたのである（他のラントでもほぼプロイセンの制度に準じる）。官吏とならない場合には，これで法曹資格としては完成した。

しかし，官吏となる場合には，さらに 2 年間の研修の後に，また試験があった。この試験の対象は，司法だけではなく，政府の全機能をカバーするものであり（camerialia），合格率は，70％程度であった。その後行われる，官吏である判事補（Assessor）としての任命は，国家試験の成績によっていたといわれる。Vgl.Hattenhauer, Juristenausbildung - Geschichte und Probleme, JuS 1989, S.513ff.

(17) Gerhards, a.a.O.（前注(3)），S.23. 改正法により，大学間の競争がもたらされた。大学は，それぞれの特色ある重点領域を作る必要がある。また，専門外国語と実践的プログラム，中間試験のための試験方法や重点領域試験を準備しなければならない。ただし，基準単位（Normenzahl）は，およそ 4 分の 3（89 から 66）に減少された。

著名な法学者では，Larenz (1903–1993 年)，政治家では Bismarck (1815–98 年) が法学部の出身であるが，いずれも第 2 次国家試験を経ていない。しかし，ゲッチンゲン大学は，Larenz に，1928 年に教授資格（ハビリタチオン）を与えたのである。指導者であった法哲学者の Binder は，あまり実務研修の意義を認めていなかったといわれる。

(18) Kopp, Die neue Anwaltsausbildung in Bayern, JuS-Magazin,2004, Nr.4, S.7. なお，バイエルンでは，2006 年秋にも，研修方式の変更が予定されている。

(19) 授業料有料化の一般的な動向については，小野・前掲書 180 頁以下参照。

(20) JuS-Magazin 2004, Nr.4. S.4.

(21) BVerfG,2BvF1/03 vom 26.1.2005, Absatz-Nr. (1-94).

(22) 2003 年 6 月 9 日の見解では，授業料（Studienbeiträge）の徴収には，つぎの条件が必要とした。⑴授業料徴収をしても，州が大学の経費を削減しない，⑵大学が，その収入を教育のために投入する。⑶各大学が，裁量で徴収額を決定できる，⑷社会的弱者に配慮することである。提案された額は，1 学期で最大 500 ユーロである。最大でほぼ年額 10 万円であるから，わがくにの国立大学のそれが 50 万円，私立大学では 100 万円を超えるのに比して，かなり低額といえる。なお，オーストリアでも，大学の授業料は，2001 年まで無料であったが，その後年額 450 ユーロで有料化が行われた。

(23) ドレスデン工科大学その他大学の外部資金の導入については，小野・前掲書 235 頁参照。

(24) Zeitschrift Deutschland, 2004, No.6, S.56. なお，イギリスやアメリカでは，留学生が多大の収入を大学にもたらしており，ドイツの大学でも留学生の数を増やすために国際資格との統一を行い，その結果，留学生の数が増大した（Zeitschrift Deutschland, 2005, No.1, S.39, S.51）。全世界に200万人の留学生がおり，その留学先の内訳は，アメリカが30%，イギリスと並んでドイツが12%，オーストラリア10%，フランス9%，ちなみに日本は4%である。

〔追記〕 2007年2月13日に公表されたオーストラリアのモナシュ大学の調査によると，同国の大学の留学生の約3分の1が英語力が不十分なまま卒業しているという。留学生が大学の大きな収入源となっていることが影響しており，卒業後にうけた，政府の永住権試験の結果の分析から，34%は学位だけでなく，入学に必要な英語の力すら備えていなかったとされている（時事および朝日新聞同日）。これは，留学生を過度に経済的効果の側面からだけみた結果であり，諸外国でも警戒するべき傾向である。

ドイツ独自の学位である Diplom, Magister の代わりに，共通学位である Bachelor が導入され，また EU の域内共通のヨーロッパ大学間単位互換制度（European Creit Transfer System, ECTS）による成績評価が行われる。点数も，統一基準で評価が共通化される。学士のあとは，4学期でマスターを取得できるとするものである。ドイツでも，共通学位による課程が出現し，2001年に764課程，2004年に2561課程となった。2010年までに全国の大学に普及すると見込まれている。

ドイツの Bachelor, Master の課程の数

年	01	01WS	02	02WS	03	03WS	04	04WS	05	05WS
数	599	764	911	1072	1633	1898	2124	2561	2934	

各年当初の数字は，夏学期＝Sommersemester，WS は冬学期＝Wintersemester

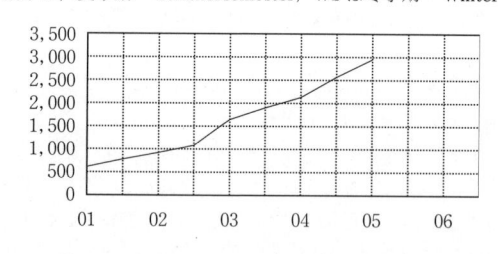

また，大学予算の一般的な逼迫から，図書館予算の削減も行われている。図書館は，かつては入っている図書，雑誌の数がその充実を示すものであったが，今日では，データベースの数がこれに代るものとなっている。しかし，データベースのみでは，その多くを有するアメリカの大企業やメディア，図書館の端末と変わらないことになり，

図書館自体は不要ということになる。ヨーロッパの独自性が必要とされる。なお，欧米のメディアによる一極支配の構造は，わがくにでも共通した（より深刻な）問題である。とりわけ特色のない図書館には脅威となる。これについては，【大学】245頁参照。

(25) Ausbildungsstatistik, 2004, BMJ- Referat RB6, 2224 III-R229V 2005. なお，2005年の国家試験の結果について，vgl. JuS-Magazin, a.a.O., 2005, Mai/Juni, S.4f. とくに，第1次国家試験の成績には州によりかなりの差があるが，本稿では詳細には立ち入らない（たとえば，2004年の不合格者の割合は，ノルトライン・ヴェストファーレン州では，19.6%であるが，南ドイツのバーデン・ヴュルテンベルク州では，30.6%，東ドイツのザクセン・アンハルト州では，39.2%に達する）。【大学】195頁参照。

(26) Erichsen, Podiumsgespräch, in Juristenausbildung zwischen Staat und Hochschule, 2003, S.40. 卒業生のうち20%のみが公職につき，10%のみが法律関係の職につくにすぎない。ミュンスター大学の卒業生でも，公職（Staatsdienst）につくのは，20%程度という。Vgl.Oebbecke, Festanspruchen, in Juristenausbildung zwischen Staat und Hochschule, 2003, S.29. もっとも，それでも，大学の他の課程で，林学や土木工学のそれよりも専門に関係ある職につく割合は高いといわれる。

　実務研修の採用について，Bakshi, Einstellungssituation in für den juristischen Vorbereitungsdienst in Deutschland (Referendariat)- eine Übersicht (Berichte und Dokumente), JuS 1999, S.927f. 【大学】201頁参照。

　なお，日本の旧司法試験は，1990年代から合格者数が増加したが，それでも，500人から1500人に増加した程度である。次頁のグラフ参照。

(27) 小野・危険負担の研究（1995年）316頁，327頁参照。ここで，注意するべきことは，19世紀のいわゆる概念法学も，決して論理や概念だけで物事を決していたのではないことである。今日よりもずっと慎重ではあるが，実質的には政策判断をも行っていたのである。その一端は，ゲルマニステンの主張した安全配慮義務からも（ドイツ民法典618条参照）推察できよう。ただし，19世紀の普通法学は，現代ローマ法学の伝統から，法制史と解釈学の区別を徹底していなかったから，ときとして法制史的見解がもちこまれる場合があり，それが概念的にみられたのである（前掲書8頁参照）。

(28) 【大学】52頁参照。

(29) これにつき，【大学】52頁，65頁注(15)参照。

(30) ドイツの大学入学試験（Abitur）に相当するのは，オーストリア，スイスのMatura，フランスのバカロレアである。2004年12月に，バカロレア試験の改革案が出され，筆記試験の科目を半減し，平常点や実習成績による「総合評価」を加えることが提案されたが，「総合評価」の客観性に疑問が出され，2005年2月に，事実上撤回された。イタリアでも，EUの統一システムにあわせて，義務教育を8年から10年に延長し，大学を4年から3年に短縮する改革が行われたが，その評価は未定である。

453

第3部 法曹養成の現代的課題

　ドイツの大学は基本的に入学試験をしないが，そのために，大学と学生のミスマッチが生じ，大学生の3分の1が専攻を変え，4分の1が退学するといわれる。そこで，芸術系の，とくに音楽大学は，入学試験をしている。成績表と推薦状のほかに，志望理由を述べた文書の提出が必要となったり，面接試験をする例もある（ロイトリンゲン専門大学）。Vgl. Zeitschrift Deutschland, 2005, No.1, S.38.

旧司法試験の合格者数（2006年から新試験）

年	90	91	92	93	94	95	96	97	98	99	2000	01	02	03	04
数	499	605	630	712	740	738	734	746	812	1000	994	990	1183	1170	1483

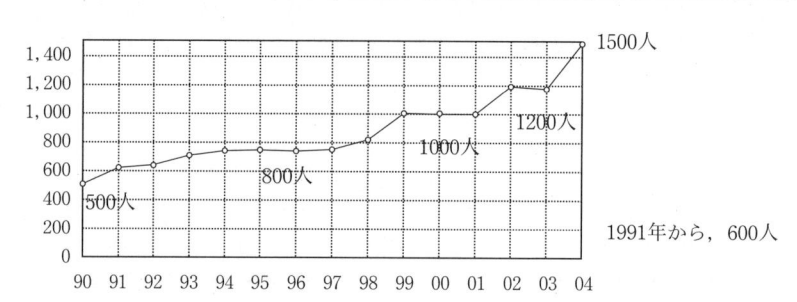

新旧司法試験の交代期における受験者数の推移

年	1978	—	1993	—	2001	2002	2003	2004	2005
人	29390	—	20848	—	38930	45622	50166	49880	45758
*1	—	—	—	—	—	—	39350	24036	19859
*2	—	—	—	—	—	—	20043	13993	10724

*1，*2 適性試験には，大学入試センター試験と日弁連の法務研究財団の試験とがある。

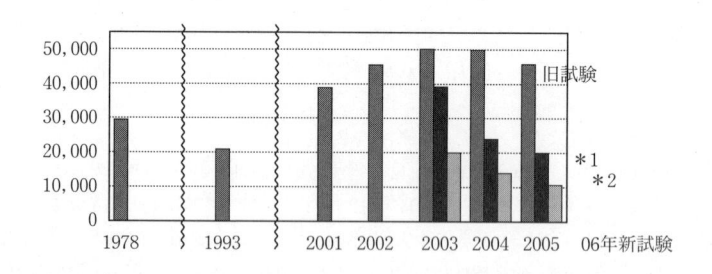

　なお，2008年5月の大学入試センター発表によると，同年6月予定の法科大学院適性試験の出願者は，1万3138人であり，2007年に比して2799人（17.6％）の減とな

454

り，これで5年連続の減少となった。日弁連法務研究財団の統一適性試験も，出願者9930人で，2007年に比して2015人（16.9%）の減となった。

また，ドイツの各州の司法研修の相違を示すために，各研修場所における期間の割合を示すことにしよう。現行法では，研修期間は合計2年（24か月）である。さらに，あまり明らかになることが少ない司法研修に入る前の待機期間を示す。Vgl. Metz, Ausbildungsgesetze und -prüfungsordnungen in allen Ländern geändert, JuS Magazin 2006, 2, S.13.

研修場所は，〈民事裁判所＋刑事裁判所＋行政機関＋弁護士事務所＋選択〉とする順序が一般的であるが，Hamburg州やSchleswig-Holstein州のように，刑事裁判所研修を先にするところ，Baden-Württemberg州のように弁護士研修を，行政機関の前後に半分ずつ行うところもある。また，Saarland州のように，まったく独自に，弁護士Ⅰ6＋刑事裁判所3＋行政機関3＋民事裁判所5＋弁護士Ⅱ4＋選択3とするところもある。Hamburg州では，6カ月の選択による期間を，3カ月ずつ，別のところで行うなど，特徴を出そうとしている。

研修場所に関して，州間での共同がある場合（△，○），Spyer-SemesterまたはDHV Spyer研修センターにおいて，一部の研修（行政あるいは選択）が可能な場合もある（SまたはDHV）。研修内容についても，州ごとに，法律相談（Rechtsberatung），経済，労働，行政，家族，税法，社会法，国際私法，ヨーロッパ法など，重点領域の相違が

各州における待機期間（Wartezeit）の状況と研修期間

JuS Magazin2006, 2, S.14.

州	待機期間	民事＋刑事＋行政＋弁護士＋選択		
Baden-Württemberg	なし	5+3.5+3.5+9+3	S	交代不可
Bayern	なし	5+3+4+9+3	S	可能
Berlin	12か月	4+3.5+3.5+9+4	○	不可
Brandenburg	最大6か月	4+3.5+3.5+9+4	○	不可
Bremen	最大2年	5+3.5+3.5+9+3	△	可能
Hamburg	最大30か月以上	3+3+3+9+6	△	可能
Hessen	6か月まで	4+4+4+9+3	S	不可
Mecklenburg-Vorpommern	ほとんどなし	5+3+4+9+3	S	不可
Niedersachsen	最大9か月	5+3+3+9+4		不可
Nordrhein-Westfalen	最大10か月	5+3+3+10+3	DHV	可能
Rheinland-Pfalz	最大6か月	5+3+4+9+3	DHV	不可
Saarland	6か月	5+3+3+10+3	S	不可
Sachsen	なし	5+3+4+9+3	DHV	不可
Sachsen-Anhalt	まれに6か月	4+4+4+9+3	DHV	可能
Schleswig-Holstein	およそ9か月	4.5+3.5+4+9+3	△	可能
Thüringen	6か月	5+3+4+9+3	DHV	不可

原則として，研修場所の順序を変更することはできないが，例外がある。

第3部　法曹養成の現代的課題

ある。たとえば，Baden-Württemberg 州では，司法・弁護，経済，税・労働・社会保険，ヨーロッパ法，国際私法，行政を重点領域としている。

　待機期間については，【大学】202 頁以下でもふれた。時間を経たことから，性質上変化がみられるが，一般的な傾向にはなお共通点もみられる。おおむね北ドイツの諸州で，待機期間の長いことが特徴である（Schleswig-Holstein, Niedersachsen, Nordrhein-Westfalen など）。また，都市州である Hamburg と Bremen でも長い。これに対し，南ドイツの諸州には，顕著な期間はみられない（Baden-Württemberg と Bayern）。これは，修習生の受け入れにかなりの努力をしている結果である。東ドイツの諸州でも，ベルリンを除くと，待機期間は少ない。

待機期間の比較

数字は，月数である。
北部および西部の諸州で長い。

第3篇　グローバル化のもとの法曹養成
――ボローニア宣言による標準化――

第1章　はじめに

　1999年，ヨーロッパでは，大学制度の大綱の統一をめざしたボローニア宣言が公表され，ヨーロッパの大学は，新たな国際化の時代に突入した。そのおもな動機は，アメリカの大学との競争をも視野に入れたヨーロッパの大学の標準化である。標準化によって，各国で微妙に分かれていた大学制度が統一されることから，学生の流動化が促進され，就学・就職のさいの透明性も高まると期待されている。大学やその課程の一定の質の保証がもたらされる反面で，相互の比較と流動化が可能となることから，大学間にいっそうの競争がもたらされる。

　大学の標準化には，技術系の学部では比較的摩擦が少ないものの，大学のもう1つの要請である多様化の観点からは問題がないわけではない。各国間の大学の沿革や意義の相違を捨象すること，大学の自治や独立の理念との関係，大学と関連する制度との関係の見直しなどにも波及する可能性を有するからである。

　ボローニア方式は，国際間の競争の観点から，学士と修士という2段階の制度を基本としている。アメリカ型の教育モデルによるともいえる。そこで，大学の学部が基本であったヨーロッパの大学理念とは，その限りでは異なることが根本的な問題となる。ヨーロッパでは，伝統的には，学部のみで完結することを予定してきたからである。相互の調和は，これからの課題である。

　ヨーロッパの大学は，20世紀の末に大学院の制度を積極的に採用してきたものの，その受容の程度は様々である[1]。学部を基本として職業教育の制度が構築されている例は，なお多い。とりわけ古い学問領域である法曹教育においては，学部の教育の上には，各国の独自の制度が接合されていることが

通常である。ドイツやフランスの司法研修，イギリスの法曹学院による養成制度などである。

本稿は，とくにドイツの法曹養成制度が，このボローニア方式のもとで，どう変更されるかを中心として検討する。ドイツの法曹養成では，大学と司法研修の2段階の制度がとられ，大学の法学部は学士の資格獲得を目的とせず，その終了と司法研修に入るためには，第1次国家試験が採用され，職業教育は司法研修によって行われてきた。この制度のもとでは，ボローニア方式との摩擦がもっとも大きいと思われるからである。

もっとも，そこでの議論は，必然的に，大学における法学教育の理念，司法研修の意義，これと修士との関係などに発展する。これは，わがくににおける議論にも参考に値いするものとなろう。わがくにの法科大学院と法学部の関係などにも再考をうながすものとなる。

なお，法曹養成は，アメリカでも，3年間のロースクールが中心であるから，ボローニア方式とは異なり，その意味では，法曹養成には，他の分野ほどの標準化は予定しえないとの点が注意されるべきである。そこで，法学部を予定する法曹養成（大陸型の）と，予定しない法曹養成（アメリカ型の）との差異といった観点も必要となるであろう。

第2章　ボローニア宣言と高等教育の統一

1　その沿革と骨子

(1)　ボローニア宣言（Der Europäische Hochschulraum, Bologna Joint Declaration, Gemeinsame Erklärung der Europäischen Bildungsminister 19. Juni 1999, Bologna, 3/324-41124-2/2）は，1999年6月19日に，ヨーロッパの29か国の教育・文化相によって行われた宣言である（その後，45か国が参加）[2]。2010年までに，ヨーロッパの統一的な高等教育システムを作ることを目的とする。もともと，EU市場内における大学を魅力あるものとし，アメリカの大学に対抗することを出発点としている[3]。

ドイツの文化相会議（die deutsche Kultusministerkonferenz）は，この新たなシステムの樹立を，ドイツの大学政策の中心と位置づけ，2003年6月には，

「ドイツの学士と修士制度の10のテーゼ」を具体化した。これによって，実務研修がある法律，医学，教職の国家試験の過程も，経過期間の伸長が望まれるものの，検討の対象とされることとなったのである(4)。

ボローニア宣言の基礎となったのは，1998年のソルボンヌ宣言（Sorbonne-Erklärung, Sorbonne Joint Declaration, Gemeinsame Erklärung zur Harmonisierung der Architektur der europäischen Hochschulbildung, Paris, Sorbonne, 25. Mai 1998）である。これは，イギリス，イタリア，フランス，ドイツの教育相の同旨の目的の宣言であり，パリ大学創設（1198年。ソルボンヌは1257年。ちなみに，ボローニア大学は，1158年に神聖ローマ帝国皇帝フリードリヒ1世（Barbarossa, 1152-90）による大学特権の特許状（habita）の付与を起原とする）の800年祭の時期であったことを記念して，このように名付けられた。この中で，4か国は，ヨーロッパ共通の卒業資格，勉学の2段階制，研究者と学生の流動性の増進について合意したのである。これが翌年ボローニアで具体化された。なお，これに先立っては，1997年に，リスボンにおいて結ばれたヨーロッパ内の大学卒業資格の承認のための協定がある。

ボローニア宣言は，法的な拘束力のある条約ではなく，参加国の決意表明（Absichtserklärung）にすぎない。その後，2000年初頭にリスボンにおいて，ヨーロッパ委員会も，EUにおいて，2010年までに，経済的条件の学問的基礎を整え，競争可能なものとすることを宣言した。

(2) 法曹養成も，大学教育と係わる限りにおいて，ボローニア宣言とは無関係ではない。これは，ボローニア宣言の主な目的から理解できよう。ボローニア宣言の基本は，以下のとおりである(5)。

① 第1は，EU域内での学生の流動性を高め，比較可能でわかりやすい大学の卒業システムを構築することである。教育システムの透明性を高めることが必要となる。これには，取得する卒業資格の比較可能性が含まれる。大学教育の国際性を高めること，勉学期間の短縮と中途の挫折者を減少させることも目的とされる。

② 第2は，連続的な勉学課程で，2段階の卒業のシステムを構築することである。これは，いわゆる学部（undergraduate）と，大学院課程（graduate）の区分を意味し，卒業生には，それぞれ学士（Bachelor）と修士（Master）が

付与される。

③ 第3は，ヨーロッパ共同の単位互換制度（ECTS, European Credit Transfer System）の導入である。これにより，勉学期間中の流動性が改善される。ECTSは，もともと1989年に，EUのエラスムス計画（EU域内の学術交流，とくに学生の移動促進を目的とする。すでに100万人の学生が自国以外のEU諸国で学習している。その後，教育全般に関するEUの計画であるソクラテス計画に拡充された。ヨーロッパの教育の質の向上を目的とする。外国語学習や学生，教員の交流，知識を基礎とする社会・生涯教育の促進をも目的とする）によって構想されたものであり，長年の経験からその効果がテストされ，全ヨーロッパですでに利用されている唯一の互換制度である。最初は，たんなる外国の単位を承認するための制度にすぎなかったが，承認手続が軽減されることにより，ヨーロッパの勉学の流動性の質と量を増進するものとなった。ボローニア宣言の目的達成のための中心的な制度の1つとされている[6]。また，ECTSは，パートタイム的な学生が増加することと，生涯教育との関係でも重要性を増しつつある。

卒業資格補充文書（DS, Diploma Supplement）は，大学卒業資格の証明のための統一的な書式であり，ECTSを補完する機能をもつ。DSは，公的な卒業証書に対する補助書類である（おもに資格授与の証明と試験の証明である）。卒業資格の評価を容易にし，勉学と職業のために役立てるものとなる。また，学生の便宜だけではなく，外国の大学と企業にとっても，容易に理解可能なものとなる。この補充文書は，2005年から，すべての卒業生に自動的かつ無償で交付される。

④ 第4は，流動性を阻害する要因を除去して，流動性を促進することである。ここでは，たんに空間的な流動性だけではなく，文化的な資格や，大学とそれ以外の教育制度の間の流動性，生涯教育も問題となる。

⑤ 第5は，大学教育の質を改善することである。改善は，学部，単位の取得，質的改善のための全ヨーロッパの共同を促進することにより行われる。大学は，質の保証（Qualitätssicherung）のために信任制度（AK, Akkreditierung）を導入する。すなわち，AKは，大学，学生，雇用者に，カリキュラムの質に関して信頼できるオリエンテーションを与え，また卒業資格の質を担保す

る。種々の評価制度を組み合わせることによって，大学の質の保証が可能となるのである。これによって，卒業資格の承認の根拠が明確にされる。

⑥　第6は，大学教育，とくにカリキュラムにおけるヨーロッパ的な領域の拡大である (europäische Dimensionen im Hochschulbereich, insbesondere in bezug auf Curriculum-Entwicklung)。ここで求められているのは，大学教育のための質的な調和であり，教育の枠組が調和することが必要となる。しかし，教育内容そのものの調和が求められているわけではない[7]。

2　ボローニア宣言への対応

ボローニア宣言に対する評価には，積極的なものからきわめて消極的なものまである。

法曹界では，比較的否定的なものが多い。全大学の法学部会議 (Juristenfakultätentag) は，ボローニア宣言を全体として受容することは拒絶した。連邦弁護士会 (BRAK, Bundesrechtsanwaltskammer)，連邦公証人会 (die Bundesnotarkammer)，ドイツ公務員連盟 (der Deutsche Beamtenbund)，ドイツ公証人協会 (der Deutsche Notarverein) も同様である。連邦司法大臣の Zypries，バイエルンの国務大臣 Merk も，司法政策上の理由から反対を表明している。

ドイツ弁護士協会 (Deutscher Anwaltverein)，ドイツ裁判官会議 (Deutsches Richterbund) は，中立的立場であり，これは，ボローニア宣言を否定しないまでも，従来の制度を激変させないものにとどめようとする。すなわち，実務研修を，職業的な養成の延長と理解しようとする (ただし，その場合でも，多少の修正は予定されている。たとえば，後述（第3章3⑶）の Spartenmodell（部門モデル）の採用である)。

これらと異なり，賛成するのは，ドイツ学術会議 (Wissenschaftsrat)，各州の文化相会議 (KMK, Kultusministerkonferenz)，大学学長会議 (HRK, Hochschulrektorenkonferenz)，ドイツの企業の団体の一部であり，ボローニア宣言による学士方式に賛同する会 (Bachelor Welcome) である[8]。産業界や労働団体・消費者団体には，もともと伝統的な法曹養成制度の非効率性に対する批判（期間が長く，また裁判官職のみを志向した制度であり，経済的需要や消費者保護的な視点，つまり当事者的な視点が弱いことなど）が強いことからである。

注目されるのは，司法研修の実務を担当する州の司法相会議（JuMiKo, Justizministerkonferenz）であるが，これも，2005年11月に，反対を表明し，2008年にこのテーマにつき新たな議論を始めることを要望している。また，2005年11月のCDU/CSUとSPDの大連立の政権協定では，法曹養成については，ボローニア宣言を当面は受容しないこととしている。そこで，ボローニア宣言の期限である2010年までに，法曹養成と，学士・修士課程を結合するボローニア方式の採用が可能かどうかは，いまだ明確ではない。

連邦弁護士会（BRAK）は，2005年11月25日の声明で，CDU/CSUとSPDの連立協定において，学士（Bachelor）の制度を採らなかったことを歓迎する旨を表明した（Präsident der BRAK, Dr. Bernhard Dombek）。法曹養成は，従来の国家試験の求める高度なスタンダードを維持する必要があるとし，法律学への学士（Bachelor）導入は，法曹養成の完全な改革につながり，消費者の不利に働くとするものである。また，2005年11月17日の声明でも，学士・修士の体制は，法曹養成の全面的な改革につながることから，ドイツのシステムに完全に代わりうるものかをより詳細に検討することが必要とする[9]。

第3章　法曹養成の多様化とボローニア方式

1　従来の展開

(1)　20世紀の末から21世紀の初頭の大学改革の中で，すでに行われたボローニア方式の採用は，部分的なものにとどまる。2002年に改革された大学基本法（Hochschulerahmengesetz）では，高等教育を学士と修士の2段階の課程とすることが可能となった。そして，大学基本法は，3年から4年の標準期間後に，学士によって，大学教育の段階が修了することを予定し，その1年から2年後に，修士課程の段階が修了するとする。全勉学期間は，最大で5年である。これらは，ボローニア方式の採用を可能としたものである。

具体的には，2005年の夏学期に，2934の学士（Bachelor）と修士の（2段階の）課程が提供された。もっとも，これらは，おもに法学部以外の大学の課程である（人文科学と自然科学の課程を中心とする）。この課程の総数は，ドイツ全体の課程の27％に相当する（ただし，学生数では10％に満たない）。相当

する課程は，1999年末には，200に満たなかった（2000年から正式導入）[10]。

このような学士コースの導入により，2005年の大学卒業生の数は，2005年には，25万2500人となり，2004年よりも9％増加した（2万1500人増加）。2005年の学士（Bachelor）の取得者の数そのものも（9800人），前年よりも66％増加したのである[11]。また，修士（Master）は，9200人で，64％の増加であった。

大学外の研修制度が予定される学部における修正は，今のところ少ない。法学部においても，学士の資格だけで法律家として法律相談業務に携わることが可能とする者はなく，法律の学士も修士も，将来も，独立して包括的に法律相談をすることはありえない。古典的な法曹養成は，もっと時間をかけて行われており，3年の期間で修了した学士に，従来のような資格があるべきかは疑問とされる[12]。

専門の分野によって，勉学の内容や方法は，いちじるしく異なる。ヨーロッパの共通性を追及しても，その実現は，個別的にはむずかしい分野も含まれている。そして，従来，大学だけではなく，国家試験が修了の同質性や質の保証をしていたことも無視できない。国家試験は，国による必修試験として，法律学の勉学につき統一的に高い質を保証しているからである。

もっとも，国家試験によらない場合でも，質の保証は，大学基本法によれば，大学やその設置者である州が配慮することになっている。勉学，試験成績，修了の同質性と，学生が大学を変わることの可能性は保証されている。しかし，国家試験のない分野とは異なり，大学のする質の保証と国家試験の関係が同レベルかどうかは，新たに問題となりうる。

(2) ボローニア方式と，従来の法曹養成の発展の方向とは，必ずしもつねに反するわけではない。たとえば，国際性を重視する観点は，ボローニア方式でも，従来の法曹養成でも異ならない。ドイツの学生の14％は，その勉学の一部を外国でしているが，法律学の学生では，22％がすでにそうである。平均以上に，法律家は，外国での勉学をしているのである[13]。2001年の養成促進改革法（Ausbildungsförderungsreformgesetz）も，外国での勉学の可能性を促進している。同促進法による外国での勉学者の数は，つねに増加しており，2004年には，1万6000人の学生が援助をうけた[14]。

また，2002年の法曹養成の改革では，国際性と外国語の能力を重視し，外国語による法律の授業や専門的語学コースが，積極的にとり入れられるべきものとした[15]。

2 比較と適合化

(1) ボローニア方式のもとでは，従来の学士（Magister），卒業（Diplom），研修，国家試験の方式を（事実上，7年程度），合計5年の学士（Bachelor），修士（Master）の2段階の方式に改める必要がある。ただし，5年の分け方は，定められていないから，3年の学士＋2年の修士と，4年の学士＋1年の修士とする可能性がある[16]。

多くの大学では，3年ないし4年の基礎教育のあと，学士に対して，2年程度の高度な職業に適合した課程を設けているから，この付加的な期間をボローニア宣言に従って改め，かつ学問的な資格を付与することは，比較的容易である。この場合には，修士は，全体の20％から30％の割合ということになる。研修制度のない学問分野では，容易に導入可能である。大学基本法の改正は，このような場合を主眼としたものである。

しかし，学士（Bachelor）と修士（Master）をドイツの法曹養成に適合させることには，別の問題がある。1930年代まで，いくつかのドイツの大学は，法律資格（baccalaureus juris）の称号を与えていた。しかし，これは，職業的な資格というよりは，博士（Doktor）のためのたんなる予備資格にすぎないものであった（ちなみに，ドイツの博士は，いわゆる論文博士である。論文（Dissertation）に対する資格であり，課程修了を必要としない）。これに対し，学士（Bachelor）は，課程の修了により付与される，まったく新しい資格である。ボローニア方式は，必ずしも大陸のラテン的な課程の方式ではないから，アメリカ式の学士（Bachelor of Laws）に近い資格の付与が問題となる。

学士に職業的な意味の資格を付与することが，新しいシステムの中心問題である。3年ないし4年の学士期間で，法曹教育のための資格を付与することの可否である。現在では，事実上，9学期（4年半）の通常勉学期間，第1次国家試験，司法研修，第2次国家試験というプロセスになっている。

(2) 大学で取得できるタイトルのみの点では，問題はそう大きくはない。多

くの法学部では，すでに，「専門大学の経済専修法律家」（Fachhochschul-Wirtschaftsjuristen）と同様に，その卒業生に，「大学法律家」（Diplom-Juristen）の資格を与えることが，制度上可能となっている。この資格の付与には，第1次国家試験後の司法研修と第2次国家試験は不要である。経済界で採用されるには，これで十分であるが，完全法律家となるには，第1次国家試験後の司法研修と第2次国家試験が必要となる(17)。

　しかも，現在は，完全法律家となることが多数であり，たんなる学士にとどまる者は少ない（専門大学を除く）。全学士の20％程度が，修士となることを予定するボローニア方式の意図するところと，現在の市場の状況は，一致するものではない(18)。ボローニア方式では，銀行員や，保険員，大規模取引者，投機的取引従事者など，高度な法律的知識の必要のある者が修士を取得することを予定している。ドイツでは，むしろ実務研修が通常であるから，修士による継続教育に入る者の数が多い外国とは異なる。身近な例でたとえると，内容的にも，ボローニア方式のものは，わがくにのかつての大学院専修コースに近く，実務研修は，ロースクールに近い。

　(3)　修士と実務研修の位置づけは，もっとも問題となる。ボローニア方式では，法曹養成については，3つの問題がある。

　法学部は，将来，3年から4年の職業資格のための課程を提供し，大学固有の修了試験で完結し，合格者には，学士（Bachelor）の学位を与えなければならない。

　また，法学部は，修士（Master）の学位を与える1年から2年の課程を提供しなければならない。修士に進みうる者は，学士の取得者の20－30％を超えてはならない。

　学士と修士の2つの新たな制度において，勉学内容も，特定の率で分離されなければならない。したがって，一面で従来型の法学部を維持し，他面でボローニア方式の学士としての性格をもたせる，つまり全部が読み替えですむというわけではない。各課程の材料は，分離して提供され，試験されなければならない。試験に合格するには，特定数の単位（Leistungspunkten）をえて，一定の成績（Abschlussgrad）を修めなければならない(19)。

　前述のように，形式的に大学の課程と実務研修とを，学士と修士の課程に

465

対応させること自体は可能である。しかし，その内容は異なるから，これを調和させることはむずかしい。方法は，3つある。

① 第1は，内容を変更し，学士の課程と on the job training である実務研修とを，ボローニア方式に全面的に変更するものである。

② 第2は，調和はむずかしいとして，ボローニア方式に拘束されないとするものである。ボローニア宣言は，EU指令とは異なり，法的な拘束力のあるものではないから，必ずしも大学のすべての分野で実現することは必要ではないとする。これは，CDU/CSU と SPD の連立協定の立場でもある。

③ 第3は，形式的にのみ調和させるものである。実務研修に形式的に修士としての課程をあてる。ボローニア方式は，法的な拘束力がないことから，学士の20％程度が修士になるとの算定にも拘束力があるわけではない。むしろ，学士の大半が修士になるとすることも可能である。そのうえで，3年から4年の学士課程に，2年から1年の修士課程を結合し，全体で5年の課程とすることも可能である。国家試験の位置づけはなお困難であるが，場合によっては，大学の試験をもって代えることを考えるのである[20]。

また，実務研修の形式は，国家により直接財政的に維持される（給与が与えられる）ことから，ヨーロッパ的見地からすると（養成＝学生），システムに反する点もあるが[21]，まったく許されないというほどのものでもないとする（給付水準が低い）。

3　大きな解決と小さな解決

(1)　このうち，一切ボローニア方式を考慮しないとすることはむずかしいであろう。そこで，大きな解決と小さな解決とが考えられる[22]。

まず，小さな解決（上述 **2**(3)の③にあたるもの）は，現在のシステムを変更しないで，その上にボローニア方式を接ぎ木するものである。この程度の変更は，ドイツ裁判官法や州の養成法の変更なしでも可能である。ハンブルク大学では，すでに数年来，すべての法律の学生に，8学期（1学期は6か月）内に，国家試験の受験資格を満たし，3つずつの前期および後期の演習を特定の成績で修了したかぎり，自動的に法学士の資格を与えている。また，Bucerius のロースクール（名称とは異なり内容は大学である）では，法律の勉

学期間は，12学期（1学期3か月）で4年に相当するものとしている。学士の資格は，10学期後に，必修科目と，選択科目を必要数とり，かつ学期ごとの期末試験を特定の成績で合格した者に与えられる。グライフスヴァルトやオスナブリュック大学でも，すでに同様の改革が行われている。それらでは，法律の勉学は，国家試験の準備資格であるとともに，学士資格をえることをも目的としている[23]。

　2つの目的のための講義は，本質的に同視される。しかし，学士の価値をより高め，新学士が職業的実務に入ることを容易にするために，学位の取得には，特定の授業をとるものとされる。たとえば，経済学的な知識，語学または紛争処理（alternative Streitschlichtung）の技術の方法を知ることなどである。この場合には，たいていの法律の学生は，国家試験のコースにいき，学士の学位をついでにえるのである。このような方式のもとでは，国家試験は，実際上その性格を変えず，従来の資格試験のままということになろう。

　(2)　つぎに，大きな解決はどうか（上述2(3)の①と③の中間にあたるもの）。このメルクマールは，国家試験の必修科目を修正したうえで，3〜4年の勉学後に学士の学位がとれるとすることにある。これにより，他のヨーロッパ諸国と同じく，法律の大学の勉学は，大学の修了試験により終わるのである。裁判官，検察官，弁護士や公証人を希望する法律の学士には，付加的な職業的養成，たとえば，1〜2年のものが必要となる。この養成の最後にある試験は，国家により組織され，または国家が責任をもつものである。大学の課程は，学士資格を目ざしたものと再構成され，職業資格に関する国家試験は，これとは独立したものと位置づけられるのである（国家は，最後の試験にだけ責任をもち，課程には関与しない）。この制度による場合には，司法研修は，大学とは切り離されるから，その性格を変える。

　大きな解決の問題点は，学士である若い法律家がどのような要件のもとで，職業的な養成に入るかである。学士の資格だけで，養成が許されるかは，争いのあるところである。なぜなら，この場合には，不適切な者に資格を与えたり，「優」や「良」を乱発する可能性があるからである。諸外国では，ここに，実務研修に入るための特別な試験がおかれる。その性格は，必然的に選抜試験となる（第1次国家試験の変容）[24]。

第3部　法曹養成の現代的課題

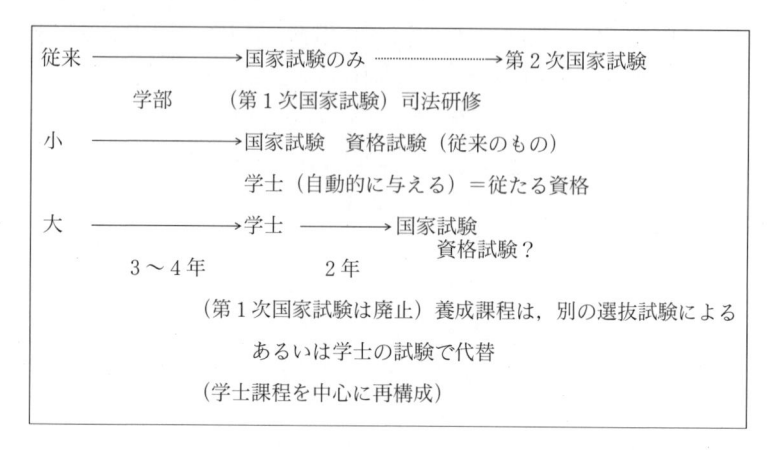

```
従来 ─────→国家試験のみ ……………→第2次国家試験
        学部　　（第1次国家試験）司法研修
小 ─────→国家試験　資格試験（従来のもの）
              学士（自動的に与える）＝従たる資格
大 ─────→学士 ─────→国家試験
                                資格試験？
      3〜4年　　　　　2年
          （第1次国家試験は廃止）養成課程は，別の選抜試験による
              あるいは学士の試験で代替
          （学士課程を中心に再構成）
```

(3)　大きな解決のうち，養成課程の全面的な変更（①）を目ざさない場合には，3年の学士課程の後，2年で職業資格をえる（あるいは4＋1年）ことはむずかしいことから，いわゆる Spartenmodell（部門モデル）が必要となる。従来の法曹養成が統一的法律家を目ざしたのに対し，統一を目ざさず，研修も，統一的なものを3つないしはそれ以上の職業志向的なものに分化するものである。内容は多様であるが，たとえば，それぞれが，2年の実務研修で，司法法律家（裁判官と検察官），行政法律家，弁護士に分け，いずれも，独自に入学の決定を行うとするものがある。

司法法律家と行政法律家では，実務研修には，収容・採用数から養成場所の制限がある。従来は，同じ理由から，比較的少数の志願者がいるにとどまった。また，ここに入るには，従来も，国家試験の成績がトップ・クラスである必要があった。選抜試験を入れる代わりに，口述試験，人的プロフィール（Persönlichkeitsprofil，人物考査である）と専門知識により，どの研修にもっとも適合するかをみる可能性もある。そのような場合には，国家試験類似の包括的な書面による入学試験は，必ずしも必要ではない。

弁護士のための研修は，学士の資格をえた志願者のうち，弁護士職の研修のための講義をとった者が対象となる。ここに入るには，志願者は，特定の弁護士会（Anwaltskanzlei）との間で，養成契約（Ausbildungsvertrag）を結ぶ必要がある。この場合にも，必ずしも選抜試験は必要ではない[25]。

修士の学位の取得は，実務研修の許可とは関係がなくなる。大学は，あくまでも独自の資格として修士を付与するのである。しかし，1年の修士の勉学を大学で行い，卒業した者は，実務研修をするチャンスがあるとする解決もある。とくに，修士の勉学が，選択した実務研修にとって意味のある専門的な重点領域となる場合には，それが可能である。規格化された法律職ではなく，つまり，たんなる実務研修ではなく，団体や企業，その他の組織で職業的に活躍しようという場合には，修士の勉学は，若い法律家にとって，意味のあるものとなろう。

(4) これらに対し，ボローニア方式を無用ととらえ，意識的ではなく，やむなく従うとするむきには，小さな解決が参考となろう。

比較法学者の Kötz は，ボローニア方式を大学にとってのチャンスとし，大きな解決によって機会をつかむことができるものとする。実務研修の職業向きの専門性は，若い法律家にとって，大学の一般的な養成後に，職業的な傾向に関する明確性を与えるからである。一部のヨーロッパ諸国と同様に，特定の養成課程が実務研修をする者と関係することには意味がある。そして，学士試験によって，国家試験を代替することは，中途挫折者を減少させ，また，必ずしも完全法律家（Volljurist）を作る必要はないから，法律の勉学を不必要に長期化することもない。必ずしも試験の安売りや成績のインフレとなることにはならないとする。

この場合には，法律の勉学を修了した者が，狭義の法律家（とくに裁判官）の能力を備えなくても，挫折者とはされないようになる。法律の勉学は，たんに法の知識（Rechtskenntnisse）ではなく，一般的な問題解決能力（Problemlösungskompetenz）を獲得することである。方法論的・学問的に導かれる手法により，状況を把握し，解決を示すことに意味がある。フェアーで秩序だった手続を用いて，取引関係などを，法律によって確定するのである。それにより，一般的な（generalistische）な能力が備わる。これは，狭義の法律家だけではなく，他の職業でも重要な意義をもっている。このような養成を学生にも労働市場にも魅力あるものと意図する者は，第1次国家試験を学士の試験で代替し，学士の資格をすべての法学生に勉学の修了にさいして与えようとするのである[26]。

ただし，その後の修士の課程は変革を余儀なくされる。短期間で，すべてをすることはできないから，これは，結局，完全法律家を分解する見解と結合しやすいのである。ちなみに，それでも法曹養成には足りるとの見地は，重厚長大型の法曹養成への反省ともなっており，わがくにでも参考となろう。ちなみに，アメリカのロースクールも，実務への対応は，司法試験合格後の on the job training である。

(5) 他方，ボローニア方式に全面的に反対する見解も強い[27]。法曹養成の特殊性を強調するものであるが，その理由は，列挙するにとどめよう。

① ボローニア方式を法律職にも拡張することは，ヨーロッパ的な法の発展の見地からすると政治的には一貫しているが，実質的には正当とは認めがたい。

② ボローニア宣言を法律職にも適用することは，ヨーロッパ的な学問体系に，部分的にしか役立たない。なぜなら，法律学は，他の専門分野と異なり，国民国家的に決定された教育内容によって性格づけられているからである[28]。

③ ボローニア宣言は，政治的な宣言であり，その受容は，強制されてはならない。

④ ボローニア宣言による学士の形態は，法律職では，総合的な職の像を欠いている。すべての古典的な法律職である弁護士，公証人，裁判官，検察官，行政職を包含することはできない。

⑤ 法律の卒業資格としての修士は，ボローニア宣言の概念と一致しがたい。それは，知識の特殊化と深化に役立つが，一般的な基礎知識の獲得に役立つものではない。

⑥ ボローニア・モデルの受容は，ドイツの統一的法律家を否定するものであり，部分的なモデルへの道である（Y モデルないし Gabel（フォーク）・モデル。つまり，先が2ないし3に分かれるということ）。学士が，すでに，職業資格的であり，その継続は，on the job training となるからである。

⑦ 部分モデルにおいては，定員のある法律職への入口は，結果として受容能力によることになる（入学制限 Zugangsbeschränkungen）。いっそう弁護士の比率を高める可能性がある。学部以降の選抜の困難の可能性もある。

⑧　部分モデルによって，統一的国家試験は，維持しがたくなる。国家試験の否定は，大学教育の質の外部的なコントロールを失わせる。

⑨　法学部にとっては，教育の変更は，学部内の試験の体系と単位取得に関して，官僚的で財政的な負担がもたらされることになる。

⑩　現在のボローニア方式の議論は，生涯教育（life-long learnings）を放置している。これこそが注目されるべき点である[29]。

第4章　むすび

　法曹養成は，中世以来の長い伝統を有している。法学部は，神学部，医学部とともに，中世の大学の中心的な学部であり，法律学は，1000年近くも，大学で教えられてきた。中世の大学は，皇帝や教皇といった，全ヨーロッパ的な権威を基礎としたことから，グローバルな傾向を有した。また，法源はローマ法という共通の素材を対象とし，使用される言語もラテン語であった。教授も学生も，国境の制約をうけずに移動したことから，授業や学問体系そのものが共通化していたのである。こうして，国民国家の形成期までの12世紀から15世紀まで，全ヨーロッパ的な法曹養成が行われていた。

　中世の大学は，専門家の養成を目的としており，中世の専門家は，聖職者，医者と弁護士によって代表され，これらの職業人は，中世の大学における専門学部（神学・医学・法学）によって養成されていた。そして，専門家は，たんに技能において専門的知識を有するのみならず，高い倫理性と専門家集団による規制を通じて，社会的にも高い地位を築いたのである。専門家の養成は，必ずしも大学のみが独占していたわけではないが，共通化され制度的・継続的なものは，大学だけであり，その内容も学問的であるばかりではなく，実務的なものでもあった。

　しかし，その後，法曹養成は，国家によって限定されるものとなった。グローバルな世界に対し，法源は，特定の国家の実定法であり，また国家の言語を使用するものとなったのである。さらに，かろうじて法学研究の学問体系のみが普遍性を維持したが，ときとして，それも否定されることがあった。たとえば，20世紀の前期および中間期のマルクス主義法学である。科学に祖

国はないが，科学者には祖国があるといったのは，パスツールであったが，法学は国民国家の成立以来，「国境のある」学問であった。

19世紀の大学は，研究と教育の統合を目ざす点においても（フンボルト理念），たんなる職業教育一辺倒の中世の大学とは異なるものであった。これは，近代科学の進展が学問体系一般に影響したことによる。この限りでは，科学はグローバルなものであったが，それが法律学については，必ずしもあてはまったとはいえない。学問の普遍性よりも閉鎖性・独自性が強調されることが多かったのである(30)。

そこで，法のグローバル化は，周辺部から生じた。比較法，法哲学，法史学，法社会学などの，実定法の拘束をうけにくい分野と，実定法を相対化しうる国際私法や国際法の分野である。実定法の分野でも，取引法などは，性質上，国際的視野をもちつづけた。国民国家以前は，慣習法的な商人法（lex mercatoria）があり，その残滓といえるものである(31)。近代の国家法は，ほとんどの実定法の分野において，このような共通法をも排斥するか，少なくとも無視した。立法権は国家が独占するものと考えられたからである。すなわち，中世において，法は神の与えたものであり，慣習や身分の中に前成文法的に存在した。近代法のもとでは，法は国民国家の産物であり，独占される。国家がかつての神の地位を占めたのである。現在の法曹養成の形態は，この時代の産物である。伝統的立場から，グローバル化を意図するボローニア方式が排斥されるのは，この沿革にもとづく。

法の全面的なグローバル化は，新しい現象であり，経済のグローバル化によるものである。国際的あるいは地域的な法統一や取引における仲裁裁判権の承認などが広くみられる。法が経済の発展を無視しえないとの観点からは，ボローニア方式は，避けがたい。

グローバル化のもとでは，神に代るべき国家の権威は存在しない。そして，同じグローバル化といっても，中世のように神の意思にたよるわけにはいかない。また，社会の変動の激しい時代において，慣習の成立をまつ余裕もない。その場合の規律は，おそらく自律であろう。慣習と異なり，一定のスタンダードを形成したうえで，自律的に任意の規範を形成していくものである(32)。これは，法曹養成のあり方にも影響している。個別の相違をも前提と

第3篇　グローバル化のもとの法曹養成

して，一定の標準を与え，競争条件を整えるものである。ボローニア方式は，これを目ざしている。

そこで，ボローニア方式には，各国の法曹養成をどう調和させるかという表面的な問題のほかに，このような根本的な問題も包含されている。問われているのは，グローバル化のもとでの法のあり方そのものなのである。

19世紀において，学問の自由や自治は，国家に対する大学の権利であった。しかし，グローバル化のもとでは，各国の特殊性を指摘するために，むしろ国家によって強調されている。その新たなあり方が確立せず，職業教育と国家の利益に関心が集まることから，学問の自由は，危険にさらされている。一面的な外国基準に従うことも，偏狭な個別主義にのることも危険である。法曹養成も，上述の新たな意味づけの中で，自律的な任意基準を倫理的に追求するものでなければならない。たんなる利潤主義が排されるべきことは，その一内容となる[33]。

(1) ヨーロッパの大学制度と大学院の関係については，小野・大学と法曹養成制度（2001年，以下【大学】と略する）190頁参照。
　アメリカ型の大学とヨーロッパ型の大学の相違は，今日でも大きい。理念的には，前者の学部は，教養主義的であり，ドイツでは，むしろギムナジウムの教育課程に近い。ロースクールは，前者に接合していることから，ヨーロッパ型の学部（独立型）とは異なるのである。沿革的には，20世紀の前半まで，前者のレベルが低かったことにもとづいている。ボローニア宣言の方式は，もともと齟齬している両者を調和させる試みの1つでもある。
(2) これについて言及する文献は多い。宣言そのものは，各国の教育担当省のHPないしドイツでは，HRKのHPにある。連邦司法省も，BMJ, Reform nach der Reform, Vereinbarkeit der besonderen Wesenszüge der Juristenausbildung in Deutschland mit dem Anliegen des Bologna-Prozesses（05.9.22）において，これにふれる。さらに，vgl. Kötz, Der Bologna-Prozess - Chance für eine starke Anwaltschaft?, JuS-Magazin, 2005, 11/12, S.6; Kilian, Die Europäisierung des Hochschulraumes, JZ 2006, S.209; Hütten und Konukiewitz, Jurastudium und Bologna-Prozess, JuS Magazin 2006, 1, S.19; Weber-Grellet, Juristenausbildung zwischen Humboldt und Bologna, JuS Magazin 2006, 3, S.7. また，Zeitschrift Deutschland, 2005, No.1, S.51. も部分的に，これにふれている。
　ボローニア宣言そのものは，分量では，A4換算（28行）で4頁，後述のソルボンヌ宣言は，2頁程度のものにすぎない（本文）。

473

第3部　法曹養成の現代的課題

　　EUには，1986年までの12か国（イタリア，フランス，ドイツ，ベルギー，オランダ，ルクセンブルク，1973年にイギリス，デンマーク，アイルランド，1981年にギリシア，1986年にスペイン，ポルトガル）のほか，1995年にオーストリア，スウェーデン，フィンランドが加盟し，2004年には，ラトビア，エストニア，リトアニア，ハンガリー，ポーランド，チェコ，スロバキア，スロベニア，キプロス，マルタの10か国が加わり，25か国となった。なお，2006年9月26日，欧州委員会は，ルーマニアとブルガリアの2007年1月1日のEU加盟を認める報告書を発表した。12月のEU首脳会議で加盟が正式に承認されると，EUは27か国に拡大する。これに，マルタ，スイスを加えた29か国が，ボローニア宣言の原署名国である。ちなみに，ドイツでは，連邦学術・教育相 Wolf-Michael CATENHUSEN のほかに，シュレスヴィヒ・ホルシュタイン州の教育相 Ute ERDSIEK-RAVE も署名している。

(3)　イギリスやアメリカでは，留学生が多大の収入を大学にもたらしている。また，授業料徴収のモデルとしては，人口のわりに留学生の多いオーストラリアのモデルが参考となる。つまり，現在収入の乏しい留学生でも，卒業後に，収入をえるようになってから学費ローンを返還するとする制度の確立である。Zeitschrift Deutschland, 2005, No.1, S.39. なお，2005年度のアメリカへの留学生はおよそ60万人弱で，若干減少傾向である（日本からは4万人弱）。

　　しかし，イギリスでは，EU以外の外国人留学生に対する負担が重く，学費も2倍以上となる。大学は，観光と同じく国の収入の源と考えられており，受け入れ促進は盛んであるが，受け入れ後のアフタケアは乏しい。それでも，英語の通用する強みから留学希望者は多く，受給のアンバランスから，重い負担が早急に改善される見込みはない。また，アメリカの名門大学の授業料も高い。

　　ドイツでは，大学生の10％が留学生という比率となっている（Zeitschrift Deutschland, 2006, No.5, S.5）。

　　全世界には，約200万人の留学生がおり，その留学先の内訳（比率）は，つぎのようになる。Vgl. Zeitschrift Deutschland, 2005, No.1, S.39.

国	アメリカ	イギリス	ドイツ	オーストラリア	フランス	日本	その他
％	30	12	12	10	9	4	23

（スペイン2%）

(Z.D. S.39)

474

第3篇　グローバル化のもとの法曹養成

　これらに対し，日本では，授業料が高いわりには，大学はたんに金くい虫的な扱いである。留学制度は従来もっぱら文化の受容の道具であり，逆に，文化を発信するという意図も，将来的に収入源にしようという国家戦略も乏しい。たんに，予算をカットするという消極的な方向性だけが強調される。しかし，種をまかないところで，成果を刈り取ることはできないのである。
(4)　ただし，連邦司法省の立場はこれと異なり，連邦学術・教育省の立場が，ボローニア宣言に対する連邦政府の一般的な態度とはいえない。
(5)　Der Europäische Hochschulraum, Gemeinsame Erklärung, S.3f.
(6)　ECTS による成績評価は，点数制のもとで，統一基準で評価を共通化するものである。Zeitschrift Deutschland, a.a.O.（前注(2)），S.51.
　なお，教育に関する EU の計画としては，ほかに，ヨーロッパ次元の職業訓練計画であるレオナルド・ダ・ヴィンチ計画（2000 年－06 年に，11.5 億ユーロ），ヨーロッパの映像や音楽作品の製作・産業を促進するためのメディア・プラス計画（2001 年－05 年に，3.5 億ユーロ）がある。後者は，たんに，企業の競争力拡大や作品の促進だけではなく，広くヨーロッパの言語・文化上の多様性促進をも目的とする。
(7)　Kilian, a.a.O.（前注(2)），S.210.
(8)　Ib., S.210. これは，アディダス，BASF，ドイツ鉄道，プロクター＆ ギャンブルなどの一流企業 22 社が „More bachelors and masters welcome" を宣言したものである。
(9)　Nr.25 vom 7. November 2005 (Kein Bachelor für Anwälte und Richter); Nr.27 vom 17. November 2005 (Bologna-Prozess und Juristenausbildung). これに対し，大司法改革の観点から，改革に積極的な見解もある。Vgl. Mackenroth, Plädoyer für eine Große Justizreform, NJ 2005, S.481.
　従来の法曹養成システムで，当事者的な視点が弱いことは，わがくにでも同様であり，経済界や労働界からは，若い弁護士が経済や労務，人権救済の実態を知らないことへの不満につながっている。わがくにでは，ほかにも，たとえば犯罪被害者への救済の視点が欠けていたことにもみられる（犯罪被害者保護法は，2000 年，犯罪被害者給付金支給法は，2001 年，犯罪被害者基本法は，ようやく 2004 年であった）。
(10)　じっさいには，4 学期で修士を取得できるとするものが多く，2001 年に 764 課程であったが，2004 年に 2561 課程になった。2010 年までに全国の大学に普及すると見込まれる。Zeitschrift Deutschland, a.a.O.（前注(2)）．
(11)　Statistisches Bundesamt, Pressemitteilung vom 29. August 2006.
　ただし，ドイツの大学進学率は，OECD 諸国と比較すると低い。2000 年から 04 年に，19.3%から 20.6%に増加したものの，その平均 34.8%には達しない。ヨーロッパでも，2000 年から 04 年の間に，スイスは，10.4%から 25.9%に，イタリアも，18.1%から 36.8%に増加した。OECD 諸国の中で，ドイツよりも低いのは，チェコ，オーストリア，トルコだけである。Vgl.OECD-Studie „Bildung auf einen Blick": Deutschland

475

verliert in der Hochschulausbildung den Anschluss (12.09.2006).

　ドイツの大学進学率は、第2次大戦までは、ヨーロッパでも最高水準であったが、それ以後は低迷している（小野「法曹養成制度の長期化と多様化」一論133巻1号8頁参照）。比較的早い時期に、子どもの将来の職業が選択される初等教育に由来するが、他面では、従来、実業に関する高等教育が十分でなかったこととによる。前者は、総合学校（Gesamtschule）の導入により、従来の本課程学校、実業学校、ギムナジウム（Hauptschule, Realschule, Gymnasium）の分離方式を是正した（現代化（2004年）396頁、403頁参照）。また、後者は、専門大学の設置（工業系には古くからある）をもたらした（【大学】188頁）。

⑿　工学系の学部でも、大学と職業教育の割り振りには争いもあり、ダルムシュタットの技術大学では、学士の課程によって、エンジニアの実務的な資格がカバーされているという（BMJ, a.a.O.（前注⑵））。

⒀　ただし、ここでいう外国には、オーストリアやドイツ語圏のスイスなども含まれるから、わがくにでいうような、外国語と別の法体系を前提とする外国のみというわけではないのである。

　ちなみに、これを象徴するものとして、ヨーロッパ裁判所（EuGH）が、2005年7月7日の判決において、オーストリアの大学入学制限（Ausstellungsstaat des Reifezeugnisses, 大学の入学資格証明を求めること）が、EUの差別禁止法に違反するとした事件がある。Vgl. Griller, Hochschulzugang in Österreich: Von Missverständnissen und Kurzschlüssen beim Diskriminierungsschutz, JBl 2006, 273. ドイツの大学には定員制があるので、学生が、オーストリアにくる（Numerus-clausus-Flüchtlingen）。これに対して、資格制限をすることが（一般的な大学入学資格Abiturのほかに、入学資格を求めること）、国籍による差別とされたのである。このような資格制限のない国の学生には、制限がないからである。現在、授業料の有料化も課題となっている。

⒁　この数は、2000年よりも倍に増えているのである。Vgl. BMJ, a.a.O.（前注⑵）．

⒂　なお、大学の自治の多様性の保護も必要となる。ドイツ特有の問題としては、ほかに、連邦と州の文化主権に関する問題がある。教育管轄は、州にあるからである。Zeitschrift Deutschland, a.a.O.（前注⑵））, S.39.

　また、標準化とは別の動向であるが、先端大学を選択するドイツ版のCOE計画（Exzellenzinitiative）は、2006年10月13日に、第1期の決定が行われた(hochkrätiger Wissenschaftsjury、学術共同体、連邦と州、および27の学術評価機関＝27 wissenschaftlichen Gutachternによる)。大学院大学（Graduiertenschulen）、優等学部（Exzellenzcluster）、エリート大学（Zukunftskonzepte）が選定され、総額19億ユーロが助成される（5年にわたり、大学院大学は、年ごとに最高100万ユーロ、優等学部は、最高650万ユーロ、エリート大学は、最高1300万ユーロである）。最後のものは、先端研究の強化とともに、大学の全体としての価値が評価される。大学院設立の構想は、若

第3篇　グローバル化のもとの法曹養成

法学の勉学開始者　　　　　　　　　　（単位，10人）

	93	94	95	96	97	98	99	2000	01	02	03	04
大学	1970	2091	2008	1983	1913	1865	1859	1794	1840	2143	2139	2007
専門大学	-	-	-	-	-	-	3.5	3.5	10.5	89	147	155

（最初の専門大学）

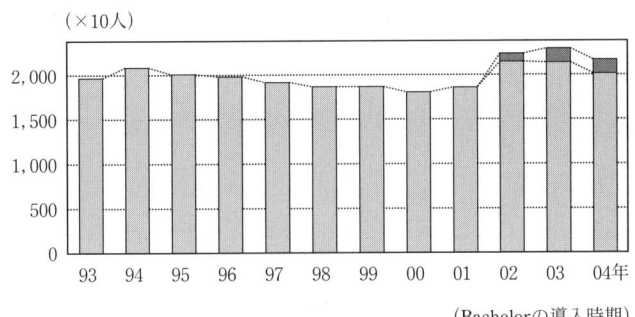

（Bachelorの導入時期）

法学部卒業生数　　　　　　　　　　（単位，10人）

	93	94	95	96	97	98	99	2000	01	02	03	04
大学	864	946	1058	1209	1231	1248	1210	1193	1124	1114	1002	1067
専門	-	-	-	-	-	-	-	-	-	11	39	62

（最初の専門大学）

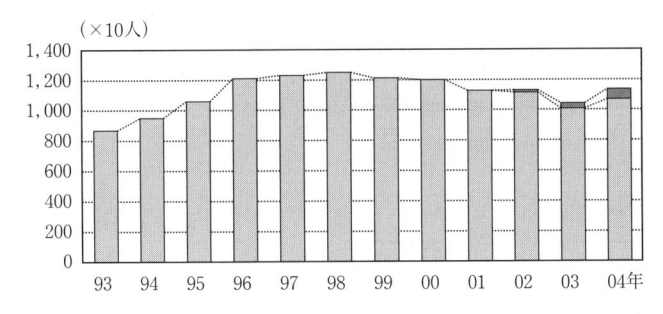

（Statistisches Bundesamt 2006）

477

第3部　法曹養成の現代的課題

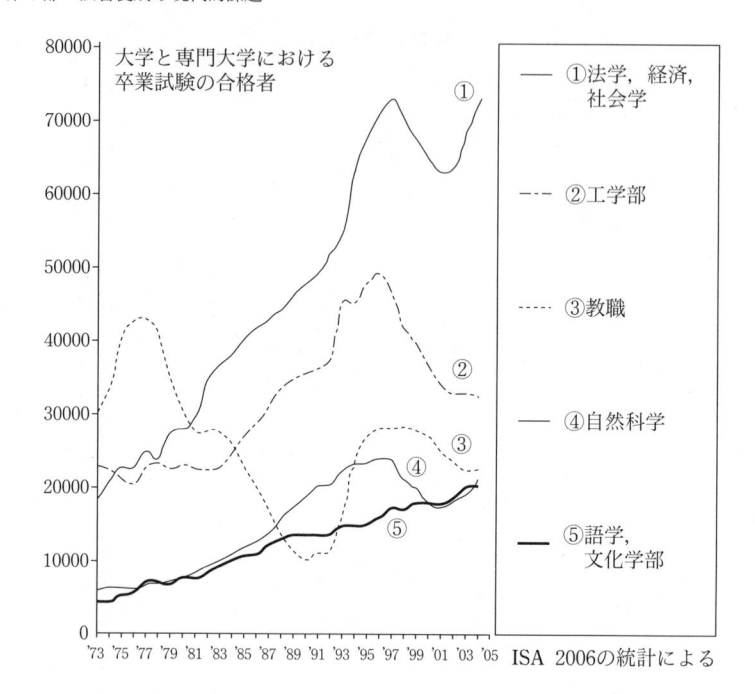

大学と専門大学における卒業試験の合格者

① 法学，経済，社会学
② 工学部
③ 教職
④ 自然科学
⑤ 語学，文化学部

ISA 2006の統計による

93年からは東ドイツを含む。

　なお、比較のうえで、アメリカのロースクールの数は、2007年に、ABA に認定されたものだけで196校である（約4万9000人が入学し、法律の学位数は、4万2000以上となる）。各州の司法試験の合格率は、初回受験者の全国平均で76％に達する。複数回受験者の最終合格率は、95％。http://www.abanet.org/legaled/approvedlawschools/approved.html

手研究者の育成を目指すものであり、優等学部の構想は、国際的にすぐれた研究・教育のネットワークの構築を目指している。

　第1期の決定では、ミュンヘンの2大学、カールスルーエ技術大学が選ばれた。ほかにも、18の大学院大学と17の優等学部に、研究促進費が認められた。地域的なばらつきが目につくところである。すなわち、バイエルン州では、ほかにも、4つの大学と5つの先端研究所が、バーデン・ヴュルテンベルク州でも、4大学と3つの研究所が助成される。この2州がもっとも多く、ノルトライン・ヴェストファーレン州には、大学がもっとも多いが、その次であった。ヘッセン州とニーダーザクセン州は、それに続く。東部では、ザクセン州のほかは、認められなかった。北部でも、シュレス

ヴィッヒ・ホルシュタイン州のみであった。ハンブルク州も同様に、助成なしである。ザールとラインラント・ファルツ州などとほかの南部州も同じである。

　この決定により、先端研究の大学の構築プログラムは第1ラウンドが終了し、総額19億ユーロが助成される。つづいて、2007年9月に開始され10月に決定される第2ラウンドがある（BMK 06.10.13）。

　第2ラウンドでは、さらに6(合計9)のエリート大学が選定された(Freie Uni Berlin, Uni Göttingen, RWTH Aachen, Uni Heidelberg, Uni Karlsruhe, Uni Freiburg, Uni Konstanz, TU München, Uni München)。また、第1期とあわせて、39大学院大学、38優等学部が選定されている。Vgl. N.N., Deutsche Exzellenzinitiative kürt neun Eliteuniversitäten, Alexander von Humboldt-Stiftung, Kosmos, Nr.90 (2007), S.61.

(16)　Kilian, a.a.O.（前注(2)）, S.211.

(17)　専門大学における経済専修法律家の称号の付与と、それが一般の大学法学部にもたらした影響については、【大学】170頁参照。

(18)　ただし、この点は、むしろ、現在の司法研修のほうが過剰な法曹を生産しているのではないのかとの疑問もある。司法研修にいっても、法曹3者に就職する数は、結局、20%程度であるからである。これは、社会の法化と法曹の需要の意味を再考させる問題ともなる。

(19)　ただし、法学部の中に、従来型のコース、経済専修法律家のコース、さらに、ボローニア方式の学士のコースを混在させようとする試みは、従来から存在した。小野「法曹養成制度の長期化と多様化」（前注(11)）の、グライフスヴァルト大学の試みである。同23頁の図をも参照。

(20)　しかし、これは、その当初の機能を失わせるものである。Kilian, a.a.O.（前注(2)）, S.214-215.

(21)　法曹養成の費用を誰がどのように負担するかは、古くからの問題である。具体的には給与を出すかである。これは、大学の授業料負担ともからんでいる。1970年代以降のドイツの議論では、授業料は無償、司法研修は給与つきというのが前提であった。これによって、所得に左右されずに、志願者が確保できるからである。しかし、1990年代以降、高等教育費の負担が重くなるにつれ、私費の割合が拡大した（これにつき、小野・民法における倫理と技術（2006年）334頁参照）。

　とくに、資格獲得後に多くの収入をえる弁護士の養成の費用を誰が負担するのかが問題となる（N.N., Streitgespräch zur Finanzierung der Juristenausbildung, Anwaltsblatt, 2004, S.224）。Vgl. Anwaltsorientierte Juristen- ausbildung - wer zahlt dafür? また、N.N., Der Rechtsanwalt - Organ der Rechtspflege oder Kaufmann?, Anwaltsblatt, 2004, S.213; Grunewald, Die Zukunft des Marktes für Rechtsberatung, Anwaltsblatt, 2004, S.208.

　ボローニア方式では、修士に相当する司法研修は、大学に位置づけられ、国はその

負担から免れる可能性をえるのである。Kilian, a.a.O.（前注(2)), S.216 は，国庫的刺激（fiskalische Anreize）もあろうとする。

(22) 学界においてもボローニア方式の導入には争いがある。おおまかにみると，実定法の研究者には消極的なものが多いように思われるが，比較法学者，たとえば，Kötz は，かなり積極的である。Kötz, a.a.O.（前注(2)), S.6.

(23) グライフスヴァルト大学での改革については，すでに，小野「法曹養成制度の長期化と多様化」（前注(11)) 3 頁参照。本書第 3 部 2 篇所収。

(24) Kötz, a.a.O.（前注(2)), S.6. Kötz は，大学の修了試験の質が下がるおそれはないとする。甘い基準を与えれば，大学は，悪いランキングに落ち，評判も下がり，研修に入った者自身も困るからである。

もっとも，入学許可の決定は必要であろうとする。それを軽減するためには，司法研修の改革は必要とする。Kötz の古い提案である。Vgl.Kötz, Glanz und Elend der juristischen Einheitsausbildung, ZRP 1980, S.94; ders., Juristenausbildung und Anwaltsberuf, Anwaltsblatt 1988, S.320.

また，国家試験を職業教育にそくしてもっと柔軟なものとするべきものとして，Derleder, Staatsexamen und Berufsqualifikation - Was leisten eigentlich die Justizprüfungsämter, NJW 2005, S.2834.

(25) Kötz, a.a.O.（前注(2)), S.6. は，むしろこの無試験の方式をベターとする。

(26) Kötz, a.a.O.（前注(2)), S.8.

(27) Kilian, a.a.O.（前注(2)), S. 216f.

(28) ただし，このような前提の強調は，いささか前時代的な感じも与える。ドイツの司法研修も，普遍的なものではなく，むしろ 18 世紀のプロイセン国家の特殊事情により成立したことを見落としているからである。それ以前は，ドイツの法曹も，大学教育により育成されていたのである（いわゆる実務的継受である。ヴィアッカー・近世私法史（1961 年・鈴木祿彌訳）145 頁，勝田有恒ほか・概説西洋法制史（2004 年）161 頁参照）。これについては，【大学】51 頁参照。

法曹資格が大学ではなく，国家資格と結合された経緯については，小野・専門家の責任と権能（2000 年）187 頁。すなわち，中世の大学は，皇帝や教皇によって認可されたことから，全ヨーロッパ的な権威を根拠としていたが，これらの権威は近代には失われた。大学の権威は，国民国家を背景とすることになった。しかし，プロイセンなどの領邦国家は，国民国家としては小さすぎ，他方，1 つの地域国家としては大きすぎたことから，官吏の供給源である法律家の養成には，地域的な権威である大学のほかに，直接に，国家的・中央集権的な権威による修習が必要となったのである。前掲書（専門家の責任と権能）202 頁注(61)参照。

(29) Kilian, a.a.O.（前注(2)), S. 216. は，ボローニア方式にきわめて否定的であるが，それが，生涯教育（das lebenslange und lebensbegleitende Lernen, life-long learning）の

第 3 篇　グローバル化のもとの法曹養成

促進にふれる点で，評価する。国家試験よりあとの勉学は，従来のドイツの法曹養成では，まったく無視されていた観点である。

(30)　もっとも，フランスの大学は，職業教育を優先し，研究の側面はもともと薄かった。なお，職業教育のみを強調すると，研究と教育の統合を目ざすフンボルト理念は後退せざるをえないから，この面の検討も必要となろう。Zeitschrift Deutschland, a.a.O.（前注(2)），S. 37.

　　ドイツの大学は，研究の側面が強かったから（たとえば，パンデクテン法学），その束縛を免れるためには，実務研修のような大学外の機関が必要だったのである。ボローニア方式の修士は，これに比較すると，より研究の側面を残したものであろう。

　　わがくにでも，従来の修士に比較すると，ロースクールの勉学は，理念的には実務志向的である（もっとも，率直にいえば，実務というよりも受験対策的である。各ロースクールが目玉とした実務科目には人気がなく，試験科目にだけ受講生が集まっている。1990年代のドイツの国家試験と同様に，試験科目の多様化と工夫が必要となっている。それが行われないのは，国のロースクールに対する不信から，基本科目修得の確認のみに力がそそがれるためである）。

(31)　たとえば，HGB 346 条「商人間では，商取引に適用される慣習が考慮される」。Unter Kaufleuten ist in Ansehung der Bedeutung und Wirkung von Handlungen und Unterlassungen auf die im Handelsverkehr geltenden Gewohnheiten und Gebräuche Rücksicht zu nehmen.

(32)　実定法の統一では，1964年のハーグ動産売買法や1980年のウィーン動産売買法（CISG, UN-Kaufrecht）のような条約による国際的な法統一が先導した。

　　これに対し，20世紀末の統一作業では，Unidroit, Principles of International Commercial Contracts (1994, 2004); Lando, The Principles of European Law (1997, 1998/99) など，たんなる国家主導というよりも，理論や体系の主導の性格が強い。

　　さらに，これらが意識的な法統一の動きだとすれば，無意識的な法統一といえるものもある。財産法のみならず，人のあり方もが平準化したことから，家族法においても，事実上の標準化というべきものがある。たとえば，ヨーロッパにおける同性婚の動向がその1つである。小野「パートナー法と同性婚」国際商事法務33巻8号（民法における倫理と技術（2006年）にも再録）。技術の世界では基準が市場を支配するが，法の世界でも，標準化がその動向を支配するのである。

(33)　グローバリズムの最大の欠陥は，伝統的な国家による規範（公序良俗や倫理）が捨象され，利潤主義のみが前面に押しだされることである。しかし，ここでは，営利企業においてさえ，その社会的責任や契約の自由の制約が語られうることである。基本権や社会による規範は，国民国家のわくを超えても普遍化される必要がある。これについては，第1部参照。

481

第3部　法曹養成の現代的課題

〔2008年1月1日，EU・中国ロースクール（ECSL, Europe-China School of Law）が北京に開設された。かねて EU 委員会と中国政府の合意にもとづき設立されたものである。設立にあたったのは，ヨーロッパと中国の大学のコンソーシアム（Konsortium）であり，ハンブルク大学が主導している。3500万ユーロの援助をうけた。北京では，25人のドイツ人が教える。ドイツの法体系が，中国法の発展に影響するものと思われる。かねて中国は，大陸法の影響をうけてきたが，今後も，英米法ではなく，大陸法によることが鮮明にされた。近時，グローバリズムの名のもとに英米法，とくにアメリカ法基準の浸透がままみられる風潮に一石を投じるものでもある。一見すると華やかな日中の交流において一過性のものが多いのに対し，継続的・組織的である。また，EU 標準の東アジアへのさらなる輸出と，東アジアの拠点たらんとする中国の国家戦略の合致したものとして注目される。法科大学院創設で精力を使い果たし，アメリカ法追随になりつつある日本との対比がいちじるしい。

同ロースクールの誕生は，たんに中国法の整備や発展に有益であるだけではなく，従来，どちらかというと人治主義の傾向がみられた中国における法治国家的構造の増進に寄与するものと考えられる。

コンソーシアムには，中心となるハンブルク大学のほか，ハンブルクのマックスプランク研究所，ハイデルベルク大学，フライブルク大学，ミュンヘン大学，ハンブルクのブューセリウス大学，ヨーロッパカレッジ，多くのヨーロッパ弁護士協会の事務局（europäische Rechtsanwaltskanzleien）などの協力があった。中国では，北京の政治科学大学，Tsinghua 大学が加わっている。コンソーシアムでは，ほかに，マドリット大学，ボローニア大学，シュトラスブルク大学，Sciences Po Paris 大学，ルント大学，ルーヴァン大学，マンチェスター大学，クラコウ大学，マーストリヒト大学，ハンガリーの中央ヨーロッパ大学，Eötvos Lorand 大学，アイルランドのトリニティ大学など，多数のヨーロッパの大学が協力している。このような協力には，多様性と代替・統合の可能性を秘めたヨーロッパの大学の標準化が貢献したものと思われる。

同ロースクールで予定されるプロジェクトには，ヨーロッパ法，国際法，比較法，中国法，ヨーロッパ人のための中国語と文化の領域で，マスターコースを設置すること，ヨーロッパからの実務家の協力をえて，中国の被用者のための法律職の資格プログラムを設置すること，中国の法システムの改革と法の草案の発展のための研究プログラムの作成などがある。プログラムでは，中国の国際企業組織の助言をも目的とする。プロジェクトのスタートは，2008年1月1日であり，学年の開始時期である2008年9月に，最初のマスターコースが開始する。Vgl. BMJ, Zypries gratuliert Universität Hamburg zur Mitwirkung an der Europe-China School of Law, 29. November2007.〕

〔付記〕 2006年10月に公表された2005年のドイツの国家試験の結果は以下のとおりであった。従来の傾向に，基本的な変化はないものといえる。

1 第1次国家試験

(1) 2005年度の第1次国家試験の受験者は1万2353人で，合格者は9015人となり，2004年度よりいずれも微減した。逓減の傾向が続いている。ちなみに，合格者数は，1994年から2002年までは1万人を超えていた（1996年の1万2573人が最大。1990年が東西ドイツの再統一）。

合格率は73.0％であった。成績の割合は，①優等，②優，③良，④可，⑤合格，⑥不合格（① sehr gut，② gut，③ voll-befriedigend，④ befriedigend，⑤ ausreichend，⑥ bestanden nicht=mangelhaft）の順に，① 0.2％，② 3.0％，③ 12.6％，④ 27.5％，⑤ 29.7％，⑥ 27.0％であった。不合格者数は微増した。ちなみに，①は30人であり，0.2％という割合は，ここ数年変わらない（1989年と同じであり，2000年にはほぼ半減していた）。⑤の最低合格の段階の割合は，ほぼ30％台である（1990年代後半に高い）。割合区分の中では，⑤の低い成績の合格者と⑥不合格者の割合が高いことが特徴である。④⑤⑥で，30％弱ずつという傾向である。

ほぼ10年前の1989年の割合は，① 0.2％，② 2.16％，③ 10.28％，④ 26.2％，⑤ 35.98％，⑥ 25.22％であった。これらを，グラフにすると，以下のようになる。基本的な傾向に変化はないといえる。

再統一後の1990年代は，受験者，合格者（実数）とも増大したが，半面，不合格者の割合も増大した（3分の1近く）。1990年代の変動が終わったことから，2000年以後は，1980年代までの伝統的な割合に回帰しつつあったところ（不合格者の割合は25％台となった），2005年は，不合格者の割合が増加に転じた。

男女比率については，合格者のうち51.4％，不合格者のうち57.5％がそれぞれ女性であった。受験者のうち53.0％が女性であるから，ほとんど男女差はなくなっている。ただし，地域的な偏りはみられ，東ドイツ地域のメクレンブルク・フォーポンメルン州，ザクセン州では，女性（受験者）の割合が60％を超えているのに対し（テューリンゲン州は，59.9％となった），北ドイツ

483

のシュレスヴィッヒ・ホルシュタイン州では43.1％，ニーダーザクセン州では，49.8％にとどまっている。西ドイツの多くの州では，52％前後，南ドイツ諸州では，52–53％である。もっとも，西ドイツのラインラント・ファルツ州では，59.9％となったから，年による変化もみられる。

若年合格者の増加を目ざした自由な挑戦（Freiversuche）では，全受験者は，4398人で，合格率は，82.6％，全受験者の中に占める割合は，35.6％であった。合格率は，全体の合格率よりも高い。

第1次国家試験を受験するための勉学要件を満たすために必要な期間は，かつては5年を超えていたが，近時の改革の結果減少した。平均で，9.7学期，中央値は，9学期である。ただし，4年で要件を満たす者は，4割に満たず，5年でようやく7割の者が要件を満たしている。1990年代以降の改革にもかかわらず，諸外国のような短縮化は，実現できていない。

このことは，ボローニア方式への接合がむずかしいことの理由の1つとなりうるが，反面では，大学だけで完結する方式が，必ずしも現在の養成制度としては十分ではないことの理由ともなる。もっとも，その解決は，大学の養成期間を修士の制度に接合することによってだけではなく，司法試験の素材の改良によるべきことにもつながる。大学のカリキュラムは，20世紀を通じて改善されてきたが（たとえば，実務志向型の科目の充実），国家試験の科目は，基本的に19世紀的であり，裁判官養成型にとどまっているからである。大学のカリキュラムを試験対策型に変更すること（予備校化）は論外であろう。

このような齟齬は，わがくにでもロースクールの設置により顕著な問題となりつつある。各ロースクールは，実務志向型の科目を設け，またロースクールの特徴を出すために，ビジネス，国際関係，労働，人権，医療過誤といった実践的な科目を設けたが，学生の関心は高くない。試験科目である実定法への要求だけが高く，実定法担当者の負担の集中をもたらしている。合格率が低い状態では，合格しなければ役に立たない科目に関心を集中させることはむずかしい。それでも必修とすれば，授業への参加は，受験対策中の片手間の作業となるのである（アメリカのように合格率が高ければ，合格の後の差別化を目指した選択が行われる）。司法試験の科目が実定法中心であり，あるいは

第3篇　グローバル化のもとの法曹養成

第1次国家試験の合格割合の推移

成績	①	②	③	④	⑤	⑥
1989年	0.2	2.16	10.28	26.2	35.98	25.22
1998年	0.16	2.07	10.44	25	30.89	31.44
1999年	0.14	2.42	11.68	25.98	30.86	28.91
2000年	0.1	2.45	11.99	26.32	29.26	29.14
2001年	0.15	2.67	12.10	26.90	30.27	27.91
2002年	0.15	2.67	12.02	26.60	30.55	28.02
2003年	0.2	2.7	11.9	26.7	30.9	27.6
2004年	0.2	2.7	13.0	27.6	30.9	25.6
2005年	0.2	3.0	12.6	27.5	29.7	27.0
2006年	0.2	2.7	12.2	26.1	29.5	29.3

（2006年の割合は、2007年9月公表の数字で補った）

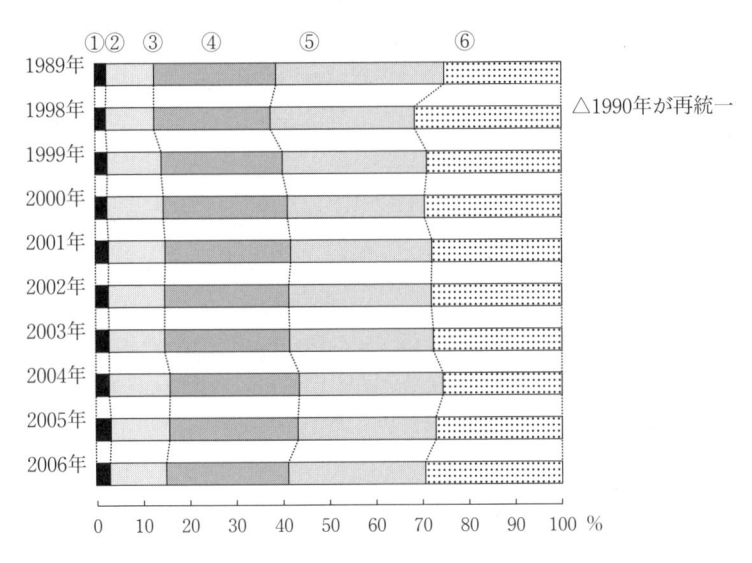

△1990年が再統一

　司法修習の段階でも，裁判官向けの教育が中心であるかぎり，将来を見通した専門的な科目，あるいは法曹として必要な素養に関心をもたせることはむずかしい。合格率の飛躍的な改善がないかぎり，試験科目の見直しや，ロースクールの講義との関連づけが必要となるゆえんである（ちなみに，これは，

第3部　法曹養成の現代的課題

2006年10月に全国的に明るみに出た一部高校による必修科目の履修もれ，履修偽装と同じ問題である。受験しやすいように，試験科目以外を履修しないのである。高校では，文部省基準の必修さえも果たしていなかったのであるから，ロースクールでも，たんに必修化しただけでは解決にならないことは同様であろう。つまり片手間化である。教える側も教わる側も不幸である)。実務あるいは基礎関連型講義の評価される方式が必要である（国際化を例にとれば，外国法による出題，あるいは外国法科目の成績評価である)。

　かねてドイツの国家試験では，実定法科目の中に，基礎法的思考を問うべきものを入れることとしたが（法哲学，法史学，法社会学など)，十分ではなかった。大学が国家試験の30％を代替するとした2002年の裁判官法の改正は，一部実定法科目のみへの関心の集中を排除するものだったのである（日本でも，国家試験への組み込みがむずかしいことから，今日でも，ロースクールの設置資格の中に，実務あるいは基礎関連講義の履修は義務づけられている。しかし，これは高校の必修科目と同じに，いわば学生にとって片手間化されるおそれがある。片手間でも，講義が受験科目だけになる予備校化よりはましであるが，それを評価できる方式があれば，よりベターである。より根本的な問題は，ロースクール（あるいは大学)，司法研修，実務という展開の過程が，スムーズに結合していないことにある。そこで，2002年のドイツの改正法は，司法研修の目的を，実務結合型，すなわち弁護士養成に大幅に切り換えたのである)。

　2006年の新司法試験がおおむねオーソドックスな問題であるという評価は，裁判官養成という従来型の試験にそくしたという意味にとどまり，実務結合型であるかどうかは検討のよちがあろう。

〔追記〕　卑近な例でも，最高裁の一連の判決の結果，2006年の貸金業法の改正（グレーゾーン金利の廃止を中心とする）があったことから，2007年に，金融法をテーマにした演習を行ったところ，参加者は一般の院生にとどまり，ロースクール生の参加はなかった。時期的・実務的には，もっともホットなテーマの1つであったと思われる。そのさいに，利息制限法は司法試験の対象条文であるが，貸金業法はそうでないという理由を聞いたことがある。

国家試験受験者の勉学期間

学期数	4-6	7	8	9	10	11	12	13	14	15	16上
%	0.4	3.6	33.6	16.5	17.6	9.9	6.8	3.4	2.7	1.6	3.9

4年間（8学期）　4.5　5（10学期）　5.5　6

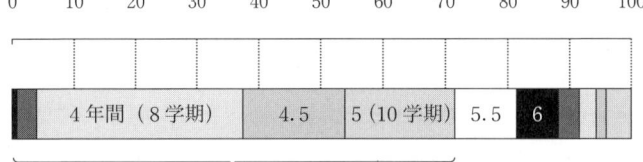

5年で，7割の者が受験要件を満たしている。

(2) 合格率には，州によりかなりの相違がみられるが，2005年度も，ヘッセン州の83.9％，ハンブルク州の80.7％が最高であった。他方，東ドイツ地域のザクセン・アンハルト州は60.2％，ザクセン州も63.0％であった。南ドイツは，やや改善され，バーデン・ヴュルテンベルク州で67.1％，バイエルン州で69.3％であった。例年，東ドイツ地域と南ドイツ地域の合格率は低く，60％台が多いが，50％台の州はなくなった。東ドイツの諸州の低さは，1990年の再統一以来の傾向である。西ドイツの中では，ブレーメン州が，63.1％と低い。上述のザクセン・アンハルト州とともに，2005年の修習生の採用数が，75人，76人と少ないことが影響しているとも考えられる。

国家試験に1回で合格せずに2回目の受験をする者が，毎年おり，2005年度は2509人であった（前年より増加）。そのうち944人はまた合格しなかった。受験機会は，基本的には2回に制限されている。なお，受験を重ねても必ずしも合格しない者が存在するだけではなく，試験にもいたらずに勉学に挫折する者がかなりおり，大学入学者との比較で，これらの挫折者の割合は相当数になる（統計的な推定で，4割前後）。

第1次国家試験は，書面による試験と口述試験（配点比率は，およそ3分の1程度）により行われる。北ドイツの諸州では，家での課題作業（Hausarbeit，論文作成）が残されているのが特徴である（配点比率で20％程度）。すなわち，2005年では，ブレーメン（30％），ハンブルク州（24％），シュレスヴィッヒ・ホルシュタイン州（24％），Niedersachsen（20％）の北ドイツ諸州が，国家試

験の中になお家での作業（Hausarbeit）を残している。また，必ずしも北ドイツに限られず，中ドイツのヘッセン州（1/3），ノルトライン・ヴェストファーレン州（20%）の2州，および東ドイツのテューリンゲン州（27%）にもある。ただし，テューリンゲン州のそれは，統一されておらず，論文試験（8 Aufsichtsarbeiten 72%）と口述試験（mündliche Prüfung 28%）の場合と，論文試験（5 Aufsichtsarbeiten 45%），家での作業（Hausarbeit 27%），口述試験（mündliche Prüfung 28%）の場合とがある。もっとも，第2次試験では，修習生の増加から廃止されている。その他，試験の方法や配点には，各州により工夫が凝らされているが，本稿では立ち入らない（Vgl.Derleder, Staatsexamen und Berufsqualifikation - Was leisten eigentlich die Justizprüfungsämter, NJW 2005, S.2834）。

2　第2次国家試験と実務研修

　2005年度の第2次国家試験の受験者は1万1016人，合格者は9400人，合格率は85.3%であった。成績は，①0.1%，②2.2%，③14.6%，④36.1%，⑤32.4%，⑥14.7%である。前年との変化は少ない。東ドイツのブランデンブルク州は，78.8%，ザクセン・アンハルト州は，73.5%であった。北ドイツのハンブルク州で92.2%，その他の州は，80%台であった。

　第2次国家試験にも工夫が凝らされるが，本稿では立ち入らない。筆記試験と口述試験（陳述を含む）の割合は，おおむね60～70%と30～40%となる。口述試験の比率は，かなり高い。

　2005年度に，実務研修をしている修習生は，1万9694人となり，2万人を割り込んだ。女性の比率は，数字が不明なヘッセン州とザクセン州を除くと，51.3%であった。従来，東ドイツでは，女性の比率が6割を超え，女性の社会進出の割合が高い再統一以前からの傾向を反映していた（メクレンブルク・フォーポンメルン州で77.2%，ザクセン・アンハルト州で62.1%など。ただし，テューリンゲン州は，46.2%）。西・北ドイツの諸州では，40%台のところが多い。　2005年度に新たに採用された修習生は，8815人であった。実務研修の期間は，近時では2年となっている。州により採用人数にかなりの相違がある。西ドイツの大州であるノルトライン・ヴェストファーレン州で2376人，

第3篇　グローバル化のもとの法曹養成

南ドイツのバイエルン州で1189人で，前述したように，都市州のブレーメンと東ドイツのザクセン・アンハルト州が2桁であり，ザールラント州で102人，東ドイツのテューリンゲン州で120人であり，その他は，3桁の採用となっている。

国家試験の合格者の推移

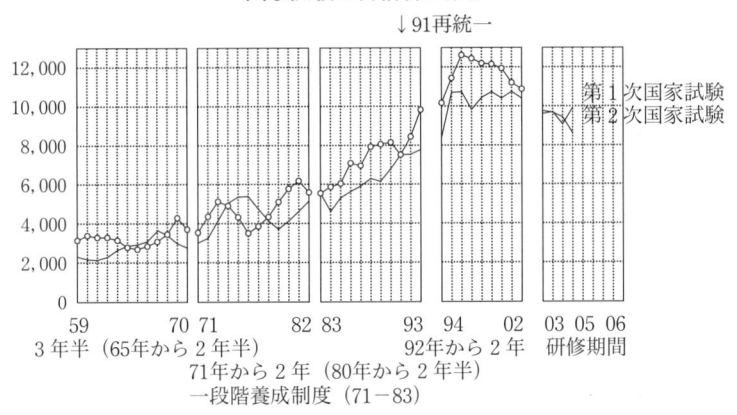

↓91再統一

第1次国家試験
第2次国家試験

59　　70 71　　　82 83　　　93 94　　02　03 05 06
3年半（65年から2年半）　　　　　92年から2年　研修期間
　　71年から2年（80年から2年半）
　　一段階養成制度（71－83）

付　ボローニア宣言（1999）とソルボンヌ宣言（1998）

(1)　ボローニア宣言

Bologna Joint Declaration, Der Europäische Hochschulraum Gemeinsame Erklärung der Europäischen Bildungsminister, Bologna, 19. Juni 1999.

　Dank der außerordentlichen Fortschritte der letzten Jahre ist der europäische Prozeß für die Union und ihre Bürger zunehmend eine konkrete und relevante Wirklichkeit geworden. Die Aussichten auf eine Erweiterung der Gemeinschaft und die sich vertiefenden Beziehungen zu anderen europäischen Ländern vergrößern die Dimension dieser Realität immer mehr. Inzwischen gibt es in weiten Teilen der politischen und akademischen Welt sowie in der öffentlichen Meinung ein wachsendes Bewußtsein für die Notwendigkeit der Errichtung eines vollständigeren und umfassenderen Europas, wobei wir insbesondere auf seinen geistigen, kulturellen, sozialen und wissenschaftlich-technologischen Dimensionen aufbauen und diese stärken sollten.

　Inzwischen ist ein Europa des Wissens weitgehend anerkannt als unerläßliche Voraussetzung für gesellschaftliche und menschliche Entwicklung sowie als unverzichtbare Komponente der Festigung und Bereicherung der europäischen Bürgerschaft; dieses Europa des Wissens kann seinen Bürgern die notwendigen Kompetenzen für die Herausforderungen des neuen Jahrtausends ebenso vermitteln wie ein Bewußtsein für gemeinsame Werte und ein Gefühl der Zugehörigkeit zu einem gemeinsamensozialen und kulturellen Raum.

　Die Bedeutung von Bildung und Bildungszusammenarbeit für die Entwicklung und Stärkung stabiler, friedlicher und demokratischer Gesellschaften ist allgemein als wichtigstes Ziel anerkannt, besonders auch im Hinblick auf die Situation in Südosteuropa.

　Die Sorbonne-Erklärung vom 25. Mai 1998, die sich auf diese Erwägungen stützte, betonte die Schlüsselrolle der Hochschulen für die Entwicklung europäischer kultureller Dimensionen. Die Erklärung betonte die Schaffung

付　ボローニア宣言（1999）とソルボンヌ宣言（1998）

des europäischen Hochschulraumes als Schlüssel zur Förderung der Mobilität und arbeitsmarktbezogenen Qualifizierung seiner Bürger und der Entwicklung des europäischen Kontinents insgesamt.

Mehrere europäische Länder haben die Aufforderung, sich für die in der Erklärung dargelegten Ziele zu engagieren, angenommen und die Erklärung unterzeichnet oder aber ihre grundsätzliche Übereinstimmung damit zum Ausdruck gebracht. Die Richtung der Hochschulreformen, die mittlerweile in mehreren Ländern Europas in Gang gesetzt wurden, zeigt, daß viele Regierungen entschlossen sind zu handeln.

Die europäischen Hochschulen haben ihrerseits die Herausforderungen angenommen und eine wichtige Rolle beim Aufbau des europäischen Hochschulraumes übernommen, auch auf der Grundlage der in der Magna Charta Universitatum von Bologna aus dem Jahre 1988 niedergelegten Grundsätze. Dies ist von größter Bedeutung, weil Unabhängigkeit und Autonomie der Universitäten gewährleisten, daß sich die Hochschul- und Forschungssysteme den sich wandelnden Erfordernissen, den gesellschaftlichen Anforderungen und den Fortschritten in der Wissenschaft laufend anpassen.

Die Weichen sind gestellt, und das Ziel ist sinnvoll. Dennoch bedarf es kontinuierlicher Impulse, um das Ziel größere Kompatibilität und Vergleichbarkeit der Hochschulsysteme vollständig zu verwirklichen. Um sichtbare Fortschritte zu erzielen, müssen wir diese Entwicklung durch Förderung konkreter Maßnahmen unterstützen. An dem Treffen am 18. Juni nahmen maßgebliche Experten und Wissenschaftler aus allen unseren Ländern teil, und das Ergebnis sind sehr nützliche Vorschläge für die zu ergreifenden Initiativen.

Insbesondere müssen wir uns mit dem Ziel der Verbesserung der internationalen Wettbewerbsfähigkeit des europäischen Hochschulsystems befassen. Die Vitalität und Effizienz jeder Zivilisation läßt sich an der Attraktivität messen, die ihre Kultur für andere Länder besitzt. Wir müssen sicherstellen, daß die europäischen Hochschulen weltweit ebenso attraktiv werden wie unsere außergewöhnlichen kulturellen und wissenschaftlichen Traditionen.

Wir bekräftigen unsere Unterstützung der in der Sorbonne-Erklärung dargelegten allgemeinen Grundsätze, und wir werden unsere Maßnahmen koordinieren, um kurzfristig, auf jeden Fall aber innerhalb der ersten Dekade des dritten Jahrtausends, die folgenden Ziele, die wir für die Errichtung des europäischen Hochschulraumes und für die Förderung der europäischen Hochschulen weltweit für vorrangig halten, zu erreichen:

Einführung eines Systems leicht verständlicher und vergleichbarer Abschlüsse, auch durch die Einführung des Diplomzusatzes (Diploma Supplement) mit dem Ziel, die arbeitsmarktrelevanten Qualifikationen der europäischen Bürger ebenso wie die internationale Wettbewerbsfähigkeit des europäischen Hochschulsystems zu fördern.

- Einführung eines Systems, das sich im wesentlichen auf zwei Hauptzyklen stützt: einen Zyklus bis zum ersten Abschluß (undergraduate) und einen Zyklus nach dem ersten Abschluß (graduate). Regelvoraussetzung für die Zulassung zum zweiten Zyklus ist der erfolgreiche Abschluß des ersten Studienzyklus, der mindestens drei Jahre dauert. Der nach dem ersten Zyklus erworbene Abschluß attestiert eine für den europäischen Arbeitsmarkt relevante Qualifikationsebene. Der zweite Zyklus sollte, wie in vielen europäischen Ländern, mit dem Master und/oder der Promotion abschließen.
- Einführung eines Leistungspunktesystems - ähnlich dem ECTS - als geeignetes Mittel der Förderung größtmöglicher Mobilität der Studierenden. Punkte sollten auch außerhalb der Hochschulen, beispielsweise durch lebenslange Lernen, erworben werden können, vorausgesetzt, sie werden durch die jeweiligen aufnehmenden Hochschulen anerkannt.
- Förderung der Mobilität durch Überwindung der Hindernisse, die der Freizügigkeit in der Praxis im Wege stehen, insbesondere
  - für Studierende: Zugang zu Studien- und Ausbildungsangeboten und zu

entsprechenden Dienstleistungen
- für Lehrer, Wissenschaftler und Verwaltungspersonal: Anerkennung und Anrechnung von Auslandsaufenthalten zu Forschungs-, Lehr- oder Ausbildungszwecken, unbeschadet der gesetzlichen Rechte dieser Personengruppen.
• Förderung der europäischen Zusammenarbeit bei der Qualitätssicherung im Hinblick auf die Erarbeitung vergleichbarer Kriterien und Methoden.
• Förderung der erforderlichen europäischen Dimensionen im Hochschulbereich, insbesondere in bezug auf Curriculum-Entwicklung, Zusammenarbeit zwischen Hochschulen, Mobilitätprojekte und integrierte Studien-, Ausbildungs- und Forschungsprogramme.

Wir verpflichten uns hiermit, diese Ziele - im Rahmen unserer institutionellen Kompetenzen und unter uneingeschränkter Achtung der Vielfalt der Kulturen, der Sprachen, der nationalen Bildungssysteme und der Autonomie der Universitäten - umzusetzen, um den europäischen Hochschulraum zu festigen. Dafür werden wir die Möglichkeiten der Zusammenarbeit sowohl auf Regierungsebene als auch auf der Ebene der Zusammenarbeit mit auf dem Gebiet der Hochschulen ausgewiesenen europäischen Nichtregierungsorganisationen nutzen. Wir erwarten, daß die Hochschulen wiederum prompt und positiv reagieren und aktiv zum Erfolg unserer Anstrengungen beitragen.

In der Überzeugung, daß die Errichtung des europäischen Hochschulraumes ständiger Unterstützung, Überwachung und Anpassung an die sich unaufhörlich wandelnden Anforderungen bedarf, beschließen wir, uns spätestens in zwei Jahren wieder zu treffen, um die bis dahin erzielten Fortschritte und die dann zu ergreifenden Maßnahmen zu bewerten.
（以下，署名の部分は省略）

(2) ソルボンヌ宣言
Sorbonne Joint Declaration, Gemeinsame Erklärung zur Harmonisierung

der Architektur der europäischen Hochschulbildung, Paris, Sorbonne, 25. Mai 1998.

Der europäische Prozeß ist in letzter Zeit um einige bedeutende Schritte weiter vorangetrieben worden. So wichtig diese aber auch sein mag: man sollte nicht vergessen, daß Europa nicht nur das Europa des Euro, der Banken und der Wirtschaft ist; es muß auch ein Europa des Wissens sein. Wir müssen auf die intellektuellen, kulturellen, sozialen und technischen Dimensionen unseres Kontinents bauen und sie stärken. Sie sind in großem Maße von ihren Universitäten geprägt worden, die weiterhin eine ganz entscheidende Rolle in deren Entwicklung spielen.

Die Universitäten wurden in Europa vor ungefähr 750 Jahren gegründet. Unsere vier Länder sind stolz darauf, über einige der ältesten zu verfügen, die jetzt wichtige Jubiläen feiern, wie die Universität von Paris es heute tut. Damals reisten Studenten und Wissenschaftler umher und verbreiteten in kurzer Zeit ihr Wissen auf dem gesamten Kontinent. Heutzutage absolvieren zu viele unserer Studenten ihr Hochschulstudium, ohne den Vorteil zu nutzen, einen Teil der Studienzeit im Ausland zu verbringen.

Wir sehen uns auch einer Zeit grundlegender Veränderungen im Bildungsbereich und am Arbeitsplatz gegenüber, einer Diversifizierung der Berufsausbildung, in der lebenslanges Lernen zu einer ganz klaren Verpflichtung wird. Wir schulden unseren Studenten und unserer Gesellschaft insgesamt ein Hochschulsystem, in dem ihnen die besten Möglichkeiten geboten werden, den Platz zu suchen und zu finden, für den sie am besten geeignet sind.

Ein offener europäischer Raum für Hochschulbildung birgt zahlreiche positive Perspektiven, wobei natürlich unsere Unterschiede berücksichtigt werden müssen; auf der anderen Seite ist es erforderlich, sich stets darum zu bemühen, Hindernisse aus dem Weg zu räumen und Rahmenbedingungen für das Lernen und Lehren zu schaffen, um die Mobilität zu steigern und eine noch engere Zusammenarbeit fördern zu können.

Die internationale Anerkennung und Attraktivität unserer Bildungssysteme

付 ボローニア宣言（1999）とソルボンヌ宣言（1998）

hängen unmittelbar damit zusammen, wie diese von außen und von innen gesehen werden. Es scheint ein System zu entstehen, in dem zwei große Zyklen, Stud ium und Postgraduiertenstudium, für den internationalen Vergleich und die Feststellung von Entsprechungen anerkannt werden sollten. Die Besonderheiten und die Flexibilität dieses Systems werden insbesondere durch die Anrechnung von Studienleistungen (wie bei dem Europäische Programm zur Anrechnung von Studienleistungen, ECTS) und Semestern erzielt. Somit können Leistungen derer anerkannt werden, die während ihrer Aus- oder Weiterbildung verschiedene europäische Universitäten besuchen wollen und in der Lage sein möchten, in angemessener Zeit einen akademischen Abschluß zu erwerben. Studenten sollten tatsächlich in der Lage sein, zu jedem Zeitpunkt ihrer berufliche Karriere und mit unterschiedlichen Erfahrungen Zugang zur Hochschule zu finden.

Studenten sollte der Zugang zu unterschiedlichsten Studiengänge sowie auch zu multidisziplinären Studien ermöglicht werden; sie sollten in die Lage versetzt werden, sich Fremdsprachenkenntnisse anzueignen und neue Informationstechnologien anzuwenden.

Die internationale Anerkennung des ersten Abschlusses als angemessene berufliche Qualifikation ist wichtig für den Erfolg dieses Unternehmens, mit dem wir uns darum bemühen, die Ausbildung an unseren Hochschulen für alle verständlich zu machen.

Im Postgraduiertenzyklus könnte zwischen einem kürzeren Master-Studium und einer längeren Promotion mit Übergangsmöglichkeiten zwischen beiden gewählt werden. Bei beiden Postgraduiertenabschlüssen wird besonderes Gewicht auf Forschung und eigenständiges Arbeiten gelegt.

Sowohl vor als auch nach dem ersten Hochschulabschluß sollten Studenten dazu ermutigt werden, mindestens ein Semester an einer Universität im Ausland zu studieren. Gleichzeitig sollten mehr Dozenten und Wissenschaftler in anderen europäischen Ländern als ihren Herkunftsländern arbeiten. Die stetig wachsende Unterstützung der Europäischen Union für die Mobilität der

Studenten und Dozenten sollte voll ausgeschöpft werden.

Die meisten Länder, nicht nur in Europa, haben erkannt, daß diese Entwicklung unterstützt werden sollte. Auf den Konferenzen der europäischen Rektoren, der Universitätspräsidenten, Gruppen von Experten und Wissenschaftlern in unseren jeweiligen Ländern hat man sich eingehend mit diesem Thema befaßt.

Letztes Jahr ist in Lissabon ein Abkommen zur Anerkennung von Hochschulabschlüssen innerhalb Europas verabschiedet worden. Das Abkommen beinhaltet einige grundlegende Anforderungen und stellt fest, daß die einzelnen Länder noch konstruktiver zusammen arbeiten könnten. Wenn man diese Schlußfolgerungen beherzigt, kann man darauf aufbauen und noch weiter gehen. Durch die entsprechenden Richtlinien der Europäischen Union ist im Bereich der gegenseitigen Anerkennung berufsqualifizierender Hochschulabschlüsse schon viel erreicht worden. Dennoch müssen unsere Regierungen noch einiges tun, um Mittel und Wege zu finden, damit erbrachte Studienleistungen angerechnet und die jeweiligen akademischen Abschlüsse schneller anerkannt werden. Wir gehen davon aus, daß zu diesem Zweck zusätzliche Abkommen zwischen Universitäten geschlossen werden. Eine progressive Harmonisierung der gesamten Rahmenbedingungen für unsere akademischen Abschlüsse und Ausbildungszyklenkann dadurch erzielt werden, daß bereits gesammelte Erfahrungen, gemeinsame Diplome, Pilot-Initiativen und der Dialog aller Betroffenen in verstärktem Maße gefördert werden.

Wir verpflichten uns hiermit, uns für einen gemeinsamen Rahmen einzusetzen, um so die Anerkennung akademischer Abschlüsse im Ausland, die Mobilität der Studenten sowie auch ihre Vermittelbarkeit am Arbeitsmarkt zu fördern.

Das Jubiläum der Universität von Paris, heute hier an der Sorbonne, gibt uns nun den ehrenvollen Anlaß, uns darum zu bemühen, einen europäischen Raum für Hochschulbildung zu schaffen, in dem nationale Identitäten und gemeinsame Interessen interagieren und sich gegenseitig stärken können

付　ボローニア宣言（1999）とソルボンヌ宣言（1998）

zum Wohle Europas, seiner Studenten und seiner Bürger allgemein. Wir rufen andere Mitgliedstaaten der Europäischen Union und andere europäische Staaten dazu auf, uns in diesem Bemühen zu unterstützen und rufen alle europäischen Universitäten dazu auf, die Position Europas in der Welt durch ständig verbesserte und moderne Bildung für seine Bürger zu festigen.

　（以下，署名の部分は省略）

事項索引

あ 行

アーゾ ……………………………… 9
相対済し …………………………… 304
相手方選択の自由 ………………… 86
アダム・スミス ……… 41, 79, 107, 108, 141
アックルシウス …………………… 9
アビトゥーア ……………………… 438
アメリカ ………………………… 53, 80
アルチャートス …………………… 16
安定化機能 ………………………… 94
アンブロシウス …………………… 10
家での課題作成 ……… 403, 433, 449
イギリス ………………………… 53, 78
遺産の共有 ………………………… 189
遺産分割 …………………………… 189
遺産分割と第三者 ………………… 190
遺産分割の遡及効 ………………… 184
意思の理論 ………………………… 96
医師の臨床研修 …………………… 416
慰謝料 …………………………… 98, 361
慰謝料請求の拡大 ………………… 48
一部給付の権利 …………………… 284
一部無効 …………………………… 270
逸失利益 ……………………… 371, 386
逸失利益の中間利息の控除割合 … 374
一般平等法 ……………………… 60, 95
インターン ………………………… 412
インフレ ………………………… 71, 72
ウィーン条約 ……… 71, 98, 390, 481
ヴィントシャイト ……………… 68, 101
ウェーゼンベック ……… 17, 44, 67, 100
ヴォルフ，C ……………………… 22

営業危険 …………………………… 103
英米法とその特質 ………………… 78
エックスターン …………………… 413
エラスムス計画 …………………… 460
エルトマン ………………………… 70
大きな解決 ………………………… 466
オーストリア一般民法典 … 28, 56, 68, 447
オーストリアの大学入学 ………… 476
押し貸し ……………………… 234, 276
親　方 ……………………………… 410

か 行

カードローン ……………………… 312
概念法学 ………………………… 70, 453
解約告知 …………………………… 260
解約返戻金債権の譲渡 …………… 127
科学学派 …………………………… 72
学士（Bachelor） ………………… 464
学士（Magister） ………………… 464
学術的補助金 ……………………… 444
貸金業協会の自主規制機能強化 … 244
貸金業制度等の改革に関する基本的考え
　方 …………………………… 218, 239
貸金業の適性化 …………………… 243
貸金業への参入条件の厳格化 …… 243
貸金業法 ……………… 223, 229, 255
貸金業法施行規則 ………… 217, 237
貸金業法の改正 …………………… 486
貸金業法43条 …………… 205, 340
嫁資設定制 …………………… 156, 158
果実収取権 …………………… 185, 193
過失責任主義 …………………… 47, 94
過剰貸付の抑制 …………………… 248

499

事項索引

過剰融資 ……………………… 254, 297
仮装売買と譲渡担保 …………… 215
片手間化 ……………………………… 486
割賦販売法 …………… 60, 70, 77, 288, 306, 312
家庭の契約化 …………………………… 65
カノン法 ……………………… 10, 30, 35, 41, 67
カノン法大全 ………………………………… 17
カノン法の優位 ……………………………… 11, 67
過払金の発生 ……………………………… 350
寡婦産 ……………………… 116, 134, 141, 161
株式法 …………………………………… 145
貨幣価値の変動 ……………………… 71, 382
カルヴィニズム ……………………… 96, 114
環境責任法 ……………………………… 76, 90
甘受（Duldung）による貸越信用 …… 296
間接損害と保険 ………………………… 138
間接的な締結強制 ……………………… 75
カント …………………………………… 30, 49
カンバセレス ……………………………… 24
元本の不当利得 ……………………… 143, 235
元本の返還請求権 ……………………… 235
官民交流法 ……………………………… 415
管理共同制 ……………………………… 156, 158
管理手数料 ……………………………… 442
キール学派 ……………………………… 104
ギールケ ……………………………… 51, 69
企業のコンプライアンス ……………… 224
企業の無国籍 ……………………………… 114
企業倫理 ……………………………… 146, 240
危険責任（theorie du risque）………… 47
期限の到来 ……………………………… 121, 328
期限の利益 ……………………………… 286, 289, 328
期限の利益喪失条項（特約）
　……………………… 212, 289, 325, 333, 345, 346
期限の利益喪失約款 ……………… 236, 286, 345
期限の利益の喪失 ……………………… 320

危険負担 ……………………………… 447
期限前の支払 …………………………… 322
偽　装 ………………………………… 275
偽装認知 …………………………………… x
偽装への対策 …………………………… 271
基礎利率 ……………………… 282, 379, 388, 394
寄附講座 ………………………………… 443
基本権 …………………………………… 96
逆相続 …………………………………… 382
吸収制 …………………………………… 162
給費制 …………………………………… 427
給付の牽連関係 ………………………… 83
給付利得 ……………………… 237, 360, 366
旧民法 …………………………………… 272
給　与 ……………………… 427, 448, 479
旧利息制限法 …………………………… 226
教職大学院 ……………………… 399, 424
強制分割 ………………………………… 182
共同相続人の情報開示義務 …………… 195
共有制 …………………………………… 160
虚無の所有権 ……………… 117, 118, 120, 135, 140
ギルモア …………………………………… 53, 82
銀行の開示義務 ………………………… 196
金　銭 …………………………………… 193
金銭債権の共同相続 …………………… 191
近代的法典編纂 ……………………… 23, 68
金融サービス給付販売指令 …………… 91
金利体系の適正化 ……………………… 249
クーリングオフ（権）…… 245, 260, 268, 298
グライフスヴァルト大学 ……………… 401
グラティアヌス教令集 …………………… 11
くり返された合意 ……………………… 9, 16
グレーゾーン …………………………… 234, 249
グレーゾーン金利 ……………………… 224, 238
グレーゾーン金利の撤廃 ………… 218, 239
グローバリズム ……………… 53, 94, 114, 481

500

事項索引

グローバル化 …………………… 472
グロサトーレン ……………………… 8
グロチウス ………………… 19, 45, 67, 100
経済（法）専修コース …………… 401, 423
契約から地位へ ………………… 62, 64, 93
契約自由の現状 …………………… 73
契約自由の原則 ………………… 3, 36, 56
契約締結上の過失 ………………… 54, 64
契約締結の自由 …………………… 86
契約の自由 …………………… 3, 56
契約の締結強制 …………………… 70
契約の締結請求権 ………………… 75
契約の変容 ………………………… 84
契約の無効 ………………………… 275
契約は守られるべし ……………… 69
契約法の死 ……………………… 53, 83
契約法リステイトメント ………… 81
ゲルマニステン ……………… 31, 69, 447
ゲルマン法 ………………… 12, 19, 30, 50, 51
ゲルマン法の現代的慣用 ………… 51
原　因 ……………… 8, 10, 11, 39, 83, 100
厳格主義 ………………………… 152
研究補助者 ……………………… 411
言語契約 ……………………… 6, 66
原罪論 ……………………… 100
研修医 ……………………… 412, 418
研修期間 ……………………… 455
研修と修習 ……………………… 410
研修場所 ……………………… 455
現代化法試訳（消費者消費貸借） …… 314
憲法裁判所判決（2005年1月26日） …… 442
合意がある貸越 ………………… 295
行為規制の強化 ………………… 245
行為基礎の喪失 ………………… 263
行為基礎論 ……………………… 70
口座の分離 ……………………… 308

（分離した）口座 ………………… 283
公証人 ……………………… 40, 43, 118
控除すべき中間利息の割合 ……… 371
公序良俗 ……………… 59, 83, 97, 136
公正証書 ……………………… 40, 275
拘束預金 ……………………… 207, 228
公的扶養 ……………………… 117
公的養成関係 …………………… 427
公的年金 ……………………… 117
高等教育の統一 ………………… 458
抗弁の接続 ……………………… 306
抗弁の切断 ……………………… 277
抗弁の放棄 ……………………… 278, 319
抗弁の放棄の制限 ……………… 277
合　有 ……………………… 191
コーポレート・ガバナンス ……… 115, 145
コーポレート・ガバナンス準則 …… 145
国外振替に関する指令 …………… 91
国民国家 ………… 53, 94, 114, 435, 472, 480
国家試験の合格者の推移 ………… 489
国家法人説 ……………………… 64
コナヌス ……………………… 16, 20
コマーシャリズム ……………… 440, 443
婚姻費用の分担 ………………… 153

さ　行

債権の流動化 …………………… 291
債権の譲渡 …………………… 277, 291
財産分与 ……………………… 154
債務法現代化法 …… 57, 71, 256, 314, 388, 394
債務法現代化法の利息 ………… 394
サヴィニー ……………… 30, 50, 68, 101
詐害行為取消権 ………………… 185
詐欺防止法 ……………………… 78
錯　誤 ……………………… 11, 20
作成者不利の原則 ……………… 86

501

事項索引

ザクセン・シュピーゲル	13, 14, 30
ザクセン民法典	31
サリカ法典	13
サレイユ	72, 105
３段階の法曹養成制度	399
ジェンダー指令	61
事業者	63, 96, 258, 299
仕組み金融	214
私講師	411
事故の形式	215, 329
自己破産	238
事実的契約	71
市場価格	101
私製手形	278
自然価格	101
自然債務	6, 16, 18, 38, 66
自然法理論	17, 19, 35, 46, 67
実質金利	267, 271, 383
実質的契約正義	70
実務研修	446
実務志向	481, 484
実務志向型の科目	484
実務的継受	480
実務との連関	449, 486
実効年利	268
支払遅滞の遅延利息ルールの指令	90
支払猶予	286, 293, 310, 320
司法研修の費用	417
司法試験の対象条文	486
司法消極主義への反省	224
社会契約説	64, 96
自由主義	65, 94
自由意思論	100
19世紀の諸立法	31
修士（Master）	464
終身定期金	121
修習生の給与	427, 448, 479
充当の順序	284
授業料	451, 479
授業料と管理手数料	441
授業料有料化	440
出資法	227, 229, 255
シュペングラー	31
生業的貸付	258, 323
商業化	444
条件成就	121
商工ローン	232
商事裁判所	12, 42, 67
承諾の自由	85
譲渡禁止の特約	292
消費者	63, 96, 258, 299
消費者金融の取引	207
消費者消費貸借	257, 315
消費者信用法	223, 255
消費者手形	280
消費者信用指令	90
消費貸借	257
消費貸借と諾成契約	298
消費物売買指令	90
情報提供義務	64
職業教育	431
職業における平等指令	61
職業能力（Berufsfähigkeit）	436
職業の準備	436
助 手	411
女性への後見制	178
書面の厳格化	209
書面の方式	316
所有権	37, 96
所有権中心主義	96
所有権の絶対性	36
自律的規制	148

事項索引

自律的な方式	115	大学進学率	405, 408
人権の復権	64, 97	待機期間	455, 456
人材の争奪	420	退職金・年金分割	153, 166
人事交流	415	第二委員会	33
人文主義法学	15	第二草案	34
信用保証料などのみなし利息	225	タイムシェア指令	92
新利息制限法	227	貸与制	427
スイス債務法典	32, 57	代理母	ix
スコラ哲学	10	大量進学時代	406
スタンダード	115, 150, 472	諾成契約	6, 39, 55, 66, 76
誠意訴訟	7	他人のリスクでの投機	300
誓約	13	単位互換制度	452, 460
制限超過利息の請求	234, 276, 361	男女平等指令	61
製造物責任	93	団体主義	71
製造物責任法	90	地域医療	419
正当価格論	46, 62, 68	小さな解決	466
積極的契約侵害	102	遅延利息	319, 367
専門家の責任	96	遅延利息の限度	281
専門職大学院	399	着衣の合意	8, 11, 67
専門大学	401, 423	治癒（Heilung）	269
相続争い	198	中間試験	439
総量規制	284, 309	中間利息の控除	371, 385
総量規制の導入	248	注釈学派	8, 67, 103, 447
ソクラティク・メソッド	429	中世イタリア法	8, 67
ソクラテス計画	460	中世の大学	471
卒業（Diplom）	464	徴利の禁止	46
卒業資格補充文書	460	直接の締結強制	74
ソルボンヌ宣言	459, 493	賃貸借の保証金（敷金）	308
損害賠償	47, 59	賃料債権	187
		ツァシウス	43
た 行		ツァハリエ	72
第一委員会	33	通常の解約告知権	261, 314
第一草案	33, 306, 378	通常の貸借	282
第1次国家試験（2004年度）	434, 444	通信販売指令	91
第1次国家試験（2005年度）	483	定期金賠償	176, 382
大学院	473	ティボー	30

データベース……………………… 452
手形・小切手の制限…………… 278, 319
手形の濫用……………………… 278, 307
手形や公正証書の利用禁止……… 220, 254
撤回権………………… 59, 60, 260, 263, 319
鉄道交通における旅客保護のための統一
　ルール………………………………… 73
デモクラシー……………… 65, 93, 94, 113
デュムーラン…………………………… 46
デルンブルク…………………………… 68
テレジアヌス法典……………………… 28
典型性からの自由……………………… 3
典型性の緩和…………………………… 67
典型性の強制………………………… 8, 67
電子取引に関する指令………………… 91
天　引………………………………… 209
ドイツ…………………………… 26, 68, 72
ドイツ一般商法典（ADHGB）………… 31
ドイツ裁判官法……………………… 432
ドイツ債務法現代化法………… 57, 71, 256
ドイツ版のCOE計画………………… 476
ドイツ民法典………………… 32, 47, 57, 68
統一商法典…………………………… 80
統一的処理…………………………… 379
統一的法典…………………………… 297
統一売買法…………………………… 81
等価性の破壊……………… 71, 98, 105
動　機………………………………… 10
当座貸越契約………………………… 295
当座貸越信用供与…………………… 317
当座口座……………………………… 295
動産売買法典………………………… 79
当事者的な視点………………… 461, 475
当事者の地位………………………… 56
登録料………………………………… 442
特殊な告知権……………………… 260

独占的事業…………………………… 85
特別の解約告知権……………… 262, 315
図書館……………………………… 452
賭博行為…………………………… 135
ド　マ……………………………… 23
トマジウス………………………… 22
トマス・アクィナス……………… 10
取引上の接触……………………… 54
取引履歴開示義務………………… 236
取引履歴の開示…………… 211, 241, 246
取引履歴の開示義務……………… 196
ドレスデン草案…………………… 32

　　　　　な　行

内容決定の自由…………………… 87
捺　印……………………………… 79
ナポレオン………………………… 25
20世紀の大学…………………… 405
2002年改正法…………………… 401
ニッパーダイ………………… 70, 103
ニューヨーク証券取引所……… 149
任意制への回帰………………… 212
任意分割………………………… 182
任期付き公務員………………… 427
年金の売買……………………… 141
年金の分割………………… 153, 174
年金分割………………………… 182
年金分割制度…………………… vii
ノルトライン・ヴェストファーレン… 432

　　　　　は　行

ハーグ条約………………… 71, 98, 390
バーゲン・セオリー……………… 53, 82
バイエルン……………………… 439
バイエルン民法典……………… 26
ハウプト………………………… 71

事項索引

パターナリズム ……………… 66, 69, 95
裸の合意 ……………………… 8, 11, 66, 67
ハノーバーの評価機構 ……………… 404
バリスター ……………………………… 413
バルトルス ……………………………… 12
犯罪被害者基本法 …………………… 475
犯罪被害者保護法 …………………… 475
反人種差別指令 ……………………… 61
パンデクテン解釈 …………………… 49
パンデクテン法学 ……… 30, 35, 37, 68, 70, 481
日掛け金融 …………………………… 341
引受契約 ………………………………… 6
必修科目の履修もれ ………………… 486
人は言葉によって縛られる ……… 13, 35
日賦業者 ………………………… 333, 341
日賦業者の貸付 ……………………… 213
表見的父性 ……………………………… ix
標準化 ……………… 115, 150, 481, 482
非良心性法理 ………………………… 109
ファイナンス支援 …………………… 320
ファイナンス支援措置 ……………… 293
ファイナンスリース ………… 293, 321
ファイナンスリース契約 …………… 294
不安の抗弁 …………………………… 262
プーフェンドルフ …………………… 21
夫婦財産契約 ………………………… 155
夫婦財産制 ……………………… 153, 155
夫婦の協力扶助義務 ………………… 153
付加された合意 ………………………… 7, 66
附合（付合）契約 ………………… 84, 85
不正会計事件 ………………………… 149
父性確認法 ……………………………… xi
部族法典 ………………………………… 13
普通取引約款 ………………………… 85, 89
物権法定主義 ………………………… 3
物的貸借 ……………………………… 283

プフタ …………………………………… 101
不法原因給付 ……………………… 234, 276
不法行為 ……………………………… 361
不法行為と慰謝料請求 ………… 48, 368
部門モデル ……………………… 461, 468
フライブルク都市法 ………………… 17
プラケンティヌス ……………………… 8
フランス ……………………… 23, 56, 72
フランス学派 ………………………… 16
フランス民法典 ……………… 25, 56, 68
古き良き法 …………………………… 52
プロイセン ……………………… 27, 432
プロイセン一般ラント法典
　　　　　…………… 27, 49, 56, 68, 433, 447
プロイセン型の養成 ………………… 435
分割供給契約 ………………………… 323
分割取引 ……………………………… 310
分割の移転主義 ……………………… 184
分割の宣言主義 ……………………… 184
分割の遡及効 …………………… 184, 189
分割払 …………………………………… 293
分割払い契約 ………………………… 349
分割払取引 …………………………… 321
文書契約 ………………………………… 6, 66
フンボルト理念 ………………… 431, 450
ヘーゲル ………………………………… 30, 50
別口債務への充当 …………………… 355
別産制 …………………………… 159, 163
ベテラン受験生 ………………… 420, 421
返還権 ………………………………… 322
返還請求権の時効 …………………… 360
弁護士費用 …………………………… 367
弁済法理 ……………………………… 352
弁済約束 ………………………………… 6
変動金利 ……………………………… 385
ボアソナード ………………… 271, 303

505

事 項 索 引

包括的な消費者信用法 ………… 219, 223, 298
法規実証主義 …………………………… 53, 114
放棄前の第三者 ……………………………… 199
方　式 …………………………………… 95, 265
方式欠缺 …………………………………318, 321
方式性の緩和 ………………………………… 8, 67
方式の自由 ………………………………… 3, 76, 87
法曹学院 ……………………………………… 413
法曹資格の取得に関する大学の影響 …… 434
法曹養成制度 ………………………………… 431
法曹養成制度改革 …………………………… 401
法曹養成制度の長期化と多様化 ………… 399
法曹養成制度の非効率性 ………………… 461
法曹養成と国家の関与 …………………… 434
法曹養成の多様化 ……………………… 430, 462
法定財産制 ………………………………… 157
法定利率 ………………… 305, 359, 375, 385, 388
法典調査会 ……………………………… 274, 302
法統一 ………………………………………… 481
法のグローバル化 ………………………… 472
法の欠缺 ……………………………… 377, 385
法の分裂 …………………………………… 178
法務官 …………………………………………… 6
訪問販売 ……………………………………… 91
暴利禁止 ……………………………………… 308
暴利行為 ……………………………………… 280
法律行為類似の債務関係 …………………… 54
法律資格 ……………………………………… 464
法律上の無法式の合意 ……………………… 6
保険金請求権への担保権の設定 ……… 126
保険契約 ……………………………………… 76
保険契約の処分 ……………………… 124, 126
保険契約の売却 …………………………… 127
保険売買 …………………………………… 129
ポティエ ………………………………………… 23
ホルテン ……………………………………… 29

ボローニア …………………………………… 402
ボローニア宣言 ………… 457, 458, 474, 490
ボローニア方式 ……………………… 437, 462

ま　行

マイスター ……………………………… 410, 412
マルチニ ……………………………………… 29
マンスリーステートメント ……………… 247
みなし弁済 …………………………………… 325
みなし弁済の制限 ………………………… 205
身分から契約へ ………………… 63, 96, 116
身元保証契約 ……………………………… 414
民事法定利率 ………… 306, 359, 375, 385
無事故の形式 ……………………… 215, 329
無方式の合意 ………………………………… 6
無名要物契約 ………………………………… 8
名目利率（金利） ………………………… 382
メーン ………………………………… 63, 116
申込の自由 ……………………………… 85
モーパッサン …………………………… 117
目的不到達 ……………………………… 49
目的保護説 ……………………………… 299
問題解決能力 …………………………… 469
問答契約 ………………………………… 6, 101

や・ら・わ　行

夜間部法曹養成コース …………………… 423
約　因 ……………… 39, 53, 78, 82, 83, 111
やみ金融 ………………………… 234, 238
やみ金融対策 …………………………… 232
やみ金融対策の強化 ……………………… 251
ユニドロワの原則 …………………… 57, 481
要物契約 ……………………… 5, 55, 66
要物性の否定 ……………………………… 3
ヨーロッパ基本憲章 ………………… 65, 89
ヨーロッパ基本法 ……………………… 88

事項索引

ヨーロッパ共同体創設条約	88
ヨーロッパ契約法原則	57, 481
ヨーロッパ裁判所	92
ヨーロッパ指令	72, 89
預金の守秘義務	198
ヨゼフ法典	29
予備校化	484
ラーベル	71, 104
ライプニッツ	22, 35
利潤主義	94, 152, 481
リスク限定法	291
利息制限への回帰	212, 224
利息制限法	255
利息制限法の廃止案	274, 298
リバース・モーゲージ	124
リベラリズム	95
リベラル	66
リボルビング払い	210
留学生	474
流動利率	380, 385
領域説	103
旅店の主人	76
理論と実務の乖離	447
臨床実習	400
倫理準則	146
連邦と州の文化主権	476
ローマ法	5, 66
ローマ法継受	12
ローマ法的ゲルマン法	51
ローマ法の現代的慣用	15
ロタール伝説	45
ロマニステン	30, 68, 447
ロワゼール	23
ロンドン証券取引所	149
ワイマール共和国	437

*　　　*　　　*

ABGB	28, 29, 56, 68, 447
ALG	27
ALR	27, 49, 56, 68, 433, 447
ALRの不法行為法	49
Buß	60, 98
Cromme委員会	146, 151
EU・中国ロースクール	482
EU条約	88
EUの基本法	65, 88
EUの差別禁止関連の指令	60
LL.B.コース	402
OJT	399, 419
PISAショック	409
Schloßmann	35, 53
soft skills	403
TA（Teaching Assistant）	411
U.S.C.A	81
Windscheid	68, 101
συναλλαγμα	16, 83, 100

507

<著者紹介>

小野　秀誠　（おの　しゅうせい）

　1954 年　東京に生まれる
　1976 年　一橋大学卒業
　現　在　一橋大学法学部教授

<主要著作>

逐条民法特別法講座・契約Ⅰ〔契約総論，売買〕，担保物権Ⅱ〔物上代位ほか〕（共著，ぎょうせい，1986 年，1995 年），危険負担の研究（日本評論社，1995 年），反対給付論の展開（信山社，1996 年），給付障害と危険の法理（信山社，1996 年），債権総論（共著，弘文堂，1997 年，3 版 2006 年），叢書民法総合判例研究・危険負担（一粒社，1999 年），利息制限法と公序良俗（信山社，1999 年），専門家の責任と権能（信山社，2000 年），大学と法曹養成制度（信山社，2001 年），土地法の研究（信山社，2003 年），司法の現代化と民法（信山社，2004 年），民法総合判例解説・危険負担（不磨書房，2005 年），民法における倫理と技術（信山社，2006 年），ハイブリット民法（共著，法律文化社，2007 年），実務のための新貸金業法（共著，民事法研究会，2007 年，2 版 2008 年）

契約における自由と拘束——グローバリズムと私法

2008 年（平成 20 年）8 月 25 日　初版第 1 刷発行　　2544-0101

著　者	小　野　秀　誠
発行者	今　井　　　貴
	渡　辺　左　近
発行所	信 山 社 出 版

〒113-0033　東京都文京区本郷 6-2-9-102
　　　　　　電　話　03（3818）1019
　　　　　　Ｆ Ａ Ｘ　03（3818）0344

印　刷　東　洋　印　刷
製　本　大　三　製　本

Printed in Japan.

Ⓒ 2008，小野秀誠．　　落丁・乱丁本はお取替えいたします．

ISBN978-4-7972-2544-0　C3332

小野 秀誠　著作一覧

	本体価格
反対給付論の展開	12,000
給付障害と危険の法理	11,000
利息制限法と公序良俗	16,000
専門家の責任と権能	9,000
大学と法曹養成制度	12,000
土地法の研究	10,000
司法の現代化と民法	12,000
民法における倫理と技術	12,000

信山社

法律学の森

		本体価格
潮見佳男 著	債権総論〔第2版〕I	4,800
潮見佳男 著	債権総論〔第3版〕II	4,800
潮見佳男 著	契約各論 I	4,200
潮見佳男 著	契約各論 II	（続刊）
潮見佳男 著	不法行為法	4,700
藤原正則 著	不当利得法	4,500
青竹正一 著	新会社法〔第2版〕	3,800
小宮文人 著	イギリス労働法	3,800
高 翔龍 著	韓国法	6,000
新 正幸 著	憲法訴訟論	6,300

信山社

内田力蔵著作集 （全8巻）

1 イギリス法入門　　　　　　　　　　16,000 円
2 法改革論　　　　　　　　　　　　　11,000 円
3 法思想　　　　　　　　　　　　　　15,000 円
4 司法制度　　　　　　　　　　　　　30,000 円
5 私法(上) 契約法・不法行為法・商事法　16,000 円
6 私法(下) 家族法　　　　　　　　　　12,000 円
7 公　法　　　　　　　　　　　　　　16,000 円
8 法と市民　　　　　　　　　　　　　　近刊

来栖三郎著作集 （全3巻）

Ⅰ 法律家・法の解釈・財産法　　　　　12,000 円
Ⅱ 契約法　　　　　　　　　　　　　　12,000 円
Ⅲ 家族法　　　　　　　　　　　　　　12,000 円

信山社